话说齐鲁文化（上）

江林昌 顾问
李秀亮 著

教育部人文社会科学重点研究基地
山东师范大学齐鲁文化研究院
齐鲁文化传承与山东文化强省建设
协同创新中心成果

泰山出版社 · 济南 ·

目录

序言

中华文明史背景下齐鲁文化的特色形成与外延发展

江林昌

研究中华文化，需要世界文明的眼光；而研究齐鲁文化，则需要中华文明的眼光。如果只站在山东而谈齐鲁文化，就会出现“不识庐山真面目，只缘身在此山中”的局限，自然难以准确把握齐鲁文化。中华文明的起源与早期发展，促进了西周以后齐文化与鲁文化的形成与发展，奠定了其思想高度与深度；中华文明的转型，促进了齐文化与鲁文化的融合；中华文明的成熟发展则保证了齐鲁文化在中华文明、中华文化史中的重要地位与深远影响。灿烂辉煌的齐鲁文化是认识中华文明的重要窗口。这是一个说不尽、道不完的话题。

一、中华文明的起源与早期发展

近一百年来的中国现代考古学以大量遗址与遗物表明，早在距今五千多年前，中华各部族先民已在长江南北、黄河上下、燕山内外，差不多同时迈过文明的门槛。考古区系类型学的文化历史分析与考古聚落形态学的社会历史分析已将这些多源头独立并起的古文明，从时间与空间两方面做了梳理，最终将距今五千三百年至距今四千年间的中华古文明起源发展分为八大区域：

黄河流域：河洛文化区，海岱文化区，甘青文化区；
长江流域：江汉文化区，江浙文化区，巴蜀文化区；
长城以北：辽西文化区，河套地区。

这八个区域文化有各具特色的文化发展序列。如，海岱文化区，先由后李文化发展为北辛文化；在此基础上，发展出代表文明起源的大汶口文化，后发展至山东龙山文化。河洛文化区，先是有三支考古学文化：从临潼、渭南到华阴、潼关等沿渭河下游一线分布的老官台文化，河南中部、西部沿嵩山四周扩散的裴李岗文化，由邢台、邯郸到安阳、鹤壁、新乡由北往南发展的磁山文化；在这三支文化的基础上，发展出代表文明起源的仰韶文化到河南龙山文化。长江中游的江汉文化区则在大溪文化的基础上，发展出进入文明状态的屈家岭文化到石家河文化。

这些区域文化不仅在纵向上自成体系，前后相继发展，而且在横向上往往相互碰撞，彼此交流。这种纵横交错的考古学文化动态布局，为我们从历史学上讨论五帝时代的氏族、部落、部落联盟的分布及其流动提供了客观的地域坐标。

例如，河洛地区的仰韶文化前期影响海岱地区较多；而海岱地区的大汶口文化中后期与山东龙山文化早中期又影响河洛地区较多；到了新石器时代晚期，河洛地区的龙山文化与海岱地区的龙山文化交流很频繁。这三个不同阶段的考古学文化动态变化过程，正可以从历史学上五帝时代黄河中下游各部族的分布及其碰撞变化状态中得到说明。据文献记载，五帝时代早期，中原地区的炎帝、黄帝两族向东发展，与海岱地区东夷集团中的蚩尤部族发生碰撞，历史学上因而有“涿鹿之战”（徐州地区）与“中冀之战”（鲁西北、冀中南）等传说。中原仰韶文化前期的东扩正是这种传说的考古学反映。五帝时代中后期，海岱地区东夷集团中的少昊部族向西偏南发展到河南淮阳而形成太昊部族；依附于东夷少昊部族的颛顼氏族则向西偏北发展到河南新乡、鹤壁、濮阳一带，与中原的共工族发生碰撞，最后留守濮阳而有“帝丘”传说。这应该就是考古学上大汶口文化中后期与山东龙山文化西扩的历史反映。五帝时代晚期，中原地区以唐尧、夏禹为代表的华夏部落集团与海岱地区以虞舜、皋陶、伯益为代表的东夷部落集团，实行部落联盟二头执政禅让制。这在时间与空间上又正好与新石器时代晚期河洛地区与海岱地区两种龙山文化频繁交流相一致。

又如长江中游的江汉文化区，从屈家岭文化到石家河文化，曾经持续繁荣发展，形成了多个聚落中心城邑。考古发现的城址已达十数座之多，实际情况应该还要多一点。“其中规模最大的当属湖北天门石家河城。该城建于屈家岭文化，沿用至石家河文化中期。城址平面形状为不很规则的四边形，每边长 1100 ~ 1200 米，整座城址面积一百多万平方米。宽大的城墙全部由人工堆土夯筑而成……墙外开挖了宽阔的护城河。……由城墙和护城河构成了一周坚固宏伟的防御体系。如此大的工程，以致让发现它的考古学家们很长时间里不敢相信，它竟然是 5000 多年前人们的杰作。”石家河城的城墙与壕沟使我们想起了恩格斯在经典著作《家庭、私有制和国家的起源》里关于文明起源的精彩描述：

> 在新的设防城市的周围屹立着高峻的城墙并非无故：它们的堑壕成了氏族制度的墓穴，而它们的城楼已经高耸入文明时代了。①

屈家岭文化、石家河文化的繁荣必然促使其对外扩张。正如恩格斯所指出的，在军事民主制时期，“邻人的财富刺激了各民族的贪欲，在这些民族那里，获取财富已成为最重要的生活目的之一……为了掠夺，战争成了经常性的行为”②。考古学揭示的一个重要事实是，江汉文化区的主人曾经向北扩张。

① 恩格斯：《家庭、私有制和国家的起源》，《马克思、恩格斯选集》第四卷，人民出版社，2012，第181页。

② 恩格斯：《家庭、私有制和国家的起源》，《马克思、恩格斯选集》第四卷，人民出版社，2012，第180 ~ 181页。

从仰韶文化时期到龙山文化时期，曾有大量江汉屈家岭文化与石家河文化进入河南南部。这与古文献记载中的三苗族曾大乱中原的历史传说有关联。《墨子·非攻下》：“昔者三苗大乱。”《山海经·海外南经》郭璞注引旧闻：“昔尧以天下让舜，三苗之君非之。”《韩诗外传》：“当舜之时，有苗氏不服。”《史记·五帝本纪》：“三苗在江淮荆州数为乱……”

三苗的北上作乱自然引起中原各族的不满与压制。据文献资料记载，尧、舜、禹曾先后伐三苗。《吕氏春秋·召类》：“尧战于丹水之浦，以服南蛮。舜却苗民，更易其俗。”《墨子·非攻下》：“禹亲把天之瑞令，以征有苗。……苗师大乱，后乃遂几。”这一史实在考古学上也有反映。到了石家河文化晚期，长江中游地区发生了沧海桑田式的变化。包括规模巨大的石家河在内的那些城址，几乎无一例外的荒废掉了。[①]代之而起的是中原龙山文化与二里头文化的进入。从五帝时代晚期至整个夏代，长江中游的考古学文化一直处于萧条状态。这应该就是历史上尧舜禹伐三苗的结果。

20世纪20年代，蒙文通先生作《古史甄微》；20世纪30年代，徐旭生先生作《中国古史的传说时代》。两书都将五帝时代的氏族、部族、部落集团的分布，大致划分为河洛地区的华夏集团、海岱地区的东夷集团、江汉地区的苗蛮集团。当时，中国的现代考古学刚刚起步，具体工作还没有全面展开。现在，越来越多的考古材料印证了两位先生当年的推断。我们有理由相信，上述讨论应该比较接近历史事实。在考古所区分的八大文化区中，除上述三区外，其他五个文化区内的考古材料虽然十分丰富，但历史学上的文献记载太少，相关的讨论只能有待以后了。这些都是齐文化与鲁文化的考古背景。

二、齐、鲁文化的形成

在上述整个中华文明起源发展的大背景下，再来看东夷文化，可以获得如下三点深刻认识。其一，海岱地区的东夷文化是独立起源的；其二，在东

---

① 参见袁行霈、严文明等主编：《中华文明史》第一卷，北京大学出版社，2006，第65页。

夷文化发展过程中，曾与中原华夏文化有特别密切的交往；其三，长江中游的苗蛮文化在五帝时代就与黄河流域的华夏文化、东夷文化有交流。这三点认识很重要，它说明从夏商周时期形成的以中原华夏部族集团为核心的“多元一体”发展格局，从秦汉开始形成的以汉族为核心的多民族融合的“多元一统”发展格局，实际上在五帝时代已奠定了基础。而在这基础中，东夷文化是十分重要的一支。这就是齐文化与鲁文化的最初源头。

齐文化与鲁文化的概念因西周分封齐国、鲁国而出现，因此最初应该称为齐、鲁文化。春秋战国以后，至秦汉，齐文化与鲁文化开始融合而成齐鲁文化，以区别于吴越文化、荆楚文化、燕赵文化、三晋文化等。据《史记·周本纪》载，周武王伐纣灭商，分封功臣谋士，姜太公“师尚父为首封，封尚父于营丘，曰齐”；又“封弟周公旦于曲阜，曰鲁”。周公旦因为要辅佐武王、成王，所以就让他儿子伯禽代就封于鲁。周公旦是武王的亲兄弟，为姬姓本家，而姜尚父是周王室舅家。所以，齐国文化与鲁国文化首先是西周王室贵族文化。

西周文化是在继承夏、商文化的基础上发展而来的。《论语·为政》：“子曰：殷因于夏礼，所损益，可知也；周因于殷礼，所损益，可知也。”《论语·八佾》：“子曰：夏礼吾能言之，杞不足征也；殷礼吾能言之，宋不足征也。”《礼记·礼运》：“孔子曰：我欲观夏道，是故之杞，而不足征也，吾得夏时焉；我欲观殷道，是故之宋，而不足征也，吾得坤乾焉。”夏商周三代文化前后传承，逐渐融合发展成了中华文化的主流文化。而齐国贵族文化与鲁国贵族文化又是直接继承夏商周文化而来。

不仅如此，夏商周三代文化又是继承了五帝时代六大区域文化，尤其是其中的华夏集团、东夷集团文化而来的。东夷集团中的虞族率先创造过虞代文化，而夏文化又是继承虞代文化而来的。所以古文献里有关于虞、夏、商、周四代的记载。

《左传·昭公元年》：“虞有三苗，夏有观扈，商有姺邳，周有徐奄。”

《左传·庄公三十二年》："故有得神以兴，亦有以亡，虞、夏、商、周，皆有之。"

《国语·郑语》："夫成天下之大功者，其子孙未尝不章，虞、夏、商、周是也。"

《国语·周语》："昔我先王世后稷，以服事虞、夏。"

《韩非子·显学》："虞、夏二千余岁。"

《礼记·明堂位》："有虞氏官五十，夏后氏官百，殷二百，周三百。"

虞代文化是东夷文化发展到最辉煌时期的代表。夏商周三代是以虞代文化为基础的。齐、鲁文化继承夏商周文化而来，而其最根本的文化基因是东夷文化，尤其是其中的虞代文化。虞代文化以虞舜及其韶乐为代表。正因为如此，作为齐鲁文化的代表人物、儒家文化的创始人孔子，经常追叙尧舜时期，赞美虞舜时期的文化符号——韶乐。

《论语·卫灵公》："子曰：'行夏之时，乘殷之辂，服周之冕，乐则韶舞。'"

《论语·八佾》："子谓韶，尽美矣，又尽善也。"

《论语·述而》："子在齐闻韶，三月不知肉味，曰：'不图为乐之至于斯也。'"

《论语·泰伯》："舜有臣五人而天下治。"

《论语·泰伯》："子曰：'巍巍乎，舜禹之有天下也而不与焉！'"

《论语·颜渊》："舜有天下，选于众，举皋陶，不仁者远矣。"

《论语·卫灵公》："子曰：'无为而治者，其舜也与？……'"

总之，西周文化因于殷商文化，殷商文化因于夏文化，而夏文化又因于虞舜文化。虞舜文化代表了五帝时代部族文化的最高水平，又是夷夏部落联盟禅让制的体现。所以，研究齐鲁文化不仅要追溯夏商周三代文化，而且还要再往前追溯五帝时代的东夷虞舜部族文化。

另外，在夏商周三代，夏商周三族的贵族文化已成为统治文化、官方文化，逐步凌驾于黄河流域、长江南北各部族、方国、封国文化之上。同时，各部族、方国、封国的原有文化便下降为地方土著文化。五帝时代的东夷文化一方面影响中原华夏文化，而上升成为夏商周三族官方文化的主要元素；另一方面又在夏商周三代在海岱地区作为土著文化而继续保存。这些复杂的因素是需要注意辨析的。也就是说，夏商周三族的官方文化与夏商周三代在海岱地区仍保留延续的土著文化，原先都以五帝时代的东夷古文化为共同源头。

前文曾引《论语》说明孔子重视五帝时代的尧舜文化，赞美东夷虞舜时期的韶乐，因为那是中华民族的文化基因。据《论语》记载，孔子在不得志时，便提出要回到东夷古地去。《论语·子罕》载："子欲居九夷。或曰：'陋，如之何？'子曰：'君子居之，何陋之有？'"《论语·公冶长》又载："子曰：'道不行，乘桴浮于海。'"据《左传·昭公十七年》载，东夷小诸侯郯国国君与鲁昭公谈起东夷古史时，历述炎帝、黄帝以来，东夷古族酋长少昊、太昊、颛顼等历史，以及凤鸟氏、玄鸟氏、伯赵（伯劳鸟）氏、青鸟氏、丹鸟氏、祝鸠氏、雎鸠氏、鸤鸠氏、爽鸠氏、鹘鸠氏等鸟名与鸟官。"仲尼闻之，见于郯子而学之。既而告人曰：吾闻之：'天子失官，学在四夷。'犹信。"宋代的《春秋详说》载："言周鲁俱衰，典章阙坏，而远方小国之君乃知前古官名之沿革，盖录之也。亦如《孟子》谓舜为东夷之人……为言远也。"因为周、鲁的王官文化与西周春秋时期的东夷土著文化都源于五帝时代的东夷古文化，在文化因子上是相通的。所以孔子说："天子失官，学在四夷。"又说，如果"道不行"，就要"居四夷""浮于海"。孔子有着强烈的文化传承使命感，又对周、鲁王官文化与东夷古文化的历史渊源很熟悉，故有这样的言行。

齐、鲁两国初封就国时，是带着王官文化而来的。《左传·定公四年》

载，周王封鲁公“祝、宗、卜、史”等巫史王官礼仪官员，又赐“备物、典策、官司、彝器”等王官典章礼物仪器。这些都是直承夏商西周而来的贵族精英文化，属于大传统。其规格之高，非一般诸侯国就封时所能及。另一方面，齐、鲁两国就封后，又自觉将王官精英文化与齐、鲁两地承传东夷古族的地方土著文化相结合。《史记·齐太公世家》：“太公至国，修政，因其俗，简其礼。”《史记·鲁周公世家》载伯禽到鲁国后，“变其俗，革其礼”。齐、鲁两国通过“因其俗”“变其俗”与“简其礼”“革其礼”等措施，使得王官文化与东夷土著文化在融合中转化，在创新中发展，最终形成了新的齐文化与鲁文化。

总之，西周时期的齐文化与鲁文化有三个主要来源。其一是五帝时代的东夷集团古文化与华夏集团古文化；其二是夏商周三族王官文化；其三是夏商周时期的东夷古地土著文化。这三种文化自五帝以来，已积淀久远；至齐、鲁分封后，终于因缘际会，造就出齐文化与鲁文化两座思想高峰。诚如吕思勉先生在《先秦学术概论》中所言：“其在前此，旁薄郁积，蓄之者既已久矣。至此又遭遇时势，乃如水焉，众派争流；如卉焉，奇花怒放耳。”

这就是齐文化与鲁文化的形成情况。

第一章 齐鲁文化概论

本书所说的齐鲁文化，主要指先秦时期齐、鲁两个诸侯国创造的历史文化，属于学术界习称的狭义的齐鲁文化。

从现有资料来看，先秦秦汉之际，随着各国发展程度的不同，在政治上是强大的秦国统一了中国，秦国的法家文化打败了诸子百家中的其他学术文化。但秦人立国后不久，很快又被项羽和刘邦把政权推翻。刘邦建立汉代后，道家文化便战胜了秦国的法家文化和其他诸家学术文化，成为汉王朝初期时官方的学术文化。到汉武帝时期，又罢黜百家，独尊儒术，使儒家文化后来居上，成功代替了之前的法家思想和黄老思想而成为国家大力提倡的官方文化。汉武帝之后，儒家文化作为中国历代王朝的最高正统文化，持续存在和延续了两千余年，全面影响了中国历代先民的文化心理结构和价值判断准则。直至今日，儒家文化仍然在潜移默化地影响着中华文化的内涵和发展方向。

在中国历史上持续兴盛了两千余年之久的儒家文化的创造者便是先秦时期鲁国的孔子。儒家文化最初的信奉者和弘扬者是以鲁国知识分子为主体的孔门弟子和再传弟子。继孔子之后将儒家思想文化进一步发扬光大的，则是在齐国稷下学宫中引领学术风气的孟子和荀子。因此，先秦时期由齐、鲁两国创造的齐鲁文化，是中国儒学思想文化诞生的摇篮，也是中华优秀传统文化的发祥地。齐鲁文化对中国历史和中华文化的独特贡献和历史价值，值得认真总结和深入研究。

第一节　齐、鲁文化释义

研究齐鲁文化，首先应该对齐鲁文化的概念有明确的界定，对它的内涵和外延有清晰的了解。在此基础上，才能更准确地把握齐鲁文化的精髓。

一般而言，齐鲁文化有广义和狭义之分。广义的齐鲁文化概指山东文化，是中国文化的山东类型，包括古往今来生活在齐鲁大地上的历代先民创造的全部历史文化。狭义的齐鲁文化则专指两周时期齐国和鲁国分别创造的历史文化。它们从公元前1000年左右产生，到公元前200年之后结束，前后延续了八百多年的时间。在此期间，齐、鲁作为两个不同的诸侯国，都经历了产生、发展、壮大、衰亡的过程，都创造出辉煌灿烂的思想文化，都出现了影响时人、福泽后世的历史人物和学术名家，而且都对秦汉之后两千余年的中国古代历史文化产生过重要影响。

一、齐、鲁的本义

齐鲁文化为何以齐、鲁命名？齐、鲁二字在用作国家之名、文化之名以前，还有何原始内涵？古人在创造齐、鲁二字时，究竟以何为据？这些都是我们探源和追溯齐鲁文化时，不得不思考的重要理论问题。据许慎《说文解字》记载，早期先民在创造汉字时，经过“仰则观象于天，俯则观法于地；视鸟兽之文与地之宜；近取诸身，远取诸物”的长期思索和实践，才有所心得。这说明古人创造出来的每一个文字，都蕴含着丰富的社会文化信息。齐、鲁二字亦是如此。因此，要了解齐鲁文化的内涵，必须首先弄清楚齐、鲁二字的原始内涵。以往学者对此已经多有讨论，但至今仍争论不已，尚未形成统一的意见。

从字源学的角度来讲，齐、鲁二字出现的时间很悠久。早在殷商甲骨文中，齐、鲁便分别以多种不同的形体而存在。其字形和字意可作如下解释。

1. 鲁字本义

鲁字在商代甲骨文中常写作、、等多种形状，由上下两部分构成，上面为鱼的象形，下面为指示符号，学者或认为下面的部分是口，或认为是水坎，或认为是渔网，或认为是“邑”字的省写。若为口，则指食鱼；若为水坎或渔网，则指捕鱼；若为“邑”的省写，则指鱼族的所在地。诸说虽略有差异，但都认为鲁字与鱼有关，古人以鱼为原形创造了“鲁”字。

通过分析甲骨文字可知，鲁最初指鱼，如殷商甲骨卜辞中分别有“在圃鱼”和“在圃鲁”的记载，说明二者为一字之转化，彼此可通用。有鉴于此，有学者认为“鲁”字原指一个以捕鱼为主业的早期部族。传世的商代青铜器中有鱼父癸方鼎，出土于渤海南岸的潍坊诸城一带，说明鱼族最早当生活于此，后来经过历代的迁徙，才逐渐定居在后来的山东曲阜一带。

鱼族屡见于殷墟卜辞中，学者已考证他们当是商王小乙的儿子子渔的后裔。子渔的后人是否迁居过曲阜故地，实不可考。因此，此说虽有青铜器铭文作依据，但他们与曲阜地区以鱼（鲁）为称的早期部族是否为同一宗族之人，尚需要更多坚实的资料来证明。

即使两者没有直接的血缘关系，也并不妨碍古代曲阜地区曾生活着一支以捕鱼为业、以鱼命名的早期部族。因为今天的曲阜确实不靠海，甚至离海很遥远，但若从环境史的角度考察，此地在远古时期也曾属于临海之地。据环境史料显示，在距今一万五千年的大理冰期，海水曾下退到低于今天海平面 150 米左右。到距今一万五千年至八千年的冰消期以及回暖期，海水又上涨到高于今天海平面 50 米左右，如今巍峨的泰山在当时也一度变成了“海中神山”。据地质学家勘测，今天的泰山脚下仍然存有远古时期的海岸线遗址，应是当时海水退去后留下的痕迹。在此自然环境中，海水上涨时，今天的曲阜一带也属于临海之地。海水退去后，曲阜故地肯定多川泽水渠，在本地区出现一个以捕鱼为生的早期部族，也并不奇怪。

这个早期以捕鱼为生的原始部族，应该就在今天的曲阜故地长期繁衍发展，到殷商时期，他们已经成为商王室的重要方伯（详细论述见下文）。

2. 齐字本义

齐字在甲骨文中多写作、、、等形。东汉古文字学家许慎在《说文解字》中认为、是麦穗之形，齐字的意思是“禾麦吐穗上平也”。若依此说，齐人在造字之时，齐地的农业生产应该已经非常发达了。但据司马迁《史记·货殖列传》记载，到姜太公建国之时，齐地仍然是“地潟卤，人民寡”。班固在《汉书·地理志》中也称齐地“负海舄卤，少五谷而人民寡”。两书都指出齐地因靠近大海，多盐碱之地，不适合农业耕种，因此民众少，经商之风浓厚。因此，农业发达之说经不起推敲。

司马迁在《史记·封禅书》中还提出一种解释，认为“齐”之得名是因天齐渊之故，所谓“齐所以为齐，以天齐也”。在临淄齐故都出土的瓦当上，不时能见到“天齐”“齐天”等文字，说明“天齐”在齐建国之后仍然经常被齐人提及。天齐又称天齐渊，约位于今临淄境内淄河南岸牛山的西北麓，在古代是当地人祭祀齐地八神之一的“天主”的重要圣地。这里的“齐”字与“脐”相通，“凡居中曰脐”（段玉裁《说文解字注》），天齐的意思即天下之中。此说虽有古文字方面的证据，但齐地何以被称为天下之中，则不明了。

齐地何以被称为天下之中，过去长期不得其解。近年来，江林昌、郭墨兰等先生在考察远古气候环境的变迁时曾指出，大约在距今八千年左右的前海浸时期，由于海水上涨，华北平原高于今天海拔五十米以上的地区和整个胶莱平原都在一片汪洋之中，而处于其中的泰沂山脉和胶东诸山则成了海中孤岛，彼此隔绝，孤立存在。生活于诸高山之上的早期居民对周边世界的认识和了解，都因茫茫海水的阻隔而不得其详，反而认为自己是天下的唯一。待海水退却之后，曾经依山而居的众原始部族纷纷“降丘宅土”，四散于齐地周围，有的甚至通过与其他部族的交流而远徙他地。经过长期的历史变迁之后，当后世族民在追溯本部族的早期历史时，往往会回忆曾经在齐地高山之上长期躲避洪水灾害的经历，从而不自觉地将此地作为自己部族的重要发源地。久而久之，齐地便有了早期天下之中、宗族源头的神圣内涵。

“天齐”半瓦当

与上述说法不同，山东省文物考古研究所的王树明先生曾指出，甲骨文中构成齐字的，当为箭头之形，齐即多个箭头的组合。在远古时代，齐地曾生活着一支擅长射箭、崇尚武力的早期部族。从古文字角度来看，齐字有“翦杀”“锋利”“极速”之意，与箭头的内涵相通。从远古神话传说来看，古书中所习称的后羿便以善射著称，跟随后羿学射并共同消灭夏王朝的寒浞部族活动中心，即位于今天的潍坊市寒亭区，他们都是齐地著名的远古神话人物。从考古发现来看，齐地自细石器时代以来便已常见石质箭镞、骨质箭镞等实物问世，如潍坊寒亭鲁家口遗址大汶口文化地层曾出土石镞 2 件、骨镞 4 件和蚌镞 3 件；潍坊诸城呈子遗址的龙山文化地层曾出土石镞 28 件、骨镞29件等，说明射箭、尚武一直是齐地的固有传统。此外，纪国与齐国临境，其中的“纪”字在古文字中多写作“己”，其字形当为捆绑箭束所用的绳索类物的摹画，故也与箭镞之义有关。①

无论是麦穗，还是箭头，都不唯齐地才有，在其他地区、国族之内也多有发现，但它们都不具备显示齐地独特内涵的特征。而从地名的命名规律看，齐地的出现，应该与该地区特殊的地理环境和特殊的物产有密切关系。有鉴于此，学者又认为应该是对一种山桑叶的摹写。这种山桑叶又称槲叶，作中间高、两侧低之形，是齐地的特产，不见于其他地区，故可以用来代表齐

① 参见王树明：《齐地得名推阐》，《东夷古国史研究》（第一辑），三秦出版社，1988，第133～153页。

地。齐故都临淄出土的瓦当纹饰中经常出现的树木纹，应该就源于这种山桑树。山桑树叶的主要功用是养蚕，说明在远古时期齐地曾长期生活着一支以养蚕、纺织为主业的早期部族。姜太公建立齐国之后，曾结合本地的特点，大力发展“商工之业”，当是对齐地长期存在的采桑、纺织传统的延续和扩大。①

此外，还有“齐”字源于济水之说。齐地靠近古济水，齐、济在古文字中为一声之转，二者相通。与此相类似的是，周人因兴起于周原而得名，黄帝一族因生长于姬水而姓姬，姜帝一族因生长于姜水而姓姜，他们都是“因生而赐姓”。据此，齐地也应该是因位于济水之侧而得此名。②

以上诸说各有所据，其中尤以“箭头说”最被学者认同。但齐字的内涵究竟为何，因资料所限，尚不能定论。

通过以上分析可知，齐、鲁两字在甲骨文中都已经出现，且都以象形的手法彰显了各自所在地的独特内涵。鲁字之形以鱼为主，反映了鲁地在远古时期的自然环境。齐字之形以箭头或山桑叶为主，反映了齐地尚武或善纺织的传统。

二、齐、鲁文化的内涵

在原始字意的基础上，齐、鲁二字经过长期的发展，最终成为齐国和鲁国的国名，并进而指称齐文化和鲁文化。待秦汉时期两种文化合流之后，齐鲁文化便逐渐成为山东地区文化的总称。

我国著名考古学家苏秉琦先生在研究楚文化内涵时曾深刻地指出，楚文化中的“楚”，至少包含四个既相互联系又相互区别的概念：第一，地域概念；第二，国家概念；第三，民族概念；第四，文化概念。我们不能简单地说楚地、楚国、楚族的文化便是楚文化，因为楚地、楚国和楚族三者都是因时而异、随时变化的。楚就好像一棵大树，有大的树干、大的树冠，还有大

① 参见陈昌远：《从“齐”得名看古代齐地纺织业》，《中国历史地理论丛》1995年第1期。

② 参见李玉洁：《齐国史》，新华出版社，2007，第78页。

的树根体系，而树根、树冠、树干则分别指楚文化在整个发展和形成过程中的基础、背景以及同它有关系的诸不同地区、不同文化之间的相互影响和相互作用。①

其实，齐、鲁文化的内涵也当作如是解。齐文化和鲁文化也分别有自己的地域概念、国家概念、民族概念和文化概念，而不同的概念也会随着历史的演变而具备不同的内涵。齐、鲁文化的树干、树枝和树冠也都是随着历史的发展而不断丰富和成长壮大的。只是由于齐、鲁两国的地域要比楚国小得多，齐、鲁境内的民族也没有楚国繁多，所以齐、鲁文化的枝冠要比楚文化瘦弱。但作为不同的地域文化，齐、鲁文化的树干和内涵与楚文化一样丰富和多彩。

下面即依此思路，对齐、鲁文化的内涵做一简单总结。

1. 地域概念中的齐、鲁文化

齐文化是齐地的齐国人创造的文化，鲁文化是鲁地的鲁国人创造的文化。由于地域环境的不同，齐人和鲁人的生活习惯、礼仪风俗也各不相同，所以齐文化和鲁文化的内涵特征也互有差异。因此，明确齐地和鲁地的具体所在，对认识齐、鲁文化的内涵非常重要。

齐地的核心区域当位于其都城地区，此地的齐文化最具代表性。随着都城向外扩展，齐文化的范围也在不断扩大。据司马迁《史记·齐太公世家》记载，齐国在八百余年的发展历程中，曾先后三异其都。最初的齐都为姜太公所建的营丘城。关于其具体地理位置，学者们有临淄说、昌乐说、寿光说等多种说法，至今仍不能确指，但大致范围当位于淄、浵河流域，与今天的临淄地区相距不远。齐国第六任国君齐胡公曾一度将都城由营丘迁往薄姑，并在薄姑城内营建多年。关于薄姑城的所在地，学者们多认为在今天的滨州市博兴县境内。但第七任国君齐献公又将都城由薄姑迁到临淄，即今天的临

---

① 参见苏秉琦：《楚文化探索中提出的问题——在中国考古学会第二次年会闭幕式上的讲话》，《苏秉琦考古学论述选集》，文物出版社，1984，第218页。

淄齐故都所在地。自此之后，直到战国末期齐国灭亡，六百年左右的时间，齐国再未迁都。都城的变迁体现了齐国政治中心的转移，但好在姜太公所建的营丘城与后来的临淄城相距不远，所以除了齐胡公时的薄姑城，齐国的政治中心一直固定在今天的临淄附近。与之相应的齐国文化，也主要以此地为核心逐渐向外扩展。

《孟子》《汉书》等典籍明确记载，齐国在西周初期立国之初，地域仅有“方百里”大小，十分有限。在西周时期，齐国的疆域当始终保持在“方百里”左右，而不会出现逾越礼制规定、随意扩张的事情。但到了春秋战国时，随着周礼崩坏、王势衰微时代的到来，齐国开始大力攻略周边小国，不断对外扩张领土。据不完全统计，包括姜姓齐国和田姓宗族在内，齐国在春秋战国时期曾消灭了纪国、莱国、牟国、郕国、遂国、谭国、阳国、鄣国、宋国、宿国、夷国、薛国等十余个周边小国，其中东面以灭亡纪、莱为主，西边以灭亡谭国为主。到春秋末期时，齐国已经将统治区域扩展到胶莱河以东，并将整个胶东半岛地区划入自己的版图内。到战国晚期时，齐国的南部已到达今江苏的徐州、宿迁地区，与魏、楚接壤；北部到达今河南中部的任丘、徐水一带，与燕国南境相邻；西面到达今河南的范县、南乐一带，与赵、魏相邻；东北则全部占有整个辽东半岛和胶东半岛，直至海边。这东西、南北各千余里的地区都是齐国的统治区域。

随着疆域的扩大，齐国的政治制度、文化风俗和礼仪规范等也得到了极大推广，而且通过与新占领地区原有政治制度、文化风俗和礼仪规范的融合，齐文化的范围在逐渐扩大，齐文化的活力在逐渐增强，齐文化的内涵也在逐渐丰富。

与齐国稍有不同，对于鲁国在西周时期是否也有过迁都之举，学者们尚有争论。有学者认为裴骃《史记集解》所征引《世本》“炀公徙鲁”的记载是可信的，伯禽最初所封的地方是“少昊之墟”。第三任国君、伯禽之子鲁炀公最终将都城迁到曲阜地区。但也有的学者仍坚持认为少昊之墟就在今曲阜地区，与鲁炀公所居之地相同，两者之间没有根本的差别。曲阜故地周围有泗水、洙水和小沂河环绕，东南面是丘陵山岳，西北和西南是辽阔原野，是天然的国都所在地。曲阜作为鲁国都城，自西周时期一直持续到战国晚期，前后延续了八百余年的时间。鲁文化便在这一核心地区生成、发展、延续。

在西周建国之初，鲁国的范围当与齐国相似，面积有“方百里”左右。而且鲁国始终以坚守周礼为己任，终西周之世当不会有太大的变动。到春秋时期，随着礼崩乐坏形势的加剧，鲁国也开始以曲阜为中心向周边扩张。但其北面有强大的齐国，西面与宋国、卫国相邻，南面为势力强大的淮夷诸族，这些国族没有给鲁国大肆扩张领地的机会。在此情况下，鲁国可以扩张的区域仅剩下东面的诸小国族所在地。但鲁国自春秋中期之后逐渐衰落，自己国内的局势尚且无力摆平，更很少有机会和能力去对外扩充势力。因此直到战国晚期鲁国灭亡之前，鲁国最东面也仅仅到达今天临沂的费县、蒙阴一带，西边到达今天菏泽的巨野地区，北面不出泰山，南面尚没有越过曲阜。其统治区域和势力范围远远小于齐国。

在此情况下，鲁文化本身对外扩张的范围是非常有限的，鲁国的政治制度、礼仪规范等对外的影响也是非常微弱的。但与齐国相比，鲁国的文化思想，尤其是在周代礼乐文化基础上产生的学术思想，却随着儒家文化的产生和儒家学者的传播，逐渐在各诸侯国中蔓延开来，进而影响了其后两千多年的中国传统文化。

2. 国家概念中的齐、鲁文化

前文已经提到，“齐”“鲁”两字在甲骨文中已经出现。其中“鲁”字在甲骨文中主要有四种内涵：一用作祭祀名，二有美好之意，三指地名，四指人名。作为地名的鲁，学者已指出即殷商王室的鱼方。卜辞中多有“自鱼”的记载，“自鱼”应该是“王来自鱼”的简称，说明商王经常出入鱼方。卜辞中还有商王占卜“鲁受黍”的内容，说明他们对鲁地的农业能否有个好的收成非常在意。卜辞中不时出现鱼方、鲁地，其具体所在地或许就在今天的曲阜地区。

而在甲骨卜辞中，也经常见到与齐有关的称谓。如：“癸巳，在齐师。”

学者已指出这里的“齐”便是齐国的前身，商代时期王室重要方国的所在地。《山海经·大荒北经》中的“北齐之国”，应该就是指鲁北齐地的早期国族。

殷商时期的鲁和齐既然是商王室在东部地区的重要方国，其文化传统除了固有的东夷文化，还应该包含较多的商文化因素，是由夷、商文化融合而成的综合的方国文化。至于商代齐、鲁之间是否有交流与互动，则因资料稀缺，不可详考。

西周立国之后，随着周公东征的顺利完成，周王室分别在商人固有的齐、鲁故地重新分封了齐、鲁两个诸侯国。齐国的始封君为姜太公，鲁国的始封君为鲁周公，由于周公未亲自就封，鲁国便由其长子伯禽代为受封。齐、鲁两国一北一南，隔泰山相望，分别为周王室镇服东土夷族，以确保他们安于周人统治，接受周人文化。

齐、鲁虽然都由周王室所分封，都位于东夷故地，周边都有东夷旧族和殷商残余势力，都肩负着为周天子藩镇东土的政治使命，但由于具体国情的不同以及统治者个人性格、成长环境的差异，姜太公在齐国实施了“因其俗，简其礼”“举贤尚功”“开放多元”的治国方针，而伯禽在鲁国实施了“变其俗，革其礼”“尊尊而亲亲”“独尊周礼”的治政策略，两国对东夷旧俗和殷商文化的接受程度和改造力度完全不同。在太公和伯禽去世后，两人创立的治国方针并没有多大改变，反而被后世君主长期贯彻执行下去，使两国逐渐形成不同的文化传统。直到战国晚期最终亡国之前，齐、鲁两国的统治策略基本上没有太大的改变。

在两种理政传统的影响下，齐、鲁两国虽然同根同源，但对待本国内周文化、东夷文化和殷商文化的态度存在着较大的差异。齐国本着开放多元的原则，大胆允许东夷文化和殷商文化中的积极因素继续存在，只用周文化对其稍加改造，使各种文化相互影响、相互融合，并最终以齐文化的称谓将其融为一体，概而称之。与齐国相比，鲁国的发展思路则保守得多。历代鲁国国君都坚持以周礼严格改造东夷文化和殷商旧俗，使他们在接受周文化的前提下，用周文化的标准大力改造旧有的礼制传统和文化风俗。以周文化为绝对主体而形成的鲁文化，对东夷文化和殷商旧俗做了最大程度的改造和升级，与多元的齐文化有较大不同。

在此意义上可以说，齐、鲁文化虽然同出一源，但由于两国文化传统的差异，齐、鲁文化的内涵逐渐呈现出较大的差异性，两者走的是不同的发展道路。

3. 民族概念中的齐、鲁文化

这里所说的民族，主要指早期的族群、部族而言，与今天习称的民族在内涵上有很大的差别（在后文中，凡涉及早期民族的，一概以部族相称）。

据《左传·定公四年》记载，周公之子伯禽被分封到鲁国时，除了带着自己的姬姓宗族成员和祝、宗、伯、史等专职人员，还有条氏、徐氏、萧氏、索氏、长勺氏、尾勺氏等周天子赏赐的殷民六族。这六个宗族原来都是生活于殷王畿之内、听命于殷王室号令的世家大族，他们不但宗族规模庞大，而且曾全力支持殷王朝对抗周人的统治。周公东征之后，为了防止他们再次聚族反叛，于是用行政命令的方式将其肢解、拆散。他们到达鲁地时，都带领着自己的宗氏、分族和类丑等。所谓宗氏指各族的大宗，即嫡长子之族。所谓分族指除嫡长子之族之外的诸小宗之族。所谓类丑指分属各族直接控制的奴隶和杂役人员。这种以族为单位、大宗带小宗、小宗带族众、族众带类丑的庞大群体搬迁到鲁国境内后，便与鲁地原有的东夷土著部族即所谓“商奄之民”混居杂处，共同接受鲁国公室的管理。

著名学者江林昌先生曾据此深刻总结道，在鲁国出现之前，鲁地主要以“商奄之民”这一种类型的族群为主，但在鲁国建立之后，其境内已至少存在三个层次六个类型的人员群体：①

第一层：① 周族血缘的伯禽家族集团
　　　　② 周王室的祝、宗、卜、史集团

① 参见江林昌：《中国上古文明考论》，上海教育出版社，2005，第154页。

第二层：③ 殷民六族：条氏、徐氏、萧氏、索氏、长勺氏、尾勺氏及其本宗下的各氏族

④ 殷民之“分族”，即六族以外的小宗之族

⑤ 殷民“六族”与“分族”之“丑类”，即部属奴隶

第三层：⑥ 本地居民，即“商奄之民”

在这些人群中，第一层的两类人员是统治阶层，其余两层都是被统治阶层。这些不同的族群在鲁国境内比邻而居，聚族生产，相互交流，相互影响，并随着历史的发展不断融合。在鲁国建立初期，周部族与殷民六族、商奄之民属于敌对关系，在政治上彼此敌视、相互防范，在文化上则彼此坚守各自固有的文化传统和礼俗习惯。但这种敌对关系和分离状态并没有持续太长时间。随着历史的不断推移，各部族群体之间的融合和交往必然会越来越频繁和紧密，他们在政治立场上开始由彼此敌视变成相互接纳，在文化心理上由彼此隔绝逐渐变为相互交往和吸收。周人、殷人和夷人之间的认同感逐渐增强，一体化意识不断强化。最晚到西周晚期时，他们已经抛弃了自己原有的周人、殷人、夷人的标签，而拥有了一个共同的身份——鲁国人。他们所创造的文化也不再以具体的部族分类，而开始冠以统一的称谓——鲁文化。

因此可以说，鲁文化的主体是由以鲁国公室为代表的姬姓族人、以殷民六族为代表的殷商遗民、以商奄之民为代表的东夷土著等三大族群共同创造的，是多部族文化融合创新的结果。

春秋战国时期，在鲁文化的主体形成之后，鲁国又通过联姻、结盟、战争等多种方式，与邾、滕、杞、薛、齐、宋等邻国以及三晋、楚、秦、吴、越、郑等边远诸侯国，进行了广泛而深入的交流，从而使鲁文化在多部族、多群体间的交往之中得到进一步升华和提炼并形成全貌。

与鲁国略有不同，姜太公被分封到齐国时，他所带领的姜姓部族本就属于东夷姜姓部族的一部分，而且现有文献也没有提到周王室分封给齐国公室殷民部族的事情。很可能是姜太公在齐地建国时，周天子考虑到他是回到自

己的东夷故居建立新的统治政权，而且此地的遗商旧族的数量已经非常可观，便没有再赏赐新的殷遗民部族，而只令姜太公带领自己的部分宗族成员轻装前往齐地建立新的诸侯国。

因此，齐国建立之后，其境内的诸部族群体主要包括两层五种类型：

第一层：① 姜姓部族的太公家族
　　　　② 太公家族的祝、宗、卜、史集团
第二层：③ 齐地原有殷遗民的宗族
　　　　④ 齐地殷遗民部族的“丑类”
　　　　⑤ 齐地的东夷部族

这其中，第一层的太公家族及所属专职人员属于统治阶层，而第二层的殷遗民和东夷部族属于被统治阶层。他们从西周初期的敌视与隔阂，到后期的融合和认同，与上述鲁文化的发展历程相似，兹不赘述。

但与鲁文化发展历程不同的是，从春秋时期开始，齐国凭借着自己强盛的国力，灭了纪国、莱国、牟国、郕国、遂国、谭国、阳国、鄣国、宋国、宿国、夷国、薛国等十余个周边小国。其中，除了属于东夷族所建的遂、牟、莱、纪等国，还包括姬姓部族建立的滕国、郕国，子姓部族建立的宋国、莱国以及任姓部族建立的薛国等。这些创立于不同族群、不同姓氏的国家被吞并且纳入齐国辖区之后，其原有的文化便从多个方面与齐文化进行交流、融合与创新，从而为齐文化提供了源源不断的新鲜血液。随着越来越多的被吞并和灭亡之国族融入齐国的政治实体中，齐文化的内涵也在不断扩展和更新。

可以说，齐文化的主体是包括姜姓部族、东夷部族、殷遗民、姬姓部族、子姓部族、任姓部族等多种族、多群体共同创造的多部族文化的融合体，经过长期的融合与创新后，才最终形成了“齐文化”这一文化实体。

同样，在春秋战国时期，在齐文化的主体形成之后，齐国也通过联姻、结盟、战争等外交方式，与邾、杞、薛、鲁等邻国以及三晋、楚、秦、吴、越、郑等边远诸侯国，进行了广泛而深入的政治往来和经济文化交流，从而使齐文化在多部族、多群体间的交往中得到进一步升华和提炼。

综上可知，齐、鲁两国的文化都是在各自地域不断扩大、部族不断融合和交往的过程中，经过长时间的历史演变而逐渐形成的独具特色的地域文化和诸侯国文化。

第二节　齐、鲁文化的差异与融合

在前后八百年左右的时间里，齐、鲁文化经历了同源、分流、融合的发展历程。说齐、鲁两国文化同源，是因为两国同为周王室宗亲，都从陕西宗周地区东封到今山东地区古东夷故地。齐、鲁两国地缘相邻，互为亲戚，在文化上都是以周文化为指导，以商文化和土著东夷文化为基础。但是，既为两国，就有差异。上文已指出，由于齐国和鲁国在地域范围、部族构成以及治国方针等方面有较大差别，所以齐文化和鲁文化也有差异和区别，齐、鲁文化逐渐形成了各自不同的发展体系和内涵特征。在先秦时期的大部分时间内，齐、鲁文化的差异性因两国政权的对立而长期存在。但自战国晚期开始，随着诸国争战的加剧和大一统思想的流行，齐、鲁文化开始逐渐融通与合流。秦汉时期，随着秦、汉等统一王朝的建立，齐、鲁文化最终合流，并共同融入中原文化的洪流之中，成为中华优秀传统文化的重要组成部分。

一、齐、鲁文化的差异性

历代学者对齐、鲁文化的差异性问题，已从多个角度、多个层面予以较多揭示，所得结论基本可信。现将其内容总结如下。

1. *在经济发展方面，齐文化重工商，而鲁文化重农耕*

就地理位置而言，齐国位于鲁北的沿海之地，其地经海水长期浸泡后已多盐碱化，地力薄而民众寡，不适合发展农业生产。大禹在规划九州时，便曾指出齐故地青州地区“厥土白坟，海滨广斥”。白坟和广斥都是指盐碱化而不宜耕种的田地。《汉书·地理志》也记载齐地“负海舄卤，少五谷而人民寡”，前人已经注释“舄卤之田，不生五谷”，说明当时人们对此地的盐碱化和酸性化是有较深认识的。《世本·作篇》曾记载，早在远古时期的东夷文化时，便已经有宿沙氏在齐地煮制海盐并销往他地。商代时期，殷商王朝在齐故地济南、淄博、青州一带先后设立了很多生产和运输海盐的据点，将鲁北盐业这一丰厚资源牢牢掌控在自己手中。姜太公建立齐国之后，并没有完全照搬周文化重农抑商的经济政策，而是充分利用齐地盐业发达的特点，大力发展制盐业和工商业，通工商之业，便鱼盐之利，将农业种植作为辅助性的产业手段。齐桓公改革时，又在此基础上，“设轻重鱼盐之利，以赡贫穷，禄贤能”，从而进一步扩大了工商业和制盐业的发展，并以此取利，壮大国家的整体实力。由此可知，自古以来，齐地一直以制造、销售海盐而闻名天下，“通利末之道，极女工之巧”，而农业生产则长期处于次要地位。

与齐地不同，鲁国地处黄河冲击平原地带，土地肥沃，宜于农耕。《尚书·禹贡》记载禹划九州时此地的情况是“厥土黑坟，厥草惟繇”，说明此地土地肥沃、草木茂盛。因此，等到洪水退去之后，人们纷纷从丘陵高地移居到平原地区，从事农业生产和桑麻种植，所谓“桑土既蚕，是降丘宅土”。伯禽建立鲁国后，进一步延续和巩固了鲁地适宜农业种植的传统，大力推行周王室以农为本、重农抑商的经济政策，大力发展农业生产，从而使鲁国自立国之初便形成了重农、善农的基本国策。据《国语》《左传》等典籍记载，鲁国的百姓整日忙于五谷、桑麻、六畜等生业，注重农时，在有限的沃土上精耕细作，全心从事农耕生产。鲁国的商品经济则极度不发达。

从现有考古资料可见，齐国故都内已出土数量众多的商用货币，主要包括实物货币、金属称量货币、贝币、青铜刀币与圜钱等五大类。其中的青铜刀币上面多有铭文，铭文内容主要有“即墨之法化”“齐建邦法化”“齐之法化”“齐之化”“齐法化”“即墨法化”“莒邦之法化”“明刀”等，这既体现了齐国货币流通的频繁，又说明齐地工商业之发达。但与此不同的是，在曲阜鲁故城诸遗址内，几乎没有发现任何属于鲁国自己的实物货币，说明鲁国的商品经济发展的非常不充分。

由于经济方式的巨大差异，齐文化具有浓厚的开放融通、重利轻义、善于变通、勇于改革的精神特质，而鲁文化则具有传统保守、精益求精、重义轻利、安于现状、缺乏变革的精神特质。

2. *在政治取向方面，齐文化重变革、行霸道，而鲁文化重因袭、行王道*

齐国自立国之初，便基本上确立了变革创新、因时制宜的理政传统。虽然背负着宣传周文化、改造东夷旧俗的王命而建立齐国，但当看到齐地的实际情况之后，姜太公便立刻采取了“因其俗，简其礼”的治国方针，“俗之所欲，因而予之；俗之所否，因而去之”。勇敢承认东夷旧俗的合理性，并允许它们适度存在，先求稳，再求变，在尽快稳定齐地政治局势的前提下，再循序渐进，逐渐推广周文化。

鲁公伯禽到达鲁地之后，全然不顾当地东夷旧族的强烈反对情绪，坚定不移地去完成周天子交付的宣传周文化、改造东夷旧俗的神圣使命，以政治高压的方式，用周人的礼乐文化强力改造和重塑东夷固有的礼乐风俗，正所谓“变其俗，革其礼”。

从现有考古资料来看，直到西周晚期时，曲阜鲁故城内的墓葬资料中依然存在着东夷文化特征的墓葬与周文化特征的墓葬并存的现象，说明东夷礼俗并没有因鲁国公室的强制推行而彻底消亡，反而在一定程度上继续存在。从淄博高青陈庄遗址资料来看，大多数墓葬所出土的青铜器和刻辞卜骨等都已经与周原王畿地区中典型的周文化墓葬中的同类物品相差无几，说明最晚到西周中期之时，周文化的礼仪风俗和文化观念已经在齐地得到广泛普及，可见齐国公室完成王命的成效也非常显著，所起到的实际效果也并不比鲁国差太多。

春秋前期，当周室衰微、诸侯力政之时，齐国又充分利用自己善于变革的优势，不断提升综合国力。至齐桓公时期，大力打破固有的世卿世禄制度，擢升管仲为相，在诸国中首次实施政治变革。变革主要是对旧有的周文化礼俗和制度进行全力变革，打破周代的井田制，实行“相地而衰征”，承认土地私有，按亩纳税；打破周代的国野制度，实行“叁其国，伍其鄙”的制度；打破周代的军队编制，作三军，并作内政以寄军令，等等。诸项改革均取得巨大成效，并让齐国快速强盛起来，也使齐桓公成为春秋时期的第一位中原霸主。到战国时期，虽然公室成员由姜姓变成了田姓，但齐国固有的变革精神和文化传统得到了全面继承。战国前期，在秦国商鞅变法的刺激下，齐人变革图强的传统再次得到充分展现。齐威王、齐宣王时期连续通过邹忌等名臣的改革行动，使齐国迅速强盛起来，并通过围魏救赵、马陵之战等著名战役，在诸侯国之中声名鹊起，使齐国最终成为仅次于秦国的东方大国。可以说，齐文化中固有的变革精神和传统，是齐国在各个历史时期都能保持强盛发展的强大动力。

与齐国相比，鲁国的因袭守旧传统已经严重削弱了自身勇于变革、敢于尝新的勇气，并进而阻碍了其在关键历史时刻变革求新的力度和成效。直到公元前 594 年，在其他各诸侯国都先后实行了政治变革之后，鲁国才开始实行初税亩制度，意欲在正式承认土地私有的前提下按亩纳税。此项改革虽然在时间上已经距离齐国的管仲改革（公元前 685 年）近一个世纪，但仍然受到了鲁国上下的一致反对，《左传》《国语》等鲁国的史书对此也多大加谴责，从而严重阻碍了此项政策的推行。据学者研究，鲁国的初税亩制度很可能最终在强烈的反对之中流于形式，并没有得到有力实施。

通过对比可知，齐文化的变革精神远远强于鲁文化，鲁文化的保守心理则远远重于齐文化，二者在文化心理方面截然相反。

3. 在民风民俗方面，齐文化重利尚技，而鲁文化重礼尚义

司马迁在《史记·货殖列传》中曾对齐、鲁两国的居民性格和社会风尚有较形象的描述：

> 齐带山海，膏壤千里，宜桑麻，人民多文彩布帛鱼盐。临淄亦海岱

之间一都会也。其俗宽缓阔达，而足智，好议论，地重，难动摇，怯于众斗，勇于持刺，故多劫人者，大国之风也。其中具五民。

而邹、鲁滨洙、泗，犹有周公遗风，俗好儒，备于礼，故其民龊龊。颇有桑麻之业，无林泽之饶。地小人众，俭啬，畏罪远邪。及其衰，好贾趋利，甚于周人。

宽缓，指性格宽舒缓和。阔达，指气量宏大，性格豁达。足智，指富有智慧，善于谋划。怯于众斗、勇于持刺，指不善于群体搏斗，但敢于单兵较量。司马迁在这里是说，生长于千里广袤之地上的齐国人，气量宏大，性格开朗，遇事从容宽厚，通情达理，但对人对事善于谋划，对利益精于策划、敢于争夺，有大国之遗风。

龊龊，指性格拘谨、局促，谨小慎微。俭啬，指生活节俭、吝啬，注重细节。畏罪远邪，指严守礼法，害怕触犯法律法规，远离邪恶，力行正道。司马迁在这里是说，生活于洙、泗流域的邹鲁之国的居民与齐国人的性格有较大不同，他们尊崇儒学，讲究礼仪，远离刑法，追求正道，有周公之遗风。但狭小的生活空间、勤勉的农业耕作以及微薄的利益回报让他们形成了谨小慎微、俭朴吝啬的性格特征。

通过司马迁的记载可知，齐、鲁两国由于生存环境、地域条件与经济基础的差异，导致两国的民众性格、社会习俗等都存在着较大的差异。其中关于齐人豁达而鲁人俭啬、齐人宽缓而鲁人龊龊、齐人善谋划而鲁人行正道的论述，现在已经很难予以证实，传世文献中也很少有充足的记载予以佐证。

但对于鲁人严守周礼、齐人违礼乱制的现象，却有较多资料可以证明。据《汉书·儒林传》记载，刘邦和项羽楚汉相争过程中，在发兵围鲁时，曾见到鲁国诸儒竟然在战乱之世“讲诵习礼，弦歌之音不绝”，于是大为感慨：“岂非圣人遗化好学之国哉。”说明直到秦汉时期，鲁人讲习礼仪、学习礼制的习俗仍然非常盛行。

但与此相对，在诸类文献记载中，齐国人则多以不知礼、不明礼的形象出现。如，公元前557年，晋平公即位之初，为巩固诸侯联盟，在温地召开诸侯大会时，曾按周礼的规定要求各参盟人员赋诗言志，并要求所赋之诗必须符合会盟之礼的要求。结果，所有与会人员中只有齐国卿大夫高厚所赋之诗“不类”，从而惹得晋卿荀偃愤怒，于是率领诸侯共同伐齐。公元前546年，齐国的庆封聘问鲁国，在参加宴会活动时违礼不敬，鲁国人赋诗以讥讽之，结果庆封“亦不知也”，从而受到鲁人的不屑。公元前500年，齐、鲁两国举行夹谷之会时，齐景公在大夫犁弥的建议下，先是选用包括东夷族、戎族在内的“四方之乐”作为大会行礼时的乐曲，并让艺人在表演的时候手持“旍、旄、羽、袯、矛、戟、剑、拨，鼓噪而至”。在受到鲁人的制止之后，又演奏宫廷之乐，“优倡侏儒为戏而前”。对于这种严重违背周礼规定的乱制行为，担任会盟相礼之职的孔子大为愤怒，几次出面干涉才保证了会盟之礼的正常进行。

这里的高厚、庆封、犁弥等人，都是春秋时期齐国的高级世家贵族，且都为齐国的高级参政者。他们对传统礼乐制度竟浑然不知，对周礼的规定全然不顾，只凭自己的喜好我行我素。尤其是齐景公，竟然对会盟行礼如此隆重的礼仪场合所用的乐曲都不明了，这反映出对礼制的蔑视和忽略在齐国境内属于普遍性的社会行为和文化心理。

可以说，齐、鲁两国在民风民俗方面，对传统礼制的态度是不同的。总体看来，齐人忽视礼制，注重权变；鲁人尊礼守法，注重传统。这种差别是两国历史文化长期发展的结果。

4. 在思想文化方面，齐文化包容开放，鲁文化保守稳定

在思想文化方面，齐文化体现出较强的包容性和开放性，而鲁文化则表现出长期的保守性和稳定性。齐、鲁两国的学术思想明显体现了这一特点。

在“因其俗，革其礼”政策的带动下，齐国自姜太公立国之初便确立了允许不同族源、不同群体、不同类别的文化风俗和礼制并存发展的基本国策。此后的历代国君皆世代坚守此传统，并未做较大改变。直到战国时期，虽然田姓贵族代替了姜姓贵族而享有齐国，但此传统仍然被坚守下来。齐桓公时，

曾专门设立“啧室之议”的议政机构，鼓励国人发表不同政见，广开言路，兼收百家之学，为统治者提供资政借鉴。田齐威王时，更是鼓励国人对君主的错误失政之处进行多种形式的劝谏，以极大的胸怀允许杂说并存、歧见同在。

除此之外，田氏贵族更是以极大的包容性创办稷下学宫，广泛吸纳儒家、道家、法家、墨家、名家、兵家、阴阳家、纵横家等各家学派的代表人物。无论他们兴起于何国、持何种学说，都可以在稷下学宫中开宗立派、著书立说，还可以进行各种方式的辩论争鸣，从而推动了战国时期百花齐放、百家争鸣时代的最终到来，促进了齐国学术文化事业的繁荣发展。

与齐国相比，鲁国的学术思想保守稳定。自立国伊始，鲁国便在最大程度上吸纳和接受了周王室的礼乐文化。在治理鲁国的过程中，鲁国统治者又奉行“变其俗，革其礼”的治国方针，对所有与周文化相背、与周人礼乐传统不相符合的文化传统与思想观念予以坚决抵制和打击，或用周礼对它们进行标准化改造。在此环境之下生成的鲁文化在保持了自身较大稳定性的同时，也具有极强的排他性和保守性。最典型的代表是儒学。

孔子在创立儒学和弘扬儒学的过程中，对自己的学术观点始终深信不疑，自始至终都奉行着“一以贯之”的理念，即使不见容于各国统治者，不被其他思想家理解，但孔子及其弟子仍然坚守自己的学术主张，知其不可而为之。孔门弟子可以同其他学派论战，也可以允许他们存在，但很难在其影响下较大程度地改变自己的学术主张。到战国晚期时，儒家思想之所以会发生转变，是因为孟子、荀子等人在研习儒家思想的同时，还在齐国稷下学宫生活学习了很多年，受包容、开放的齐文化思想的影响较大，从而主动用齐文化来改造儒家文化，使儒家文化迎来了新的发展生机。而当时仍生活于鲁地的儒家学者则仍然紧守着孔子旧说，在日益衰亡的鲁国境内开坛授学，尊师重教，未进行太多的改变。

综上可知，分别在齐国和鲁国境内产生并发展的齐文化和鲁文化，在很多方面都体现出较强的差异性。两者因地域的不同、文化传统的差异以及统治者治国理念的分歧等，而表现出不同的内涵特征。

二、齐、鲁文化的融合

除了差异性，齐、鲁文化也在彼此的频繁交往中，不断进行互动交流与融合发展。很多资料可提供有力证明。

1. 西周时期齐、鲁文化的交流

早至西周时期，齐、鲁两国之间便进行着广泛的文化交流。通过相关考古遗址的分布情况可知，当时鲁北地区自平阴要塞、历城、章丘、邹平、桓台、寿光、昌邑直到龙口的东西大道已经存在，并已作为鲁北地区东西沟通的主要通道。而从鲁北平原南下，经泰山西缘直到鲁国腹地的南北通道也畅通无阻。除此之外，沿淄水、汶水的莱芜谷道在西周早期也已经存在，齐、鲁两国正是通过这些贯通南北的“鲁道”，进行频繁的政治、经济、文化交流。在交流的过程中，齐、鲁文化互通有无，相互影响。

2. 春秋时期齐、鲁文化的交融

春秋时期，齐、鲁两国南北接壤、互为邻国，两国间既有政治往来、婚姻嫁娶，又有军事斗争，这其中便每每伴随着文化的交流与融合。如孔子年轻之时，曾游学于齐，并见到了齐国国君齐景公。在齐景公向其问政时，孔子回答他治国首先应该严格遵守“君君、臣臣、父父、子子”之道，然后还应该节财省用。齐景公听后大为赞赏，连呼“善哉”，并打算将齐之溪田封于孔子，以用其道整治齐政。后来虽然由于齐国卿大夫的反对而作罢，但孔子对鲁文化的传播和弘扬还是得到了部分齐人的响应。而且，在游于齐境时，孔子还无意间听到了齐地独有的韶乐，与之前在鲁国听到的大有不同。孔子听后十分喜爱，三月不知肉味。后来孔子曾多次称赞韶乐的美妙，说明他对齐国的音乐文化是有所接受的。

公元前 500 年，齐、鲁夹谷之会时，齐人所使用的夷狄之乐和宫中之乐受到鲁人的强烈反对，在正式演奏鲁人的周礼之乐后，双方才顺利完成这次会盟之礼。此次两国礼乐文化的较量使齐景公大为震撼。他事后曾公开对群臣报怨“鲁以君子之道辅其君，而子独以夷狄之道教寡人”，说明他对鲁国的礼乐文化是接受和认可的。

前文已指出，从姜太公开始，齐人的治国传统是权谋与道术，轻礼仪而重功利，尊贤尚功，与鲁国严守周礼、尊尊亲亲的治国传统颇为不同。但春秋晚期的名相晏婴在执政时，却在很大程度上吸纳了鲁国的礼治思想，并经过转化改造用于治理齐国。相传晏婴曾亲自前往鲁国，观摩鲁国的礼治，并曾向孔子请教。在后来的执政中，晏子数次强调“夫礼者，民之纪也，纪乱则民失”，“上若无礼，无以使其下”，“下若无礼，无以事其上”，从而大力推行礼治，并试图以礼来改造齐人和齐文化。晏婴的礼治思想应该是当时齐、鲁文化融合的重要例证。

3. 战国时期齐、鲁文化的交融

战国时期，齐为东土大国，鲁为蕞尔小邦，两国在政治上的实力相差太过悬殊，根本就没有平等交往的机会。相反，齐国曾数次发兵攻鲁，意图灭鲁，后来在魏、楚等国的干预下才最终作罢。与政治上的交往相比，齐、鲁两国在思想文化上的融合却空前深入，双方甚至已经在一定程度上合而为一了。这主要得利于齐国稷下学宫的创设和繁荣。

自田齐桓公时设立，齐威王、齐宣王时臻于完善的稷下学宫，是田姓齐国在战国时期的重要创举。它不但成功促使儒、墨、道、法等诸子百家学派齐聚一堂，朝夕相见，互相争辩，共同发展，而且极大促进了百家争鸣局面的出现和学术文化事业的大繁荣。其中，齐、鲁思想文化也得到了深度汇通与融合。最有代表性的思想人物以孟子和荀子为例。

孟子是孔子之后最有成就的儒家代表人物之一，有“亚圣”之美誉。孟子受教于孔子的孙子子思，子思受教于曾参，曾参则是孔子的入室弟子，孔、孟之间的学术传承是清晰且纯粹的。孟子早年时致力于研习儒学，对儒家的学术观点和思想主张深信不疑。但后来随着鲁国的势衰和齐国稷下学宫的兴盛，天下诸多学派全都争相前往，孟子也在此潮流中先后两次前往齐国，并在稷下学宫中生活了二十余年。可以说，孟子成年之后精力最为旺盛、学术思想最为活跃的时期，就是在齐国度过的这段时期。在与齐人、齐文化的长期接触中，孟子深受其影响。从今存《孟子》一书中可知，孟子的思想虽然仍以儒家文化为根本，却时刻体现着齐人的文化观念和思想主张，如孟子突破了儒家学者罕言利、轻视利的传统，多次言及利益在个人发展和国家治理中的重要意义，如“明君制民之产，必使仰足以事父母，俯足以畜妻子，乐岁终身饱，凶年免于死亡，然后驱而之善”(《孟子·梁惠王上》)；“民之为道也，有恒产者有恒心，无恒产者无恒心”(《孟子·滕文公上》)等，都与管子“民富则易治也，民贫则难治也”(《管子·治国》)的思想主张是一脉相承的。而且，孟子“民贵君轻”的思想与儒家学说也有别，是广泛吸收了齐国文化思想后形成的。可以说，孟子的思想主张体现了齐、鲁思想主张的高度融合。

比孔子稍晚的知名儒家代表还有荀子。荀子虽然不是鲁国人，但他的学术体系是儒家的。同孟子一样，荀子也曾在齐国的稷下学宫中生活多年，并曾“三为祭酒”“最为老师”，是当时最为权威的学术名家。从今存《荀子》一书中可知，荀子既讲仁、义、礼，也讲利、法、刑；既主张尊古，又提倡法后王；既主张以礼为本，又强调富国强兵；既弘扬儒家积极进取的思想，又主张“制天命而用之”，与孔子“畏天命”的理念不同；既主张爱民保民，又提倡君主集权；既主张重农，又提倡发展工商业；既主张贵贱有等，又提倡贫富融合。总之，荀子的思想主张在多元汇集的基础上，在更大程度上对齐、鲁文化进行了融合与汇通。学者普遍认为，荀子思想是齐、鲁文化在战国时期融合交流的最大结晶。

战国时期齐文化与鲁文化融合统一的现象，还可以从“齐鲁”称谓的变迁上得到有力证明。

在现有先秦典籍中，“齐鲁”作为一个整体词汇最早是在战国时期出现的。在此之前，齐、鲁在同一语句中出现时，多分别指代两个不同的国家。如，孔子在《论语·雍也》篇中曾说道：“齐一变至于鲁，鲁一变至于道。”《左传·定公十年》也有“齐、鲁之故，吾子何不闻焉”的记载。其中的

“齐”“鲁”还是各自独立的两个词汇，分别指称齐国和鲁国。但战国时期问世的《荀子》一书中的《性恶》篇明确指出：“天非私齐鲁之民而外秦人也，然而于父子之义，夫妇之别，不如齐鲁之孝具敬父者，何也？”意思是，上天并非有意偏袒齐鲁之民而抛弃秦人，但在父子、夫妻礼仪上，秦人确实不如齐鲁人孝顺恭敬、严肃有礼。这是因为，齐鲁之民在后天成长过程中习礼仪、守孝悌，而秦人没有这样，所以齐鲁之民便以知礼、守礼见称于世，而秦人则给人以无礼、慢礼的印象。由此可知，“齐鲁”到此已成为一个复合名词，总指齐、鲁两国。另外，此处说齐鲁之民在当时已经以守礼、奉礼而著称于世，而与秦人有别，说明齐鲁文化的融合度和统一性在当时已经非常高了。

从现有考古资料来看，战国时期齐国的货币已经广泛遍布于鲁国各地，如 1975 年在临沂市蒙阴县垛庄镇发现了一处春秋战国遗址，该遗址出土的文物既有齐文化的特征，又有鲁文化的特征，说明齐文化在鲁中南地区已经非常普及，鲁地人在鲁文化的基础上，也开始在很大程度上接受和吸纳齐文化的有利因素，从而实现了齐文化和鲁文化的并存和互动。

5. 两汉经学时期齐、鲁文化的交融创新

公元前 221 年，随着齐都临淄的被攻陷，东方六国中的最后一个大国也落入秦人之手，秦国正式统一天下，并成功建立了新的中央集权性质的统一国家。

随着国家政权的统一，春秋战国时期的诸子百家之学也逐渐归于一统，学术合流、文化一体的趋势已不可阻挡。秦汉王朝所选用的核心学术文化都与齐鲁文化有关，尤其是汉代的经学，主要指的就是齐鲁之学。

早在战国时期，诸子百家之学相互融合的趋势已经到来。战国后期比较受欢迎的几种学术流派都是在充分吸收多家学术观点的基础上形成的。如在稷下学宫中占主流地位的齐法家，是早期法家充分吸纳道家和儒家思想后形成的，他们引道入法，道法并提，主张法制与儒家的礼义教化并重，使儒、道、法合流，从而形成了不同于秦国法学的齐法家。如最受各国统治者欢迎的黄老道家，是在融合传统道家与齐法家的基础上，又融合名、儒、阴阳等诸家主张之后形成的。另外，阴阳家的学说是在充分吸收五行学说的基础上，形成了以“五行相生”和“五行相克”说为主体的邹衍的新阴阳五行学说。这几种学术流派都是诸子百家学说融合汇通之后所产生的综合体，是齐文化包容性、开放性、汇通性的重要产物，更是齐鲁文化对中国古代学术思想做出的巨大贡献。

秦始皇统一六国之后，所奉行的法家学说主要是齐国的新法家思想。这一思想体现了齐鲁文化的精华和贯通。秦始皇所信奉的“五德终始说”，是产生于齐国稷下学宫的新阴阳五行学说的主张。汉代初期统治者曾一度奉行的清静无为的黄老道家思想，正是产生于齐国稷下学宫的黄老思想。汉武帝时所提倡的“罢黜百家，独尊儒术”的主张，更是以儒家学说为核心，将道、法、阴阳、名等多种学术流派相整合的综合性的新型儒家思想。关中地区的咸阳与长安一带虽然已经成为新的政治经济中心，却未影响齐鲁文化在中国传统文化中的地位。

提出“罢黜百家，独尊儒术”思想主张的汉代名儒董仲舒，更是齐鲁文化融合的重要代表人物。虽然董仲舒自幼研习儒学，心无旁骛，三年不窥园，但他研习的《春秋公羊传》是具有齐学特征的儒学。后来，董仲舒在《春秋公羊传》的基础上，将周代以来的天道观和阴阳五行学说结合起来，再充分吸收法家、道家、阴阳家等学派的观点，重新创造了一个新的思想体系并使之成为汉代的主流思想。因此，董仲舒的思想主张体现了汉代时期齐学和鲁学的融合和统一。

与这种局势相对应的是，齐鲁之称在秦汉的文献中开始频繁出现。在《史记》《汉书》等正史典籍中，齐鲁不但可作为一个地理名词出现，指齐鲁地区，而且可用以指称特定的学术和文化区域，如《史记·儒林列传》云：“韩生推《诗》之意，而为内外传数万言，其语颇与齐鲁间殊。”《汉书·艺文志》云：“汉兴，有齐鲁之说。”这说明随着齐鲁文化合流工作的完成，齐鲁在当时也已成为一个特定的文化区域称谓，而广泛出现于秦汉人的日常用语中。

综上可知，从齐、鲁文化到齐鲁文化，其本身的内涵有一个发展演变的历程。在不同的历史时期，齐鲁文化的内涵特征也不同。这是研究齐鲁文化时首先应该关注的重要学术问题。

第三节　齐鲁文化的历史贡献与当代价值

纵观齐鲁文化起源、发展与演变的漫长历程可知，早在距今几千年的新石器时代，齐鲁文化的前身东夷文化便已经在中华文明早期发展过程中做出了突出的历史贡献。西周时期齐、鲁两国正式建立后，齐、鲁文化更是在东夷文化的基础上继续发扬光大。齐、鲁两国在各自的发展过程中，不但创造了辉煌灿烂的地方文化，而且通过不断地对外交往，使齐、鲁文化逐渐突破地域限制而得到广泛传播，并通过与其他文化的交流融合而不断发展壮大，并最终成为广受各国关注的知名地域文化。秦汉王朝建立之后，虽然齐、鲁诸国先后被攻灭，但齐、鲁文化得到了秦皇汉武的高度重视。秦汉统治者分别通过不同的方式将齐鲁文化的精华积极吸纳到秦汉大一统文化中，并用齐鲁文化的某些内涵改造了中原华夏文化。秦汉以后，以中原华夏文化为主体、以齐鲁文化为重要组成部分的汉民族文化基本定型。在中华文明五千多年的历史中，齐鲁文化用不同的方式发挥着自己不可取代的重要功用，并做出了重要的历史贡献。

一、东夷文化为中华文明的起源和早期发展做出了独特贡献

齐、鲁立国之前，山东故地一直是东夷部族长期生活的区域，东夷文化已经发展到很高的历史高度。周初分封诸侯，太公封齐、伯禽封鲁之后，两国都在原有东夷文化的基础上，将周文化与东夷文化融合改造，而后分别创造出非常发达的齐文化和鲁文化。

据历代考古学家和历史学家的反复论证已可知晓，自传世文献中习称的“五帝时代”开始，即公元前三千年至公元前两千年之间，中华文明便开始了独立起源的历程。各种文明因素已经在黄河流域、长江流域以及长城南北地区普遍出现，其中位于山东地区的东夷文化是文明化程度最高的一支。①

判断文明起源的标准非常复杂。目前，国内外学术界采取的比较通行的判断标准，主要包括文字、青铜器、城市、宗教礼仪建筑四个因素，它们是国家的物化载体，彼此之间的有机结合能在一定程度上体现比较抽象的国家形态。通过仔细分析这些文明因素可知，东夷文化在文明起源阶段已经是非常成熟的早期文明了。

首先，从青铜器的使用情况看，考古学者在胶州三里河遗址发现过两段黄铜锥，在诸城呈子遗址、长岛店子遗址发现过铜残片，在栖霞杨家圈遗址发现过残铜锥和铜炼渣，在日照安家尧王城遗址发现过铜炼渣，在牟平照格庄遗址发现过青铜锥，说明东夷先民很早便掌握了青铜器的冶炼技术并开始使用青铜器具了。

其次，从文字使用情况看，自20世纪60年代开始，考古学者便在泰安宁阳、莒县陵阳河、日照尧王城以及诸城前寨等地大汶口文化遗址的陶器上，发现了多个不同样式的陶文符号。学者已考释部分字或可读为“炅”“炅山”“斤”“凡”“封”等，且普遍认为这些应该就是中国最早的文字。它们仅是单个文字，彼此还不能成句连读。但考古学者在山东邹平丁公村的龙山文化遗址中，又发现了一片刻有5行11字陶文的陶器。诸字之间已可连读，是一个完整意义的句子。经学者考释，陶文记载了古人用鸡骨占卜以招祖驱邪的一次宗教活动。从书写方式上看，这些频繁出现于齐鲁故地的早期文字与后世的殷墟甲骨文、商周金文等不属于同一文字系统，应该是早期东夷部族独立发明并长期使用的原始文字。而在同时期的中原地区，一直未发现如此

---

① 参见江林昌：《五帝时代中华文明的重心不在中原——兼谈传世先秦秦汉文献的某些观念偏见》，《东岳论丛》2007年第2期。

成熟的陶器文字，说明当时东夷部族的文明化程度高于中原华夏部族。

最后，从城市和宗教礼仪建筑看，早至五帝时代后期的山东龙山文化时期，齐鲁故地便已出现了王权，形成了礼制，确立了金字塔式的等级社会结构。尤其是出现了发达的城市群组，成为中国最早出现城市的地区。据著名考古学家张学海先生统计，到 20 世纪末，考古工作者已在山东、河南、内蒙古、湖北、湖南、四川等地发现了龙山时期的数十座城邑，其中中原地区有 5 座，而山东地区有 17 座，居各地之首。这 17 座古城中，位于泰沂山脉以北的有寿光边线王、乐平教场铺、阳谷景阳冈等 12 座，位于泰沂山脉以南的有五莲丹土、蒙阴吕家庄、兖州西吴寺等 5 座。[①] 从这些城邑的规模和社会功能看，可将其分为中心王都、中等城邑、基层聚落三个等级。王都的周围则依次分布着数量较多的中等城邑和基层聚落，形成了“都”“邑”“聚”三级社会结构。这都说明齐鲁故地早至龙山文明时期已出现中国早期的古国，其文明化程度高于同时期的其他地区。

与这些考古资料相对应的是，齐鲁故地在五帝时代晚期出现了中国最早的文明国家——虞。传世文献所习称的“虞夏商周”四代中，最早出现的朝代便是这个由东夷部族建立的虞朝。2002 年出版的《上海博物馆藏战国楚竹书》第二册中的《容成氏》篇明确记载东夷部落集团中的“有虞迵”曾经将部落联盟共主的位置禅让给华夏部族集团的唐尧，唐尧在执政的晚期又将部落联盟共主之位禅让给迵的后人虞舜，从而补充了以往传世文献记载的不足。据此可知，在传世文献记载的夏代之前，中国历史上还存在一个由东夷部族建立的虞朝，所谓“尧舜禅让”“舜禹禅让”其实都发生在虞朝。

国家是文明产生的标志，虞朝这一早期国家的存在，有力证明了在中国文明早期发展阶段，东夷部族一度是当时文明化程度最高的部族。只可惜从虞朝晚期开始，中原部族的禹族、启族异军突起，并最终建立夏朝，从而使中国早期文明的重心从东夷故地转移到中原地区。

---

① 参见张学海：《试论山东地区的龙山文化城》，《文物》1996年第12期。

夏朝建立之后，来自东夷部族的后羿、寒浞一族虽然曾在夏帝太康时击败夏族而获得最高执政权，并取代夏族统治中原地区四十余年，史称“后羿乱夏”。但夏人少康最终还是重新夺回了政权，夏朝继续作为黄河流域的最高政权而长期存在。东夷部族的辉煌历史也一去不复返了（详细过程见后文）。

夏朝灭亡之后，兴起于冀南豫北的子姓商族凭借着与东夷部族的政治联盟，共同建立了商朝。来自东夷族的伊尹作为商汤的重要盟友，曾协助商人灭夏，并辅助商汤治理朝政。在商汤去世之后，后嗣者不德，伊尹又先后辅佐太丁、外丙、中壬、太甲、沃丁等六位商王治国。伊尹去世之后，其子伊陟又继续辅佐商王太戊。可以说，东夷部族与商部族的亲密盟友关系不但促进了两种文化的交流和融合，而且为商人政权的建立和商文化的兴盛提供了有力的保障。

在统治中原地区五百余年之后，兴起于陕西关中地区的姬姓周族又通过与诸东夷部族的结盟，建立了周王朝。周人立国之后，为保证持续长久地占有东夷故地，曾分封齐、鲁等国，加强对东土的控制。终西周之世，齐、鲁两国通过“因俗简礼”和“变俗革礼”两种不同的治国方针，积极吸纳周文化、商文化和东夷文化中的有利因素，不断融会贯通、变革创新，在成功完成藩屏周室这一政治目标的同时，创造了独具地方特色的齐文化和鲁文化，从而进一步丰富和发展了以周文化为代表的中华早期文化。

可以说，在虞、夏、商、周四个历史时期，生活于齐鲁故地的东夷部族一直作为一支重要的政治总力量参与其中。他们不但为虞、夏、商、周王朝的建立提供了强大的政治支援，而且为中华早期文明的持续发展做出了自己独有的贡献。在中华文明的起源和早期发展阶段，东夷文化无疑是除中原文化之外最重要的一支。

二、齐鲁文化为中华文明转型时期的学术繁荣提供了学理支撑

公元前 771 年，曾经繁盛一时的西周王都镐京被来自西北方的犬戎族攻

陷，西周的最后一位国君周幽王被杀，其子周平王迁都洛邑，东周王朝正式开始，春秋战国时代的历史从此拉开了帷幕。

春秋战国时期，周天子逐渐失去了号令天下诸侯的权力，整体实力日益衰落，不但无力调配各级诸侯国，反而事事都要看齐、晋、秦、楚等大国的脸色行事。到战国晚期时，周王室更是被日益强盛的秦国吞并，结束了自己八百多年的历史进程。

与王权旁落相呼应的是，齐、秦、楚、晋等位于洛邑东、西、南、北四方诸侯国的整体实力日益增长。他们通过各类政治变革，对原有的制度进行大力革新，并不断实行与新形势相匹配的政治经济文化政策，从而大力推动了自身整体实力的增长。公元前 685 年，齐桓公继任齐国国君后，率先利用名相管仲进行政治变革，使齐国成为当时最强盛的诸侯国，齐桓公本人也成为中国历史上的第一位霸主。其在位期间，齐桓公打着“尊王攘夷”的旗帜，北伐山戎，南征荆楚，全力保全华夏文化的固有文明成果，而且多次化解周王室危机，稳固周王室政权。齐桓公之后，宋襄公、晋文公、秦穆公、楚庄王先后称霸诸侯，号令各国，史称“春秋五霸”。公元前 475 年，春秋时代结束，战国时代来临。齐、楚、韩、魏、赵、燕、秦七大诸侯国并争于世，史称“战国七雄”。当时，诸国政治变革迭起，彼此军事征伐不断，都想在列国争强中独占鳌头。在反复的角逐过程中，兴起于西方的秦国最终吞并其他诸国，一统天下，建立了强大一时的秦王朝。

通过学者多年的论证已可明了，春秋战国时期的五百余年间，王权下移，邦国林立，战乱不已，纷争不断，中国历史进入一个前所未有的大动乱时期。但这一时期也孕育出辉煌灿烂的思想文化。其间，产生了孔子、孟子、老子、墨子、韩非子、庄子、邹衍等学术名家，以及儒家、墨家、道家、法家、阴阳家等学术流派，出现了管仲、晏婴、商鞅、吴起等政治家以及孙武、孙膑、司马穰苴、范蠡等军事家，出现了《论语》《孟子》《左传》《周礼》《老子》《韩非子》《庄子》《吕氏春秋》等中华学术经典，可谓名家辈出、思想迭现。这既是一个历史大变革、社会大动荡的时代，也是一个思想大解放、学术大繁荣的时代，为后世两千余年中国历史的发展奠定了深厚的文化基础。

德国历史学家、哲学家卡尔·雅斯贝尔斯（Karl Jaspers）曾深刻地指出，在公元前800年至公元前200年之间，以公元前500年前后为中心，中国的春秋战国时期、印度的列国纷争时期和古希腊的城邦林立时期等世界三大古文明中心，几乎同时出现了一大批思想伟人，形成了一系列哲学争鸣和科技创新，发生了深刻的精神运动。这个时代可称之为人类历史上的“轴心时代”。其间，中国出现了以孔子、孟子、老子、墨子等为代表的文化巨匠，希腊产生了以苏格拉底、柏拉图、亚里士多德等为代表的哲学大师，而印度则产生了以释迦牟尼、毗诃跋提等为代表的著名先知。这三大轴心文明时期产生的思想产品深刻影响了以后整个世界的历史文化发展，直至今日，人类一直靠轴心期所产生、思考和创造的一切而生存。

因此，研究中华传统文化，首先要研究春秋战国时代的文化。孔子、墨子、庄子、荀子等学术名家在此期间创造的异彩纷呈的学术文化，为之后中华文明和中华文化的发展提供了源源不断的理论滋养和动力支持。我国著名史学家吕思勉先生在其《先秦学术概论》中，对春秋战国时期诸子百家之学的兴盛和繁荣给予了形象描述：“如水焉，众派争流；如卉焉，奇花怒放耳。积之久，泄之烈者，其力必伟，而影响于人必深。”

而在这中华轴心文明时代的春秋战国时期，由于地域性的差异和历史文化发展的不均衡性，各诸侯国的文化发展程度及自身特色并不相同。著名历史学家李学勤先生曾根据各地不同的文化特性，将春秋战国时期的文化中心分为七个不同的文化圈，具体包括“中原文化圈”“北方文化圈”“齐鲁文化圈”“楚文化圈”“吴越文化圈”“巴蜀滇文化圈”“秦文化圈”。① 这七个文化圈中，产生思想名家、学术流派和学术经典著作最集中的，便是位于今山东省范围内的齐鲁文化圈。

鲁文化重传统、遵礼制，保存了丰富而完备的周代文化典籍。鲁地诞生

① 参见李学勤：《东周与秦代文明》，上海人民出版社，2007年，第10～11页。

了文化巨匠孔子，孔子又创造了博大精深的儒家文化。这些都为诸子百家的兴起奠定了深厚的学术基础。

作为周公的直接封国，鲁国自建立之日起便成为保存周人文化和礼制最为丰富的国家。在建立之初，鲁国便被赏赐了其他诸侯国所没有的祝、宗、卜、史等典礼之官和备物典策等，还独享郊祭文王之礼和封禅泰山之特权。伯禽建鲁之后，又花费了数年的时间，在鲁国大力推行“变其俗，革其礼”的治国方针，从而用周礼最大限度地改造和革新了鲁地故有的夷商文化传统，确保了周代礼乐文化在鲁地的彻底有效推行。

伯禽去世之后，“变其俗，革其礼”的治国方针继续得到后世君主的贯彻执行，从而使鲁国成为存留周文化传统最为丰富的国家。直到春秋晚期，当其他诸侯国已通过各种举措大力发展侯国文化时，鲁国仍然固守周礼传统，延续和弘扬周礼文化。鲁襄公二十九年（公元前 544 年），吴国的公子季札在出访鲁国时，特意观赏了鲁国保存的周代乐舞。其内容之丰富、保存之完备让季札叹为观止。鲁昭公二年（公元前 540 年），晋国执政卿韩宣子访问鲁国时，观书于鲁太史处，在观书之后大为赞叹道：“周礼尽在鲁矣！”这说明时人对鲁国保存周人文化典籍、固守周礼之功是认可的。

在此文化传统基础上形成的鲁文化便有着鲜明的特色。而长期受此文化影响熏陶的鲁国人也时刻表现出尊礼重教、崇信尚质的特点。到春秋晚期，一代思想名家孔子诞生于鲁国的尼山。孔子出身于没落贵族家庭，父母早亡，只能从事诸多“鄙事”以勉强度日，却凭借自己的天赋和努力，在鲁文化的沐浴熏陶下，成为著名思想家、教育家。到 30 岁左右时，孔子已经以好学切问、博学守礼而著称于世了。

孔子生活的时代正是礼崩乐坏、周道不兴的社会大变革时期。孔子有感于王权不兴、大道衰亡之现状，提倡以文载道，以复兴周礼、弘扬古代文化传统为己任，一生学而不厌、诲人不倦，试图凭借一己之力，改变种种社会乱象，再现上古圣世。为实现此理想，孔子在学有所成之后，便积极寻求从政理民的机会，不惜以老迈之躯周游列国，知其不可为而为之。但造化弄人，孔子最终没能得到各国最高统治者的赏识和重用，其治国平天下的伟大理想也未能实现。

在追求政治理想的过程中，孔子勇敢打破官学世守的传统，开坛授学，广招门徒，创立了中国最早的私学，把之前由贵族子弟专享的礼乐文化知识积极传授给普通平民子弟，从而极大扩展了传统礼乐文化的传播范围。据司马迁《史记·孔子世家》记载，孔子一生弟子三千，身通六艺者七十有二。这些弟子来自不同的国家、不同的宗族，待学有所成之后，又分散到各诸侯国内，沿着孔子的步伐，继续开坛授学，教育弟子，从而使古代礼乐文化和孔子的思想得到了最大范围的传播和流布。

在教育子弟的过程中，孔子还广泛整理《诗》《书》《礼》《易》《乐》《春秋》等典籍，并在整理过程中秉承“述而不作”的理念，最大限度地保存各类典籍的本来面貌。这些被后世称为“六经”的经典，除被用作教材教授弟子外，还承载着孔子“以文载道”的政治理念，并在秦汉之后成为后人学习和了解早期历史文化的主要文献依据。①

在孔子及诸弟子的努力下，儒家学派逐渐得到社会各界的认可，儒家文化守礼重教、尊仁重义的理念也得到极大传播、推广，儒学成为春秋时期的显学。到战国时期，随着孟子、荀子等儒学大师的出现，儒学进一步发展壮大，儒家学派成为当时数量最为庞大、影响最为深远的学术流派。汉武帝时，又实行“罢黜百家，独尊儒术”的举措，从而使儒学成为官学正统。

学者已多方论证，只有在鲁文化浓厚的礼乐文化氛围中，才能产生孔子和儒家文化；而儒家文化的学术观念和思想主张是符合中国传统社会的文化心理结构的。汉武帝时期实行“罢黜百家，独尊儒术”的举措是之前三千多年中国传统文化发展的必然结果。从这个角度来讲，鲁文化对中国传统文化的影响，怎么赞美都不过分。

齐文化开放包容，重变革，尚融通。齐国创办的稷下学宫为战国时期诸

---

① 参见江林昌：《“六经”内容、流传与古代文明研究》，《孔子研究》2006年第4期。

子百家争鸣提供了广阔的历史舞台。

与鲁国不同，齐国的创始人姜太公自立国之日起，便确立了“因其俗，简其礼”的治国方针。齐国虽然也承担着传播周文化、藩屏周王室的政治使命，但姜太公为减少立国的阻力，根据齐地的实际情况，大胆容许土著夷商文化存在，并采取了因俗简礼、尊贤尚功、通商工之业、便鱼盐之利、大力发展工商业等措施。此举不但使齐国迅速发展成为地方大国，而且使齐文化在创立之初便具有了包容、多元、变革、融通的基本特质。

到春秋之时，面对王权下移、礼崩乐坏的政治环境，齐桓公毅然任用管仲进行政治变革。在改革过程中，齐国首先废除了周王室长期实行的井田制度，“相地而衰征”，认可私田，履亩纳税，尽地力之教，用实物地租取代了长期实行的劳役地租，从而极大调动了普通民众的生产积极性。在此基础上，齐国又实行“叁其国而伍其鄙”“作内政而寄军令”“四民分业”“乡举里选”等措施，全面变革固有的政治经济制度，全力建构一套与新形势新环境相适应的制度。管仲改革是春秋时期历史上的第一次政治变革，齐国是当时第一个进行政治变革的诸侯国，齐桓公也凭借这次变革成为春秋时期的第一位诸侯霸主。其后，晋、鲁、楚、郑等国家的变革几乎都是在借鉴齐国改革的经验上开展的。

战国时期，齐国的最高统治者虽然由姜姓变为了田姓，但齐文化变革、融通的特性并没有受到影响，反而继续延续下来。齐威王在位时，大胆任用邹忌进行政治变革，黜冗吏，举贤能，严格官吏考核，谨修法度，从而使齐国的政治、经济、文化实现了发展与繁荣。邹忌的改革使齐国大治，国富民强，“诸侯闻之，莫敢致兵于齐二十余年”（《史记·田敬仲完世家》）。齐威王之后的宣王、闵王之时，齐国先后“南举楚淮，北并巨宋，苞十二国，西摧三晋，却退强秦”，并成功创造出楚、秦、魏等“五国宾从，邹、鲁之君，泗上诸侯皆入臣”（《盐铁论·论儒》）的繁盛局面。

与政治变革相适应的是，齐国自田齐桓公午时起，便有意识地在齐国临淄故城西门外的稷门附近，建造“高门大屋”，“开第康庄之衢”，大举兴建学宫和供学者居住的房舍，从而开办了历史上著名的稷下学宫，招贤纳士，兴学育才。在稷下学宫的运行过程中，齐国统治者充分展示了齐国开放包容、多元融通的文化传统，积极倡导学术自由和思想独立。首先，稷下学宫内包容万家，允许、鼓励不同学派的学者前来论辩讲学，真正实现了百家争鸣的学术自由。为了吸引更多学术名家，齐国统治者对稷下学宫中的学者给予优厚待遇，赐宅第，赏膳食，“皆命曰列大夫，为开第康庄之衢，高门大屋，以尊崇之”，从而最大限度地保障各派学者的学术研究和论辩讲学。其次，稷下学宫内不独尊哪一学说、哪一学派，而是鼓励每一个学派都独立发展、平等论辩。据统计，稷下学宫中汇聚了诸多学派，如以孟子、荀子等为代表的儒家，以彭蒙、田骈、环渊等为代表的道家，以宋钘、尹文等为代表的墨家，以邹衍、邹奭等为代表的阴阳家，以倪说、田巴等为代表的名家，以慎到为代表的法家，等等。这些不同学派的学者可在稷下学宫内开坛授学，广招门生，各持异说，自由论辩。最后，齐国统治者给稷下先生们最大的自由和尊重，允许他们对齐国的政治、经济、外交等各项国策进行自由议论，进言献策，从而使稷下学宫成为真正意义上的政治咨询机构。据文献记载，儒学大师孟子曾当面斥责齐宣王是“污君”“不肖者”，名士淳于髡也曾批评齐宣王“好马”“好色”，却唯独不“好士”。对于这种指责，齐宣王都诚心接受，而无丝毫怨恨之情，从而为稷下先生议论时政、抨击时弊提供了较宽松的政治氛围。

在这些政策的有力引导下，齐国的稷下学宫创造了历史的辉煌，为先秦诸子百家自由论辩、著书立说提供了一个宽松自由、无拘无束的环境，从而使齐国成为学术氛围最为浓厚的国家，使稷下学宫成为当时规模最为宏大、学风最为自由的学术研究圣地。稷下学宫促进了战国时期百家争鸣学术盛况的出现，为我国古代学术文化事业的发展做出了巨大贡献。

可以说，稷下学宫的出现，是齐文化自立国以来确立的开放包容、重变革、尚融通等文化传统长期发展的必然结果，是齐文化绽放的最绚丽的花朵，为中华优秀传统文化的形成和发展做出了独特的历史贡献。

三、齐鲁文化为中华文明的发展提供了丰富滋养

公元前221年，经过数代国君的辛苦经营和大力发展，强盛一时的秦朝最终横扫诸国，统一天下，结束了春秋战国时期几百年的战乱与纷争，建立了中国历史上第一个统一的中央王朝。在完成疆土的统一后，以秦始皇为首的秦国统治者又开始实施一系列政治变革，以巩固这来之不易的胜利果实。在政治方面，确立皇权至高无上之权威，废除周代的封邦建侯制度，在中央实行三公九卿制度，在地方上全面实行郡县制。三公九卿和郡县的官员一律由中央统一任命，不能世袭。此举在中国历史上第一次实现了真正意义上的地缘管理，从而彻底改变了之前长期延续的血缘管理传统。在经济方面，确立了封建土地所有制，令黔首自实田。在社会生活方面，统一文字、货币和度量衡制度，使全国上下一体，便于统治。

在选取治国理民的思想主张时，秦始皇虽然仍沿用秦国的文化传统，以法家学说和法制思想为基本治国方针，重刑法，轻礼仪，但对齐、魏、赵、楚等东方六国的文化也充分吸收和采纳，用其充实秦文化和法家文化。这其中，兴起于山东故地的齐鲁文化，尤其受到秦始皇的高度关注和追捧。这从很多方面都可得到有力体现。

首先，积极吸收齐国稷下学宫中阴阳学派所提倡的五德终始学说，为自己统一天下、建立专制集权寻找理论依据。据《史记·秦始皇本纪》《汉书·郊祀志》等文献可知，在稷下学者邹衍所提倡的五德终始学说中，历代王朝的兴亡与金、木、水、火、土五种德行的相生相克有密切关系，其中火德终将会被水德代替。周人的政权恰属于火德，因此将来取代周人而有天下的，必将是以水为德的国家。秦始皇按照此理论的要求，在统一天下之后，便自命秦国为水德，并为此定颛顼历，以十月为岁始；旌旗服色皆尚黑；又将黄河更名为德水。很明显，秦始皇在此是利用齐文化中的五德终始学说，为秦王朝的建立寻找充足的理论依据。其次，秦始皇对齐文化中的神仙方术之学推崇备至。秦始皇在统一后的十一年中，曾四次东巡列国，其中三次到

达齐鲁大地，并到达齐地东部的大海之境，对齐国方士鼓吹的长生不老之术、神仙方术之学非常迷恋，对神话传说中的蓬莱山、三神山等表现出强烈的向往，为此不惜派遣徐市等方士入海求仙。虽然种种努力最终都以失败告终，但秦始皇对齐鲁方士文化的认可则体现得十分明显。最后，秦始皇模仿齐国稷下学宫设立博士制度，广泛吸纳众多齐鲁学者入朝为官，鼓励这些饱读诗书的博士们以其所学，参与国政，辅助决策，试图用齐鲁儒家文化的德治、礼治理念改造和完善秦国的法制文化。据粗略统计，后来被秦始皇坑杀的四百多名儒生中的大多数来自齐鲁地区，说明齐鲁士子在当时已广泛参与到秦国政治生活的各个方面。

在秦始皇的影响下，齐鲁文化已经受到时人的高度关注，齐鲁儒家学说和稷下学者的思想主张，已经通过不同的方式渗入秦文化中，并开始与秦文化融合。齐鲁文化由地方诸侯国文化逐渐融入统治阶层的主流文化。

始皇帝之后，秦国不久便亡国，楚人刘邦建立的汉王朝取代秦而有天下。但汉承秦制，汉文化基本上是在秦文化的基础上发展演变而来的。因此，利用中央王朝的政治优势，充分吸纳和融合齐鲁文化的积极因素，并没有太大变化。

西汉时期，统治者的治国思想曾发生重大变化。汉初，鉴于连年作战、民生凋敝的现状，汉代统治者毅然废除秦人的法制文化，而采用无为而治的黄老思想。学者已指出，黄老道家是战国时期兴起于齐国稷下学宫的学术流派。以黄老思想治国理政的重要政治家有“萧规曹随”美誉的名相曹参，他曾出任齐国丞相，辅佐齐王刘肥，其本人便深受齐文化影响。但从汉初开始，儒家知识分子已开始受到最高统治者的高度重视，齐鲁之地的学术思想也逐渐成为汉代经学研究的主流。如，汉高祖刘邦虽然多次宣称“读书无益”，但最终还是虚心听取了儒道兼治的大学者陆贾等人的建议，重用儒学名家叔孙通，制定朝廷礼仪，而且还同意“征鲁诸生，与臣弟子共起朝仪”，从而使汉代的多项政治制度在创立之时便带有浓厚的儒家礼制文化的影子。汉高祖还曾亲自到曲阜地区召见儒生，用太牢之礼祭拜孔子，从而成为我国历代帝王中第一个祭拜孔子的国君。汉武帝又采取“罢黜百家，独尊儒术”的政策，全力推行儒家思想，广泛任用儒家学者为博士、大夫、相、太守等公卿大夫，从而使“天下之学士靡然乡风矣”，使儒学大兴。在此政策的影响下，汉朝的政治礼仪、学术思想、学术风气以及文化教育等都有着深厚的儒家文化气息。

在儒学迅猛发展壮大之际，儒学的起源地齐鲁地区便理所当然地成为汉代的学术重心。据不完全统计，汉代齐鲁地区的郡学、县学数量最多。全国各地到京师跟从博士学习儒家经典的，以齐鲁地区的子弟最多。汉代太学的博士官和郡县学的经师大都是齐鲁籍且精通儒学之士。汉代研究儒家经典的学术名家多为齐鲁之人，如《汉书·儒林传》记载了27位儒学大家，其中有25位来自齐鲁地区。汉代的鸿儒硕学孔长彦、季彦、何休、马融、郑玄等人都是齐鲁人士。董仲舒虽然是赵国人，但年轻时曾负笈于齐地求学，其学术思想深受齐文化影响。

“罢黜百家，独尊儒术”政策的实施，使儒学由原属齐鲁地区的地方诸侯国学说一跃成为国家的官方思想学说。齐鲁地区也随着儒学独尊地位的确立，而成为全国学术文化的重心所在。汉代之后，儒学独尊的地位未受到动摇，直到明清时期，儒学始终都是历代先民尊奉的主流学术思想，齐鲁文化也顺势成为中华传统文化的重要组成部分，在两千多年的历史发展进程中始终居于重要地位。著名历史学家傅斯年先生在《夷夏东西说》中总结道：“自春秋至王莽时，最上层的文化只有一个重心，这一个重心便是齐鲁。”唐致卿先生在《齐国史》中也根据大量史料指出，齐鲁文化是先秦文化的核心和主流，是中国传统文化的正统派。这些说法都对齐鲁文化的重要历史地位做出了恰如其分的评价和总结。

四、齐鲁文化的转化创新和当代价值

从五帝时代的起源、夏商时期的早期发展，到西周时期的正式形成，再到春秋战国时期的发展转型、秦汉时期的发展壮大，然后直到明清时期的持续发展，齐鲁文化走过了数千年的漫长历程。其间，齐鲁文化的内涵在不断丰富，齐鲁文化的精髓在不断沉淀，齐鲁文化的魅力在不断彰显。现如今，在新时代中国特色社会主义文化事业建设过程中，我们尤其需要总结提炼齐鲁文化的深刻内涵，加快齐鲁文化思想的转化创新，从而更好地为弘扬中华优秀传统文化工作提供足够的理论支撑。学者对此问题多有讨论，现在仅举几例予以简单说明。

（1）儒家思想文化的内涵与社会主义核心价值观。兴起于鲁国、由孔子创立的儒家思想是中国传统文化的重要组成部分，是中华文明发展过程中的重要力量，中华民族是沐浴着儒家文化的和风细雨而行走至今的。孔子利用自己七十余年的人生经历，以及对鲁国礼乐文化基本内涵的感知和理解，赋予了儒家文化守礼、重信、善道、求仁、好义、敏学、修身、济世等重要特质。孔子一生都在提倡“仁、义、礼、智、信”等多种精神品质，他一生学而不厌、诲人不倦、知其不可为而为之，全力追求天下大道，企盼理想盛世的来临。孔子去世后，孔门后学又在此基础上进一步弘扬、发展儒家学说，壮大儒家学派，并努力实践儒家理念。可以说，早期儒家有典型的鲁文化的特质，后世儒家又逐渐将中华文化的基本理念融入儒学思想中。

社会主义核心价值观是中华传统文化在新时代的重要理论成果。其文化根基即传统的儒家学术文化。其中，富强、民主、文明、和谐是传统儒家文化在国家层面的核心价值体现；自由、平等、公正、法治是儒家文化在社会层面的核心价值体现；爱国、敬业、诚信、友善则是儒家文化在公民层面的核心价值体现。因此，要想深入了解社会主义核心价值观的精髓，必须要充分了解儒家文化；把握住了儒家文化的基本内涵，则可以更好地实践社会主义核心价值观。儒家文化作为齐鲁文化的典型代表，将在新时代的文化事业中焕发别样的生机。

（2）齐鲁文化的基本精神与当代文化建设。齐鲁文化在几千余年的发展历程中，逐渐形成了独具特色的文化内涵和精神特质，如自强不息的刚健精神、崇尚气节的爱国精神、经世致用的救世精神、人定胜天的能动精神、民贵君轻的民本精神、厚德载物的人道精神、大公无私的群体精神、勤谨睿智的创造精神、勤劳勇敢的奋斗精神、内圣外王的人格精神、中庸和谐的和合精神，等等。[①]这些精神品质可为我国新时代文化建设工作中正确处理人与人、人与自然以及人与社会之间的关系问题，提供很好的理论借鉴和指引。

（3）齐鲁文化的内涵特色与中华优秀传统文化基因。近年来，挖掘中华优秀传统文化基因，寻找中华文明几千年来持续发展、绵延不断的根本动因，逐渐成为学界热议的重要学术话题。而在探讨中华优秀传统文化基因的工作中，作为中华文化重要来源和组成部分的齐鲁文化无疑当属于其中的重要研究对象。通过分析可知，齐鲁文化所具有的民本、和合、尊礼、善道、变革、创新、开放、包容、奋斗、自强等精神，无疑都是中华优秀传统文化基因的重要组成部分，为中华优秀传统文化的健康发展和持续革新提供了源源不断的动力。在新时代文化建设过程中，还需要进一步深入挖掘齐鲁文化的内涵特色，还需要继续总结提炼齐鲁文化所蕴含的中华优秀传统文化基因。

2014 年，习近平总书记在纪念孔子 2565 周年诞辰国际学术研讨会上，曾大力呼吁社会各界要努力实现传统文化的创造性转化、创新性发展，使之与现实文化相融相通。在党的十九大报告中，习近平总书记又指出“文化自信”是一个民族发展“更基本、更深沉、更持久的力量”。因此，如何实现传统文化的转化创新是当今社会急需研究的重要时代课题。这其中，针对作为中华传统文化重要组成部分的齐鲁文化，如何挖掘其历史价值，了解其自身特征，并顺利使其在新时代实现转化创新，同样是非常重要又急需解决的重要理论课题，值得学界特别关注。

---

① 参见郭墨兰主编：《齐鲁文化》，华艺出版社，1997，第31页；张友谊：《论齐鲁文化的基本精神（上）（下）》，《理论学习》2016年第6～7期。

第二章 齐鲁文化的源头

从时间上看，齐、鲁两国都形成于西周时期。按《夏商周年表》的论证，西周社会开始于公元前 1046 年。两年之后，最终攻灭商纣王、建立西周王朝的周武王去世，太子诵即位，是为周成王。由于成王年幼，武王之弟周公摄政当国，从而引起了自己同族兄弟管叔、蔡叔的质疑。管、蔡二人联合商纣王之子武庚，并暗中联络殷商旧族与东夷势力，公然反叛周王室。为稳定东土局势、拯救刚刚成立便摇摇欲坠的周王室，周公毅然决定率军东征。周公前后用了三年的时间，诛武庚，杀管叔，放蔡叔，彻底平定了东土乱局。为防止此种叛乱再度兴起，以周公为代表的周王室决定大行分封，将周族子弟以及功臣姻亲等分派到全国各战略要地成立新的侯国，以起到镇守地方、藩屏周室的目的。齐国和鲁国便是在此次分封过程中，被依次分封到今临淄和曲阜地区的。按周武王在位两年、周公东征三年推算，分封齐、鲁最早也应该是公元前1041年前后的事了，距今已有三千多年的历史。

但从现有考古资料来看，山东故地早在几十万年之前便已有了早期人类活动的痕迹。如 1981 年在今淄博市沂源县土门乡骑子鞍山东南麓的洞穴中发现的沂源猿人，其时代与著名的北京猿人的时代相近，距今四五十万年。从漫长的原始石器时代，到五帝之后的青铜时代，山东故地始终有发达的早期文明存在。这些在山东故地生存繁衍了几十万年从未中断的早期居民，被学术界习称为东夷部族。他们所创造的文化便是东夷文化。

经过学者们多年的论证可知，东夷部族曾经创造了非常发达的远古文化。与同时期的其他远古文化相比，东夷文化不但毫不逊色，反而一度独领风骚。著名历史学家徐旭生先生在《中国古史的传说时代》一书中总结道，由东夷部族先民组成的东夷集团与中原部族先民组成的华夏集团和江汉流域先民组成的苗蛮集团，是中国上古历史时期同时并存的“三大集团”。而著名历史学家蒙文通先生在《古史甄微》一书中，把早期生活于山东故地的海岱民族、中原地区的华夏民族和长江地区的江汉民族等，并称为中国上古社会的“三大民族”。1931 年，著名历史学家傅斯年先生在《夷夏东西说》一文中指出，由山东远古先民创造的东夷文明与中原地区的远古先民创造的中原文明，共同孕育了中华早期文明。各家的论述虽各有侧重，但都对东夷部族创造的东夷文化给予了极高评价。

西周以后，由齐、鲁等国创造的齐鲁文化，是在已有几十万年发展历程的东夷文化的基础之上不断形成的，更是曾经辉煌灿烂的东夷文化的延续和发展。正是在东夷文化这片沃土上，才盛开出如此娇艳无比的齐鲁文化之花，

《中国古史的传说时代》

《古史甄微》

结出美丽动人的齐鲁文化之果。

因此，要研究齐鲁文化，必须要了解东夷文化这一鲜活源头和强大根基的发展历程和详细内涵。而东夷文化在几十万年的发展历程中，早已是遍地生香，花团锦簇，所值得称道和论述的内容比比皆是。在本章中，我们根据历代学者的研究成果，撮其精华，做简要概述和提炼。现在，分几个专题，略论如下。

第一节　东夷文化综论

自沂源猿人后，东夷文化走过了几十万年的发展历程。其间，历代东夷先民创造的一切物质文化与礼仪规范，都属于东夷文化的内容。但由于时代太过久远，我们今天所能了解的稍微丰富的东夷文化，最早只能从距今一万年左右的扁扁洞遗址文化算起。在此之前，东夷先民创造的种种文化信息，很多都已经永远沉寂在历史的尘埃中，而很难被后人知晓。虽然已有部分与之相关的考古发现问世，但总体上还是零散和琐碎的。而且部分考古发现所展示给后人的，尚不足文化原貌的万分之一。这些自扁扁洞遗址文化以来的东夷文化信息，很多不见于历代传世典籍，只能依赖现代考古学提供的丰富实物资料来间接考证。

一、夷与东夷

在现有文字资料中，夷字最早见于殷商甲骨文，写作、、等形，像人躬身侧立之状，有人认为是人下肢弯曲如蹲踞之形。相传东夷之人在日常生活中常下蹲或踞坐，故依其形而造此字。在甲骨文中，夷与人、尸的字形相同。东汉许慎在《说文解字》中说夷从大从弓，这应该是后起的写法。夷字在甲骨文中除了用作祭祀名，主要用作方国名，指殷王室东部的夷方部族，

具体指位于山东故地的东夷部族。

在传世文献中，夷字有广义和狭义之分。广义的夷指以黄河中游为核心区域以外的诸周边部族。广义的夷人指黄河中游华夏部族之外的其他部族成员。如《左传》提到的“蛮夷猾夏”“裔不谋夏，夷不乱华”之“夷”，即此类广义的夷与夷人。这些夷族分居在华夏地区的四面八方，故有时也被统称为四夷，如《孟子·梁惠王上》所说的“莅中国而抚四夷”即此意。狭义的夷则专指生活在中原华夏地区东方的部族。如《礼记·王制》篇所说的“东方曰夷”，许慎《说文解字》所说的“夷，平也，从大从弓，东方之人也”等，所指都是狭义的夷，专指中原地区东面的早期部族。

从地域上来看，东夷也有广义、狭义之分。狭义的东夷专指今天的山东地区，东靠茫茫的大海，中有巍峨的泰山，故又被称为海岱地区。广义的东夷地区除了山东这一核心区域，还包括今天淮河下游地区和东北地区。秦汉以后，朝鲜半岛等地区和扶余、倭等东方海外民族也被划入东夷的范围。本书所说的东夷专指山东故地的远古夷族先民，所说的东夷文化专指早期海岱地区的东夷部族创造的文化。

除了夷和东夷，传世文献资料和出土古文字资料中还有许多与之相关的其他称谓，解析它们的详细内涵，有助于我们更详尽地了解东夷文化的发展演变历程。

1. 嵎夷、莱夷与五帝时代的东夷

据《尚书·禹贡》载，大禹在划分九州时，在海岱地区的青州条下主要提到两个夷族，一个是嵎夷，一个是莱夷，所谓“嵎夷既略”“莱夷作牧”。嵎指海边地区。嵎夷指生活于海边的早期夷族。据《尚书·尧典》载，帝尧在观象授时、制定早期历法时，曾经派羲仲“宅嵎夷”，即命令他在嵎夷之地长期蹲守，以观测并掌握天象、物候的详细变化规律。有学者认为这里的嵎夷即今天胶东半岛地区的早期先民。莱夷则指当时生活于莱地的夷族。略，治也。既略，治理完毕。《尚书·禹贡》篇在“嵎夷既略”之后，紧接着讲“潍淄其道”。潍指潍水，淄指淄水。据《汉书·地理志》记载，潍水发源于莒县东北的潍山，流经诸城、高密、安丘等地，然后东流入海。淄水发源于今天莱芜的东北地区，流经博山、青州、临淄、广饶和寿光，后注入小清河，然后东流入海。所谓“莱夷作牧”即要求青州地区的莱夷部族主要负责放牧牲畜，并定期进贡蚕丝。很明显，《尚书·禹贡》篇在此是用嵎夷、莱夷概指海岱北部地区的所有夷族。这一地区土地多卤，农业生产虽然不占优势，但畜牧业、渔猎业非常发达，盛行养蚕、纺织。

从命名原则上看，嵎夷、莱夷都是以族群所居之地来命名的，称谓本身并没有地域和文化上的轻视与排斥之意。这说明五帝时代尚无后世的夷夏之辨观念。尧、禹所在的中原地区与嵎夷、莱夷所在的海岱地区，只存在居住地域上的差别，而没有文化上的高低贵贱之分。华夏部族与东夷部族互通有无，彼此协作，共同抵御自然灾害，协同发展。

从现有考古资料来看，五帝时期，海岱地区的东夷文化在发展程度上要高于中原地区的华夏文化。当时华夏文明的重心不在中原，而在东夷所在的海岱地区（详细论述见下文）。

2. 诸夷、九夷与夏代的东夷

《古本竹书纪年》中有多位夏代国君征伐、号令诸夷、九夷的记载，如“后芬即位，三年，九夷来御”，“后发即位，元年，诸夷宾于王门”等。九是约数，代表很多。九夷并非特指九个夷族，而是概指数量众多的夷族，与“诸夷”同义。学者普遍认为九夷指生活于当时海岱地区的诸多东夷部族。九夷中有具体名号的有风夷、黄夷、畎夷、白夷、赤夷、玄夷、阳夷、淮夷、于夷等，如“后相即位……元年，征淮夷、畎夷。二年，征风夷及黄夷。七年，于夷来宾”，“后泄二十一年，命畎夷、白夷、赤夷、玄夷、风夷、阳夷”。所谓征指军事征伐，所谓命指政治号令。这些记载不但反映了夏代时期华夏部族与东夷部族间的政治交往与军事斗争，而且很明显地体现出，当时以夏为首的华夏部族的总体实力已经强盛于以九夷为代表的东夷部族。海岱早期先民在五帝时代所具有的经济文化优势和政治领先地位并没有长期延续下来。从夏代开始，夷夏之间的实力对比情况已经开始发生变化。对此，考古资料也有较充分的体现（详细论述见下文）。

这可能与东夷部族力量较为分散、缺少一个有力的统治核心有关。当东夷部族以各自为政的方式仅仅组成一个松散的部族联盟体时，中原部族早已建立了早期国家，依靠国家政权的力量来集合部族、调配资源、发展生产，其发展速度和发展动力已远远超过诸东夷部族。因此，从夏代开始，中华文明的重心已经转向中原地区的华夏部族。

另外，虽然夏代文献中常出现不同的夷族称号，但东夷之称尚未出现。夏人对东夷部族的认识还集中于某一个或几个具体的部族，并没有将他们当作一股整体的外族势力看待，这也说明此时的东夷诸族应该尚处于各自为政的阶段，彼此之间的联合和互动还非常有限。

3. 夷方、人方与商代的东夷

商代甲骨文中多有夷方、人方或尸方的记载。学者已考证，夷方、人方指东夷部族。方是商王室对周边部族的习称，如土方、工方等。商人与东夷族的密切交往与联系自建国之时便已开始。夏代晚期，商族快速兴起。关于商族的起源之地，学者或认为在当时的海岱地区，或认为在东北的渤海地区，或认为在河北的漳水流域，至今仍争论不已，无法定论。但商人总体上兴起于中原地区的东方，且与东夷文化有深厚的渊源，则是学界公认的事实。商人崇尚鸟类，以鸟为图腾，这与东夷部族相同。商人在早期兴起过程中屡次迁都，所谓“前八后五”，其中南庚所迁的奄在山东曲阜，祖乙所迁的庇在山东菏泽，仲丁所居的亳在山东曹县。这说明商人的活动足迹已遍布东夷各地。而且，商人在灭夏的过程中，主要依赖东夷诸族的强大政治力量才获得成功。

但这种亲密的同盟关系从商代中后期便开始走向破裂。据《后汉书·东夷传》记载，从商王仲丁开始，夷商联盟破裂，东夷诸族屡次试图摆脱商王室的控制以实现自由发展，尤其是其中的蓝夷一族，曾多次叛商，商王仲丁也多次率兵讨伐，双方战争不断。据学者研究，蓝夷是位于今天临沂、兰陵一带的东夷部族，在地域上距离商王室已经非常遥远，但商王室仍然通过各种方式加强对蓝夷的控制，说明商文化的势力已经深入东夷腹地。

仲丁之后，历代商王都有征东夷的行为，尤其是最后两代国君——帝乙和帝辛，征伐东夷几乎成了他们政治生活的全部，以至于有“纣克东夷，而陨其身”（《左传·昭公十一年》）的说法。现存殷商甲骨文中有较多反映，如卜辞云“侯告征夷”“王其步伐夷”“在九月，征尸方，在雇”“王来正尸方”，等等。正是因为商纣王将大部分精力都放在征伐人方上，放松了对西方周部族的控制，从而导致周人势力迅速壮大。同时，连年的征人方举动也导致商族民生凋敝，内患丛生，从而给周部族提供了大举伐商的机会。周人趁商族衰败之时，举兵伐商，并最终代商而有天下。

值得特别提及的是，除了人方、夷方、尸方，殷商卜辞中已经有了“东夷”的称谓，如甲骨卜辞云“东夷又曰”。虽然卜辞的条例不多，却能显示出商王室已经开始有意识地将东夷诸部族看作一个整体的政治实体。与夏代相比，中原王族对东夷部族的认识正在逐步加深。另外，此一称谓也反映出，

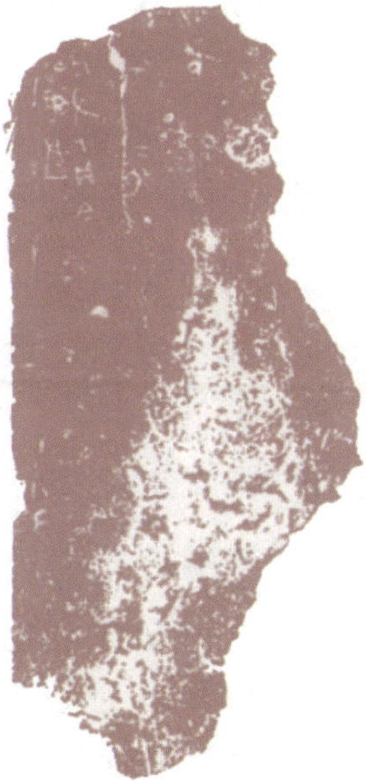

《甲骨文合集》第8410片正

《甲骨文合集》第8410片反

至商代时，东夷诸族之间的联络和沟通在逐渐加强，他们很多时候应该是以群体或联盟的形式共同对抗商王朝，之前各自为政的局面已经得到极大改善。

4. 反夷、东反夷与周代的东夷

反在这里有造反、反叛之意。反夷指公然造反的夷人部族。东反夷说明蓄意造反的夷人部族主要来自东方即东夷部族。反夷的称谓见于西周早期的青铜器旅鼎铭文中，东反夷的称谓见于西周早期的青铜器疐鼎铭文中。西周中期以后的青铜器铭文中已不见此种称谓。在现有传世文献中，也未见到有关反夷、东反夷的记载。这说明反夷、东反夷应该是周人在立国之初对东夷部族的称谓，体现了时人的认识和理解。从商代的“夷方”到周初的“反夷”，从商代的“东夷”到周初的“东反夷”，与西周初年的东夷反周和周公东征事件有关，体现了特定历史环境下周人对东夷部族的不同态度。

周人立国之初，受到的最强烈反叛，除了源于殷商余孽，还源于生活在海岱地区的东夷部族。周武王在克殷两年之后便去世，年幼的成王即位，商纣王之子武庚迅速联络殷商旧族与亲商的东夷部族举兵反周，试图颠覆周人刚刚建立的崭新王朝，从而恢复商人的统治。为稳定周王朝，周公率军东征，前后用时三年之久，才彻底平叛。

本次联合武庚共同反叛周人统治的，主要包括薄姑和商奄两支东夷部族。据文献记载，周公在摄政当国的七年中，主要完成了这样几件大事：“一年救乱，二年克殷，三年践奄，四年建侯卫，五年营成周，六年制礼作乐，七年致政成王。”第三年所践的“奄”，指商奄这一东夷部族。将践奄与建侯卫、营建成周、制礼作乐等周初的几件国家大事相提并论，说明攻灭商奄夷族在周人看来是当年东征中很重要的事情。据《孟子·滕文公下》记载，周公在东征的过程中，曾经“伐奄，三年讨其君”。据《史记》记载，周人凭借强大的军事力量伐灭商奄部族，竟要数年的时间。足见商奄战斗力之强大。

西周青铜器冉鼎铭文还记载了周公在东征过程中攻伐薄姑族之事。薄姑族为鲁北地区势力强盛的东夷国族，曾长期亲附殷商王朝而受到商人的大力扶持。周人灭商后，薄姑族积极联络殷遗民共同反周。因此，周公在东征过程中，先攻灭了鲁南地区的商奄族，后又挥师北上，围歼实力强大的薄姑族。战胜薄姑之后，周公班师还朝，标志着东征取得全面胜利。

除了商奄和薄姑，当时应该还有很多其他东夷部族共同反对周人的统治，并受到周公的强力打击。据《孟子·滕文公下》记载，周公东征时曾提到先后“灭国者五十，驱虎豹犀象而远之”。这五十个国族大都是与商奄、薄姑政治立场一致的东夷部族。他们虽然参与反周，但整体实力不如商奄、薄姑，故略而不提。“虎豹犀象”代表被攻灭国族的图腾，借指以虎、豹、犀、象为图腾的几个早期部族。周公之所以在东征过程中将其驱赶和杀掠，主要是因为他们协助商奄和薄姑反周。

周公东征之后，为避免东夷族再次兴兵造反，更为了杜绝商晚期时屡次征伐东夷部族的事件在西周社会重演，以周公为代表的周王室痛定思痛，以史为鉴，开始大举分封诸侯。从周成王开始，周王室在东部地区分封了齐、鲁、滕、茅等众多亲周的诸侯国，其中以齐、鲁两国实力最强大。齐、鲁建国后，一面在周王室的支持下发展壮大，雄视东土；一面对东夷族的所作所为进行密切监视和严格控制，在最大程度上确保了周王室的东土安宁。从此之后，终西周之世，山东地区再未出现过因东夷部族联合反叛而严重威胁周王室安全的事件。

综上可知，在不同历史时期，东夷文化被赋予了不同的内涵，并被贴上了不同的标签。根据这些标签和称谓，我们可以考论东夷部族、东夷文化在不同历史阶段的发展演变历程。尤其是中原华夏部族在实力上占据了绝对优势之后，东夷部族便只能作为附属联盟参与到华夏政权中，失去了左右自己命运的机会。中原华夏政权对东夷部族的认可程度直接决定了诸东夷部族的兴衰存废。可以说，文献中东夷诸部族名称的变化，实际上也体现了东夷部族融入中原华夏政权的过程。

二、东夷文化的发展历程

以上仅通过称谓的变化，简单考论了东夷部族的发展历程。但称谓只是东夷文化一个很小的缩影，东夷文化本身是丰富多彩、千姿百态的，它展现给世人的应该是千面万象的，而不会仅局限在一个小小的称谓上。因此，若想详细了解东夷文化的发展历程，还必须寻找更多可资利用的原始资料。

由于传世文献中关于东夷文化的记载非常稀少，零散不成系统，而且更多的是对其在夏商周以来有关史事的描述。对于夏商周之前远古时代的情况，几乎没有文字资料予以详尽记录。幸运的是，现代考古学的发展恰为我们弥补了这一缺憾。尤其是随着旧石器时代考古和新石器时代考古工作的进展，大量有关东夷文化起源与早期发展阶段的新资料不断涌现，从而使我们可以从更多角度了解不同时期东夷文化的原貌。现在，我们就利用现有的考古学资料，对东夷文化的发展历程及时代特征做简单总结。

著名考古学家栾丰实教授曾经指出，我们可以把海岱地区新石器时代至夏商周时期考古学文化的族属定为东夷文化[①]。因此，想要了解东夷文化的发展历程，首先需知晓海岱地区从新石器时代到夏商周三代期间考古学文化的详细发展脉络。通过历代考古学家的努力可知，海岱地区的考古学文化依时间先后主要有以下几种。

1. 沂源猿人、南洼洞遗址与旧石器时代的东夷文化

沂源猿人遗址

早在20世纪六七十年代，学者们就已经在淄博市沂源县士门镇骑子鞍山千人洞附近发现哺乳动物的化石。1981年9月，考古学者又在此地东南向的洞穴里，发现了人骨化石残片和动物牙齿、骨骼化石。其中人骨化石包括头骨1块，眉骨2块，

① 参见栾丰实：《论“夷”和“东夷”》，《中原文物》2002年第1期。

肋骨、肱骨、股骨各 1 块，牙齿 7 枚。根据化石的颜色和牙齿咬合面纹理的复杂程度可知，这是一个成年人的骨骼。学术界将在此发现的古人类命名为“沂源猿人”。动物化石包括肿骨鹿、野猪、棕熊、马、牛、虎等十几种动物的牙齿、额骨和肢骨。据研究，此猿人化石的时代为距今四五十万年，与著名的北京山顶洞人所属时代相似。这是古海岱地区迄今发现的最早的古人类化石，说明早在四五十万年，沂源地区就已经有人类活动的痕迹了。

此外，从 1958 年起，考古学者还在今临沂市沂水县诸葛乡范家村南洼洞的一处石灰岩洞中，陆续发现了一批石制品，包括石核、石片和砍砸器等 7 件；另发现 1 件有砍砸痕迹的鹿角化石，其时代属于旧石器时代中期。

南洼洞遗址与沂源猿人的洞穴在距离上仅相距 45 公里，都位于沂水河流域的上游地区。这两处考古学文化的先后被发现说明，早在旧石器时代早中期，沂水流域便已经是古人类生息繁衍的主要聚居地。除此之外，山东地区发现的旧石器时代遗存，还包括日照秦家官庄遗址和新泰乌珠台智人遗址。其中秦家官庄遗址发现于 1983 年，出土的石器包括石核 3 件、石片 1 件、刮削器 4 件和砍砸器 2 件，时代属于旧石器时代早期。1966 年，人们于泰安市新泰市刘杜镇乌珠台村的一处石灰岩溶洞中，发现人类左下臼齿化石 1 件，当是少年女性的。其主体被确定为旧石器时代晚期智人，距今两万年左右，学界称其为“新泰智人”，习称“新泰人”或“乌珠台人”。此外，还发现鹿、虎、马等哺乳动物的化石多枚。新泰人是目前山东地区发现的最早的现代人。

从以上诸遗址来看，山东地区早在旧石器时代即已有早期人类居住。伴随早期人类生活的，还有成群的野生动物以及动物生息的大片原始森林、河流高地。从所发现的大量野生动物化石可知，时人主要依靠狩猎为生，已经会制作简单的生产工具，并能用粗制工具围捕动物，改造自然的能力已经有所提高。可以说，山东故地是人类文明的重要诞生地之一。

2. 凤凰岭遗址与细石器时代的东夷文化

在考古学上，细石器时代是介于旧石器时代与新石器时代中间的过渡时段。在细石器时代，人类制作的石器以细小石器为主，有很明显的旧、新时代器物制作的过渡、转变的特征。在我国，细石器时代文化在东北、北方和新疆、西藏一带多有发现，在黄河流域发现的比较少，但山东地区的细石器文化非常发达。现在已发现的最早的细石器文化，当属临沂市的凤凰岭遗址。

凤凰岭遗址位于临沂市东约 12 公里处一河前冲积平原的土丘上，最早发现于 20 世纪 80 年代。迄今已在凤凰岭遗址中发现石核、石片等磨制和打制石器 700 多件。石器多经过人工二次打磨，表面多带有草木灰钙质乳斑，说明已经用火加工过，具有鲜明的细石器时代的特征。

除凤凰岭遗址外，考古学者又在临沂的其他地区（如市区周边的青峰岭、汤头、兰陵、郯城、临沭、莒南、沂水、平邑等）多次发现细石器时代文化遗存，总计有上百处。另外，在宁阳、汶上、兖州、济宁等地，也发现有 40 余处细石器文化遗存。这说明，在今天临沂地区的沂沭河流域和济宁地区的汶泗河流域内，细石器时代文化遗存的数量是非常可观的。

从时间上看，细石器文化约处于距今一万年至八千年之间，前后延续了两千多年。其间，石器的制作方法多是间接打击，石器的种类有刮削器、尖状器、凿形器以及舌形器等多种，石器的原料以石英、脉石英、燧石为主。此时期的古人类已经学会使用火，生活方式以狩猎和采集为主，能够吃熟食，从而加速了人类自身的进化速度。有学者认为，此时随着采集的进步，原始农牧业很可能已经出现。①

3. 扁扁洞文化、后李文化、北辛文化与新石器时代早期的东夷文化

经过旧石器时代和细石器时代的漫长演变历程后，终于在距今一万年左右，山东地区开始进入新石器时代。新石器时代的生产工具主要为大量磨制石器，同时陶器、玉器、骨器等开始普遍出现。按照时代发展的先后顺序，山东地区新石器时代的文化遗存主要有扁扁洞文化、后李文化、北辛文化、大汶口文化、龙山文化等几种。下面分别做简单介绍。

---

① 参见张富祥：《东夷文化通考》，上海古籍出版社，2008，第49 ~ 57页。

扁扁洞遗址是2004年于淄博市沂源县张家坡镇扁扁洞古人类洞穴中发现的。2005年后，山东省文物考古研究所和中国科学院古脊椎动物与古人类研究所合作陆续进行考古发掘，先后发现了人的头盖骨化石、磨制石器、骨器、陶片、灶址、石磨盘、骨锥、骨镖等文化遗存。从时间上看，扁扁洞遗址的年代约在距今一万一千年至九千五百年之间，属于新石器时代早期。扁扁洞遗址是目前山东地区乃至黄河流域内首次经过科学考古发掘的、层位关系明确、遗存丰富的新石器时代早期文化遗存，是山东地区新石器时代考古的一个重大突破。遗址内的陶器不仅具备了炊煮、盛储等基本功能，从其打磨光洁的外表、各式各样的桥型扳手来看，还具备了装点生活的美术功能。①

后李文化因20世纪80年代末期于淄博市临淄区发现的后李遗址而得名，与之同期被发现的还有济南市章丘区的西河遗址、小荆山遗址以及潍坊市寒亭区的前埠下遗址等。后李文化约处于距今八千五百年至七千五百年之间，前后延续了一千多年，在时间上晚于扁扁洞文化。目前发现的后李文化主要

扁扁洞遗址远景

① 参见孙波、李罡：《扁扁洞：黄河下游新石器时代的曙光》，《大众考古》2014年第5期。

集中于泰沂山系北麓的山前冲积平原地带，具体包括济南、邹平、章丘、潍坊和淄博一带。后李文化的遗存包括石器、骨角器、蚌器等生产工具以及大量陶器和房址。其中，石器以打制为主，少部分经过琢制和磨制，包括斧、锛、凿、锤、铲、刮削器、尖状器等；骨角器包括凿、镞、鱼镖、锥、针、铲、镰、刀等；陶器较为原始，烧制火候应较低，陶色不纯，多数为红色和红褐色，种类有釜、罐、壶、钵、盆、碗、盂等；房址为浅地穴式，方形，多为单间，室内地面平整，分炊饮区、睡眠区和储存区等几部分，面积一般在30平方米上下，大的接近60平方米。

经学者研究，后李文化是一种有较大发展的新石器时代文化，原始农业已经开始出现，家畜饲养业已很兴盛，时人已经开始了长期的定居生活。从发现的大房子遗迹来看，后李文化仍然处于母系氏族社会时期，但个体家庭开始出现，社会的基本单位仍然为一个个规模各异的氏族。氏族成员聚族而居，个体家庭主要作为消费单位存在，而非生产单位，氏族内部财产私有的现象尚不明显。

后李文化之后，山东地区迎来了北辛文化。北辛文化的典型遗址是在枣庄市滕州市官桥镇发现的北辛遗址。北辛遗址早在20世纪60年代即已被发现。20世纪70年代，考古人员进行过两次专业发掘。目前，已发现的北辛文化遗址有100多处，主要集中在山东中南部的汶泗流域、胶东地区和江苏的淮北地区。其中，山东中南部地区的北辛文化遗址主要有滕州孟家庄遗址、兖州王因遗址、汶上东贾柏遗址等；胶东地区的北辛文化遗址主要有烟台的白石村遗址、福山的邱家庄遗址和蓬莱的紫荆山遗址等；江苏淮北地区的北辛文化遗址主要有江苏邳州的刘林遗址、连云港的二涧村遗址、灌云大伊山遗址等。北辛文化约处于距今七千三百年至六千一百年之间，前后延续了八百多年的时间。

北辛文化的遗存主要有石器、骨角器、陶器等。其中，石器主要有镰、刀、铲、斧、凿、磨盘、磨棒等，以打制石器为主，但已有大量的磨制石器，器型规整，制作精良；骨角器包括镖、镞、凿、针、锥、笄、刮削器等；陶器主要有夹砂和泥质两种质地的，器形种类包括鼎、釜、罐、盆、壶、盘、钵、支座等，其中鼎的数量最多。

从诸多遗址、遗存来看，北辛文化时，农业继续发展，粟的产量已非常可观，鹿角锄、石铲、石镰、磨盘、磨棒已随处可见。从发现的大量石镞、骨镞来看，渔猎已非常发达，牛、猪等家畜饲养也已经出现。另从发现的骨针、骨梭来看，原始纺织也已出现。这些说明，当时的社会形态仍然是母系氏族社会，聚族而居，财产公有。

4. 大汶口文化与新石器时代晚期的东夷文化

北辛文化之后，便是备受国内外学术界关注的大汶口文化。大汶口文化的遗存早在 1952 年时即已有出土，只是学者对其还没有充分认识，而将其归入青莲岗文化之中。直到 1959 年夏天，在泰安大汶口镇和宁阳县堡头村交界处的遗址被发现后，大汶口文化的称谓才逐渐确定。

大汶口文化约处于距今六千三百年至四千六百年之间，前后延续了一千七百多年的时间。学界为方便研究，一般将其分为早、中、晚三个阶段，其中早期阶段处于距今约六千三百年至五千五百年之间，中期阶段处于距今约五千五百年至四千九百年之间，晚期阶段处于距今约四千九百年至四千六百年之间。在大汶口文化的鼎盛时期，其分布范围北至今黄河以北，南至淮河流域，西边到达河南省东部的淮阳一带，东面则直达海滨，基本上囊括今天山东省的全部、河南省的东部以及安徽省和江苏省的北部地区。

早期的大汶口文化遗址主要包括鲁中南的王因类型、胶东的紫荆山类型和苏北的刘林类型。其中，王因类型包括兖州的王因遗址、泰安的大汶口遗址和邹城的野店遗址等，紫荆山类型包括蓬莱的紫荆山遗址、长岛的北庄遗址、烟台的白石村遗址等，刘林类型包括邳州的刘林遗址和大墩子遗址。另外，早期的大汶口文化遗址还包括章丘的董东村遗址和平度的韩村遗址等。中期的大汶口文化主要包括大汶口墓地早中期、西夏侯遗址下层墓、沭阳万北遗址、大墩子遗址、胶州三里河遗址、诸城前寨遗址和安丘景芝镇等遗址。晚期的大汶口文化主要包括大汶口墓地晚期、莒县陵阳河遗址、大朱家村遗址、西夏侯遗址上层、东海峪遗址下层、蒙城尉迟寺遗址、萧县花家寺遗址、宿州古台寺遗址、鹿邑栾台遗址、郸城段寨遗址等。

大汶口文化早期时，陶器主要以红陶为主，制陶技术尚处于手制阶段。随葬器物有瓢形器、釜形鼎、钵形鼎、带把三足器等，多以组合方式出现。生产工具以形体厚重、磨制不精的斧、锛、刀、凿、铲和镰等石器为主。鱼镖等渔猎工具已多见。此时，各墓葬在随葬品质量、数量方面，尚不存在较大的差别，也未出现少数人占有玉器、象牙雕刻器等贵重物品和奢侈品的现象。这说明此时氏族组织的血缘纽带还非常牢固，贫富差距还不是很大。

大汶口文化中期时，红陶的数量逐渐减少，灰陶大量出现，而且出现了火候较好、质地较细密的灰白陶，出现了轮制的制陶技术。出土器物以实足鬶、通体浑圆的背壶、大镂孔的豆和折腹鼎等为主。石器的硬度偏高，刃部较锋利，穿孔石铲的数量增多。此时，各墓葬中随葬品的数量、质地已经较为悬殊。少数大墓中已开始出现用精雕细镂的象牙筒以及象征财富的大量猪下颌骨等陪葬的现象。这说明此时氏族居民间的贫富分化已十分明显，私有财产大量出现。

大汶口文化晚期时，陶器的制作技术已有更明显的进步，轮制的大件陶器开始大量出现。红陶的数量减少，灰陶、黑陶的数量增多。除了之前新出现的灰白陶，还出现一些纯白色或黄色的硬质陶器。白陶的代表性器物有袋足鬶、通体瘦小的背壶、宽肩壶以及细柄小陶豆等，灰陶、黑陶的代表器物双腹台座豆、瓶以及乌黑光亮且胎质较薄的高柄杯等。这种高柄杯无论从工艺上还是从造型上都为其后龙山文化蛋壳陶的出现打下了基础。这些新工艺、新产品说明制陶业已从早期农业中独立出来，专业陶工开始出现。

大汶口文化晚期的墓葬中已经出现成对且年龄相当的成年男女合葬一处的现象，而且两人的安葬顺序都是男左女右。有时候成年女性的旁边还会有一个几岁的儿童。这说明，各核心家庭中一夫一妻制的婚姻形式已经取代之前的血缘群婚制度，男子成为家庭的核心，孩子从父居。此时的社会形态已由之前的母系氏族社会进入父系氏族社会。

日照莒县陵阳河、大朱家村等大汶口文化遗址出土的很多陶质的大口尊上已经出现了陶器文字，如日、火、山等。学者普遍认为这就是中国最早的汉字。在日照五莲丹土等遗址中，还发现了早期的城址。这说明大汶口文化晚期时东夷的文明化程度已经非常高了。

5. 龙山文化与五帝时代的东夷文化

大汶口文化之后，山东地区迎来了龙山文化。龙山文化因 1928 年发现于山东济南章丘龙山镇而得名。经过 1930 年、1931 年连续两次大规模的发掘，龙山文化的面貌开始逐渐清晰。龙山文化处于距今约四千六百年至四千年之间，前后延续了六百多年。此时已处于新石器时代晚期，其下限已基本上到了夏代的纪年内。

到目前为止，已发现的龙山文化遗址有两千多处，其分布范围在大汶口文化遗址的基础上又有所扩展，几乎长城以南、长江以北的各个省区都有大汶口文化遗址存在，其中尤以黄河中下游的山东、河南、陕西等地最为集中。不同地区的龙山文化各有差异，其中尤以山东地区的龙山文化最为典型，故又被称为典型龙山文化。

孙波在《山东龙山文化的聚落与社会》[①] 中总结道，山东龙山文化比较典型的文化遗址有泗水尹家城遗址、日照东海峪遗址、胶州三里河遗址、茌平尚庄遗址、诸城呈子遗址、栖霞杨家圈遗址、潍坊姚官庄遗址、兖州西吴寺遗址、邹平丁公遗址、阳谷景阳冈遗址等十余个。从区域上看，它们可以分成胶东、鲁东南沿海、鲁北、鲁中南、鲁西北和鲁西南六大各具特色的板块。其中，胶东地区的龙山文化主要位于胶东半岛地区，聚落遗址规模普遍不大，尚没有形成大型的聚落中心。鲁东南沿海地区的龙山文化以日照尧王城和两城镇为中心，规模巨大，聚落等级结构明显。鲁北地区的龙山文化以城子崖、丁公、桐林、边线王四处城址为中心，由西向东一字排开，彼此距离适中、交往密切，已经发展成早期社会的一条重要的经济走廊。鲁中南地区的龙山

① 孙波：《山东龙山文化的聚落与社会》，《海岱考古》第12辑。

文化集中分布于今天的沂河、沭河等河流沿线，但中心性聚落尚不明确。鲁南地区的龙山文化集中分布于泗水支流荆河和薛河两岸，规模较大的中心性聚落不多。鲁西南地区的龙山文化主要位于鄄城、菏泽、定陶、曹县、成武、金乡一带。鲁西北地区的龙山文化在西南部集中发现于阳谷、东阿、茌平一带，在中部集中发现于禹城、齐河、济阳一带，在东北部则主要发现于乐陵、无棣、惠民一带。

龙山文化最典型的器物是磨光黑陶。各遗址内都出土了数量众多的薄、硬、光、黑的陶器，其中尤以蛋壳黑陶最具代表性。因为龙山文化的陶器大多陶胎较薄，胎骨紧密，颜色漆黑发亮，所以龙山文化又被称为“黑陶文化”，与陕西仰韶文化的彩陶文化形成鲜明对比。龙山陶器的制作主要以手制为主，但轮制技术明显提高。陶器的种类以杯、盘、碗、盆、鼎、罐、鬲、尊、瓮等为主，纹饰以绳纹和篮纹为主，并有少量方格纹。当时已出现专业烧制陶器的生产中心，它们已经代替家庭手工业制作，而成为社会生产所需陶器的主力。

除陶器之外，龙山文化的石器、纺织、酿酒、铜器、玉器等手工业技术都得到快速发展。其中玉器的种类既包括斧、铲、刀、凿、奔等生产工具以及环、玑、璜、镯、人形佩等装饰品，还包括钺、璇玑、璧、琮、璋、戈、圭等高规格礼器。其中璇玑和牙璋最具地方特色。璇玑又称牙璧，形制以璧环为主体，外缘制作三个或四个指向一致的齿轮，有的还在齿轮上再分制一些齿牙。牙璋是最早出现在山东地区的礼器，长方形，下部边缘饰有扉牙，下部穿孔。另有一种玉戈，柄部也琢制有扉牙。这种带扉牙的装饰在后来的商周青铜器中广泛存在，应该是商周文化吸收了山东龙山文化玉器的特征后形成的。

龙山文化最为学者所著称的，当是大量城址的发现。到目前为止，山东各地已发现十余处龙山文化的城址，如日照两城镇、日照尧王城、五莲丹土、寿光边线王、临淄桐林、邹平丁公、章丘城子崖、阳谷景阳冈、滕州庄里西、费县方城等。其中，寿光边线王城址有两座，小城面积约 1 万平方米，大城面积约 5 万平方米。邹平丁公城址面积约 18 万平方米。章丘城子崖城址面积约 20 万平方米。各城址内的文化堆积深厚，出土遗物丰富，说明这些古城已经超出单纯的军事防御目的，而成为各地域的政治经济中心了。古城的大量建造说明龙山文化时期的社会生产力和经济发展水平已经非常高，早期文明化的程度也已经非常高。

6. 岳石文化与夏代的东夷文化

龙山文化之后，中原华夏地区进入夏王朝统治时期，而与此同时，海岱地区则进入岳石文化时期。因为夏代的统治区域主要是豫西、晋南地区，山东故地的海岱地区尚不在其治理范围内，故东夷部族创造的岳石文化与中原部族创造的夏文化是同时并存、相互独立的。

岳石文化因 1960 年发现于青岛平度东岳石村的文化遗址而得名。在发现之初，由于学术界对山东龙山文化的认识还不够充分，故一直未将龙山文化与岳石文化区分开来。直到 20 世纪 80 年代后，随着烟台、潍坊地区同类考古学资料的先后被发现，学者们对岳石文化的认识才逐步清晰。

从时间上看，岳石文化开始于公元前 2000 年左右，结束于公元前 1600 年左右，与文献中夏王朝的起讫时间基本一致。据初步统计，目前发现的岳石文化遗址有 100 多处，集中分布在胶东半岛、汶泗流域及沂沭河流域等地区。其中比较知名的考古学遗址有烟台牟平照格庄遗址、长岛北庄遗址、广饶营子遗址、青州郝家庄遗址、章丘王推官遗址、泗水尹家城遗址、菏泽安丘堌堆遗址、临沂土城遗址与苏北沭阳遗址，等等。岳石文化在地域上涵盖了今山东省的全境、河南省的东部、安徽省和江苏省的北部等，与大汶口文化、山东龙山文化的分布范围基本一致。

与山东龙山文化相比，岳石文化呈现出明显的衰退迹象。上文已交代，到目前为止，已发现 2000 多处龙山文化遗址，却只发现 100 多处岳石文化遗址。据学者统计，在日照的莒县地区，发现龙山文化遗址 60 多处，却只发现岳石文化遗址 10 余处。在临沂地区，发现龙山文化遗址已超过 110 多处，却只发现岳石文化遗址 10 余处。在整个鲁东南地区，已发现的龙山文化遗址有

500 余处，而发现的岳石文化遗址只有 50 余处。在其他地区也是如此，如在邹平发现的龙山文化遗址有 23 处，而发现的岳石文化遗址只有 6 处；在日照发现的龙山文化遗址有 200 余处，而发现的岳石文化遗址只有 3 处。遗址数量的减少预示着人口数量的减少和文化发展程度的衰退。岳石文化遗址数量的极速减少，说明此时期东夷文化的发展曾受到严重阻碍。

除遗址数量外，岳石文化的制陶技术也明显落后于龙山文化。无论是从陶器的制作技术上看，还是从器物种类等上看，岳石文化都明显落后于龙山文化。如在泗水尹家城遗址中，龙山文化时期的陶器种类有 50 余种，且全为轮制，岳石文化时期的陶器种类只有 20 多种，并有相当一部分为手工制作。生产技术的落后显示出社会生产力的不发达，器物种类的减少说明社会对陶器的需求在迅速减少，甚至又回到了人类发明陶器的初始阶段，只讲实用而不讲求美观与艺术创作了。

对于岳石文化衰退的原因，学者们从不同的角度做出了不同的解答。其中影响较大的有战争说、洪水说和气候变迁说三种。

持战争说者认为，到龙山文化晚期时，来自东北地区的一支实力强大的早期部族迅速向南扩张，他们从胶东半岛登陆，然后自东向西征服了龙山文化时期的东夷部族，从而直接导致东夷部族固有的文化传统受到了严重打击。

持洪水说者认为，在四千多年前，我国发生了一场延续若干年的洪灾。洪灾主要在黄河流域肆虐，东夷部族所在的黄河下游地区受灾最为严重。东夷部族原本生息繁衍的海岱地区在长时间内变成一片汪洋大海，之前创造的所有文明成果都被毁灭殆尽。等到洪水退却后，存活下来的东夷部族所创造的岳石文化是在新环境下的重新创造，而非对龙山文化的直接继承，故在较大程度上体现了文明初始阶段的落后性。

持气候变迁说者认为，在四千多年前，全国大范围地区内出现了降温幅度较大的寒冷期，冰川面积增加，湖泊水位线下降。长期的严寒使原始农业受到了致命打击，粮食生产极速下降，人类的生存出现了巨大危机。面对粮食产量降低、食物匮乏的局面，为了生存下去，曾经长期依赖农业而生的东夷部族又开始重返采集和渔猎的生活。在此背景下出现的岳石文化，必定要在发展程度上低于龙山文化。

各说皆有所据，但到底哪种说法更符合岳石文化衰退的真相，只有等以后相关资料足够丰富以后，才能做出最终解答。

岳石文化之后，以商、周两族为代表的中原政治势力开始大面积地进入山东地区，并用中原文化强烈地冲击东夷文化，从而使持续发展了几千年的东夷文化受到了毁灭性的打击。在此背景下，东夷诸部族或者主动改变自己原有的文化传统而接收中原的商周文化，或者因坚守东夷文化而被商周王室攻灭或赶走，部分保持中立的东夷部族也因商周王室反复的攻掠而极速衰退。因此，商周时期的东夷文化已经逐渐失去了自己独立发展的机会，而被迫融入中原华夏集团中了。东夷部族与中原部族东西对立的历史已经一去不复返了。

以上，我们根据现有考古资料，对东夷文化的大致发展历程做了勾勒。从中可知，从新石器时代到夏代，东夷部族曾经创造了非常发达的早期文化，东夷文明的发展程度丝毫不亚于中原地区的华夏文明。但这种发展程度只延续到夏代晚期，从商代开始，东夷文化的黄金时期便已经结束了，被迫走上了华夏化的历程。

第二节　东夷古族与古国

在发达的东夷文化、东夷古文明的背后，是创造这些文化和文明的族群——东夷古族。在传世文献中，关于东夷古族的记载虽然非常零散，但内容比较丰富。这些古代部族所建立的早期国家的数量不在少数。除文献记载之外，随着现代考古学的发展，新发现的陶器刻画、甲骨卜辞、青铜铭文等，也提供了部分东夷古族与古国的相关信息，值得认真总结。

虽然很多东夷部族、国家在文献中仅仅留下了一个名称，关于其具体的发展历程和主要史事等都没有详细的记载，但仅仅依靠这些族名和国名，我们也能够大致了解东夷族群曾经的辉煌以及东夷文化曾经的发达程度。

在本节中，我们便根据现有资料，并结合学者的已有研究成果，对东夷古族、古国做简要梳理。因相关内容较多，只能对其中比较重要的或资料记载较为丰富的国族情况进行大致勾勒，疏漏遗忘之处在所难免。

一、东夷古族

据逄振镐等学者研究①，自东夷文明出现之后，到西周分封诸侯之前，生活、繁衍于齐鲁故地上的大小国族有160多个，其中除了少数是夏、商部族直接扶持和建立的国族，其他大部分都是早期东夷部族建立的。在这160多个早期国族中，主要包括这样几个大的原古姓氏。

1. 风姓

风姓为太昊氏的族姓。据《路史》记载，风姓是因为远古时期太昊氏部族居于风地而得名。古代神话传说中有风后，曾经辅助黄帝攻灭蚩尤。尧做部落联盟共主时曾经诛杀过大风氏。大禹治水时，曾虔诚向风后请教。这说明最初曾存在着一个风姓部族。据《路史·国名纪一》记载，早期的风姓国族总共有19个，其中有7个位于山东地区，分别是虒、任、宿、须句、颛臾、密、郓。此外，据《左传·僖公二十一年》记载，任国也是风姓。

2. 姜姓

姜姓为炎帝少昊氏的族姓。据《国语》记载，远古时期的少典氏曾生有二子，一个是黄帝，一个是炎帝。后来，黄帝在姬水边成长，长大后姓姬；炎帝在姜水边长大，长大后姓姜。所谓姜水，指位于陕西地区的岐水。炎帝一族最初起源于陕西，后来逐渐东移，并有部分成员到了山东地区。据《路史》记载，炎帝后裔所建国族共有72个，其中有28个位于山东境内。这28

---

① 参见逄振镐:《山东古国与姓氏》，山东人民出版社，2006。

个姜姓国族中有相当一部分是西周分封的齐国之后、姜太公的直系后裔。除此之外约有 11 个国族，如州、向、逄、吕、纪等，都是早期的姜姓东夷氏族。

3. 任姓

任姓出自黄帝。据《国语》记载，黄帝所生的 25 个子嗣，得姓的有 12 个，其中就有任姓。据《路史 · 国名纪一》，作为黄帝之后的任姓国族共有 16 个，其中有 6 个位于山东境内，具体包括奚、薛、伾、章、遇等。

4. 偃姓

偃姓为皋陶之后，因偃地而得名。据《帝王世纪》记载，中国古代神话传说中的著名人物皋陶生于偃地，因功被赐姓偃。据《路史 · 国名纪二》，偃姓国族有 22 个，其中有 6 个位于山东境内，具体包括偃、谣、绞、鬲、郦、舒龚。

5. 嬴姓

嬴姓为伯益之后。相传伯益曾因辅佐舜禹有功而被赐姓嬴。据《路史·国名纪二》，嬴姓国族共有 66 个，其中有 21 个位于山东境内。如在商周历史上活动较为频繁的奄、徐、钟离、郯、谭、葛、莒等，都属于嬴姓部族。

6. 曹姓

曹姓为颛顼氏之后。据《史记 · 楚世家》记载，颛顼高阳氏的后人陆终生有 6 个儿子，其中第五子便是曹姓。西周时期分封诸侯时，曾将周文王的儿子姬振铎封于曹国，后来为宋国所灭，其子孙后代便以国为姓，从而又出现了出自周人的曹姓。据《路史 · 国名纪三》统计，颛顼高阳氏后人共建有 131 个国族，其中有 21 个在山东境内。商周时期非常活跃的邾、牟、根牟等，都属于曹姓部族。

7. 妫姓

妫姓为虞舜之后。舜年轻时曾生活于妫水，后被赐姓妫。据传，舜为东夷族的祖先，曾在鲁北诸地活动多年，他所居之诸冯、所耕之历山、所渔之雷泽等，都在今天的山东境内。据《路史 · 国名纪四》记载，虞舜后裔先后建有 37 个国族，其中有 5 个在山东境内，分别是虞、遂、邹、辕、蕃。

8. 姒姓

姒姓为夏禹之后。相传，禹的母亲曾经因吞食了名为薏苡的植物而生了禹，故其后人便以苡为姓。苡与姒相通。据《路史·国名纪四》统计，夏后氏所建国族有58个，其中有6个位于山东境内。如曾在历史上发挥过重要作用的观氏、莘氏、缯氏、杞氏、鲍氏等，都出自姒姓。

来自这诸多姓氏的东夷族民在几千年的历史发展过程中，形成了诸多宗族和部落。其中一些宗族和部落不仅在东夷文化发展史上，甚至在整个中国古代文化发展进程中，都产生过十分重要的影响，做出过非常突出的历史贡献。这其中，现存资料比较丰富、历史影响比较大的，主要有这样几支。

1. 太昊氏、少昊氏

在古代神话传说中，太昊、少昊是山东地区最早的部族首领，都以鸟为图腾。太昊氏为风姓，据古文字资料可知，风、凤二字通用。据《左传·僖公二十一年》记载，任、宿、须句、颛臾四支早期部族都为风姓。他们认太昊为自己的祖先，并时常进行"有济"之祀。学者曾考证，济即济水，任在今济宁地区，宿、须句在今泰安东平，颛臾在今临沂平邑，它们都位于今天的鲁中南地区。

继太昊之后兴起的是少昊部族。据《山海经》《尸子》《左传》等典籍记载，少昊兴起于东海之外的空桑之地，以鸟为图腾，族内所有的官职都以鸟命名。如，玄鸟氏掌管春分、秋分，伯赵氏掌管夏至、冬至，青鸟氏掌管立春、立夏，丹鸟氏掌管立秋、立冬，祝鸠氏为司徒，鴡鸠氏为司马，鸤鸠氏为司空，爽鸠氏为司寇，鹘鸠氏为司事，等等。

早在20世纪70年代，山东大汶口文化被发现后不久，著名古文字学家唐兰便指出大汶口文化应该属于少昊氏部族集团的文化遗存，并认为太昊和少昊在历史上有时间先后之分，即太昊氏在前，少昊氏在后。当少昊氏兴起时，太昊氏已经衰落了。唐氏此说得到大多数学者的认同。

从时间上看，少昊氏的兴起与大汶口文化基本同时。从地域上看，少昊氏活动的地域与大汶口文化的分布区基本吻合。从文化上看，大汶口文化多次出现的鸟形器与少昊氏的凤鸟崇拜非常一致。因此大汶口文化应该就是少昊氏所创造的早期东夷文化。

2. 蚩尤部族

太昊、少昊之后，便到了古史传说中的五帝时代。其间，活动在山东地区的诸远古部族中，时间最早的当数蚩尤一族。

近代以来，学者多认为蚩尤部族属于江汉流域的苗蛮集团。后来徐旭生先生力证其当出自东夷集团，与少昊部族有较密切的联系。《逸周书》曾记载，蚩尤曾居住于少昊之地，说明两者在地缘上相近。蚩尤在攻伐黄帝部族的过程中被杀掉，之后，黄帝将其分别埋葬在寿张、巨野之地，两者都位于今天的鲁西南一带。在传世文献中，蚩尤是九黎之君，学者已指出所谓九黎即九夷。在上古音中，黎与莱为一声之转，本可通用，因此黎很可能就是古之莱的另一种称谓，九黎其实最初就是位于今天胶东半岛的莱夷的一部分。

在神话传说中，蚩尤一族势力强大，有同宗兄弟 81 人，个个本领不凡，骁勇善战。而且，蚩尤还善于使用兵器，冶铜铁，冶五兵，战斗力极强，是中国古代最早的战神。后来，蚩尤族因不甘心长期屈居于炎帝、黄帝之下，便率领众宗族兄弟兴兵造反，后兵败被杀。但蚩尤失败之后，东夷故地的居民仍旧奉他为神灵，并时时祭祀他。

3. 虞舜部族

据《史记》《孟子》等典籍记载，舜是黄帝之孙帝喾的后代。舜出生于诸冯之地，是东夷人。舜的父亲为盲人乐师瞽叟，舜还有一个顽劣的弟弟和无德的后母。他们都不喜欢舜，甚至多次设计欲除掉舜，但都没有成功。舜年轻时曾耕作于历山，作陶于黄河之滨，渔猎于雷泽之地，并在寿丘制作日用杂品，因品德高尚，声名远播。舜生活的时代恰好是尧统治的晚期，当时的最高首领是通过禅让的方式产生的。有资格被禅让的，都是当时德行高尚、能力突出的人。而舜恰恰符合这几个条件，他孝顺父母，教化兄弟，能使所耕作之地的百姓“人皆让畔”，所渔猎之地的百姓“人皆让居”，无论在品德方面还是在能力方面都非常超群。因此，舜便被时人举荐给尧。尧将自己的两个女儿下嫁给舜，并从各方面对其进行严格考察。最终，经过诸部落宗族的推举，舜被确立为部落首领。

尧去世之后，中原部落联盟共主之位由舜接任。他统治时期，伐三苗，治洪水，巡狩四方，整顿吏制，减轻刑罚，重材举贤，公而忘私，使辖区内教化大行，百姓和顺，八方宾服。舜死后，又遵循禅让制的传统，将部落联盟首长的位子传给大禹。为了能够使大禹顺利即位，舜还将有意争夺共主之位的几个子嗣都赶到边远之地，从而充分体现了自己天下为公、一心为民的高尚品德。

可以说，舜是神话传说时代东夷部族的典型代表人物。在他执政时期，东夷文化得到极大发展。后世以孔子为代表的儒家对舜高度评价，认为他是古代少有的圣王之一。舜孝敬父母、友爱兄弟、天下为公的高贵品德，深深影响了儒家知识分子。后来随着儒家文化的渐次推广，舜身上所展示的种种德行也成为历代中华先民所信奉的行为规范和礼仪准则，深深影响了中华民族的文化心理结构。

4. 皋陶氏

虞舜之后，东夷部族中势力最强大的是皋陶部族。皋陶为偃姓，是少昊氏的后裔。在古史传说中，早在舜之时，皋陶一部已经非常兴盛。皋陶本人曾在舜的联盟联合体内做理刑官，主管法律诉讼。据《尚书·尧典》记载，舜曾经亲自命令皋陶“作士，五刑有服，五服三就，五流有宅，五宅三居”。这里的士便指刑狱之官。五刑、五服、五流、五宅等都是指早期的刑法措施。相关文献中还有皋陶作刑的记载，包括上述五刑、五服、五流、五宅等在内的诸原始刑罚举措，都应该是皋陶时所创立的。

皋陶的偃姓部族在舜执政晚年时，应该已经发展到非常兴盛的程度了。因此舜在选拔新的继承人时，曾选拔皋陶为新任部落联盟首领，与大禹共同执政。可惜的是，皋陶因为年龄过大而先于舜去世，其部落联盟继承人的身份也随之被取消。

5. 伯益氏

稍晚于皋陶的东夷部族中，势力最大的当数伯益一支。有传世文献记载伯益与皋陶为父子关系。但皋陶为偃姓，伯益是嬴姓，二者虽都属于东方的夷族，但实际上分属两个不同的族姓。

据司马迁《史记》记载，伯益（又作“柏翳”）也在舜的部落联盟集团中担任要职，由于他善于驯化鸟兽，懂鸟音鸟语，并与以虎、豹、熊、罴等为图腾的几个部族相善，故舜举荐他主管畜牧业。因表现突出，当皋陶因为年龄过大而去世之后，禹便举荐伯益为新任部落联盟的继承人。

在伯益担任东夷部族首领期间，东夷部族得到了极大发展。有学者认为，伯益部族在五帝时代晚期的势力曾经覆盖了整个山东地区，今天泰山以南、苏皖以北、鲁豫交界以东、大海以西的全部地区，都属于伯益族的属地。伯益被选拔为新任部落联盟共主，体现了时人对以伯益族为代表的东夷部族的认可和重视。

但不幸的是，禹去世之后，虽然伯益非常顺利地接任了部落联盟首领之位，但大禹的儿子夏启兴兵造反，公然杀害了伯益，自立为首领，从而以暴力手段废除了盛行多年的禅让制度，建立了家天下制度。

伯益去世之后，东夷族的发展势头一度受挫，东夷族与华夏族之间的联盟关系也正式宣告破裂。东夷部族开始退居山东境内，全力发展自己的岳石文化。岳石文化与以夏王朝为代表的中原文化共同发展，彼此对立。

二、东夷古国

在东夷部族上千年的发展历程中，除形成了数量众多的部族宗族之外，在进入文明社会之后，一些部族还建立了为数众多的早期国家。随着夏商周等中原部族的兴盛，东夷诸族所创立的国家组织虽然规模各异，在整体实力上无法与中原王国相提并论，但它们的出现是对东夷文化高度发达的最好证明。因为资料有限，虽然很多东夷古国曾留名史册，但其具体详情并不明了。这一方面是因为很多东夷古国的力量本来就很弱小，并没有发生太多值得记录的事情；另一方面是受后世“华夷之辨”观念的影响，原本丰富的东夷古国史事在流传过程中逐渐被后人有意识地给遗漏和删除了。现在，我们就依据现有资料，对其中几个比较重要的东夷古国的情况做简单介绍。像莱、邾、莒、纪等曾经在两周时期的历史舞台上大放异彩的主要侯国，我们放在第五章中再做重点交代，在此主要介绍除此之外的其他侯国。

1. 宿、颛臾

上文已提及，任、宿、须句、颛臾四个国族都属于太昊氏的后裔，属于东夷地区中的风姓国族，其中资料稍微丰富一些的有宿和颛臾两国。

据著名的晋侯苏编钟上的铭文可知，晋侯曾在周天子的号令下，率军讨伐宿夷，说明当时宿国曾一度反周，但不久便被晋侯打败。据《左传》等典籍记载，春秋初期，宿又一次见诸经传记载：公元前 722 年，鲁隐公摄政当国伊始，便与宋公在宿地会盟。公元前 716 年，两国再次结盟于宿。晋人杜预曾考证宿当“在东平无盐县”。鲁庄公十年（公元前 684 年）时，“宋人迁宿”，说明宿已被宋所灭。至于宋公将宿人迁居到了什么地方，因史料缺失已不可知晓。

相传，西周王室分封颛臾国时，给颛臾的主要任务就是祭祀蒙山。但由于颛臾国小势弱，到了春秋初期只能变成鲁国的附庸而求存于世。颛臾的称谓还见于《论语·季氏》篇。春秋晚期时，季孙氏一度想攻伐颛臾，后来可能在孔子等人的劝谏下，没有付诸行动。但其后，颛臾终因势单力薄而为实力强大的楚国所灭。

2. 薛国

薛国是黄帝之后，属于任姓。薛国自夏代便已存在，其祖奚仲曾为夏后氏的车正，因表现良好而被封于薛。建国之后，奚仲曾将都城迁往邳地，但到商汤之时，奚仲的十二世子孙仲虺又迁回到薛，从此确定了都城所在地。仲虺曾做过商汤的左相，在商汤灭夏过程中发挥过重要作用，故在商朝时，薛国应该非常发达。周武王灭商后，又重新褒封薛国，并升其国君为侯爵，远远高于一般的异性子爵，说明其当时的整体实力已经远远高于其他小国。

薛国故城在今天枣庄市滕州市官桥镇和张汪镇境内。

春秋时期，薛国很少参与诸侯之间的纷争，但会定期朝见鲁国。据《左传》记载，鲁隐公十一年（公元前712年），滕侯与薛侯同时朝见鲁国。在行礼的时候，两国国君“争长”，即都想将自己的位次排在前面，而优先于对方。后来鲁隐公派大夫羽父劝告薛侯，应该以滕为先，因为鲁与滕同为姬姓，“周之同盟，异姓为后”。薛侯这次争长的行为，证明薛国在春秋初年的实力与滕国不相上下。

在此次“争长”事件之后的很多年里，都没有见到薛国国君的身影。直到公元前589年，楚国召集诸侯举行蜀地会盟时，薛国国君才现身。但其后不久，薛国便与滕国一起投奔了晋国，并先后参加了晋国举行的一系列军事和会盟活动。公元前506年，晋国举行召陵之盟，薛国参加。从此之后，便很少再见到薛国活动的线索了。

战国时期齐威王在位时，齐人出兵灭薛国，把薛地分给大夫田婴作封地，并把薛人迁至今天的江苏邳州，时称邳国。楚考烈王在位时，出兵灭邳国。到此，薛国的历史正式结束。

从20世纪七八十年代开始，考古学者开始发掘枣庄滕州地区的薛国故城，发现了大量的考古文物资料，从而为我们认识薛国的经济文化情况提供了重要的资料依据。从中可知，薛国的青铜器、陶器、玉器、漆器等器物制造业都非常发达，在墓葬习俗方面，盛行殉人、殉狗，墓葬有生土二层台，还保留着远古东夷部族的埋葬风俗。

薛国故城遗址出土的铜器、陶器

3. 逢国

逢国是炎帝之后，属于姜姓。据《左传·昭公二十年》记载，逢国初建

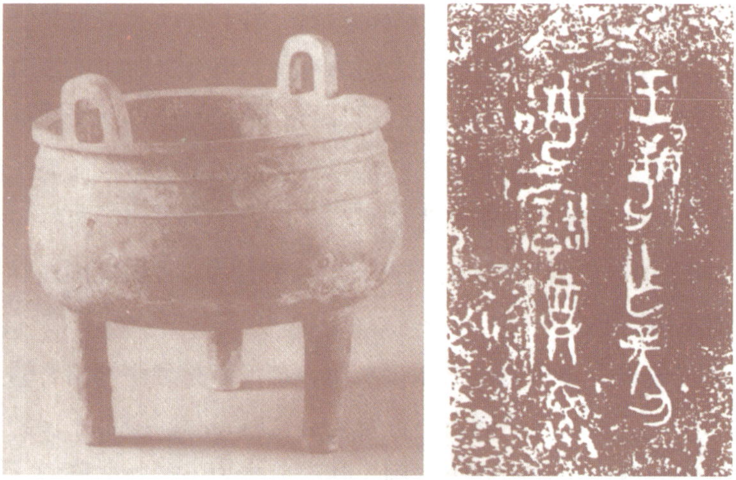

王姬鼎及其上铭文

于商代，是继季萴氏之后兴起于鲁北地区的东夷方国。但从现有资料来看，逄国很可能在夏代就已经建国了。据《孟子·离娄下》记载，后羿的徒弟中有一人叫逄蒙，来自夏朝的逄国。逄蒙学后射术后，曾协助后羿夺取了夏族的统治权，入主中原夏族四十年。依此，商代的逄国应该是在夏代逄国的基础上继续壮大发展起来的。到了商代晚期，与其邻近的薄姑氏迅速崛起，并在商王室的支持下屡屡进犯逄国。逄国不胜其扰，便从原来的居住地——临淄的周边搬迁到了今天济南的济阳一带。

20 世纪七八十年代，考古学者在济阳县曲堤镇刘台村西约 200 米处，发现了举世闻名的刘台子遗址，并先后挖掘出 4 座贵族墓葬。从所出青铜器上的铭文可以确认，此墓属于西周时期的逄国所有。其中 6 号墓出土的青铜器王姬鼎上的铭文还透露出，西周时期的逄国与周王室交往甚为密切，周天子曾将女儿下嫁给逄国国君，彼此多有联络。据《竹书纪年》可知，一位名叫逄公固的人还跟随周穆王攻打过犬戎族，说明直到西周中期时，逄国仍与周王室保持着高度紧密的联系。

4. 州国

州国又称淳于国，是炎帝的后代，属于姜姓。相传是周武王所封，位于今潍坊市的安丘地区。春秋时期，州国沦为一般性的小国，随时都有被大国吞并的危险。据《左传》记载，鲁桓公五年（公元前 707 年）时，州公曾出访曹国。从地理位置上看，州国周围有莒国、莱国和纪国，这些国家都属于东夷旧族建立的国家，所以彼此尚能相安无事。但从春秋早期开始，从河南迁徙来的杞国为了扩张地盘，频繁入侵州国，州国无力抵抗，最终走向灭亡。州国灭亡后，纪国将其都城迁到原州国都城所在地，从而在鲁北地区稳定下来。

5. 鄅国

鄅国是祝融之后，属于妘姓，位于今临沂市兰山区。据《春秋》记载，鲁昭公十八年（公元前 524 年），邾庄公趁着鄅君在国都外巡视农耕的机会，率军突袭鄅国，并成功攻陷鄅国都城。因为鄅国国君夫人是宋国执政向戌的女儿，所以宋国为鄅国出兵邾国的虫地，逼使邾人归还所抢夺的鄅国国土、财物与俘虏，并签订协议保证今后不再进攻鄅国。鲁哀公继位之后，曾多次与邾国作战。公元前 492 年，鲁国在鄅国故地兴建启阳城，说明此时鄅国已经灭亡。鄅国灭亡后，其子孙后裔以国为姓，称鄅氏。

1982 年，在今临沂市河东区的凤凰岭处发现了一座东周大墓。这座大墓被确认为鄅国国君的墓葬。墓葬封土高大，其内随葬品丰富，有 10 余件青铜器以及成组的青铜编钟，还有 14 具殉人。这说明直到春秋晚期灭亡之际，鄅国还一直保持着东夷部族的殉葬风俗。

第三节 夷夏之争与夷夏融合

从上述东夷古族古国的情况可知，东夷部族自新石器时代起，便有着发达的经济文化和礼仪制度。在传世文献资料中，从五帝时代部落联盟集团时期的推举禅让，到夏商周时期的王国文化，都能时常见到东夷诸族的身影。作为黄河流域中下游地区最为发达的两大政治实体，华夏部族与东夷部族在长期的历史发展过程中，在政治上有合作和分裂，在军事上有冲突和对抗，在文化上有对抗、交流和融合。从五帝时代开始，两者便有沟通、融合与对抗，直到秦汉时期，才完全融合，共同成为中华文化的重要组成部分。

因此，弄清楚东夷部族与华夏部族的交往历程，不但可以更好地认识早期中华文化形成的过程，而且还可以从侧面更清晰地了解东夷文化的时代特征和历史特色。下面即分几个时段，对两者的交往过程做简要总结。

一、五帝时代的夷夏交往

据学者考证，文献记载中的五帝时代在考古学上相当于大汶口文化晚期和龙山文化时代。从现有考古学文化谱系中可以看出，在距今五千到四千年间，“从黄河中、下游到长江中、下游，乃至长城地带，都陆续由原始时代向文明时代过渡，而东方的龙山文化是其中生产技术最高（如发达的轮制陶器技术及精致绝伦的蛋壳黑陶与玉器等），从而大概也是社会发展程度最接近于具有文明时代特征（如城子崖与寿光边线王的城址等）的一支文化”。具体言之，在经济方面，大汶口文化晚期，由于生产力发达，东夷部族中已经出现了大量的社会剩余财富。在社会结构方面，东夷部族已经拥有由都、邑、聚组成的城邑组群，已经进入考古学上的古国阶段，其发展程度远远高于同时期的华夏部族。在文字使用方面，东夷部族已经出现了成句连篇的文字，早在夏、商、周三族之前便已经有了自己成系统的文字。[①]

与考古学资料相对应的是，据传世文献记载，在太昊、少昊、蚩尤、虞舜、皋陶、伯益等担任东夷部族首领时，东夷部族曾与华夏部族进行了长期的交往与斗争。

1. 太昊、少昊、蚩尤时期东夷部族与华夏部族的交往

据《左传·昭公十七年》记载，郯国的国君郯子在追溯中国早期诸部族

① 参见江林昌：《五帝时代中华文明的重心不在中原——兼谈传世先秦秦汉文献的某些观念偏见》，《东岳论丛》2007年第2期。

文化的发展序列时曾提到，黄帝氏以云为图腾，官职与名物皆以云命名；炎帝氏以火为图腾，官职与名物皆以火命名；共工氏以水为图腾，官职与名物皆以水命名；太昊氏以龙为图腾，官职与名物皆以龙命名；少昊氏以鸟为图腾，官职与名物皆以鸟命名。从郯子的话中可知，太昊、少昊与黄帝、炎帝等大致处于同一个历史时期，他们的早期信仰不同，部族文化各异，彼此独立发展，没有高低贵贱之分。

与太昊、少昊同时或稍后的，是东夷部族中另一支以蚩尤为代表的氏族部落，曾经与华夏部族的黄帝、炎帝部落进行了长时间的政治交往与军事斗争。据《逸周书·尝麦解》《史记·五帝本纪》等典籍记载，在炎帝晚期时，炎帝统治衰落，治民无方，兴起于东夷地区的蚩尤部族便联合南方的苗蛮集团举兵大反。他们率领部族民众与炎帝部族大战于涿鹿地区（今江苏徐州附近），炎帝部族大败。蚩尤部族趁势西进，大逐炎帝族民，赤帝大慑。

不甘心失败的炎帝只能向自己的同族兄弟黄帝部族求救。为了保住中原部族的统治权，黄帝率领族民与蚩尤族大战于中冀地区（今河南北部和河北中南部）。此次交战的规模非常宏大，双方都投入了很大的兵力，战争异常残酷，最终蚩尤部族战败，黄帝部族获胜。以蚩尤为代表的东夷部族向中原地区挺进的步伐被阻断。

中冀之战后不久，蚩尤又率领东夷部族卷土重来，再次与炎帝部族大战于阪泉地区（今河北南部的保定或磁县一带）。在此次战争中，黄帝率领着以熊、罴、狼、豹、虎、鹰、雕为图腾的诸友邦部族参战，蚩尤则带领自己的 81 个兄弟部族以及南方的苗蛮集团参战，双方在阪泉地区多次交战后，黄帝部族最终获胜，蚩尤部族全面溃败，蚩尤本人也被黄帝生擒。相传黄帝抓住蚩尤之后，不但将其杀掉，而且还将他的头颅和身躯分别埋葬于当时的寿张和巨野两地，从而彻底解除了后患。阪泉大战之后，东夷部族西进的步伐被彻底阻断，炎黄部族完全掌控了黄河流域中游地区。

从蚩尤与炎帝、黄帝交战的情况来看，在五帝时代中期之前，东夷部族在发展程度上丝毫不输于华夏部族，甚至在一定时期还超过了华夏部族，这从蚩尤大胜炎帝传说中可以证明。但东夷部族尚未强大到可以完全占领中原地区的地步，他们在向西挺进的过程中，受到了以黄帝部族为首的华夏集团的强烈抵抗。最终，蚩尤部族在西进过程中战败。但是，黄帝部族在打败并杀害了蚩尤之后，也并不能完全占有其地，更不能统治其民，而只能在将其打服之后再次退回中原故地，各自仍在原来的活动区域内独立发展。这说明华夏部族虽然在武力上战败了东夷部族，但他们没有能力完全占有东夷地区，只能是在最大程度上切断其西进的路线，使其暂时不再向西发展，然后各自保持交战之前的状态，继续生存繁衍。据传，蚩尤本人虽然战败而死，但东夷部族仍奉其为神灵，定期祭祀朝拜他，并将其奉为战神而世世传颂。甚至黄帝后来再出征其他部族时，还将蚩尤的画像绘在旗子上，以期用蚩尤的余威恫吓其他反叛者。这说明华夏部族对东夷集团的强盛和战斗力是诚心畏惧的。在他们心目中，东夷部族是唯一能与自己并驾齐驱的部族。

总之，这场以东夷部族进攻、华夏部族防守的蚩尤与炎黄大战，与上述考古学资料所反映的同时期内东夷文化的先进性是基本吻合的。

2. 虞舜、皋陶、伯益时期东夷部族与华夏部族的交往

蚩尤西进失败之后，虽然东夷部族与华夏部族之间的战争与侵伐行为暂时停止，但双方在政治、经济、文化等方面的交往和互动却因此更加频繁起来。据传世典籍记载，五帝时代后期，东夷部族与华夏部族共同组成了新的部落联盟集团，且彼此轮流执政，一起管理黄河中下游地区。这说明双方的交往已经到了非常紧密的程度。

据《尚书》《孟子》《史记》等文献记载，在五帝时代后期的尧舜禹之时，由华夏部族与东夷部族组成的部落联盟集团正式形成，部落联盟的首长实行以推举制为基础的禅让制度。最初，在部落联盟集团中执政的是华夏部族的尧。尧死之后，经过以四岳为代表的诸大小部族首长的推荐，选择东夷部族的舜为新部落联盟共主。舜晚年时，又经过推举，将共主之位禅让给华夏部族的大禹。舜执政之时，正赶上有史以来最大的洪水灾害，万民苦于水患，生存环境受到了很大挑战。于是，舜便以部落联盟共主的身份命令大禹

带领中原各部落民族共同治理洪水。

在治理洪水的过程中，为有效调动各部族成员积极参与，大禹逐渐拥有了可以诛杀不听从号令者的权力，从而使他在诸中原和东夷部族中确立了威信。而且，洪水治理的最终成功也让大禹在各部族集团中有了极高的声望。因此，等到舜最终将联盟共主之位禅让给大禹之后，以大禹为代表的华夏部族便逐渐在部落联盟集团中占据了绝对优势。

大禹晚年时，虽然仍然根据部落联盟体制的需要，先后推举出东夷部族的皋陶和伯益作为接班人，但大禹部族的权势和发展程度已远远高于皋陶和伯益所在的东夷部族。等到大禹去世之后，伯益虽然暂时做了部落联盟共主，但禹的儿子夏启很快率领族众和友邦联合造反，并杀掉了伯益，然后自己做了新的部落联盟首领。从此之后，以禅让制为主的部落联盟体制宣告结束，以世袭制为主的早期国家正式形成。与之相伴随的，是中原华夏部族最终战胜了东夷部族，率先进入了国家阶段。东夷部族则只能退守山东故地，继续在氏族部落体制下独立发展。

综上可知，在五帝时代晚期，东夷部族一直保持着非常强劲的发展势头，以虞舜、皋陶、伯益为首的东夷部族曾经与以尧、舜、禹为代表的华夏部族长期执政，共同发展。最后，虽然中原部族提前一步进入国家阶段，从而快速领先于东夷部族，但东夷部族的整体实力并未受到太大损伤。双方的争执还将在下一个历史阶段继续进行。

二、夏朝时期的夷夏交往

夏王朝建立之后，虽然部落联盟的绝对权力已经被华夏部族利用世袭的方式牢牢掌控，但以夏族为首的中原部族并没有绝对的优势对东夷部族进行完全掌控。夏王朝对天下各部族仍然采用部落联盟的形式进行松散管理。因此，夏王朝执掌了部落联盟之后，仍然会时时受到周边各强势部族的威胁与挑战。而其中威胁最大、挑战能力最强的，便是位于东部地区的东夷部族。

据《尚书》《左传》《史记》等典籍记载，夏启去世之后，部落联盟共主的位置便按世袭制的规定，传给了他的儿子太康。但太康并没有管理天下部族的能力，他整日纵淫享乐，沉迷于狩猎游玩，根本无心处理部族事务。因此，太康之时，夏族经大禹、夏启两代先王在部落联盟中建立的政治威信很快便被破坏殆尽。夏族统治无力，“黎民咸贰”，治下大反。其中，以后羿、寒浞为首的东夷部族率先起兵反抗。

历代学者的研究已经表明，后羿是兴起于山东北部地区的一支东夷部族，以善射著称，习于弓箭。早在尧舜时期，后羿部族便已经非常强盛，他们的首领后羿（远古时期，部落首领的名称是世袭的，历代首领都可叫后羿）曾经协助帝尧治理过旱灾，驱逐过野兽，扫除过民害。中国早期神话传说中“后羿射日”以及传世文献中的“诛凿齿于畴华之野，杀九婴于凶水之上，缴大风于青丘之泽……杀猰貐，断修蛇于洞庭，禽封豨于桑林”（《淮南子·本经训》）等记载，都是对早期后羿部族在部落联盟时期丰功伟绩的形象反映。

到太康之时，夏族的衰落与治下的无力，让后羿部族又迎来了新的发展契机。据《左传·襄公四年》记载，后羿看到夏族衰弱，部落联盟首长无德，于是联合诸东夷部族举兵西进，一直攻打到夏代都城所在地，“因夏民以代夏政”。后羿不但杀掉了太康，而且将太康的兄弟、子嗣、族人等全部诛杀或赶走，自己坐上了部落联盟共主之位。

与后羿部族一同反对夏族的，还有一支强大的东夷部族，即以寒浞为首的来自今天潍坊地区的东夷部族。待成功伐灭夏族之后，后羿不但彻底放弃了对夏族的防备，而且还将部落集团的政务交给自己的同盟好友寒浞处理，自己则整日沉迷于狩猎、游乐，不思政事。不久，贪恋部落联盟共主之位的寒浞一族便起兵造反，勾结后羿的族众共同杀掉了后羿，然后成功篡夺了部落联盟首长的大权。

寒浞继位之后，为彻底坐稳部落联盟共主之位，不但将后羿族人彻底诛杀，还派遣自己的两个儿子追杀夏族后人。据载，仲康之子相仍然存活于世，而且寄居在同盟友邦斟灌氏家中。寒浞于是立即派人前往剿灭了斟灌氏及其同盟斟寻氏，并杀死了相。但相的妻子后缗当时已怀有身孕，并成功逃出，后躲藏在其母族有仍氏那里。不久，后缗顺利生下一子，这便是后来的夏王少康。

少康为躲避寒浞的追杀，又躲避到夏族的异姓同盟有虞氏家中，并娶了有虞氏之女为妻。长大之后，少康便在有虞氏及其友邦有鬲氏的支持下，杀掉寒浞及其子嗣，赶走了寒浞部族，然后成功夺回了部落联盟共主之位，重新恢复了夏族的最高统治权。

从族属上看，在少康流亡和复国的过程中，先后给予其巨大帮助的，都是生活于山东地区的东夷部族。少康之父相的支持者斟灌氏、斟寻氏是位于今天潍坊地区的东夷部族。少康之母的娘家有仍氏是位于山东曹县的东夷部族。少康寄居并娶妻的有虞氏是位于山东虞城的东夷部族。与有虞氏共同协助少康复国的有鬲氏是位于山东德州的东夷部族。这些与夏族联姻的诸东夷部族，与后羿、寒浞两族明显不是政治盟友，而正是由于东夷诸部族之间的政治斗争和分化，使以少康为首的华夏部族最终迎来了重新掌握部落联盟集团的机会。而在太康失国、少康复国的过程中，势力最强大、活动最频繁、争斗最激烈的仍是东夷诸部族。

从后羿代夏，到少康复国，前后经过了四十年的时间。其间，以后羿、寒浞为代表的东夷部族一直牢牢掌握着部落联盟共主之位，掌控并统率天下诸族。他们不但沉重打击了曾经势力强盛的华夏部族，而且对中原诸部族进行了长期的统治。在此过程中，东夷文化强势进入中原地区，并在中原地区得到极速发展。对此，考古学资料有明确体现。

多年来的考古成果已证明，位于河南省洛阳市偃师地区的二里头文化即文献记载中的夏文化。二里头文化在考古学上可以分为四期，四期的文化内涵虽然一脉相承，但一、二期文化有着明显的差别。从出土陶器来看，二里头文化一期的陶器种类主要有罐、鼎、盆、瓮、豆、瓢、爵等多种，胎质较薄，颜色尚黑，平底，普遍装饰篮纹和方格纹，绳纹较少。无论是器物组合，还是陶质、纹饰，都呈现着河南龙山文化的典型特征。但到二里头文化二期时，突然出现了侈口深腹罐、子母口罐、小盂、贯耳壶、鬶、觚、爵、盉、三足盘、蛋形瓮、大口尊、圈足簋等新型器类，且陶器的胎质较厚，颜色多为灰色和褐色，器多圆底，普遍装饰绳纹和麻点纹，篮纹和方格纹几乎没有。这些陶器种类和器物特征都体现出典型的东夷文化风格。

二里头文化一、二期存在差别的原因，学者多认为与历史上的后羿代夏有关。后羿代夏使东夷文化在中原地区得到快速发展，并对中原文化形成了强势覆盖，从而迫使中原部族认可、接受了东夷文化。从遗址中的考古资料来看，直到二里头文化三、四期时，具有东夷文化特征的器物仍然大量存在，说明中原部族在经过后羿代夏几十年的统治之后，对东夷文化已经广泛熟悉并开始大量接受，东夷文化也因此在中原地区深深地扎了根。

三、商朝时期的夷夏交往

夏代晚期时，兴起于河北南部和河南北部的商部族迅速崛起。在足够强大之后，商人首领汤毅然举兵伐夏，并最终代替夏人成为中原地区新的部落联盟共主。商人灭夏的时间在公元前 1600 年左右。其后，商人对中原地区进行了近六百年的统治，直到公元前 1046 年才最终为周部族所取代。在商人统治中原期间，东夷部族虽然仍然作为一个强大的政治力量存在，但东夷文化已经开始与中原文化进行多层面的广泛融合，中原文化华夏化的进程得到快速推进。

在商汤灭夏的过程中，东夷诸部族发挥了较为关键的作用。在灭亡夏族的过程中，商汤所依赖的重臣伊臣和仲虺都来自东夷部族。其中，伊臣来自东夷有莘氏，仲虺来自东夷任姓薛国。通过任用东夷贤臣的方式，商汤成功实现了商族与东夷族的密切联盟。伊臣在灭夏的过程中，曾与夏桀的妃子妺喜联合，而妺喜则出自东夷的有施氏部族。面对商族的强烈攻势，夏桀曾经召集“九夷之师”来对抗，但“九夷之师”不予配合。于是，商汤举兵伐夏，最终在鸣条之战中大胜夏人，成功代夏而有天下。可以说，东夷诸部族在商族立国过程中，起到了不可取代的作用。

在商汤成为中原部落联盟共主之后，商族与东夷部族在很长一段历史时期内和平相处，彼此在政治、经济、文化方面的交流不断升级。但从商代中后期开始，夷商联盟逐渐走向瓦解，东夷部族叛离商族统治的现象不断出现。为稳定自己的大后方，从商王武丁开始，便不断对东夷部族用兵，夷商关系逐渐破裂。到商代末期时，征伐夷方、稳定东土已经成为历代商王最主要的工作之一。对东夷部族的不断用兵虽然成功削弱了东夷人的反商力量，扩大了商王朝的统治区域，扩张了商文化的发展领域，但长年征战的行为严重消耗了商人自己的固有实力，动摇了自己的统治根基。最终，在商纣王经过十余年的战争成功消除了东夷族的反抗力量时，兴起于陕西地区的周部族已在发动大规模的伐商战争，并联合诸东夷部族共同消灭了强大的商王朝。到公元前 1046 年时，商人的统治最终结束，西周王朝正式开始。

对于商人与东夷诸族的政治冲突与军事对抗，传世文献和出土的考古资料中都有所体现。

《后汉书》《竹书纪年》等书先后记载了仲丁、河亶甲征伐蓝夷的行为。学者或认为蓝夷的活动地域在今天的临沂、兰陵一带，或认为在潍坊青州一带，或认为在胶东一带。彼此之间虽有分歧，但都不否认蓝夷是东夷部族的一支。《后汉书·东夷列传》还记载了周王征“畎夷、于夷、方夷、黄夷、白夷、赤夷、玄夷、风夷、阳夷”等“九夷”的事情。学者一般认为“九夷”是对东夷部族中诸强宗大族的总称。

现有卜辞中有大量商人征夷方的记载。尤其是商纣王帝辛十年（公元前 1066 年）的征夷卜辞，已发现七八十片之多，先后记录了商纣王从帝辛十年九月到次年五月之间的一次历时 260 多天的征夷方行动。另外，商代青铜器小臣艅犀尊、小子逢卣等器物上的铭文中也有商王征夷方的明确记载。

除此之外，从山东地区已发现的大量考古资料来看，到商代中期后段时，商文化在山东地区已经大量存在，其势力已经到达今天潍坊市的白浪河与潍河东岸，基本上已覆盖与商王都接近的鲁西南、鲁中南及济南地区。山东与河南、安徽交界的地区也已经被商文化侵占。到商代晚期时，除了鲁东南和

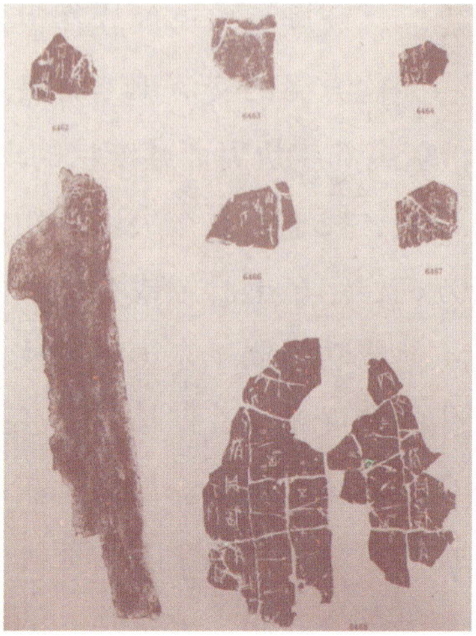

商代征夷方卜辞

胶东半岛地区，原属东夷部族的其他故地已经被商文化占据，东夷文化已经在这些地区迅速衰退。今天的滨州惠民、博兴、邹平，淄博的桓台、沂源，东营的广饶，潍坊的寿光、坊子、青州，济南的章丘、长清、济阳、平阴、莱芜，临沂的平邑、兰陵、费县，济宁的兖州、邹城，枣庄的滕州、薛城等地区，都出土过成组的商代青铜器，有的上面还刻有不同的族徽符号，说明这些地区都已经被商人治下的各种政治势力占领。

在商文化的强势入侵下，东夷部族和东夷文化的命运便面临着四种不同的选择。其一，放弃东夷文化，完全接受商文化，在政治上接受商人的统治，转变自己原有的政治立场，完全拥护商王室的统治与治理。上述已发现的有商文化中心聚落的考古学遗址显示，有相当一部分部族是在商文化扩张之时，主动做出与之合作共生的政治选择。其二，全力对抗商人政治势力的入侵，完全不听从商王室的统治与号令，独自发展。如胶东半岛和鲁东南地区，直到商王朝灭亡，都始终没让商文化顺利入侵，而是用自己强势的部族文化抵制住了商文化的扩张。其三，与商王室贵族联姻或结盟，在服从商人统治、接受商文化的基础上，有限度地保留自己固有的文化传统。如淄博桓台史家遗址和济南大辛庄遗址出土的甲骨文显示，此地卜辞的刻写与占卜习惯有明显的东夷文化的痕迹，说明他们在很大程度上仍然保留了东夷部族固有的文化传统。其四，无力对抗商人的入侵，但也不想接受商文化扩张，只好举族搬迁，远离商文化所及之地，换一个生存地域继续坚守自己的文化传统。如《后汉书·东夷列传》所记载的畎夷，有学者认为他们在商人兴盛时举族西迁，最终到达了今天的甘肃地区，从而彻底远离了商人的统治。鲁北地区潍水流域的部分东夷部族也在商文化东进之时大举南迁，并与本地土著相融合，成为西周时期势力强大的淮夷族群。学者多认为其中的淮是潍字的变体。淮夷即早期生活在潍水流域的东夷部族。他们在举族南迁之后，仍在很大程度上保留了自己的文化传统和语言习惯，坚守着自己的文化底线。

总之，在商王朝存在的六百年左右的时间里，东夷部族与华夏部族的融合程度在逐渐加深，彼此之间的文化交流日益紧密，东夷地区逐渐被中原地区的政治势力侵占，诸东夷部族所在地慢慢成为商王室的直辖地，东夷文化的发展势头逐渐被商文化阻止，并被商文化大肆压制和取代，东夷部族的华夏化已成为不可阻挡的历史潮流。

四、西周时期的夷夏交往

从商代晚期开始，兴起于陕西地区的周部族迅速发展壮大。他们利用历代商王全力征伐东夷的机会，不断攻灭商王朝的友邦，联络商王室的敌对力量，在不断壮大自身力量的基础上，最终在公元前 1046 年发动灭商战争，并在牧野之战中一举击溃商纣王的大军，迫使商纣王自焚而死。周人正式代替商部族，成为中原地区部落联盟的共主。从此之后，以周王室为中心的中原政权又开始迈出了同化、征服东夷部族的步伐，以周文化为中心的中原文化也继续推进自己融合和改造东夷文化的历史进程。

周人在灭商的过程中，曾大力联络东夷部族，利用东夷族与商人的矛盾寻找更多的反商盟友。据《左传》《国语》等文献记载，周人曾与山东地区的东夷部族进行多次政治联姻，以加强彼此的联系。如古公亶父的夫人太姜是来自鲁北望族有逢氏的女子，季历的夫人大任应该是来自鲁南地区任姓宗族的女子，周武王的夫人邑姜是来自鲁北姜姓宗族的女子，周公的夫人是来自鲁南地区任姓薛国的女子。而且，据现有铜器铭文资料显示，周王室还与鲁北的有逢氏、纪氏等东夷旧族保持着长期的政治联盟，直到周王朝成立多年后的西周中期，周王室仍然从有逢氏迎娶国君夫人。纪国的国君曾在周王室任要职，直到春秋时期，纪国仍保持着与周王室联姻的传统。这些都说明，周人为了实现灭商大业，在准备灭商的过程中，曾大肆联络和结交诸东夷部族，通过与他们的结盟，在瓦解夷商联盟、壮大周部族力量的同时，也可以从东西两路夹击商王室，从而在最大程度上确保伐商大计的最终成功。后来的事实证明，周人联合东夷伐灭商人的策略是得当且有效的。东夷族的反商行动大力牵制了商族的有生力量，为周人代商减轻了压力，从而确保了灭商战争的最终成功。

西周王朝成立之后，随着分封制度的大举推行，原东夷部族生存发展的聚居地的周边开始被齐、鲁、滕、茅等周人的大小诸侯国占据。以这些诸侯国为据点，周文化开始在东夷故地大肆扩张，并逐渐扩散到整个山东半岛地区。终西周之世，周文化扩张的脚步始终没有停止。到西周晚期时，周文化几乎已经遍布东夷部族的各个地区，并且已经以压倒性的优势，将东夷文化融入自己的文化系统中来。到此，东夷文化的华夏化历程在商代的基础上又前进了一大步。

春秋之后，虽然周王室骤衰，周文化的主体受到重创，但周王室分封在山东地区的齐、鲁两国却日渐强盛。在政治上，两国不断开疆拓土，扩大统治地域，并逐渐吞并和侵占了周边诸东夷部族的领地，将它们变成自己的直辖地，实现了垂直管理与控制，从而彻底改变了之前东夷诸族彼此分散、各自为政的历史现状。齐、鲁两国在不断扩展自己统治疆域的过程中，将东夷诸国族强制纳入齐、鲁两国的势力范围中来，从而使东夷诸国族首次在地域上形成了较大的统一。

在文化上，在周文化的基础上，齐、鲁两国文化充分吸纳东夷文化的有利因素，并进行融会、提炼、升华，最终形成了独具地方特色的周代方国文化。其间，东夷部族的文化风俗、礼制传统、思想信仰、宗教禁忌等，都在改造重组的基础上被吸纳到周文化礼俗之中；东夷部族创造的丰富多彩的物质文明和工艺技术等，则直接被周文化继承，在此基础上得到发扬光大、创新发展。可以说，东夷文化在过去几千年中的发展、演变与壮大，为齐鲁文化的兴盛奠定了丰厚的基础。

秦汉时期，在秦国完成了统一六国大业、终使天下重归一统后，齐鲁文化又凭借自己强大的底蕴而融入以秦汉王朝为核心的中原文化系统中，并经过融合与发展，最终成为中华优秀传统文化的重要组成部分。在这每一个历史进程中，东夷文化都充当了重要的角色，并展现出自己独特的文化优势和力量。

第三章 齐国的历史进程

齐国自西周初期建立，到战国末年为秦国所灭，前后存在了八百多年的时间。齐国的发展历史可以分成西周、春秋和战国三个阶段。在西周时期，齐国与其他被分封的诸侯国无异，都在周王室强大的政权管理之下，努力为周天子守卫疆土，并及时完成周王室交付给自己的各种任务。此时的齐国，可看作是周王室在鲁北地区的代表，帮助周天子看管此地的居民和物产，不敢有丝毫懈怠。

到了春秋时期，王权旁落，周室不兴。周王室不但无力掌控各分封诸侯国，而且其自身也遇到了前所未有的生存危机。在此情况下，齐国凭借齐桓公的政治改革迅速崛起，一跃成为雄霸于各诸侯国的超级大国。齐桓公也成为春秋时期的第一位霸主。在管仲的辅佐下，齐桓公九合诸侯，一匡天下，不但可以号令诸侯，而且成为周王室的重要依赖国。齐桓公去世之后，虽然齐国的霸业急速衰落，但齐国作为大国的余威仍然存在。海岱地区的诸周边小国仍然唯齐国马首是瞻。

春秋战国之际，齐国公室侈靡无度，无心朝政。最终，田氏代齐，陈姓贵族取代姜姓贵族执掌齐国政权。田氏贵族掌权以后，锐意进取，政绩颇佳。齐威王、齐宣王两代君主大力改革，除旧布新，不但使齐国重现了昔日的辉煌，而且使齐国一度成为东方地区实力最强大的国家，可以直接与西边的强秦相抗衡，齐、秦两国一东一西，威震诸侯。但好景不长，齐宣王的儿子齐闵王继位后，刚愎自用，穷兵黩武，将强大的齐国快速拉回衰落、凋敝的状态，甚至差点被燕人亡国。后虽经齐襄王复国中兴，但齐国已元气大伤，很难再进入昔日的强国行列。最终，公元前221年，强大的秦国铁骑横扫齐国都城，齐国灭亡。

在八百余年的发展历程中，齐国先民创造了丰富多彩的物质文化和精神文化。因俗革礼的治民思想，尊贤尚功的执政理念，通工重商的经济政策，尊王攘夷的家国情怀，不鸣则已、一鸣惊人的奋斗意志，锐意改革的自强精神，稷下学宫的文化理念，百家争鸣的学术文化，等等，都为后世留下了一笔笔取之不尽、用之不竭的精神财富。直到今天，齐文化仍然时时影响着中华儿女的行为习惯和思维方式。可以说，齐文化作为中华优秀传统文化的重要组成部分，其丰富内涵仍值得深入挖掘和继续弘扬。尤其是近年来随着大量考古新资料的问世，齐国的历史和齐文化的内涵都有深入系统研究的必要，值得学界特别关注。

第一节　姜太公与齐国封建

齐国的建立者是中国古代名臣姜太公。据现有文献记载，姜太公的人生经历非常坎坷，早年失意，大器晚成，老而弥坚。他利用自己的聪明智慧，不但成功帮助周文王、周武王灭掉了强大的殷商王朝，而且很快稳定了东土局势，建立了后来强盛一时的齐国。虽然他在立国之时颇受挫折，但很快就在齐地站稳了脚跟，并使齐国持续健康发展。可以说，姜太公不仅是齐国的创建者，更是齐文化的创造者。他筚路蓝缕，开创了齐国历史和齐文化，给后世留下了宝贵的历史文化财富。

一、姜太公其人其事

姜太公，又称姜子牙、姜尚、吕牙、吕尚、吕尚父、太公望、太公、吕望、师尚父等。姜姓，吕氏，名尚，字牙。姜子牙是姓、字连称，姜尚是姓、名连称，吕牙是氏、字连称，吕尚是氏、名连称；父通甫，是古代男子的美称，故吕尚父等同于吕尚。诸称谓之间没有太大差别。姜太公晚年入周遇文王时，文王曾感慨道："吾太公望子久矣。"意思是说："终于见着你了，从我的先祖太公开始，就已经盼望你这样的贤人到来，至今已经很久了。"此处的太公本来指的是周人的先祖古公亶父。但文王的这次感慨使姜子牙有了太公望的别称。太公是姜太公的简称，吕望则是将太公望当作姜子牙之名，以吕氏称之。周武王继位之后，曾表示要对姜子牙"师之，尚之，父之"，故又有了师尚父的别称。

姜太公是中国古代历史上的传奇人物，他的人生经历曲折，奋斗历程丰富，故学者多有研究，相关研究成果较多，现综述如下。

1. 姜太公的出身与里籍

学者们对于姜太公的身世和族属，历来存在东方、西方之争。持西来说者认为姜太公来自陕西地区，其宗族是长期生活在陕西周原地区诸多姜姓部族的一支。其就封齐地之后，才正式与东方诸族发生联系。传世文献中关于姜太公就封之前与齐地的所有联系，都是后世小说家之流演绎想象的结果。与此不同，持东来说的学者则坚持认为姜太公自始至终就是东方齐地之人，他是很久之前就已东迁于此的诸姜部族的后裔。这一部族至姜太公时已在东部沿海地区生存繁衍了很多代，姜太公本人自幼即生活于此，后来因命途多舛，才转而入周。

学者们之所以长期争论不已，与最早明确提到姜太公出身的汉代史学家司马迁在《史记·姜太公世家》中用模棱两可的说法来叙述姜太公的身世有关。司马迁一面说姜太公是"东海上人"，一面又强调姜太公的先祖为四岳，姓姜氏。这种含混不清的表述既体现良史的记叙准则，又给后人提供了足够的讨论空间。

但比较这两种说法，似乎东来说更符合实际。司马迁在《史记·姜太公世家》中不止一次提到，姜太公年轻时曾是著名的“处士，隐海滨”，而且还交代了姜太公由东土入周、以垂钓之术“奸周西伯”的详细过程。这说明司马迁本人还是倾向于姜太公东来说的。另外，早于司马迁《史记》的《吕氏春秋·首时》篇记载道：“太公望，东夷之士也。”已明确说姜太公是海岱地区的东夷人。

姜太公与陕西地区的唯一血缘联系，就是他的先祖发源于陕西地区的姜姓部族。姜姓是炎帝、伯夷的后代。炎帝曾降生于陕西的姜水，故以姜为姓。伯夷在尧舜时曾因治水有功而被封为四岳（掌管东西南北各地诸侯的官吏），伯夷的后人也因此被分封到申、吕等国。后来，黄帝部族与炎帝部族为争夺最高统治权进行了长期斗争。最终，黄帝部族胜出，炎帝的姜姓部族只好大举外迁，远离故土，而其中的几支很可能就在这个时期到达了东方的海岱地区。

据《山海经·海内经》记载，炎帝之孙帝器生了三个儿子，分别叫作钜、伯陵和祝融。此“伯陵”应该就是齐国名相晏婴所说的“有逢伯陵”（《左传·昭公二十年》）。《山海经》所记载的神话人物间的父子关系，并非真实的直系血亲，更多的是指不同部族之间的血缘联系。有逢伯陵氏既然是炎帝之孙帝器的后裔，说明炎帝部族的一支在很早之前就已经迁徙到齐鲁故地，在此长期定居并繁衍生息了。

据晏婴所说，有逢伯陵在商代初年就已经生活在齐国故地了，直到商代晚期才被薄姑氏取代。韦昭在《国语·周语》的注释中曾明确说：“逄公，伯陵之后，大姜之侄，殷之诸侯，封于齐地。”“逄”是“逢”的异体字，在姓氏中，“逢”也做“逄”。太姜是周文王的祖父古公亶父的夫人。逄公当来自有逢氏部族，他既然是太姜的侄子，说明有逢氏属于姜姓部族。另外，20世纪70年代末至20世纪80年代中期，考古工作者在济南市济阳县刘台子墓地先后清理了数座西周墓葬，发掘出30余件青铜器。从相关铜器上的铭文看，这一墓地正是有逄伯陵氏的家族墓地。原来他们在商代晚期政治斗争失败之后，举族搬到了济阳地区，以躲避新兴的薄姑氏的迫害。其中一件铜器上的铭文明确提到有逄氏已出嫁的女子自称“王姜”，说明他们确实是姜姓无疑。

这些很早就生活在齐地的姜姓部族，虽然在族源上都属于炎帝之后，但因与陕西姜水地区的姜姓部族相隔千里，彼此之间应该没有太多的直接联系，所以两者在生活方式和文化传统上应是沿着自己的道路独立发展，互不干涉。

姜太公所出生的姜姓部族，应该就是生活于齐鲁故地的姜姓族人的后裔。司马迁在介绍几种他知道的姜太公的族属时，首先提到的便是“东海上人”，说明他更倾向于这一说法。

2. 姜太公的人生履历

关于姜太公的人生履历，传世文献记载得较为零散，且有很多矛盾之处，有的还掺杂着后世演义虚构的成分，故系统整理起来颇不容易。但通过学者的现有研究成果，可对姜太公的人生履历做如下总结。

相传姜太公年轻时出身贫寒，家无所资，以致连娶妻都成问题，最终只能选择入赘。在当时的社会，赘婿的社会地位是很低的，男子不到万不得已是不会选择这种婚姻方式的。1975 年，湖北省孝感市云梦县出土的睡虎地秦简《为吏之道》篇曾明确记载：“假门逆旅，赘婿后父，勿令为户，勿予田宅。”假门即贾门，商贾之家。逆旅，即开旅店之人。在重农抑商的时代，商人的地位非常低微。出土秦简资料明确指出，商人和入赘者一样，都没有资格在社会上自立门户，更没有资格耕种国家的田地。他们的权利不受国家法律的直接保护。姜太公年轻时既然选择入赘，说明他当时已没有太多的选择。而赘婿的身份也就决定了他年轻时一直处于非常低微的下层社会中。

为了改变自己的命运，姜太公做了很多种不同的努力和抗争，但都收效甚微。《战国策》载姜太公是“齐之逐夫，朝歌之废屠，子良之逐臣，棘津之雠不庸”，点出了他做过的几件值得提及的工作。

他在朝歌城做过屠夫，贩卖过牛肉。《尉缭子》载“太公望年七十，屠牛朝歌”，屈原在《九章·惜往日》中也说吕望曾“屠于朝歌”，说明时人对姜太公贩肉的经历是普遍认可的。但他做生意的经历并不顺畅，获利无几，终成“废屠”。

他为世家贵族做过谋士。子良氏，殷商贵族。姜太公年轻时曾为其谋士，但所献计策每不能用，最终被子良氏逐出家门。

他在棘津地区做过苦力。庸指庸役，指给人做苦工。但姜子牙靠力气吃饭的道路也没能走通，因为根本就没有人雇佣他。

从姜太公年轻时为生计所做的各种努力中，能够了解其当时的政治志向。姜子牙活动的主要地方不是在商朝的都城朝歌，就是在周边的棘津，说明他内心深处还是一度倾向于在殷商政权内寻求安身立命的机会。

虽然年轻时的经历坎坷异常，但后来的事实证明，姜子牙在这段时间内还是用极强的意志力获取了丰厚的学识修养和理论积淀。他后来在伐商和建齐过程中表现出的军事技能和政治才华，应该都与这段时期的韬光养晦有很大的关系。人生际遇的长期不顺以及纣王晚年在朝歌城里的荒淫暴政，让已渐渐年迈又一事无成的姜子牙逐渐将目光转向了殷商西边的周部族。

当时周部族的首领姬昌为实现反商灭纣的宏愿，施行仁政，广纳天下贤才。姜子牙认为机会难得，因此不顾自己的高龄和年迈，毅然西走入周。到周地之后，与文王在渭水相遇，彼此相谈甚欢，文王引以为师，共图强周伐商大业。其后，文王去世，武王继位，姜子牙又全力辅佐武王，最终完成了灭商大计。

简而言之，姜子牙到达西周后，主要辅佐文王、武王做了这样几件大事。

首先，营救周文王于羑里。据载，周文王曾对商纣王的暴虐统治心存不满，因发泄不满惹怒了商纣王而被囚于羑里。为营救文王，散宜生、闳夭、南宫括等人在姜太公的指点下，先后购买了骊戎的文马、有熊氏的九驷以及有莘氏的美女等珍奇宝物进献于纣。纣王得宝物后大喜，不但很快释放了周文王，还封他做了商族的西伯，并允许他替商人攻打和收服西部边境的诸少数民族。周人由此获得征伐之权，打着商纣王的名义东征西讨，开疆拓土，壮大势力。

其次，协助周人改革内政，结交友邦。司马迁在《史记·齐太公世家》中记载道，太公归周后，曾“与吕尚阴谋修德，以倾商政”。即太公教周文王既要在表面上做商纣王的顺臣，使其放松警惕，又要以此为掩护暗中修德，内取民心，外争诸侯，从而在商王不知晓实情的情况下不断发展壮大。《竹书纪年》《左传》中就有周文王向纣王入贡请服、虔心侍奉，但又积极联络“殷之叛国”共同反商的记载。这些应该都是姜太公的计谋。到周文王去世时，商人“天下三分，其二归周”，商周之间的势力已发生了根本性的转变。

再次，协助周武王伐灭商纣王。周武王继位后，在姜太公的辅佐下，不断壮大自身实力。最终，灭商的时机来临了。为了确保这关键的一战能够成功，姜太公辅佐周武王先在盟津之地大会诸侯，以观其志。结果不期而会者有八百多诸侯，姜太公左手拿着金色大斧子，右手拿着象征王权的白旄令旗，带领各路诸侯宣誓，要求他们听从号令、统一步伐，后致者斩。两年后，姜太公又辅佐周武王陈师牧野，一举击溃了商王朝的守军。商纣王自焚而死，周人成功消灭了曾经强大一时的殷商王朝，并且“迁九鼎，修周政，与天下更始”，向外界宣示了一个新时代的来临。消灭商纣王之后，姜太公又奉武王令，率军东征殷商旧族及其同盟友邦淮夷、徐夷、莱夷及奄、齐、郯、薄姑等 17 国，使他们放弃原有的政治立场，归附周人统治，从而为周人的统治扫清了障碍。

最后，协助周公东征平叛。周武王在伐灭商纣王两年后，便因病去世。他的儿子姬诵年幼，无力掌控政局，其弟弟周公旦只好摄朝理政，代行天子之事。商纣王的儿子武庚禄父联络殷商旧部大举反周，妄图恢复商人旧治。在此危难时刻，姜太公坚定不移地支持周公率军东征平叛，从而成功挽救了摇摇欲坠的周人政权。有学者认为姜太公也参与了这次平叛行动，并亲自率军到达过鲁北地区。因没有更多的资料佐证，暂且存疑。

尤其值得一提的是，由于姜太公是周王朝的重要开创者之一，他本人自周文王时期便一直在王室任太师之职，协助周天子处理政务。因此，虽然他因功被分封于齐国，但他在周王室内的职务一直未被剥夺。故在建立齐国、稳定齐地局势的同时，姜太公还要不时返回周王室，履行自己太师的职责。据史料记载，姜太公先后辅佐了周文王、周武王、周成王三位国君，到晚年去世时，周成王为表彰其功绩，特允许其安葬于宗周之内，世世陪伴周朝历代先王。这就是《礼记·檀弓上》所说的“反葬于周”。在宗法血缘关系非常深厚的商周时期，贵族宗族都是聚族而葬的。不同宗族、不同血缘关系之人不允许埋葬在一起，强宗大族更不轻易允许异姓异族之人与历代先祖共同安葬。古人要定期对历代先祖进行规模宏大的祭祀活动，并在祭祀中坚持“神不歆非类，民不祀非族”的原则，即后人只能祭祀自己的祖先，而祖先神灵也只会享用本族后人提供的祭品。在此文化背景下，周成王打破历代坚守的丧葬原则和祭祀标准，允许姜太公死后葬于自己祖先的坟茔中，是对姜太公一生奉献周王室、忠于周天子的最高奖励。

3. 姜太公的直系后裔

据传世典籍记载，姜太公活到一百多岁，七十余岁入周，先后辅佐周文王、周武王十余年，然后又辅佐周武王的儿子周成王多年，最终在成康之际离世，病卒于镐京。鉴于太公对周王室所做的巨大贡献，周天子特许其死后葬入周人坟茔中，并允许太公的后五世子孙也归葬于周，享受周人子孙的定期祭祀。

姜太公的直系子孙中，文献记载最多的是嫡子丁公一支。丁公又名吕伋，作为太公的嫡长子，他直接继承了齐公的爵位。太公去世之后，丁公即位。丁公去世之后，其子乙公继位。乙公去世之后，其子癸公继位。癸公之后，其子哀公继位。直到春秋末期，丁公一支一直牢牢执掌齐国国君之位，世代延续。

除丁公一支外，对于姜太公其他诸子的信息传世文献中没有记载，但近年来新出土的西周时期的青铜器铭文资料对此做了极大补充。

1974 年，陕西省宝鸡市扶风县强家村出土了一批青铜器。其上铭文记载了铜器铸作者的父亲是德叔，德叔之上是幽叔，幽叔之上是宫公，宫公之上是郭季易父，郭季易父的父亲是公上父。公上父就是姜太公。这里的郭季易父和上文的郭公是兄弟。郭季易父年龄小于郭公，是姜太公最小的儿子。这里所列的应是姜太公的另一支后裔子孙。

1992年，陕西省宝鸡市扶风县巨良海家村出土了一批青铜器。其上铭文详细罗列了铜器铸作者的家族世系，器主的先祖依次是静公、孝公、宪伯、鲁仲、献公、郭公、太公。著名历史学家李学勤先生曾指出，这里的太公就是姜太公。郭公是太公的儿子、丁公的弟弟。除嫡长子受封为齐国国君之外，庶子郭公一支也留在周王畿内，食采邑于周，世代延续。①

2008年至2010年，山东省淄博市高青县花沟镇的陈庄遗址出土了50余件青铜器，有近10件带有铭文。其中有一组名丰之人所铸作的系列铜器。其上铭文明确记载自己祭祀的对象是“祖甲齐公”。甲在十天干中是祖的日名，齐公就是姜太公。丰既然称姜太公为祖，说明当与丁公的儿子乙公是相同辈分之人。丰的家族所在地不是齐国的都城，而是偏西北的陈庄地区，说明他们是与齐国国君不同的另一支同宗兄弟。本遗址还出土有另两件青铜簋。器主名为引，其父为幽公，其祖曾被周天子任命为“齐师”将领。到引之时，天子又命令他继承祖业，继续担任“齐师”将领。由于引与丰的墓葬都出自陈庄城址内，又属于同一个宗族墓葬，时间也前后相继，说明二者属于同一宗族。丰当是引的远祖，引是丰的后裔子孙，他们都属于姜太公在鲁北地区的另一支后裔子孙。

至此，通过出土的西周金文资料，已经可以寻找到除长子丁公之外的另外三支姜太公的子孙世系。其中，郭公和郭季易父位于周王畿内，丁公位于齐国都城，而丰所在的一支则位于齐地西北边境的高青地区，他们与齐国国君一起，共同为周王室驻守东土边境，确保周王室东土安宁。他们各自的发展序列详见下图：

---

① 参见李学勤：《论西周王朝中的齐太公后裔》，《烟台大学学报》2010年第4期。

	①	②	③	④
成王	太公（祖甲齐公、公上父）			
康王	丁公	郭公	郭季易父	□
昭王	乙公			丰
穆王	癸公	献公		□
共王		鲁仲	宫公	
懿王	哀公		幽叔	幽公
孝王	胡公	宪伯	德叔	
夷王		孝公		引
厉王	献公	静公	师臾	
	武公	师盂		

高青陈庄遗址出土青铜器上的铭文

通过上述分析可知，姜太公的一生颇富传奇色彩，卑微过，也尊贵过；低落过，也得志过；坎坷过，也辉煌过。在不同的年龄阶段，他的生命价值得到了不同的体现和认可。他凭着自己顽强的奋斗精神和不屈的抗争意志，最终青史留名，在商周历史上留下了浓墨重彩的一笔。可能正是因为如此丰富的人生经历，后世学者在叙述姜太公史事时，往往多根据自己的需要和理解，不自觉地给他贴上许多不同的标签，以致他的个人形象在不同的时期有了多种完全不同的体现。

在西周时期，姜太公还只是个历史上真实存在的著名政治家，他英勇善战，威风凛凛。在周人灭商的战役中，他率领军队所向披靡，一举灭商，建立周朝，功绩赫赫。如《诗经·大雅·大明》云："牧野洋洋，檀车煌煌，驷骠彭彭。维师尚父，时维鹰扬。凉彼武王，肆伐大商，会朝清明。"檀车是姜太公灭商时所乘坐的战车。煌煌，辉煌耀眼。驷骠，四匹赤毛白腹的战马。彭彭，威武之貌。鹰扬，像飞扬的雄鹰一样。诗人在此用了大量的形容词来赞美姜太公的威武英姿，并依此来颂扬其助周伐商的伟大功绩。但除此之外，并没有太多其他的记载。

到了春秋战国时期，姜太公形象逐渐丰满起来。他早年的失意经历被有意识地夸大，他遇见周文王的过程被描绘得越来越传奇，他的军事指挥才能被抬得越来越高，并出现了以他命名的兵法和权谋类书籍，他在扶周灭商时的功绩被有意识地渲染，等等。此时的姜太公，已经快成了一个人人敬仰、能量巨大的完美的神人形象。

秦汉之后，姜太公的个人形象和人生经历又得到进一步丰富。随着道教的兴起和谶纬学的盛行，姜太公进一步被神化。历史上的姜子牙变成一个不食人间烟火的神灵人物，并逐渐成为凌驾于众神之上的高级神灵。

可以说，越往后演变，离商周时期真实的姜太公的原型越远，也越不符合历史事实。但在演绎的过程中，姜太公的形象逐渐得到推广和普及，他的故事和经历也慢慢变得妇孺皆知，他的精神感动和激励一代又一代中国先民，并最终成为中国优秀传统文化中的重要组成部分。直到今日，姜太公的故事仍然被不断演绎，他的形象继续被塑造，他的精神指引和象征意义仍然有较大的社会影响力。

二、齐国的建立

在平定三监叛乱、结束东征之后，为避免反叛之事再次发生，确保周王室政局的长期稳定，一代名臣周公旦毅然决定实行分封制。他以周天子的名义，将周人的同姓宗亲和异姓姻亲功臣分别封到王畿之外的地区担任诸侯，替周王室镇守地方，以藩屏周。这其中，姜太公因功勋卓越而被“首封”到齐地，建立了齐国。姜太公也成了齐国第一任国君。

1. 姜太公建国时的齐地政局

早在殷商时期，鲁北地区就是经济发达、部族林立的政治、文化要地。商人在此精心经营多年，他们经过上百年的努力，先后在鲁北地区成功建立了几个亲附于自己的地方政权，并与此地固守的东夷旧族保持了长期密切的交往。可以说，姜太公建齐之前的鲁北地区，亲商的侯国和东夷旧族的势力非常强大，他们对新兴的周王朝以及即将成立的姜姓齐国，仍然抱着强烈的抵触情绪，虎视眈眈，严阵以待，时刻准备着反周复商，恢复旧制。

通过考古发现和甲骨卜辞记载可知，当时此地比较重要的国族有这样几个。

薄姑。这是商代晚期时由商王亲自扶持的东方大国，取代之前的有逢氏，替商王室镇守商之东土。学者们多认为薄姑氏的地理位置在今天的滨州市博兴县。薄姑是商时齐地最大的政治势力。据《左传·昭公二十年》记载，名相晏婴告诉齐景公，姜太公最初所统治的区域，之前都是薄姑氏的领地。周武王伐商灭纣后，薄姑氏迫于形势，暂时屈服于周人的统治。但当武王去世、周公见疑后，薄姑氏国君便暗中联络武庚禄父，公然起兵造反，试图一举推翻新兴的周人政权。其后，由周公发动的旨在消灭东夷反叛势力的东征行动在鲁北地区重点攻击的势力集团，应该就是薄姑氏。而姜太公来到齐国后，重点防御和镇守的，也是薄姑氏的宗族势力。

莱国。莱国是商代设在东土的大国，其地理位置在今天的胶莱平原。在商周时期，莱国的势力范围有一个自西向东退守的过程。在商代时，它的最西面应该在今天的弥河、淄河流域附近。史载姜太公刚被封到齐国时，一路急赶，天还没亮就到达了齐国，结果恰好遇到莱国“与之争营丘”。莱国的这次军事进攻，一方面说明他们对周人是有很强的抵触心理的，在内心深处还是亲附于商王室的；另一方面也显示出莱国的地理位置与姜太公的营丘城地理位置相近，故能随时前来争伐。

纪国。纪，在甲骨文中又写作己或㠱，曾经是文化高度发达且与商王朝关系非常密切的东土大国。在著名的殷墟妇好墓中，曾发现 21 件带有“亚㠱”铭文的青铜器。亚是一种武职，亚氏宗族是受商王室直接管辖的且与之长期保持贡纳关系的友好联邦。这说明纪国最初也是一个亲商的齐地大国。

夷国。“夷”多见于卜辞中，尤见于帝乙、帝辛时期的“征人方”卜辞中。有学者认为夷除了泛指与商人作对的人方、夷方，也专指鲁北地区的一个具体方国，其地域大约在今天的临淄附近。《左传·隐公元年》记载，春秋初期“纪人伐夷”，说明两国距离不远，且纪国直到春秋时期仍然存在。

画族。传世铜器中有子画簋，甲骨卜辞中有商王曾占问“画受年”的记载，说明画是商代贵族子画氏的封国。画族与商王室是母族与子族的关系，关系密切。据考证，画族的地理位置在今天临淄的西北。

亚醜族。20 世纪 30 年代起，今潍坊青州的苏埠屯地区先后出土了几十件带有“亚醜”族徽的商代青铜器，而且发现了一座带有四条墓道的贵族大墓。在商代，带有四条墓道的墓葬一般都是商王之墓。苏埠屯大墓如果不是殷王墓，那么也应该是当时鲁北地区某一重要诸侯国国君的陵墓。从墓葬所出器物多具有深厚的商文化内涵的事实看，生活在苏埠屯地区的亚醜族已完全接受了殷商礼制文化，是商文化在齐地的代表。

融族。在青州苏埠屯大墓中，除发现了大量带亚醜族徽的铜器铭文外，还发现了十余件带“融”族徽的青铜器。说明此地除亚醜族之外，还生活着另一支亲商的融氏贵族。

桓台史家遗址的宗族。20 世纪 60 年代起，今淄博桓台史家遗址先后出土了数量丰富的青铜器、陶器和刻画卜骨等颇具商文化特征的早期器物，另有四个殉猪祭坑和一个人殉乱葬坑。史家遗址的文化特征与安阳殷墟的文化遗存一脉相承。这说明此地曾存在着一个文献失载的商文化方国。

这些方国和强族都曾经在姜太公建立齐国之前在齐地长期生存繁衍过，他们接受商文化熏陶，与殷商王室长久保持着密切联系，唯商王号令是从。在商周变革之际，他们都依附殷商旧势力，而对新兴的周人政权抱有强烈的敌视态度。周公东征之时，重点征讨和摧毁的，正是这些齐地亲商的世家旧族。待周公东征之后，这些殷商国族和东夷旧部虽然实力严重受损，但并未完全覆亡，他们凭借长期积累的文化底蕴，随时准备对新兴的周王朝给予致命一击；对周人新分封的齐国，更是坚决反对，试图除之而后快。史载在姜太公就国之初，莱夷就与之争营丘。这说明他们对新兴的周王朝与齐国，并没有从心里真正接受。

《韩非子·外储说右上》还记载，姜太公刚刚建立齐国之初，“齐东海上有居士曰狂矞、华士”，是当时有名的贤者。姜太公曾几次派人前往，欲授予其官职俸禄，以协助自己共同治理新兴的齐国。没想到这二人严词拒绝，并对外宣称道：“吾不臣天子，不友诸侯，耕作而食之，掘井而饮之，吾无求于人也。”意思是，自己不向天子称臣，不与诸侯交友，吃自己耕种的粮，喝自己掘取的水，自给自立，不贪恋权势，不羡慕富贵，不烦求他人。因此可以随心所欲，无所畏惧。姜太公闻之大怒，立即派人将他们统统杀掉。别人对此提出疑义后，太公解释道：“像这样的隐士，不用自己的学识建功立业，更不用自己的才能安定百姓、造福民众，却大言不惭、自以为是，没有理由不杀掉。”

商周时期，官学未下移，有机会读书治学的都是贵族子弟。这里所说的出身于“齐东海上”的狂矞和华士，应该都是出身于商代方国或东夷旧族的贵族成员。他们信奉的商文化已经被周人废除，他们对新兴的周族文化以及齐国政权无法从心里真正接受，又无力恢复殷商旧制，故只能选择做隐士，不与姜太公所代表的周人势力合作。而姜太公在无法改变他们的政治立场之后，只能将他们杀掉，以保证周文化在推行的过程中少受一些社会阻力。

像狂矞、华士这样的殷商遗民和东夷旧族，对新兴的周文化和齐国所采取的万事不配合的态度，以及试图孤立、瓦解新兴的齐国政权的企图，给姜太公的立国之举造成了巨大的阻力。

此外，从地理环境上看，齐地面临大海，地多盐卤，可用于农业耕作的土地非常少。齐地的百姓长期以制盐、渔猎为生，不事农业生产，却好经商逐利。这些文化传统都与周王室的治国方针与治民理念不相吻合。

因此，在这种内外环境的综合作用下，如果统治政策稍有差池，新兴的姜齐政权便可能会毁于一旦。所以，采用什么样的治民政策和建国方针，便成为考验齐国始封君姜子牙的重要难题。

2. 姜太公建国后的治齐理念

周人封建齐国本是为了镇守东土，防范殷遗民和东夷旧族。故在建国之初，姜太公肯定也接到了周天子除旧布新、推广周文化的政令要求。这些与鲁国的伯禽受封时应当并无二致。

但在立国之后，鉴于齐国内外的政治局势和社会现状，姜太公审时度势，因地制宜，机智地制订了一套对齐国行之有效的治国方针：因其俗，简其礼；举贤尚功；通工商之业，便鱼盐之利。

首先，因其俗，简其礼。鉴于齐国故地内殷商方国和东夷旧族等固有政治势力仍如此强大，姜太公决定暂缓推行周王室要求的文化政策，没有像鲁公伯禽一样，通过行政命令的手段强制用周文化来革除殷夷旧俗，而是果断采取尊重夷商旧俗、允许夷商文化继续存在的灵活政策。所谓因其俗，即在较大程度上保留了殷夷民的旧有礼俗和文化传统。所谓简其礼，即在原有礼俗的基础上稍加变革，使其总体上与周文化的基本要求不相违背。在原有文化礼俗的基础上，先发展后变革。姜太公实施的这一举措有效化解了殷夷旧族对新兴齐国的抵触情绪，使他们在心理上基本能接受齐国政权的存在和周文化的渗透，从而加速了齐地土著人民向齐国政权的归附，为齐国的发展扫清了障碍，铺平了道路。

其次，举贤尚功。与保留齐地旧有礼俗相适应的，是信奉原有礼俗的殷商旧族和东夷世家等强宗大族的根基并没有受到较大触动。为了消解他们反对周人、抵制齐国政权的意识，姜太公尽量将这些世家旧族中的贤能之士充分吸收到齐国政权中来，从而取得他们的支持和辅佐，以确保新兴的齐国政权的稳定发展。因此，齐国在用官选官方面，实行举贤尚功的开放式模式，从而保证有大量异姓、异族、异家的贤能之士可以源源不断地被吸收到齐国政权之中，以共同维护齐国社会的正常发展。

最后，通工商之业，便鱼盐之利。鉴于齐地面临大海，渔业、盐业资源丰富，地广人稀，民众又不喜务农的特点，姜太公大胆改变了周人固守的以农为本的文化传统，毅然实行先商后农的开放式经济政策，大力发展工商业，鼓励齐地民众进行鱼盐贸易，以工商带农，以工商兴国，从而在西周时期开创了一条快速发展的经济强国之路。《盐铁论·轻重》篇曾记载："昔太公封于营丘，辟草莱而居焉。地薄人少，于是通利末之道，极女工之巧。是以邻国交于齐，财畜货殖，世为强国。"这一富民政策，为之后齐国的强大奠定了坚实的经济基础。

综上可知，姜子牙虽然家境贫寒，前半生经历坎坷，但在晚年入周遇到文王后，他的雄才大略和独特智慧得以充分发挥。他在辅佐周文王、武王成功灭商伐纣之后，又因"首功"被封到故国齐地，筹建了新生的齐国政权。他根据齐地形势采取的治国方针，为齐国的长期健康发展提供了充足的政策保证。

第二节　姜姓齐国

太公建立齐国之后，姜姓贵族先后有29位国君执掌齐政。直到公元前386年，最后一位国君齐康公吕贷被田和废为庶人并流放到孤岛上，姜姓齐国的历史才彻底结束。从西周初年算起，姜姓齐国前后存在了六百多年的时间。其间，齐国的疆域不断扩大，民众不断增多，在诸侯间的影响力不断上升，并在春秋时期发展成为中国古代历史上的第一个霸主国家。

一、国君世系

在详细了解姜姓齐国六百多年的辉煌历史之前，首先应该明了历代国君的谱系，以及他们为继承君位、执掌国政而经历的种种考验和磨难。他们的经历也形象地反映出先秦时期政权交替的时代特征。

按照周王室礼制的规定，最高政权和族权的传递应遵循父死子继的嫡长子继承制。上一代国君去世之后，国君之位由自己的嫡长子继任，选择君位继承人时，要本着“立嫡以长不以贤，立子以贵不以长”的原则进行。所谓“立嫡以长不以贤”，是说君位继承人必须是自己的嫡亲长子，即使他在诸子嗣中不是最贤能的，也要优先考虑他的嫡长子身份，令其接替君位。所谓“立子以贵不以长”，是说王位的继承人必须是正妻所生的长子，即使他在诸子嗣中不是年龄最大的，只要他是国君嫡妻所生的第一个儿子，就有合法的继承君位之权。之所以这样规定，是因为一个国君往往拥有众多的妻室，众妻室又生有数量众多的子嗣，每个子嗣虽然都是国君亲生的，但国君的位置只有一个。为避免诸子嗣之间为争夺继承权彼此仇杀，确保宗室安宁，周礼便明确规定，只有时任国君正夫人的嫡妻所生的第一个儿子，才有权继承君位。其他诸子，无论是比他年长的还是贤能的，都无权继承君位。这种以血统高低界定身份贵贱的嫡长子继承制度，是周人的伟大发明，既有效缓解了王室成员的内斗，又确保了周王朝政局的长期稳定，因此在西周时期一直被坚定地执行着。而各诸侯国也基本上都在严格地奉行周王室的嫡长子继承制度。只有在非常特殊的情况下，才稍有违背。

姜姓齐国虽然在治国方针上因地制宜，采用了“因其俗，简其礼”的特有治国理念，但在历代君位传承上，也基本遵守了周人的嫡长子继承制度。

据司马迁《史记·齐太公世家》记载，姜齐政权 29 位国君的继位顺序依次是：

第一位：齐太公，姜子牙，具体在位年数不详。
第二位：齐丁公，吕伋，具体在位年数不详。
第三位：齐乙公，吕得，具体在位年数不详。
第四位：齐癸公，吕慈母，具体在位年数不详。
第五位：齐哀公，吕不辰，具体在位年数不详。
第六位：齐胡公，吕静，具体在位年数不详。
第七位：齐献公，吕山，在位 9 年。
第八位：齐武公，吕寿，在位 26 年。
第九位：齐厉公，吕无忌，在位 9 年。
第十位：齐文公，吕赤，在位 12 年。
第十一位：齐成公，吕脱，在位 9 年。
第十二位：齐庄公，吕购，在位 64 年。
第十三位：齐釐（僖）公，吕禄甫，在位 33 年。
第十四位：齐襄公，吕诸儿，在位 12 年。
第十五位：齐桓公，吕小白，在位 43 年。
第十六位：齐孝公，吕昭，在位 10 年。
第十七位：齐昭公，吕潘，在位 19 年。
第十八位：齐懿公，吕商人，在位 4 年。
第十九位：齐惠公，吕元，在位 10 年。
第二十位：齐顷公，吕无野，在位 17 年。
第二十一位：齐灵公，吕环，在位 28 年。
第二十二位：齐庄公，吕光，在位 6 年。
第二十三位：齐景公，吕杵臼，在位 58 年。
第二十四位：齐晏孺子，吕荼，在位 1 年。
第二十五位：齐悼公，吕阳生，在位 4 年。

第二十六位：齐简公，吕壬，在位 4 年。

第二十七位：齐平公，吕骜，在位 25 年。

第二十八位：齐宣公，吕积，在位 51 年。

第二十九位：齐康公，吕贷，在位 26 年。

本世系表中，有这样几点值得特别注意：

1. 齐国国君的名号称谓前后有别

齐哀公之前都用十天干的日名制来命名，之后却都用谥号来称谓。其中吕伋的丁、吕得的乙和吕慈母的癸，都是天干之名。关于姜太公的日名，文献中没有记载。2010 年出土于淄博高青陈庄遗址铜器上的铭文明确提到太公的日名为“甲”，有效弥补了文献记载的缺漏。以此来看，齐国前几任国君都是用十天干来命名的。

从齐胡公开始，无论是献、武、厉、文，还是庄、僖、襄、桓等，都是用谥号来命名。所谓谥号，指在本人去世之后，后世子孙根据他的生平事迹，选取一个或褒或贬的称号，对其一生的所作所为进行大致概括。谥号中有褒扬的，如文、武、成、康等，也有贬斥的，如厉、幽、灵、炀等。后人根据他的谥号，便能大致了解他生前的功过是非。从时间上来看，谥法起源于西周，是周礼确立之后才通行的称谓方式。学者通过研究大量出土的西周青铜器铭文资料指出，古代谥法兴起于西周中期，极有可能是周穆王之后的恭王、懿王时期。据史料记载，西周穆王时，曾大力完善周礼，确立典制，重新规范社会秩序。谥法制度应该就在周穆王的规范下开始确立并大力推行的。

与谥法制度不同，日名制是东夷人和殷商民族普遍使用的命名方式，甲骨文中记载了大量有关殷代先王实行日名制的风俗，如商汤名大乙、商纣名辛、商纣的父亲名乙、迁都于殷的商王称盘庚，等等。学者已指出，周人几乎不用日名，日名是区分周人与异姓族人的重要原则。齐国最初的太公、丁公、乙公、癸公四位国君都用日名而不用谥号，与齐人“因其俗，简其礼”的治国方针是相符合的。齐哀公的哀既不是日名，也不是谥号，说明他正处于两种称谓的过渡阶段。齐胡公之后，齐国历代国君都用谥号而不用日名，说明从西周中期开始，周礼已经对齐文化进行了大量改造，周礼在齐国上层社会中的绝对优势已基本确立。

2. 父死子继制度一直被坚守，但兄终弟及制现象亦不时存在

总体来看，齐国基本上遵守着周人的嫡长子继承制度，但在某些特殊的历史时期，兄终弟及的继承现象亦不时存在，主要发生在以下几个时期。

西周中期的齐哀公、胡公、献公之间。齐哀公被周天子烹杀后，其弟胡公在周天子的扶持下继任君位，但最终还是被哀公的同母少弟齐献公夺权。齐献公杀胡公，尽逐胡公子，自立为君。这是齐国历史上的第一次大规模的公室内斗。①

春秋前期的齐襄公、齐桓公之间。齐襄公继位之后，朝令夕改，违礼乱政，后为襄公的侄子公孙无知所杀，但无知亦很快被齐人杀掉。其后，齐襄公的两位兄弟公子小白和公子纠争位，最终小白胜出，是为齐桓公。

春秋中期的齐孝公、昭公、懿公、惠公之间。他们都是齐桓公的儿子。齐桓公多内宠，夫人、子嗣都很多，在立谁为继承人的问题上长期犹豫不决，从而引发诸子的夺嫡之争。桓公死后，长子无诡首先继位，但三月后便死掉。桓公之子孝公继位。十年之后，昭公潘即位。十九年后，齐桓公的另一个儿子商人杀掉昭公的太子自立为君，是为齐懿公。懿公即位仅四年，因骄横无礼，民众多叛，后被桓公少子元取代，是为齐惠公。齐桓公诸子之间的争夺前后延续了几十年的时间，严重动摇了齐国的霸主地位。

春秋晚期的齐景公前后。齐庄公执政期间，权臣崔杼弄权，不久便杀庄公而立其弟杵臼，是为齐景公。齐景公去世之后，太子晏孺子即位，但年幼无能，后被权臣田乞杀掉，立景公子阳生，是为齐悼公。

春秋晚期的齐简公、平公之间。齐自悼公之后，田氏弄权，国君逐渐成为田氏的傀儡。齐简公一度想借他人之手除掉田氏，但终因失败被杀。

---

① 参见李秀亮：《高青陈庄遗址与齐胡公史事》，《中国社会科学报》2018年6月4日。

田常立简公之弟骜为君，是为齐平公。齐平公时，田常专齐国之政，国君已成摆设。

由上可知，在周王室势力正盛的西周时期，齐国公室虽然也发生过一次违背周礼继承制度的事件，却是在周王室的干预下才发生的，是周天子主导的君位变故，仍体现出周礼的无上权威。但到了春秋时期，礼崩乐坏，王室势衰，周礼不兴，齐国的兄终弟及制现象遂成为君位继承过程中的常态。因此，通过齐国君位继承方式的历史演变，可深入了解周文化的盛衰历程。

二、主要史事

据文献记载，在西周分封的众多诸侯国中，齐国虽然属于大国，但国土规模非常有限，大约仅有方圆百里的区域。随着历史的进展，到春秋时期，齐国已是可以号令诸侯并拥有千里疆域的一等大国。其发展壮大是一代又一代齐国先君开拓创新的结果，更凝聚了历代贤臣名相的智慧和才识。在不同历史时期、不同历史人物身上发生的大大小小的历史事件，都是齐国历史进程的重要缩影，值得认真书写。下面即以历代国君为线索，简要梳理这六百多年波澜壮阔的姜齐历史，总结内涵丰富、曾经辉煌一时的姜齐文化。

1. 齐太公、丁公时期的辅政王室

前文已指出，姜太公一直担任周王室的太师一职，曾辅佐文王、武王和成王三位国君。而且，姜太公还被周天子授予征伐之权，可随意征伐“东至丁海，西至于河，南至于穆陵，北至于无棣”范围内的“五侯九伯”（《左传·僖公四年》）。这在诸侯国中是独一无二的。太公去世之后，嫡子齐丁公吕伋继续任职于周王室，辅佐周成王和周康王，尤其是周康王时期担任王室要职，辅政治军，贡献巨大。此时，周齐尚能亲如一家、荣辱与共，共同为周人天下的安定不懈努力。

2. 齐哀公、胡公、献公的周齐之争

齐哀公时期，因纪侯进谗言，周天子怒而烹杀哀公，然后扶持哀公之弟吕静继位，是为齐胡公。其后，周天子又协助齐胡公迁都，以远离营丘城内

的反对者。据 2010 年淄博高青出土的青铜器上的铭文可知，周天子为了扶持齐胡公继位，曾派遣驻守在齐地的军事力量——“齐师”全力出击，与哀公同母少弟——吕山的军事武装进行了数次对抗，并最终取胜，从而确保了齐胡公继位和迁都。但数年之后，势力渐大的吕山卷土重来，率众袭杀齐胡公和齐师统领，并大肆破坏了齐胡公所建的薄姑城，然后新建都城临淄，自立为君，是为齐献公。齐国的这次公室内斗前后延续数十年的时间，极大改变了齐国的势力格局，也严重破坏了周齐之间持续了上百年的友好关系。自献公之后，一直到春秋早期，甚至在西周灭亡、周平王东迁时，齐国与周王室保持着较远的距离，彼此独自发展，几乎没再发生太多的交集。

3. 齐庄公、僖公、襄公时期的自强图霸

进入春秋时期后，齐国趁着周王室权力衰微、诸侯各自为政的间隙，大力发展自己，并积极提升自己在诸侯国之间的影响力。此段时间执政齐国的为齐庄公、齐僖公和齐襄公。其中庄公在位 64 年，僖公在位 33 年，襄公在位 12 年。在这一百多年的发展过程中，齐国的史事可从三位方面进行概述。

首先，广泛参与诸侯事务，利用各种机会结交周边强国。春秋初年，郑国势力最为强大，卫国与周王室关系密切，鲁国最受周天子倚重。齐国当时的外交活动基本都围绕这三国展开。据《左传·隐公三年》记载，齐、郑在本年的石门之盟之前，早已经有了卢地之盟。石门之盟的时间是公元前 720 年，其时距春秋时代开始（公元前 771 年）才仅半个世纪，齐国就已经与郑国多次结盟，说明两国的盟友关系已确立多时。在有“小霸”之称的郑庄公时期，齐国多次协助郑国与宋国为首的军事联盟对抗。而且，齐僖公打算与郑庄公的太子忽联姻，以加强彼此的友好同盟关系，虽然被当面拒绝，但不久齐僖公又再次请求与郑联姻，以重其盟。据《诗经·卫风·硕人》记载，齐庄公曾把嫡女嫁给卫庄公，齐僖公又娶卫女为夫人。两国用政治联姻的方式，加强彼此间的政治联系。另外，齐僖公还积极与鲁国联姻，全力改善与鲁国的关系。这些灵活的外交手段使齐国于春秋初期在各诸侯国中频繁亮相，从而极大提高了自己的威望。

其次，努力改善与周王室的关系。鉴于周齐关系多年冷淡，从齐僖公开始，齐国努力通过与郑、卫、鲁等姬姓国族间的友好交往，积极与周王室对话，以期借助周天子的余威，提升本国声望，威慑诸侯。春秋初期，由于宋国不听王命，齐国便积极协助郑国多次攻打宋国。公元前 715 年，齐僖公又平定郑、宋之争，通过郑庄公的引荐朝见了周天子，从而在诸侯中名声大振。齐襄公时期，更是直接迎娶王室之女为国君夫人，使彼此关系进一步密切。

最后，积极攻灭周边异姓国族，不断开疆拓土。春秋初期，齐国南面是鲁国，西面是卫国，东面是纪国，北面是北戎等少数民族。为进一步开疆拓土，扩大势力范围，齐僖公曾借助郑、鲁等诸侯国的力量，不断进攻北面的戎族。另外，齐僖公、襄公时期，齐国不断联合郑、鲁等国，全力攻伐纪国，以期往东部拓展。公元前 693 年，经过多年的努力，齐国成功吞并了纪国的三个城邑。三年之后，齐国成功使纪国一分为二。公元前 689 年，齐国最终吞并纪国的全部领地，将纪侯迁于别处，从而成功迈出了挥师东进的重要一步。

4. 齐桓公时期的春秋霸业

公元前 685 年，齐僖公之子、襄公之弟公子小白即位，是为齐桓公。桓公即位伊始，接受权臣鲍叔牙的劝谏，拜管仲为相。为让管仲充分行使职权，又提拔管仲为上卿，尊之为仲父，将国政悉数交付，全力支持管仲改革。为实现富国强兵、称霸诸侯的夙愿，管仲大力进行政治、经济、军事、外交等一系列重要变革，从而改变了齐国原有的社会、政治、经济结构，使齐国迎来了新的辉煌。

在政治方面，叁其国而伍其鄙。西周以来，国野分治，国中生活着贵族和平民，其身份为国人；野中生活着异族域民，其身份为野人。国人的权利高于野人，国家政权主要依靠国人的税收和征兵维系运行。野人多为被统治者，基本上没有资格融入政权核心之中。管仲改革时，打破国野分界，将野纳入国家政权治理体系之中。其中国分为三，野分为五。国中设二十一个乡，工商之乡六，士农之乡十五。齐桓公率领十一个乡，高子帅五个乡，国子帅五个乡。一乡有十连，一连有四里，一里有十轨，一轨有五家。轨设轨长，里设有司，连设连长，乡设良人。五鄙之中，五家为轨，六轨为邑，十邑为率，十率为乡，三乡为属。属设属帅，乡设良人，率设率长，邑设有司，轨设轨长。这种层层设职的方式，便将国、野都有效管理和控制起来。此外，还工立三族、市立三乡、泽立三虞、山立三衡，在各个领域都设立了严密的行政管理系统，加强了行政控制。

在经济方面，相地而衰征。西周以来，周王室和各诸侯国一直都实行井田、劳役地租、什一而税等制度。到春秋时期，随着井田制的破坏，私田被大量开垦，坚守多年的劳役地租制度已失去活力。于是，管仲便及时采用了相地而衰征的办法，将全国的土地按照肥沃、贫瘠的程度以及产量的高低，进行合理分配，并适量收取相应的赋税，以保证土地产量与赋税额度的相对均平。此举极大调动了齐国普通民众生产耕作的积极性，提高了生产力。

在军事方面，作内政以寄军令。将军事组织隐藏依托在行政组织中，使二者有机结合，寓兵于农，兵农合一，这样一旦战事来临，可以马上组织民众投入战斗。具体做法是，在齐国国内十五个士乡中的各级行政组织之外，再设各级军事组织，如在轨中设伍，里中设小戎，连中设卒，乡中设旅，五乡组成一军，十五个士乡便设立三军，齐桓公和国子、高子各领一军。这种将军事组织隐藏在行政组织中的方法，使齐国全民皆兵，他们平时生产，战时从军，实现了军政一体、政教和军教相统一，从而有效保证了齐国长年稳定和精良的兵源供应，提高了齐国的战斗力。

在外交方面，睦邻友善，远攻近交。为彻底解决齐国自春秋开始后便与周边邻邦长期以来的领土纠纷，管仲劝谏齐桓公实行睦邻政策。于是，齐桓公主动归还之前侵占的鲁、卫、燕等邻国的土地，厚遇别国来访的使者，使他们“垂橐而入，稇载而归”，“拘之以利，结之以信，示之以武”，从而使远近友邦都诚心臣服于齐国，极大扩大了齐国的政治影响力。

通过这一系列政治改革，齐国迅速发展起来，国富民兴，兵强马壮。在此基础上，管仲又劝谏齐桓公兴灭国，继绝嗣，尊王攘夷。面对周边戎狄日益逼迫并威胁中原诸国的现状，齐桓公一面亲自率军征伐山戎，一面迁邢存卫，将几近亡国的卫国迁至曹地，并派兵戍之，又将溃败的邢国迁到夷仪重新立国，从而使“邢迁如归，卫国忘亡”。与此同时，齐桓公还率军南下，向不断吞并“汉阳诸姬”的楚国兴师问罪，迫使其签订召陵之盟，从而成功阻挡住楚国北上的步伐，确保了中原诸国的安全。

据统计，齐桓公执政的四十余年中，以霸主身份多次召集诸侯会盟，北击山戎，南伐荆楚，西征白狄，东救徐州，并匡扶王室，抚定天下，齐国霸主的雄风跃然纸上。

作为春秋历史上的第一位霸主，齐桓公领导下的齐国，疆域极速扩大，文化极度兴盛，威名远播。只可惜好景不长，管仲去世之后，齐国的霸业便迅速衰落。晚年的齐桓公整日纵情享乐，任凭易牙、竖刁等佞臣朋党弄权，祸乱朝政，严重动摇了管仲一生辛苦奠定的坚实霸业。齐桓公去世之后，诸子为争夺君位彼此攻杀，无心国政，甚至为取得邻国支持，不惜输城献地，出卖国家利益，从而使桓公霸业后继无人，终至零落殆尽。终春秋之世，齐国再没有称霸诸侯的机会和实力。

5. 齐顷公、灵公、庄公时期的齐晋争霸

与齐桓公霸业衰落几乎同时的是，西边的晋国迅速强大起来。从晋文公重耳开始，晋国便接替齐国做了中原诸侯国的新霸主。与齐国不同的是，晋文公之后，晋襄公、晋悼公等名君辈出，栾武子、赵文子、韩献子等能臣迭现，确保了晋国霸业的长期兴盛。对晋国长期称霸中原、号令诸侯的现状，齐桓公之后的历代齐国君主都不愿诚心接受。他们完全不顾个人能力的不足，总是寻找各种机会，与晋国一争短长，并试图重振齐国昔日的霸业。当晋国势力正盛时，齐国只能蛰伏等待，但当晋国稍一衰弱，齐国便伺机而动，趁势夺权。

公元前 599 年，齐顷公即位后，与楚国交好，试图利用晋国与楚国的矛盾，联楚抗晋。公元前 592 年，晋卿郤克出使齐国时，齐人无礼，激怒晋国。公元前 589 年，齐国又连续出兵攻占晋国盟友鲁国、卫国的土地，两国向晋求援，晋国果断出兵，齐、晋之战爆发。同年六月，齐、晋陈师于鞌（今济南市西面），齐顷公抱着必胜的心态，亲自率军出征，并叫嚣“余姑翦灭此而朝食”，而且马不披甲便冲入晋军阵营。结果齐军大败，齐顷公差点被俘，仓皇逃回齐国。晋国人俘获了齐顷公的车右逢丑父，大逐齐师。齐国献地纳赂，并答应返还所占鲁、卫的土地，晋国才罢兵回国。就这样，齐国对晋国霸主的首次挑战，以齐国惨败而告终。

齐顷公去世后，其子齐灵公再一次挑战晋国的霸主权威。齐灵公曾用十余年的时间，成功消灭了东部地区的莱国，并完全占有其地，使国力一时大盛。公元前 559 年，强盛起来的齐国再一次公开叛晋，并多次出兵讨伐晋国的友邦鲁国。公元前 555 年，晋国荀偃率领鲁、莒诸军再一次发动对齐国的军事战争。双方在平阴地区列兵布阵，结果齐师再次大败，齐灵公狼狈逃回齐国，晋军一路追赶，直至齐都临淄。在大举进攻齐都西门之后，又放火焚烧了齐都的西郭、南郭、东郭和北郭，围困齐都，迫使齐灵公签署城下之盟。平阴之战再一次打击了齐国，也进一步打消了齐国想与晋国分庭抗礼的野心。

齐灵公死后，其子齐庄公继位。公元前 550 年，齐庄公利用晋国诸卿之间的矛盾，成功偷袭晋国，并夺取了晋国的朝歌城，然后兵分两路，入孟门，登太行，实现了伐晋的首次胜利。但两年之后，晋国便大举伐齐。此时，齐庄公已死，齐人赶紧大肆贿赂晋国，与之讲和，为之前的短暂胜利付出了沉重的代价。

6. 齐景公时期的复霸努力

公元前 547 年，齐景公继位。此时的晋国，国君大权早已旁落，诸卿之间互相攻杀，已无暇也无力再顾及别国之事。在此情况下，齐景公先后联合诸东方小国，多次向晋国示威，展示复霸的气势。公元前 497 年，晋国公室与韩、赵、魏三家联合攻杀范氏、中行氏之时，齐景公在田乞的劝说下，主动联合郑国、卫国等，发动伐晋的夷仪之战，以支援范氏、中行氏，但很快战败，齐国被迫献出禚、媚、杏等地求和。公元前 500 年，齐景公与鲁定公于夹谷会盟，迫使鲁国认可了齐国的霸权地位。公元前 492 年，齐国再次率兵伐晋。此时的晋国由于内乱频繁，实在无暇还手，导致齐国攻取了晋国的八个城邑。但齐国境内也不太平，为争夺君位，权臣之间连年内斗不已。两年之后，齐景公去世，齐国又陷入新一轮的君位之争中，再也无力与晋国争夺霸权了。

7. 齐悼公之后的失国丧权

从齐景公开始，齐国公室奢侈无度，大肆搜刮民脂民膏，致使齐国民众离心叛逃现象频发。而与此同时，境内的田氏贵族却异军突起，取得了广大齐国民众的支持，逐渐掌握了齐国政权。齐景公扶立的晏孺子继位不久即被田氏杀害，之后田氏成功扶持景公之子阳生继位，是为齐悼公。但四年之后，齐悼公亦被杀害。其子壬即位，是为齐简公。齐简公执政期间，欲削弱和剥夺田氏特权，未果。公元前 481 年，在继位仅四年的齐简公被田常杀害后，简公的弟弟骜继位，是为齐平公。其后，田常自立为相，专齐国之政，齐简公成了田常的傀儡。简公的儿子齐宣公仍然没有任何权力，只是保留了一个国君的头衔，凡事都要听任田氏的摆布。公元前 386 年，齐国最后一位国君齐康公被田和迁于海岛上，田和自立为君，姜齐政权彻底覆灭。

综上可知，姜齐政权在六百余年的发展历程中，从最初仅方圆百里的子男小国，逐渐发展壮大成称霸诸侯的一级大国，然后又逐渐走向衰落，并最终丧失了国君特权，将历代先君创立的丰厚基业拱手让给新兴的田氏贵族。其间的起伏转折有着深刻的时代烙印。

第三节　田姓齐国

姜姓贵族衰落之后，田氏贵族成功接手齐国政权，并在春秋时期齐桓公霸业的基础上，进一步拓展齐国的疆域，进一步扩大齐国的影响力，使齐文化实现了鼎盛局面。

一、田氏的源起

1. 田氏的来源

田姓贵族起源于田完，又称陈完。陈完字敬仲，名完，本是春秋时期陈国厉公之子。陈国姓妫，是五帝时期大舜的后裔所建之国。商末周初时一位名叫妫满的人曾与周武王的长女大姬联姻。武王灭商后，褒封历代先王之后时，便将舜之后裔所在地封为陈国，并将妫满封为第一代陈国国君。因为有大姬的关系，周、陈关系较为密切。

陈厉公为陈文公的次子，本无权继承国君之位，其兄长是陈桓公鲍。但陈桓公去世时，厉公的母国蔡国派人杀掉了陈桓公的太子免，扶持陈厉公即位。厉公继位两年后，生公子完。相传他出生不久，恰巧有一位周室太史经过陈国，陈厉公便请他为陈完占一卦。这位周太史沐浴更衣、静心清身后，为陈完演算了一卦，结果占得了《观》卦；再占，又占得了《否》卦。在《周易》中，《观》卦的爻辞是“观国之光，利用宾于王”。周太史据此指出，此子具有使国家弘扬光大的命数；但他所光大的国家并不是陈国，而是其他国家；而且能够光大国家的，也不是其本人，而是他的后世子孙；周太史还非常确定地指出，从当时诸国的形势来看，如果所要光大的是别的国家的话，那么应该是姜姓国家。

后来，齐国的贵族懿氏想把女儿嫁给陈完时，也进行了占卜，卜辞也显示说他以后会在姜姓之国发展壮大，等到第五代子孙时开始昌盛，可贵及正卿，到第八代子孙时便可以位高权重到无人能比的地步。

这两次占卜都给陈完的命运增添了浓厚的神异色彩，显示了天命所归、大势所在的高贵潜质。这明显是陈氏在齐国发迹后，后人有意识宣扬造势的结果，他们想通过先祖陈完的种种神奇命数，为自己夺取姜齐政权寻找天命依据和理论支持。

陈完既然是陈厉公唯一的儿子，理应在厉公之后继承大统。但公元前699年，陈厉公的侄子、陈桓公的少子、已故太子免的弟弟因记恨厉公杀害自己的父、兄而夺权，率兵杀厉公而自立，是为陈庄公。

陈庄公夺权后，身为厉公之子的公子完便被剥夺了储君的特权，做了陈国大夫。七年之后，陈庄公过世，其弟陈宣公继位。陈完与宣公太子御寇交好，过从甚密。好景不长，陈宣公的嬖姬生了公子款后，便唆使宣公废嫡立幼，陷害太子。陈宣公也怀疑太子与陈完二人在密谋不轨，便愤而杀掉了太子御寇。陈完担心祸及己身，便携带家眷奔到齐国避祸。

陈完来到齐国时，正值春秋首霸齐桓公在位。齐桓公对陈完非常赏识，想让他做齐国的上卿，但陈完婉言相拒，认为自己于齐国来说是寄居之外臣，不敢贪高位。于是，齐桓公便授予其工正之职。

工正，即管理百工的官吏。商周时期，手工业主要为官营，所生产的物品主要供应官府使用，故各国都设有工正之职，专门监造各种官用的手工业用品。陈国的祖先大舜年轻时曾耕作于历山，制陶于河滨，作器于寿丘，说明陈国人对器物制作非常精通。西周时期，周武王分封陈国时，送给陈国的礼器是一支楛矢，即用楛荆木做杆、砮石做头的一种箭，制作精良，力可穿石。这说明周武王想让陈国弘扬其先祖精于器物制作的传统，继续为周王室制作并贡纳更多的精美器物。所以说，陈国的器物制作既有悠久的历史传统，又有良好的社会文化底蕴。工正应该是一个非常重要的职位。齐桓公授予陈完工正之职，一来说明工正的地位不是太低，二来也是想借用陈国人精于工艺制作的传统，为齐国公室制作更多的精美器物。

迁居到齐国后，陈氏便改姓田，以与陈相区别，故陈完又称田完。鉴于在陈国的坎坷经历，田完非常珍惜这来之不易的安定境遇。虽然受到齐桓公的器重和赏识，田完仍然依礼谨慎事君，不敢有稍许懈怠，生怕因此获罪而再次流亡。据《左传》记载，一次，田完宴请齐桓公时，因为喝酒喝得太高兴了，不知不觉已到了傍晚时分，但齐桓公感觉还未尽兴，便要求田完点灯继续，没想到田完委婉拒绝道："臣卜其昼，未卜其夜。"意思是说，白天的宴饮之前是占卜过了的，因为得了吉兆才敢请国君喝酒，但没对晚上的宴饮进行占卜，不知是否吉利，所以不敢继续酒宴，请国君见谅。由此可见，田完侍奉齐桓公既尽心又知礼，行事异常小心。正是凭借这份谨慎，田完在齐桓公时期颇被赏识，田氏宗族也因此在齐国立稳了脚跟。

2. 田氏在齐国的崛起

田完生子孟夷，孟夷生孟庄，孟庄生文子，文子事齐庄公。当时，晋国的栾盈在政治斗争中失败后，投奔齐国。齐庄公厚遇之，欲利用栾氏宗族的力量，制约晋国。田文子与晏婴认为此举会激化齐国与晋国的矛盾，力谏齐庄公，但齐庄公不听。田文子死后，其子田桓子亦深受齐庄公依赖。

到齐庄公时，田氏贵族经过几代人的经营，凭借着谨慎守礼的谦卑和工正的职位，受到历代齐国国君的依赖和倚重，已经完全融入齐国政权之中，并受到国内各种政治势力的认可和接纳。在此基础上，田氏贵族开始有意识地扩张自己的势力范围，逐渐染指齐国政权，与各强宗大族争夺权势和地位。从田桓子开始，田氏贵族开始了自己的夺权和上位之路。

齐景公时期，庆封、庆克专政，田桓子联合鲍氏、栾氏、高氏诸族合力消灭了庆氏。之后，田氏又与鲍氏联合，共同消灭了势力强大的栾氏、高氏二族，并瓜分了其宗室田地，田氏贵族的势力不断壮大。与此同时，田桓子还积极拉拢之前在历次政治斗争中失利的强宗大族。如他曾向齐景公建议，凡是齐国历代公子、公孙中之无禄者，都应该分给他们禄田、奉邑。对于齐国中贫穷孤寡的族众，陈桓子也及时拿出自己的俸禄予以接济救助。这种争取失势贵族、厚施于民的政策，使田氏获得了齐国各个阶层的认可。田氏贵族逐渐成为齐国的第一大宗族。

田桓子生武子开和僖子乞，之后田氏势力得到进一步发展。齐景公晚年时，对迅速崛起的田氏贵族已经在有意识地加以防范。故在离世之前，齐景公有意将太子托付给国氏、高氏两大族，而不让田氏染指。其后晏孺子继位，国氏、高氏执掌齐政，有效限制了田氏宗族的发展势头。为了解除这一隐患，田乞联合鲍氏族长鲍牧发动宫廷政变，杀死了高昭子，赶走了国惠子和晏孺子，然后从鲁国迎回流亡的公子阳生，并扶持其继任国君之位，是为齐悼公。

齐悼公时，田氏势力最大，田乞专政，齐悼公几乎成为田氏的傀儡。齐悼公执政的四年中，田乞先借用悼公之手杀掉鲍牧，打击和削弱了鲍氏宗族的实力，然后又杀掉悼公，另立悼公之子吕任，是为齐简公。

到齐简公时，田氏利用各种政治斗争，削弱或灭掉了曾经势力强大的庆氏、高氏、国氏和鲍氏等齐国的强宗大族，成了除国君之外势力最强大的政治势力。之后，田氏宗族便开始为夺取最高执政权而继续努力。

田乞去世之后，其子田常掌管田氏家族。田常看到当时的齐国国君为满足自己骄奢淫逸的生活，大肆剥削民众，横征暴敛，贪求无度。民众生活困顿不已，苦不堪言，整日怨声载道，几欲逃亡。田常感觉民意可用，于是便有意识地让利于民，收买民心。田常让人制作了不同于齐国政府公用的量器，让人用大斗借贷于民，然后用小斗收租，以此来减轻民众负担。田常的行为赢得了齐国下层民众的普遍好感。当时的齐国民众在歌谣中称："妪乎采芑（一种像苦菜的野菜），归乎田成子！"民众已经表现出诚心归附的倾向。齐国名相晏婴出使晋国，与晋国名臣叔向在谈论齐国社会状况时曾形象地描述，齐国的民众对姜姓公室如对寇仇，对田氏宗室却"爱之如父母，而归之如流水"，说明经过田常的努力，田氏取代齐国公室，已是民心所向、大势所趋了。

面对田氏宗族的不断强大，新继位的齐简公心存畏惧，有意让权臣监止执掌齐政，以削弱田氏特权。田常担心再不采取措施，真的会影响田氏宗族的发展，便在齐简公即位的第四年即公元前 481 年时，发起夺权兵变，杀掉执政监止，并弑齐简公。其后，田常立简公之弟吕骜为君，是为齐平公。田常自立为齐相，从此全权接管齐国政局。齐平公只保留了个国君的头衔，齐国的大政小事全由田常做主。齐国境内再也没有哪个世家宗族可以与田氏相提并论，更不敢与田氏一争短长。到此，田氏代齐只是个时间问题了。

3. 田氏代齐

田常大权在握之后，为了进一步巩固宗族势力，便以公室的名义下令，将齐国"自安平以东至琅琊"的广大区域，全部划为田氏封邑。从地理位置上看，战国时期的安平城在今天青州市以东，而琅琊则位于今天的青岛、日照一带，因此“自平安以东至琅邪”几乎囊括了姜姓公室自齐僖公、襄公灭纪国之后在东部扩张的所有领地。它们全归田氏所有之后，田氏的封邑数量已远远超过齐国国君直辖地的数量，田氏的地位已无可动摇。

除了在齐国内占据绝对优势，田常还积极示好于邻国，以消解自己弑君夺权而带来的非议与指责。当时，对田常弑杀齐简公、专齐国之政的举动，其他各诸侯国也在密切关注。如孔子晚年回到鲁国时，就曾三番五次地请示鲁哀公和执政季孙氏，要求出兵伐齐，讨伐不义，打击田常的弑君行为。虽然其他诸侯国不一定有孔子的道义之情，但借田常弑君的违礼行为出兵干涉齐国内政以捞取利益，却是当时各国惯用的手段。为了化解此类危机，田常先是将齐国之前侵占的鲁、卫等国的土地全部归还，以保证边境安宁。然后在西面积极与晋国的韩、赵、魏三国加强联络，在南面积极与新兴的吴、越两国加强联络，以和平外交的形式打消诸国的敌意，确保齐国全境安定。

田常死后，其子田襄子掌权。田襄子将自己的兄弟族人全部封为齐国所属各邑的大夫，从而自上而下完全掌控了齐国的各级政权。另外，田氏还公然与韩、赵、魏三国互通使节，俨然以诸侯国君自居。

田襄子卒后，其子田庄子掌权，相齐平公之子齐宣公。此时，田氏已在齐国内外占据绝对优势，于是一改田常之时示弱自保的求全求稳政策，开始有意识地对外扩张领地。齐宣公四十三年（公元前 413 年）时，齐国攻伐晋国，取阳狐城。第二年，又攻打鲁、葛等周边国家，夺取了大量的土地和居民。

田庄子卒后，其子太公和掌权，事齐宣公之子齐康公。齐康公徒具国君之名，既无实权，又不能做任何决策，整日沉湎酒色，虚度时日。齐康公十四年（公元前 391 年）时，田和直接将其迁居到东海孤岛上，使“食一城，以奉其先祀”，田氏已经完全占有齐国。公元前 386 年，太公和以齐国国君的身份与魏文侯会于浊泽（今河南省临颍县西北），并请求魏文侯向周天子说情，成功得到了周天子在法理上的认可。从此之后，田氏贵族正式成为齐国的统治阶层，田和也正式成为齐国国君。

二、田齐的世系

自公元前386年代齐，到公元前221年亡国，田氏齐国共存在了160多年的时间，先后经历了8位国君，分别是：

第一位：齐太公和，在位2年。

第二位：齐侯剡，在位10年。

第三位：齐桓公午，在位6年。

第四位：齐威王因齐，在位36年。

第五位：齐宣王辟疆，在位19年。

第六位：齐闵王地，在位40年。

第七位：齐襄王法章，在位19年。

第八位：齐王建，在位44年。

司马迁在《史记·田敬仲完世家》中只列了7位国君，齐侯剡被忽略了，从太公和直接写到齐桓公午。但《竹书纪年》和《春秋后传》等书明确记载太公和去世之后，齐侯剡继位。继位十年之后，齐桓公午杀掉兄长齐侯剡及其子嗣，暴力夺取了国君之位。学者多据此肯定齐侯剡的国君身份。只是由于史书对其史事记载较少，齐侯剡在位的十年具体发生了哪些史事，至今仍不甚明了。

齐桓公午夺权的经历也让我们知道，田姓齐国时，依然发生过同宗兄弟因争夺最高权力而彼此残杀的事情。但齐桓公午继位之后，为齐国的发展繁荣做了较大贡献，尤其是创立了稷下学宫，为其后齐国乃至整个战国时代的学术繁荣提供了良好的平台。可能因此之故，后人对其弑兄杀侄之事不愿过多提及，以至于古代著名史学家司马迁都将齐侯剡忽略了。但历史是不容抹杀的，更不容篡改，齐侯剡在位的十年经历还是为后人所零星记载下来。

三、主要史事

自齐桓公午之后，田姓齐国在几代国君的辛苦经营下，逐渐走向强盛，并逐渐成为东方地区实力最为强大的诸侯国，成为后世习称的“战国七雄”之一。在此，将田姓齐国兴衰的历程，做如下梳理。

1. 齐桓公午时期的稳定政局

齐桓公午之时，兄弟相争，田氏宗族势力分散，且田氏新得齐国政权不久，国内局势仍有待安定。所以此时的齐国，发展的速度较为缓慢。但齐桓公午还是凭借着自己的政治才华，为齐国争取了很多利益。

现存于世的战国青铜器中，有 4 件为齐国国君所作之器，历来有“陈侯四器”的美誉。它们分别是：陈侯午簋 1 件、陈侯午敦 2 件、陈侯因敦 1 件。这其中的陈侯午便是齐桓公午。陈侯午所作的簋和敦上的铭文明确记载，在他在位期间，周边的诸侯国曾经进献大量的美金（青铜）以示臣服，齐桓公午便用这些贡品制作了许多器物，来祭祀自己已故的母亲。古代的青铜器主要是用来祭祀祖先的，故其上所用言辞可能有所夸张，但所记内容多是真实发生的，不会编造事实来欺骗鬼神。所以说，齐桓公午时期，齐国在各诸侯国之中已初露强国迹象，综合实力也远远高于诸多小国，已成为东方地区一支不可忽视的政治力量。

齐桓公午时期威慑诸侯最好的例证，莫过于对燕国的征伐。齐桓公午继位第五年（公元前 370 年）时，秦国和魏国联合攻打韩国，韩国向齐国求救，齐桓公午便与众臣商议救韩之策。大家意见不一，邹忌主张不救，段干朋主张相救，双方相争不下，齐桓公午一时不能决断。田臣思却献计道：“秦、魏攻韩，楚、赵必救之，是天以燕予齐也。”（《史记·田敬仲完世家》）当时的诸侯国中，魏国实力最强，韩、赵两国时常受其侵伐。秦国偏居西方，与魏国多有战争，亦有合作。燕国位于北方，实力较为弱小，与中原各国始终保持适当距离。楚国位居江南，时有北上拓土之志，但强大的魏国成为其北上的最大障碍，故楚国多次攻魏。此次魏国联合秦国攻击韩国，赵国、楚国出于共同的利益联合救韩，韩国又求救于齐。七雄之中只有燕国置身事外，故田臣思告诉齐桓公午，这是齐国攻伐燕国的天赐良机，齐桓公午深以为然。于是，齐桓公午一面密告使者，表示同意率军救援韩国，一面却大力整军攻打燕国，然后趁其他五国混战之际，果断出兵偷袭了燕国，夺取了燕国的桑丘城（今河北省保定市徐水区）。

齐国的攻燕之举一方面说明齐桓公的外交政策灵活机智，善于利用诸侯国间的纷争为齐国争取更多利益；一方面也显示齐国的强大已得到诸侯认可，韩国危急时的求救、燕国被攻伐时的溃败，都说明齐国的实力是不容小视的。

2. 齐威王时期的改革

齐桓公午去世后，其子因齐即位，是为齐威王。田姓齐国迎来了发展的最高峰。

史载齐威王即位之初，无心朝政，将国内大小政事悉数交给各级卿大夫，自己却整日沉迷于酒色之中，“好为淫乐，长夜之饮，沉湎不治”。如此几年下来，齐国政务荒怠，实力大衰，周边诸侯国纷纷讨伐齐国，企图割占齐国田地。齐威王即位之初，韩、赵、魏三国便出兵攻伐齐的灵丘城。齐威王六年（公元前 351 年）时，鲁国攻取了齐之阳关。同年，魏国攻齐之博陵。齐威王七年（公元前 350 年）时，卫国攻取齐之薛城。齐威王九年（公元前 348 年）时，赵国攻取齐之甄城。九年之中，齐国战事不断，诸侯屡来讨伐，但齐国无力还击，时刻面临灭亡的危险。

面对此种乱局，名臣淳于髡巧妙进谏，成功激起了齐威王的斗志。齐威王知耻而后勇，几乎在一夜之间振作起来，亲理朝政，改革吏治，杀伐果断，重整齐国的社会秩序，奋兵而出，威震诸侯，很快便扭转了齐国的颓废之势。

齐威王改革的内容主要体现在这样几个方面。

首先，整顿吏治。齐威王通过实地调查，发现身边之人一直赞誉有加的阿城大夫的辖地之内，田地荒芜，民多贫困；而身边之人多次贬斥的即墨大夫的辖地之内，田地得到开辟，民众富裕。于是齐威王在召集全国七十二位地方官吏训话的过程中，当着众官吏之面，褒奖了有作为的即墨大夫，封赏邑万家；果断下令烹杀了阿城大夫以及受其贿赂的朝中亲随。此一赏一罚之举使全国官吏大震，使齐国的吏治得到彻底整顿，使国内大治。

其次，广开言路。大臣邹忌向威王进谏，要求他从谏如流，鼓励全国民众就各种国之弊政，及时进谏，以期通过民众的力量，及时改革弊政，实现政治清明的大治局面。威王从其言，下令全国："群臣吏民能面刺寡人之过者，受上赏；上书谏寡人者，受中赏；能谤议于市朝，闻寡人之耳者，受下赏。"此命令一发布，便引来全民进谏的热潮，齐威王公室内门庭若市，前来进谏之人络绎不绝。对于民众所进谏之事，凡合理和可取的，齐威王便及时整顿和改革；对于民众反映的不合理的规定，便及时予以去除。就这样，数月之后，进谏之人便明显减少；一年之后，齐国境内已无可进谏之事。齐国百业兴盛，吏治清明，民众安乐，齐国迎来前所未有的盛世局面。

最后，广纳贤才。齐国自姜太公建国时，便确立了亲贤尚功的治国传统。齐威王改革时，更是注重对贤臣良吏的选择和重用。威王晚年时，曾与魏国国君相会于平陆，魏王向其炫耀魏国的珍奇异宝，并询问齐国有何宝贝，威王告诉他，齐国有名檀子者，守卫南城之时，成功遏制了楚国的攻取，并使泗上十二诸侯来朝；有名盼子者，守卫高唐时，赵人不敢东渔于河；还有名黔夫者，守卫徐州时，蔡、赵之人远徙而来者七千余家；更有名种首者，能有效打击盗贼，使齐国道不拾遗、夜不闭户。这些良臣都是齐国的宝贝。终威王之世，不但有邹忌、田忌、淳于髡等名臣处理政务，还有孙膑、章子等军事名家执掌军队，更有稷下学者贡献思想，可谓人才济济，贤能辈出。

通过诸项改革，齐国国富民丰，兵强马壮，实力大增。公元前 354 年，实力强大的魏国围攻赵国邯郸，赵国求救于齐。威王派田忌为将，以孙膑为军师，率兵直抵魏国的都城大梁，逼迫魏国放弃赵国邯郸回师自救。田忌和孙膑在桂陵设围，以逸待劳，大败魏军，成功救赵。此战使齐国在诸侯国中声名大震。公元前 342 年，魏国又大举伐韩，韩国求援于齐。威王再次派遣田忌和孙膑出征，孙膑在马陵之地设伏大败魏军，射杀魏国大将庞涓，擒获魏太子申。

围魏救赵和马陵之战沉重打击了强盛一时的魏国，削弱了魏国的综合实力。从此之后，魏国再也无力称雄于他国，开始由战国初期的攻势转入守势。这两次战争的胜利也奠定了齐国在诸侯国中的绝对优势，使其代替魏国成为中原各国中的强者。

马陵之战后不久，战败的魏惠王为改变败局，只好放下曾经的霸主尊严，带着韩宣王及其他小国国君在徐州地区朝见齐威王，向齐威王示弱。在会上，齐威王和魏惠王互相尊称对方为王，史称“徐州相王”。齐威王和魏惠王也是诸侯国君中最早称王的。在他们的带动之下，其他诸侯国君也纷纷自立为王。公元前 323 年，魏国联合韩、燕、赵、中山五个国家，彼此尊称对方为王，史称“五国相王”。

徐州会盟之后，齐国的霸主地位已基本得到各诸侯认可。但齐国的强大让西面的秦国和南方的楚国感到巨大的威胁，于是秦国和楚国分别出兵伐齐。齐威王派章子率兵抗秦，大败秦人；派申缚率兵抗楚，结果齐国战败，但实力并未受损。

在进行了一系列的东征西讨之后，齐威王又率诸国前往东周王畿内，朝见周天子。在礼崩乐坏、诸侯势强、周室衰微的战国时期，齐威王是第一个以诸侯霸主的身份朝见周天子的。后人对齐威王的举动褒奖有加，认为“周衰甚矣，齐威王往朝于周，而天下独贤之”。说明在齐威王的心目中，虽然自己已经是王，在称谓上与周天子一样，但从内心深处，他还是认为自己是周王室所分封的诸侯国国君，还是期望能得到周王室在法理上的认可。

3. 齐宣王时期的强盛

公元前 320 年，在位三十七年的齐威王去世。之后其子辟疆即位，是为齐宣王。当此之时，经过齐威王三十余年的治理，齐国已经非常强盛，田齐政权正处于辉煌稳定时期，齐宣王本可以做个守成之主。但齐宣王是一位有雄才大略的君主，胸怀大志，多次表示自己欲“莅中国而抚四夷”，希望能够在其父基础上，引领齐国进一步走向强盛。

齐宣王继位之时，中原各诸侯国在历次改革的推动下，实力都有所增长。

尤其是西方的秦国，在秦孝公利用商鞅进行的二十年左右的深刻变法中，已迅速崛起，并对东方六国频繁发动军事战争，不断争城掠地、扩张领土，引起了东方六国的极大不安。而东方六国之间也为了领土和民众，彼此攻击，争战不断。在反复的攻守之间，各国为了生存发展，已逐渐形成两种截然不同的合作攻伐之道，即连横和合纵之术。所谓连横，即秦国通过联络东方的某一个大国，共同蚕食其他弱国。所谓合纵，指东方诸国彼此联合来对抗秦国的进攻。

在此过程中，齐国基本上都站在合纵的阵营中，与他国联合，共同对抗强大的秦国。公元前 318 年，齐国与楚、韩、赵、魏四国一起，在楚怀王的带领下，共同出兵伐秦。其后，齐国又与楚国结成政治联盟，共同抵抗秦国并攻掠韩、赵、魏三国。公元前 313 年，齐国助楚攻秦。公元前 311 年，齐国攻伐魏国。

公元前 314 年，燕国境内因王位变动而发生大规模内乱，齐宣王趁机派大将章子发五都之兵攻入燕境，并成功攻破了燕国的都城，在燕地进行了大规模的抢夺和劫掠，从而将燕国纳为属国。在今存儒家经典《孟子》一书中，齐宣王曾向孟子咨询进攻燕国之事，孟子劝他要行王政，更要抱着济世救民的心态来帮助燕国稳定政局。后来的事实证明，齐宣王并没有听从孟子让其行仁政的劝谏，而是用军事征伐的手段掠夺和洗劫了燕国一番，毁其宗庙，迁其重器，充实了自己的府库，满足了自己的贪欲。

齐国军队在燕国境内的种种暴行，激起了燕国人的强烈反抗，同时也引起其他诸侯国的强烈不满，纷纷出兵干涉。在此情况下，齐宣王只好下令撤兵，让燕国恢复自治。但之前的劫掠已让齐国获利匪浅。

除北伐燕国外，齐宣王还与韩、魏结成新的政治联盟，共同南下攻击楚国。公元前 301 年，齐、韩、魏三国率军进攻楚国的方城，大败楚军，并迫使楚国向齐国屈服。战后不久，楚王便派太子横到齐国做人质，与齐国讲和。

经过伐燕、伐楚以及对魏、韩等国的连续作战，齐宣王时齐国的实力又提升了许多。此时齐国已发展成为最强大的东方国家。

4. 齐闵王时期的由盛转衰

公元前 301 年，齐宣王过世后，其子地继位，是为齐闵王。齐闵王继位之初，尚保有其祖、父二代的奋斗精神，励精图治，精心治国，在齐威王、齐宣王功业的基础上，西抗强秦，南伐楚淮，使邹鲁之君、泗上十二诸侯等小国都来朝拜称臣。齐国也一度成为列国间的霸主国，更成为当时唯一可以与秦国抗衡的东方大国。

公元前 298 年，趁秦国内乱之际，齐闵王命令国相孟尝君联合韩、赵、魏、中山等国，共同出兵攻打秦国。在围困秦国三年之后，诸国联军成功攻入函谷关，剑锋直指秦国都城。秦国畏惧，被迫签订城下之盟，并答应归还之前侵占的韩、魏的土地。由齐国主持的这次军事行动有效阻止了秦国东进的步伐，并成功使秦国“闭关十五年，不敢窥兵于山东”（《史记·范雎蔡泽列传》）。作为主持者，齐国虽然没有在这次战争中得到太多实惠，但在号令诸国的过程中，齐国已完全充当霸主角色，成为各国公认的一等大国。

五国联合攻秦之后，秦国为拉拢和示好齐国，派人劝说齐闵王称帝。因为当时各国国君都已称王，唯有帝号才能彰显齐国的绝对优势和无上威力。齐闵王欣然同意。于是秦、齐二国同时称帝，秦昭王称西帝，齐闵王称东帝。称帝事件的发生既体现了齐国势力的强盛，也说明当时各国早已不把周天子放在眼里，各国君主都愿意做高于周天子的人间帝王。

称帝之后不久，齐闵王进一步寻找机会扩张领土。当时，位于齐国西南向的宋国由宋康王的治理，宋康王穷兵黩武，好大喜功，并同时得罪了齐、楚、魏等诸大国。公元前 286 年，齐闵王趁着宋国内外交困、疲弱不堪，果断联合楚、魏两国共同伐宋，赶走宋康王，最终占领宋国全境。齐国的实力进一步增强。

虽然连续获得了几次大的胜利，但连年对外作战也严重消耗了齐国的综合国力。而且此时的齐闵王已逐渐失去了早年的奋斗精神，变得骄奢淫逸，刚愎自用，独断专行。他既听不进身边群臣的谏言，也不再重视稷下先生们的宏论，甚至还屡次因拒谏而杀诤臣。《战国策·齐策》明确记载，齐闵王不愿听谋士劝告，将一位名为狐咺的进谏者杀掉，使齐国百姓离心。而且，因为齐闵王的忽视，曾经辉煌一时的稷下学宫开始走向衰落，稷下先生们多已分散，田骈如薛，荀子适楚，慎到、捷子亡去。

这一系列的决策失误使齐国急速衰落，之前归附称臣的鲁、卫、三晋等盟邦纷纷离去，实力逐渐恢复的燕国则在全力谋划攻齐复仇，而齐闵王竟对此全然不觉。公元前284年，燕人乐毅联合魏、韩、赵、秦、楚等国共同征伐齐国，并在济西之地大败齐师。出战各国瓜分了齐国的土地，然后相约罢兵。在此过程中，秦国得到定陶，魏国占领宋国，赵国取得济西之田，楚国占有了淮北之地。齐国自齐威王改革以来新占领的土地，几乎在一夜间被各国瓜分完毕。待各国引兵回国之后，燕人乐毅又率兵直达齐都临淄，大肆掠夺，尽取齐国宝器，焚烧齐国宫室宗庙。其后，乐毅又用了半年多的时间，横扫齐国全境，除了即墨和莒两城，齐国其他各地均被燕人占领。此时，齐闵王仓皇逃往鲁、卫之地，竟均被拒绝入境。无奈之下，他只好逃往莒邑，不久，被楚人淖齿杀掉。

可以说，齐闵王在位期间，在把齐国的实力发展到历史顶峰的同时，也把齐国带入无尽的深渊。齐国从此由盛转衰，元气大伤，再未能完全恢复。

5. 齐襄王时期的复国

齐闵王被杀之后，其子法章在莒国隐姓埋名，在莒太史敫家作庸夫。不久其身份被莒人识破，便被王孙贾等立为国君，是为齐襄王。几年之后，待田单成功收复齐国城池、赶走燕国军队之后，齐襄王重新回临淄，正式行使国君权力。

齐襄王执政时期，恰逢范雎相秦。范雎向秦昭王进献的国策是远交近攻，即主要联合与秦距离偏远的齐、燕等国，全力进攻临近的韩、赵、魏三国。秦昭王听其所言，将主要兵力都用在对付韩、赵、魏三国上。这三国也将主要精力都放在对抗秦国的军事进攻上，无暇再与齐国一争短长。可以说，范雎的计谋无意之中给齐国恢复元气提供了一个难得的历史契机。

据史料记载，齐襄王一生都在为恢复齐国国力而不懈努力。他安抚民众，发展经济，并大力恢复衰落多时的稷下学宫，重新召回稷下学者，试图重新借用稷下先生之良策，快速带领凋敝破碎的齐国走出困境。

但齐襄王为人多猜忌，不善于利用贤能之士。虽然大将田单有复齐之不世功勋，但襄王却对其又敬又怕，既感激他恢复了齐国宗室，封他作安平君，又担心田单心存不轨，所以时时加以防范，最终迫使田单弃权离家、出走赵国。另外，对于稷下学者的谏言，他也并未诚心接受。这种种举动证明齐襄王并不具备优秀君主的品质，也无法使齐国繁荣、强盛。

6. 齐王建时期的灭亡

公元前264年，齐襄王去世，其子建继位，是为齐王建。继位之初，齐国的大权都在其母君王后手中，齐王建并无太多实权，只能听从母亲之命。而君王后奉行的治齐良策，便是“事秦谨，与诸侯信”（《史记·田敬仲完世家》）。在秦国大肆吞并东方六国、东方六国急需联合起来抗秦之际，齐国却一面讨好秦国，一面不与其他诸侯国有过多往来，奢求在其中保持中立，不引火烧身。如公元前260年，秦赵长平之战时，赵国曾向齐国求援，大臣们都认为齐国应该援助赵国，但君王后和齐王建都严词拒绝，誓不救赵。齐国的这种态度在一定程度上加快了秦国征伐东方各国的脚步。

齐王建继位十六年之后，君王后去世，齐王建正式亲政。但他奉行的治齐理念仍然是坚守君王后主张的“事秦谨，与诸侯信”，既不积极备战待秦，也不对他国施以援手。公元前241年，当秦国东部的边境已经与齐国接壤、秦国随时可以挥师伐齐之时，齐王建仍然不做任何防备，更没有协助其他各国积极对抗秦国。

因此，齐王建固守的中立政策既给齐国带来了“四十余年不受兵”的短暂安定，也保证了秦国可以无任何后顾之忧地逐一灭掉其他诸国。公元前221年，秦将王贲率大军攻打齐国，俘虏齐王建，灭亡齐国。伴随着八百多年齐国历史进程的结束，秦国统一全国的步伐也最终完成，中国历史上的第一个大一统时代正式来临。

综上，我们将八百多年齐国的历史分姜姓齐国和田姓齐国两个时段，进行了简要梳理。从中可知，姜姓宗族和田姓宗族的历代先祖用自己高超的政治智慧和过人的创新能力，在鲁北地区创造了一个又一个灿烂辉煌的历史时刻。在诸侯林立、宗族众多的先秦时期，齐国特征鲜明、精彩无比地展现了自己的风采，绽放了自己的光芒，抒写了自己的辉煌。齐国人在八百余年的发展历程中创造的物质文化和思想智慧，为秦汉及以后两千多年的中国古代历史文化注入了鲜活的血液，并逐渐凝结成中华优秀传统文化的重要组成部分，滋养了一代又一代中华儿女。关于齐国在此过程中创造的文化，我们将在本书下编中分类予以详细描述，在此暂且从略。

第四章 鲁国的历史进程

鲁国是西周时期的重要诸侯国，大约成立于公元前 1041 年。公元前 261 年，南方楚国的考烈王征兵伐鲁，正式开启了灭亡鲁国的步伐。公元前 255 年，楚国攻占鲁地，鲁国的最后一位国君鲁顷公被改封到莒地。公元前 249 年，楚国彻底消灭了鲁国，鲁顷公被迁往卞邑，并被剥夺贵族身份，降为平民。至此，历时近八百年的鲁国公室，彻底失去了施政的机会，姬姓贵族替周王室镇守鲁地的历史使命也宣告结束。从周公之子伯禽被分封到鲁国，到鲁顷公亡国，鲁国公室先后传了二十五世，共计有三十位国君主政。

在这八百年左右的发展历程中，鲁国创造了非常先进的历史文化。虽然从春秋伊始，鲁国在国势上一直走下坡路，但鲁国文化的发展势头日渐强盛，尤其是鲁国的学术思想。鲁国不但出现了孔子、曾子、孟子等学术名家，而且产生了人数众多、实力强大的儒家学派。产生于鲁地的儒家人物与儒学思想在为春秋战国时期学术事业的繁荣做出重要贡献的同时，也深刻影响了其后两千余年中华优秀传统文化的主要内涵和基本格调。直到今日，我们还在吸吮着鲁国所创造的学术思想文化的丰富滋养。

因此，要想深刻把握中国古代传统文化的发展历程，必须深入研究鲁国的历史文化。而要研究鲁国的历史文化，必须要先对鲁国的发展进程和历史框架有清晰的认识。关于鲁国文化的详细信息，下文再分专题探讨，这里先对鲁国历史的发展历程做一梳理。

第一节 鲁地政局变动与鲁国封建

鲁国所在的曲阜地区曾经是东夷部族的重要活动地。殷商王朝建立之后，对东夷旧地进行了长年的有效控制，并设立了许多亲附于商王室的东夷友邦。但殷周交替之际，夷商关系恶化，东夷大举反商。商王朝为稳定东土局势，连年用兵东夷，征伐夷方。虽然最终取得胜利，但也因此消耗了自身实力。在夷族和商族两虎相争之时，兴起于西方的周部族趁机联络东夷各族，共同反商。最终，夷周联盟取胜，商族灭亡。西周建立后，为继续维持与东夷诸族的友好同盟关系，同时也为了镇守东土，先后分封鲁、齐、滕等诸侯国，以藩屏周。

因此，要详细了解鲁国的创建过程，首先要了解周人在灭商过程中，商、周两族对鲁地的经营与争夺，更要明晰西周部族在灭商过程中对东夷诸族的联络情形以及周夷联盟的形成过程。下面分别予以介绍。

一、商人对鲁地的控制

从现有甲骨文资料来看，鲁地早在殷商时期便已存在。商人在一次甲骨占卜过程中，曾非常关切地询问神灵，鲁地是否“受黍”，即鲁地的谷物是否会丰收。这既说明鲁地是当时重要的农业耕作区，又体现了商人对鲁地的重视。甲骨文中的“鲁”当位于当时的商奄、后来的鲁国之地。

虽然鲁地在商代时即已存在，但鲁国是西周时才出现的。鲁地变成鲁国的过程，伴随着商周之际政权交替过程中商、周二族对此地的激烈争夺。

曾经是东夷故地的商奄地区是商代非常重要的统治区域。商人在灭夏的过程中，曾经与东夷诸族联合作战。协助商汤灭夏的小臣伊尹即来自东夷族的有莘氏；与伊尹联合灭夏桀的妹喜则来自东夷族的有施氏，相传有施氏即位于今天的临沂蒙阴地区。可见，商族与鲁地的东夷族早在商王朝创建时既已关系密切，彼此多有往来。但此时双方仅限于部族之间的正常交往，各自的礼俗文化仍然是独立发展、互不干涉的。

但是，商人立国之后，商文化便逐渐向山东地区扩张，并在部分地区强势冲击着东夷文化。到商代晚期时，在今天鲁东南的大部分地区，如泰安的宁阳，济宁的泗水、兖州、邹城，临沂的平邑、费县、兰山、兰陵，枣庄的滕州等，商文化都已经全面侵入并占据优势。从现有考古资料看，上述地区均有数量不等的颇具商文化特征的墓葬遗址和青铜礼器出土，说明商文化取代岳石文化而成为当地文化的主流。

但从现有甲骨文资料来看，商代晚期，当商文化在山东各地大肆扩张时，山东地区的诸东夷部族与商王室也出现了前所未有的矛盾和冲突，东夷诸部族的反商情绪不断高涨。其中，鲁南地区各大区域内的东夷部族都开始有意识地抵抗商文化的快速入侵，并努力脱离商王室的控制而独自发展。这些举动便引发了商代末期帝乙、帝辛两代商王举全国之力征伐夷方的行为。

现存《左传》《吕氏春秋》等典籍对东夷反商的原因多有记载。如，《左传·昭公四年》载："商纣为黎之蒐，东夷叛之。"《吕氏春秋·古乐》载："商人服象，为虐于东夷。"蒐指打猎，古人常用打猎的方式来训练军队。服象指驯服大象。通过上述典籍可知，商纣王利用狩猎、服象等方式，为虐于东夷，从而使东夷部族奋起反抗。

总之，到商代晚期时，商王室的日渐衰落以及商王室最高统治者的暴虐行为已引起东夷部族的公然反抗，东夷和商王室的矛盾全面激化，商人后方不稳，长期统治的根基受到了严重动摇。为稳定东土、遏制东夷部族的反商行动，商代末期的两代商王帝乙、帝辛都先后举全国之力，发动数次征伐东夷的军事战争。对此，甲骨文、青铜铭文都有不同程度的体现。

甲骨文中有关商人征夷方的材料不但数量众多，而且关涉多位殷代帝王。其中内容最丰富的，主要见于帝乙、帝辛时期。著名学者李学勤、王恩田等都已有深入研究，成就突出。在此仅根据帝辛十年的征夷方卜辞对此事予以简单说明。

据学者研究，商纣王一生曾经先后十余次亲自率兵征伐东夷。其中规模最大的，当数其在位第十年时的征伐夷方行动。商纣王的这次出征前后延续260多天，所统率的军队到达过今济南、淄博、潍坊、莱芜、新泰、东平、宁阳、兖州、曲阜等地，基本上消除了东夷诸族的反抗势力，稳定了商人的大后方。

除甲骨文外，商代青铜器铭文中也有征夷方的资料。如小臣艅犀尊上的铭文曾记载小臣艅自己被赏赐“夔贝”一事，正是在商纣王十五年“来征人（夷）方”的过程中发生的。在征伐夷方时，商纣王巡视了夔地，小臣艅跟从并有良好表现，故受到赏赐。此外，商代小子逄卣上的铭文也明确提到，商纣王在征伐东夷的过程中，曾让小子逄“望夷方詈”，即监视、守望夷方詈的动向，以便商人征伐。因配合商人伐夷有功，商纣王赏赐小子逄贝二朋。器底铭文则明确记载小子逄出自东夷举族。该铭文还显示出，商人在征伐东夷的过程中，采取的是以夷制夷的策略，一面拉拢亲附自己的夷族，一面又打击叛离自己的夷族，双管齐下，以稳定东土。

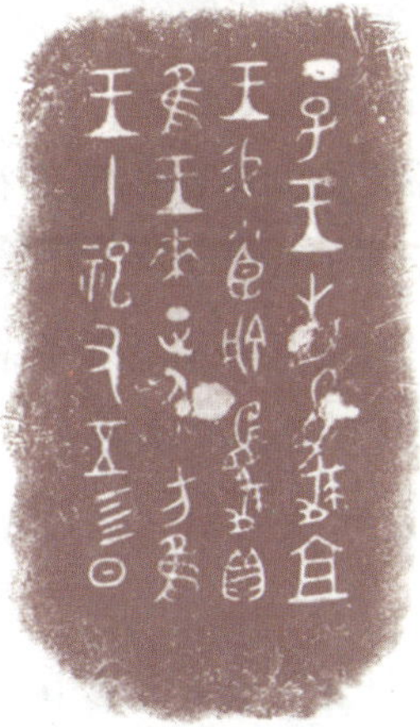

小臣艅犀尊上的铭文

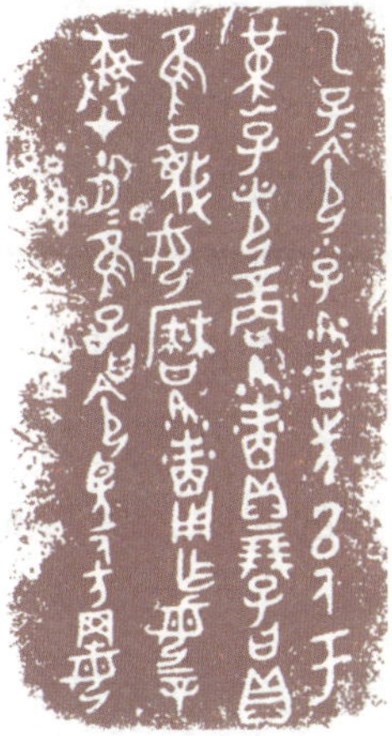

小子逄卣上的铭文

商人征伐东夷最终取得了胜利，沉重打击了东夷部族的反抗力量，并在最大程度上稳定了商王室的东土局势。但不可否认的是，商王室在征伐东夷的过程中，也极大消耗了商族自身的整体实力，也因此在很大程度上动摇了自己的统治根基。

二、周人对鲁地的争夺

从商代晚期的政治局势来看，帝乙、帝辛时期的殷商王朝已处在风雨飘摇之中，除了统治者奢靡无度、内部矛盾激化，商王朝的东、西两面都出现了强有力的敌对势力。在东方的夷人诸族激烈反叛的同时，兴起于西部岐周地区的周部族也在积蓄力量，积极反商。由于周部族只是刚兴起不久的蕞尔小族，而东夷部族则自商人立国时便已非常强盛，故帝乙、帝辛两代商王都认为东夷部族是最大的威胁，尤其是东部海岱地区的夷族，至于西周的威胁，则在可控制的范围之内。正是基于这样的判断，商王室才举全国之力大肆征伐东夷诸部族，并不惜消耗数代商王之积累，花费数十年的时间，最大限度地打击东夷部族的敌对力量，以期彻底解决东夷隐患，稳定东方局势。

商王室不惜消耗大量人力、物力、财力全力打击东夷诸族的举动，使兴起于西方的周部族得到了极好的发展机会。从周太公古公亶父开始，周人历代首领殚精竭虑，励精图治，对内整顿吏治，发展经济；对外广泛结交同盟，联络友邦，以期内外联合，共同对抗进而消灭商王室。

在周人蓄意伐商的过程中，东夷部族持续不断的反商行为以及东夷部族与商王室间矛盾的日益激化，让周人找到了伐灭商王朝最好的途径，即联合东夷诸族，东西夹击，共同反商。从现有资料来看，早在古公亶父之时，周人就已经通过各种方式，积极加强与东夷诸族的联系，在争取东夷诸族全力认可和支持的同时，也不断联络部分异族力量，彼此结成稳固同盟，共同反商。

据《左传》《国语》等资料记载，周公曾娶妻于薛国，周、薛两族长期联姻。从时间上推算，周公娶妻之时应当在其早年。按照“父母之命，媒妁之言”的婚姻礼俗，为周公主持婚事的，应该是其父亲周文王。薛国位于今天的山东滕州地区，是殷商时期重要的东夷方国，任姓。从时间上看，薛国早在夏朝时即已建国，先祖奚仲曾任夏朝的车正，主管制造和供应夏王出行所需要的车辆、车饰等必需品。夏代晚期时，双方矛盾加剧，薛人叛夏亲商。商朝代夏之后，薛国国君仲虺曾经供职于商王室内，并担任商汤的左相，与右相伊尹一起参与朝政，管理商朝国事。但到商代晚期时，薛、商之间的矛盾加剧，薛成了商王朝在东方地区的重要反对国族，商人可能一度对薛用兵。《左传·昭公元年》记载了虞、夏、商、周四代与王室作对的地方诸侯国："虞有三苗，夏有观、扈，商有姺、邳，周有徐、奄。"这里的邳即薛国。历史上，三苗曾因大举反对虞人的统治而受到大舜的征伐；观、扈曾因大举反对夏人的统治而受到夏启的征伐；徐、奄曾因大举反对周人的统治而受到周公的征伐。以前后文例类推，姺、邳两国在当时可能也曾因大举反对商人的统治而受到商王室的征伐。

从中可知，周文王之所以毅然决定与薛国联姻，为其子周公旦娶妻于薛，应该主要是想利用商、薛之间的矛盾，积极争取东夷大国薛国的支持，并通过政治婚姻的手段与薛国结盟，共同对抗殷商王朝。

除周公娶妻于薛之外，《史记》还记载，周文王的母亲为大任，是其父季历从任姓国族所娶的女子。学者多认为大任的母国是商代的任姓挚国，在今河南省驻马店市平舆县。但东夷族的薛国亦是任姓，而且是自夏代时便兴盛有加的东夷大国，且与殷商王室长期处于若即若离的关系之中。因此，周王季历所娶的大任很有可能来自东夷薛国。若此推测可信，那么早至季历之父古公亶父之时，周王室已经通过政治联姻的方式，积极与东夷薛国建立密切联系，结成坚固的同盟友邦，共同对抗强大的殷商王朝。

除薛国外，现存周王室与其他东夷部族在殷商时期交往的资料虽然并不多，但通过薛国的实例，我们可以推想，殷商晚期，在夷商矛盾激化、夷人全力反商的过程中，周部族通过各种方式，积极加强与东夷诸族的联络和结交，在加剧殷人后方不稳、内部混乱的同时，也在不断增强自己反商的联邦和盟友队伍力量。最终，在包括东夷诸族在内的反商联盟的紧密配合之下，周人通过盟津之会和牧野之战，于公元前1046年成功攻陷殷都，逼杀商纣王，推翻了强盛一时的殷商王朝。从此以后，西周王朝正式建立，一个崭新的时代开始了。

三、周公东征与鲁国分封建国

鲁国是周公的封国。作为周文王之子、武王之弟、成王之叔父，周公曾对西周王朝的建立和周代礼乐文化的发展做出过非常突出的贡献。早在周文王、武王灭商过程中，周公就积极参与其中，出谋划策。待到周武王正式建立周王朝之后，周公担任王室高位，全力辅佐武王稳定新兴政权。但两年之后，以纣子武庚为首的商人旧部便发动叛乱，东夷诸族也随即联商反周，使刚刚建立的周王室政权随时处于崩溃的边缘。

面对此种危局，周公充分展示了自己卓越的政治才华和政治智慧。他一方面果断摄政当国，代替年幼的周成王掌控周室政局，确保周王室内部稳定；另一方面，以周成王的名义召集军队，大力东征，先至殷都朝歌消灭以武庚为首的殷商残余势力，杀掉与武庚共同作乱的周人管叔，流放蔡叔；然后率大军亲至泰山南北，全力剿杀参与作乱的以商奄、薄姑为首的东夷旧族。周公的这次军事东征前后用了三年的时间，不但以雷霆之势成功消灭了各类反抗周王室的夷商武装；而且力挽狂澜，使一度摇摇欲坠的新兴周室政权得到巩固，从而确保了周人统治的长期稳定。

过去，在夏、商两族统治之时，中央王室与各归附部族之间基本上都以一种契约式的同盟关系相交往。各部族承认夏、商王族的宗主地位，并定期朝见纳贡；夏、商王室给予各级归附部族一定的爵称，但不干涉其内部政务，仅通过各部族的族长实行间接管理。这种宗主与友邦之间的同盟关系比较简单，存在着极大的隐患和不稳定性。如果某个宗族突然转变了政治立场，不再拥护夏、商王族的统治，便可以随时举兵造反、另立山头，而夏、商王族对此却无可奈何，只能听之任之，或只能用武力将其打服，逼迫其再次承认依附关系。殷商时期，东夷部族之所以屡次反商，商王室之所以不停地征伐东夷，正是因为双方的联盟关系极不稳定。

周人灭商之初，周王室与东夷诸部族之间的关系仍然延续了夏商以来的同盟关系。但在经历了殷遗旧族和东夷部族的联合反叛之后，以周公为代表的周室贵族痛定思痛，开始认真总结殷遗民和东夷部族反叛的原因，并思考和创立新的统治策略。最终，周人大力改变夏、商王朝的治民传统，创立并实行分封制度。周公将王室子弟和功臣谋士等分派到全国各个战略要地，建立由周族子弟、亲戚功臣为首的新兴诸侯国，以加强对这些地区的有效控制和管理。这些新兴的诸侯国一方面监视和镇守该地区的殷遗民和东夷旧族，防止他们死灰复燃、再度反周；另一方面则要大力传播周人思想，宣达周人号令，用周文化熏陶和改造殷遗民和东夷旧族，使他们安于周人统治，打消造反的念头，从而实现周王室在该地的长期稳定统治。《荀子·儒效》篇记载："周公兼制天下，立七十一国，姬姓独居五十三人。"说明周公在分封诸国时，所选择的分封对象主要是姬姓的周室子弟。因为他们是同族子弟，比他人更值得依赖。

在分封过程中，周公以身作则，毅然将原属东夷势力和殷商旧族长期占据且势力强盛的商奄之地，分封作自己的属国，并派长子伯禽亲赴奄地，代替自己建立新的诸侯国，以实现镇守地方、稳定周室的宏愿。而伯禽建立的侯国便是后来的鲁国。

从现有传世文献来看，周公为了实现鲁国的顺利分封和帮助长子伯禽有效治鲁，曾采取多种措施，最大程度上维护鲁地政局稳定。

首先，周公和召公曾分别率领周室军队，全力进攻鲁国南部的淮夷和东夷旧族，对势力比较强大、反周意愿比较强烈的商奄、丰伯等族给予毁灭性的打击，使他们从此再无力反对周王室的统治。

其次，周公还将商奄等东夷世家大族的残余人员迁往鲁北薄姑地区，使他们远离故土旧居，割断与周边同盟故友的联络与交流，从而使他们彻底丧失再次兴兵造反的机会。如唐人孔颖达在注解《诗经·豳风·破斧》时即明确指出："奄既灭矣，其君佞人不可复，故欲徙之于齐地，使服于大国，是奄君迁于齐地。"司马迁《史记·周本纪》称这里的齐地为薄姑。这说明奄氏宗族的大举迁徙，是周公稳定鲁地政局的重要举措。

最后，周公和伯禽等人还拉拢和争取鲁地周围亲附周部族、有意投靠周王室统治的东夷旧族，从而使他们真心认可和接受周王室的有效统治。如清华大学所藏战国竹简《四告》篇明确记载了周公祭祀皋陶，伯禽向任、俞诸神祷告的史实。其中的皋陶据说是东夷部族的首领，曾经协助大禹治理洪水，并因成绩突出而一度被推荐做大禹的继承人，后因年龄过大先大禹去世而作罢。任、俞都是东夷旧族的神灵。任姓的薛国曾协助商人灭夏，在商周之际又协助周人灭商；俞族的族长名艅者曾在商王室任小臣之职，深得商王信任和依重。在此，周公虔诚地祭祀东夷族的早期首领皋陶，伯禽虔诚祭祀东夷族的任、俞等世家大族的祖先神灵，最大的政治目的无疑都是想用祭祀的方式向东夷诸族显示自己的诚意和友好，以取得东夷诸族的信任和支持，为鲁国分封、伯禽治鲁减少阻力、争取民心。周公与伯禽的祭祀行为与周公娶于薛一样，都有着强烈的政治意图。

综上可知，鲁国的建立是在周人灭商之后，鉴于武夷叛乱和东夷大反的事实，因而改变夏、商时期通行的统治策略，创立分封制度，大封诸侯的结果。鲁国的分封有效缓和了东夷诸族与中原王室长期的矛盾冲突，加强了彼此之间的联系与交往；也为中原王室持续占有商奄地区、治理鲁地居民，提供了保障。

第二节　西周时期的鲁国

在伯禽于周成王时期建立鲁国之后，鉴于周公对周王室的巨大贡献，历代周天子都对鲁国礼敬有加，鲁国也因此在诸侯国中享有极高的政治地位。

鲁国与周王室在西周时期始终保持着长期友好而紧密的政治交往。鲁国公室不但定期派人朝见周天子，周天子也尊礼制按时派使者出使和慰问鲁国。双方同根同源，同姓同祖，鲁国真诚服从周天子统治，周王室也全力依赖鲁国藩镇东土。传世文献典籍和出土文字资料对此都有较多反映，下面做简单介绍。

一、鲁君世系与继承制度

据司马迁《史记·鲁周公世家》记载，西周时期，鲁国先后有十二位国君执掌国政，他们分别是：

第一位，鲁公伯禽，大约在位 46 年。
第二位，鲁考公酋，伯禽之子，大约在位 4 年。
第三位，鲁炀公熙，伯禽之子，考公之弟，大约在位 6 年。
第四位，鲁幽公宰，炀公之子，大约在位 14 年。
第五位，鲁魏公晞，炀公之子，幽公之弟，大约在位 50 年。
第六位，鲁厉公擢，魏公之子，大约在位 37 年。
第七位，鲁献公具，魏公之子，厉公之弟，在位 32 年。
第八位，鲁真公濞，献公之子，在位 30 年。
第九位，鲁武公敖，献公之子，真公之弟，在位 9 年。
第十位，鲁懿公戏，武公之子，在位 9 年。
第十一位，鲁废公伯御，武公太子之子，懿公之侄，在位 11 年。
第十二位，鲁孝公称，武公之子，懿公之弟，废公之叔父，在位 27 年。

鲁孝公去世时，已是公元前 769 年，当时周王室的国都镐京已经为犬戎族所攻破，西周的最后一位国君周幽王被杀，周室大乱，诸侯之间群龙无首，各自为政。春秋时代正式开启。

关于鲁国的国君世系，有一点值得特别提及：鲁国并未完全贯彻周王室的嫡长子继承制度，而是实行一继一及的君位继承制度。这在当时的各诸侯国中是非常罕见的。

周公在制礼作乐时，最重要的创举便是制定宗法制和嫡长子继承制。按宗法制的规定，在历代王位交接过程中，只有嫡长子才有资格继承天子之位，成为天下大宗，其他庶子只能被封为诸侯，成为王室小宗。西周时期的十二位周王室天子之中，除孝王外，基本上都严格遵守嫡长子继承制度。司马迁在《史记》中所记载的西周时期的各诸侯国世系也表明各诸侯国基本上都严格遵照嫡长子继承制度来传授国君之位。

但作为周公直系封国的鲁国，却违背了周人的君位继承制度，公然实行一继一及的君位传授方式。在上述鲁国的十二位国君中，炀公、魏公、献公、武公、孝公五位都以兄弟的身份继承君位，几乎占了总人数的一半。而且有意思的是，鲁国的兄终弟及制度是每隔一代才出现的，如，炀公虽然是继其兄考公为君，但考公是以嫡长子的身份继位为君；魏公虽然是继其兄幽公为君，但幽公是以嫡长子的身份继位为君；献公虽然是继其兄厉公为君，但厉公是以嫡长子的身份继位为君；武公虽然是继其兄真公为君，但真公是以嫡长子的身份继位为君。五人之中，只有孝公的继位不符合此规律，比较特殊（详见下文）。可以说，鲁国在西周时期一直严格地遵守这种一世父死子继、一世兄终弟及的君位继承制度，与周王室和其他诸侯国的君位传替方式都不同。

关于这种现象出现的原因，学者们虽然已从不同角度做了多种解读，但至今仍未形成一致意见。一种观点认为，鲁国虽然是周公的封国，伯禽也曾在鲁国坚定不移地推行周人的礼乐文化，但鲁国所处的地区曾经是殷商文化非常发达的商族旧地，商人曾经实行严格的兄终弟及的王位继承制度，鲁地长期盛行的殷遗旧俗深刻影响了周人坚守的嫡长子继承制，两者长期斗争便造成鲁国公室始终在嫡长子继承制与兄终弟及制之间变换不定，从而相沿成习，渐成定制。

还有一种观点认为，鲁国地处东夷旧族和殷遗民的环绕之中，本地有殷商旧族，南面有淮夷、徐戎，东面有东夷土著，在强敌压境的危险局势下，鲁国需要在位国君时刻保持着强大的执政能力，而那些年幼且软弱无力的嫡长子是无法担当此重任的，故每当前位国君去世且继承者年幼无力时，便由已故国君已经年长的弟弟继承君位。

还有一种观点认为，鲁国在西周时期所坚守的其实仍然是周人的嫡长子继承制度，兄终弟及制只是在特殊情况下才出现的变体。若仔细分析炀公、魏公、献公、武公、孝公五人以兄终弟及制获得君位的过程可知，鲁炀公之兄鲁考公在位仅四年便去世，可能当时并没有子嗣作为法定继承人，鲁炀公的继位是顺势而为；鲁魏公是杀其兄幽公自立为君，属于武力夺权；鲁献公是由鲁人所立，其兄鲁厉公又以“厉”为谥，说明鲁厉公的统治并不得人心，鲁献公继位是顺应民意的行为；鲁孝公由周宣王扶持继位，是周王室公然破坏嫡长子继承制的结果。他们继位为君都不是通过正常方式的继位，都伴随着各种特殊情况的发生。从中可知，鲁国在西周时期的一继一及制度，只是在特殊情况下出现的现象，并不是被鲁人认可的正常的君位继承方式。

比较上述诸说，前两种解释虽然有一定的道理，却忽略了一个事实，即地处殷遗旧地、周边被夷狄之族环绕并不仅限于鲁国，齐国、晋国、燕国、卫国等都与鲁国的情形相似。但据司马迁《史记》的记载，其他各国基本上严格实行了周人的嫡长子继承制，唯独鲁国与众不同。这说明鲁国君位继承制的独特性与殷遗旧制和地理环境并没有太多的直接关系。两种解释都存在着只见树木、不见森林的偏狭与缺陷。相较而言，第三种解释则照顾到了鲁国在西周时期的各类客观事实，分析也比较公允，应该可以成立。

从中可知，鲁国在西周时期的君位继承方式同样是周公所制定的嫡长子继承制。只有当新君不力、国人不满以及武力夺权等特殊情况发生时，才会出现兄终弟及制这种变体，来补充和代替嫡长子继承制度。但因为鲁国在西周时期政局时常不稳，特殊情况不时发生，所以才会出现后人所记载的嫡长子继承制与兄终弟及制交替出现的独特现象，但并不能据此否认鲁国对嫡长子继承制度的恪守和遵奉。

二、主要史事和文明化进程

鲁国在西周时期的相关史事，因传世文献记载得较为简略，很多内容已不得其详，现只能根据《史记》《左传》等史书所载，大致勾勒如下。

1. 伯禽建鲁

作为鲁国的第一任国君，伯禽是鲁国历史文化的重要开创者。伯禽是周文王之孙、周武王姬发之侄、周公旦之长子，被时人尊称为禽父。作为姬姓贵族子弟的一员，在被分封到鲁国之前，伯禽就已经在周王室任大祝之职。据《周礼》记载，大祝是王室举行祭礼时的祝官之长，主要职责是在举行祭祀大典时用专业语言向神灵进行祷告和祈祝。西周铜器铭文中记载的大祝禽鼎，应该就是伯禽为官之时所作之器。据清华大学藏战国竹简《四告》篇记载，伯禽曾摆放牺牲对东夷任、俞诸族的祖先神灵进行祷告祭祀，并顺便告祭其他上帝神灵。此举既体现了他对此项工作的娴熟，也可说明他对大祝的职守是非常清楚的。

除供职于王室之外，伯禽在周公东征时也曾伴随其左右，并协助周公告祭上帝神灵，祈求他们庇佑周人东征顺利。西周铜器禽簋、禽鼎铭文曾记载，在周成王东征商奄时，周公做总决策，并进行占卜活动，伯禽则负责举办驱逐强鬼恶魂的祭祀活动。最后，伯禽主持的祭祀活动非常成功，周成王便赏赐给他许多铜器。这说明在周公东征过程中，尤其是平定商奄叛乱时，伯禽作为周公的助手，曾经立下汗马功劳，为其后来受封于商奄之地埋下了伏笔。

据《左传·定公四年》记载，伯禽被分封到鲁国时，鉴于周公对周王室的巨大贡献，周成王赏赐给伯禽大路、大旂、夏后氏之璜、封父之繁弱等大量的礼仪用器。其中，大路指用铜器装饰的马车；大旂指上面画有蛟龙的旗帜；璜指贵重的玉器，夏后氏之璜指夏朝国君使用过的珍贵玉器；繁弱指弓箭，封父为古之诸侯，封父之繁弱指封父使用过的良弓。这些都是当时非常贵重的礼仪用器，周成王在此将王室最高规格的礼品赏赐给伯禽，以示对周公和鲁国的高度重视。

除礼仪用品外，周成王还赏赐给伯禽祝、宗、卜、史、备物、典策、官司、彝器等。其中，祝指大祝，宗指宗人，两者都掌管祭祀。卜指大卜，掌管占卜。史为大史，掌管记事、典籍、星历。备物即礼仪用物。典策指典籍简册，上面记有礼乐文化。官司指百官，具体包括卿、大夫、士等各类职官。彝器指宗庙祭祀用器，主要用于祭祀祖先神灵。这些职官和物品大都是周天子专用的。在此，周成王不惜打破周礼规定，全部赏赐给了伯禽和鲁国。

而与鲁国一同分封的卫国和晋国，则没有得到这些赏赐。他们从周成王那里获得的赏赐的种类和等级，远不能和鲁国相比。此外，周成王还特地允许鲁国祀周公以天子之礼乐，而且允许其行祭天祭郊之礼和祭祀泰山之礼等，这在同时期的诸侯中也是独一无二的。

周成王对伯禽和鲁国的一系列超规格的赏赐，使鲁国成为继周王室之外保存周人礼乐文化、典章制度最为完备的诸侯国。鲁国也成了遵奉周礼最彻底、拥护周王室最坚决的诸侯国。直到春秋时期，当其他诸侯国都违背周礼规定，不再依礼朝拜周王室之后，鲁国仍旧不时派专人朝拜周天子，听从周天子调遣，维护周王室权威。更为重要的是，当宗周被犬戎族大肆破坏、周族礼乐文化荡然无存时，鲁国却保存了丰富的礼乐文化和文献典籍，从而在相当程度上保存和延续了周礼，发展了周文化。

据《史记》《左传》等典籍记载，伯禽建立鲁国后，在鲁国实行“变其俗，革其礼”的治国方针，坚定不移地用周人礼乐文化彻底改造鲁地的殷遗旧俗和东夷礼制，从而使周文化在鲁国得到强有力的贯彻和实施。从现有资料来看，在周初分封的几十个诸侯国中，能够完全听众周王室号令，坚决用周文化改造本地礼俗，实施“变其俗，革其礼”文化政策的，好像只有伯禽统领的鲁国。

在伯禽全心治理鲁国之时，位于鲁国南部的徐戎和淮夷意图兴兵反周，公然入侵周室东土。为确保周人东土安宁，伯禽毅然率军迎敌，并最终凭借自己超强的军事才能，成功平定了徐戎和淮夷的军事叛乱，稳定了周室东部边境，真正发挥了“封建亲戚，以藩屏周”的政治功用。

周成王去世之后，伯禽继续辅佐成王之子康王，并继续在王室任要职，恪守自己匡扶周室、稳定东土的职责。

大约在周康王十六年（约公元前1071年），在位四十六年的伯禽去世。其子酋继任国君之位，是为鲁考公。

2. 炀公徙鲁

鲁炀公熙也是伯禽之子。其兄考公即位四年之后，炀公以伯禽庶子的身份继任鲁国国君。炀公在位期间，所做的最大的事情便是“徙鲁”，即将鲁国的都城迁到曲阜地区。

从现有零星资料来看，伯禽初封鲁国时并未建于曲阜，而是在“少皞之虚”，大致相当于今曲阜以北的穷桑地区。鲁炀公继位后开始营建曲阜城，并最终徙都曲阜。2011年新公布的叔器铭文明确记载，鲁炀公在徙鲁之前，曾经邀请叔到曲阜地区，用周人的礼乐文化教诲殷商遗民和东夷旧族，使他们在思想、民俗、礼制、法制法规等方面完全按照周礼的规定行事，以期快速改变曲阜地区原住居民的思维习惯和文化风俗，以便于统治和治理。经过叔的长时间引导和教化，鲁炀公亲自到现场考察，发现卓有成效，因此才决定正式徙都曲阜，转移鲁国的政治中心。

叔尊

叔卣

传世文献中与鲁炀公徙鲁有关的，当数《史记》所载的“炀公筑茅阙门”一事。阙门即夷门，在《左传》中又称雉门，在此指曲阜城内鲁国公室的南门。炀公筑茅阙门，描述的是鲁炀公在徙都于曲阜城时大力兴建宫殿之门的场景。

从实际效果来看，鲁炀公徙都于曲阜的举措，极大地推动了鲁国历史的发展。自鲁炀公之后，直至战国晚期，鲁国的历代国君都定都于曲阜地区，再未徙都。

鲁炀公在位六年后去世，其子宰即位，是为鲁幽公。

3. 鲁懿公、孝公时的君位之争

从鲁幽公到鲁武公之间的五位鲁君，因缺少史料，具体史事已难知其详。从鲁武公开始，鲁国公室陷入持续二十年左右的宫室内斗之中，这不但极大削弱了鲁国的整体实力，也打破了鲁国与周王室之间长期保持的良性互动传统，值得特别提及。

鲁国这次君位之争事件的挑起者，便是号称有中兴王室之功的周宣王。公元前 817 年春天，身为鲁国第九任国君的鲁武公带着长子括及庶子戏到镐京朝见周天子。时居天子之位的周宣王因更喜欢鲁公子戏，便命令鲁武公废除长子括的太子之位，改立庶子戏为鲁国太子，从而使戏可以在将来继任鲁武公的国君之位。对此废嫡立幼、公然破坏周人继承制度的违礼行为，王室重臣仲山甫曾极力劝阻。他认为废长立少，不合礼法；以天子之尊公然违背礼制，破坏一贯坚持的嫡长子继承制度，必然会引起鲁国政局的动荡，实不足取。但周宣王不为所动，最终迫使鲁武公废太子括，然后改立庶子戏为太子。鲁武公回到鲁国后不久便去世了，公子戏以太子的身份继任鲁国国君，是为鲁懿公。

公元前 807 年，鲁懿公在位第九年时，之前被剥夺太子之位的公子括之子伯御，联合鲁人率军杀掉鲁懿公，自立为鲁国国君。伯御在位十一年后，周宣王出兵伐鲁，杀掉鲁君伯御，以讨伐其违背王室号令、擅自杀害鲁懿公之罪。随后，在大臣仲山甫的劝诫下，选立鲁武公之子、懿公之弟、伯御之叔父姬称为新任鲁国国君，是为鲁孝公。孝公继位二十五年后，周幽王被杀，西周灭亡，东周时期正式开始。

可以说，鲁国的这次君位之争完全是周宣王刚愎自用、肆意违背周礼、野蛮干涉鲁国内政的行为造成的，它起于周王室的干涉，也结束于周王室之手。周宣王这种公然违礼乱政的行为不但给鲁国带来了二十余年政局动荡的后果，严重削弱了鲁国实力，也使周王室的权威受到极大损害。司马迁在《史记》中曾明确记载："自是后，诸侯畔王命。"更重要的是，数代周天子和鲁国国君辛苦经营的友好交往局面，也被周宣王彻底破坏了。文献中已见不到从鲁孝公开始直到鲁隐公时期的半个多世纪内，鲁国与周王室交往的任何资料，此时彼此的关系很可能已基本破裂，周王室在鲁国人心目中的神圣地位已消失殆尽。

综上可知，作为西周时期的重要封国，鲁国曾一度强盛无比，鲁、周之间也在较长时间内保持着亲密的联系。到了西周晚期时，由于周宣王的一系列错误举动，鲁国实力受损，鲁国开始有意识地远离周王室，独自发展，双方关系出现裂痕。

第三节　春秋时期的鲁国

从公元前 770 年开始，春秋时代正式开始。此时的鲁国虽然在春秋初期时曾一度强盛，但很快便在内忧外患中衰落下去，失去了曾经的大国地位，沦为二等诸侯国，并开始在齐、晋、楚、吴等大国间的夹缝中生存，艰难度日。

一、春秋时期的鲁君世系

鲁国在春秋时期先后有十三位国君继位，他们分别是：

第一位，鲁惠公弗湟，鲁孝公之子，执政 45 年。

第二位，鲁隐公息，鲁惠公之子，执政 11 年。

第三位，鲁桓公允，鲁惠公之子，隐公之弟，执政 18 年。

第四位，鲁庄公同，鲁桓公之子，执政 32 年。

第五位，鲁闵公开，鲁庄公之子，执政 2 年。

第六位，鲁僖公申，鲁庄公之子，闵公之弟，执政 33 年。

第七位，鲁文公兴，鲁僖公之子，执政 18 年。

第八位，鲁宣公倭，鲁文公之子，执政 18 年。

第九位，鲁成公黑肱，鲁宣公之子，执政 18 年。

第十位，鲁襄公午，鲁成公之子，执政 31 年。

第十一位，鲁昭公稠，鲁襄公之子，执政 32 年。

第十二位，鲁定公宋，鲁襄公之子，昭公之弟，执政 15 年。

第十三位，鲁哀公将，鲁定公之子，执政 27 年。

这一时期，鲁国基本上严格遵守周人的嫡长子继承制，西周时期曾非常盛行的兄终弟及制在此时期仅出现三次，分别是鲁隐公和鲁桓公之间、鲁闵公和鲁僖公之间以及鲁昭公和鲁定公之间。这几次都是特殊情况所致。

鲁隐公、鲁桓公都是鲁惠公之子。隐公的母亲声子为惠公之妾，桓公的母亲仲子为惠公晚年新娶的夫人，故隐公虽然年长，但身份为庶子；桓公虽然年幼，但生下来便为嫡子。惠公去世时，桓公年幼，无力执掌政局，隐公便摄政当国，代行国君之权，但实际上仍承认桓公的国君身份。在鲁隐公摄政的十一年间，他始终没有以国君自居。当其父惠公改葬时，隐公不行临祭，因为临祭为嫡子嗣君的特权。当母亲声子去世时，隐公不赴告诸侯，因为只有国君之母才有资格行赴告之礼。当卫国国君前来会葬时，隐公只称自己的母亲为“君氏”，不称“夫人”，但当桓公的母亲仲子去世时，则用夫人的葬礼规格安葬。当鲁国的大夫众父去世时，隐公不为之行小敛之礼，因为这是国君的特权。而且，《左传》还记载，鲁隐公曾公然告诉别人，他打算等桓公长大后便将国君之位转交给他，并且派专人到菟裘之地（今山东泗水北）建筑宫室，以作为退位之后的养老之所。这种种信息显示，鲁隐公与鲁桓公之间的君位更替并不属于严格意义上的兄终弟及制，因为隐公并未真正继承国君之位，隐公执政时，鲁国国君实际上一直都是鲁桓公。

鲁闵公和鲁僖公都是鲁庄公之子，而且都是庄公庶子。鲁庄公一生虽先后娶党氏孟任和齐哀姜，但一直没有嫡子。鲁庄公去世时，庆父乱政，致使鲁庄公指定的继承人公子斑继位两个月便被杀。其后，鲁闵公在庆父的扶持下继位，但两年之后，庆父又将其杀害。庄公之弟季友随后拥护公子申继位，是为鲁僖公。从中可知，鲁闵公和鲁僖公的继位都是在非正常情况下发生的，既不属于正常的父死子继，也不属于严格意义上的兄终弟及，而是国家内乱时期的特殊情况。

鲁昭公和鲁定公都是鲁襄公之子。鲁昭公因与执政季氏矛盾冲突加剧，被迫出走他国，直到临死都无法回到鲁国国都。鲁昭公去世后，鲁人拥立其弟姬宋继位，是为鲁定公。因此，他们之间的君位传递，遵循的也不是严格意义上的兄终弟及制度。

通过以上分析可知，鲁国在春秋时期的君位继承制度基本上还是遵循周礼规定的，实行严格的嫡长子继承制。春秋时期出现的几次以兄弟的身份继任君位的情况都是在非常特殊的情况下出现的，实际上不符合严格意义上的兄终弟及制度。春秋时期，周礼虽然已经开始崩坏，但在君位继承制度等方面，嫡长子继承制还是被各诸侯国严格遵守着，并未受到彻底的质疑和破坏。

二、春秋时期的鲁国史事

在春秋时期二百多年的历史进程中，鲁国十三位国君及诸多名臣贤相为鲁国的经济发展、文化繁荣和政治强盛做出了巨大努力。尤其是在春秋早期，鲁国凭借着西周时期的余威和对周王室的依赖，大有与列国争雄、号令诸国的趋势。但到了诸国纷争、霸权迭兴的春秋中后期，鲁国在国势上明显衰落，在无力与齐、晋、楚等强国直面相争的情况下，只能靠着灵活多变的外交策略，在夹缝中生存，并适时顽强斗争。鲁国在春秋时期的生存状态是当时二等诸侯国发展现状的一个缩影。关于鲁国的文化礼俗和对外交往的详情，后面的章节有专门介绍。在此仅以各国君即位的先后顺序，对鲁国在春秋时期的主要史事和历史化进程做一简单总结。

1. 鲁惠公与两周之际的鲁国

鲁惠公即位于公元前768年，当时正处于春秋初期。此时的西周王室内部，正经历着前所未见的“二王并政”时期。周王室的最后一位天子周幽王因宠幸褒姒及其所生的幼子伯服，不惜废除掉原来的王后姜氏及其所生的太子宜臼，并新立伯服为太子。为了争夺王位，废太子宜臼于其父周幽王仍在世时，便在姜氏的母国西申自立为天子，号令诸侯。宜臼即后来的周平王。从周平王自立之日起，周王室便开始了“二王并政”的历史。其后，西申国君为了确保宜臼的王位稳固，毅然联合北方的犬戎族共同进攻西周都城镐京，并成功杀掉周幽王和新太子伯服，消除了隐患。但在周幽王去世之后，各级诸侯又拥立幽王之弟携惠王继任天子之位，与平王分庭抗礼，开始了新一轮的“二王并政”。最终，周平王经过多年的努力，成功杀掉携惠王，并将都城由镐京迁往东都洛邑，东周王室正式确立。

在周王室内乱过程中，以鲁惠公为首的鲁国公室仍然坚守着自西周晚期以来的周、鲁关系冷淡的传统，始终与周王室保持适当的距离，既不加入任何一方阵营，也不参与任何一次战争。唐人孔颖达在为《左传》作疏时，引用《汲冢书纪年》中的记载，称西申在拥立周平王、攻杀周幽王时，曾联合鲁国、许国共同行动。若依此，鲁孝公、鲁惠公也曾积极参与王室之争。但学者已据相关材料力证《汲冢书纪年》所记有误，其中提到的鲁国应该是曾国或晋国的讹写。因此，鲁国在周王室“二王并政”时期应未有过任何实质性的参与。

《春秋》《左传》等资料显示，在春秋时代开始之后，鲁惠公趁着周王室内部混乱、无力管理各级诸侯的空隙，积极对邻国用兵，趁机扩大统治区域。如《左传·隐公元年》记载，鲁惠公晚年时曾与宋国军队在黄地交战，并成功击败宋国；《左传·隐公六年》记载，鲁国与齐国在艾地会盟，汉人杜预注："春秋前，鲁与齐不平，今乃弃恶结好。"说明鲁与齐之前也多有冲突。齐、鲁两国发生冲突的时间，应该也在鲁惠公时期。《左传·隐公十一年》还提到，鲁隐公做公子时，曾率军与郑国战于狐壤，时间也当在鲁惠公时期。这些都可表明，鲁惠公时期曾多次与齐、宋、郑等诸侯国发生军事冲突，鲁国的周边局势是非常紧张的。

除与邻国交往不利之外，鲁惠公还私德有亏，竟公然占有为公子息所娶的宋国女子，从而引起鲁国政局的变动。据载，鲁惠公早年曾娶宋国的孟子为国君夫人。但孟子不幸早死，未能给鲁惠公留下子嗣。陪孟子媵嫁到鲁国的妾室声子生有一男子，名息，便是后来的鲁隐公。鲁惠公虽然非常喜欢公子息，但碍于其母亲婢妾的身份，一直没有立其为太子。后来，鲁惠公欲为公子息娶妻于宋，但等宋女到来后，鲁惠公见其貌美，便先鲁隐公一步自娶之，并立之为夫人。此女后来生了公子允，鲁惠公便立之为太子，即后来的鲁桓公。鲁惠公在君位继承人方面的摇摆不定，给鲁国之后的君位之争埋下了极大的隐患。

2. 鲁隐公、桓公、庄公与春秋前期的鲁国

公元前 722 年，鲁惠公去世后，鉴于桓公年幼，无法料理朝政，公子息便摄政当国，史称鲁隐公。隐公执政期间，内安宗族，外联诸侯，积极改善与宋、齐、郑等国的关系，化解鲁惠公时期形成的各种矛盾冲突，使鲁国的政治环境有了较大改善。公元前 711 年后，桓公、庄公相继执政，他们在隐公治鲁的基础上，进一步加强与列国的交往，改善鲁国的外部环境，使鲁国的整体实力得到极大提升。概而言之，其间，鲁国的发展主要体现在这样几个方面。

（1）积极与周边各国建立友好同盟关系。据《春秋》《左传》记载，在当国的第一年（公元前 722 年），鲁隐公便与邾国国君仪父在蔑地会盟，与宋国在宿地会盟。公元前 719 年，鲁隐公在清地会见宋殇公。宋人欲邀请鲁国共同伐郑，但被隐公拒绝。公元前 717 年，鲁隐公与郑国会盟，双方化解

了之前的恩怨，然后通过郑庄公的引荐，鲁国与齐国会盟于艾。公元前716年，齐国派齐侯之弟夷仲年访问鲁国，双方因此恢复了一度中断的友好交往。公元前715年，鲁隐公又与莒人会盟于浮来，并成功化解了纪国与莒国的矛盾冲突。公元前714年，鲁隐公再次会见齐侯于防。公元前713年，鲁隐公与齐侯、郑伯会盟于中丘，约定共同攻打宋国。公元前712年，鲁隐公先会郑伯于时来，然后与齐侯、郑伯攻打许国。

鲁隐公去世之后，鲁桓公、鲁庄公进一步加强与邻国的沟通，以提升鲁国的政治地位。鲁隐公晚年时，曾一度与宋作战，双方关系破裂。鲁桓公继位二年时，宋国发生内乱，弑君而立的宋庄公积极向各国示好，给鲁国送来一件从郜国劫掠的铜鼎，鲁桓公欣然接受，并将鼎置入宗庙中献祭先祖，以此加强与宋国的沟通。此外，鲁桓公还积极与齐国通婚，加强与齐国的同盟关系。鲁国公室在西周时期的主要联姻对象是薛国，从鲁孝公开始转变为宋国。鲁桓公继位后，为了加强与齐国的联系，开始打破原有的传统，主动与齐国联姻。公元前709年，鲁桓公正式娶齐僖公之女文姜为夫人。为表示重视，鲁桓公竟然打破国君不亲迎的礼制规定，亲自到齐、鲁边境前去迎接。借着文姜出嫁的契机，齐、鲁两国互派使者，频繁往来，结成了暂时性的友好同盟关系。公元前706年，北戎伐齐，鲁与郑、卫等国一起共同戍齐，齐、鲁两国的关系一度非常亲密。

鲁庄公即位后，在其母文姜的积极努力下，鲁国与齐国的关系非常稳定。鲁国不但默许齐国的灭纪计划，对纪国的求助不再施以援手，而且积极促成齐襄公与周王室的政治联姻，使齐国可以依仗周天子的权威最终成功吞并纪国，实现了统治区域的极大拓展。在齐襄公去世之后，鲁庄公又促成了齐桓公与周王室的政治联姻，而且积极参加由齐桓公主持的各种会盟活动。公元前666年，鲁国国内闹饥荒时，大臣臧文仲亲自告籴于齐，并借助齐国的援助渡过此难关。在文姜去世之后，鲁庄公又娶齐哀姜为夫人，利用政治联姻的形式继续加固与齐国的友好关系。

就这样，通过一系列外交活动，齐国与郱、宋、郑、齐、莒、纪等多个诸侯国实现了友好往来。鲁国开始积极参与列国之间的各种政治事务，在解决列国纠纷的过程中，逐渐发挥自己的政治力量，贡献自己的政治智慧，并因此得到多个诸侯国的认可和接纳，鲁国的地位不断上升。

（2）打破鲁惠公时期不与周王室往来的传统，积极与周王室加强联络。作为西周时期的重要封国，鲁国在东周王室中的地位仍然被周平王高度看重。公元前 722 年，鲁惠公去世后不久，周天子便派宰咺来赠送丧葬用品。同年十二月，周平王又派大臣祭伯来鲁国聘问。公元前 720 年，周平王去世时，鲁国积极呈上助葬用品。公元前 717 年，周王室闹饥荒，鲁隐公专门为其籴粮于宋、卫、齐、郑等国，帮助缓解粮食危机。公元前 716 年，周天子又派遣王臣凡伯聘问于鲁。公元前 708 年，周天子派宰渠伯纠聘鲁。次年，又使仍叔之子聘鲁。公元前 704 年，鲁桓公从中联络，促成了周王室与纪国的政治联姻。鲁庄公又促成了齐襄公、齐桓公与周王室的联姻活动。这些频繁与周王室交往的机会，在无形之中提高了鲁国在各诸侯国中的政治地位。因为春秋早期时周王室的权威犹在，能得到周天子的青睐、与周王室频繁往来是政治实力的重要体现。

（3）积极解决周边小国间的纠纷与争斗，以地方盟主的身份接受诸小国的朝见和拜会。公元前 721 年，纪国要求与鲁国联姻，鲁隐公便将自己的妹妹嫁往纪国。公元前 715 年，鲁国与莒国结盟，并与纪国结盟。公元前 712 年，滕侯与薛侯同时前来朝见鲁隐公，承认并尊崇鲁国的宗主国地位。公元前 710 年，杞侯来朝。公元前 706 年，纪侯来朝。次年，谷伯、邓侯来朝。公元前 703 年，曹伯使太子射姑来朝。公元前 700 年，鲁桓公与杞侯、莒子盟于曲池，平定两国之争。公元前 697 年，邾人、牟人、葛人来朝。公元前 689 年，小邾国国君来朝，等等。滕、薛、莒、向等这些周边小国将鲁国看作是自己的保护国，纷纷与鲁国加强联络，说明鲁国在春秋早期时仍具有在西周时期的大国地位，可以充当小国的保护伞，可以为小国排解纠纷、解决争端。

（4）积极对戎狄用兵。公元前 676 年，鲁庄公追戎人于济西。公元前 668 年，鲁庄公又征伐戎人。公元前 664 年，鲁庄公与齐桓公相会，共谋伐戎之事。同年，齐国发兵征伐山戎救燕。

（5）适时变革鲁国旧有体制，以维护鲁国内部稳定。鲁隐公时期，出于对自己摄政当国行为的顾虑，鲁隐公本人对国内一些世家大族的过激行为隐忍不发，并适时加以引导，维护鲁国政局稳定。公元前 722 年，大臣费伯在未得公命的情况下，私自率师筑城于郎邑，鲁隐公不予追究。公元前 719 年，宋人欲邀请鲁国共同伐郑，鲁隐公果断拒绝，但公子羽父不听劝阻，执意带兵前往，鲁隐公也只是听之任之，不进行任何惩罚。鲁庄公继位后，更是打破世族世袭制度，大胆任用曹刿为将，先是在长勺之战中大胜齐国，后又在柯地会盟中从齐桓公手中夺回大片失地。鲁庄公时期，齐、鲁两国有交战，但鲁国在整体上并未完全落于下风，这不得不归功于曹刿的政治和军事才华。据《左传·庄公十年》记载，在曹刿打算进谏鲁庄公时，其乡人曾劝谏他“肉食者谋之，又何间焉”。所谓肉食者，即世族贵族。乡人既然将曹刿与肉食者区别开来，说明曹刿并不是贵族。按照当时世卿世禄制度的要求，从政者首先要出身于贵族，像曹刿这种非贵族出身但又颇具政治才华的乡间贤者，是很难被发现和擢升的。但鲁庄公不但适时发现了曹刿，听从了他的劝告，而且放心将鲁国军队交给他指挥；在长勺之战获胜后，又提升他为卿大夫。其后在柯地会盟时，庄公又带领曹刿出席，从而为鲁国争取了更多的利益。可以说，鲁庄公任用并提拔曹刿的举动，是对鲁国传统世卿世禄制度做出的巨大改变，也是为了改变鲁国政局而做的巨大改革。

在隐公、桓公、庄公的努力下，鲁国与周边邻国的关系逐渐趋向缓和，鲁国的地位有了较大提升，鲁国在春秋时期的发展有了一个良好的开始。

但与鲁国发展相伴随的，则是历代国君违礼乱政的举动，给鲁国的发展带来了巨大的隐患。尤其是鲁桓公，其违礼举动较多，从杀隐公而自立、嫁祸并诛杀寪氏宗族，到娶文姜为夫人、接受宋人所献铜鼎，再到携带文姜使齐并客死齐国等，受到时人较多非议。在周礼传统仍然被世人看重的春秋前期，鲁桓公的种种非礼举动直接影响了其治理鲁国的最终成效。而且，由于政治立场的差异和对立，鲁国与宋、郑、齐国都发生过军事冲突。尤其是在齐国灭亡纪国的过程中，鲁国一再协助纪国对抗齐国，屡次阻挠齐国的扩张计划，从而使逐渐缓和的齐、鲁关系再次紧张起来。

鲁庄公时期，因放任庆父、叔牙和季友三个同宗兄弟势力壮大，为后来的“三桓之乱”埋下了隐患。尤其是鲁庄公晚年时，一直未确立嫡长子的人选，给后来的庆父之乱提供了机会。

鲁庄公早年曾娶党氏女孟任，生公子斑，但一直未正式立孟任为夫人。公元前670年，鲁庄公又新娶齐女哀姜为夫人。但哀姜无子，其妹叔姜生子启方，故嫡长子的人选一直空缺。公元前661年，鲁庄公临死前，其长弟庆父有意夺取君位而自立，庆父的同母兄弟叔牙表示支持，但幼弟季友想拥立公子斑为君。双方已然无法沟通。后来，季友凭借着自己鲁国执政的身份，以鲁庄公的名义强迫叔牙自尽，然后拥立公子斑为国君。但庆父与哀姜联合，在公子斑继位两个月后，发动政变将其杀害，并将季友赶出鲁国。随后，庆父立启方为国君，是为鲁闵公。公元前660年，庆父弑杀鲁闵公，出逃莒国。公子季友便乘机回国拥立鲁闵公庶兄公子申为君，是为鲁僖公。然后，季友向莒国行贿，逼迫庆父自杀，才算彻底稳定了鲁国政局。

庆父之乱几乎使鲁国几代国君辛苦积累的基业毁于一旦，给刚刚兴起不久的鲁国带来了严重的灾难。在庆父之难的同时，周边的齐国正在进行管仲改革，并取得巨大成效，齐、鲁国力的差距在不断拉大。鲁庄公之时，鲁国尚有实力与齐国在军事上一争高下。但鲁僖公继位之后，齐国霸业已成，鲁国再也没有能力与齐国相抗衡，只能屈居齐国之下，做齐国霸业的追随者了。

总体上来看，春秋前期，鲁国的发展在整体上还是呈上升趋势的，鲁国的整体实力和影响力都在不断提高。最好的证明是，公元前706年诸侯戍齐时，齐国曾特意请鲁国出面，为戍守各国排定等级次序和行礼的位次，说明各国对鲁国的政治地位是充分认可的。

3. 鲁僖公、文公、宣公、成公与春秋中期的鲁国

公元前659年，鲁僖公在大夫季友的扶持之下，顺利继位为君。当时，齐国的霸业正处于顶峰时期，鲁国完全不能与齐国对抗，故只能跟随齐国身

后东征西讨。齐国霸业衰落之后，在晋文公的大力改革下，晋国成功接替齐国成了新的中原霸主，且晋在文公之后的近百年间一直把持着霸主地位。与此同时，南方的楚国逐渐兴盛，并积极问鼎中原，侵略北方诸国。在此情形下，鲁国与郑国、宋国等诸国一样，为维持生存，只能快速把对外结交的对象从齐国变换为晋国和楚国，并随着晋、楚势力的衰弱、消亡而不停变换自己的政治立场。除此之外，从春秋中期开始，各诸侯国的世家强族势力日盛，国君的权力逐渐受到卿权和族权的威胁，公室与强族之间的政治斗争和权力争夺愈演愈烈。鲁国也未能幸免。鲁国的贵族势力越来越大，鲁国公室的权力逐渐被压缩，从鲁文公之后的历代鲁君，都无法摆脱被强宗大族左右摆弄的命运。因此，春秋中期的鲁国史事可从以下几个方面做一总结。

（1）在对外交往中，鲁国由之前的主动联络诸侯，变成被迫参与诸侯会盟。

春秋中期开始，由于管仲的大力改革，齐国迅速强盛起来，齐桓公成为春秋历史上的第一位霸主。在行使霸主权力的过程中，桓公“九合诸侯，一匡天下”，“兵车之会六，乘车之会三”，带领周边诸侯国北伐山戎，南征荆楚，迁邢存卫，救燕援周，救亡图存，平定王室之乱。每一次会盟都有鲁国的身影。之前平等互助的齐鲁关系开始转变为在齐国号令下鲁国的积极参与、附和与跟随。早到鲁庄公时期，齐强鲁弱的局面已基本定型，到鲁僖公时期尤甚。公元前 658 年，齐桓公联合诸侯帮助卫国在楚丘筑城，鲁国积极参与。次年，齐侯、宋公、江人、黄人会盟于阳谷，僖公派季友参加。公元前 656 年 4 月，鲁僖公亲自参加齐国主持的诸侯侵蔡伐楚行动，至 8 月才返回。同年 12 月，鲁僖公又派大夫公孙兹帅师会同齐人、宋人、卫人、郑人、许人、曹人侵略陈国。公元前 655 年，鲁僖公参加了齐桓公主持的首止之盟。公元前 654 年夏天，鲁僖公又会同齐侯、宋公、陈侯、卫侯、曹伯伐郑，到冬天时才返回。次年，鲁僖公参加齐桓公主持的宁母之盟。公元前 652 年，鲁僖公再次与宋公、卫侯、许男、曹伯、陈世子款一起，参加齐国主持的洮之盟。次年，鲁僖公参加了葵丘之盟。公元前 650 年，鲁僖公前往齐国朝见齐侯。

次年，鲁僖公又携夫人姜氏前往阳谷拜见齐桓公。公元前 647 年，参加齐侯主持的咸之盟。公元前 645 年，参加牡丘之盟。次年，参加淮之盟。公元前 643 年，鲁僖公与夫人姜氏在下地拜见齐桓公。同年，齐桓公去世。由此可知，鲁僖公即位伊始，便频繁地参加由霸主齐桓公召集和主持的诸侯会盟，不敢有丝毫懈怠。鲁庄公去世后，鲁国对抗齐国、反对齐侯并不时与齐国发生军事冲突的历史，此时已很难再出现了。

齐桓公去世之后，齐国的霸业迅速衰落，失去了号令诸侯的能力，给长期小心侍齐的鲁僖公带来了一丝喘息的机会。但晋国迅速崛起，南方的楚国也不断强大，开始不间断地向北方用兵，晋、楚争霸的局势已逐渐形成。面对晋、楚两个大国，鲁国作为二等诸侯国无力与之相争，只能听其号令，小心侍奉。因此，在结束了频繁侍齐的历史之后，鲁国又迎来了殷勤侍晋、侍楚的历史。公元前 634 年，鲁僖公派公子遂前往楚国，欲结交楚国来对抗齐国。公元前 633 年，鲁僖公亲自前往宋地参加楚人主持的诸侯会盟。公元前 632 年，鲁僖公与晋侯、齐侯、宋公、蔡侯、郑伯、卫子、莒子等共同参加晋文公主持的践土之盟。次年，又参加晋国主持的温之盟。公元前 631 年，参加翟泉之盟。公元前 629 年，鲁僖公派公子遂朝见晋侯。公元前 626 年，鲁文公派公孙敖会晋侯于戚。公元前 626 年，鲁国先后多次拜见晋侯，并参加晋国的伐楚战争。其后，鲁国几乎每年都有朝晋、会盟的事情发生。公元前 597 年时，楚国通过邲之战击败晋国，积极北上。楚国问鼎中原后，鲁国又开始了频繁朝楚、侍楚的活动。

可以说，春秋中期时，朝见盟主、参加盟主主持的诸侯大会已成为鲁国对外交往的主要内容。在霸权迭兴的时代，鲁国在西周时期和春秋初期所具有的大国地位和强国优势已不复存在。

（2）世家大族出现，国君权势受损。

在对外交往中长期受霸主压制的同时，鲁国公室自春秋中期开始逐渐走向衰落。随着诸世家大族整体实力的迅速增长，彼此争夺权势、把握朝政甚至左右政局、限制君权的现象屡次出现，鲁国公室在其中已成为弱势的一方。

总体看来，春秋中期迅速兴起的鲁国公族主要有三桓和东门氏家族。

三桓。作为鲁国存在时间最长、势力最为强盛的大族，三桓指鲁桓公的三个庶子所形成的世族，具体包括公子庆父的后裔孟孙氏、公子叔牙的后裔叔孙氏和公子季友的后裔季孙氏。早至鲁庄公时期，三桓的势力便已初步形成。直到春秋战国之交，三桓始终把握鲁国朝政，长期占据高位，威胁鲁国公室。

孟孙氏的始祖公子庆父曾连杀两位国君，并想代庄公而自立。庆父死后，其子公孙敖被鲁僖公立为卿相，职掌司空之权。之后，孟孙氏后人世掌鲁国司空之职。孟孙氏的族居地在今天的泰安宁阳以北，当时称为成邑。在后来的发展过程中，孟孙氏又先后分出子服氏、南宫氏等几支小宗，都在鲁国政治生活中占有重要一席。

叔孙氏的始祖公子叔牙在鲁庄公晚年时因协助庆父乱政，被执政公子季友逼迫自杀，谥僖叔。其子公孙兹被鲁僖公立为卿，并世掌鲁国的司马之职。叔孙氏的封地在今天的泰安东平以南，当时称为郈邑。在后来的发展中，叔孙氏又分衍出叔仲氏一支。

季孙氏的始祖公子友在鲁庄公时期已是国之执政，后又因扶持鲁僖公即位，有大功于鲁，受到国君的优待。公元前659年，鲁僖公即位之初，便将汶阳之田及费邑赏赐给季友做封地，并让其做鲁国上卿，专掌鲁国国政。公元前585年，季文子在鞌之战中功绩卓著，便要求鲁成公为自己立庙纪功，季氏势力更加强大。季文子之后，季武子、季平子、季桓子、季康子等继续执掌鲁国朝政，把持政局。季氏的封邑在今天的临沂市费县，当时称为费邑。

随着三桓的强大，鲁国的公室逐渐被架空，鲁国国君成了傀儡，徒具国君之名，实权则主要掌握在三桓家族手中。

东门氏。东门氏的始祖为鲁庄公之子公子遂，字仲，谥襄，文献中多称襄仲，因世居鲁都城东门之地，故又称东门襄仲。公元前644年，鲁僖公在位十六年时，季友过世。因三桓之中暂无强大的后继者，故公子遂接任鲁国执政之位。公元前626年，鲁僖公去世后，鲁襄公扶立公子兴即位，是为鲁文公。鲁文公有二妃，长妃为齐女哀姜，生子恶和视；次妃为敬嬴，生子俀。敬嬴有宠于文公，且与襄仲暗中勾结，欲立公子俀为鲁君，却遭到大臣们的强烈反对。于是，襄仲前往齐国说服齐侯，并最终在齐惠公的默许下，于公元前609年杀掉哀姜所生的公子恶和公子视，立公子俀为君，是为鲁宣公。鲁宣公时，襄仲为讨好齐国，实行亲近齐国的外交政策，不但为鲁宣公迎娶齐姜为夫人，更将鲁国的济西之田割让给齐国，以换取齐国的大力支持。公元前601年，襄仲病死在出使齐国的路上。四十余年间，襄仲始终执掌鲁国上卿之位，前后历经僖、文、宣三世。襄仲去世之后，其子公孙归父有功于鲁宣公，东门氏势力仍盛。但公孙归父为人骄横无礼，目中无人，为东门氏树立了很多政敌。公元前591年，鲁宣公去世时，公孙归父正在出使晋国，欲借晋国之援手消灭三桓的势力。不料，三桓家族趁机发难，季孙行父以"杀嫡立庶"的罪名铲除了东门氏一族，从而重新夺回大权。数年之后，鲁成公扶持襄仲之子、公孙归父之弟仲婴齐为卿，重新祭祀东门氏先祖，改称仲氏，但东门氏的衰落之势已无可挽回。

这些势力强大的世家大族为了争夺权势、把握朝政，不惜废立君主、左右公室、削弱君权，使本来就已经势力大衰、外交无力的鲁国整日忙于内斗而无力发展。

（3）为应对形势，被迫改革。

春秋中期开始，各诸侯国普遍推行政治经济改革。比较知名的有齐国的管仲改革，晋国惠公、文公的改革等，分别使齐国、晋国走上了称霸之路。面对此形势，鲁国亦大胆突破旧制，开始尝试在政治经济领域实行一些社会变革举措，以期改变鲁国日益衰落的局面。其中最知名的，当数鲁宣公时期的初税亩和鲁成公时期的作丘甲。

初税亩在本质上属于赋税制度改革。在西周时期，普天之下莫非王土，周王室与各诸侯国普遍实行井田制度。《谷梁传·宣公十五年》对此有详细记载，"三百步为里，名曰井田"，"井田者，九百亩，公田居一"。即古代曾将可耕田地划分为一定面积的方田，周围有经界，中间有水沟，阡陌纵横，像一个井字。一井分为9个方块，周围的8块田地由8家民众耕种，谓之私田，私田收成全部归耕户所有；中间土地最为肥沃的是公田，由8家农户共同耕种，收入全归王室贵族所有。这种借助民力耕种公田而获取农业收入的赋税方式，在周代被称为“彻”或“助”。

在耕种和收获的时候，农户要先收种公田。公田忙完了，才能收种私田。由于公田归王室、诸侯公室以及各级诸侯贵族所有，耕地数量较多，面积较大，故等普通民众忙完公田的耕作之后，农时基本上过去。这时再致力于自家私田的耕种，往往已经误时。因此，在井田制下，公田的收成要远远高于私田，而普通民众只能靠私田的微薄收入养家糊口。他们一生中大部分的时光都要被附着在公田上，进行无休止的农业劳作。因此，在《诗经·小雅·大田》中，诗人曾代表私田耕农向上天呼吁“雨我公田，遂及我私”，说明平时能施及私田的雨露是非常有限的。在分封制被严格执行的西周时期，各级贵族所掌握的公田数量是有严格的等级差别的，王室公田的数量和收入要明显高于各诸侯国公室，而各公室公田的数量和收入则又明显高于各级贵族宗族。

进入春秋社会之后，王室衰微，分封制和宗法制渐被破坏，与之相对应的井田制度也开始受到较大程度的冲击。随着土地私有化趋势的加剧以及耕作方式的改进，私田得到了极大开垦。由于王室衰微，对公田管理松懈，普通民户便将更多的精力投入私田的开垦和耕种之上，私田规模越来越大，私田的收入已远远超过公田。在此情况下，依赖公田收入维持运转的王室便失去了稳定的经济来源。

与王室情形相类似，各级诸侯的公田收入也受到极大影响。由于井田制被破坏，各级宗族贵族通过兼并、购买、交换以及私下开垦等方式获取土地，私田数量激增，他们从大量私田中所得的收入已远远超过公田，而他们向公室所交的赋税仍然依据公田的数量计算。久而久之，各级贵族的势力逐渐兴盛，而公室日渐衰落。因此，从春秋早期开始，各诸侯国便相继改变赋税制度，废除井田制度时的“彻”和“助”，按实际所得田地的多少，按亩征税。如齐桓公任用管仲进行改革时，便首创“相地而衰征”的赋税制度，即按土地的肥沃程度、数量多少来征收赋税，为齐国霸业提供了强有力的经济支持。晋国在晋惠公时，也开始实行“作州兵”“作爰田”的政策，按亩纳税，为后来的晋国霸业提供了坚实的保障。

公元前594年，鉴于各国变法的成功实践，为有效改变鲁国公室日益衰落凋敝的局面，快速增加收入，鲁宣公在执政十五年之后，毅然决定学习各国，实施赋税制度改革。改革的内容是实行“初税亩”，即按各家族所占有土地的实际面积，按亩征税，地多者多交纳，地少者少交纳。四年之后即公元前590年，新继位的鲁成公为了应对齐国的军事进攻，改变鲁国旧有的军赋制度，在“初税亩”的基础上，又实行“作丘甲”政策。丘是一级普通居民的基层地域组织单位，按《周礼·小司徒》的规定，九夫为一井，四井为一邑，四邑为一丘，四丘为一甸，故一丘应当有16井、144户居民。在西周时期，军赋的征收以甸为单位，约576户居民共同承担战争所需要的车马兵甲等军赋供应。但鲁成公为了满足日益频繁的战争的需要，便将之前以甸为单位的军赋征收，改为以丘为单位，但征收的车马兵甲的数量没有丝毫减少。这就使普通民众的军赋交纳数量比原来直接增加四倍。此举虽然为公室带来了巨大的军赋收入，却给普通民众增加了沉重的负担，故后世学者对此举多有批评和指责。但若联系之前的“初税亩”政策可知，随着私田收入的增加，普通民众以及各级宗族贵族依靠不断开垦的私田所得的收入，早已远远超过西周井田制度下所得的收入，军赋征收的数量有所增加，似也是形势使然。

但从实际效果来看，鲁国的两项改革似乎没有取得理想的效果。“初税亩”政策并没有让鲁国公室强大起来，反而更加衰落。“作丘甲”政策也没能让鲁国的军事实力有太明显的提升，自春秋中期之后，鲁国在对外战争中屡次处于下风，在对外交往中也主要采取军事防御策略。因此，鲁国的这两次改革对鲁国强盛所起的作用非常微弱。

4. 鲁襄公、昭公、定公、哀公与春秋晚期的鲁国

春秋晚期时，随着大国争霸形势的加剧，改革无力的鲁国日益走向衰落。贵族宗族势力进一步增长，鲁国公室逐渐成为摆设，不但大权旁落，甚至连国君的废立都要由世家大族决定。公权在强大的族权面前，显得更加微不足道。

（1）三桓专政，族权强盛，礼乐征伐自大夫出。

早在鲁成公时，三桓合力打败势力强大的东门襄仲家族之后，季文子、孟献子便开始全面接管鲁国的政务，而叔孙宣伯则率兵在外东征西讨，三家专权的局面已初现端倪。此时的季文子、孟献子还都尊奉周礼，以礼治国，并对鲁国的稳定和发展做出过许多贡献。但叔孙氏家族的叔孙宣伯凭借手中的军权，以及与鲁成公母亲穆姜私通而结成的亲密关系，多次通过穆姜之口逼迫鲁成公削弱季孙氏、孟孙氏二族的权力，意图独揽鲁国朝政。为达成此目的，叔孙宣伯更是贿赂当时的霸主晋国，想借晋国之手除掉季孙氏。最终，叔孙宣伯的如意算盘落空，季文子凭借自己良好的政治声誉和较强的执政能力，将叔孙宣伯驱逐出鲁国，并立其弟叔孙豹继任叔孙氏之政。

公元前 572 年，鲁襄公即位。但鲁襄公当时只是个三岁的孩童，根本无力处理政事，更无法掌握朝政，鲁国的大权进一步落入三桓手中，专政的局面已基本定型。此时，季文子年事已高，鲁国的政事由孟献子执掌。公元前 568 年，季文子去世之后，其子季武子继任卿位。由于孟献子也已年长，鲁政便由季武子和叔孙豹共同掌管。其后，季武子为扩张家族势力，先后采取一系列措施增大权势，削弱鲁国公室和孟孙氏、叔孙氏二家之权。如公元前 562 年，鲁襄公十一年时，季武子以战事频繁为由，提议重新整编鲁国军制，将鲁国原来的二军扩编为三军，孟孙氏、叔孙氏、季孙氏三家各领一军，三分公室而各有其一。叔孙豹虽然表示反对，但最终还是被迫同意。依此，三桓通过对军权的分割，将鲁国国君完全架空。之后不久，季武子又成功取代叔孙豹做了鲁国正卿，独掌了鲁国大权，季氏的力量也得到极大增长。到公元前 537 年时，季武子又提议将三军中的中军再一分为二，“四分公室”，季孙

氏独得两份，掌一军；叔孙氏、孟孙氏各得一份，合掌一军。从此以后，季孙氏一枝独大，鲁君彻底丧失了对国政的掌控之权。

鲁昭公即位之后，曾采取各种措施强大公室，削弱三桓势力，并积极从三桓手中争夺国政的掌控权，但都归于失败。公元前 517 年，鲁昭公二十五年时，季平子在与郈昭伯斗鸡时，激怒了对方。郈氏便联合臧氏向鲁昭公告状。鲁昭公早就对季孙氏骄横擅权的暴行怨恨已久，遂与臧氏和郈氏联合攻伐季孙氏，并成功攻入季孙氏家中。季平子多次请求宽恕，鲁昭公不允许。季孙氏灭亡在即。后来，叔孙氏的家臣率军营救季孙氏，击败鲁昭公的军队。孟懿子闻知叔孙氏获胜后，也率军反杀。最后，三家共同攻伐鲁昭公，鲁昭公战败出逃，终死都没有回到国都内。

到鲁哀公时，齐、鲁关系变幻莫测，战事不断，不久吴国、越国相继崛起，三桓及哀公都穷于应付，彼此之间的内部矛盾有所缓和。但鲁哀公实在难以忍受三桓的骄横轻视，遂想结交越国来驱逐三桓势力，因而导致双方的矛盾更加尖锐。公元前 468 年，鲁哀公二十七年时，三桓联手驱逐鲁哀公，并成功将其赶到国外。鲁哀公后来虽得以归国，但不久便死掉，原因不明，很可能是为三桓所害。可以说，直到春秋末期，鲁国公室都在为重夺鲁国国政而与三桓持续斗争，但三桓专政的局面已完全定型，无法动摇，数代鲁国国君的抗争以失败告终。

（2）陪臣执国命，家权与族权相争。

春秋晚期时，在三桓家族与鲁国国君进行激烈夺权的同时，各家族内部的家臣势力也在不断崛起。他们利用自己替三桓打理家族与封邑事务的便利条件，逐渐成了各家族强有力的代言人，并开始代替族长行使宗族权力，甚至参与鲁国政事。这些势力日益壮大的家臣多是各个家族在地方封邑上的邑宰，他们拥有该封邑的政权、统兵权和财政大权，稍有不满意，便会起兵造反，据邑自守，不听号令。

在春秋晚期的鲁昭公、鲁定公、鲁哀公时，三桓之地屡屡发生家臣起兵造反、犯上作乱的事件。如公元前 538 年，叔孙氏的家臣竖牛作乱。他趁叔孙氏病重之时，设计杀死叔孙氏的嫡子孟丙，逼走次子仲壬，然后强立庶子叔孙婼为新的家族继承人。不久，又指示下属南遗杀掉仲壬，以绝后患；然后下令将叔孙氏的三十个邑赏赐给南遗。不过，被竖牛扶持的叔孙婼政治智慧较为高超，他在稳定了族权之后，便设计赶走了竖牛，重新夺回了大权，从而成功避免了竖牛的更多危害。

鲁昭公十二年（公元前530年）时，季孙氏的费邑宰南蒯因对族长季平子心怀不满，便联络季孙氏族人举兵作乱，意图铲除季平子，驱逐季孙氏家族，而将季孙氏的全部家产返还给鲁国公室，他自己则由季孙氏的家臣转作鲁国的公臣。后因事情进展不顺，南蒯便直接带着费邑投奔齐国，意图彻底摆脱季孙氏的控制。为平息南蒯之乱，季平子率军对费邑进行了长达一年之久的进攻，最终才将南蒯驱逐出鲁国，重新夺回了对费邑的统治权。

鲁定公五年（公元前505年）时，季平子逝世，其子季孙斯继位，是为季桓子。因季桓子年幼，不能操控家族事务，阳虎等家臣便顺势执掌了季孙氏的内外事务。不久，常年镇守费邑的子泄因对季平子的宠臣仲梁怀心存不满，便要求阳虎出面帮助其赶走仲梁怀。于是，阳虎便带兵驱逐仲梁怀，并软禁了少主季孙斯。其间，阳虎纵兵作乱，不但大肆屠杀异己，还要求季孙斯授权，令自己执掌季孙氏家族事务。面对阳虎的强势，季桓子最终屈服，被迫承认阳虎的代理人之权。因为此时叔孙氏和孟孙氏的家族长都较为年幼，无力与之抗衡，阳虎便成了鲁国的第一权臣，领导着三桓少主，执掌了鲁国朝政。为了彻底巩固自己的权势地位，阳虎竟想借势彻底清除掉孟孙氏和叔孙氏两支宗族。于是鲁定公十一年（公元前502年）时，阳虎在都城东门外摆下鸿门宴，意图诛杀叔孙氏与孟孙氏，但最终失败。三桓联合打败阳虎，将其赶出鲁国，从而彻底平定了阳虎之乱，重新夺回了执政权。

这些持续不断的家臣作乱行为不但严重削弱了三桓家族的内部实力，也使鲁国国势在各家族持续的内乱、争斗之中进一步衰微。

（3）儒学兴起，礼乐文化兴盛。

春秋晚期，鲁国虽然在政治上日益衰落，但在学术文化上非常发达。鲁襄公二十二年（公元前551年）时，儒家学派的创始人，我国著名的思想家、教育家和哲学家孔子在鲁国陬邑诞生。沐浴着鲁文化成长的孔子自幼便热爱礼仪，推崇古典文化。孔子虽然家境贫寒，但以“三人行，必有我师”的求学精神，西到洛邑，北临齐国，“入太庙，每事问”，利用各种机会广泛吸纳和学习周代文献典籍和礼乐文化，并将其融会贯通，终于形成自己独特的学术体系和思想理念。孔子年轻时便已凭借自己好学的精神、广博的学识和深厚的文化积淀而为世人所知。待学有所成之后，孔子又学以致用，积极寻找从政理民的机会，并为此周游列国十余载，知其不可而为之，只可惜一生都未曾如愿。在问政之余，孔子还开坛授学，将自己积累、总结的文化知识教授给有志于此的广大青年学子。在施教的过程中，孔子有教无类，诲人不倦，广泛吸纳诸平民子弟入室求学，在历史上首次打破了“官守学业”的传统，使周代礼乐在鲁国民间广泛传播。在孔子的带动下，鲁国社会出现了一批爱好、学习并积极传播传统礼乐文化的人。

据司马迁《史记·孔子世家》记载，孔子一生有弟子三千人，其中学识超群、德才兼备的贤人有七十二位。三千弟子在孔子去世之后虽然各自散去，分居各诸侯国内，但大部分都为鲁国本土人，他们主要还是散居在鲁国各地，秉承孔子遗训，继续求学问道，内修自身，外化民众。诸孔门弟子在学成之后，大多又开宗立派，广收门徒，进一步弘扬师说。这些孔门弟子及再传弟子基本上都跟孔子一样，怀抱济世治民的理想，以文载道，以天下为己任，以弘扬礼乐文化为目标，孜孜不倦地问学，锲而不舍地追求，极大繁荣了鲁国的学术文化事业。待学有所得之后，有些弟子成为世族贵族的邑宰、家宰，有些弟子成为诸侯国的卿相、帝师，而且还继续广收门徒，弘扬礼乐文化，从而使鲁国自上而下都呈现出一种蓬勃向上的文化繁荣景象。这在同时期的其他诸侯国中是很少见到的。

这种现象产生的原因，固然与孔子的个人才华和特殊人生经历有关，但最深层次的原因主要还是鲁国固有的文化传统。

前文已指出，作为周公的直接封国，鲁国在建立之初便受到周王室特殊的礼遇。伯禽在赴鲁地之前，除了与其他诸侯国拥有同样的封地、民众，还被特意赏赐了祝、宗、伯、史等掌握丰富文化知识的专职人员。伴随他们到鲁国的，还有大量的典籍、文献、礼乐、彝器等可以彰显和传承周人礼乐文化的丰富载体。与此同时，周天子还特许鲁国独享天子礼乐，并赋予伯禽礼祭天地、封禅泰山的特权，从而使周礼在鲁国得到了最大程度的复制和传播。另外，更重要的是，伯禽到达鲁国之后，力行“变其俗，革其礼”的治国方针，在最大程度上遵守和奉行周人的文化传统和礼仪风俗，并极力压制、全国摒弃与之相左的、不能融合的东夷文化与殷商旧俗，从而使周人文化在鲁国得到了全面推广和传播。现有资料显示，自西周时期起，鲁国便已成为保有周文化最为丰富、传播周文化力度最大的国家。

春秋时期，当周礼已逐渐崩坏，各诸侯国早已摒弃周礼、各自大力发展本国文化，甚至连周王室自身都已经普遍性地废弃周礼、违背礼乐规范时，鲁国却仍然对周礼信奉有加，对周文化坚信不疑。而且鲁国还成为春秋时期保存周人礼乐文化和文献典籍最为丰富的国家。如鲁襄公二十九年（公元前544年）时，吴国公子季札为替新任国君谋求与他国交好，奉命出使鲁、齐、郑、卫、晋诸国。当其出访到鲁国时，鲁国人曾为其演示保存的周代礼乐。鲁国乐工为其演奏了《周南》《召南》《邶风》《鄘风》《卫风》《王风》《郑风》《齐风》《豳风》《秦风》《魏风》《唐风》《桧风》《小雅》《颂》中的诗篇，并请舞者为其表演《象箾》《南籥》《大武》《韶濩》《大夏》《韶箾》等诸多周代乐曲。观赏之后，吴公子季札大为震撼，连声感叹“美哉”“至矣哉”。从季札的评价和连声感叹中可以看出，这种礼乐文化是他从前没欣赏过的，更是在其他国家见不着的。鲁昭公二年（公元前540年）时，晋国执政韩宣子聘问鲁国途中，“观书于大史氏，见《易象》与《鲁春秋》”，感慨道：“周礼尽在鲁矣，吾乃今知周公之德与周之所以王也。”

从吴公子季札和晋韩宣子的经历来看，直到春秋晚期，在大国争霸夹缝中苦苦挣扎的鲁国仍然完整地保存着建国之初所保有的周代礼乐传统和文化典籍。从鲁国不时将其作为本国的一大特色来盛情招待其他诸侯国重要使臣的举动看，这些礼乐传统和文化典籍在其他国家并不存在，是鲁国独有的宝贵资源。鲁国人以保存此项文化遗产而倍感光荣。

只有在这样浓厚的礼乐传统和文化氛围下，才会产生诸如孔子这样的思想家，出现儒家这样的学术团体。可以说，礼乐文化的发达和文化底蕴的深厚已成为春秋晚期时鲁国的一大特色和重要标签。

第四节 战国时期的鲁国

按照学术界通行的观点，自公元前475年开始，中国历史正式进入战国时代。此时的鲁国尚处于鲁哀公时期。战国时，鲁国积贫积弱的局面仍然没有得到有效改善。在对外方面，鲁国由春秋时期尊奉齐、晋、楚、吴、越等霸主强国，转变为卑侍齐、魏、楚、赵等战国七雄，在大国中夹缝求生的现状并没有改变，反而越演越烈。在国内，随着三桓势力的骤然衰落，虽然鲁国国君的权力有所提升，但国势日衰的趋势仍然无法阻挡。最终，在内外交困之下，鲁国被强大的楚国吞并，前后延续近八百年的鲁国历史宣告结束。

一、国君世系

据司马迁《史记·鲁周公世家》记载，鲁国在战国时期一共出现了九位国君，依次是：

第一位，鲁悼公宁，哀公之子，在位37年。
第二位，鲁元公嘉，悼公之子，在位21年。
第三位，鲁穆公显，元公之子，在位33年。
第四位，鲁共公奋，穆公之子，在位22年。
第五位，鲁康公屯，共公之子，在位9年。

第六位，鲁景公匽，康公之子，在位 29 年。

第七位，鲁平公叔，景公之子，在位 20 年。

第八位，鲁文公贾，平公之子，在位 23 年。

第九位，鲁顷公仇，文公之子，在位 24 年。

此世系表有两点需要特别说明：

第一，从时间上看，鲁悼公约即位于公元前 467 年，在之前的十年中，尚属于其父鲁哀公在位时期。鲁哀公横跨春秋与战国两个时代，是一位承前启后的鲁国国君。

第二，关于各国君在位的具体年数，学者们尚有较大争议。尤其是鲁悼公、鲁穆公、鲁共公的生卒年及在位年数，学者们多有分歧。其立论的根据和争论的焦点，都集中在《史记·鲁周公世家》和《史记·六国年表》两篇文献记载的鲁国诸君在位年数的差异上。后世学者或遵从《鲁周公世家》，或依照《六国年表》，得出了完全不同的结论。如鲁悼公的即位时间，《鲁周公世家》只记载其在即位三十七年后去世，并没有说明其于哪一年即位。若依“十三年，三晋灭智伯”推算，鲁悼公当即位于公元前 467 年。但《六国年表》又明确记载鲁悼公即位于周贞定王三年，即公元前 466 年。到底应该以谁为准，尚无更新资料予以佐证。再如，鲁穆公的即位之年，《鲁周公世家》记载当在周威烈王十七年，即公元前 409 年。但《六国年表》记载当在周威烈王十九年，即公元前 407 年。彼此相差了两年的时间，至今仍无法确定孰是孰非。

鉴于《史记》记载的差异性，对于战国时期鲁国国君的具体在位年数，有些只能存疑。待以后有更新的材料问世之后，再做定夺。

二、主要史事

在战国时期的二百余年间，鲁国始终处于小国、弱国的地位，需要仰仗齐、魏、楚等大国生存，在国际交往中没有任何地位可言。由于传世典籍中并不存在犹如《春秋》记录春秋史事一样的战国史书，今人所能看到的记载战国史事的资料非常匮乏。而鲁国又是小国，在古代典籍中更是极少被提及。因此，我们要想详细了解鲁国在战国时期的发展历史，几乎是不可能的，只能根据些许记载，大致予以勾勒。

1. 鲁哀公、悼公时期与三桓的斗争

鲁哀公时期，三桓专政弄权，目无公室，操纵鲁国政事，甚至驱赶国君，废立太子。为消除三桓的危害，鲁哀公积极联络刚刚灭吴成功而称霸诸侯的越国国君，并不惧路途遥远，亲自赴越，希望借助越人之手彻底消除三桓势力。但最终没有成功，三桓联合反扑，鲁哀公被迫出走越国避难，最后郁郁而死。

鲁悼公即位后，承其父遗志，继续联越来反对三桓势力，但最终归于失败。三桓再一次瓦解鲁国公室，“鲁如小侯”，公室完全被架空，只能“卑于三桓之家”。

2. 鲁元公时期外交政策的转变

鲁元公即位时，昙花一现的越国已经快速衰落下去，鲁国为求生存，只能重新依附强大的晋国。鲁元公八年（公元前421年）时，季孙氏与晋幽公会盟于楚丘，并于同年共同出兵伐取葭密。但不久，韩、赵、魏三家分晋，葭密归强大的魏国所有。鲁国的附晋之举只能宣告失败。

与此同时，在全面占有齐国政权之后，新兴的田氏贵族急需发动对外战争以转移国内矛盾，并以此扩张势力，壮大齐国。面对日益衰弱的鲁国，田氏齐国先后数次举兵伐鲁，企图侵鲁以自肥。公元前412年，齐国大夫田庄子率军进攻鲁国的莒及安阳。次年，田庄子又率军攻鲁，攻取叔孙氏的郈邑。公元前408年，齐国又攻鲁，夺取了孟孙氏的成邑。鲁国的势力范围进一步缩小。

3. 鲁穆公、共公时期的抗齐之举

从鲁穆公开始，齐国的不时侵略已成为鲁国的心腹大患。为有效阻挡齐国的攻势，鲁穆公积极寻找外援，一度向西面的三晋与南面的楚国示好，希望借他们之力对抗齐国。据《韩非子》《墨子》等文献记载，鲁穆公曾先后向犁钼、墨子请教，是否应该联合三晋与楚国来抗齐，这说明齐国已经严重威胁到了鲁国的生存。公元前394年，齐国出兵伐鲁时，韩国出兵救鲁，说明鲁穆公的求援之举收到良好的成效。

除此之外，鲁穆公还积极改革内政，发展鲁国，取得了较理想的效果。鲁穆公二十六年（公元前390年）时，齐、鲁两国战于平陆，鲁国成功击败齐国。但几年之后，齐国又举兵复仇，直接攻陷鲁国的国都，迫使鲁国签订城下之盟。

鲁共公即位之后，看到魏国实力较为强大，便积极向魏国示好，并多次朝见魏国国君，想借魏国之力抵抗齐国。据《战国策·魏策》记载，鲁共公曾与宋桓公、卫成侯、韩昭侯等一起朝见魏惠王，并因懂礼而受到魏惠王的赞赏。

4. 鲁康公之后的楚国之患

早在鲁共公时期，日益强大的楚国便迅速北上，不断攻城略地，大有吞并鲁国之心。鲁共公晚年时，楚宣王曾大会诸侯，并以鲁共公迟到为由发兵攻鲁，后虽因魏国的干预而作罢，但楚国的侵鲁意图已非常明显。

鲁康公即位后，楚国势力范围已扩张到鲁国边境，鲁国被迫朝楚。鲁文公时期，楚国在参与诸侯伐齐之战后，重新从齐国手中夺回对泗上十二诸侯的控制权，楚国的势力已深入齐鲁大地的腹地，鲁国的灭亡已近在咫尺。只是此时，楚顷襄王正全力对抗强大的秦国，故暂未启动灭鲁行动。鲁顷公时期，楚与秦讲和后，便开始将目光放在东方，鲁国已危在旦夕。公元前261年，楚国发兵攻取鲁国的徐州。公元前255年，楚国再次伐鲁，并将鲁顷公改封到莒地。六年之后，鲁顷公在位二十四年时，即公元前249年，楚国彻底消灭鲁国，完全占有了鲁国的所有地区。

综上所述，鲁国从鲁公伯禽开始，一直到鲁顷公时为楚国所灭，前后走过了近八百年的历程。西周时期，鲁国是周王室最重要的分封侯国。春秋前期的鲁桓公、鲁庄公、鲁僖公时期，鲁国曾一度非常强盛，可以与齐国相抗衡，并多次接受周边小国的朝见和拜会。但从春秋中期开始，在其他各国已普遍通过政治改革而逐渐强盛之时，鲁国却依旧“服于周礼”，固守传统，限制了自己的发展。再加上国内世家大族废长立幼、杀嫡立庶事件的屡次发生，鲁国的卿权逐渐僭越了君权，国君大权旁落，“陪臣执国命”，政出多门，最终造成了鲁国的长期衰落和凋敝。从鲁昭公开始，鲁国一直在为伐灭三桓、削减卿权而努力，但屡屡不能得志，国君反而被三桓逐赶，身死国外。战国初期鲁悼公继位时，更是“三桓胜，鲁如小侯，卑于三桓之家”。国势逐渐衰弱的鲁国在列国的攻伐下，只能不断寻找晋国、魏国、越国、楚国等强国作保护伞。公元前 255 年，曾经的保护伞楚国在考烈王的率领下，毅然出兵灭鲁，前后存续了近八百年的鲁国从此彻底退出历史舞台。

第五章

其他诸国的历史文化

先秦时期，与齐、鲁两国并存于今山东地区的，还有数量众多的其他小国。据清代著名历史地理学家顾祖禹在《读史方舆纪要》中的总结可知，见于《春秋》《左传》记载的大小诸侯国共有 170 多个，其中在地域上位于今天山东省境内的约有 33 个。在这些诸侯国中，除了规模较大、文化较为发达的齐、鲁两国，还有邾、曹、滕、薛、莒、莱、杞、茅、向、纪、夷、遂、任等小国。作为鲁国的官方史书，《春秋》仅是站在鲁国立场上对本国经历过的或者当时共知的历史大事做了简要记录，而其他在历史上存在过但被《春秋》遗漏的国家还有很多。因此，在当时存在过的大小国家当远不止 170 多个，而当时存在于今山东地区的大小国家肯定也远不止 33 个。

在这些规模各异的大小诸侯国中，少数为西周之后新分封的国家，如齐、鲁、滕、茅、曹等；其他的大多数都由本地东夷旧族建立而成，如莱、邾、薛、莒、夷、遂等，它们在西周之前的夏、商时期既已存在，西周王朝建立之后，周王室用褒封的方式对这些政权的合理性予以承认，并允许它们在安于周人统治的前提下继续发展。它们在地域上与齐、鲁两国混居杂处，在政治上彼此往来，在文化上相互交流，共同组成了周人的东土格局。

因文献记载的缺失，除齐、鲁之外的很多小国的发展历史、国君世系、文化风俗等都已经不可详考了，有的国家在《春秋》《左传》等传世典籍中仅仅有几次被简单地提及名字，而未留下任何可资利用的史料信息。对于它们的历史，只能存疑待考，无法详知。在本章中，我们对其中几个资料记载稍微丰富的国家的历史文化信息予以简单梳理，窥豹一斑，以对当时诸国的发展历史和生存状况有更深入的了解。

第一节　莒国历史与莒文化

莒国是东夷族创立的国家，初都计（今胶州西南），后迁至莒（今日照莒县）。自氏族社会时期直至春秋战国，共计一千六百余年历史，是古东夷族建立时间最早的古国。在拥有悠久历史的同时，莒国还有丰富灿烂的文化。莒文化是先秦文化不可或缺的重要组成部分。

一、莒国的族属与来源

莒国为东夷旧族在鲁东南地区建立的重要诸侯国。在春秋时期，莒国的疆域大概包括今天潍坊的安丘、诸城，日照的莒县、五莲和日照市区，临沂的沂水，青岛的胶州、黄岛区等大片地区，西、南两面与齐、鲁交界，东、北与莱国、纪国等交界，又面临大海，地域广阔，文化发达，在先秦历史上占有重要的一席之地。

关于莒国的族姓，学者已讨论争辩了两千余年，但直到今日也没有定论。传世文献中关于莒国族姓的记载，主要有三种不同的观点：

其一，曹姓。如《国语·郑语》便明确记载邹、莒都属于曹姓。

其二，己姓。汉代学者韦昭在注释《国语·郑语》时，指出莒国为己姓，是东夷族所建之国。

其三，嬴姓。司马迁在《史记·秦本纪》中认为莒国和徐国、郯国一样，都与秦国同祖同源，是嬴姓。《汉书·地理志》等文献也认为莒国是嬴姓国家。

学者们各持一说，互相辩论，始终无法统一观点，但更多的学者都倾向于嬴姓之说。首先，莒国出自东夷少昊一族，与秦国同源。其次，传世的青铜器軼生簋上的铭文记载了周軼生为其女“莒娸”制作了陪嫁的铜器，莒娸符合古代“国名+父姓”的命名原则。这里的娸，学者认为即文献中的嬴字，指莒国的国姓。

从莒县陵阳河大汶口文化遗址来看，在莒国建立之前，莒地已经拥有非常发达的历史文化。陵阳河大汶口文化遗址自1963年开始清理发掘，在其中的19号墓葬中发掘出一件精美的牛角号，应是部落联盟制时期部族族长在召集族众战斗、集会时发号施令时所用的器物。除此之外，在该墓葬中，还发掘了一件磨制精致的石钺，体现了墓主生前较高的社会地位。而且，陵阳河遗址中不同墓葬的陪葬数量和式样也各不相同，说明私有制和阶级已经普遍出现。这些都说明莒文化在很早时期便已经非常发达。

从新石器时代到商代之前，作为东夷部族的重要聚居地，莒地一直存在着非常发达的早期文化。商人建国之后，夷商关系由最初的友好往来发展到后来的剑拔弩张。从商代中期开始，历代商王不断征伐东夷部族，激起了包括莒地在内的诸多东夷旧族的反抗与斗争。甲骨文中多见商人征夷方的记载，有学者认为这里的夷方主要就是指莒方。若此说可信，莒地夷族发展到商晚期时，已经拥有了非常强盛的历史文化，传世文献中所谓“莒虽小国，东夷之雄者也”的记载也就不是无稽之谈了。

西周建立之后，包括莒国在内的东夷诸国族曾协助武庚禄父反抗新兴的周王朝，引发了历史上赫赫有名的周公东征。据《逸周书·作雒解》记载，曾参与武庚作乱的东夷旧部有“徐、奄及熊、盈”诸族，其中的熊姓应该即后来的嬴姓。莒国作为东夷嬴姓的重要一支，很可能也参与其中。但此说仅为推测，并没有直接的证据。因为东夷诸族中，嬴姓不止莒族一支，嬴姓族人协助武庚反周，并不代表莒国一定会参与其中。这种看法有很大的以偏概全之嫌。

而且，从周公东征之后的西周大分封来看，莒国很可能并没有参与武庚之乱。因为，相传周武王灭商后不久，便已经分封了莒地名叫兹与的部族族长。从此之后，莒国正式建立。既然周王室能在立国不久便及时建立莒国，说明莒人对新兴的周王室政权是拥护和支持的，同时也享有周王室赐予的较高政治待遇，他们似乎没有协助武夷反周的动机。但此说亦有可商榷之处：周武王在灭商之后，在位仅两年便离开人世。在在位这两年间，周武王整日提心吊胆，夜不能寐，因为殷商旧族的势力并没有被完全消灭，他们随时都有武力复辟的可能，新兴的周王室统治并不稳固。在这种情形下，周武王是不可能大举分封诸侯的。学者早已指出，传世文献中广泛记载的周武王分封诸侯之事，应该主要是其子周成王所为。在此情况下，周武王是否确实有分封诸侯、建立莒国的举动，实在是令人生疑。因此，传世文献中记载的周人对莒国的分封，很可能是周成王时期完成的，是周公东征之后的事情。

但不管怎么说，莒国是于西周时期在周天子的册封下正式建立的。莒国的历史也从西周时期正式拉开了帷幕。

二、莒国的主要史事

由于文献记载稀少，西周时期的莒国究竟发生了哪些重要的历史事件，现在已基本不能知晓。西周晚期的师密簋上的铭文记载了生活于淮水流域的南淮夷诸族大举侵犯东土，引发了齐、纪、莱、遂等诸多东方国族的联合反抗与斗争。但这些东方诸国中唯独不见莒国的身影，不知具体原因为何。有学者推测，西周晚期时莒国与周王室的关系已经恶化，因此没有在此次对抗南淮夷的斗争中出面。但此说也没有更多的资料依据，只能暂时存疑。

莒国的历史广泛见诸文献记载，要从春秋时期开始。公元前 721 年，鲁隐公在位第二年时，莒国与周边的向国矛盾加剧，“莒人入向”。据《左传》记载，莒娶了向国的女子向姜，但向姜不守礼制，私自返回向国，因此，莒国悍然发动军事战争，将向姜夺回。由此记载来看，在莒与向的战争中，莒人非常顺利地取得了胜利，莒国的军事实力远高于向国。这一时期，莒国的国君兹丕公还是比较有作为的。同年，纪国与莒国在密地进行会盟。《左传》记载此次会盟的目的是缓和莒国与鲁国的关系，说明莒、鲁之间在春秋前期曾有军事冲突，故才有密地会盟之举。

公元前719年，鲁隐公四年时，莒国再次出兵，侵略周边的杞国，并成功攻取了杞国的牟娄。春秋前期，杞国是鲁国的盟友，莒国在侵略杞国之后，先后多次与鲁国结盟，以安抚鲁国的情绪。公元前715年，莒国与鲁国会盟于浮来。公元前700年，莒国国君又与杞侯、鲁侯会盟于曲池。公元前675年，鲁桓公夫人文姜“如莒”。次年，文姜又到莒地。可见在春秋初期，莒国不但与鲁国频繁结盟，还不时发兵攻取鲁国的友邦，而且连连得手，说明莒国当时的政治和军事实力还是比较强的。

公元前686年，在齐国公室内乱之际，公子小白率先跑到莒地避难。公元前684年，已成功即位为君的齐桓公率军攻灭位于今天济南章丘地区的谭国后，谭国国君也跑到莒国避难。公元前660年，鲁国的庆父在先后废除了两位国君之后，便出逃奔莒，到莒国寻求政治庇护。从以上几条资料来看，莒国成为避难的最佳选择，这一方面说明莒国对周边大国始终采取友好交往的态度；另一方面也在一定程度上体现了在春秋初期时，莒国的文化发展程度和政治环境还是非常优越的。

庆父出逃莒国后，鲁人担心节外生枝，便想用大量的钱财换取庆父。莒国国君贪恋财物，当即答应了鲁人的要求。但鲁国在杀掉庆父之后，并未遵守承诺，进贡财物。莒国大怒，意欲出兵讨伐鲁国。鲁国也因莒国前来索贿之事极为恼怒，决意发兵报复。双方在郦地交战，莒国大败。鲁国执政公子季友成功捕获了莒国国君的弟弟拏。郦之战使莒国损失惨重，不仅没能讨到财物，而且使莒、鲁两国的关系重新紧张起来。所幸此时鲁国外交颇为繁忙，并没有真正与莒国撕毁盟约，莒国依然处于相对和平的外交环境中。

齐国的公子小白自莒国回国继位后，任用管仲为相，进行改革，使齐国国力迅速增长，很快便成为春秋霸主。称霸之后的齐桓公遵从管仲提出的“尊王攘夷”的口号，将东夷族后裔——莒国排除在外。齐桓公不但减少与莒国的交往，而且多次重要会盟不邀请莒国参加，从而使莒国失去了结交诸侯、取得诸侯认可的机会，所以莒国的发展受到较大阻力。终齐桓公之世，莒国并未有太多崭露头角的机会。

齐国霸业衰落后，晋文公很快通过践土之盟成为新的诸侯霸主。晋文公虽然也信奉齐桓公“尊王攘夷”的理论，但从内心对夷国并不排斥，对夷狄国家也以安抚为主，因而可以做到较为平等地对待莒国等夷国。践土之盟之后，莒国开始出现在诸侯会盟中。如公元前632年，莒国国君兹丕公与晋、齐、鲁、宋、蔡、郑、陈、邾、秦等国会盟于温地。

莒国兹丕公是春秋前期时一位比较有作为的莒国国君。他执政期间，莒国的国力不断增长。兹丕公去世后，其子庶其继位，是为莒纪公。莒纪公努力延续其父遗留下来的各项统治政策，在一定程度上保证了莒国的和平。莒纪公有两个儿子，初立长子仆为继承人，后又反悔，欲立小儿子季佗为继承人，此举引起了长子仆的不满。莒纪公在国内的所作所为早就引起国人的诸多哀怨，长子仆便借机发动国人杀掉了莒纪公，携带财物出奔于鲁，未果，随后不知所踪。莒国的国君之位被季佗继承，是为莒厉公。一年之后，季佗被废黜，己朱即位，是为莒渠丘公。

莒渠丘公继位伊始，莒国就面临着鲁国的侵略。公元前605年，鲁宣公与齐惠公打算调解莒国与郯国的矛盾，没想到被莒国拒绝。鲁国恼羞成怒，立刻出兵伐莒，攻占了莒国的向邑。公元前598年，鲁国的公孙归父又联合齐国伐莒。出于大局的考虑和现实国力的需要，莒国依旧与鲁国维持着表面上的和平，实际上早已怀恨在心，暗待时机，以报复鲁国。

莒国并没有等待太长时间。晋文公死后，晋国虽然依旧被各诸侯国奉为霸主，但实力已有所下降。与之同时，楚国强势崛起，严重威胁到晋国的地位。为了维护自身的利益，晋国努力笼络各个小国，联合抗击楚国，以维护自身的霸主地位。在这样的情形下，晋国欣然接受了莒国的投靠，将莒国纳入其势力范围。对于莒国的附晋之举，齐、鲁两国都不满意。公元前 596 年，齐国发兵攻莒，但未取得成功。不久，齐、晋鞌之战爆发，齐国惨败，被迫承认了晋国的霸主地位，莒国的外部环境亦随之稳定。

由于莒国成了晋国的附属国，因而晋国所组织的会盟征战，莒国都表现得十分积极。公元前 584 年，莒国参与了由晋国主导的救郑抗楚战争，让楚国怀恨在心。公元前 582 年冬，此时莒渠丘公已是晚年，楚国令尹子重率师伐莒，莒杀楚公子平。十一月，楚人入郓，大败莒国，侵占了三个城邑。虽然楚国在不久后便撤兵离去，但仍然给莒国造成了很大影响。

莒渠丘公去世后，其子犁比公继位。莒犁比公可谓莒国有记载的国君中最有作为的一个。在其治理下，莒国迎来了历史上最为辉煌的时期。莒犁比公在位时，莒国的外交活动骤然增多，参加的大小会盟征战有 30 余次。如公元前 572 年，莒国与晋、宋、卫、鲁、曹、邾、滕、薛等诸侯国联合出兵，围攻彭城。两年之后，莒犁比公又与晋侯、单子、宋公、卫侯、郑伯、邾子、齐世子光一起，会盟于鸡泽。公元前 569 年冬，邾人、莒人伐鄫。公元前 567 年秋，莒人灭鄫，并在鲁国救援鄫国时，大败鲁国。这说明此时莒国的国力已经非常强盛。在莒犁比公时期，莒国不仅对小国实行征讨，还敢对大国发起进攻。公元前 565 年夏，莒人攻打鲁国东部边境，以划定鄫国疆界。次年，莒犁比公率军参加了晋国号召的诸侯伐郑国行动。公元前 563 年，莒国再次攻略鲁国的东部边境。次年，莒国出兵伐郑。公元前 561 年，莒国出兵侵略鲁国的东鄙，但被季武子率军击退。两年之后，莒国卷土重来，侵略鲁国的东部边境。公元前 555 年，莒国出动兵车千乘，协助晋国攻伐齐国。同年，又与晋国共同出兵南下攻略楚国。上述材料表明，莒国敢对齐、鲁、楚等国频频主动征讨，虽有出于对盟主晋国忠诚的需要，但也体现出莒国此时国力之强盛。能够随晋国参加大大小小的战争十余次，莒国的军事实力已不可小觑。莒国在战争中多次出动千乘兵力，足以证明其已具有雄厚的军事实力。

莒国在参与战争的同时也注意维护外交关系。莒、鲁虽多次交战，但始终未伤及邦交之根本。反而在鲁襄公十九年（公元前 554 年），双方达成和解。鲁襄公二十年（公元前553年）时，鲁国大夫孟庄子与莒人在向地进行会盟，达成互不侵犯的盟约。除却鲁国，莒国也很注重维持与齐、晋两个大国的关系。齐国对莒国多次征伐，莒国实力不足，无法与齐抗衡，只能偷偷与齐讲和。晋国又是莒国依附多年的大国。晋、齐之间水火不容的关系使莒国夹在中间左右为难。直至齐庄公去世、齐景公继位后，两国的关系才有所缓和。齐、晋两国的会盟和解，给在夹缝中生存的莒国减轻了压力。此后一段时间，各国关系相对比较和平，莒国参与了几次会盟，都是友好交往。

但和平的局面很快便被齐国内乱打破，随之而来的是莒国也陷入内乱当中。公元前542年，莒人弑杀犁比公，拥立其子展舆即位，是为莒废公。据《左传·襄公三十一年》记载，莒犁比公有去疾和展舆两个儿子，先立了展舆为太子，但不久又废掉了。十一月，展舆便联合国人杀了莒犁比公，自立为君。公子去疾逃往齐国。莒国也因这次政治内乱而开始走向衰落。

莒废公继位后，昏庸无能，对外不能处理错综复杂的外交关系，对内暴虐无道，引得百姓怨声载道。在莒废公执政时期，莒国的身影再一次消失在诸侯会盟中，莒犁比公时期创造的盛况已经一去不复返了。不久，鲁国出兵伐莒，夺取了莒国的郓邑。很快，莒废公被国人驱逐，公子去疾继任国君之位，是为莒著丘公。

莒著丘公继位后，国内的局势略有缓和，莒、齐的关系开始向友好的方向发展。公元前539年，齐景公曾到莒地狩猎，说明双方又处于一种相互信任的友好关系中。但莒国长期积压的内外矛盾也愈演愈烈。鄫国作为被征服者，一直对莒国心怀不满。鄫国趁此机会，率先反叛，鲁国也趁机发兵支援鄫国。与此同时，莒国大臣牟夷背叛莒国，将牟娄邑、防邑、兹邑送给鲁国，使莒国的疆域缩小。为求得生存，莒国再次投靠晋国。为了讨好晋国，不惜将代表王权的鼎作为礼物送于晋国，以换取其支持，但晋国对此始终没有表明态度。公元前523年，鲁国的季平子率军伐莒，夺取郠地，并杀莒人以祭祀。

公元前528年，莒著丘公卒，其子己狂继位，是为莒郊公。莒郊公对王位祈盼已久，因而在著丘公死后，一点也不悲伤，反而面露喜色，这引起了国人的反感。不久，莒国大夫蒲余侯在齐国的支持下驱逐郊公，迎立公子庚舆即位，是为莒共公。莒共公继位后，为了向齐国表示感谢，将部分土地割让给齐国，莒国疆域再次缩小。

莒共公是在齐国的帮助下登上王位的，自然而然以齐国的附属国自居。但当时的霸主仍然为晋国，莒国对晋国也只能礼敬有加。这种左右摇摆的态度让齐国大为不满。齐国决定给莒国一个教训。公元前526年，晋昭公去世，晋国的威信进一步下降。齐国趁此时机，于公元前523年出兵伐莒，莒共公自知不敌，仓皇逃至纪鄣之地。此后为了避祸于齐，一直在纪鄣驻留，不敢回莒国。经年累月，纪鄣俨然成为莒国的陪都。一直到莒共公与齐景公于稷门之外结盟，莒共公才敢搬回莒城。但莒共公回归莒城不久，再度被大臣驱逐，莒人重新迎回莒郊公复位。莒郊公一生碌碌无为，在莒国统治二十余年后去世，并没有掀起太大的波澜。此时的莒国已然了无生机，国势倾颓，已不可挽回。

莒郊公去世后，莒国仿佛在史书中消失了一般，许久不见踪迹。或许此时的莒国已经没有资格参加大国的会盟，已成为一个寂寂无闻的小国。即便是这样，莒国依然未能保全自身。据司马迁《史记·楚世家》记载，公元前431年时，楚简王北伐灭莒，莒国君臣仓皇出逃。此后不久，莒国君臣又曾短暂复国，并最终于公元前412年为齐国所灭。

通过对莒国史事的梳理，可以发现一个很有意思的现象，即莒国国君并无谥号，多以地名为号，如莒犁比公、莒著丘公、莒渠丘公等。可能以地名为号是东夷族的特色。

另外，莒国自西周时期被分封至齐宣公灭莒，共计有六百年左右的历史。其间，莒国的都城几经变迁。作为商代方国之一的莒，甲骨卜辞已有记载。20世纪80年代，文物工作者在北京铜厂分拣出28件商代铜器，大部分铜器上镌刻“举”“鄘”二字。据传这批青铜器出土于山东费县，学者认为在商朝时期莒方的国都极有可能就在费县。直到西周初年，为了拱卫王室、安抚诸夷，才正式封莒为子爵诸侯国，定都于计。后因平王东迁，莒国也随之迁徙，将都城迁至莒县城阳。据《左传·昭公十九年》记载，此年秋天，齐高发帅师伐莒，莒子奔纪鄣。为了躲避齐国的攻势，莒国国君舍弃了城阳的臣民，逃往纪鄣，一避就是数年。这段时期，纪鄣显然成为莒国另一个“国都”，直至与齐举行友好的会盟后，才重新回到故都城阳。纪鄣之后，直至楚灭莒，莒国国都再未变迁。

三、考古发现中的莒文化

在六百年左右的发展历程中，莒国人民用自己的劳动智慧创造了灿烂的文化。近年来，随着各地考古工作的大力开展，与莒文化有关的重要考古遗址陆续被发现，各种考古新发现层出不穷。其中最引人注目的，要数沂水刘家店子遗址、沂水纪王崮遗址、日照两城镇遗址、陵阳河大汶口遗址了。这些考古遗迹的发现逐渐为我们揭开了莒国文化的神秘面纱。

陶器一直是新石器时代时人们最擅长制作的器具，在我国多个著名文化遗存中均有发现，如仰韶文化的彩陶、良渚文化的夹砂黑陶等。在日照两城镇遗址发掘的蛋壳陶，在工艺制作上则更胜一筹。蛋壳陶是龙山文化的代表性器物，有“黑如漆，亮如镜，薄如纸，硬如瓷”的美誉，可以说体现了新石器时代制陶业的最高水平。除此之外，陵阳河遗址出土的夹砂白陶双层鬶，是一件制作工艺极为复杂的鸟形器，不但展示了莒人制陶的高超技艺，而且有力体现了莒国作为东夷部族鸟崇拜的文化现象，是一件集实用价值与祭祀功用于一体的高超工艺品，充分彰显了莒国人民的智慧。

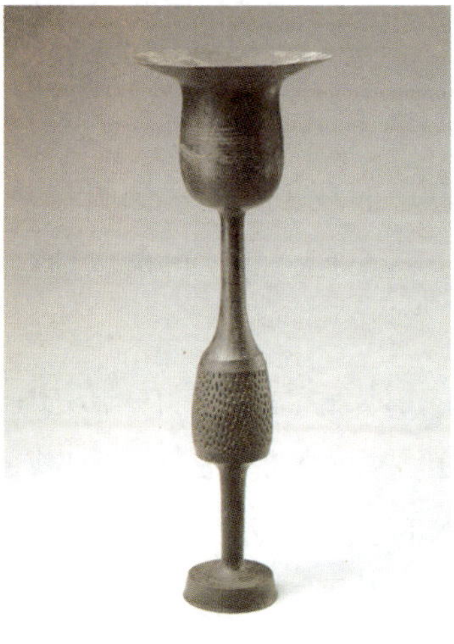

蛋壳黑陶杯

青铜器一直被认为是判断人类文明起源的重要因素之一。莒国作为东夷文化的代表，在青铜器的使用和冶炼方面，历史悠久，工艺精湛。沂水刘家店子遗址中的随葬青铜器分为礼、乐、兵、杂四种，用途不一，分工明确。尤其是礼器，制作精美，出土的莒国方鼎的制作工艺更是独树一帜。方鼎上带有鼎盖，并遍布花纹，极具特色。此外，莒国出土的青铜器物大多布满云雷纹，可见云雷纹是商周时期常见的青铜器纹饰。由此可以推测，在商朝时期，莒文化已经与商文化进行过一定程度的融合与碰撞。除了礼器，随葬的物品还有大量的青铜乐器，大型编钟的出土更是令人瞩目。编钟作为西周时期礼乐制度下的重要礼器，是墓主人较高政治地位的象征。在春秋时期，莒国的青铜器制作工艺在诸侯国中已经鼎鼎有名。如《左传·昭公七年》记载，晋国在祭祀夏郊时，晋侯曾赏赐郑国的名臣子产两件莒国制作的方鼎。晋国能够将莒国的方鼎当作礼物，说明对莒国制造青铜器的工艺是非常认可的，这也从一个侧面说明了莒国高超的铜器制造水平。

除陶器、铜器外，莒国的漆器也非常精美。山东省沂水刘家店子遗址中的一号墓出土了嵌金漆勺一件，虽然时过千年，勺子表面所附漆面依旧清晰可见。勺柄处嵌有三角形和菱形的压花金箔片和金贝，工艺精美程度实属罕见。莒国应该是同时期诸侯国中最早使用漆器的国家之一。

在中国五千余年的历史长河中，酒文化是长期存在的。尤其在齐鲁这片土地上，形成了极具地域特色的酒文化。酿酒的起源，可以追溯到东夷族。陵阳河大汶口文化晚期墓葬曾出土一组成套的酿酒器具。粮食是酿酒的主要原料，这些酒具可以证明当时粮食储备十分充足。能在果腹之后有如此多的粮食用于酿酒，说明莒地的原始农业是非常发达的。酒在中国文化中不仅仅用于宴饮，还用于祭祀。古人认为粮食是上天的恩赐，而酒是粮食的精华，所以古时的先民喜好用酒来祭祀祖先，以祈求福祚绵长。东夷人的酿酒技术造诣颇深，商朝建立后，夷、商文化融合碰撞，东夷的酿酒技术便逐渐被殷人发扬光大。

总之，莒国在六百年左右的历史进程中，前后约有二十三位君主继位，其历史是东夷族所建国家中最长久的一个。春秋时期，莒国在诸侯国之间甚为活跃。身为一个子爵诸侯国，莒国最初的封地仅“方五十里”。但随着时间的不断推移，莒国不断扩张领土，扩大势力范围，甚至一度将鲁国边境的大片土地都收归己有。在历任莒国国君中，有的励精图治，带领莒国走向辉煌；有的碌碌无为，只能勉强守住家业；有的昏庸无道，将莒国推向衰败的深渊。随着考古发现的深入，莒国独特的文化也渐渐为人所知。除了广受赞誉的陶器、铜器、漆器的制作工艺，早期的医学、历法等都极具特色。可以说，莒国不仅在政治上拥有过辉煌的时刻，亦孕育了丰富多彩的莒国文化，成为东方地区文明的起源地之一。时至今日，研究莒文化对我们而言仍有重要价值。

第二节　莱国历史与莱文化

莱国是先秦时期位于现今山东半岛地区的一个早期古国，是当时仅次于齐、鲁、莒的东方古国。莱国的文明发展可以追溯到虞、夏以前，山东东夷族中的一个分支——莱夷族。据考证，莱夷族是一个游牧文化比较发达的部族，《尚书·禹贡》提到“莱夷作牧，厥篚檿丝”，表明莱夷族在很早以前便已从事放牧、采桑、纺织等活动，以畜牧业为生，养蚕业尤其发达。这与他们的生活环境密切相关。《说文解字》这样解释“莱”字：“莱，蔓华也。”这在一定程度上为我们描述了莱夷族的生活环境——草木茂密而人口稀少。随着部族的不断发展，莱夷族逐渐定居下来，进入文明发展的更高阶段。大概在商朝末期，莱夷族被商王分封为侯国，建立了莱国，莱国的历史就此展开。

一、莱国的族姓与地域

关于莱国的姓氏，历来有四种不同的说法。

其一，根据《通志》和《文献通考》的记载，莱国是不得姓之国。

其二，姓子。《路史》和《史记》都提到莱国是商人后裔，故从殷商姓子。

其三，姓姜。有人根据《春秋大事表》对莱国的介绍“姜姓，子爵”，认定莱国姓姜，但此说多被学者质疑。

其四，姓纪。有人认为莱夷族是少昊的后裔，故从少昊纪姓。

如今，学术界比较认同的是子姓说。司马迁在《史记》中提到商人的分封国时，曾明确说有子姓来氏，应该就是后来的莱国。

关于莱国的都城，学界历来众说纷纭，较为主流的是黄县说和昌乐、临朐说。黄县说认为莱国都城在今山东龙口境内，特别是汉代以来，史书多采用这一观点。但著名史学家王献唐先生经过分析后，认为黄县说不符合实际。他在《山东古国考》一书中提出，如果就安丘、昌乐两县，假设一处有莱国都城，就很自然地选择昌乐；后又认为黄县志考莱国旧都在临朐附近，大体正确。他根据史料记载和地理位置推测，莱国旧都可能在临朐附近。

对于莱国的疆域，首先我们要明确一个问题——莱国和东莱的关系。《春秋大事表》记载：“春秋莱子国……以在齐之东，故曰东莱。”在其他史籍中也可找到“东莱”这一称呼。因文献对莱国和东莱的记载都不详尽，引起学界对两者关系的推测。目前有三种看法：一说莱国和东莱是同一国家在不同时期的名称。莱国都城被齐国攻破后，莱共公东迁至黄县建立东莱；一说莱国和东莱是同一国家，因东莱人生活在山东半岛东部，故称东莱；一说莱国和东莱自始至终是两个国家，不能一概而论。由于资料不足，很难定论。鉴于这三种不同学术观点的影响，莱国的疆域范围一时无法确认。我们暂且将目光放到莱人的活动范围上，大致分析莱国和东莱大致的活动区域。

从古籍记载和各地考古遗址发掘情况来看，莱国的大致活动范围在莱芜东境、博山、营丘以东，直至平度一带，中心地带是潍坊、淄博地区。但需要指出的一点是，莱国领土并非整齐划一，而是分散几处，活动范围里还有林立的小国。无论对莱国和东莱的关系持哪种观点，考证出来的东莱活动范围多是平度以东的地区，也就是胶东半岛地区。因无明确史料记载和考古发现，学者多是根据古籍中的零星记载和地理环境推测大致方位，对于莱国都城究竟在哪、疆域范围如何、莱国和东莱的关系怎样等问题，只能寄希望于未来的考古发现帮我们解答。

二、莱国的主要史事

莱国存在的时间并不长，而且西周以来长期受到“尊夏”思想的影响，作为“夷”的莱国很少被记载于史，所以有关莱国的史料少之又少，关于国君世系的资料也不详尽。莱国国君明确记载于史的只有莱共公。莱共公是莱国的末代国君，据《左传》记载，齐灵公借口召见莱子，但“莱子不会”，齐灵公于是派晏弱出兵莱国。公元前567年，因不敌齐国的进攻，莱共公便放弃莱国的国都，逃亡到棠。晏弱立即派兵追击，在棠将莱共公杀死。而莱国也结束了与齐国的多年“恩怨”，从此被纳入齐国版图。

从传世文献零星的记载可知，大概在商朝末期，莱夷族首领就已经被商王朝册立为地方诸侯，建立了莱国。但此后莱国的历史发展脉络如何，史籍无明确记载，目前考古发掘方面也没有新的发现。直到西周初年大举分封时，莱国才又重新回到我们的视野中，而这也是莱国与齐国多年“恩怨”的开始。

司马迁在《史记·齐太公世家》中曾记载，西周初年，姜太公被分封到齐国后，在前往齐国的途中，因为行动迟缓，而受到逆旅之人的劝告。太公听其言，夜衣而行，以最快的速度到达齐地，结果恰好遇到前来征伐的莱国大军。莱国想趁着太公尚未就国之际，与之争夺营丘。莱国的这一举动至少让我们看到莱国在商末周初的三个基本史实：

其一，莱国作为子姓商人的后裔，对新兴起的周王朝是十分敌视和反抗的。协助纣子武庚禄父叛周的东夷国族中，很可能有莱国。周公东征时，在鲁北地区应该对反叛的莱国给予过重击。

其二，在经历了周公东征后，莱国竟然还有力量与姜太公作战，说明当时的莱国无论在经济还是军事方面，都有着较强的实力。在商代晚期的齐地附近，莱国应该属于实力非常强盛的子姓属国。

其三，莱国最初的地理位置应该与姜太公的营丘城相距不远。商周之际的莱国绝不会在后来的归城（今烟台龙口市）地区，而应该在距今天临淄不远的地方。莱国的国都所在，从商末周初的临淄周围逐渐东移，并最终在今天的烟台地区落脚。国都东徙的过程也体现了莱国在齐国的压迫下逐渐退守的过程。

从其后的历史来看，很有可能经过这场战役，莱国便臣服于周人的统治。从现在所能看到的西周青铜器铭文看，莱国与周王室始终保持着紧密的联系。周人南下征伐楚国时，莱国特意派军队协助。西周晚期时，南淮夷东侵，周人东土不宁，莱国还协助齐师出战，坚决维护周王室东土的安定。从族源上来看，莱人与南淮夷都是东夷族的一支，二者同根同源。但当淮夷入侵时，莱国毅然协助周王室出兵对抗。莱国由商末周初的大力“反周”，演变为西周中后期的积极“反夷”，说明经过周王室的笼络与安抚，莱国已经融入周文化之中，唯周王室马首是瞻。

齐国建立之后，莱国与齐国成了邻国，但两国之间的“恩怨”纠纷并未消减，反而随着齐国的称霸野心的增长而不断加剧。首先是齐国哄抬柴价，致使莱国人民无心农事，使莱国经济严重受损。据《管子·轻重戊》记载，莱国和同时代的莒国都是采樵与农业种植并重的国家，发展势头强劲。齐桓公担忧不已，询问管仲如何对付两国。管仲提议，派新兵去开采铜矿，多多铸造钱币，然后花重金购买莱国和莒国的柴薪，哄抬柴价。莱国国君认为齐国用重金换莱国平常的柴薪，显然自己得利，一时间莱国百姓无心农事，争先砍柴，而齐国则改派新兵从事农耕。两年之后，齐国突然宣布停止购买柴薪，莱国、莒国因为粮食匮乏，大量人口流失到齐国，最后“莱、莒之君请服”。

从这段史事可以得知，莱国和齐国的矛盾不仅仅表现在疆域之争上，已经扩大到经济、人口等方面。另外，早在齐桓公时期，莱国便已经归顺齐国。但需要注意的是，这种归顺应只是政治上的顺从关系，并不是将版图完全纳入齐国。关于这一时期两国的关系，据《国语·齐语》记载，齐桓公即位数年后，“东南多有淫乱者，莱、莒、徐夷、吴、越，一战帅服三十一国”。说明这一时期莱国还未灭亡，只是在表面上归顺齐国。

但这种政治上的顺从关系已经不能满足齐国的称霸野心，于是从公元前602年开始，齐国便不断发动对莱国的侵略之战，试图彻底消灭莱国。公元前602年，鲁宣公亲自带兵，与齐国共同进攻莱国。两年之后，齐国又单独出兵，征伐莱国，并夺取了莱国的根牟城。到了齐灵公时期，两国之间的战争更加频繁。据《左传·襄公二年》记载，公元前571年时，齐灵公进攻莱国，莱国为求生存，特派人贿赂灵公的宠臣夙沙卫，通过“赂夙沙卫以索马牛，皆百匹”，换来齐国退兵，取得了暂时的安宁。莱国虽然靠此权宜之策暂时躲过一战，但齐国仍然虎视眈眈。公元前571年夏天，齐国的“齐姜薨”，“齐侯使诸姜宗妇来送葬”，召见莱国国君，结果莱子不参加会见，齐灵公便借此派大臣晏弱出兵莱国，莱国已经岌岌可危。

公元前567年，齐国发起对莱国的最后总攻。据《左传·襄公六年》记载，莱国派大将王湫、正舆子率领军队对战齐师，结果大败。齐国军队顺利攻入莱国都城，四处掠夺，甚至掠走了莱国的祭祀宗器，莱共公慌忙弃城逃往棠。齐国大将晏弱继续追赶，在棠将莱共公杀害，莱国就此灭亡。

需要指出的是，有学者认为莱国都城被齐国占领后，变为齐国的莱邑，而莱共公逃往棠后又建立了东莱国。东莱国直到战国时期，又一次为田姓齐国所灭。总之，莱国和齐国的“恩怨”贯穿莱国历史始终，最后莱国败于齐国，被齐国吞并。

纵观莱国的发展历史，主旋律似乎就是与齐国斡旋，但莱国在对外关系上一直寻求与其他国族和平共处。考古发掘和现存青铜器都为我们研究莱国与周边同时期国族的关系提供了充足证据。首先是莱国与曩国的联姻关系。目前藏于烟台市博物馆的春秋时期的己侯钮钟，相传出土于归城，上有铭文“己侯乍宝钟”。据考证，这里的“己”就是文献中提到的莱国周边的一个小国——己国，有时也被写为“纪国”或“曩国”。另外，烟台龙口归城南埠村出土了春秋时期的八件曩器，其中六件器物上铸有铭文。铭文中提到的“曩伯子安父”“曩伯安父”就是作器者，也就是曩国的侯伯安，这些器物是他为嫁到莱国的姜姓女儿铸造的媵器。根据这些在莱国范围内出土的曩国器物，再结合铭文内容，我们可以判定出当时莱国和曩国的联姻关系。与莱国存在这种联姻关系的还有莒国，20 世纪 70 年代日照崮河崖两座春秋时期的墓葬出土了四件形制大小相同的铜鬲，上有铭文。孙敬明先生考证为：“鼇伯媵女子作宝鬲，子子孙孙永宝用。”这里的“鼇伯”就是作器者莱伯，这件在莒国范围内出土的莱国器物是莱伯为嫁到莒国的女儿铸造的，说明当时莱国和莒国存在联姻关系。西周之后，莱国与周王室联系较少，一直受到东部齐国的压迫。而后周王室衰微，齐国进行一系列的征伐扩张。为了抵御不断强大的齐国，莱国与同时期的周边国族一直保持友好的关系，建立联姻关系，结成牢固的政治联盟。在无法直接与大国抗衡时，只好寻找盟友，这是莱国在当时结合自身情况做出的战略部署，也是多数小国的自保方针。

三、考古视野中的莱文化

莱国地处海岱地区东部，距离中原较远，且作为“夷”族一直未受重视，史籍记载较少，使得我们在历史典籍中难觅其身影。所幸从 20 世纪开始涉及莱夷以及莱国的考古发掘逐渐增多，给我们深入了解和认识莱夷以及莱国的经济文化提供了新的窗口。下面就有关莱夷族以及莱国的考古遗址做简单梳理，并顺便介绍一下丰富多彩的莱文化。

1. 胶州三里河遗址

胶州三里河遗址位于山东省胶州市南关街道办事处北三里河村西侧，是大汶口－龙山文化的典型遗址，属于山东龙山文化两城类型，与中原龙山文化和山东西部的龙山文化不同。中国科学院考古研究所山东队于 1974 年和 1975 年对该遗址进行过两次发掘，发掘面积约 1500 平方米。2008 年，三里河遗址被国务院确定为第六批全国重点文物保护单位。发掘报告显示，胶州三里河遗址可分为上、下两层，上层为龙山文化，下层为大汶口文化。在遗址和墓葬中发现了许多石器、玉器、骨器、蚌器、陶器等器皿，其中黑陶蛋壳高柄杯制作精美。这种蛋壳陶的制作原料全部是细泥质黑陶，而且不含任何杂质。在制作工艺上采用薄陶胎，陶胎一般在0.5毫米左右，盘口部分甚至只有0.3毫米左右，外表黝黑、漆亮，里表一致，有些地方还进行了磨光处理。在烧制技术上，蛋壳陶的陶质较硬，且不具有渗水性。蛋壳陶代表了当时莱夷人高超的陶器制作技术，特别是制作薄胎器皿的技术，即使在现代也很难复制，说明龙山时代莱夷人的手工业已经从农业中分离出来，并且发展迅速，其制陶技术更是超过同时期的其他国家。更值得注意的是，蛋壳陶所在墓葬出土的陪葬品丰富。结合遗址内墓葬的发掘情况来看，有些墓中还存在无随葬品或只有很少随葬品的情况，说明当时社会已经出现贫富差距，莱夷族内部的社会结构正在发生变化。学者认为这种蛋壳陶已经从一般生活使用的器皿中脱离出来，是专为社会上层显贵所用的礼器。

在遗址中还发现了大型窖穴和库房，窖穴内仍遗留有一立方米多的粟，多处发现猪骨，出土了模拟猪形象的猪形鬶和模拟狗形象的狗形鬶。这些足以说明当时饲养业的发达。此外还发现了扁薄圆刃的舌形或草履形石铲。有学者认为这是原始的锄，标志着当时莱夷族生产工具的进步和农业的发展，农业已摆脱刀耕火种的粗放形式。特别值得一提的是两件锥形铜器的发现，证明早在原始社会末期莱夷族就掌握了一定的铜器冶炼技术。而且出土的这两件锥形铜器已在现实生活中使用，有学者认为这是龙山文化时期莱夷族生产工具的重大变革。这种生产工具和生产技术的进步极大地促进了当时莱夷族生产力的发展，加速了社会结构的变革。同时，锥形铜器的出土也从侧面说明我国青铜冶炼技术起源之早，对研究我国古代青铜冶炼技术的起源、发展和成熟有着重要的意义。

总之，胶州三里河遗址出土的器物多种多样，为我们研究大汶口文化和山东龙山文化提供了丰富的考古材料，有利于我们进一步研究大汶口文化与龙山文化的联系、早期东夷文化与夏文化之间的联系，也证明了胶东地区的大汶口文化、龙山文化与山东其他地区的大汶口文化、龙山文化存在差异，意义重大。

胶州三里河遗址出土的陶器

2. 栖霞杨家圈遗址

杨家圈遗址位于山东省栖霞市杨础镇杨家圈村东，是胶东龙山文化的典型代表。该遗址发现于 1956 年，当时原有面积应在 10 万平方米左右，由于村庄扩建和公路修筑等活动的破坏，目前所存面积仅 1 万平方米左右。北京大学考古实习队和山东省文物考古研究所于 1981 年进行了发掘，发掘报告显示，杨家圈遗址第一层为耕土层，第二、三层属龙山文化层，第四、五层属大汶口文化层。在遗址中发现了不少石器、骨器、陶器等器皿，同时还发现了残铜条和铜渣，说明当时人们已掌握冶铜技术，处于冶炼铜器的初级阶段。值得一提的是，在杨家圈遗址灰坑中发现了粟和水稻的皮壳及印痕，这表明在龙山文化时期莱夷人已经开始种植和食用水稻，对我们研究胶东地区饮食习惯的形成和水稻在我国的种植历史有着重要意义。2004 年，山东大学和日本部分学者在杨家圈遗址进行了现场勘探和取样工作，之后对采集样品进行了植硅体定量分析。一系列的分析结果表明杨家圈遗址周围有新石器时代人工栽培的稻田遗迹，表明了山东东部沿海地区早期稻作的发达，这对我们研究早期水稻播种史和水稻何时传播到朝鲜半岛、日本列岛有重要的意义。

特别需要指出的是，杨家圈遗址的发掘是胶东地区关于龙山文化和大汶口文化直接地层关系的第一次发现，龙山文化层在上，大汶口文化层在下，证明大汶口文化早于龙山文化。这成为当时研究龙山文化与大汶口文化早晚关系的地层学证据，具有重大的历史意义和学术意义。

从以上考古遗址发掘情况来看，胶东地区有关莱夷族的考古遗址比较多，但还未确切发现有关莱国的考古遗址，多是在其他古国考古遗址中发现涉及莱国的器物，这在前面论述莱国与周边国族关系时已经介绍。因为有关莱国史料太少，关于其政治制度方面的内容基本无从查找。莱国作为商朝末期分封的侯国，西周初期还强烈反抗过周人政权，在被齐国灭亡之前又臣服于周人，我们可以推测其政治制度应该先有商代侯国的特点，后又接受了周人的文化，也应该兼有周代政治制度的特点，具体情况还需等待下一步的考古发掘来证明。但毫无疑问的是，莱夷族作为山东本地东夷族的分支，进入文明阶段的时间较早，莱夷人依靠得天独厚的自然条件和丰富的自然资源，创造了独具特色的莱文化，其文明发展历史与东夷族的发展密切相关。

1. 制陶业方面。胶州三里河出土的黑陶蛋壳高柄杯体现了高超的制陶工艺，体现了当时莱夷人最高的手工业水平。从陶器的形制上看，胶州三里河遗址出土了大汶口文化早、中、晚三期盛行的觚形杯，夏代的鬶、爵、觚等礼器，说明莱夷文化有着自己的特色和发展序列，对中原文化的影响不容小觑，特别是领先于同时期其他文化的制陶技术，自东向西地影响了山东其他地区，甚至影响到了中原地区。

2. 冶炼技术方面。胶州三里河遗址出土有锥形铜器，栖霞杨家圈遗址出土了残铜条和一些铜渣，黄铜是铜锌合金，比起红铜和青铜，其冶炼难度更大，证明在龙山文化时期莱夷人就掌握了高超的金属冶炼技术，推动了当时生产工具的变革和生产力的发展。

3. 造船业方面。莱夷族的活动范围多为沿海地区，特殊的自然条件决定了莱夷族造船业的发达。在长岛大浩发现了龙山时代的船尾，在海底还发现了原始的石锚。船尾连接处做工整齐，而且残余船桨和近代船桨没有太大区别，石锚的出现说明莱夷人进行过航海活动。这些发现无疑体现了当时莱夷族造船业和航海业的发达。

4. 音乐方面。《史记·齐太公世家》记载齐景公时期曾“请令莱人为乐”，虽然孔子因夷夏有别而“使有司执莱人斩之”，但足以看出莱乐的美妙动听，深受当时齐国国君的喜爱，以至于可以不顾夷夏之别让莱人为之奏乐。齐景公曾说更好俗乐，这里的“俗乐”就包括莱乐。孔子在齐国听过韶乐后，竟然“三月不知肉味”，还夸赞韶乐“尽美矣，又尽善也”。有学者认为，孔子所听的韶应起源于东夷的莱乐，是莱国人的发明创造。

5. 文字方面。在胶东地区发现了许多原始文字：在长岛大钦岛西周石板墓中发现了舟底铭文，在乳山南黄庄墓中石板墓中发现了陶鬲铭文，在莱阳前河前墓中发现了陶盉铭文。这些文字应该就是莱夷族创造的自成体系的文字，具有深厚的东夷文化特色，与后来的殷商甲骨文不属于同一个文化系统。

6. 礼俗方面。莱夷族以鸟为图腾。早在莱夷族之前，居住在齐地附近的爽鸠氏，就是以鸟为图腾的“少昊之司寇”。据《左传·昭公十七年》记载，少昊氏以鸟命官，少昊凤鸟部落中有“爽鸠氏司寇”。之后爽鸠氏发展成为莱夷族。而且从莱夷族活动范围的中心地带这个角度看，我们也可以发现他们与“鸟”的不解之缘。“潍”字从“隹”，而“隹”就是指一种短尾鸟。所以以潍淄地区为活动中心的莱夷族应当以短尾鸟为图腾。因此，无论是从莱夷族的祖先渊源还是从活动范围推断，我们都可以得知莱夷族以鸟为图腾。此外，莱夷人还有崇拜山神的文化心理。人们在山东乳山刁虎山发现了方坑以及遗物，学者认为那是居住在胶东半岛一带的莱夷人祭祀山神后埋藏于地下的物质遗存。莱夷人还有饮酒的风俗，在山东长岛砣矶岛发现了酒器，说明在当时莱夷人已开始酿酒并且饮酒了。

莱夷族以及其建立的莱国长期被视为“夷”而不受重视，幸好从 20 世纪开始，学界逐渐认识到我国文明起源的多样性和不同文化之间的融合，对中国古代传统的“夷夏”关系有了新的思考。结合现代考古发掘情况，逐渐形成新的“夷夏”观念。从时间上看，龙山文化是大汶口文化的延续和发展，故而龙山文化时期的器物上仍有大汶口文化的影子。这种继承关系必然会影响到之后龙山文化时期的莱夷族建立的莱国，其器物上也会存在之前各个时期的特征。从空间上看，山东西部龙山文化和胶东龙山文化存在很多不同之处。尽管各个地区的文化不尽相同，各有特色，但它们之间不是相互隔绝的，文化之间的交流融合比我们想象的要多，因此各个文化遗址出土的器物上都有不属于本地区的文化特征或痕迹。所以我们应该正确认识和重视莱夷族以及莱国创造出的灿烂文化，看到莱夷文化对中原文化的贡献，思考两者是如何交流借鉴的，以推动我们更好地研究我国文明的形成过程。

总之，从史前时期到莱国灭亡，莱夷人用自己勤劳的双手创造了独具特色的莱文化，并不断与其他地区文化融合，使莱文化在不同的历史时期发展出自己的特色，成为我国古国文明史上一颗璀璨的明珠。

第三节　纪国历史与纪文化

作为鲁北地区的姜姓大国，纪国在商周时期的历史舞台上发挥过重要作用。纪国起源的时间很早，相传早至夏代时，便有关于早期纪国的记载。商人代夏后，纪国曾作为殷商王朝在鲁北地区的重要诸侯国，替商人镇守东土。周人灭商后，在原来商族纪国的基础上，建立了臣属于周王室的新纪国。到春秋时期，由于与齐国有多年宿怨，纪国最终为齐所灭。因此，纪国的历史应该是丰富而多彩的，但由于传世文献资料记载的严重缺失，后人关于纪国历史文化的了解基本上都是碎片化的，既零散又不成系统。所幸随着近代考古学大发现时代的到来，有关纪国的资料逐渐被发掘出土，我们对纪国历史文化的认识也逐渐丰富起来。现在，便结合考古资料与传世文献，对纪国历史和纪国文化予以勾勒。

一、纪国的族属与疆域

纪国相传是炎帝后裔建立的国家，姜姓，与齐国同源。如《世本·氏姓篇》记载："纪氏，姜姓，炎帝以后，封纪，为齐所灭，以国为氏。"学者据此推测，纪氏祖先在西周之前的大体活动范围当在甘肃天水的成纪，后顺渭水而下迁至河南偃师和郏县，舜时迁到雷泽附近。据《嘉庆重修一统志》记载，成纪水，在秦安县西北。甘肃天水成纪是纪氏的始居地，也就是今天的秦安县。后来，纪氏便开始了迁徙。《路史》载："今缑氏，故纪县。"缑氏，在今天的河南偃师。据《水经注》记载，汝水又东南，左合蓝水，东南流，径纪氏城西，有层台，谓之纪氏台。今河南偃师有纪城，郏县有纪氏城，其地点正与传说中舜的所在地相邻。今山东曹县有纪氏邑，也间接反映了纪氏在夏、商、周三代之前已经迁居河南、山东一带。周武王灭商之后，分封炎帝后裔的一支于纪（今山东寿光西南的纪台村），建立纪国。春秋初期，纪国为齐国所灭。

但商周时期生活在鲁北地区的纪国，应该是当地东夷族建立的国家。这些姜姓东夷土著是否像学者所推测的那样，是从陕西、甘肃一带逐渐迁徙到鲁北地区的，还需要更多资料的佐证。从文献记载来看，最晚到夏代时，纪国已经在东夷故地存在。

在商代甲骨文和西周金文中，"纪"字写作"己"，如在今寿光市纪台镇出土的商周铜器上的铭文中，"纪"皆为"己"。据许慎《说文解字》，"己"字的字形像蛇，有学者据此推测，己氏应该是以蛇为图腾的早期部族。从炎帝后裔到商周的己国，中间已有很多缺环不可考。春秋以后的传世典籍中才有关于"纪"的记载。对于己和纪的关系，学者或认为纪是己的分支和延续，己是早期古国，纪是后起的国家；或认为纪与己为一字的异体，甲骨金文中作己，传世文献中作纪，其实指的都是一个纪国，彼此没有差别。从齐、鲁建国的经历来看，后一种说法应该更符合实际。姜太公建立齐国之前，齐地在商代早已存在，姜太公直接沿用齐之旧名而新建立西周的齐国，并未在字形上做任何改变。鲁伯禽在建立鲁国之前，鲁地在商代也早已存在，伯禽直接沿用鲁的旧名而新建立了西周的鲁国，也未在字形上做任何改变。依此类推，周王室在分封纪国时，完全可以直接沿用商代的纪之名，而无须做任何改变。至于己和纪的区别，应该主要体现在书写习惯上，甲骨金文时代习惯写“已”，传世文献中习惯写“纪”，二者在内涵上没有任何改变，更没有所谓谁前谁后的差别。

据考古资料显示，纪国的都城纪侯台在今寿光市南15公里处。据《左传·隐公元年》记载，公元前722年，“纪人伐夷”。西晋著名经学家杜预指出，纪国在东莞剧县。汉代的剧县故城，即在今寿光市城南约15公里处。后来，考古学者又发现了纪侯台“益都侯城”，又发现了大批纪国的铜器，从而判定今寿光市纪台镇便是纪国的都城所在。

从地理位置上看，纪国位于齐国的东部，其都城距临淄45公里，纪国的西部疆域距离临淄不过10公里左右。两国在地域上如此接近，故从西周时起，彼此便时常因为边境问题互生嫌隙。公元前693年，经过几代先君的努力，齐襄公最终率领齐国军队将纪国的郱、鄑、郚三个城邑的居民赶走，占领了郱、鄑、郚三邑。从地理位置上看，郱在东莞东南，今临朐境内；郚在朱虚东南，今安丘境内；鄑在今昌邑境内。由郱、鄑、郚三邑是纪国的边境这一点可以推断出纪国疆域的大体范围。从今天的地域来看，当时的纪国疆域东至安丘，南到临朐东南，北接渤海湾，西距齐国临淄10公里。齐、纪两国相距很近，在春秋礼崩乐坏、战乱频仍的时代背景下，两国边境的摩擦冲突无法避免，日积月累的摩擦碰撞为日后齐国灭纪埋下了伏笔。

二、纪国的主要史事

传世文献中基本没有关于商代纪国历史的详细记载，故梳理纪国的主要史事，最早只能从西周开始。

1. 西周时期的齐纪之争

姜太公辅佐周文王问鼎天下后，由于功绩卓越，被成王赐封五侯九伯之地，恩封侯爵，赐国号齐。齐国的都城最初在营丘，后迁到薄姑，距离纪国的都城不到50公里，而且纪国的西部疆域与齐国接壤。就当时的地理形势来看，齐国的疆域随时有受纪国侵犯的威险。这也可能是历史上齐、纪两国不和的重要原因。在商族统治时期，山东一带的纪、莱等姜姓部族本相安无事。

商亡后，纪国旁边忽然来了一个携带着周王室强大威严的姜太公，这是纪国所不能忍受的，这也使得纪、齐两国的关系剑拔弩张。但纪国也是周王室分封的诸侯国，且纪、周之间关系密切，交往频繁。齐国虽然在春秋时期非常强大，但在西周时期也不过是一个不足方圆百里的地方诸侯国，实力并不比纪国强盛多少。因此，在西周时期周王室的强势看守下，齐、纪两国基本上相安无事。但据文献记载，两国小范围的摩擦和争执则一直未停止过。

《史记·齐太公世家》载："哀公时，纪侯谮之周，周烹哀公而立其弟静，是为胡公。""谮"字有说别人坏话、诬陷、中伤等意思。司马迁称纪侯向周夷王进言，属于用假话诬陷齐哀公的行为。但相关资料显示，这一时期，纪国与周王室的关系非常融洽，远比齐国与周王室的关系好。当时的齐国国君哀公在执政期间，无所作为，沉迷游猎，不理朝政，而且肆意对外扩张，严重侵犯了周王室在东土的根本利益，故周天子早就对齐哀公心存不满。恰在此时，纪侯向周天子汇报齐哀公的恶行，让周天子对齐哀公彻底失去了耐心，于是动用天子权威，召集诸侯而烹杀之。因此，纪侯向周天子告密的行为，主要是为了协助周王室稳定东土局势，而非仅仅针对齐哀公。

但纪侯告密的行为在客观上造成了齐国立国以来的第一次公室内乱，并打破了周、齐之间维系多年的友好关系，从而让齐国恨之入骨，齐、纪之间的恩怨至此全面升级。齐哀公被杀后，其弟胡公畏惧纪国，便将都城从营丘迁到薄姑。这个行为激怒了同母弟吕山，他带领军队杀死了胡公，自立为献公，又将都城迁回营丘。从献公起，齐国历代国君卧薪尝胆、发奋图强，努力提高齐国的实力。随着国家的不断强盛，齐国国君灭纪复仇的想法也愈加强烈。

但周天子仅凭纪侯的谮言就毅然烹杀了齐哀公的举动，显示了两方面的内容：一方面，周王室和纪国的关系十分密切，周王对纪侯十分信任；另一方面，纪侯在周王朝地位显赫，其言分量极重，周王室甚为重视。《史记》在这段文字后就转入对其他事件的记载，这说明哀公被烹杀后，齐国一时还不敢对纪侯进行丝毫惩罚，从中也可以看出纪国当时的整体国力是十分强大的。

2. 春秋时期的齐纪之争

进入东周以后，周天子天下共主的地位逐步下降，王权下移。与此同时，东方的齐国日益强大起来，灭纪复仇的计划便提上了日程，纪、齐两国的关系空前紧张起来。从《左传》所记载的“八月，纪人伐夷”可以看出，公元前 722 年，纪国还曾出兵攻打夷国。这说明春秋初期纪国的国力还是十分强大的，仍有发动规模性战争的行动与能力，但齐国灭纪之心从未停止。

公元前 707 年，齐僖公和郑庄公一同访问纪国，想趁机袭击纪国，后因这一计划被纪国觉察而作罢，但这也使得纪国感受到来自齐国的巨大威胁。纪国为了与齐国相抗衡，防止被齐吞并，积极通过联姻等外交手段来争取外援。公元前 706 年夏，纪侯访问鲁国，与鲁桓公商讨如何抵御齐国，后又想通过周天子来给齐国施加压力。同年冬天，纪侯再次赴鲁，请求鲁国帮助纪国以周天子的命令去向齐国求情，但是鲁桓公正在积极修复与齐国的关系，并不愿与齐国对抗，因而鲁国未能给纪国较大的帮助。

两次求助未果后，纪国想通过联姻的方式来争取盟友，改变自身岌岌可危的境况。进入春秋后，周王室的地位虽然有所下降，但还是名义上的天下共主，就算是齐桓公“九合诸侯，一匡天下”取得霸主地位，也是打着“尊王”的旗号实现的，所以纪国选择与周王室通婚，让齐国对纪国有所忌惮，不敢轻举妄动。《左传·桓公九年》载：“纪季姜归于京师。”杜预注：“季姜，桓王后也。季，字；姜，纪姓也。”纪国从此与周王室有了姻亲关系，纪国的地位得到了提高，这也为齐国吞并纪国增添了不小的障碍。

除了与周王室联姻，纪国还将目光投向鲁国。鲁国是当时的大国，在姬姓诸侯国中威望最高。而且，鲁国与纪国一样都曾与齐国结怨。鲁桓公虽然积极修复齐、鲁关系，但齐、鲁之间的争执已有多年，宿怨难平，很容易激化矛盾。在地理位置上，纪国与鲁国都与齐国相邻，纪国想借助鲁国与齐的矛盾自保。在种种因素的作用下，纪国便积极与鲁国通婚。公元前 721 年，纪侯迎娶了鲁公长女伯姬为夫人。此时正值莒、鲁两国有边境之争，双方兵戈不止，纪国是双方的邻国，纪、鲁又有姻亲关系，于是纪侯从中调停。《左传·隐公二年》记载："纪子帛、莒子盟于密，鲁故也。"有学者猜测是鲁国主动请纪侯出面缓和鲁、莒两国的关系。六年后，经过纪国的多次斡旋，鲁隐公和莒国大夫在浮来会盟，在鲁国做出让步的情况下，双方同意停战和解。公元前 699 年，郑国联合纪国、鲁国，与宋、卫、燕、齐等国开战。结果宋、齐、卫、燕战败，纪国也暂时得到了喘息的机会，但这样的情况并未持续多久。

公元前 697 年，齐襄公即位。他积极改善与鲁国的关系，暗地里却加紧了灭纪的步伐。公元前 695 年，鲁桓公出面，邀请齐国、纪国在黄地会盟，试图化解齐国怨气，调和两国的矛盾，保全纪国。鲁桓公的举动严重损害了齐人的利益，使齐襄公的灭纪大计不得不暂告一段落。因此，本次结盟后仅一年，齐国便借故杀掉了鲁桓公，盟约随之失效，纪国又陷入亡国的危机当中。公元前 693 年，齐国出兵吞并了纪国外围的郱、鄑、郚三邑，并将当地百姓迁到别处。三个邑的位置分别在今临朐、昌邑、安丘境内，说明齐国已经从纪国的南方、东方开始了逐步蚕食。两年后，公元前 691 年，纪侯之弟纪季带着酅邑投奔齐国。酅是纪国西部的一个大邑，在齐、纪对抗中充当战争的前线，有非常重要的战略意义。酅的失守对纪国来说是一个重要损失，因此《左传》有言："纪于是乎始判。"判是分离的意思，纪国的酅邑成了齐国的附庸，这对纪国来说，国家已经开始分裂，国土中的一个重要部分已经彻底丢失。

自此，齐国完成了东、南、西三个方向对纪国的包围。懂得"唇亡齿寒"道理的鲁庄公准备联合郑国出面调停，制止战争的发生，但郑庄公以国内不安为由拒绝了。公元前 690 年，齐国再次发动大规模的伐纪战争，并一举灭掉了纪国，"纪侯大去其国，违齐难也"。此战之后，纪侯因不堪忍受亡国之痛，便把政权交给其弟纪季，自己逃到了其他国家。

在纪侯出逃他国后，其弟将都城迁到了哪里，传世文献并无记载。单从地理形势来说，前文提到过纪国的西部疆域和齐国接壤，往西迁的可能性很小。纪国的北部是渤海，继续往北也并不现实。更不可能往南迁，因为纪国南部的据点早已被齐国拔除。那就只剩一种可能性，就是向东。1969 年在烟台市上夼村出土的己华父鼎和 1974 年烟台市莱阳市前河前村出土的己侯壶都证实了这种猜测。王献唐先生在《黄县㠱器》一书中将“己”释为“纪”，认为战国以前是没有“纪”这个字的，金文的“己”就是“纪”，己华父鼎与今寿光出土的己侯钟都出自纪国。至此，已基本可以确定，纪侯向东逃至现在的烟台地区，偏安一隅。

三、考古学视野中的纪国文化

现代考古学的快速发展，在很大程度上弥补了传世文献记载不足的缺憾。纪国历史文化的研究亦是如此。近代以来，尤其是新中国成立之后，有关纪国的考古发现时有问世，为我们深入认识纪文化提供了弥足珍贵的资料依据。

1. 关于纪国的主要考古发现

关于纪国的考古发现时有新收获，其中比较重要的有如下几方面。

1983 年，在寿光市北部古城村的益都侯城遗址发现了 64 件商代晚期青铜器。其中有铭文的有 19 件，包括 5 件鼎、1 件甗、1 件簋、5 件爵、3 件觚、2 件提梁卣、2 件尊。其他铜器还有：1 件涡纹罍、1 件斝、2 件斗、10 件戈、4 件矛、15 件镞、3 把刀、2 件锛、1 件凿、6 件铃。其中 11 件铜器的铭文中都有“己”字。同时还发现了 9 件陶器：1 件鼎、1 件甗、1 件盆、1 件罐、1 件爵、1 件尊、1 件尊形器、2 件器盖。这批陶器大多为夹砂褐陶，器物内外壁为褐色，陶胎内层呈黑色。除此之外，还有 1 件玉戈、3 件玉柄形器、12 件蚌饰、2 片卜骨。这批铜器造型庄重古朴，器类较多，饰纹多为饕餮纹、云雷纹、夔纹、圆涡纹和弦纹等，具有商代末期铜器的基本特征。这批青铜器的出土，证明商代时纪不仅存在，而且是一个比较发达的东方国族。

纪国故城系古纪国的故都，位于寿光市城南 15 公里处的纪台镇纪台村。据文献记载，北海国，景帝置，有十八城。剧，有纪亭，古纪国。寿光的纪侯台与文献中关于纪国地理位置的记载基本吻合。清乾隆年间出土于山东寿光纪侯台的纪侯钟是纪侯的自作用器，年代为西周时期。1977 年 12 月 23 日，纪国故城被公布为省级重点文物保护单位。1989 年进行考古勘探时，曾对城墙东北角进行试掘。从残存的墙基看，城墙均为土筑，夯迹依稀可辨。故城呈长方形，东、西面各长 1.5 公里，南、北面各长 1.2 公里。故城分为外郭和内城两部分。在纪台村东南角，发现了一些石柱础石和汉代瓦砖以及春秋至汉时期的陶片和瓦片。学者推测此处应该是当初纪侯和纪国上层人物居住的内城。城内发现大量灰坑和灰层，此处可能是百姓住宅和各种作坊所在的郭城。故城遗迹尚如此宏大，可推想当初鼎盛之时纪国国都何等壮观。故城外四周有多处封土大墓，靠近故城者至少有 8 座，虽历经几千年风雨的洗礼依然傲然挺立。有的高 20 余米，顶部直径 10 余米，封土层次分明，夯迹清晰。专家推测这些大墓是当时纪国贵族的墓葬，但均无出土器物予以佐证。从时间上看，纪国故城始于西周，终于汉，先后延续了千余年，埋藏在地下的历史文物十分丰富。

1981 年，在距纪国故城一公里的吕家庄，发现了 10 余件东汉时期的铜器，包括 2 件鼎、1 件镂空铜熏炉、1 件三足盘、5 件鐎斗、1 件灯、1 件鱼饰等。出土的这批铜器对研究纪国故城的历史沿革有着重要作用。西周至春秋早期，纪国故城在今寿光市纪台镇附近。齐国灭纪国后，纪国是齐国的附庸，成为齐国的一个邑，更名为剧，原纪国的统治区域皆称作剧地。公元前 164 年，汉文帝封刘肥之子刘贤为菑川王，食三邑，都于此。王莽篡汉后，菑川国灭亡，剧地更名为俞。刘秀建立东汉后，菑川国并入北海郡。结合传世文献记载，纪国故城出土的这批器物应为东汉晚期器物。

1969 年，在烟台芝罘上夼村发现一座西周晚期的纪国贵族墓葬。墓东西长 4.1 米，南北宽 2.8 米，残深 3.6 米，出土有鼎、壶、匜、戈、钟、铃、鱼钩等器物。其中两件鼎的纹饰、形制基本一致，被称为己华父鼎和己侯鼎，内壁铸有铭文，记载了纪国国君赐予其弟叟任司戜之职，叟为此事作鼎纪念。1993 年，又在离上夼不远的毓璜顶东侧发现 1 件纪国青铜爵，时代属于西周中期。以上两处墓地的发现，表明今天的烟台芝罘区曾经是纪国的重要统治区。

烟台市上夼村出土的己华父鼎和己侯鼎

1974年，在莱阳前河前村发掘了一座西周晚期的纪国贵族墓，发现鼎、壶、甗、匜、盘等8件青铜器，其中壶和甗上有铭文，记载了纪国国君赐给小臣壶的事情。1975年，考古学者又对出土己侯壶的残墓进行发掘清理，发现107件陶器、多件铜器，另发现玉玦、玉管、鸡血石珠、石刻贝币、铜鱼形饰等装饰品。考古学者同时还对其他4座墓葬和1处车马坑进行了发掘，发现陶器、小件青铜器和玉璧、贝等器物。其中一座墓葬所属时期为春秋中期，随葬器物主要为陶器，以鬲、罐、豆、簋为主。墓底设腰坑及殉狗的葬俗与烟台上夼己侯鼎墓相同。墓中有殉人现象，反映出墓主人生前较高的社会地位。学者根据出土青铜壶上的铭文分析，这应该是纪国贵族的墓地。

2. 纪国的经济与文化

通过考古资料，我们可以对纪国的历史文化有较全面的认识。

纪国的纺织业非常发达。纪国中心位置大体在今寿光市境内，寿光位于山东省中北部、渤海莱州湾西南岸，地处鲁中北部沿海平原，资源丰富，适合纺织业、农业、盐业发展。夏代，该区域的纺织业就十分发达，《尚书·禹贡》记载："海岱惟青州，嵎夷既略，潍、淄其道……岱畎丝、枲、铅、松、怪石。莱夷作牧，厥篚檿丝。"从中可以看出今寿光这一区域丝麻纺织业在夏时已十分发达，这也可以与古"己"姓改为"纪"相联系。许慎《说文解字》

云："纪，丝别也，从糸己声。"又云："糸，细丝也。象束丝之形。凡糸之属皆从糸。"无论是糸、己还是纪，都像是弯曲的丝，都跟丝有密切联系。再加上山东半岛从古到今盛产柞蚕丝，而纪国也盛产柞蚕丝，并以柞蚕丝著名，因此古人便将原有的"己"加上了"糸"旁，成了"纪"。

除纺织业外，纪国的制盐业也十分发达。在寿光北部发现了多个西周时期的盐业遗址，如 1980 年于寿光市羊口镇发现的大荒北央盐业遗址，2003 年于寿光市羊口镇发现的双王城水库盐业遗址群等，都出土有大量盔形器。盔形器是生产海盐的容器，其产生年代大约为西周时期，这在一定程度上说明，渤海湾南岸在西周时期已经基本形成一套完整的制盐流程。此外，在寿光北部的薛家庄遗址、后乘马疃遗址、高家庄遗址、崔家庄遗址等，同样都发现了盔形器，说明寿光北部的制盐业比较发达。上述遗址大多位于寿光以北 40 公里以内。寿光一带是纪国的中心地带，加之文献中并无寿光境内其他诸侯国的记载，我们可以进一步推测，纪国在西周时期控制了渤海湾南岸的制盐业，发达的制盐业是纪国重要的经济产业之一。

齐国从建国之初，面积狭小且多盐碱地，不适合发展农业，于是姜太公通工商之业，便渔盐之利，十分重视海盐的生产。在齐故城临淄北部的一些遗址中也发现了许多西周时期的盔形器，但是其海水制盐的规模和能力远远不如纪国。进入春秋后，齐国开始振兴，成为山东地区的强国。为了进一步扩展版图，在争霸斗争中获利，齐国发展需要更多的资源，加之制盐技术不能在短期时间内提升，齐国势必要吞并纪国以控制其早已成熟的盐业，以获得更多资源。考古工作人员在发掘寿光北部的后乘马疃遗址时，发现了齐国的盂、豆等陶器，这表明齐国在西周后期就已经涉足纪国的盐业生产。

纪国的青铜制造业也非常发达。1983 年，在寿光古城村益都侯城遗址内发现了 64 件商代晚期青铜器，其中有铭文的有 19 件，形制大气、庄重。从这批出土青铜器可以看出商代时纪国的经济发展水平。从周代初期纪国尚能与齐国抗衡的情况来看，纪国的经济文化应当是十分发达的。

第四节　邾国历史与邾文化

邾国是邾泗流域的东夷部族建立的诸侯国，也是鲁南地区除鲁国之外势力较为强大的诸侯国。邾国与鲁国的历史近似，都是自西周初年建立，在战国晚期时为楚国所灭，前后延续了近八百年的时间。但与鲁国相比，传世文献中关于邾国史事和文化的记载非常简略，尤其是西周时期，几乎见不着稍微详尽的相关记载。司马迁在《史记·陈杞世家》中非常明确地指出，邾与滕、薛等诸国虽然历史非常悠久，但都“小，不足齿列，弗论也”。说明司马迁在当时或许能够看到有关诸小国的丰富资料，但他认为都是规模有限的小国，与齐、鲁、晋、楚等大国不能相提并论，故有意识地不为这些小国作传，更没有特意记载相关史事。但到了两千余年后的今天，司马迁当时看得见但又看不上的材料，都已在历史长河大浪淘沙的过程中被过滤掉了。但所幸的是，近年来出土的几批文物，尚可以为我们了解邾国的历史、认识邾国的文化提供重要的资料依据。现在，即以此为基础，简单介绍一下邾国的有关史事。

一、邾国的族属与疆域

邾国在历史上有多种不同的称呼和写法，如邾娄、鼄娄、邹、陬等，其中以邾和邹为主。从时间上看，两种称呼有时间先后的差别。早期称邾，约公元前 382 年，邾穆公即位之后，开始改邾为邹。邾穆公与孟子为同时代人，其时已到战国中期。可见，邾的称谓使用时间要远长于邹，但后世多用邹而少用邾。

有学者认为，邾人在远古部族时是以蜘蛛为图腾的。今天见到的邾国故地出土的铜器铭文中，“邾”字多写作蜘蛛之形，这很可能是其早期图腾的孑遗。相传，出自黄帝一系的颛顼后裔陆终氏娶鬼方氏之妹，名为女嬇，生六子，第五子名为晏安，夏代时赐为曹姓，是为曹姓之祖。有学者认为，远古的蚩尤族也曾把部落建立在大庭氏（曲阜）之南的陬地——邾娄，其部族名称也出自邾娄，因“蚩”与“邾”，“尤”与“娄”音近，于是呼之曰“蚩尤”。蚩、尤二字皆从虫，为龙蛇之象。周武王灭商建立周朝之后，在褒封历代先王之后时，曾特意将晏安的后裔曹侠封在邾地建立邾国，附庸于鲁国。邾为国名，邾人以邾为氏。《通志》对此记载道：“邾氏……周武王时，封安之苗裔曰邾挟为附庸，居于邾，今兖州仙源东南四十里古邾城是也。”邾国又写作邾娄，战国时统称邹或驺。邾被后人尊为邹氏、朱氏、颜氏、娄氏等姓的始祖。可以说，从族源上看，邾是中华远古始祖黄帝轩辕氏的后裔，是正统的华夏先民。对此，著名学者王献唐先生在《炎黄氏族文化考》中有详细论述。

邾国的地理位置约在今山东省邹城市境内。考古发现的东周时期的邾国故城遗址大体位于邹城市南部峄山之阳，即今天邹城峄山镇纪王村周围，北枕峄山，南依郭山，东有高木山，西南是平原。整个故城遗址，东、南、北三面偏高，中心区域地势开阔，适合人类居住与生活。峄山的金水河自东北至西南穿过故城，故城总体近似长方形。

据《左传》记载，鲁文公十三年（公元前614年）时，邾国与邻国鲁国的关系恶化，两国摩擦不断，彼此之间多次用兵。邾小鲁大，邾渐渐不胜鲁国之扰。因此，邾文公通过占卜，毅然将都城迁移到峄地，即今天见到的邾故城。从地理位置上看，邾故城的西部至今邹城西南的郭里镇政府驻地，东部至今天临沂市费县城的西境或西南部，南部至今天滕州的安上村一带，北部至今天的邹城东北。鲁襄公二十一年（公元前552年）时，邾大夫名庶其者带着漆、闾丘两地投奔鲁国，说明漆、闾丘当为邾、鲁交界之地。

二、邾国的世系与史事

与前述诸小国相比，邾国的国君世系基本可以考见，尤其是春秋时期，多记载于《春秋》《左传》等传世典籍。除记录有国君世系外，还记有一些零星的史事。现分段总结如下。

1. 西周时期的郳国

周以前的世系今已不可考，周武王最早分封的郳国国君是曹侠。曹侠之后，据文献记载，其顺序是："侠生非，非生成，成生车辅，车辅生将新，将新生訾父，訾父生夷父。"说明郳国在西周时期的世系便依次是：曹侠、曹非、曹成、曹车辅、曹将新、曹訾父、曹夷父。此世系虽然前后完整，却只列国君的名字，而不记载其谥号。因此无法知晓每位国君执政时发生的具体史事，故只能缺而不载。

据王献唐先生考证，郳国在西周时期曾大肆对外扩张，先后吞灭了很多周边小国，如咸丘、邿、茅、于余丘、须句、根牟、阚、郰等。此时郳国与鲁国交往密切，郳国是附属于鲁国的低一级诸侯国，鲁国放手让郳国开疆拓土，并给予大力支持，使郳国很快发展起来。

还有学者认为，郳国在西周时期曾一度凭实力上升为伯爵之国。尤其是周宣王时期，郳夷父执政，曾有大功于周天子。周宣王为表彰其功绩，特将其庶子友分封在倪地，成立了新的小郳国。但数年之后，在鲁国伯御杀掉周宣王扶立的周懿公而自立为君的过程中，郳国曾坚定地予以支持。后来，周宣王兴兵伐鲁，杀掉伯御，扶立鲁孝公即位，同时也对伯御的支持者郳国给以严厉打击，不但剥夺了郳国国君的伯爵之位，而且将在位的郳夷父杀掉，新立其弟叔术为君。郳叔术是一位比较有仁德的国君，他在执政晚年之时，特意将国君之位让给自己的侄子、夷父的儿子夏父继任，自己则跑到滥地新建立了滥国。这便是郳国历史上有名的"叔术让国"事件。从此以后，郳国不但再一次降为鲁国的附庸，而且一分为三，地域和实力都大受影响，逐渐失去了曾经的辉煌。

2. 东周时期的郳国

春秋之后，郳国的史事记载开始丰富起来。公元前 722 年，鲁隐公摄政伊始，便与郳国国君仪父在蔑地会盟，重新建立友好同盟关系。

齐桓公为称霸努力之时，郳国正处在郳仪父执政时期。其间，郳仪父为齐国奔走各国，联络诸侯，并多次参加齐桓公组织的大小会盟。如公元前680年，齐率诸侯在鄄地会盟时，郳国积极参加。郳仪父的种种表现让齐桓公大为满意。待齐国霸业奠定之后，为表彰郳国的衷心，齐桓公亲自出面奏请周天子，封郳国为子爵之国，郳国国君始称“郳子”，位列诸侯。但郳国本是鲁国的附属国，鲁国非常愤恨朱仪父的行径，视之为叛逆，借故向周王诬告朱仪夫。公元前678年，周王听信鲁国谗言，派人诛杀了郳仪父。

郳仪父之后，郳国国君的世系为：

郳宪公琐，卒于公元前666年。
郳文公蘧篨，卒于公元前614年。
郳定公貜且，卒于公元前574年。
郳宣公牼，卒于公元前556年。
郳悼公华，卒于公元前541年。
郳庄公穿，卒于公元前507年。
郳隐公益，卒于公元前471年。
郳桓公革，卒于公元前474年。
郳隐公益，卒于公元前471年。
郳简公何，其卒年不可考。

郳简公之后的国君世系多已不可考。郳共公盂继位后，传位于郳考公良，郳考公良传位于郳世公艽，郳世公艽传位于郳易公孔父，郳易公孔父传位于郳穆公赂，郳穆公赂传位于郳静公牙，郳静公牙传位于郳萧公夯。约公元前255年，郳国为楚考烈王所灭。

郳国自郳侠建国之后，先后传了二十九任国君，前后延续了近八百年的时间，最后亡于楚国之手。从上述总结可知，郳国在春秋时期的国君世系还是比较清楚的，各任国君的名称、谥号和在位年数都非常清晰。但从郳简公开始，当历史年轮进入战国时代以后，邾国的历代国君只留其名，而缺少具体在位年数的记载。说明到了战国时代，在大国夹缝中生存的邾国彻底沦为三等诸侯国，已没有实力也很少有机会与诸大国进行平等交往，更无法与之抗衡，只能在大国夹缝之中艰难生存。

春秋战国时期，可称道的邾国史事主要有这样几件。

公元前666年始，邾文公继位之后，关于邾国史事的记载明显增多。公元前641年，强盛一时的宋国借故抓住了滕宣公婴齐。其后不久，宋、曹、邾在曹南会盟。其间，鄫国国君经过邾地，宋襄公授意邾文公杀死鄫子，并用其来祭祀神灵，想用此举来威慑东夷诸国。但鄫国是鲁国的姻亲国，更是鲁国的附属国。邾文公之举无疑会引起鲁国的反感。然而鉴于宋国的强大，鲁国暂时未做任何反应。两年之后，即公元前639年，邾国又凭借着自己与宋国的友好关系，公然出兵灭掉了东夷的须句国，并将国君须句子赶往鲁国。此时，宋国已经衰落，宋襄公的图霸举动也宣告失败。鲁国果断出兵进攻邾国，成功夺回了须句之地。为此，邾国人出兵进攻鲁国，并利用鲁人的轻敌心理，大败鲁国，成功缴获了鲁僖公的头盔，将其悬挂在邾国的城门上，以炫耀武力。公元前627年，鲁僖公为雪前耻，再一次发兵攻邾，邾国并未进行严密防守，鲁国大胜，并将邾邑訾娄收归己有。訾娄是邾国北部边境上的重要城邑，其失守后，邾国危在旦夕。同年秋天，鲁襄仲继续率兵伐邾，试图一举攻灭邾国。但不久之后，鲁僖公便去世了，新上任的鲁文公没有很强烈的亡邾意愿。邾国也因此得到了喘息的机会。

鉴于訾娄失守，邾国北部大门洞开，鲁国军队又攻陷了訾娄周边的诸附属城邑。为了确保都城安全，邾文公决定将都城从原来的陬邑搬迁到峄地，此次迁都成为邾国发展的重要转折点。

学者已据相关资料指出，邾文公是邾国历史上的关键人物，他盲目对外扩张引起鲁国的反扑，使邾国从之前的兴盛转入长时间的衰落中。自邾文公迁居后，邾国的历史便迅速走向衰落，直到战国末期为楚国所灭，邾国再未能恢复到之前的兴盛状态。

公元前488年，郳隐公在位时，鲁国军队成功攻陷了郳国都城，并俘获郳隐公，消灭了郳国。其后不久，郳隐公又回郳复国，但多有失德之处，郳国百姓对其统治多有怨言。刚刚强盛起来、正欲争霸中原的吴国便借机俘虏了郳隐公，扶立隐公之子革继位，是为郳桓公。

公元前473年，勾践灭吴，复兴了越国后，郳隐公借越国之力再次回郳复位，并将其子郳桓公赶出国门。不久，越国出面再次拘捕了郳隐公，然后扶立郳公子何即位，是为郳简公。与孟子同时代的郳简公名声稍好，自简公之后，历代国君都乏善可陈。直至最后为楚国所灭，郳国再没有可陈之事。

有学者认为，郳国的灭亡主要是君主的昏庸无能和统治集团内部的权力斗争导致的。郳悼公时郳国大夫庶其投奔鲁国，并把郳国的漆和闾丘献给鲁国。郳庄公时，郳国大夫黑肱悄悄将本国的一座城池送给鲁国，希望鲁国在政治上可庇护他。郳隐公时，鲁国伐郳，都打到城门下了，郳隐公还在享用乐舞。自郳隐公开始，郳国国事动荡不安，鲁国频繁进攻，郳国只好苟延残喘，向鲁进礼纳贡以示臣服。就在这种内忧外患的危局之下，南方的楚国势强，逐渐吞并其他小国并向东扩张，郳国在第二十九代国君时为他国所灭。

郳国的灭亡有很多种说法，最普遍的说法是郳亡于楚，与此相关的文献记载的时代较早。还有一种说法认为郳亡于鲁，因为郳、鲁之间常有战争。但当时楚作为南方大国，有向东吞并之势，且周边的徐、小郳以及鲁国等都为楚所灭，因此楚灭郳的可能性更大一些。但由于史料文献的严重缺失，对于其何时何地亡于何人之手，尚没有形成定论，有待于进一步考证。

三、考古学视野中的郳文化

与前述其他各国相类似，近年来，有关郳国的考古资料也时有发现，为我们认识郳文化的原貌提供了重要的资料依据。其中最重要的，当数对郳国故城的发掘与研究。

郳国故城遗址位于山东省邹城市南10公里的峄山镇峄山南麓纪王城村周围，北枕峄山，南依郭山，东有高木山，西为平原，整体地势为向西开放的小盆地。清代以来，该遗址就以出土大批陶文而著称。学术名家陈介祺、王献唐等都有相关研究著作问世，王献唐还曾亲赴该遗址实地考察陶文的出土情况。

2015年至2018年，山东大学联合邹城市文物局在邾国故城遗址开展了大规模的田野考古工作，取得了重要收获。

首先是对城墙和壕沟的解剖式研究。西墙应是对外联系和防御的重点。东、西两墙的北端均与峄山山坡相接，形成天然屏障。北墙和南墙因年代久远缺损严重。西城墙及城外壕沟的兴废过程整体可分为三个时期：春秋中晚期为初始时期，出土有陶瓮、盆、鬲等残片，城墙采用堆筑法，未见明显夯筑痕迹；战国至汉代为使用扩建时期，出土有瓦、盆、罐和铜镞等，城墙为版筑而成，可见明显的单棍夯打迹象；汉代以后为废弃阶段。

其次是对宫殿区皇台的发掘。宫殿区皇台位于城址中部偏北，为高出地面约4米的一处台地，当地百姓称之为“皇台”。考古人员后期又在皇台附近发掘，发现了灰坑、沟渠、房址、墓葬、水井、窑炉、灶以及部分柱洞等遗迹。该区域出土有大批遗物，如陶器有鬲、盂、豆、罐、盆、釜、缸、瓦、瓦当、砖等，年代多属春秋、战国和汉代，另有少量北朝至隋唐时期的文化遗存。

然后是对贵族墓地的发掘。贵族墓地位于城址北部，南起皇台北壕，向北延伸至峄山脚下，地势由北向南逐渐降低，土质为较深厚的黄土，东西两侧的黄土略高，形成南北向高岗，俗称“东岗”和“西岗”。在抢救性发掘中，发现一座甲字形大墓，推测墓主人为女性。该墓出土有多件典型越国风格的原始瓷器和印纹硬陶，反映出邾国上层贵族与越国有密切交往，间接证明了此时越国国势强劲、北上称霸中原的史实是准确的。综合判断可知，墓主人应为战国早期邾国的国君夫人，但也不排除此墓墓主人来自越国的可能性。

最后是对仓储区的发掘。在仓储区发现了陶量、陶罍。这些陶量、陶罍上多刻有“邾”字。多数陶器的年代属于战国时期，泥质为红陶或灰陶。

依据这些考古发现，我们可考见郳国文化的些许信息。与其他诸国相比，郳文化在以下两个方面尤具特色。

一是发达的陶器艺术。与莒、莱、纪等诸侯国相比，郳国有非常发达的陶器艺术，尤其体现在陶器文字上面。据不完全统计，清代之时，郳国陶文便已多见诸记载。清末著名收藏大家陈介祺在其《簠斋藏陶》一书中，就已经收录诸多郳国的陶文资料。民国时期，著名学者王献唐先生曾专程到郳国故城收集陶文资料，并出版《邹滕古陶文字》一书。新中国成立以后，邹城市相关部门又先后收集带有文字的陶片3000多件。这些数量众多的陶文资料主要是春秋战国时期的，秦汉时期的较少。这说明在先秦时期，郳国的陶器制作和陶文刻写的技艺是非常高超的。

二是发达的学术文化。郳国由于和鲁国接壤，自建国之初便与鲁国频繁往来，深受鲁文化的影响和熏陶。尤其是鲁国的学术文化和学术氛围，深深影响了郳国。从现在来看，郳国是儒学发展的重要地区。孔子的孙子子思曾到邹地讲学，子思的学生孟子曾迁居于邹。他们在郳地讲学、传道，不但深化了自己的理论学说，也影响了郳地的文化氛围。据《韩非子·显学》篇记载，孔子去世以后，儒家分为八个大的派别，其中有“子思之儒”，也有“孟氏之儒”，这两大儒家后学都曾在郳国生活学习过。战国晚期的郳穆公向孟子请教治国之道。孟子曾谆谆告诫他要施仁政，要爱民省刑，亲附百姓。郳

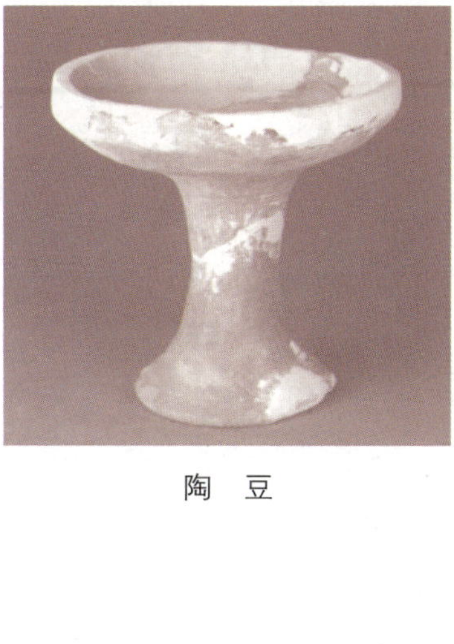

陶　豆

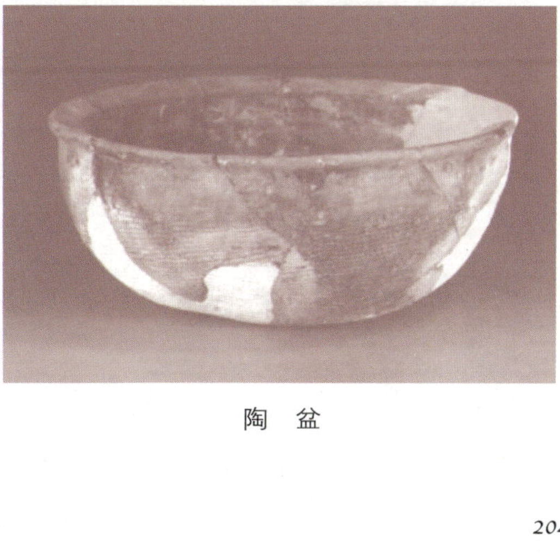

陶　盆

穆公依其言，用孟子的儒学治国，使邾国实现了短暂的兴盛。后人在指称儒家时，往往说“邹鲁之士”“邹鲁缙绅先生”等，将邹、鲁连称，说明邾国的儒家文化氛围也是非常浓厚的。在春秋战国时期，除了鲁国，邾国应是受儒家文化影响最深的，邾国信奉儒家思想的氛围也最浓厚。

综上，邾国是春秋战国时期重要的封国，孕育了孟子等儒学大家，邾国作为东夷文化、邾娄文化的继承者，形成了邹鲁这一中华文化昌盛之地的代名词，邹鲁大地为中华文明的形成与发展做出了突出贡献。

第六章 齐、鲁诸国的政治交流与文化互动

在诸国林立的先秦时代，齐、鲁两国自建国之日起，便与周边国族进行多种方式、多种程度的政治往来和文化互动。在交流过程中，由于国家利益的需要和政治立场的变动，在一定时期内所选择的对外交流的对象可能会有所不同，文化交流、碰撞的主体也不一样，但持续不断地与外族进行广泛交流、最大限度地寻找政治盟友、减少敌对势力，从而确保国家安宁和文化繁荣，应该是每个历史时期的君主都应时刻思索的重要政治问题。

从现有资料来看，齐、鲁两国在八百余年的历史进程中，与周边国族开展了大量的政治、经济与军事交流活动。齐、鲁文化也在交流过程中与周边文化进行碰撞、融合，并在这一过程中不断升华与创新。可以说，我们今天看到的齐鲁文化，不仅仅是齐、鲁两国先民独自创造的独具特色的地方文化，更多的是多种文化交流与碰撞之后最终形成的综合性的地域性文化。齐鲁文化融合了太多其他诸侯国的文化基因，只是经过长时间的吸收和融合，已经很难清楚地分辨出哪些是土生土长的文化，哪些是吸收的别国的文化因素。这来自不同地域、不同群体的多国族文化的融合体，才是真正的齐鲁文化。

有鉴于此，要更深刻地认识齐鲁文化，必须深入了解齐、鲁两国与周边诸国族政治交流与文化碰撞的详细历史。现在，我们即利用《左传》《国语》《战国策》《史记》等传世文献资料，以及甲骨文、简牍帛书等出土资料，对齐、鲁两国与其他国族的交流情况进行简要梳理。

需要说明的是，文化的交流是抽象而微细的，文化的互动和吸收是潜移默化的，很多时候都不容易被清晰展示出来。诸国族在进行政治、经济、军事等交流过程中发生的每一件事情，都伴随着彼此的文化交流与观念碰撞。不同国族之间每次开展的政治、经济与军事交流活动，都是齐鲁文化对外交流与融合的一部分。

第一节　齐、鲁两国与周王室的互动与交流

作为周天子分封在山东地区的两大重要侯国，齐、鲁两国自西周初期开始，对外交流的主要对象便是周王室。后世所说的齐鲁文化，也是在充分吸收了周文化基础上而形成的侯国文化。尤其是西周时期，齐、鲁两国公室奉行的官方文化，基本上都是对周文化的直接复制。在复制的过程中，鲁国由于实行伯禽的“变其俗，革其礼”政策，不但要求国内上层贵族遵守周文化礼仪规范，也在最大程度上用周礼影响和改造了鲁地的土著文化和东夷旧俗，从而使周礼文化在鲁国得到较大程度的推广和流传。与鲁国不同，齐太公在建国之初即实施“因其俗，简其礼”的文化政策，较大程度地保留东夷文化和殷商旧俗，但齐国公室及上层贵族所奉行的，主要还是周人礼乐制度（详细论证见下文）。春秋之后，周王室衰微，周礼崩坏，齐、鲁两国才在周礼的基础上，根据本国具体国情和文化传统，努力发展独具特色的侯国文化，从而形成后世所谓的齐文化和鲁文化。

一、鲁国与周王室的交流

据《左传》《史记》等典籍记载，作为周公的后裔，鲁国与周王室的关系最为亲密。鲁国不但在分封时所获物品最多，而且还被赐予郊祭文王之权，还可享天子礼乐。对此，清人高士奇在所著《左传纪事本末·王朝交鲁》中曾根据相关资料十分形象地总结道："周之最亲莫如鲁，而鲁所宜翼戴者莫如周也。"按照《周礼》《仪礼》所载宾礼、聘礼等典制的要求，鲁国与周王室之间应该多有往来。据文献记载，春秋时期，在礼崩乐坏、天子权威急剧衰落的形势下，各诸侯国多已不再朝见周天子时，鲁国仍然与周王室保持着密切而频繁的聘问。据不完全统计，春秋时期王室对诸侯国的聘问活动总共不超过二十起，其中周聘鲁就有九起，几乎占据了一半。因此，在礼制完备的西周时期，鲁国与周室的交流、聘问次数应该更多。可惜的是，现有传世文献对此少有记载。略可以考述者如，《尚书·费誓》曾记载西周初年时，鲁公伯禽协助王室讨伐淮夷；《史记·鲁周公世家》曾记载鲁公伯禽封鲁三年后，报政于周王室；鲁武公曾在周宣王时，朝见周天子；鲁废公伯御时，周宣王曾派兵讨伐鲁国，并扶持鲁孝公即位，稳定了鲁国政局。除此之外，很难再见到关于西周时期鲁国公室与周王室交流行为的记载。

但现有青铜器铭文提供了新的资料依据。如现收藏于上海博物馆的鲁侯簋，时代属西周早期，其上铭文记载了周天子命令王臣明公率领三个宗族的兵力去征伐叛乱的"东族"，鲁侯随同出征，并立有战功。这里的明公一般认为是周公的次子君陈。鲁侯或认为是鲁国的开国之君鲁公伯禽，或认为是伯禽之孙鲁幽公宰。但无论何说，明公是鲁公伯禽的同辈兄弟，幽公是其晚辈。鲁侯配合明公出征，替周王室讨伐东国，从中既可看出周王室对周公一族的倚重，也能看出鲁国在西周时期与周王室之间多有联络。

2011 年，在陕西西安地区出土了一件西周后期的青铜器，作器者为伐，故称伐簋。伐簋上的铭文记载了周献公时期周天子派使者聘问鲁国的史实，可补文献记载的不足，有非常重要的学术研究价值。据伐簋铭文记载，周厉王七年时，王臣伐受天子之命前往鲁国聘问。鲁献公在其到来后，给予他大量赏赐，如圭瓒、彝肆、奴隶等。王臣伐非常感念鲁侯的恩德，便制作了这件青铜器记录此事，并大力颂扬鲁侯的高贵品德。从中可知，直到西周晚期时，周王室依然对鲁国信任有加，经常派使者赴鲁聘问，以加强彼此间的沟通与交流。

值得一提的是，在伐簋铭文中，接受天子之命前来鲁国聘问的伐，是周公在王畿之内的后裔子孙。据文献记载，鲁国虽然是周天子封给周公的诸侯国，但名臣周公长期留守王室，长子伯禽代其就国。周公在王畿内的采邑和官爵则由次子君陈世袭。周公去世后，伯禽一支世代为鲁侯，君陈一支世代做周公。两大支族里应外合，共同辅佐周王室。本铭文中的伐，有的学者认为即出自王畿内的伯禽家族。因此，伐簋上的铭文不但提供了周王室与鲁国交流的些许信息，更重要的是，提供了西周时期鲁国公室与王畿内其他周公家族交流互动的情况。①

因此，据现有资料可知，鲁国公室在西周时期不但与周王室定期聘问，互有往来，而且还与王畿之内的其他周公后裔多有交流。正是在与周文化频繁交流的过程中，鲁文化得到了极大发展，得以保持自己西周时期的大国地位。

春秋之后，一方面，周王室势衰，形同一个小诸侯国，已无力对各诸侯国实行有效控制。另一方面，诸侯坐大，实力已远远超过周王室，也不再需要接受周王室的控制与管理。因此各诸侯国便不再按照周礼的规定，对周天子进行定期朝见和聘问。据《春秋》《左传》的记载可知，春秋时期，遵照周礼规定，定期朝见周天子的诸侯国几乎不存在。能够心念周天子，偶尔派人聘问周王室的，也非常少见。与此同时，周王室也很少派使者聘问诸侯国，周王室与诸侯国之间的礼节性交往逐渐被废弃。

但鲁国属于其中的特例。通过梳理《春秋》《左传》中的相关记载可知，

---

① 李秀亮：《新出伐簋铭文所见鲁国史事探析》，《海岱学刊》第19辑。

在春秋时期诸侯国与周王室之间少数的聘问活动中，鲁国所占的比例最高。据不完全统计，春秋时期周、鲁间行朝见聘问之礼共十七次，其中，周王派人聘鲁九次，鲁大夫聘周五次，鲁君朝见周天子三次。周人聘鲁的事例有：

公元前 716 年，鲁隐公七年时，周天子派遣王臣凡伯来鲁国行聘问礼。

公元前 714 年，鲁隐公九年时，周天子派遣王臣南季来鲁国行聘问礼。

公元前 708 年，鲁桓公四年时，周天子派遣宰渠伯纠聘问鲁国。

公元前 707 年，鲁桓公五年时，周天子又派遣王臣仍叔之子聘问鲁国。

公元前 704 年，鲁桓公八年时，周天子派遣王臣家父聘问鲁国。

公元前 671 年，鲁庄公二十三年时，周天子派遣王臣祭叔聘问鲁国。

公元前 647 年，鲁僖公十三年时，周天子派遣宰周公聘问鲁国。

公元前 600 年，鲁宣公九年时，周天子派使者聘问鲁国。

公元前 599 年，鲁宣公十年时，周天子先使季子聘鲁，然后又派遣王臣刘康公赴鲁报聘。

鲁大夫聘周的事例有：

公元前 630 年，鲁僖公三十年时，东门襄仲聘周。

公元前 626 年，鲁文公元年时，叔孙得臣聘周。

公元前 619 年，鲁文公八年时，公孙敖如聘周。

公元前 600 年，鲁宣公九年时，孟献子聘周。

公元前 549 年，鲁襄公二十四年时，叔孙豹聘周。

鲁君朝周的事例有：

公元前 632 年，鲁僖公二十八年时，鲁僖公朝见周天子。同年，鲁僖公再次朝周。

公元前578年，鲁成公十三年时，鲁成公到京师拜见周天子。

从中可知，自建国之日起，鲁国便与周王室保持着长期友好的联系。周天子对鲁国的重视和信任，要远胜于其他诸侯国。即使到春秋时期，周礼崩坏，鲁国仍与周王室保持着较为密切的联系。鲁国与周王室的交流次数远远多于其他诸侯国。这种交流有力促进了鲁国对周文化的接受与继承。当其他各诸侯国多已不知道周礼为何物时，鲁国却仍然保存着丰富的周文化典籍和礼乐彝器。春秋时期，别国公卿大夫不时发出的“周礼尽在鲁矣”的感慨，便是对鲁国遵奉周礼、维护周礼、坚守周礼传统的最高称赞。正是这份对周礼文化的坚守，让鲁国对周王室始终保持着一份诚挚的文化认同感和心理归属感。

到战国时期，鲁国日渐衰微，时刻面临着周边大国入侵和攻掠的危机，自顾不暇，便逐渐放弃了朝周、使周的活动。

二、齐国与周王室的交流

作为姜太公的封国，齐国在立国之初即肩负着替周王室镇服东夷、稳定东土的重要职责。据《左传·僖公四年》中的记载，周天子曾赋予姜太公及其后代极大的军事特权：“昔召康公命我先君大公曰：‘五侯九伯，女实征之，以夹辅周室。’赐我先君履，东至于海，西至于河，南至于穆陵，北至于无棣。”据此，在齐国东、西、南、北的各大小诸侯国，只要不服从天子召唤，历代齐国国君都可以随时遣兵征伐，以拱卫周王室、保证周土安宁。

伴随着守土安民职责的，是周天子对姜太公及其后人的特殊礼遇。据《史记集解》可知，姜太公建立齐国之后，鉴于他对周王室的特殊贡献，特允许包括姜太公在内的前五世国君都可以在去世之后安葬于周天子的王陵，世代护佑王室安全，所谓“比及五世，皆反葬于周”。这种高规格的政治礼遇是其他异姓诸侯国所不可比拟的。

从现有资料来看，齐国公室在西周时期与周王室交往甚密。姜太公虽然是齐国的始封君，但在治理齐国之余，还要辅佐周成王处理朝政，稳定周室。相传太公高寿，直到周成王晚年才过世。其子丁公继任后，仍然在周王室与齐都营丘之间频繁往来，以辅佐周天子。据载，齐丁公一生主要辅佐周康王，晚年时葬于周王畿。

在传世铜器中，有2件齐史疑觯，出自洛阳地区，时代属于西周早期。洛阳在当时属于周王室的成周洛邑，说明齐国在洛邑城建造之时，曾派遣史官去协助修建。1983年至1986年，陕西省长安县马王镇出土1件齐姜鼎，时代属于西周中期。有的学者推测这位齐姜很有可能是嫁入周王室的齐国女子，这说明西周中期时齐周之间曾有婚姻往来。

2008年至2010年，山东省文物考古研究院组队在淄博高青发掘了著名的陈庄遗址，并先后揭露遗址面积近9000平方米，发现了西周时期的城址、高规格的贵族墓葬、大型祭祀台基、50余件青铜器（其中近10件有铭文），发现了多座殉马坑、车马坑以及带刻辞的卜甲卜骨，还发现了大量的灰坑、窖穴、房基、道路、水井、陶窑等，多有收获。陈庄遗址是近半个世纪以来齐文化考古的重大发现，填补了山东周代考古的多项空白。遗址出土的青铜器上的铭文显示，齐地有一支归周天子直接统领的军队，名为齐师。齐师的首领便是姜太公的直系后裔，该师与齐国公室同宗共祖，共同守卫周王室的东土。而且之前出土的史密簋上的铭文显示，西周晚期时，生活于淮水流域的南淮夷部族大肆入侵周人的东部边境，齐师作为王室的主力部队出征抗敌，一举成功，粉碎了南淮夷的入侵行动。从中可知，终西周之世，齐国始终与周王室保持着密切的联系。虽然在现有资料中见不着齐人朝周、聘周的记载，但现有资料详细记录了齐人和齐师在危难之际守土安民、为周王室出征作战的重要史实，这在同时期的诸侯之中是非常少见的。

值得一提的是，高青陈庄遗址出土的刻辞卜甲显示，卜甲的钻凿和刻写都属于典型的周文化风格，与周公庙的周原卜甲属于同一文化系统，而与安阳殷墟出土的占卜甲骨有明显的区别。另外，从出土鼎、簋、盘、鬲等青铜礼器看，无论是形状、铭文字体还是纹饰，都与周王畿内所出的相差无几，属于典型的周文化礼器。这有力表明，在西周时期，齐国公室及上层贵族所尊奉的，主要是正统的周文化。太公建国之初，虽然采取了“因其俗，简其礼”的治国方针，允许东夷文化和殷商旧俗继续存在，但考古器物中凡出土自上层贵族墓葬之内的器物，基本上都体现出典型的周文化风格。齐国的王官文化仍然是单纯的周文化。历代齐国国君与鲁国国君一样，也在大力推广周文化，奉行周礼，以藩屏周。

周王室东迁之后，王室衰微，齐、晋、楚、秦等国趁机坐大，并通过不断的军事战争，侵略小国，攻伐他族，先后成为凌驾于周王室之上的实力大国。其中最先崛起的便是姜太公的齐国。终春秋之世，齐国与周王室联系密切，不仅多次拯救王室于危难之际，拱卫王室，而且协助周天子稳定中原秩序，维护周礼。其中最值得称道的，当数齐桓公时期的周齐关系。

春秋早期，周王室虽然衰微，但周天子仍然具有“天下共主”的权威。各诸侯国虽然势力有所增长，但若想在政治地位上有所提升，取得其他诸侯国的认可，仍然需要在法理上获得周天子的认可和支持。因此，迅速强盛起来的齐国不但没有与周王室断绝联系，反而进行更加密切的交流。公元前717年的冬天，周王室发生饥荒，向鲁国告难，鲁隐公向齐国等购买粮食救济周王室，齐国欣然供粮。公元前715年，在郑庄公的引荐下，齐僖公至成周朝见周天子，获得了周王室的重新认可。从此之后，齐国与周王室的深入交流正式拉开了帷幕。

公元前693年，齐襄公迎娶周王室宗室女王姬，齐、周正式联姻，以政治婚姻的方式大力提高齐国在诸侯国中的地位和影响力，为日后齐国的灭纪大业做好了准备。

齐桓公继位后，励精图治，任用管仲为相，在政治、经济、军事和外交等方面进行了全方位的改革，使国力大增。强大起来的齐桓公在管仲的劝导之下，以“尊王攘夷”为旗号，大力拱卫周王室，抵御来自周边蛮夷的侵扰，确保周王室和中原诸族的统治安全。公元前683年，齐桓公迎娶周王室宗室女共姬，进一步加强与周王室的联系与交流。在稳定了与周王室的关系后，齐桓公开始“挟天子以令诸侯”，多次以天子之名率诸侯之师平定叛乱。公元前 680 年春，齐桓公在周天子的号令之下，率领诸侯之师讨伐宋国。公元前 656 年，齐桓公联合鲁、宋、陈、卫、郑等诸侯共同讨伐楚国，维护周礼。不久，又率领诸侯之师“救邢存卫”，阻止戎狄入侵，守护了邢国和卫国的国土，从而使“邢迁如归，卫国忘亡”(《左传·闵公二年》)。为了奖赏齐桓公的功绩，公元前 651 年，齐桓公在葵丘之地大会诸侯时，周天子派王臣宰孔“赐齐侯胙”，从而正式确认了齐桓公的霸主地位。

春秋时期，周王室内部因争夺权力多次发生内乱，严重威胁了王室的安危，齐桓公作为诸侯之长，多次帮助王室平定内乱，维护王室内部稳定。

先是平定子颓之乱。周惠王继位不久，公子颓在卫国的支持下趁机作乱，意图抢夺天子之位。子颓乱军被周惠王镇压，子颓逃奔，卫国参与王室君位之争并支持以下犯上，严重挑战了周天子的权威。齐桓公以“尊王”为由，以周天子名义讨伐卫国，大败卫师，并且以周天子的名义责难卫国。齐桓公通过讨伐卫国对企图扰乱王室的异己势力予以震慑，保证了周王室的稳定。

其次，平定子带之乱。王子带是周惠王的儿子、周襄王的弟弟，周惠王想要废除太子郑而立子带为太子。为防止周王室再次发生内乱，齐桓公在首止与鲁国、宋国、陈国、郑国等诸侯会盟，太子郑也在场，诸国承认了太子郑的合法继承人身份。公元前 653 年，周惠王崩，太子郑即位，是为周襄王。周襄王忌惮子带会趁机叛乱，于是秘不发丧，紧急向齐国求救。齐桓公再次召集诸侯在洮之地会盟，先帮助周襄王稳定了朝局，然后举办周惠王的丧事，暂时稳定了周王室的秩序。对王位仍有觊觎之心的子带，于公元前 649 年，率领“扬、拒、泉、皋、伊、洛之戎”攻入王城作乱。为稳定周室，公元前 648 年冬，齐桓公派管仲协助周襄王平定戎难，最终平息了子带之乱。第二年春天，齐桓公又派遣卿士仲孙湫朝聘于周。子带之乱之后，戎狄常年来犯京师。为打破王室的困境，抵御戎狄侵犯，齐桓公多次会盟诸侯，召集鲁国、宋国、陈国、郑国、许国等诸侯戍守成周，以确保周王室的安宁。

齐桓公执政的四十余年间，高举“尊王攘夷”大旗，维护周礼，尊崇周室，并多次助周平乱，稳定朝局，协助周天子维护中原各国的政治利益，重建了社会秩序。齐桓公对周齐关系的发展以及周礼乐文化在春秋初期的有效发展，做出了巨大的历史贡献。

齐桓公之后，齐国霸业迅速衰落，并很快被晋国取代，齐国彻底失去了号令诸侯、拱卫王室的机会。而且为了在诸侯争霸中占得先机，齐国联络和结交的对象逐渐变为势力不断强大的晋、楚、秦等国。在对待周王室方面，齐国不但减少了与之交流的次数，也失去了之前的主动权，没有太典型的事例需要特别交代，在此从略。

战国初期，在田氏代齐过程中，齐太公和曾于公元前386年请求魏文侯向周天子说情，从而正式得到了周天子的认可，在法理上取得了治理齐国的合法权。从此以后，历代田氏齐君精心治国，称雄于诸侯，而此时的周王室却日益衰落，内斗不断，根本无力号令诸侯。从齐威王开始，齐国君主正式称王，取得了与周天子同等的政治权威。不久之后，齐闵王又称东帝，地位远在周天子之上，根本无暇也无心与周王室结交、联络。因此，战国时期的齐国与周王室并没有太多实质性交流，彼此之间文化碰撞与交流的机会也是少之又少，无法细数。

第二节　齐、鲁诸国间的交流与融合

除了周王室，齐、鲁两国在发展过程中，与周边诸国进行过多方面的政治联络与文化交流，并在彼此交流的过程中，不断壮大国力、发展文化。这里所说的周边诸国，从小的范围讲，指与齐、鲁两国接壤，同位于今山东地区的诸大小诸侯国；从大的范围讲，还应包括秦、楚、吴、越等曾在两周社会存在过的主要诸侯国。本节先重点介绍前半部分，至于齐、鲁诸国与秦、楚、吴、越等国的交流情况，放在下节进行介绍。

一、齐国与鲁国的交流

周初分封，太公望受封于东海之滨营丘，建立齐国；周公旦受封于“少昊之墟”，建立鲁国。齐、鲁两国隔山相望，比邻而居。作为分封在东方的两个大国，齐国、鲁国的使命相同，都需要做周王室在东方地区的稳固屏障，共同镇守此地势力强大的东夷部族和殷商旧部，确保周室东土安宁。据《国语·鲁语》记载，周成王在封建之时，曾让姜太公和鲁周公在神前相约盟誓，齐、鲁两国要互为友邦，两不相欺，“世世子孙，无相害也”。盟誓之后，周天子便将盟书藏在官府，由专人保管，以备后查。终西周之世，在历代周天子的强力监督之下，齐、鲁两国共遵盟约，各自发展，互不伤害，度过一段长时间的和平共处时期。

除此之外，传世文献对西周时期齐国和鲁国间关系的记载不多，唯《左传·隐公六年》曾记载，公元前717年，齐国和鲁国在艾地举行会盟时，称“始平于齐”，杜预在《春秋经传集解》中注释道：“春秋前，鲁与齐不平，今乃弃恶结好，故言始平于齐。”依此，齐、鲁两国在春秋之前似乎已有战争和冲突，并非一直和平共处。其实杜预在这里所说的“春秋前”，指的应该是《春秋》成书之前。从时间上讲，春秋社会正式开始于公元前771年，但鲁国的史书《春秋》一书却从公元前722年开始记事，两者中间差了近50年的时间。在春秋社会开始之时，执政齐国的是齐庄公，执政鲁国的是鲁惠公。从《左传》中的记载看，鲁惠公时期政局不稳，鲁惠公趁周王室自顾不暇之际大肆扩张领土，先后与西面的宋国和东面的邾国等发生过军事冲突。很可能是在这个过程中，鲁国与北面的齐国有领土之争，从而使西周时期的和平局面被打破。因此，鲁隐公摄政之后，便力改其父治鲁之弊，先后与宋、邾、齐等邻国建立友好盟友关系，最大限度地改善其父鲁惠公时期因战争而造成的孤立局面。

进入春秋社会之后，齐、鲁两国在西周时期坚守的和平共处的友好关系，迅速走向衰落。由于周天子已无力掌控各级诸侯国，各诸侯国便凭借自己的努力不断发展壮大。而且由于没有强有力的王权来维持诸国间的平衡发展，各诸侯国间的实力落差很快显现出来。就齐、鲁两国而言，齐国凭借因俗简礼的政策优势和尊贤尚功的治国理念，迅速发展壮大；鲁国却因背负传统的包袱，限制了自己发展的脚步。从春秋早期后段开始，齐国在整体实力上已远远超过鲁国。

这种综合实力的差别给齐、鲁之间的交流造成了巨大影响。下面即根据相关史料，对春秋时期两国的交流情况做一介绍。因内容较为庞杂，特对内容比较丰富的会盟和联姻两个主题进行重点考察，以期窥斑见豹，对春秋时期的齐、鲁关系有更深入的了解。

1. 齐、鲁会盟

会盟是春秋时期诸侯国间进行邦交活动的重要内容。诸侯国通过不同形式的会盟活动，维系关系、协调冲突、缔结协议、制定规则、分配权力，等等。据《左传》《国语》《史记》等史料记载，春秋时期，齐、鲁两国共同参加的会盟活动约 89 次，而两国单独会盟次数达 29 次之多。在不同的历史阶段，会盟的主题和内容都有所差别。

春秋前期时，诸侯争霸的形势不是很明显，还没有出现一个真正意义上的霸主，中原诸国的局势主要是以郑国和宋国的争斗为中心。这一时期，齐国参加了约 16 次会盟，鲁国参加了约 36 次会盟。从会盟的参加次数来看，鲁国在春秋初期的国际地位明显要高于齐国。而两国单独会盟的次数并不多，可考见的仅有几次，如齐僖公与鲁隐公的艾之盟、齐僖公与鲁桓公的嬴之盟和讙之盟、齐襄公与鲁桓公的黄之盟等，这说明此时两国间的来往并不是十分密切，不是彼此的重点交往对象。

齐桓公时期，齐国不断发展壮大，齐桓公通过北杏之会、鄄之盟等诸侯会盟确定了中原霸主的地位，成为中国历史上的第一位中原霸主，而此时鲁国实力式微，无力与齐国抗衡。为求生存，鲁国只好转变政治立场，积极结交齐国，踊跃参加齐桓公主持的诸侯会盟，以示臣服。公元前 681 年，鲁庄公与齐桓公在柯举行会盟，意味着鲁国正式加入齐国的阵营，投靠齐国。从此之后，鲁国基本上没有缺席过齐国参加或组织的会盟。据不完全统计，齐桓公作为中原霸主，共组织了大小约 28 次诸侯会盟，其中鲁国参加的有 23 次之多。这不但表明鲁国已经成为齐国最重要的盟友伙伴，也显示出这一时期齐、鲁之间的交流是以齐国为主导的，鲁国附属于齐国的霸权下，忠诚于齐国。

春秋中后期，齐国霸权衰落，晋国迅速崛起，并很快代替齐国成为中原地区的新霸主。与此同时，南方的楚国也不断发展壮大，挑战晋国权威。晋、楚两国的争斗成为这一历史阶段的主题，齐、鲁之间的会盟也在这一背景下进入一个新的阶段。据史料统计，这一时期齐国共参加了大小约 60 次会盟，鲁国共参加了大小约 104 次会盟，其中有约 47 次会盟是重合的，重合的即齐国和鲁国都参加的。这 47 次会盟活动大都是由晋国或者楚国组织的，这就说明此时齐国和鲁国都在追随或者依附晋、楚等霸权强国，齐、鲁之间的交流已深受晋、楚两国的影响。但就齐、鲁两国而言，齐国始终强盛于鲁国，依然是诸侯中的大国，在东方诸侯国中依然具有区域性的霸权地位，所以，即使在齐桓公霸业衰落以后，齐国仍然没有放弃对鲁国的控制。尤其是齐景公时期，晋楚两国的霸权争夺进入尾声，而齐国经过改革，国力增强，有了复霸的可能，于是齐国加紧了对鲁国的控制。据统计，齐景公时期，齐国先后组织了 12 次会盟，鲁国参加了 8 次，如夹谷之会、牵之会、蒙之盟、顾之盟、廪丘之会等，在这些会盟中，齐国对鲁国采取了强硬手段，鲁国几乎完全被齐国挟持，无力做太多反抗。

战国时期开始之后，齐国依旧强大，鲁国则更加衰落。齐国多次向南扩张，试图彻底消灭鲁国。鲁国为了生存，先后依附可与齐国相抗的魏国、越国和楚国等，以瓦解齐国的亡鲁之心。在各大侯国的强力干预下，齐国始终未能消灭鲁国。但齐、鲁之间的会盟与友好交流等活动已基本消失殆尽。

可以说，在春秋战国时期，会盟对于齐国和鲁国来说都是非常重要的外交手段。强势的齐国以会盟的方式胁迫鲁国服从于自己，而处于弱势一方的鲁国则通过会盟向齐国表示顺服，或者通过会盟联合其他强国如晋国等保护自己、制衡齐国。不同形式的会盟活动的组织与参与，几乎成了齐、鲁交流过程中的重要主题。

2. 齐、鲁联姻

联姻是齐、鲁两国邦交的重要组成部分，在两国的政治交流中扮演了重要角色，也产生了重要的影响。梳理《春秋》《左传》等资料可知，春秋时期，上至两国公室之间，下至两国贵族集团之间，通婚行为时有发生。其中，鲁国国君有六位夫人娶于齐：鲁桓公夫人文姜、鲁庄公夫人哀姜、鲁僖公夫人声姜、鲁文公夫人出姜、鲁宣公夫人穆姜、鲁成公夫人齐姜。齐国国君有五位夫人娶于鲁：齐僖公夫人（名字不详）、齐昭公夫人叔姬、齐灵公夫人颜姬、齐景公夫人重姬、齐悼公夫人季姬。两国贵族阶层间的联姻事例有：鲁宣公五年（公元前 604 年）齐高固娶鲁叔姬，鲁成公十一年（公元前 580 年）齐管于奚娶鲁声伯之母，鲁昭公四年（公元前 538 年）鲁叔孙豹娶齐国氏之女国姜等。考虑到文献记载的缺失，实际事例应远多于此。

对齐、鲁之间世代通婚的现象，学者虽已有较深入研究，但过去因材料所限，研究的时限最早只能到鲁桓公时期。对西周时期两国联姻的状况，多避而不谈，甚至认为西周时期两国没有通婚行为，鲁桓公夫人文姜、齐僖公夫人公子纠之母在齐、鲁联姻史上是有筚路蓝缕之功的。

但 2010 年前后，在淄博高青陈庄西周城址东南部的 18 号墓中，发现一件铜鼎，其上有铭文曰："鲁姬赐贝十朋，用乍宝尊鼎。"该墓中还出土了数件丰所作铜器，祭祀对象都是"甲祖齐公"，即姜太公。学者已确认丰为太公之孙，同时也是 18 号墓的主人。此处鲁姬"赐贝十朋"的对象，无疑也是丰。

依商周金文中女性称名的惯例，鲁姬应该是由鲁国嫁到齐国的姬姓女子。关于其身份，有学者认为是出生于鲁国的齐侯夫人，为丰之母亲或祖母。但此说有两点无法解释：其一，鲁姬若是丰的祖母，便不可能是姜太公之妻。因为与太公同为始封君的鲁侯伯禽与太公之子丁公同辈，断无嫁女于太公的可能。丰在其他诸器中祭祀和颂扬的"甲祖齐公"，便只能是其远祖。这与学者所主张的丰为太公之孙的身份的说法矛盾。其二，若鲁姬为丰的母亲，其身份便不会是齐侯夫人，而只能算是齐国公室小宗主的夫人。但这又不合铭文传统，因为至今似未有因母亲的赏赐而作器纪念的先例。因此，仅凭“鲁姬”二字，尚无法确认其具体身份。

鲁姬与丰的关系虽然不能确定，但她既然生于鲁国，又嫁至齐国，这一点便可作为齐、鲁两国在西周时期联姻的确证，填补了西周时期齐、鲁政治联姻的空白。

进入春秋社会之后，齐、鲁之间经常发生联姻活动，但在不同历史阶段，两国联姻的目的和内涵也有很大差别。

春秋初期，鲁国的政治地位高于齐国，两国在联姻过程中，都表现出极大的热情，且齐国的表现远比鲁国要主动。如文姜嫁给鲁桓公时，齐僖公为了表示自己的重视，竟亲自将女儿送到鲁国边境；而鲁桓公为尽快与齐联姻，竟然也亲自到鲁国边境去迎接文姜。按周礼规定，诸侯嫁女时不能亲送，结婚时不能亲迎。在此，齐僖公和鲁桓公都违背了周礼的规定。这说明两国对这次政治联姻都非常重视。

齐桓公时，齐国成为春秋霸主，实力全面强于鲁国。面对齐、鲁国力强弱的转变，鲁庄公在与齐国交流时便只好将姿态不断放低，所以在政治联姻时就变成了鲁国比齐国积极主动。如公元前 670 年，鲁庄公迎娶哀姜时，竟亲自到齐国去迎接。等哀姜到鲁国之后，鲁庄公要求国内的贵族夫人用违背周礼的最高标准接待哀姜。鲁僖公即位后，鲁国内乱刚刚平息，鲁僖公急需巩固与齐国的同盟关系，于是迎娶齐桓公宗室女子声姜为夫人。这两次齐、鲁联姻都是在鲁国处于绝对劣势下进行的，说明齐、鲁之间的实力天平已经向齐国严重倾斜。

春秋中后期，齐国霸权衰落，晋国逐渐崛起。面对如此形势，鲁国弃齐从晋，转投晋国，但仍与齐国保持友好关系。同时，齐国则不甘霸权旁落，急需鲁国这样的政治同盟来壮大自身力量。因此，这一阶段两国的政治联姻仍在继续，且双方都表现出了极大的主动性和积极性。公元前 625 年，鲁文公迎娶齐女出姜为夫人。公元前 606 年，鲁宣公迎娶齐国宗室女子穆姜为夫人。公元前577年，鲁成公迎娶齐女齐姜为夫人。与此同时，齐国国君也积极迎娶鲁国宗室女子，如齐灵公时迎娶颜姬为夫人，齐景公时迎娶重姬为夫人，齐悼公时迎娶季姬为夫人。如此频繁的政治联姻，说明两国都还需要借此维系双方的友好同盟关系。

进入战国时期之后，因史料缺载，齐、鲁两国的联姻情况都没有太明确的记载，这一时期两国是否仍然在频繁地进行政治联姻，无法详细考证。

关于齐、鲁之间的交流，出土资料中多有体现。如1956年在山东泰安徂徕发现了1件乘父士杉簋，时代属于西周晚期。乘属于齐国之地，乘父士山簋应该是齐人所作器物。1981年在山东诸城都吉台发现了1件齐国赒子叔子盘，时代属于春秋中期，春秋时的诸城尚属于鲁国所有，但子叔子是典型的齐国的人名称谓方式。1970年济南市历城区北草沟出土1件鲁伯大父簋，时代属于西周晚期。铭文记载了鲁伯大父为其女儿“季姬”作媵器之事。从出土物的地理环境推考，这位季姬很有可能嫁到齐国境内。这些文物的出土，说明齐、鲁两国在当时已多有政治与婚姻上的往来。

二、齐、鲁两国与境内其他小国的交流与互动

先秦时期，齐、鲁两国周围有众多小国，部族林立，很多与齐、鲁两国都有比较密切的交流和联系。下面将其中资料比较丰富的交往史事梳理如下。其中，与纪、莱、郕、莒等国的交往情况，在上一章中已有详细介绍，现在主要列举除此之外的交流情况。

1. 齐国与谭国的交流

谭国是位于齐国西部、今济南章丘地区的一个诸侯小国，属于夏商时期即已存在的少昊后裔的嬴姓小国。据《左传·公十年》记载，齐襄公之乱时，公子小白出逃避难，曾到达谭国，但谭国国君没有以礼接待。公子小白继位后，谭国国君又没有像其他诸侯国一样及时前来祝贺，故公元前684年时，齐桓公便以谭国失礼为由，出兵消灭了谭国。齐桓公灭谭后，为显示道义，在形式上保留了谭国而不直接占据谭国土地，在使其成为齐国的附庸之

后，至春秋中后期方逐渐将其纳入齐国版图。其实，无礼是齐国灭谭时所寻找的一个借口，出兵灭谭应该有更深层次的原因。其一，谭国拥有非常重要的地理位置，尤其是进出鲁西、鲁南的必经之地，齐桓公率师出征往来都要经过谭国，占据谭国有助于齐国更有效地进行对外扩张；其二，谭国地处平原地带，农业十分发达，吞并谭国，能为齐国提供更多的粮食。

2. 鲁国与戎国的交流

戎活动于今山东曹县西北，春秋初期与鲁国关系比较友好。公元前 721 年，鲁隐公在位的第二年，与戎会于潜（今山东济宁市西南），戎请盟而隐公未许。同年，戎再次请盟，于是双方盟于唐（今山东曹县东南）。公元前 710 年，鲁桓公二年时，为获得外交上的支持，鲁与戎重温旧好，并再次盟于唐。鲁庄公时期，因鲁国在与齐国的对抗中已经处于下风，公元前 676 年，鲁庄公十八年时，戎人趁机袭鲁，为鲁庄公所败。公元前 668 年，鲁庄公二十六年时，鲁人攻伐戎，应该就是对戎袭鲁的报复。此后，鲁、戎之间便没有了联系。

3. 齐、鲁与邿国的交流

邿国，又名寺国、诗国，是东夷族建立的妊姓小国，西周王朝建立之后，对其进行了褒封和追认，并使其附属于鲁国。关于邿国的地理位置，过去学者多认为在济宁境内，但在山东长清仙人台遗址被发现之后，学者认为邿国最初应该位于今山东省济南市长清一带，后来迁徙至今济宁一带。邿国在文献中仅出现于《左传·襄公十三年》中，时值公元前 560 年，邿国发生内乱，一分为三，鲁国出兵救援，并乘机吞并了邿国。1995 年，山东大学历史学系考古专业在仙人台遗址先后发掘了周代邿国贵族墓葬 6 座。墓葬的时间从西周晚期一直延续到春秋晚期，前后相差 200 多年的时间。6 座墓葬虽都曾受到不同程度的破坏，但多未遭盗掘扰乱。出土的文物有铜器、玉石器、陶器、骨角器、海贝等，共计 340 多件 (套)。其中带铭文的铜器有 7 件。据 5 号墓出土的邿子姜盘上的铭文可知，邿国的夫人来自姜姓齐国，说明在灭亡之前，邿国与齐国多有交流。鲁国之所以灭邿，应该跟春秋时期齐、鲁两国的交锋与冲突有关系。

清代末年，在原属鲁国故地的曲阜等地发现了郜季鼎、郜造遣鼎、郜遣簋等器物，时间从西周晚期一直延续到春秋早期，说明这段时间郜国与鲁国交流密切。

4. 齐国与遂国的交流

遂国是东夷虞舜族的后裔，妫姓，地理位置在今泰安宁阳县西北。西周灭商之后，对遂国予以名义上的承认。据 1986 年出土于陕西安康的史密簋上的铭文可知，遂国曾在西周晚期协助史密率领的齐师、莱人等，共同抗击南淮夷的入侵，并最终获胜，说明遂国在西周时期与齐国、周王室等时有交流。据《春秋》记载，公元前 681 年时，齐人灭遂。

5. 齐、鲁与杞国的交流

杞国是夏后氏的封国，姒姓，初都于河南杞县，后来东迁至山东境内，先后定都于新泰、营陵（今潍坊市昌乐东南）和淳于（潍坊市安丘）等地，战国初期为楚所灭。春秋时期，齐、鲁两国与杞国都有不同程度的交流。

公元前 710 年，鲁桓公二年七月时，杞侯朝见鲁国，因用夷礼被鲁国视为不敬。九月时，鲁师侵杞，以讨其不敬之罪。次年，鲁桓公三年时，曾与杞侯在今山东宁阳东北会盟，礼国借机向鲁国请盟，鲁国应允。在杞国的旁边，还存在着一个莒国，杞与莒长期不和，莒曾经讨伐过杞国。鲁国为了树立在小国中的威信，于公元前 700 年，鲁桓公十二年时，与杞、莒会盟于今山东宁阳县东北，“平杞、莒也”。鲁国对杞、莒矛盾的干涉，客观上对相对弱小的杞国起到了保护作用。

公元前 646 年，杞国受到淮夷的入侵，齐桓公号召诸侯救杞，在缘陵筑城并把杞都迁移过去。公元前 572 年，鲁国正卿季文子做媒，将杞桓公之女嫁给春秋霸主晋悼公姬周作夫人。后来，杞女为晋悼公生下一子，名姬彪，即后来的春秋霸主晋平公。诸侯所筑的缘陵城，即今天昌乐县东南约 25 公里处的营陵故城，已经过考古学者的多次钻探，但始终未进行过正式发掘。

清道光年间，在今天泰山新泰地区发现了一批杞国的器物，包括 2 件鼎、

5件簋、1件壶、1件匜、1件盆，时代属于西周晚期。其上铭文显示这些都是杞国国君为夫人郸曹所作的用器。杞国国君所作之器出现在鲁国境内，说明当时两国在政治和文化上多有互动与往来。

第三节　齐、鲁与其他诸侯国的交流与互动

虽然齐、鲁周边有数量众多的国族，但这些国族在春秋战国时期的历史舞台上只是充当了很小的角色。当时社会的主角，能够在某一时期呼风唤雨、掌控周王室、拥有霸主地位并号令各国的，反而是晋、楚、吴、越、秦等边远诸侯国。这些诸侯国凭借雄厚的经济实力、强盛的军事力量以及先进的政治制度等，对远近诸侯国以及春秋战国时代的文明化进程产生了重要影响。其间，为了更好地立足于诸侯国之间，齐、鲁等国与这些边远诸侯国进行了广泛而深入的往来接触，无论是礼仪聘问、军事冲突还是经济互动等，都伴随着双方文化的交流与融合。著名考古学家刘延常先生曾利用大量考古资料考论了诸国间的政治交流活动，并深刻地指出，齐、鲁诸国与周边各国的会盟、婚姻、人员往来、战争、赗赙与馈赠行为，对文化传播与融合产生了积极带动作用，奠定了齐鲁文化的大传统。东周时期周边古国之间的互动体现了社会变革阶段的时代特征——争霸称雄，促进了文化艺术的繁荣，也促进了地缘文化的融合。①

下面即根据相关材料，分类论述如下。

一、齐、鲁与晋国的交流

作为周武王之子、成王之弟唐叔虞的封国，晋国是西周时期重要的姬姓

① 参见刘延常等：《齐鲁文化的考古学解读》，《传承与创新：考古学视野下的齐文化学术研讨会论文集》，上海古籍出版社，2019，第242～266页。

封国。据《史记·晋世家》记载，晋穆侯的夫人齐姜即来自齐国，齐姜后来为晋穆侯生了太子仇与少子成师。这说明早在西周晚期时，齐国与晋国便通过政治联姻，加强了交流。

春秋之后，随着齐、晋的先后崛起，齐国和晋国之间的交流更为频繁。

东周初期，晋国公室与曲沃势力相互斗争，大宗与小宗之间相互对峙，直到晋武公时期才统一晋国。其间，晋文公、晋武公都与齐国保持联姻关系，晋文公曾娶齐女晋姜，晋武公少妾亦为齐女，晋文公重耳在齐国时也曾娶妻于齐，这些都是齐、晋世婚的历史延续。

到晋文公时期，齐国霸权衰落，晋国接替齐国成了中原霸主。此时，齐国正面临着来自楚国的威胁，与晋国结盟对抗楚国是此时齐国的最佳选择。公元前632年，晋国、楚国在城濮展开激战，晋国大捷，从而奠定了自己霸主的地位。不久，晋国和齐国等诸侯国在践土举行盟会，晋国与齐国正式结盟。此后晋文公、晋襄公、晋灵公组织的历次会盟和战争，如践土之盟、温之会、翟泉之盟等，以及对楚、郑等国的征伐战争，齐国都积极参与。

晋灵公之后，各诸侯势力发生了变化，晋国内部卿大夫争权夺利，诸侯离心，霸权衰落；齐国经过不断经营，国家实力逐渐增强；南方的楚国频频聘问齐国，向齐国示好。公元前597年，晋、楚爆发邲之战，晋师败绩，楚国成为新的霸主。楚国称霸后，积极联络齐国，瓦解齐、晋联盟。公元前592年，晋国使者郤克访问齐国时受辱而归，誓要复仇，使齐、晋维持了近半个世纪的友好关系开始走向破裂。

郤克在卷楚会盟时囚禁了齐国的使者，直接导致齐、晋关系走向破裂，齐国迅速选择与楚国结盟。公元前590年，齐师伐鲁，卫国侵齐、鲁，与齐战于新筑，卫师败绩。晋国出兵援救鲁、卫，与齐师陈兵于鞌，齐、晋之间爆发鞌之战，齐师败绩。此后，齐国多次围攻讨伐晋国的盟友鲁国，鲁国向晋国求救，于是晋国率诸侯之师前来讨伐齐国，双方爆发了平阴之役，齐国败绩，晋国军队长驱直入，一直打到齐国国都临淄，齐国全面溃败。

在晋国强大的武力威胁下，齐国不得不向晋国请和，两国在大隧之地举行会盟。公元前 550 年，栾氏在晋国发动叛乱，齐国趁机挥师伐晋，大胜而归。同年秋，晋国伐齐，齐派陈文子到楚国求助。楚国攻伐晋国同盟郑国以救齐国。公元前 548 年，晋国会诸侯于夷仪，联合讨伐齐国。齐国向晋国求和，诸侯会盟于重丘，齐国与晋国结盟，重新听从晋国的领导。

春秋后期，晋、楚霸权走向衰落，进入弭兵阶段，晋、楚两国长时间的武力对抗暂告结束，齐、晋两国的关系也由对抗走向缓和，保持稳定的外交关系，两国维持了长达四十多年的和平。春秋战国交替之际，晋国卿士之间的斗争愈加激烈，最后晋国一分为三，发展成韩、赵、魏三个国家，齐国也出现田氏代齐，齐、晋关系进入了新的发展阶段。

战国时期，魏国、赵国、齐国先后崛起，且彼此接壤。为扩张领土、壮大势力，齐国与魏国、赵国以及韩国之间多有交流。如公元前 481 年，田常杀齐简公之后，因害怕诸侯出兵干涉，便主动与韩、赵、魏等国交好。田庄子时，齐国曾配合秦、楚伐魏。公元前 405 年至公元前 404 年，齐国两次为晋所围，陷于被动挨打的困境。公元前 390 年，齐国再次配合秦国伐魏。公元前 387 年，齐、魏暂时和好，会盟于浊泽，请魏武侯代告天子，齐请列为诸侯。公元前 382 年，齐、魏两国联合伐赵。公元前 354 年，魏国联合宋、卫进攻赵国时，赵国向齐国求救。齐国以田忌为将，以孙膑为军师，围魏救赵。公元前 342 年，魏国进攻韩国时，韩国也向齐求救。齐威王再次派遣田忌和孙膑出征，通过马陵之战大败魏军，成功营救了韩国。公元前 341 年，齐、秦、赵三国分别从三面进攻魏国，魏国再次战败。经过这三次大规模的战争，魏国实力严重受损，齐国的威名则大震诸侯。在齐国的不断进攻之下，公元前 336 年，魏国不得不向齐国求和。魏惠王不但亲自朝见齐威王，而且在徐州（今山东滕州东南）尊齐威王为王，同时齐威王也尊称魏惠王为王，这便是历史上著名的“徐州相王”事件。其后，秦国势大，齐与三晋曾多次联合攻秦，可惜多无功而返。总之，战国时，齐与三晋之间多有交战，互有胜负，但最终都为秦国所灭。

与齐国不同，鲁国与晋国虽然是同姓之国，但在西周时期及春秋前期并没有直接来往。城濮之战后，鲁国迅速向晋国靠拢。自公元前 635 年之后，晋国召集的践土之盟、温之盟、翟泉之盟等，鲁国都积极参加。但春秋中期以后，晋、鲁两国的交流受齐国的影响比较大。当晋、齐邦交正常时，晋、鲁之间邦交关系融洽；当晋、齐发生冲突对战时，或晋国想牺牲鲁国的利益交好齐国，或齐国想利用攻击鲁国来削弱晋国时，鲁国与晋国的关系便立刻受到冲击。

晋国在晋文公、晋襄公执政时，国力较为强盛，齐国听命于晋国，晋、鲁关系融洽。城濮之战后，鲁僖公参与了晋国主持的践土之盟，成为晋国霸主事业的首批参与者。公元前 630 年，公子遂初聘于晋，鲁、晋正式结盟。公元前 631 年，晋文公因新得曹国地分之以诸侯时，鲁僖公派臧文仲前往受地，臧文仲一路急行，第一个到达，晋国非常高兴，便将“自洮以南，东传于济”的大片土地都赏赐给了鲁国。第二年，臧文仲再次如晋，拜谢晋国的赏地之举。在这种友好同盟关系中，鲁国既得到了晋国的保护，也使自己的政局实现了稳定发展。而晋国也利用鲁国的影响力来吸引东方小国，以扩大自己的国际影响力。

但自晋灵公之后，晋国霸业衰落，齐、晋矛盾逐渐激化。为试探晋国的态度，齐国多次对鲁国兴兵，晋国虽时有兴兵之举，但多不敢与齐国正面交锋，反而每次都要向鲁国收取大量贿赂。在这种形势下，鲁、晋关系出现裂痕，鲁国重新与齐结盟，听命于齐国。为挽回败局，晋国数次讨伐齐国，并在鞌之战中迫使齐国将汶阳之田归还给鲁国，晋、鲁两国重归于好。但公元前 583 年，晋景公十七年时，晋国为了联齐抗楚，竟让鲁国将汶阳之田归还齐国，以示好于齐。鲁国怨晋，便有意向楚国靠拢，意图脱离晋国的控制，鲁、晋关系再次走向危机。公元前 562 年后，鲁国季孙氏、叔孙氏和孟孙氏三分公室，晋国也是六卿势大，渐掌公室之权，两国国君的实权都被剥夺，晋、鲁两国的交流开始由公室之交转为卿大夫家族之间的交流。

春秋晚期，鲁国先是在齐国的攻伐下脱离中原联盟，完全依附于齐国。与齐国的联盟瓦解后，鲁国又与吴、越两国交好，鲁、晋关系走向平淡。

战国时期，鲁国迅速衰落，在齐、楚等大国之间正常生存已很困难，没有精力与三晋发生太多的联系。

清代时期，在鲁故地即今济宁地区曾发现 1 件平阴戈，时代属于春秋时期。据《左传·襄公十八年》记载，公元前 555 年，晋平公曾率十二国诸侯联军攻打齐国，齐国御诸侯于平阴，双方在此相持了一个多月后，齐国兵败，诸侯联军由平阴进攻齐都临淄。这件平阴戈应该是鲁国作为诸侯联军之一协助晋国攻齐时制作的，体现了鲁、晋、齐之间的军事交流。

二、齐、鲁与楚国的交流

楚为芈姓宗族建立的国家，始祖季连，周文王时期鬻熊称臣，周成王时期熊绎被封于楚地，建都丹阳（今湖北省秭归东南）。西周灭亡，周平王东迁后，楚国开始兴起壮大。《国语·郑语》曾记载，周平王东迁后，齐、秦、楚、晋在成周的四周兴起。到楚武王时期，楚国疆域范围向北已经延伸到长江中游和汉水流域，成为成周以南地区唯一的强国。实力不断壮大的楚国将势力范围不断向北延伸，通过连续的征伐，楚国疆域不断扩大，对中原诸国构成了严重威胁。春秋时期，齐国和楚国都是实力强大的重要诸侯国，在争夺霸业的过程中，两国的对抗与交流对春秋社会历史进程的发展起到了关键作用。

据《史记·楚世家》记载，楚文王在位十一年后，楚国的实力已经非常强盛，此时正逢齐桓公开始称霸诸侯。楚文王试图北上拓展疆土，并不断与郑、宋等中原国家发生正面冲突。楚国的北上严重影响了齐国的霸业，故齐桓公不断打着“尊王攘夷”的旗号，联络中原各国遏制楚国的侵伐，保证中原的安危。两国的对抗已不可避免。公元前 666 年，楚国挥师北上伐郑，齐国率诸侯联军赶到，楚师遁走。这是齐桓公首次遏制楚国北侵中原。公元前 659 年，楚人因郑国臣服于齐而连续讨伐郑国，齐国在荦地大会诸侯，谋划抗楚救郑之事。公元前 656 年，齐国联合鲁、宋、陈、卫、郑、许、曹等诸侯国征伐楚国的盟国蔡国，旋即挥师南下继续伐楚。面对齐国所率诸侯联军的威慑，楚国妥协，表示愿意加入以齐国为首的诸侯联盟，双方在召陵订盟。齐桓公此次伐楚在很大程度上抑制了楚国的北进，使中原诸侯在相当长的一段时间内不再受楚国的骚扰。

齐桓公去世后，齐国霸权衰落，楚国蠢蠢欲动，再次北上。公元前641年，楚国、郑国、齐国、宋国、鲁国等诸侯在鹿地会盟，楚国俨然以盟主自居，但齐国因国势衰落，对此已是无能为力，只能默认楚国的霸主地位。不久之后，晋国逐渐崛起，开始重拾中原霸主地位，并带领中原各国联合抗楚，从而与楚国展开了长达百年的争霸持久战。在这一时期，齐国内忧外患，国力式微，已经失去了与晋、楚争夺霸权的机会，但齐国的实力仍不容小觑，依晋则晋强，联楚则楚盛。公元前632年，晋国联合齐国等诸侯与楚国在城濮决战，大败楚国，齐、晋交好。在认识到齐国的重要性后，楚国也努力改善与齐国的关系。楚庄王多次派重要使臣出使齐国，不断缓和与齐国的关系，从而使楚国开始离晋亲楚。在齐国的亲附下，公元前597年，楚国率军围攻郑国，晋国派军前去救援，双方在邲地大战，楚国大胜，一举奠定了其春秋霸主的地位。楚国与齐国关系继续向好发展，公元前590年，晋国联合鲁国、卫国、曹国共同伐齐，楚国联合其他诸侯联军共同营救齐国，并与各诸侯在鲁国蜀地结盟，从而壮大了楚国的霸业。

进入战国时期后，齐国雄踞东方，楚国独霸江南，二者遥相呼应，彼此联络，共同对抗强大的秦国和三晋。为打破秦、齐联盟，秦惠文王派张仪出使楚国，成功瓦解了齐、楚联盟。从此之后，秦数次攻楚，齐按兵不救，楚国丢城失地，破坏齐、楚联盟的楚怀王也最终身死秦国。可以说，齐、楚联盟的破裂是战国局势发生转变的重要节点，秦国借此一家独大，迈开横扫六国的步伐，并最终消灭了包括齐、楚在内的全部诸侯国，统一了天下。

与齐相比，鲁国与楚国直接接触最早在鲁庄公时期。公元前671年，楚成王问鼎中原时，曾派人出使鲁国，欲与鲁结成联盟。但当时的鲁国仍视楚国为蛮夷之国，从内心深处看不上它，故没有答应楚成王的要求。齐桓公称霸时，鲁国还多次参加诸侯联军，共同攻伐楚国。

齐桓公去世之后，楚国再度北上，鉴于鲁国在当时尚属于中原大国，公元前 639 年，楚国攻伐宋国后，曾特意派人将战利品送给鲁国，以示结好。此时的鲁国正遭受齐国的侵扰，急欲结交强国对抗齐国，正有意识地结交楚国，派人参加了楚国主持的亳之盟，正式与楚国结盟。此后数年，鲁国不断借楚人之手攻伐齐国，夺取了齐国的部分城邑，鲁、楚关系进入“蜜月期”。

但没过多久，晋国称霸，鲁国很快便摆脱楚国，投奔到晋国的阵营中，多次协助晋国攻伐楚国的盟友。但鲁国也不敢公开与楚国对抗，一旦晋国势弱，鲁国便马上结交楚国。公元前 595 年，楚国围困宋国时，鲁宣公便及时派大臣公孙归父出使楚国，会见楚庄王。公元前 589 年，晋、齐鞌之战时，楚国借北上救齐之际，发全国之兵攻伐鲁国和卫国，鲁国在告急于晋无果后，只能派大夫孟孙氏前往楚军，向楚人献上大量的木工、缝纫工和织工等工匠后，才最终使楚退兵。

晋楚争霸的晚期，晋国内部卿权相争，公室势力大衰，对外又贪求无度，各盟国都不堪其扰。鲁国急欲摆脱晋国的控制、投奔楚国的阵营，但又不敢公开表态。公元前 546 年，晋、楚等 14 个国家举行弭兵大会，正式确立了晋、楚两个诸侯盟主，鲁、卫等小国要同时向晋、楚进贡，并定期朝见和出使两大盟主国家。自此之后，鲁、楚的交流逐渐增多。

直到春秋晚期，楚国因不断受到东部吴国的入侵而无暇北顾，鲁国才算在相当长一段时期内摆脱了楚国的控制，独立发展。但战国时期开始后不久，鲁国为了化解强齐的侵扰，又先后投向楚国，试图联楚抗齐。但此时的楚国早已没有了与鲁国和平共处的耐心，在与鲁国交往的过程中，不断攻略鲁国的边境，并于公元前 249 年，彻底消灭了鲁国。

1963 年，在山东肥城小王庄发现了一批青铜器，其中有两件同铭的睽士父鬲，时代属于西周晚期。睽在春秋时期是楚国的地名，如《左传·僖公二十七年》曾记载，公元前 633 年，楚令尹子文曾经在睽地治兵。据铭文记载，两鬲都是“睽士父”为“蓼妃”制作的。学者已指出睽士父是楚国公族大夫。蓼妃是来自蓼国的女子。蓼为先秦古国，在今河南省南阳市唐河县。

蓼妃很可能是睽士父的夫人，该鬲最有可能是睽士父为其妻子所作用器；但也可能是在蓼妃出嫁时，睽士父为其姐妹制作的陪嫁器物。无论何解，楚人睽士父所作之器竟出土于鲁国故地，而且其所属时间还是西周晚期。这一发现，可作为鲁国与楚国政治往来和文化互动的最有力证据。

三、齐、鲁与吴越的交流

吴国和越国都是位于长江中下游的诸侯国。据《史记》记载，吴国是周太王长子太伯、次子仲雍的封国。吴国一开始为楚国的附属国，后来发展到吴国君主寿梦时，才逐渐强大起来。越国则是夏禹的五世孙少康所封之国。越国最初仅为楚国和吴国的附属国，后来发展到国君允常时，才逐渐强大起来。在春秋前期、中期阶段，吴、越两国和齐、鲁两国几乎没有什么交集，直到春秋后期，吴国、越国逐渐发展壮大，并积极参与到中原诸国间的争霸战争中之后，彼此才有了更多接触。

吴王阖庐时期，曾积极北上扩张势力，并认为想要与齐国、晋国争霸，就必须先征伐鲁国，因为“夫鲁，齐、晋之唇”。吴王夫差继位后，曾先发兵北上与齐国和晋国争夺霸权。公元前 487 年，齐悼公请吴国联合伐鲁，次年又到吴国辞谢，放弃伐鲁之计，这引起了吴国的极大不满。吴国于是联合鲁国攻打齐国，齐国杀掉齐悼公向吴国谢罪。公元前 484 年，吴国、鲁国再次伐齐，并与齐国交战于艾陵，齐国大败。吴国的接连征伐使齐国疲惫不堪，从而被迫听命于吴国。公元前 482 年，夫差率师北上与晋国在黄池之地会盟，吴国的霸业至此达到顶峰。

公元前 496 年，越王勾践继位，卧薪尝胆，厉兵秣马，最终在公元前 473 年灭掉吴国，报了之前的亡国之仇。灭吴之后，越王勾践迅速挥师北上，与齐国、晋国等诸侯在徐州会盟，并向周天子进贡表示尊周，周天子派人赐勾践胙，并命其为伯。但越国若继续北上，北边的齐国便首当其冲，成为越国进一步争霸中原的绊脚石，于是越国与晋国交好，联合晋国，与齐国为敌。公元前 441 年，越国与晋国等诸侯会盟，联合伐齐，齐国被迫筑起长城进行抵御。公元前 430 年，越国与晋国联军再次伐齐，攻破齐国长城防线，大败齐国。到战国时期，齐、楚等七雄的形势逐渐形成，越国逐渐衰退，最终灭亡。

公元前 488 年，吴王夫差与鲁哀公在鄫地相会，吴人要求鲁国献出百牢，鲁国畏惧吴国，如数供上，屈服于吴。公元前 487 年，鲁哀公八年时，鲁国攻打了吴的属国邾国，吴国出兵讨伐鲁国，鲁哀公与之定下城下之盟。同年，齐悼公因为鲁夫人季姬攻打鲁国，甚至向吴国请求出兵。秋天，齐、鲁讲和，齐人迎回季姬。公元前 483 年，鲁哀公十二年时，吴国与卫国会盟，吴国有意为难卫君，派人包围卫君房舍，鲁国派出子贡游说吴国放出卫侯。因三桓势力太过强盛，鲁哀公曾一度想借助越国之手消灭三桓。但三桓很快便进行反击，结果鲁哀公战败。公元前 468 年，鲁哀公出走越国，后在回国途中去世。

1965 年，在山东平度废品站拣选出一把吴王夫差剑。2002 年至 2004 年，在山东新泰周家庄齐国墓地中，发现带有铭文的兵器 19 件。出土于 M11 中的吴王之子通剑属于春秋晚期器物。新泰地区属于吴齐争霸时的主战场，吴王之子通剑应该是吴齐战争时齐人获得的战利品。另外，淄博博山地区曾出土有一把越王勾践自用之剑，时代属于春秋晚期，应该是当时越国北上称霸中原时与齐国交往时所留之物。它们都可作为当时齐国与吴越交往的重要物证。

四、齐、鲁与郑国的交流

郑国是姬姓诸侯国。始封君郑桓公是周宣王之弟，一直任周朝卿士。周幽王之后，周王室内忧外患，周平王在郑国和晋国的护卫下东迁到洛邑，所以郑国在春秋初期有很高的政治地位，到郑庄公时，形成春秋“小霸”局面。

春秋初期，郑国是公认的比较强大的诸侯国，诸侯国之间形成了以郑国和宋国为主的两大对立集团。郑国为壮大自己的势力队伍，便积极拉拢齐国。公元前 722 年，郑国与齐国在卢地会盟；公元前 720 年，两国在石门会盟；公元前 715 年，两国又在瓦屋会盟。频繁的会盟加深了两国的友好关系。公元前 712 年，齐、郑联手以王命讨伐许国。公元前 707 年，当齐国遭受北戎的侵扰向郑国求援时，郑侯立即派军队前来营救，帮助齐国渡过难关。郑庄公在位时期，齐国与郑国始终保持着亲密友好关系。

郑庄公去世后，因内乱，郑国实力走向衰落。但齐国却开始崛起，齐桓公成为春秋霸主，郑齐易位。郑国虽然承认了齐桓公的霸主地位，对齐国表示服从，但并没有完全与齐国保持一致，因此会遭到齐国的讨伐。随着楚国势力不断北上，郑国成为齐、楚、晋等大国争霸的主要战场。这主要是由郑国特殊的地理位置决定的，郑国位于齐国和楚国的中间地带，是军事战略中的咽喉要道，“中国得郑则可以拒楚，楚得郑则可以窥中国。故郑者，齐、楚必争之地也”。郑国在夹缝中开始实行灵活多变的外交政策，齐国强盛则依附齐国，楚国强盛则依附楚国，晋国强盛便依附晋国，为此没少遭受各国的指责与侵伐，但郑国却因此保持了长期的太平。

公元前 679 年，齐桓公率宋、邾军队为宋国讨伐郳国，而郑国乘此间隙兴兵侵伐宋国，公然挑衅齐国。次年，齐国发动联军讨伐郑国，郑国实力不足，很快归顺。公元前 677 年，郑国因故未去齐国朝见齐桓公，齐桓公再次兴兵伐郑。面对齐国的连续讨伐，郑国心生嫌隙，转而投靠楚国。考虑到郑国特殊的战略位置和郑国强大的实力，公元前 667 年，齐桓公与中原诸侯在幽地会盟，接受郑国的重新依附，郑国再次回到齐国的阵营中。齐国以中原霸主之名保卫盟友郑国的安全。公元前 666 年，楚国兴师讨伐郑国，攻入郑国都城，齐国联合诸侯共同救郑，楚国无功而返。此后，楚国几次对郑国用兵，都为齐国所率领的诸侯联军所救。但没过多久，因为周惠王，郑国再次叛离齐国，投靠楚国。公元前 654 年，齐桓公兴诸侯之师伐郑，围困郑国新城，次年再次讨伐郑国。公元前 653 年，郑伯请求与齐桓公进行会盟。次年，郑伯再次请求会盟。此后至齐桓公去世，郑国始终追随齐国，参与齐国的会盟及征伐。

齐景公时期，齐国国力渐强，试图恢复霸权地位，郑国便背叛了晋国而投靠齐国。公元前 503 年，郑献公与齐景公在咸地会盟。公元前 500 年，郑大夫与齐景公、卫灵公又会盟于安甫。进入战国时期后，郑国急剧衰落，已无力与齐、楚等大国相抗衡，并最终为韩国所灭，结束了长达四百多年的历史。

作为周王室的两个姬姓封国，鲁、郑自春秋伊始便关系紧张。鲁惠公时期，公子隐曾率兵伐郑，在狐壤（今河南省许昌市北）之地被郑军俘虏，后贿赂郑国大夫后才得以返回鲁国。公元前 719 年，鲁隐公四年时，宋国召集诸侯之师伐郑，公子翚率鲁军参战。次年，鲁、宋之间出现不和，鲁、郑开始弃怨结好，结成友邦。公元前 715 年，鲁隐公八年时，郑国请求以助天子祭祀泰山的祊田（今山东费县）交换鲁国朝见天子时居住的许田（今山东许昌市南），在鲁国尚未同意换田的情况下，郑伯即派人先来归祊。公元前 713 年，鲁隐公十年，郑国又把从宋国夺取的郜（今山东成武县南）、防（今山东金乡县西南）两邑送给鲁国，鲁、郑两国关系日益密切。鲁桓公即位后，继续与郑修好。公元前 711 年，鲁桓公元年时，郑庄公派人以璧为礼，与鲁国完成了许田的交割。同年四月，鲁与郑国在越地举行盟会，标示着这次交易的正式完成。但不久之后，鲁、郑关系又宣告破裂。公元前 706 年，鲁桓公六年时，郑太子忽率兵伐戎救齐，齐国在向各国馈送谢礼的过程中，邀请鲁国代为安排各国的行礼次序，鲁国按照周王的封爵时间，把郑国排在后面，引起了郑公子忽的不满。郑国便兴兵伐鲁，双方战于郎地。公元前 697 年，鲁桓公十五年时，郑厉公意图除掉专权大夫祭仲，不料事泄而逃奔国外，郑昭公回国即位。鲁国为送郑厉公回国，连年伐郑，鲁、郑关系彻底破裂。此后，随着齐桓公霸业的兴起，郑国无意再与鲁国来往，鲁、郑关系逐步冷淡。

五、齐、鲁与宋国的交流

周武王灭商后，封商纣之子武庚于殷，并派“三监”（管叔、蔡叔、霍叔等）对其进行监督。周武王死后，武庚伙同“三监”发动叛乱，周公东征镇压叛乱，重新分封微子启于殷商旧都商丘，建立宋国。

西周时期，宋国与齐国领土不接壤，相距也较远，彼此之间的往来交流较少。春秋初期，宋国与郑国之间的争斗是这一阶段的主旋律。此时，齐国的实力没有宋国、郑国强大，只能选择与其中的一个结盟。公元前715年，齐国发起瓦屋之盟，努力调和郑、宋国之间的矛盾。齐桓公称霸后，宋、郑两国都因长时间的斗争严重消耗了国力，无力与齐国进行抗争，只能加入齐国的阵营，臣服于齐国。其间，宋国积极参加齐桓公组织的各种盟会，如葵丘之会、牡丘之会、淮之会等，同时也积极参加齐国发动的征伐战争，并在齐桓公尊王、攘夷、服郑等称霸事业上一直给予有力支持，从而获得了齐桓公的高度信任，甚至还托孤于宋国。

齐桓公去世，齐国霸权衰落，宋襄公想接替齐国做中原霸主，但是遭到了晋国和楚国的沉重打击，宋楚泓之战使宋国的霸权之梦破灭，宋国走向衰落。宋国为了生存只能依附于晋、楚等新任霸主。宋景公时，宋国国力虽逐渐好转，但仍无力与齐、楚、晋等大国争锋。战国时期，宋康王立志改革，推行王政，宋国又逐渐强盛起来，并在战国各国之中占有一席之地。但战国七雄的实力太过强大，宋国与之相比实力悬殊。公元前286年，齐国与楚国、魏国三国联手，消灭了宋国，瓜分了宋国的领土。

与齐国不同，自西周晚期起，鲁、宋两国便联姻。鲁孝公、鲁惠公、鲁隐公的夫人均娶自宋国。进入春秋之后，鲁国和宋国在继续联姻的同时，也互有摩擦。鲁惠公晚年时，曾经大败宋师于黄。鲁惠公去世时，宋国伐鲁，致使鲁惠公无法依礼下葬。鲁隐公摄政之后，努力改善与宋国的关系。公元前722年，鲁国与宋国会盟于宿，双方关系始有缓和，彼此开始通好。

但鲁、宋结盟后的关系并不稳定。春秋初年，宋与郑为敌国，鲁国并不愿介入宋郑之争，故并未给宋国太多实质性的帮助。公元前719年，宋联合卫、蔡伐郑，请鲁国发兵支援，被鲁隐公拒绝，两国关系再度趋于紧张。郑庄公死后，宋国积极干预郑国的新君人选的确定，使双方矛盾进一步加深。为此鲁国曾出面予以协调，但宋国屡屡失约，惹怒了鲁桓公，于是鲁国联合郑国与宋国战于武父，宋师战败。直到公元695年，鲁桓公十七年时，两国才在趡地(今山东泗水县南)再次结盟，但很快又再次破裂。鲁庄公即位后，鲁、宋关系继续恶化。宋国依仗与齐国的结盟，多次出兵征伐鲁国，鲁国坚决予以回击，双方连年作战。公元前684年，鲁庄公十年时，鲁国借长勺之战胜齐的余威，出兵伐宋。宋国联合齐国进行报复，双方对峙于乘丘。但不久之后，齐、晋、楚迭为霸主，鲁、宋两国的关系也开始受霸权的控制和左右，彼此之间的交流逐渐减少。战国时期，两国都是小国，都需要依附大国才能生存，已没有太多直接的交流与联系。

清代末期，济宁地区曾出土1件宋公差戈，时代属于春秋晚期。1980年，在北京市废品收购站拣选出1件宋公差戈，据学者考证，当是公元前531年至公元前517年的宋元公所作之器。这些出土的文物见证了当时鲁、宋之间的往来。1960年，山东省泰安市道朗龙门口遗址出土了1件商丘叔簠，时代属于春秋早期。商丘在春秋时属于宋地，商丘叔应为宋国商丘氏的贵族。1986年山东省淄博市临淄齐鲁石化公司乙烯厂区5号墓曾出土1件宋左大师鼎，时代属于春秋晚期。它们都是齐、宋往来的有力物证。

六、齐、鲁与燕国的交流

燕国，封君为召公奭，姬姓诸侯国。燕国地处偏远，且四周是戎狄，关于西周时期燕国与中原各国交流的资料，现在基本上无法考见。

进入春秋社会后，实力较强的山戎不断侵伐燕国，燕国实力孱弱，根本无力抵挡山戎的攻势，只能向齐国求救。公元前663年，齐桓公二十三年时，山戎又一次南下侵扰燕国，致使燕国陷入危难，燕向齐国求救。齐桓公率领军队援救燕国，一路讨伐，并直接深入戎狄腹地，一直攻打到更北边的孤竹才肯罢休，最后得胜而归。燕庄公为表示答谢，在齐桓公回国时，一路护送，竟不知不觉到了齐国境内。齐桓公认为燕庄公此举有违周礼，便将燕庄公所至之齐地割与燕国。齐桓公伐戎、救燕、割地的事迹盛传于诸侯，各路诸侯无不心悦诚服，甘心追随齐国。

齐国称霸时期，燕国追随齐国，参加齐国组织的会盟和战争。齐国霸权衰落后，春秋霸权迭兴，燕国由于本身实力有限，只能跟随霸主东征西讨，以求得更好发展。直到春秋末期，大国争霸接近尾声时，燕国才迎来了最佳发展时机。中原各国都忙于内斗，无暇他顾，燕国便趁机拓展领土、发展势力，到战国时期已经是七雄之一了。

战国早中期时，齐国强盛，燕国弱小，面对齐国持续不断的军事进攻，燕国只能被动防御。公元前380年，齐国攻打燕国，夺取了燕国的桑丘；公元前373年，齐国再次攻打燕国的林营；公元前333年，齐国趁燕国国丧期间大举攻燕，先后夺取了十座城池。燕王哙禅让君位于相子之后，燕国政局大乱，齐宣王趁机对燕国大举用兵，不但成功占领了燕国都城，并对燕国进行了长期的暴虐统治，激起了燕国上下的强烈反抗。公元前311年，燕昭王继位后，招贤纳士，发展经济、军事，燕国很快便强盛起来。公元前284年，燕国与秦、楚、三晋合兵伐齐，大败齐师。在其他诸侯相继退兵后，乐毅又率领燕国军队长驱直入，一直攻打到齐都临淄，并连下齐国七十余座城池。最后，除即墨和莒之外，齐国全境悉归燕人所有。这场战役给齐国以致命打击，齐国从此一蹶不振。公元前279年，燕惠王即位后，大将乐毅因谗言被剥夺军权，齐人田单以火牛阵大败燕军，并乘胜收复了全部失地。从此之后，齐国和燕国都迅速衰落，再也无力对外发动大规模的战争。直到战国晚期秦国横扫六国之前，齐、燕之间再没有发生过大规模的军事战争。

与齐国相比，鲁国与燕国直接交流的机会非常少。两国在地域上相隔较远，在实力上又都属于小国，春秋时期都只能依附于霸主国家东奔西跑，没有太多单独接触的机会。战国时期，鲁国主要在周边的齐、魏、楚等大国的夹缝中生存，与燕国直接联系的机会更是非常之少。因此，鲁国与燕国的关系暂且从略。

1997年，在齐都临淄故城南淄河河沙中发现1件郾王职剑。1992年，在山东肥城市老城镇店子村发现1件郾王职戈。相传在潍坊青州和济南历城都发现过郾王职矛。这些应该都是战国时期燕国攻略并占据齐国时所留之物。1954年，泰安东更道村出土了6件右冶尹铜罍，学者已考证是燕国所造器物，时代属于战国晚期。这些器物反映了燕、齐交往的历史。

七、齐、鲁与秦国的交流

秦国是兴起于西部边陲的重要诸侯国，嬴姓。秦人的祖先当是山东地区的东夷人，始祖飞廉、恶来父子曾经辅佐商纣王，并深得纣王信任。在周人灭商之后，飞廉反抗失败，开始带领部族人由东往西迁徙，后来在陕西西部落脚。周孝王时，秦人的先祖非子养马有功，因此秦被封为附庸国。周平王东迁时，秦穆公曾派兵护送，有功于王室，秦被正式册封为诸侯国。穆公之时，秦国称霸西戎，威震一方。春秋时期，秦国交流与征战的主要对象是与之接壤的晋国。双方战争不断，互有损伤，秦国也因为晋国的阻碍而无法向东发展。战国时期，三家分晋之后，魏国势力最为强大，又重新担当起阻碍秦人东进的屏障。直到秦孝公任用商鞅实行变法之后，秦国才迅速发展壮大，开始突破魏国的防线，不断向东攻略，至此，齐、鲁等东方诸侯国才有了直接与秦国交锋的机会。在此之前，相互之间几乎没有太多实质性的往来。

秦国的强大让东方六国感到了巨大的威胁。因此，它们相互联合起来，形成合纵力量，共同对抗秦国。为瓦解六国联盟，秦国不断派人到各国游说，试图用连横之术打破合纵的束缚。秦惠文王时，派陈轸出使齐国，打算与齐国东西联合，共同对抗三晋和楚国，但没有成功。公元前 318 年，在魏将公孙衍、陈轸的奔走组织下，齐、楚、韩、赵、魏等五国联合出兵，以楚怀王为长，共同讨伐秦国，但最终被秦所败。其后，齐与楚南北联合，结盟抗秦。秦国派张仪出面，成功劝说楚怀王与齐绝交，并派大军攻楚，不但使楚怀王身死于秦，还成功夺取了楚国的 15 座城池，楚国实力受损。齐国成为六国之中唯一可以与秦国相抗衡的诸侯大国。

齐闵王时，任孟尝君为相。孟尝君认为齐国已经有能力与秦国相抗衡，于是便积极寻找机会攻伐秦国。公元前 298 年，孟尝君趁秦国政局动乱之际，毅然出动齐、魏、韩三国的军队，大举攻秦，前后持续三年之久，最终成功攻入秦国的函谷关，迫使秦人签订城下之盟。此后十五年间，秦国“不敢窥兵于山东”。公元前 288 年，秦国为了拆散齐与韩、魏的政治联盟，用计让齐闵王称帝，并尊齐闵王为东帝，而自己称西帝。齐闵王称帝的举动让韩、魏等国心生异心，使联盟受到极大动摇。公元前 288 年，齐、赵之君会于阿，赵国的奉阳君李兑召集齐、赵、燕、韩、魏五国之兵联合攻秦，成功粉碎了秦国分化东方六国的企图。公元前 285 年，秦国趁齐与三晋心生罅隙的机会，主动联合楚、韩、魏、赵、燕等诸侯军队，联合伐齐，并连拔齐国九座城邑。次年，各国又出锐师伐齐，齐国大败。燕国的乐毅更是直接摧毁了齐国的都城临淄，并连下齐国七十余座城池，几乎消灭了齐国。至此，东方六国中再也没有可以直接与秦国相抗衡的政治力量了。于是，从公元前 280 年开始，秦国扫灭六国的行动正式开始。面对秦国的强势攻击，东方六国虽一度联合，但仍然无法阻止秦国东进的步伐。公元前 246 年，秦王嬴政即位，秦国开始了最后的统一大业。公元前 221 年，秦人铁骑最终消灭齐国，使天下一统。

在秦国实力壮大与东进的过程中，鲁国因实力过于弱小，并没有太多机会与秦国发生正面冲突。因此，终战国之世，鲁国与秦国几乎没有太多接触。

综上可知，齐、鲁两国在发展过程中，先后与众多的国族进行政治交流与文化往来。在相互交流的过程中，齐、鲁两国一面吸收别国优良的政治制度、礼仪风俗和文化理念，一面将自己先进的文化、理念和思想传播到其他诸侯国，让不同的文化在交流、碰撞的过程中不断融合和升华。从这个意义上也可以说，齐、鲁两国的发展史同时也是一部文化交流史。

话说齊魯文化

（下）

江林昌 顾问
李秀亮 著

教育部人文社会科学重点研究基地
山东师范大学齐鲁文化研究院
齐鲁文化传承与山东文化强省建设
协同创新中心成果

泰山出版社 · 济南 ·

目录

第七章 政治制度

制度建设是国家政权有效运转的必要保障。任何一个稳步发展的成熟政权，都需要从各个方面制定行之有效的政治制度。齐、鲁两国作为西周王室在东部地区分封的两大诸侯国，他们的各项政治制度在建国之初都在较大程度上直接照搬了周王室的已有模式，尤其是两国的上层贵族，对周代礼乐制度基本上保持着高度的认可和接受。但随着历史的进展，齐、鲁两国开始根据各自国情逐步建立自己的各项礼制文化。尤其是齐国，从现有资料看，基本上从西周中后期开始，就已经有意识地摆脱周代礼制文化的束缚，而逐渐形成自己的各项礼仪制度。到春秋战国时期，随着周礼的崩坏和齐国自身霸权势力的发展，齐国已基本上确立了自己独具特色的方国文化。而这一套行之有效的政治制度，也为齐国政权的稳定和继续强大源源不断地提供了有力的保障。

第一节　齐鲁官制

官制是政权机构的重要组成部分，是社会政治结构中上层建筑的重要框架，也是国家意志得以有效运行的重要保障。我国的官制由来已久。在早期神话传说资料中，五帝时代就已经有了官制系统。据《左传·昭公十七年》记载，郯国国君曾明确告诉孔子："昔者黄帝氏以云纪，故为云师而云名；炎帝氏以火纪，故为火师而火名；共工氏以水纪，故为水师而水名；大皞氏以龙纪，故为龙师而龙名。"所谓以云纪、以火纪、以水纪、以龙纪，是说各部族分别以云、火、水、龙为图腾，故官吏设置也分别用云、火、水、龙来命名。黄帝为传说中的五帝之首，他的部族若已经开始有了成熟的官吏命名原则，说明我国设官分职的历史是源远流长的。

至夏商周三代时，传世文献中已经有了较多关于官制的资料。尤其是西周时期，经过周公制礼作乐，官制已非常发达，不但内容繁多、职权清晰，而且各级官职之间已经有了明显的层级隶属关系。专门记载古代官制的《周礼》对此有较充分的体现。

作为周王室在东部地区的重要封国，齐、鲁两国都有非常发达的官制文化，其内容和特点值得认真梳理和总结。

一、鲁国的官制与职权

作为周公的直接封国，鲁国自分封之日起，便与周王室保持着密切的联系。一直到春秋战国时期，鲁国仍然是保存周代礼乐文化最为丰富的诸侯国，所谓"周礼尽在鲁矣"。在官制文化方面，鲁国也基本上直接复制了周王室官制。只是到春秋中晚期以后，随着礼崩乐坏的加剧，鲁国的官制才稍有改变，但仍在相当大程度上保留了西周官制的原貌。

1. 西周时期的鲁国官制

传世文献中关于西周时期鲁国官制的记载非常稀少，但大量青铜器铭文却为此提供了较多可信的资料依据。据学者考证，青铜器铭文所记载的西周时期鲁国的官职主要有以下几种。

司徒。司徒是在公室中管理民众的官吏。山东诸国中，齐、莒、莱、薛等国均无司徒之职，但滕、鲁、郳等国都模仿周王室设置了司徒之官。早至西周早期时，鲁国的司徒伯吴便曾为其父作器纪念。1977 年，在曲阜鲁国故城 48 号大墓中发现，一位名仲齐的鲁国司徒曾制作了鼎、盘、匜、盨等多件铜器。由此可见司徒一职在鲁国是长期存在的。

司马。司马是公室中管理军事的职官。山东古国中只有鲁、滕、郳等国设有司马之职。

宰。宰本来是管理贵族家族事务的家臣，后来也协助最高统治者赏赐臣下，职权进一步扩大。西周晚期的鲁宰驷父鬲、鲁宰虢簠等铜器铭文都提到制作铜器者的身份是鲁国之宰。

小臣。小臣之职在甲骨卜辞和铜器铭文中习见，虽职司不尽相同，但其主要职责是传达君命。山东古国中，只有纪国和鲁国铜器的铭文中记有小臣之职。西周晚期鲁内小臣鼎的作者便是名为郳生的鲁国小臣。

士。《尔雅·释诂》："士，察也。"士是掌管狱讼的执法之官。西周晚期，一位名为商的士官为其先祖父制作了三件青铜器，他的身份就是主管刑法的官吏。

因相关资料短缺，至于西周时期鲁国的各级官吏是如何管理和考核的，以及彼此之间的隶属关系等，基本上无从得知。

2. 春秋时期的鲁国官制

春秋之时，因为有《春秋》《左传》等文献记载，关于鲁国的官制信息已非常丰富。

单纯从职官名称上看，据《春秋会要》统计，现在见到的春秋时期鲁国的官职约有 53 个，具体包括：大宰、左宰、中都宰、傅、大司徒、司马、司空、工正、亚旅、司寇、士师、士大史、史、司历、宗伯、宗人、左师、祝宗、乐大师、师、工、外史、行人、周人、宰人、校人、巾车、圉人、御人、府人、虞人、匠、内小臣、侍人、司宫、隧正、正夫、疆吏、贾正、家宰、家大夫、司徒、司马、御驺、竖、老、饔人、臣等。

在这些官职中，中都宰、疆吏等都属于地方官吏。公元前501年，鲁定公任命孔子担任中都宰。中都是鲁国的一个地方都邑，其职官称宰，说明鲁国其他地方都邑的官吏应该也都称宰。疆吏应该专指与邻国接壤的边境地区的守吏。

司徒、隧正都属于掌管民众的官吏。司徒属于三有司之一，总管全国的民众。隧正掌管徒役的征发工作。

司士、士师、司寇都是掌管刑法的官吏。司寇负责全国的刑法。孔子在官至大司寇后，便可以统领鲁国政事，可见其职位之高。士师和司士都是司寇属下的刑法官吏。

宗伯、宗人、祝宗等属于神职人员，负责祭祀、沟通神灵的工作。

大宰、左宰、宰人是管理国君家族事务的官吏。大宰主管国君全部家务，左宰和宰人为其属吏。而家宰、家大夫应该是管理卿大夫家族事务的官吏。

校人、巾车、圉人、御人、府人、虞人、匠、内小臣、侍人、司宫、御驺、竖、老、饔人、臣等，则都属于贵族大夫的家臣，专职处理某项具体事务。

除此之外，传世文献还记载有鲁国乡里这一社会最底层官吏的详细情况。

据《国语·鲁语》记载，鲁文公时期，为了扩大宫殿住宅，曾打算让原住在宫室周围的贵族大夫孟文子和郈敬子搬往别处，但二人都据理力争，坚决反对。孟文子的理由是："我现在的住宅和车服都是先君赏赐给我的先祖居住和享有的。如果我为了一点眼前利益就随意毁掉先祖的基业，是对先君的大不敬，因此不敢从命。国君如果认为我这样做是不对的，那么请先定我的罪，剥夺我现在享有的官职和俸禄，然后让里宰来重新给我安排住处。"郈敬子的理由是："我的先祖惠伯从司里官那里得到了这处住宅，每年秋祭、夏祭、冬祭、春祭后送给国君的祭肉，都是从这个地方出去的。而且我受命出使他国，然后再回国复命，也都是在这里发生的。多年来一直如此。你现在如果非要命令我搬到外面去居住，以后如果再有政事找我，恐怕就要多费腿脚了。还是让我服从司里官的安排，在此安心居住吧。"由于二人都说得有理有据，鲁文公只好收回成命。孟文子和郈敬子在言辞中都先后提到，鲁国都城内的贵族生活在里之中，里的管理者可称里宰、里人，也称司里，专职负责管理一里中的大小事务。

据此可知，春秋时期，由于文献记载详实，与西周时期相比，可以考述的鲁国官吏在数量上有了明显增加。各官吏之间的分工越来越细密，彼此之间已经有了明显的上下级隶属关系。春秋时期鲁国的官吏制度已有很大发展。

另外值得一提的是，部分文献还提供了鲁国官吏薪俸的些许信息。《论语·雍也》篇载，弟子公西华因公出使齐国时，另一名弟子冉有曾代请孔子，给予其母亲一定的粟米作为补助。孔子说"与之釜"，即给她六斗四升米。冉有嫌少，请求再增加一些，孔子说那"与之庾"，即给她十六斗粟吧。可能冉有觉得还是少了，最后给了她"五秉"即十六斛粟米。公西华出使齐国，行使的应该是行人的职权。冉有特意为其请粟，说明当时做官拿俸的行为已广泛存在。《论语·雍也》篇还记载了原思给孔子作家宰时，孔子曾给了他九百粟米。文中九百后面的量词缺失不载，故尚不能知道卿大夫家宰俸禄的具体标准。另外，《孔子家语·致思》篇载，孔子说鲁国大夫季孙氏曾经赏赐给自己"粟千钟"的俸禄。孔子曾官至鲁国的大司寇，统领全国的政事，千钟粟的俸禄应该是各级官吏中最高的了。

但也应该看到，孔子两次答应给公西华的俸米数量竟然不一样，说明虽然当时为官拿俸禄的现象已非常普遍，但各级官吏的俸禄并没有严格的标准。此时的官吏制度尚处于早期发展阶段。

3. 战国时期的鲁国官制

至战国时期，鲁国已渐渐沦为小国，国势衰落严重，只能在各大国之间的夹缝中求生，并最终在公元前 249 年为楚国所灭。因此，鲁国的官制在战国时期并没有太大的发展，也没有太多的资料佐证。

据《战国会要》统计，现在所见的战国时期鲁国的官职主要有如下几种。

相。国家最高级别的政务官。据《韩非子》《淮南子》等书记载，公仪休曾经做过鲁国的相。

将军。国家最高级别的军事长官。《孟子·告子下》记载，鲁国人曾一度想让思想家慎子担任将军一职。

宗人。主持国家祭祀的官吏。《左传·哀公二十四年》载，鲁公子荆的母亲受宠时，曾经让宗人衅夏为其献礼。

虞人。掌管山泽之官。鲁哀公西狩获麟时，因为感觉不祥，便顺手将它赏赐给了同行的虞人。因为狩猎的场所多在山林之中，所以君主狩猎时，专管山林川泽的虞人需要时时跟随。

宰。地方官吏。《左传·哀公十四年》载，鲁哀公意欲让宓子贱做单父这个地方的宰，结果没有成功。这里的单父宰与孔子的中都宰相似，都属于鲁国的地方官吏。从孔子和宓子贱的经历可知，鲁国的地方行政官吏在春秋战国之间并没有太大改变，仍沿用宰这一称谓。

很明显，战国时期鲁国的官职比春秋时期少了很多。但与春秋时期的官职相比，两者还是呈现出一定的连续性，如地方长官称宰，掌管祭祀的官吏称宗人，掌管山林的官吏称虞人等，前后并没有很大的差别。但两者的不同之处也很明显，春秋时期，宰、司寇、司空等是鲁国最高的国家官吏，如孔子以大司寇的身份领政；但到战国时期，国家的军事和政务已经分开，政务之官称相，军事之官称将军，已没有了春秋时期军政合一的特点。这体现了鲜明的时代特色。

二、齐国的官制与职权

姜太公是以姻亲和功臣的身份受封齐国的，他与周王室的亲密程度远远赶不上鲁国。齐国建立之后，姜太公又采取了“因其俗，简其礼”的治国方针，在较大程度上保留了齐地旧有的风俗习惯，而没有像鲁公伯禽那样不遗余力地推行周文化，故齐国的文化传统自立国之初便与鲁国有较大不同。具体到官制方面，齐国的官制无论是在名称还是职权上，都颇具自己的特色，与鲁、周等大不相同。

1. 春秋时期齐国的官制

关于西周时期齐国的官制情况，没有太多资料予以揭示，故在此只从春秋时期开始说起。

据《春秋会要》的统计，春秋时期齐国的官职约有 40 个，具体包括：右相、左相、大宰、大傅、少傅、大行、大司田、大司马、大谏、大司理、锐司徒、辟司徒、司寇、大史、史、祝、大祝、大士、行人、工正、工师、衡鹿、舟鲛、虞候、祈望、虞师、司空、司田、乡师、啬夫、侍渔、差车、诸御、寺人、家老、圉人、饔人、宰、家臣、奄，等等。

相，百官之长，总领全国的政事。与鲁国直到战国时期才有相职不同，齐国早至春秋时期就已经设置了相这一官职。齐桓公刚做了国君后，鲍叔牙便劝谏道：“管夷吾治于高傒，使相可也。”（《左传・庄公九年》）桓公从之。于是，管仲便做了齐国的第一任相。到春秋中期之后，齐国又新置了左相和右相。齐景公时，曾以崔杼为右相、庆封为左相。

宰，与相近似。史载齐桓公即位之初，曾打算以鲍叔牙为宰，结果鲍叔牙力谏管仲，从而把宰的职位让给了他。管仲后来所任的相，即相当于宰。

傅，教习公室子弟知识技能的官吏。傅有太傅、少傅之分。《左传・襄公十九年》载，齐灵公曾让高厚为太傅，让夙沙卫为少傅，共同教育公子牙。

大行，外交官，负责接待宾客的官吏。齐桓公时，隰朋曾任大行。

司田、大司田，管理农业生产的官吏，主要负责开辟土地、发展农业生产。齐桓公时，宁戚曾为大司田。

大谏，负责向国君进谏之官。齐桓公时，东郭牙曾任此职。

锐，古代矛一类的兵器。锐司徒可能指执此种兵器之官。辟，通壁。辟司徒，主垒壁之官。

司徒、司马、司空、司寇，掌管人口、军事、工程、刑罚之官，与鲁国相似。

工正、工师、衡鹿、舟鲛、虞候、祈望、虞师、侍渔、差车、诸御、寺人、圉人、饔人、奄，替国君掌管某些具体事务的小官吏。

家老、宰、家臣，王室宗族内的官吏。

乡师、墙夫，齐国基层内朝官吏。

史、大史，史官，负责记录国君的言行和一国的重大史事。公元前548年，崔杼弑君之后，太史一家虽不断被杀害，但仍然坚持秉笔直书，体现了齐国史官较高的职业操守。

除此之外，《国语》《管子》等书中还提到了春秋时期齐国的地方职官，如轨长、里有司、连长、乡良人、邑有司、卒帅、乡帅、县帅、属大夫等。这些地方职官既管理一地的政务，又负责当地的军务，军政合一，卫国安民。

从中可知，春秋时期齐国的官制文化非常发达。与鲁国固守周礼不同，齐国根据自己的需要，已开始创设一些新官职，从而在一定程度上推动了传统官制的创新和演变。另外，与别国相比，齐国自管仲改革之后，便建立了较为系统的地方行政制度，从而保证了从国都到地方政令的畅通。

2. 战国时期的齐国官制

春秋战国之际，齐国的最高统治者由姜姓变为田姓。在总结姜姓贵族灭亡教训的基础上，田姓国君对齐国上下进行了一系列深刻的政治改革，从而取得了一时的辉煌与强盛。具体到官制方面，田氏贵族在掌权后，进一步变革齐国官制，使其更符合战国时代争霸战争的需要。

据《战国会要》统计，战国时期齐国的官职约有36个，在数量上远超过鲁国，具体包括：三公、相、师、右师、太傅、左司徒、司马、御史、太史、大士、将、将军、上将军、祭酒、博士、少庶子、执法、士师、诸侯主客、谒者、行人、掌书、侍史、附驾、五官、守、令、长、都邑大夫、工师、陶正、门司马、门尉、市掾、舍人、舍长。

相，行政长官之首，总领全国政事。

将军，军事长官之首，总领全国军事。上将军、司马、将、师等都归其管辖。其中师指军师，打仗时负责出谋划策。著名兵学家孙膑曾担任此职。

五官，相之下设置的五种行政长官，具体包括司马、司徒、司寇、司士、司空。

太傅，王室子弟的教师。

御史、太史，史官，负责记录国君言行和国家大事。

博士，精通典籍的文人之官，战国时期齐国特设的官职，可能跟稷下之学的高度发达有关。

守、令、长、都邑大夫，地方长官，负责守境治民、稳定基层。

诸侯主客、谒者、行人、掌书、侍史、附驾、工师、陶正、门司马、门尉、市掾、舍人、舍长等，负责某一具体工作的小官吏。

从中可知，战国时期齐国的官吏制度非常发达，不但将、相已经分职、各负其责，而且还设立了很多地方基层行政官吏，从而保证了底层社会的稳定，为国家争霸图强提供源源不断的内在动力。

三、齐鲁官制的选拔与考核

除设置官吏外，齐、鲁两国还在官吏选拔以及政绩考核方面做了很多有益的探索，值得特别提及。尤其是齐国，在春秋时期曾经称霸诸侯，在战国时期又长期保持强盛。无论是姜姓贵族，还是田姓贵族，都在官吏管理方面做了大量探索性工作。

1. 官吏的选拔制度

春秋早期，在齐桓公任用管仲进行改革的过程中，继续沿袭姜太公建国之初施行的尊贤尚功原则，举贤任能，优胜劣汰，严格按照程序选拔各级官吏。当时选官的程序可总结为“乡举里选”。

据《国语·齐语》《管子·小匡》等文献记载，管仲将齐国的国都分成二十一个乡，实行分区管理。在各乡的乡长汇报完工作之后，齐桓公都要亲自咨询他们，管辖的范围之内是否有勤奋好学、孝敬父母、聪明仁惠、名声远播者，或者是勇敢强健、力气出众者，一旦发现这几类人才要及时向上级汇报，否则就是埋没人才，要受到严惩。功劳卓著、品德高尚、谨慎正派之人被发现后，齐桓公会亲自召见他们，与他们交谈，判断他们的素质，预估他们的能力，考验他们的才华。如果考察合格，就可以提拔，委以重任。

这种选拔方法既扩大了优秀官吏产生的范围，又通过严格的筛选确保其才能出众，从而使其在走上行政岗位后能够快速有效地处理行政事务。这种选拔官吏的方式极大提高了齐国的行政效率，并为齐桓公创建霸业提供了很好的人才保障。

齐桓公去世之后，虽然齐国霸业不再，但这种官吏选拔制度和理念还是得到了很大程度的保留和延续。

除国君有意识地主动选拔外，推举也是齐国官吏选拔的重要方式。如淳于髡在得到齐宣王信任后，曾经在一日之内向齐宣王推举了七个人为官。大臣王斗在见齐宣王时也曾经“举士五人任官”。这种自下而上的推举也能促使部分贤能之士被挖掘出来。

2. 官吏的考核制度

除严格官吏选拔之外，齐国还实行严格的官吏考核制度。尤其是战国时期，随着职业官吏数量的增多，各级官吏的定期考核方式便应运而生。文献中将这种考核方式称为“上计”制度。所谓“上计”，即由地方行政长官定期向上级呈报上计文书，报告地方辖区的治理状况。各级官吏在年初时先要把一年中的各项预算写到木券上，送到国君那里。国君把木券剖分为二，自己执右券，被考核的官员执左券。到了年终时，臣下便执左券到国君处汇报，国君操右券来考核臣下。最后根据考核的结果，予以升、降、赏、罚。上计制度的建立与施行有利于国君实现对各级官吏的有效控制。考核制度在齐国得到了非常严格的执行。如齐威王时，东阿大夫政绩不佳，田野不辟，人民疾苦，齐威王便当众烹杀之；即墨大夫因治理有方，而受到齐威王的封赏。

《管子·君臣上》篇对这种考核官吏的方式有详细记载："有道之君，上有五官，以牧其民，则众不敢逾轨而行矣；下有五横，以揆其官，则有司不敢离法而使矣。"意思是说，有德行的君主在治国之时，一般会先设立五官以治理人民，以保证民众不敢越轨行事；然后再设五衡之官以纠察官吏，以保证执事官吏不敢背离法规而滥用职权。为了对官吏进行有效及时的检查监督，《管子·问》篇还列有对官吏进行检查时的详细内容，以确保君主在检查监督时有章可循。这些都说明战国时期齐国的官吏考核制度已经非常发达了。

综上可知，齐、鲁两国的官吏制度虽然都源自西周王室，但由于立国背景和治国方针的差异，两国的官吏设置、官吏的职权范围等，在春秋战国时期都有很大的不同。由于齐国从春秋到战国时期一直保持着强盛的状态，故后世文献对其官吏制度有更详尽的记载。而鲁国则一直在走向衰落，到战国晚期更是被楚国灭亡，故现有文献中关于鲁国官制的信息，尤其是战国时期鲁国官制的情况，远不如齐国的丰富。鲁国官制的面貌也就相应的没有齐国的清晰。

第二节　都城建制

都城是一个国家的政治文化中心，都城的选建地址、规模大小、结构布局等，在建造之前都要经过严格的规划和讨论。如《周礼·冬官·考工记》就明确记载，古代匠人在营建都城时，规模要九里见方，四面都城的每面都要开三个城门。都城中要有九条南北大道、九条东西大道，每条大道要容九辆车并行。在王宫的路门外，左边应是宗庙，右边应是社稷坛。王宫的路寝前面应是朝堂，后面是市场。市和朝都要百步见方。明堂的东西要宽九筵，南北深七筵，堂高一筵，共有五室，每室二筵见方。室中用几来度量，堂上用筵来度量，宫中用寻来度量，野地用步来度量，道路用车轨来度量。庙门的宽度可容七个大扃，闱门的宽度可容三个小扃，路门的宽度容下五辆乘车并行，应门的宽度为三轨。路寝内有九室，九嫔居住在那里。路门外有九室，九卿在那里处理政事。这些详尽的规定难免有过于细致之嫌，其中不乏后世文人想象的成分。

据研究，《考工记》当出自战国时期齐国的稷下先生之手，里面的内容在很大程度上是以齐故城临淄以及其他各诸侯国都城的基本情况为蓝本的，应该也在相当程度上保留了当时都城建制的某些真实信息。由于至今尚未通过考古手段发现西周王室的都城遗址，所以周天子所居之地的具体情况至今仍不明了。但作为周王室的重要封国，齐、鲁两国最初在建造都城时，理应都是以周王室都城为样板，依葫芦画瓢，故研究齐、鲁两国的都城建造情况也可在一定程度上再现西周王室之都城的早期形象。

可喜的是，随着现代考古学的进步以及历代考古学家的努力，齐国和鲁国的都城遗址分别在淄博临淄和济宁曲阜被发现，而且被考古挖掘多年。目前，齐、鲁两国都城的大致面貌已基本清晰。

一、鲁国的都城建制[①]

根据现有传世文献记载，关于鲁国最初立国的地方，有两种不同的说法。

说法一，在今天的曲阜地区。如司马迁《史记·鲁周公世家》载："封周公旦于少昊之虚曲阜，是为鲁公。周公不就封，留佐武王。"唐人张守节在《史记正义》中引《括地志》云："兖州曲阜县外城即周公旦子伯禽所筑古鲁城也。"此外，《诗经·鲁颂·閟宫》《史记·周本纪》都有相关记载，说明周公在即位之初就被封在今天的曲阜地区。从此之后，一直到公元前249年鲁国为楚国所灭，前后800年左右的时间内，鲁国未曾迁都。

说法二，在曲阜之外的某个地区。如南朝宋史学家裴骃在《史记集解》中曾引徐广语："《世本》曰：炀公徙鲁。"依此，曲阜应为鲁国的第二个都城。第一个都城在哪里，史无明言。

这两种说法前后有50年左右的时间差，究竟孰是孰非，因没有更多资料佐证，实难定论。但先秦时期的曲阜鲁故城在汉代时曾被汉景帝之子鲁王刘余拆毁，并在此基础上兴建了大量的宫殿建筑。

位于今天曲阜附近的鲁故城，坐落在洙河与小沂河之间，洙河流经城西、城北两面，小沂河流经城南。城东、城南为低山丘陵，城西北、西南为广阔平川。应劭云："鲁城东有阜，委曲长七八里，故名曲阜。"鲁故城以山为名，城中的阜当为城东防山向西延伸的余脉，周公庙在城内地势最高，并将故城东部分为南北两部分。故城东北、东南地势较高，整体为南向，略向西偏斜，是尊周的表现。

曲阜鲁故城的考古工作开始于20世纪40年代。1942年，日本人在故城发现并试掘了西汉时期鲁王刘余建造的灵光殿遗址。1953年，在孔府花园发现一座西周早期墓，出土有陶器与蚌器。1956年以后，山东省诸文物考古研究机构对曲阜鲁故城先后进行过多次普查和复查。1961年，国务院公布鲁故

---

① 参见山东省文物考古研究所、山东省博物馆编：《曲阜鲁国故城》，齐鲁书社，1982。

城为全国重点文物保护单位。1968 年，曲阜北关村出土了一批西周晚期铜器，根据器物组合来看，应该出于同一座墓葬。1973 年在小北关出土的春秋时期青铜器应是一座墓葬的随葬品。1977 ~ 1978 年，考古人员对鲁故城进行全面的普探和试掘，并建立遗址分区系统，划分平面坐标，设立永久性标点，以便以后工作。1982 年，普探与发掘报告——《曲阜鲁国故城》正式出版。

根据多年考古发掘可知，曲阜鲁故城在平面上呈四边不规整的横圆角长方形。目前共发现城门 11 座，东、西、北三面各 3 座，南面 2 座，城墙断断续续残存于地面之上。根据实地测量，城垣周长 11771 米，东垣长 2531 米，南垣长 3250 米，西垣长 2430 米，北垣长 3560 米。东南城角保存较好，垣墙高出地面 10 米左右。东垣南起东南城角，偏 10 度向东北行，至古城村改向西北行，经玉泉庄村东至洙河南岸与北墙相交，交角约 110 度。东墙墙基宽 40 ~ 50 米左右。东南城角以北的一段残垣顶上有战国至西汉时期的筒瓦、板瓦碎片，兖岚公路从东垣的豁口穿过，城墙夯层明显。顶部夯层夹杂石灰，为晚期城垣；底部夯土夹杂大量料姜石，是早期城垣。

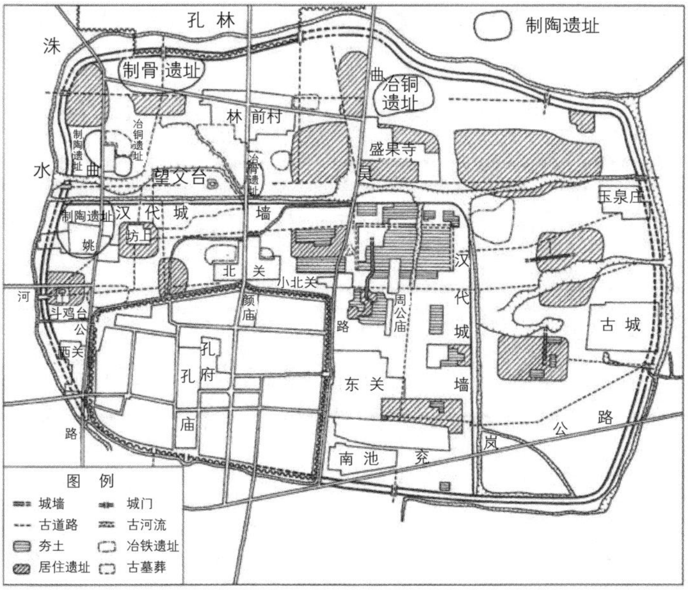

曲阜鲁故城平面图

北垣东起古城东北角，沿洙河南岸西行，经盛果寺村北，顺着孔林南墙西行，至孔林西墙南与西垣交汇，夹角为110度左右。北垣保存较好，仅失去中部一小段。北墙东部发现五个缺口，从东数第二个缺口为北东门基址，现曲吴公路以西部分的城垣大部分被孔林南墙占压。保存较好的东段墙宽20米左右，墙基40 ~ 50米。

西垣北起鲁城西北角，顺洙河东岸南下，经曲阜西关与南垣相交，交角约为130度。据钻探，西北城以南180米处有一门址，当为西北门所在处。西北门址以南660米处的地下夯土保存较好，厚度在0.5 ~ 1米，宽33米左右。西北门址以南600米处为西中门址，西墙南部为曲阜西关所压，墙基断续，走向大致为南偏东30度，宽30米左右。形制应与其他三个城角一致，呈圆角。

南垣西段长1435米，有一部分完全为曲阜城南墙所压。据钻探，墙基保存较好，宽40米左右。南垣东段保存较好，地面城垣高7 ~ 10米，宽36米左右。东段有5处豁口，其中兖岚公路与南垣相交处以东的豁口为南垣东门所在处，从豁口断崖上可以看到暴露的夯土层与夯筑遗留下的穿棍眼。

目前发现都城内与城门相联系的城内主干道10条，东西向与南北向干道各5条。1号干道，西起西北门，通向北东门，横贯故城北部，全长3050米左右。2号干道，西起西中门，通向东北门，横贯城中部偏北，全长3650米，宽8 ~ 9米。3号干道，西起西南门，直通东中门，横贯城中部，全长3900米，宽10 ~ 15米。9号干道，南起南东门，向北经过周公庙村东，在周公庙宫殿区与3号干道相接，长约1300米，宽15米，似是宫殿区通往南东门的主要干道。

城垣四周外有城壕，城西、北两面利用洙河为城壕。洙河起自鲁城东北角，沿北垣西行，绕鲁故城西北角沿西墙南流，又绕鲁故城西南角向南注入小沂河，宽度一般在30米左右。东垣外壕已淤塞，地面低洼，河床依稀可见，壕北宽62米，壕南宽30米，深3 ~ 4米。南壕自南东门以东仍有河道可见，原宽当在30米左右，深度未探明。南东门以西至东南角的城壕已被现代建筑覆盖。城壕与城垣的距离一般在 25 米左右。

宫殿建筑基址群已发现六七处，主要位于城中地势稍高处或者主要干道旁。故城中部在东西宽约 1 公里、南北长 2 公里的范围内，集中发现许多大型夯土建筑基址，其中以周公庙所在高地上的建筑遗迹最为密集。这一建筑基址群位于周公庙村北的高地上，是故城内的最高处，高出附近地面近 10 米，下层基址为春秋战国时期遗存，上层基址为汉代遗存，在基址群东、西与北面边沿发现断断续续的夯土墙基，宽约 2.5 米，可能是四周的宫墙遗迹。其余的建筑基址群还有周公庙村西夯土建筑基址群，周公庙村东、村东南夯土基址，小北关建筑基址，古城村西夯土建筑基址，“舞雩台”建筑基址。其中“舞雩台”建筑基址位于南东门之外，有研究者认为其与宗庙祭祀有关，在性质上与高青陈庄圆形台阶遗址一致，所在方位也有相似之处，均位于城南部。

城内较重要的居址区已发现 11 处，普遍靠近城门与古代道路，有的居址区与手工业区、墓葬区交错在一起，居址年代始于西周早期前段，经西周、春秋、战国直至两汉时期，时间跨度较大。故城遗址内发现铸铜、冶铁、制铜、制陶等手工业遗址 10 处，主要分布在城北内外一带，与主要居址区的分布有重合之处。铸铜遗址有盛果寺铸铜遗址与药圃铸铜遗址，盛果寺铸铜遗址位于盛果寺村西北，东西长约 350 米，南北宽约 250 米，出土遗物有铜渣、砂质陶范，时间从西周延续至春秋时期。

研究者通过对鲁故城资料的分析，认为城内居址最早遗存约在西周中期前段，与“炀公徙鲁”的年代相当。城址约始建于东、西周之交，城内大部分建筑基址是战国时期的。据考证，鲁故城陶器确有一些时代较早，属于西周早期早段，但数量不多。这说明西周早期早段鲁故城已经启用；西周中期前段时，鲁故城开始兴盛；西南部城址当始建于战国时期。鲁故城更祥尽的发展过程尚需进一步的考古工作来证实。

考古人员在故城内发现五六处墓地，对其中 4 处墓地做了试掘，共发掘两周墓葬 200 余座，其中望父台墓葬 15 座、药圃墓葬 34 座、斗鸡台墓葬 27

座和城东北角墓葬 14 座。墓葬年代从西周初年一直延续到战国时期，墓葬规模可以分为大、中、小三种类型。根据葬制与随葬器物的不同，可将药圃、斗鸡台、望父台、城东北角墓葬与以前发现的孔府花园墓葬分为两个类型。望父台墓葬分属西周和春秋末至战国时期。这两个时间段的陶器风格一致，与以上其他墓葬有较大差别。发掘者据此将鲁故城墓葬分为甲组与乙组。药圃、斗鸡台、城东北角墓葬与以前发现的孔府花园墓葬属甲组，望父台墓葬属乙组。

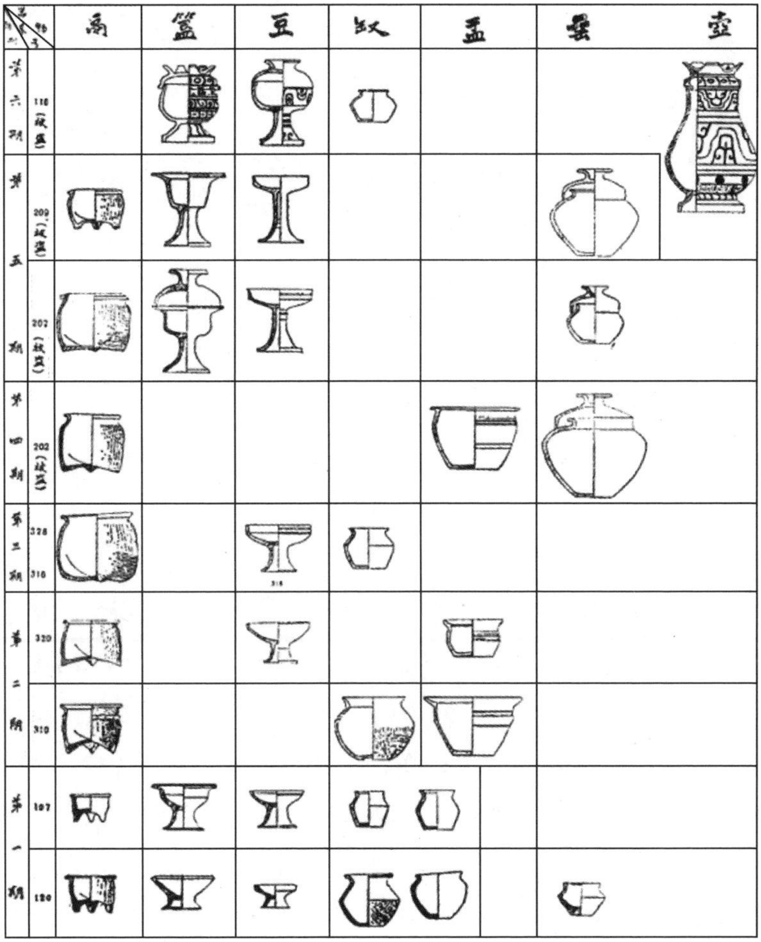

鲁故城甲组墓葬出土陶器

甲组墓在墓葬形制上都是长方形竖穴土坑墓，其中南向者57座，北向者13座，东向者2座，头向不明者6座。西周时期的墓葬墓向基本一致，东周时期甲组各墓地墓向开始出现不一致的地方，可能是为了区分族群而有意为之。墓口与墓底等大者占约三分之二，墓口大于墓底者约三分之一，墓口小于墓底者1座，1座形制不明，都有熟土二层台。葬式可辨明的59座墓葬中有57座仰身直肢。殉人只发现1例；而29座墓葬有殉狗现象，一墓一只，均出于腰坑内。19座无器物墓葬带有腰坑，绝大部分为西周墓，部分为春秋早期墓。

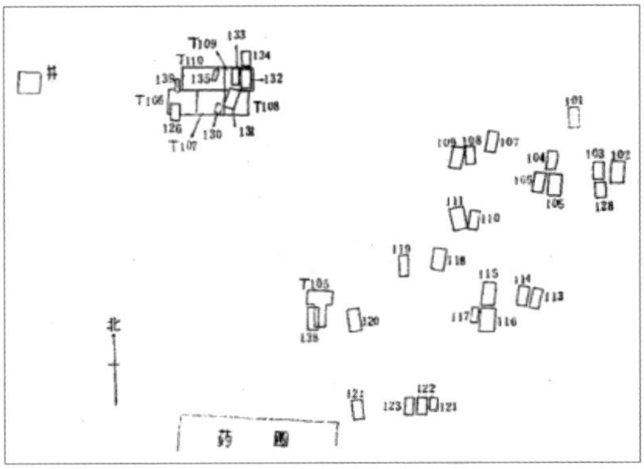

曲阜药圃周代墓（甲组）

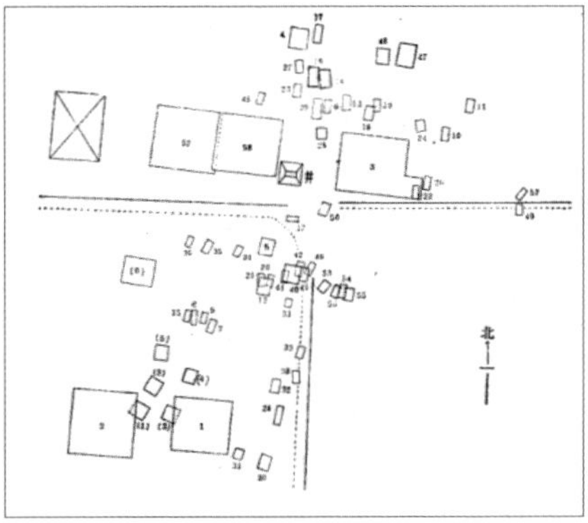

曲阜望父台墓地（乙组）

从葬俗上来说，甲组墓葬以南向为主。墓葬有腰坑者比例较大，殉狗之风盛行，均殉于墓底腰坑内。这些葬俗绝大部分是商人的丧葬风俗，但不能排除当地土著沿用商时期的葬俗。在随葬品器物的组合上，甲组随葬品除了典型周式器物外，其余器物可以分为以下几组：第一组以大袋足鬲、陶罍为代表。大袋足鬲在殷墟晚期常见；陶罍主要分布在殷墟墓葬的女性墓葬中，并且器物组合数往往为偶数。第二组以高柄陶簋、陶钵为代表。二者为山东周代地区特有器物，文化因素较为明显。高柄陶簋一般盛行于西周早期至春秋中期的山东地区，甲组墓葬的M301陶钵具有晚商时期作风，但是口沿要比鲁北一带出土的晚商陶钵平一些，时代可能稍晚，当在西周初年或稍早，这一组墓葬是山东地区土著文化因素的代表。

报告将具备分期条件的32座甲组陶器墓与1座铜器墓分为6期，第一期的年代为西周初年至西周早期，第二期的年代为西周中期，第三期的年代为西周晚期，第四期的年代为春秋早期，第五、六期的年代分别为春秋中期和晚期。

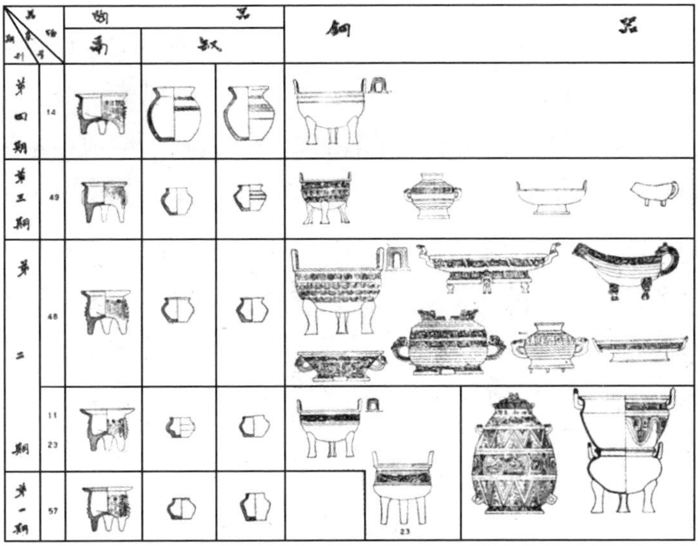

鲁故城乙组西周墓葬器物分期图

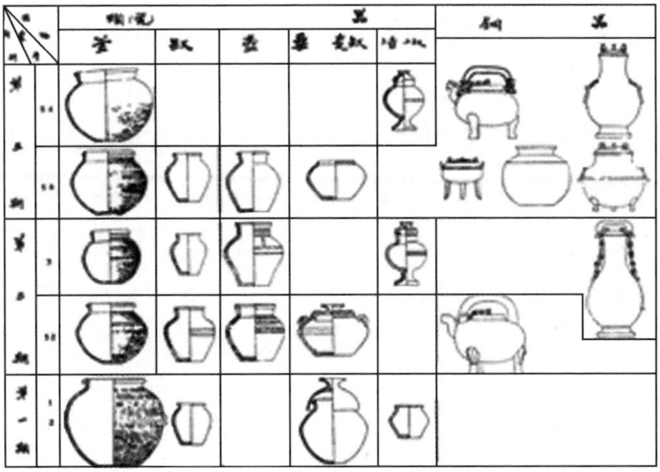

鲁故城乙组东周墓葬器物分期图

乙组墓葬，墓葬形制均为竖穴土坑。大部分早期墓葬随葬仿铜陶鬲，晚期墓葬主要随葬陶釜，早、晚期墓葬分别对应西周、东周时期，其中西周墓葬39座、东周墓葬12座。西周时期乙组9座铜器墓分属西周中期、晚期和末年三个时期，陶器墓分属西周早期、西周中期、西周晚期与西周末年。东周时期墓分属春秋末或春秋战国之交、战国早期与战国中期或稍晚三个时期。

综上可知，西周时期的乙组墓葬多为北向，与周原地区周人墓葬多北向的风俗一致。在39座西周乙组墓中不见腰坑、殉狗现象，随葬品多放在头顶或椁顶位置。随葬器物也比甲组墓葬简单，多为鬲、罐或鬲罐组合。乙组墓葬中也少见甲组墓中的豆、簋等器类，陶鬲为常见于周原、宗周地区的仿铜陶鬲。根据葬俗、随葬品的形式、特征等来看，甲组墓是土著与分封而来的殷遗民的墓葬，乙组墓是周人的墓葬。与同时期齐国的两周墓葬资料相比，鲁故城墓葬资料较为系统，时代贯穿整个周代。无论是甲组还是乙组墓葬，无论是西周还是东周墓葬，殉人之风都不盛行，这一点与同时期齐国等其他国家的文化传统差异明显。这些资料都可以有力地证明，传世文献中关于“周礼尽在鲁”的记载，是比较符合历史事实的。周公之子伯禽在创立鲁国时制订的“变其俗，革其礼”的治国方针，不但使鲁国在较大程度上保留和贯彻了周人的文化风俗，而且使周文化在鲁国确立了绝对的主导优势。东夷土著居民和殷遗民的旧有文化礼俗虽然未被完全革除，但已经对周文化起不到颠覆和同化的作用，从而使周文化在鲁国的上层贵族和周人部族中得到了始终如一的奉行和推广。直到春秋战国时期，虽然礼崩乐坏、周室不兴，但鲁国所具有的周文化传统并未受到根本动摇和冲击。《战国策》《史记》等典籍资料都显示出，直到战国中后期，鲁国仍然坚定不移的行王道、尊周礼、重教化，虽然国力十分衰弱，但礼乐文化传统依然深厚。鲁故城墓葬资料中之所以会出现周文化礼俗强势存在的现象，其原因就在这里。

二、齐国的都城建制

据司马迁《史记·齐太公世家》记载，姜太公最初建都于营丘。齐胡公继位之后，将都城由营丘迁往薄姑，另立新都。齐献公继任之后，又再次迁都，废除胡公所立的薄姑城，而徙往临淄城，建立新的国都。自此之后，齐国直到战国末年最终灭亡，一直以临淄为都，未再进行更换。据此可知，齐国历史上曾经营建过三个都城，但学者们对营丘城和薄姑城的地望一直存在争议，只有对临淄城的看法较为统一。

1. 营丘城的地望所在

营丘是齐国最早的都城，为齐国始封君姜太公所建。司马迁《史记》中记载，姜太公最初到齐地建国之时，在别人的劝说之下，夜衣而行，黎明至国。结果正好遇到东边的莱国举兵来伐，想与太公争夺营丘。

由于文献记载的不全面，对于姜太公时的营丘城究竟在今天的什么地方，学术界争议较大，至今尚未形成统一的意见。目前学界主要有如下几种说法。

说法之一，营丘城在今天潍坊市昌乐县城东南 20 多公里处的营陵故城。唐代颜师古在注释《汉书·地理志·北海郡》时，曾特意指出："营陵，或曰营丘。"颜师古最早提出了营丘城即昌乐营陵的观点，后世多有信从者。但今天通过考古调查已经可以确定，营陵故城呈方形，东西长 1100 米，南北长 1200 米。现存城墙高 0.5 ~ 5 米，墙体夯筑，夯层明显，夯土内夹杂大量东周与秦汉时期的陶片。从目前资料来看，其建造年代不会早于秦汉时期。因此，营丘城似乎不应该在这里。

说法之二，营丘城在今天潍坊市的青州或寿光，具体指青州的益都臧台遗址和寿光的呙宋台遗址。但通过考古调查可知，益都臧台遗址仅采集到一些西周陶器，其余遗存尚未见报道。呙宋台遗址虽然面积较大、文化堆积较厚，但该遗址以南 3 公里处即纪台。由纪台出土的"纪侯钟""己侯（卜虎）作宝钟"等器物可知，这里应该是纪国的文化区域，而不应是齐国早期都城。

说法之三，营丘城在今天的淄博市临淄区，与后来的临淄城在同一地。唐代孔颖达曾指出："营丘在青州临淄北百步外城中。"现代也有研究者提出临淄韩信岭为营丘，他们认为韩信岭靠近临淄故城，地势较高，符合丘的特征，早期遗存也比较丰富，故可能是营丘所在。

除此之外，还有昌乐河西说、张店昌城说等，但都缺乏充足的资料依据。

以上诸说都自有立论依据。从文献记载和目前的考古发现情况来看，营丘故城应位于潍河与淄河之间是可以肯定的，但具体位置在哪里，还需要进一步的考古发掘来证明。

2. 薄姑城的地望所在

关于齐胡公所建薄姑城的具体位置，杜预在注释《左传·昭公九年》时曾指出："乐安博昌县北有蒲（薄）姑城。"《括地志》云："薄姑故城在青州博昌县东北六十里。"另外，北魏郦道远在《水经注·济水》中指出："薄姑故城在临淄县西北五十里，近济水。"依据这些文献可知，薄姑城的地望当在今天淄博市博兴县一带。

2003年秋季，山东省文物考古研究所配合南水北调东线工程建设时，在淄博高青县陈庄地区发现了一处文化内涵丰富的考古遗址。2008年10月至2010年2月，山东省考古研究院对该遗址进行了大规模勘探和发掘，发现了一座西周时期的城址以及东周时期的环壕（城墙周围的壕沟），并先后清理了1500多处灰坑、房基、陶窑、水井和道路遗迹，以及墓葬10座、马坑4座、车马坑1座等。①

陈庄西周城址位于小清河北岸，距离博兴不足百里。城址平面近方形，东西、南北长均为180米。东、北城墙保存较好，顶部宽6～7米，底部宽9～10米，残高0.4～1.2米。西墙大部分尚存，残高近0.4米。南墙基本被小清河冲掉，局部残存墙底。墙体采用单棍夯筑，夯层厚度为5～8厘米。南墙中部有一门，城内发现一条宽20～25米的道路通往南墙中部。城四周有环壕，环壕与城墙距离2～4米，壕沟宽25～27米，最深处约3.5米。

① 参见山东省文物考古研究所：《山东高青县陈庄西周遗存发掘简报》，《考古》2001年第2期。

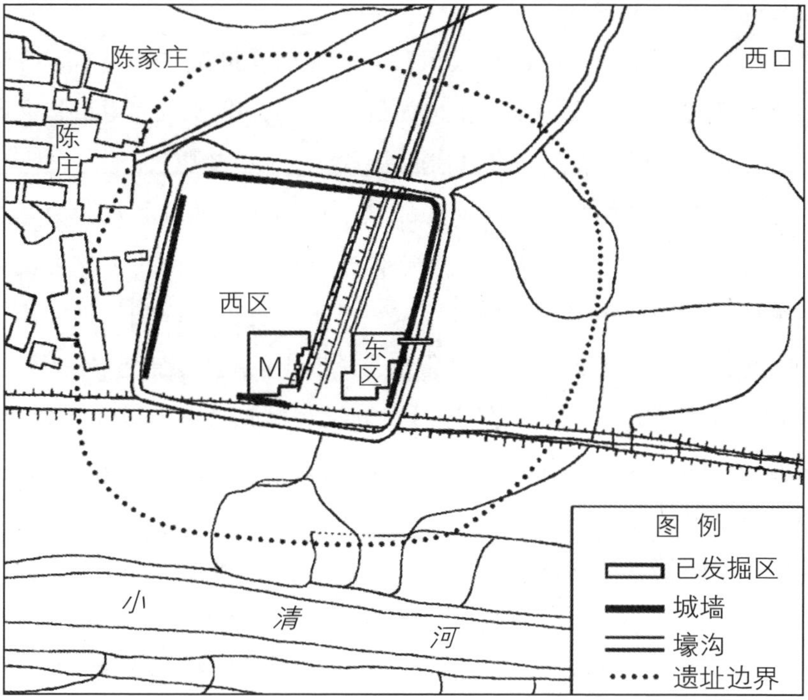

陈庄遗址平面图

陈庄城址是山东地区确认的最早的西周城址，始建年代为西周早期，中期即已经被废弃。墓葬在城址废弃时或略晚开始埋葬，部分建筑在城址废弃后仍在沿用，如祭祀台基。城址被废弃后，仍有人居住在这里，并持续到西周晚期。目前研究者对高青陈庄西周遗址的性质有多种说法，有研究者认为其是齐胡公所迁的都城薄姑，但更多的人认为是距离薄姑城不远的一处军事地点。但无论如何，高青陈庄遗址与薄姑城所在地不远，可为寻找薄姑城的位置提供更直接的信息。现在，关于陈庄城址的详细考古报告还没有完全公布，相信等到相关信息完全公布之时，很可能会发现有关薄姑城的较重要信息。

3. 临淄齐故城的建制[①]

薄姑作为齐国都城的时间比较短暂，公元前9世纪中期左右，齐献公吕山率兵攻杀齐胡公后，便将都城由薄姑迁至临淄，即今天淄博市临淄区的齐都镇。此后七百余年，齐国一直以临淄为都城，未再变更。

从今天的地理环境来看，临淄齐故城东依淄河，西临系水，南靠牛山与稷山，北为平川，完全符合古代建都必依山川的原则。因为，靠近山可以有效避免水患，邻近河流又方便城市用水、排水，也可以起到加强城市防卫的作用。因此，古人在建城时，一般都会选择近川的高地之上。如《管子·乘马》篇就明确记载："凡立国都，非于大山之下，必于广川之上，高毋近旱，而水用足，下毋近水，而沟防省，因天材，就地利。"这些原则都与齐临淄故城的周围环境相符合。

学界关于临淄齐故城的考古调查工作，早在19世纪的30年代就已经开始了。1936年，著名学者王献唐先生曾结合出土文物，对齐都临淄故城做了详细考证。1940 ~ 1941年，日本学者关野雄曾在临淄故城做过考古调查。1958年，山东省文管会对临淄故城进行考察发掘。1964年及其以后，考古学者对齐临淄故城组织了多次探查和发掘工作，从而对齐故城的布局有了比较全面的了解。

齐故城在结构上可分为大、小两部分。小城位于大城西南部，其东北部分深入大城西南角内，平面较规整，呈南北狭长的长方形。大城东墙依淄河而建，平面呈"凸"字形。大城周长14158米，东墙长5209米，西墙长2812米，南墙长2821米，北墙长3316米，墙基宽度在17 ~ 43米。

经考古学者的详细钻探，目前已探明齐故城的大城有城门6座，南、北两面各2座，东、西城垣各1座。东门在东墙北部，现已被破坏。西门在西墙南部，门道长25米，宽11米左右。北墙西门在北墙偏西处，西距西北城

① 参见中国社会科学院考古研究所编著：《中国考古学·两周卷》，中国社会科学出版社，2004，第248 ~ 251页。

角约580米，门道长23米，宽13米左右。北墙东门东距东北角899米，门道长34米，宽17米。南墙东门东距东南城角1020米，门道长19米，宽11米。南墙西门距西南城角约890米，门道长23米，宽13米。大城内发现道路7条，多与各城门相连。此外，大城城墙上发现排水口3处。西墙靠近西北城角有1处排水口，平面呈内窄外宽的喇叭口形；北墙有2处排水口，北墙西排水口宽约15米，北墙东排水口宽约18米。

大城东有淄河，西墙、北墙和南墙外有护城壕，北壕、南壕东与淄河相通，西壕南与小城东墙南部城壕相接，壕宽25 ~ 30米。大城内发现道路7条，贯通南北、东西的大道各2条。东部南北大道自南墙东门通向大城东北方，长3300米，宽20米。中部南北大道连接南墙西门与北墙东门，长4400米，宽20米。北部东西大道自东门至西墙，长3600米，宽15米左右。中部东西大道长2500米，宽17米。大城西部有一排水系统，为一南北河道，南起小城东墙、北墙的城壕，向北通往大城西墙的排水口，长2800米，宽30米左右。大城东部有另一排水沟，长约800米，通往大城东墙北段的排水口，向东注入淄河。

小城周长约7275米，东墙长2195米，西墙长2274米，南墙长1402米，北墙长1404米，墙宽20 ~ 38米。小城城墙有城门5座，东、西、北门各1座，南门2座。东门在东墙偏北处，北距东北城角600米，门道长40米，宽14米，此门通向大城。南东门距东南城角330米左右，门道长42米，宽8.2米，南西门距西南城角460米，长25米，宽13.7米。西门在西墙南部，门道长33米，宽20.5米。北门在北墙偏西处，距东北城角770米，门道长86米，宽10米。北门内两侧有夯土基址与城墙相连，此门北向通往大城。小城内发现道路3条，其中南东门北向大道保存1200米，宽8米；西门东向大道保存650米，宽17米；北门大道与大城的南北路相接，向南保存1430米，宽6 ~ 8米，此路可能通向南西门。小城内在城西北部发现1条排水系统，起自“桓公台”东南部，经东部与北部通向小城西部的排水口，流入系水，全长700米，宽20米，深3米左右。

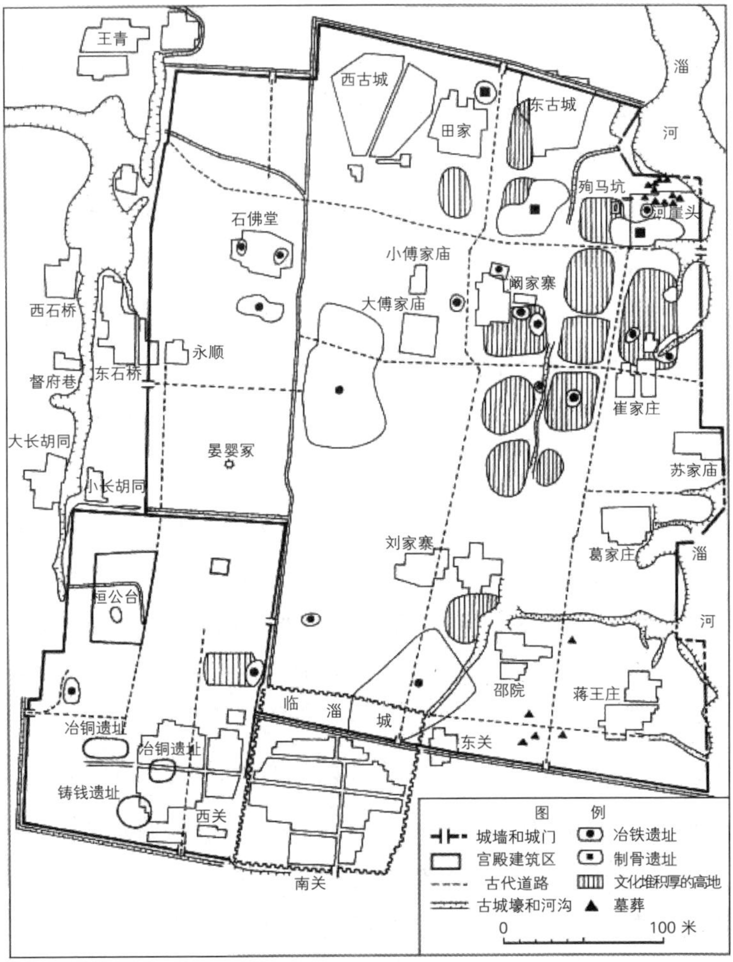

临淄齐故城平面图

齐故都的宫殿建筑遗存主要见于小城区。小城内北部偏西有桓公台，台呈椭圆状，南北长径 86 米左右，台高 14 米，台东、北两侧都有壕沟，应当是该基址的排水系统。桓公台周围有许多夯土建筑基址，各基址面积大小不等，当是以桓公台为主体的建筑群。此外，在小城东北部现存一 40 米见方的建筑台基，被称为“金銮殿”，也是宫殿建筑基址的一部分。

大城东北部存在大片文化堆积较厚的高地，结合东北部阚家寨东南遗址出土的铜渣、炉渣、烧土等考证，这一带当为冶铜手工业作坊区，也是手工业者的居住区。从目前已知的考古资料来看，大城东北部存在冶铁作坊遗存、制骨作坊遗存。

在这些文化堆积之中发现了两处铸钱遗址：齐刀币铸址，位于城南部的安合村南，靠近城墙，曾出土过“齐法化”刀币和铸范。两汉“半两”钱铸址，位于阚家寨村南，曾出土过成批的“半两钱范”。

根据分布区的不同，可将齐故都内的墓葬分为城内墓葬区与城周墓葬区两部分。城内墓葬区在大城内发现两处。一处在大城东北部河崖头村一带，有大、中型墓葬20余座。大型墓葬有带南北两条墓道、平面呈“中”字形者，有呈“甲”字形者，时代多为西周晚期至春秋时期，应为姜齐贵族的“公墓”区所在。如河崖头村西的一座“甲”字形大型墓葬，墓室的东西北三面，为连成一体的大型殉马坑，清理出殉马228匹。在付家庙、阚家寨村、葛家庄东南一带，均发现了春秋时期的墓地。另一处在大城南部、南墙东门以内的大道两侧。战国时期田齐王陵区在城东南11.5公里的牛山一带，已知有6座墓地东西并列。牛山至临淄齐故城之间有多处东周墓地。

总之，借助考古钻探和调查，我们现在对齐故城的结构、部局和宫殿建筑等都已有了较清晰的认识。

三、齐、鲁都城的异同分析

根据上述材料可知，齐国故城与鲁国故城在城址选建、城市布局、宫殿区位置、功能区划分以及对死亡人群的埋葬方式上有相同点，也有不同点。据目前资料来看，西周至春秋早期两者的相似性较大，从春秋早中期之交到战国末期，时间越晚，两者的区别越大。究其原因，当是西周时期由于周王室分封，周文化被带到各个封国，先进文化随着政治的变革而迅速占据统治地位，土著文化已退至次要地位。但到了春秋时期，由于王权下移，列国崛起，族源、人群构成以及对待原有文化的态度已发生变化，各国的社会生活也不尽相同，遂逐渐形成各自的特色。具体说来，齐、鲁都城建制的异同点主要有这样几个方面。

1. 两者的相同点

首先，都城的城址多选建于地势稍高的临水广川之地。齐早期都城营丘据地名可知位于山丘附近，临淄故城东临淄河，西依系水，处于河流的二级台地上；曲阜鲁故城坐落在洙河与小沂河之间，东依房山余脉。这几处故城均符合这一选址特点。

其次，都是以高台建筑作为宫殿所在地。临淄齐故城西南宫城区以“桓公台”为中心分布多处建筑基址，“金銮殿”也是小城区的宫殿建筑基址。曲阜鲁故城宫殿建筑基址位于故城中部周公庙高地位置，选择这一位置既是身份象征、生活需要，也是为了便于统治。

再次，都城内手工业遗存多发现于城内北部地区，较重要的作坊遗址多位于宫城附近。在临淄齐故城宫城内发现冶铜遗址与铸钱遗址，临淄故城手工业集中于故城北部，尤其以东北部较为集中；鲁故城盛果寺铸铜遗址在宫殿区北部附近，鲁故城西北角孔林南的制骨遗址南邻制陶遗址与冶铜遗址。由此可见，两者在手工业的集中分布方面基本一致。

最后，墓葬的排列原则相同。临淄齐故城和曲阜鲁故城的墓葬区分别位于城址东北部的河崖头村附近和“望父台”墓地附近。另外，临淄齐故城与曲阜鲁故城墓葬区可以进一步分小区，小区下可以分群组，每一群组代表一个家族，家族下还可以分各个家庭。

2. 二者的差异性

首先，鲁故城宫城位于郭城之内，齐故城宫城位于郭城之外。齐国故城形制与赵国邯郸故城、新郑郑韩故城、魏国安邑故城形制相似，宫城均位于大城的一角。鲁国故城与楚国纪南故城、滕州薛国故城、莒县莒国故城形制一致，宫城均位于郭城内。纪南故城建筑夯土台阶位于城内东部，城内东南部尤为密集。薛国故城宫殿区位于城址中部、皇殿岗村正南。这一带地势隆起，夯土面积东西 350 米，南北 250 米，其形制与莒国故城、鲁国故城形制一致。鲁国故城宫殿区南有交通干道，通往南墙“舞雩台”附近；干道左右有建筑林立，呈左右对称状。这也是以后都城建制的基本形式。

其次，鲁故城的墓葬从西周早期至战国时期只发现一例殉人，说明鲁国墓葬不喜人殉。但齐国墓葬在西周以后殉人现象逐渐增多，这与鲁国墓葬的殉葬习俗有较大区别。

最后，鲁故城手工业区主要集中在曲阜鲁故城西北部，齐故城手工业区主要集中在临淄故城东北部。

综上，我们结合考古发现，对齐故城临淄和鲁故城曲阜的建制情况做了详细介绍。最后需要补充的是，时至本书完稿之日，考古工作者仍在两个故城范围内继续开展考古发掘工作，并多有收获。以后随着重要考古发现资料的公布，学术界对齐故城临淄和鲁故城曲阜的认识还会继续加深。

第三节 礼乐文化

礼乐文化是中国古代传统文化的重要组成部分。礼指礼节、礼仪，乐是音乐、诗乐、乐舞。《礼记·乐记》说：“乐者，天地之和也；礼者，天地之序也。和故百物皆化，序故群物皆别。乐由天作，礼以地制。过制则乱，过作则暴。明于天地，然后能兴礼乐也。”可见，礼、乐自古以来就是古代圣贤治国理政的手段。正确利用礼和乐，不但可以使社会秩序和谐有序，还能够使社会关系和谐统一。周公在灭掉殷商王朝、平定三监之乱并成功征服东夷之后，为了稳固统治，在分封诸侯、营建东都之外，所做的最重要的一件事就是制礼作乐，以期充分利用礼乐的教化和引导功能，确保周代统治的长治久安。后来的实践证明，周公制礼作乐的目的已充分实现。

在周人分封的诸侯国中，齐、鲁两国的地位最为显赫。鲁国是周公个人的封国，齐国是周室功臣姜太公的封国。在分封诸侯之初，周人以礼乐安天下的治国方针被复制到各诸侯国内，齐国和鲁国也不例外。但随着历史的进展，齐、鲁两国在对待周代礼乐文化的态度上发生了较大分歧。鲁国一直固守周礼，直到战国时期，仍然是保存周人礼乐文化最多的国家。但齐人早至西周中后期时便已经有意识地摆脱周礼的束缚，开始建立自己的礼乐文化，并将这种传统一直延续到战国末期。齐、鲁两国对周礼接受程度的不同以及由此产生的社会影响，值得认真总结和研究。

一、鲁国的礼乐文化

1. 鲁国对西周礼乐文化的继承

作为周文王之子、周武王之弟、周成王之叔，周公在分封之时并没有亲自就封，而是派自己的长子伯禽前往鲁地就封。伯禽做了鲁国第一代国君后，采用了“变其俗，革其礼”的治国方针，照搬周王朝的礼乐制度，在鲁地强制推行周王朝的礼乐教化和宗法制度，尊尊而亲亲，从而使周人的礼乐传统在立国之初就深深扎根在鲁国的土地上。后世国君一直恪守周王朝的礼乐制度，未有太大的改变。

在被分封之时，除了人口、土地等一般的封赏，鲁国还从周王室获得了大量的祝、宗、卜、史、彝器、官司、大路、大旂、夏后氏之璜、封父之繁弱、备物、典策等额外的赏赐。祝、宗、卜是宗庙祭祀典礼时的神职人员。彝器、璜、繁弱等是祭祀典礼所用的器物。大路、大旂是行礼过程中体现等级身份的车和旗子。这些都是周人礼乐文化的重要载体。在各诸侯国中，独有鲁国被单独赏赐，说明周人的礼乐文化自西周之初就已经较大程度地输送到鲁国了。

同样的例子还见于鲁国的官制。前文已指出，鲁国设立了太宰、宗伯、大司徒等官职。按周代礼制，这些只有在周天子的王官系统中才能出现，但鲁国也可以设置。另外，由于周公较高的宗族地位和卓越的功勋，周天子特许鲁国历代国君可以用祭祀天子的礼乐制度来祭祀周公，从而使鲁国国君拥有了使用天子礼乐的特权。而且，鲁国国君还有权祭祀上天和泰山，这在其他诸侯国中是不被允许的。

这些特权为鲁国较大范围地保存周礼提供了有力的物质条件和政治保障，使鲁国在无形之中成了除周王室之外拥有周代礼乐文化最为丰富的国家。西周时期鲁国在周王室中的政治地位之高，是其他国家不可比拟的。

到了春秋时期，虽然礼崩乐坏，周人的礼乐文化开始大幅度消失，但鲁国仍在相当大的程度上保留和固守周人的礼乐文化，并逐渐成为周文化存在和实施的最后阵地。公元前 544 年，吴王派遣季札出使鲁国。到了鲁国后，季札请求欣赏鲁国保存的蔚为大观的周代音乐。在鲁国乐官演奏过程中，季札以其超强的感受力和卓绝的鉴赏力，逐一点评了《雅》《颂》《周南》《召南》《邶》《墉》《卫》等乐章的美妙和深邃。当演奏《诗经·唐风》时，季札从中听出了思接千载的陶唐氏遗风。当演奏《大雅》乐章时，季札从乐曲深广的气魄里感受到了文王之德。当演奏大舜的《招箾》时，季札惊叹道："这是最令人叹为观止的至德乐章，其如同苍天无不覆盖，如同大地无不承载。诚为盛德之至，无以复加了。"最后，季札对鲁国保存的周人礼乐文化之全叹为观止，认为这在当时的其他诸侯国，包括尚存的东周王室中，都是不可能存在的。公元前 540 年，晋国大夫韩宣子访鲁时，曾大为感慨："周礼尽在鲁矣！"

2. 东周时期鲁人对周代礼乐文化的僭越

周平王东迁之后，社会形势发生了根本性变化，礼坏乐崩，周王室衰微，逐渐失去天下共主的地位，但各级诸侯的势力不断膨胀，不断质疑和挑战周王室的权威。与此同时，各诸侯国在不断发展壮大的过程中，开始不同程度地抛弃周人的礼乐制度，并有意识地建立自己的礼乐文化，从而使作为维护王室统治秩序的礼乐制度遭到普遍破坏。在此社会大背景下，即使以固守周礼闻名诸侯的鲁国也开始出现了不同程度的违礼乱制现象。传世文献《左传》《国语》等对此有诸多记载。下面分类予以揭示。

祭祀典礼。祭祀典礼是古代最为重要的礼制，"国之大事，在祀与戎"。祭祀礼与宗族延续、国家命脉、百姓安居乐业等各个方面息息相关。鲁国在行祭祀礼过程中常有违礼行为。公元前660年，鲁闵公公然违背周礼中禘祭应在三年丧期之后举行的规定，提前对其父庄公举行禘祭之礼。公元前652年，鲁僖公在鲁国太庙对鲁庄公夫人哀姜的禘祭行为，属于明显的违礼行为。按周礼规定，若不是死在正寝之中，不停棺待葬于祖庙里，不发赴告给同盟之国，不用其神主陪祀祖姑，不能把死者神主放在太庙之中。但对于哀姜而言，以上四点都不符合，又不是嫡妻正夫人，将其放在太庙中祭祀实属违礼。公元前625年，鲁文公在太庙举行祭祀时，故意将其父僖公的神主放在闵公的神主之前。按周礼昭穆之制，所祭先君应该按在位先后排序，先继承君主位者为昭，后继承者为穆。闵公在前而僖公在后，闵公当为昭，在僖公之上。鲁文公却将祭祀顺序颠倒，明显违背了礼制。

告朔违礼。告朔之礼也是周礼的重要组成部分，是周天子对诸侯行使"天下共主"权力的重要礼制。按周礼规定，周天子会在每年的年末给诸侯颁布第二年的历法，称之为"班朔"；诸侯领受天子历法并放在祖庙之中，应在每个月的农历初一都要在祖庙进行告祭，即为"告朔"。同时还规定，诸侯行告朔礼时要以羊为祭祀品，并且要穿着特定的皮弁服饰，在告朔之后还要听取卿大夫们汇报政事，这一过程称为"听朔"。然后，再在祖庙进行祭祀，称为"朝庙"。"班朔""告朔""视朔""朝庙"四件事情先后举行，共同构成告朔之礼的全部内容。公元前621年，鲁文公在闰月时没有举行告朔之礼，却仍然在祖庙进行祭祀活动，明显不符合礼制。

建筑装饰等违礼。公元前670年，鲁庄公为迎娶齐国哀姜，在对其父桓公的宗庙进行装饰时，有意识地在桓公庙的柱子上涂以朱漆，并在其椽上雕刻花纹。按照周礼，天子、诸侯之屋用微黑色漆，大夫用青色，士一级用黄色，而且天子、诸侯、大夫、士等阶层均不雕刻花纹。但是鲁庄公不仅在桓公庙的柱子上涂以朱漆，而且还在其椽上雕刻花纹，不符合礼制规定。

婚嫁违礼。公元前670年，鲁庄公为迎娶齐国哀姜，亲自去齐国"纳征"，并亲自去齐国迎接哀姜。按照《仪礼·士婚礼》记载，婚礼中的纳征之礼，即使是士大夫一级也不必亲自前往行礼，派代表前往即可，但鲁庄公作为一国之君竟然亲自去齐国纳征，然后又亲自迎娶，实属违礼之举。等哀姜到达鲁国后，鲁庄公再一次违背婚礼规定，要求鲁国的贵族妇人执玉帛等贵重之物拜见哀姜，从而受到大夫御孙的劝谏，但并未采纳劝谏。

丧葬违礼。依据周礼，大夫去世，国君不仅要吊唁，还应当前往参加大夫葬礼。到了春秋时期，国君不参加大夫丧葬礼的现象渐次出现。公元前 694 年，鲁桓公在齐国被齐襄公谋杀后，桓公夫人文姜却滞留齐国，不返回鲁国参加夫君的丧葬。依周礼，丈夫去世，妻妾当为夫服斩衰三年。文姜既没参加桓公的葬礼，也没有为桓公守丧服丧，十分不符合周礼。根据丧葬礼，父母初死至安葬前卒哭期间，要时常哭泣；下葬之后改为早晚哭，直到将死者之神主牌位放于主庙进行祔祭。公元前 627 年，鲁文公没有及时制作僖公神主牌位放于太庙之中，因此影响了僖公的祔祭，这当然是违礼的。公元前 619 年，周襄王驾崩时，按礼鲁国是要去成周吊唁并参加周王葬礼的，但鲁国仅派遣大夫公穆伯前往，但穆伯根本就没有前往成周，而是以吊丧之名跑到莒国去会见他的情人莒女，并顺道把吊唁的财礼也带去了。如此蔑视周天子的丧礼，不顾鲁国使者的身份，实在是有违礼制。

朝聘违礼。定期朝拜周天子、诸侯之间相互朝聘，这是非常隆重而严肃的礼节规范，而鲁国却因为种种原因破坏朝聘之礼。公元前 602 年，晋国国君新立时，鲁宣公没有前去朝聘，也没有派遣使者前去朝聘。朝与聘都是诸侯间联络感情的重要方式，鲁国没有去晋国行朝聘之礼，不仅违背周礼，也严重影响了鲁、晋两国的关系。

乐舞违礼。《论语》记载鲁国三桓之一的季氏曾“八佾舞于庭”。按照周礼，天子八佾，诸侯六佾，卿大夫四佾，士二佾，季氏作为鲁国卿大夫，应用四佾的礼数，却僭用了天子的礼仪，大违礼乐制度。《论语》又记载“三家者以雍彻”，即季孙氏、叔孙氏、孟孙氏在家祭祀自己祖先的时候，用的是祭祀天子的礼仪，唱着《雍》这首诗歌来撤除祭品。大夫祭祀用天子礼，实属僭越之举。

由此可以看出，僭越礼制的现象在春秋之后的鲁国社会已经非常普遍，上自国君，下至普通士大夫，都存在诸多违礼之举。以上所举例子只是当时僭越礼制行为的部分缩影，但无论是从范围上还是从程度上看，都已经到了非常严重的地步。周礼的崩坏之势已不可挽回。

3. 孔子对礼乐文化的升华

孔子所处的春秋晚期，礼乐制度已经受到了严重破坏，“礼坏乐崩”现象已非常普通，原有的政治秩序已受到冲击。面对社会乱象，孔子自觉对传统的礼乐文化进行了深刻反思，并在此基础上为礼乐文化赋予新的时代精神，以期挽救处于崩坏边缘的西周礼乐制度。

孔子承礼启仁、以仁释礼，提出“仁”的思想，将礼乐文化与“仁”的思想相融合。这个过程包括两个方面的内容。一方面，孔子承礼，批判继承周礼的合理内容。孔子曾说“周监于二代，郁郁乎文哉！吾从周”，他继承周礼，以周礼为思想基础。另一方面，孔子启仁，由礼到仁。春秋时期的礼乐徒具形式，已失去了实质性的精神内核，故孔子用“仁”的思想为礼乐文化赋予了新的精神内涵。孔子曾说：“人而不仁，如礼何？人而不仁，如乐何？”意在强调“仁”作为一种真诚的内心情感，是礼乐文化中更为内在、更为根本的精神。如果少了这份内在的情感，礼和乐便失去了意义。在此基础上，孔子又有意识地突出礼乐文化在治国理政和加强个人修身方面的作用，强调“道之以德，齐之以礼”，将礼乐文化的影响不断扩大，把礼乐文化作为为政的思想基础。很明显，孔子在用引仁入礼的方式，试图挽救已经崩坏的周代礼乐文化。

二、齐国的礼乐文化

姜太公在建立齐国之初，就采取“因其俗，简其礼”的治国方针，尊重齐地殷遗民和东夷土著固有的文化风俗，从而给齐国营造了一个相对宽松的文化氛围和政治环境，为齐国政权的稳定发展提供了便利。司马迁曾在《史记》中多次称赞姜太公的因俗简礼之举，说他的举措“平易近民，民必归之”，“人民多归齐，齐为大国”。就礼乐文化而言，与鲁国相比，周人的礼乐文化在齐国的根基并不牢固，齐地原有的礼乐文化仍然大量存在，周礼在与之并存的过程中，并未表现出明显的优势。可以说，齐国的礼乐文化自西周初期时便是周礼、夷礼并存，共同发展。从西周中后期开始，随着周齐关系的恶化，齐人在融合周礼和夷礼的基础上，逐渐形成了自己独具特色的礼乐文化，原有的周人礼乐的影响已非常弱小了。

1. 齐国的音乐文化

民间俗乐。齐国分封之前的齐地原为东夷部族的势力范围，东夷礼乐文化十分发达。早至太昊、少昊之时，东夷人不仅发明了瑟、埙、鼓、磬之类的乐器，还创作出优美的乐舞，而且已经已达到非常高的水平。其中最知名的便是韶乐。

韶乐又称为韶、箫韶、九韶、九招、大韶等，相传最初是由虞舜创作的。虞舜之后，韶乐不断流传变迁，周公制礼作乐时，曾将《韶》改编为周人宗庙的乐章，使其成为周代礼乐文化的一部分。

但齐国境内仍流传着未被周礼改造的原汁原味的虞舜韶乐。春秋时期孔子到达齐国时，在齐都听到的韶乐应该就是早期的虞舜韶乐。因为虞舜韶乐与孔子在鲁国听到的周礼的乐调不一样，故深深吸引了孔子，从而使其三月不知肉味。

除韶乐之外，齐地民间还流传着许多世俗之乐和乡间乐调。它们多是由生活在社会下层的倡优、乐女等艺人进行传唱，以管弦乐器为主要演奏工具，又被称为丝竹之乐。战国时期苏秦到齐都临淄后，曾如实记录了齐都城内普通民众的生活状况：“其民无不吹竽鼓瑟、弹琴击筑、斗鸡走狗、六博蹋鞠者。”（《史记·苏秦列传》）这里的“吹竽鼓瑟、弹琴击筑”描绘的就是由各种器乐演奏、伎艺表演的民间俗乐的情景。

俗乐不仅仅在民间流行，当朝统治者也非常喜爱和支持。春秋晚期的齐景公就非常喜爱俗乐，经常召集民间艺人进宫为自己表演，供公卿贵族享受。战国时期的齐威王也是一位喜爱俗乐的君主，还非常善于弹奏乐琴，并十分欣赏同样善于琴乐的大臣。当时的名士邹忌就是抓住了齐威王的这个习惯，用鼓琴奏乐的方式吸引齐威王注意，并趁机进行劝谏，从而成功劝说齐威王改变之前放纵淫乐、不理朝政的弊病，开始重振朝纲，强大齐国。这就是《史记·田敬仲完世家》记载的邹忌“鼓琴取相”的例子，从中可见齐国上下对音乐的喜爱。

除齐威王之外，其子齐宣王不但对俗乐喜爱有加，甚至在公开场合扬言想摒弃礼乐中的雅乐而大力提倡俗乐。《孟子·梁惠王下》载齐宣王曾直言不讳地对孟子说：“寡人非能好先王之乐也，直好世俗之乐耳。”喜好世俗之乐的齐宣王为满足自己的爱好，特意组建了一支“吹竽必三百人”的齐国宫廷乐队，专门为他演奏俗乐。没想到这种成规模的表演方式却让南郭先生钻了空子，以致其从中“滥竽充数”多年也没有被发现。

宣王之子齐闵王也酷爱俗乐，尤其钟情于竽的演奏。但与其父不同的是，齐闵王喜欢听竽的独奏，即喜欢看个人单独表演，而不喜欢听合奏。此举使滥竽充数的南郭先生原形毕露，只能灰溜溜地逃走。

除国君外，齐国的很多卿相大夫也钟爱俗乐，诸如管仲能歌、晏婴善舞、邹忌善琴，等等。

宫廷雅乐。与民间俗乐相对应的是齐国公室的雅乐。雅乐主要流行于贵族统治者之中，是用于朝廷各种典礼仪式、郊庙祭祀等领域的乐舞，是诗乐舞一体的高级音乐形式。雅乐旋律舒缓，表演时庄重肃穆，舞容严整，所使用的乐器主要以钟、磬为主，也被称为金石之乐。

西周时期是礼乐征伐自天子出的时代，齐国遵循周礼，按照周王朝的规定，在正式场合演奏周人之礼乐，所谓“三代之遗声”。但是随着时代的变迁，尤其是进入春秋时代，齐国的礼乐文化发生了巨大的变化。一方面，由于周王室衰微，礼坏乐崩，周礼所规定的礼乐在齐国礼乐文化中的影响力逐渐式微；另一方面，齐文化自身的开放性、包容性和兼容性使得齐国的礼乐文化走向多元化融合的道路。虽然传统的周代礼乐仍然存在，却被不断改造，演奏的场合也在不断缩小。而齐地本来存在的俗乐却在不断壮大，并逐渐发展成为齐国礼乐的主流。久而久之，周人礼乐、齐地俗乐以及外来音乐等三种不同的音乐不断碰撞、融合，齐国逐渐形成了以俗乐为主流、兼顾周礼与其他乐文化的特有礼乐文化。据《史记·孔子世家》记载，齐、鲁两国在夹谷会盟时，在献酬之礼完成后所举行的乐舞表演中，按礼应该演奏庄重肃穆的宫中雅乐，但齐国掌礼乐之官先演奏了齐国的“夷狄之乐”，又接着表演了“优倡、侏儒为戏”的齐国乐舞。这种严重不符合周人礼乐制度的行为，遭到了恪守周礼的孔子的严厉抵制和斥责。此举明显体现了齐国礼乐文化的多样化和世俗化，与鲁国严格固守周礼的礼乐文化已经有了天壤之别。

2. 齐人的礼治思想

《国语》《左传》等先秦文献记载，春秋时期的齐国贵族普遍不习周礼，在各种政治场合中屡屡出现违礼乱乐的行为，因而受到其他诸侯国的嘲笑和讥讽。

但是在各诸侯国都尊礼重乐的社会大环境下，齐国还是有很多有识之士呼吁研习周礼，并主张利用周代礼乐来治国安民。对此，春秋时期的两位知名卿大夫做出了很好的榜样，值得特别提及。

管仲的礼治思想。管仲相齐时，在政治、经济、文化、军事等方面采取了诸多的改革措施，而礼制改革也是其中重要的一部分。管仲精通周礼，也明白周礼对齐国发展强大的重大意义，所以，管仲将礼治列为“四维”之首，也将其列入治国的“五经”之一，有意识地将礼运用到齐国的内政外交之中。

春秋之时，周室衰微，诸侯混战，外族不断侵犯中原各国。在此情况下，管仲成功劝说齐桓公“尊王攘夷”，协助中原各国联合对抗周边少数民族的入侵，维护周王室的权威，维持周礼的传统。这在当时可谓是最大的尊礼行为。孔子对管仲的这一举动给予高度评价，当其弟子子路和子贡先后批评管仲品行有亏时，孔子特意为管仲辩解。在孔子看来，管仲“尊王攘夷”之举行的是大义，是维护周礼的最好行为，如果没有管仲，中原各国早就被“夷狄”之人给占领了，中原文化也早就被“夷狄”文化给吞并了，周代的礼乐传统早就消失殆尽了，所谓“微管仲，吾其被发左衽矣”。

另外，管仲在日常生活中也严守周礼，不轻易破坏周礼的规定。周襄王时，管仲因有功于王室，周天子想以对待上卿的礼节款待管仲。管仲知道这样违背礼仪规范，便没有接受周王的好意，坚决要求周王用下卿之礼来接待自己，从而赢得了周天子的敬重。

晏婴的礼治思想。齐桓公之后，齐国霸权衰落，违礼之事普遍出现。到齐景公时，晏婴辅政。晏婴认为齐国当前所处的困境主要是礼治秩序缺失造成的，故开始有意识地重建礼治传统，意图通过礼制改革来挽救齐国国运的颓势。晏婴实施的礼治并非照搬传统的周礼，而是借助旧概念重新建立适应时代发展和齐国变革要求的新型礼治规范。传世文献中关于晏婴论礼的史料非常多，仅在《晏子春秋》中，“礼”就出现118次之多。总体来看，晏婴的礼治思想有两大体现。

第一，晏婴重新定义“礼”，他赋予“礼”新的内涵和精神以适应时代的发展。晏婴曾指出：“礼之可以为国也久矣，与天地并立。”由此可知，晏婴欲借助天的权威性来提高礼的权威性，从而说服更多的齐人以礼行事，尊奉并信从礼制规定。

第二，晏婴把礼治功用同治国之本紧密联系。一方面，晏婴强调礼治对臣民的约束作用，礼与法要内外相结，有法无礼就会失去根本，有礼无法会使社会陷入混乱，只有礼与法并用，将两者紧密结合，才能治理好国家。另一方面，晏婴强调礼治对民心国运的重要意义，重视礼治，国家就会长治久安，百姓就会安乐；失去礼治，国家就会陷入混乱当中。在晏婴看来，国君应该依据礼制，厚施于民，重民保民，使人民安居乐业、国家安定团结，从而营造“民不迁，农不移，工贾不变，士不滥，官不滔，大夫不收公利”的良好局面。

综上可知，因具体国情的差异，齐、鲁两国礼乐文化的发展道路并不统一，鲁文化固守周礼，齐文化革新周礼。鲁国在维护周礼的长期发展过程中做出了重要贡献，齐文化在留存和保护东夷礼乐方面做出了自己的贡献。东夷文化的礼乐传统在齐国礼乐文化中得到了有效保存。到秦汉以后，齐、鲁两国的礼乐文化最终被中原文化吸收改造，共同构成了中华礼乐文化的重要组成部分。

第八章 学术思想

春秋战国时期是中国古代学术思想文化发展的第一个高峰，也是五千多年中华文明史的轴心时代。此时，诸子蜂起，百家争鸣。对其后两千五百多年历史产生过重大影响的学术观点和思想文化，基本上都产生于这个时期。直到今日，我们还深受当时形成的诸思想文化的涵养和滋润。从地域上来看，齐鲁地区无疑是各种思想流派产生、兴盛的中心。春秋时期最大的显学——儒、墨两家都产生于鲁国。战国时期齐国的稷下学宫又为儒、墨、法、阴阳、兵、纵横等诸子学说提供了发展、繁荣的广阔舞台。诸子百家在齐鲁大地上招收门徒、著书立说，在论辩交流中升华思想、弘扬学说，为后人留下了一大批享誉后世的学术巨匠和经典文献，影响并塑造了中国传统文化的基调和中华民族的性格。

第一节　孔孟与儒家

从时间上看，儒家学派是诸子百家中产生最早的。从影响上看，儒家学派是诸子百家中对中国传统文化影响最为深远的。从规模上看，儒家学派是诸子百家中人数最多、规模最为庞大的。儒家学派的这些优势，当主要得利于他的创始人孔子。

一、孔子的生平履历与学术主张

1. 孔子的生平履历

孔子，名丘，字仲尼，鲁国人。孔子的祖先是宋国贵族，因在政治斗争中失利而举家迁到鲁国。迁鲁之后，孔氏族人便失去了曾经显赫的政治地位和优厚的政治待遇，而开始沦落为鲁国的普通小贵族。孔子的父亲叔梁纥仅为鲁国的一名普通武士，因作战英勇为世人所知。孔子是叔梁纥的次子，其兄长孟皮是位跛脚的残疾人。叔梁纥晚年时，为延续香火，才娶了当地姓颜名征在的女子为妻。颜征在便是孔子的母亲。在孔子 3 岁时，其父叔梁纥离世，孔子便跟着母亲一起生活。因家道中落，自幼年起便吃过很多苦头。在孔子 17 岁左右，其母颜征在也离开人世，孔子只能一个人寻求生路。早年时的艰辛经历不但让孔子对社会下层百姓的生活有了更真切的了解，而且对其以后学术思想的形成产生了较大影响。

孔子出生于公元前 551 年，去世于公元前 479 年，共活了 72 岁（虚岁 73 岁）。对于自己一生的经历，孔子自己曾有过简明扼要的总结："吾十有五而志于学，三十而立，四十而不惑，五十而知天命，六十而耳顺，七十而从心所欲，不逾矩。"（《论语·为政》）意思是说，自己在 15 岁的时候立志求学，30 岁时便已能够自立，40 岁时遇到事情不会感到困惑，50 岁时已乐知天命，

60 岁时能安心听进任何不同意见，70 岁时则可以随心所欲地行事而又不会越规违矩。

虽然在此孔子只是自述了自己理论学习和个人修养的大致过程，但此过程明显可以分为三个阶段：15 岁到 50 岁是理论学习、提高自身的阶段；50 岁到 60 岁是安心立命、成就事业的阶段；70 岁以后是熟知规则、守正创新的阶段。与此相应，孔子自己的人生经历也可按此大致分为三大阶段。

首先，50 岁之前是孔子问学和授徒的阶段。

因家道衰微，孔子自幼便要从事很多体力劳动。他曾经告诉学生，自己年轻时为了生存，先后从事过很多“鄙事”。据载，孔子当过吹鼓手，为鲁国大贵族季氏做过管理账目的小吏，还当过管理牲畜的乘田。虽然生活艰难，但孔子自幼便勤奋好学。司马迁曾记载，尚在幼年之时，孔子的爱好便超出常人，他常常“陈俎豆，设礼容”(《史记·孔子世家》)，对先王礼仪制度非常热衷。待成年之后，孔子更是不放过任何机会请教他人，勤学上进。相传，他曾跟鲁国的著名乐官师襄子学习过音乐。当周边的小国郯国国君前来朝见鲁国时，孔子知其博学，便趁机向其请教东夷远族少昊氏官吏设置的详细情况。为了求学，孔子曾前往东周洛邑，向老子等先哲学习周礼；还曾到达齐国，系统学习和感受齐地的韶乐。据司马迁总结，孔子一生求教过的人物，至少有周朝的老子、卫国的蘧伯玉、齐国的晏平仲、楚国的老莱子、郑国的子产以及鲁国的孟公绰等。孔子后来多次向学生说的“三人行，必有我师焉”“学而不厌，诲人不倦”“十室之邑，必有忠信如丘者焉，不如丘之好学也”等话，应该都是他根据自己的成长经历总结出来的真实感受。

凭借这种学无常师、坚持不懈的精神，孔子自 30 岁起便以知识渊博、熟知周礼而闻名鲁国。公元前 518 年，在孔子 33 岁时，鲁国贵族孟僖子在临死时，曾专门交代他的两个儿子孟懿子和南宫敬叔向孔子问礼，这说明孔子的博学已经得到众多鲁国上层贵族的认可和欣赏。而在此时或稍前，孔子已经在招收学生，传授知识。据李零先生考证，在孔子 35 岁之前，因羡慕孔子博学而特意投奔孔子、拜孔子为师的，至少有颜无繇、冉伯牛、仲由、漆雕开、闵子骞5人。待孔子从齐国返回鲁国后，又先后招收了冉雍、冉求、宰予、颜回、巫马施、高柴、宓不齐、子贡8人。而其他未在历史上留名的学生应该还有很多。①

这充分说明，孔子在50岁之前虽然入仕求官的道路坎坷，但他凭借自学而获得的丰富文化知识，已经使其不自觉地走上了能够青史留名的另一条辉煌大道，即开坛授学、做万世师表。只不过当时的孔子并没有预知这一点，因为他当时最大的追求仍然是获得贵族青睐，入朝为官。

其次，50岁到70岁是孔子入仕和求仕的阶段。

公元前501年，已经50岁高龄的孔子终于迎来入仕从政的机会。当时的鲁国国君鲁定公决定任命孔子为中都地区的宰。中都，即今天的济宁汶上县。中都是当时鲁国众多都邑中的一个，而中都宰相当于今天的一县之长。孔子在此地治理一年有余，使得中都大治，政务、民风都大有改善，也使自己声名远播。

于是第二年，鲁定公决定提供给孔子更多的入仕机会，让其担任鲁国的小司空。不久，孔子又升任为大司寇，摄相事。孔子最终迎来了自己人生中的辉煌时刻。据现有文献记载，孔子在为政时，应该协助鲁定公做了很多事情。其中影响最大的，至少有这样几件。

其一，诛杀少正卯。少正卯是与孔子同时的鲁国士大夫，能言善辩，博闻强记，是鲁国著名的“闻人”。相传少正卯和孔子都开办私学，招收学生。少正卯多次把孔子的学生吸引过去听讲。孔子执掌鲁国政事后，做的第一件事情就是诛杀少正卯于两观之下，并暴尸三日。门下弟子颇为不解，孔子便向他们解释说，少正卯是“小人之桀雄”，身上兼备“心达而险、行辟而坚、言伪而辩、记丑而博、顺非而泽”五种恶劣品性，蛊惑人心，愚弄民众，必须杀之以正社会风气。这说明孔子非常注重对社会思想和民风民俗的引导和培育。

① 参见李零：《去圣乃得真孔子》，三联书店，2008。

其二，夹谷之会。孔子之时，齐国经常侵犯鲁国边境。公元前500年，齐景公与鲁定公相约在夹谷（今山东莱芜东南）之地相会，孔子以鲁国执政的身份陪同鲁定公前往。会上，齐国凭借强国地位，有意刁难鲁国，且欲以兵劫持鲁定公。孔子在这场复杂的外交斗争中，针锋相对，不卑不亢，最终迫使齐景公放弃宿怨，与鲁定公盟誓言好。会盟之后，齐景公还毅然归还了之前侵占的郓（在今山东郓城东）、欢（今山东宁阳北）、龟阴（龟山之阴，在今山东新汶东南境）等鲁国之地。这次会盟，充分展示了孔子出众的政治才华和高超的外交能力。

其三，堕三都。孔子之时，鲁国的大权都落在季氏、孟氏和叔孙氏等三桓手中，鲁国国君手中并没有太多实质性的权力。为打破这种陪臣执国命的现状，孔子意欲帮助鲁定公重新夺回大权。公元前498年，孔子的学生子路开始担任季氏贵族的宰，孔子便让他游说季氏，堕毁季氏私属都邑的城墙，结果引起了三桓的一致反对，季氏之宰公山弗扰率军进攻鲁定公，虽然被孔子击败，但季孙氏开始有意识地联合齐国反对孔子和鲁定公，孔子因此被迫离开鲁国。

公元前497年开始，入仕失利的孔子毅然决定以55岁的高龄，率众弟子周游列国，到其他国家寻求更好的从政机会。据统计，孔子在各诸侯国之间游荡了14年，到过陈、卫、宋、蔡、郑、曹、楚等多个国家，历尽艰辛和磨难，在陈蔡之地绝过粮，在宋地遇过险，在楚地受到过接舆、长沮、桀溺、荷蓧丈人等楚狂人的冷嘲热讽，在郑国甚至被人讥笑为“丧家之狗”，却始终没有找到合适的从政机会，只能在各国之间频繁往返，狼狈不堪。

最后，70岁以后是孔子以文载道的阶段。

公元前483年，69岁的孔子最终结束了游走列国的历程，重新返回鲁国。但此时的孔子已全然没有了年轻时对政途和权势的热衷，转而埋首整理先世留下的诸多文献典籍，以文载道。最终，经其整理而成的《诗》《书》《礼》《易》《乐》《春秋》六部文献，逐渐成为后世学者了解和学习早期文化知识的重要经典。与孔子意欲通过入仕的方式全力改变鲁国国君的困境相比，孔子晚年用整理文献典籍的方式为后世保留经典的工作，更值得推崇和称道。

回到鲁国的孔子，除收获了一生的落寞和失意外，还迎来了一次又一次的沉痛打击。公元前483年，孔子的儿子孔鲤去世。公元前481年，鲁哀公西巡狩猎捕获一麒麟。孔子听到神兽被捕后，伤心痛哭。公元前480年，弟子子路在卫国内乱中被杀，孔子大哭。公元前479年，孔子带着一生的遗憾和无奈离开了人世，享年72岁。

从中可知，在孔子七十余年的人生历程中，苦闷、彷徨、忧郁、悲伤几乎成了他生命的主旋律。孔子一生的理想和抱负并没有得到实现，他的政治才华和治国理政才能没有施展的机会，他不遗余力推行的学说道义也未得到统治者的认可和尊奉，他孜孜不倦所追求的太平盛世和周公之道始终没有出现，他所依赖倚重、志同道合的弟子门生甚至先他而去。诸种人生遭遇和痛苦磨难使孔子晚年时只能带着一生的沧桑和诸多的无助离开人世。可以说，孔子的一生是奋斗的、进取的，同时也是痛苦的、无助的。孔子在活着时，只能算是一个失意的文人和不得志的传道者。

著名哲学家李泽厚先生曾说，现实生活中的孔子并不是后人口中的圣人，而仅仅是一个“普通活人，有说有笑，有情有欲，也发脾气，也干蠢事，也有缺点错误”[①]。但在两千多年的历史变迁中，早期的孔子经过历代士大夫的矫饰装扮，已经转变成一个迂腐古板、不苟言笑、不食人间烟火的说教神人，全然没有了正常人的习性和需求。其实这是对孔子最大的误解。因此，适当分析孔子的原有性情，有助于更全面地了解真实的孔子。

《论语》是孔子言论的直接记录，比较真实地记载了孔子的喜怒哀乐等性情。《论语》第一句话就道出了孔子的喜悦之情：“学而时习之，不亦说乎？有朋自远方来，不亦乐乎？”（《论语·学而》）对孔子而言，能够安静地读书学习，在不断的学习过程中有所心领神悟，然后把这些所悟与志同道合者一起分享，其乐无穷。孔子自己还说，虽然吃粗饭，喝清水，但只要精

---

①李泽厚：《论语今读》，安徽文艺出版社，1998，前言页。

神上有所追求，也是人生一大乐事。生于礼崩乐坏的春秋时代，对于一心向往西周礼乐文化的孔子而言，是一件非常矛盾且痛苦的事情。当时人们“违礼僭乐”的行为让孔子感到气恼和愤怒。季氏身为鲁国大夫，竟用天子的礼乐等级举行八佾乐舞，孔子怒道：“是可忍也，孰不可忍也？”对于当时有人用俑来殉葬的行为，孔子也无法容忍地骂道：“始作俑者，其无后乎？”在“不孝有三，无后为大”理念盛行的时代里，孔子竟然骂人无后，足见当时的他对这种行为表现了多大的愤慨。弟子冉伯牛身患重病，可能有传染性质，不便见人，孔子前去问候他的时候，只能从窗户里拉着他的手，伤心不已地说：“亡之，命矣夫！斯人也而有斯疾也，斯人也而有斯疾也。”（《论语·雍也》）后来当其最得意的弟子颜回不幸早逝时，孔子疾呼：“噫，天丧予！天丧予！”（《论语·先进》）在此，孔子用大声呼喊的方式，表达了自己深深的绝望和悲哀之情。司马迁曾说，自周公卒五百岁而有孔子，并高度评价其在整理上古文献典籍方面的成就。孔子曾自我感慨道：“吾自卫反鲁，然后乐正，《雅》《颂》各得其所。”（《论语·子罕》）对自己在道德修养方面的成绩，孔子有着相当的自信。对于自己治世救亡的能力，孔子也高度自信，他曾说：“苟有用我者，期月而已可也，三年有成。”（《论语·子路》）他又说：“如有用我者，吾其为东周乎？”（《论语·阳货》）孔子满腹才华，却无用武之地。从孔子的自信当中，我们也读出了深深的无奈，读出了生不逢时的苦闷。孔子在言谈话语中，处处表现出自己的睿智和聪慧，其中不乏幽默诙谐之处，他用一种调侃逗乐的方式表达自己，从而把自己不愿直说的想法表达出来。一次，孔子与众弟子被困于匡，脱险后颜回与众人走散，最后一个赶到。孔子见面第一句话就说：“吾以为女死矣。”不想颜回答道：“子在，回何敢死？”（《论语·先进》）问得妙，回答得更妙，调侃之中夹杂着浓浓的师生情谊。

综上可知，现实生活中的孔子是一位敢爱敢恨，乐时大笑，悲时痛哭，幽默感十足，而不时又要大发感慨的可爱人物。这与后世儒者所扮装的那个只知道德说教而毫无生活情趣的圣人形象，有天壤之别。研究孔子的学术思想，应该首先了解历史上真实的孔子。

2. 孔子的学术思想

孔子生活的春秋中晚期是社会急剧动荡的时期，是一个变革的时代。周室东迁之后，王室衰微，权力下移。各诸侯国之间武力相争，霸权迭兴，战乱不已。为求取生存，诸侯国之间彼此入侵、欺凌甚至亡国灭种之事时有发生，民众饱受战争之苦。孔子出生后不久，晋、楚两国召开弥兵大会，诸国之间的战事才稍微停止，但在各诸侯国内部，各级贵族之间又为权势和利益你争我夺、彼此攻杀，使民众永无宁日。尤其是春秋中后期，各诸侯国国君的权势亦受到威胁，逐渐势强的贵族卿大夫开始左右君权，甚至直接代替诸侯行国政。

孔子生活在鲁国，然而季孙氏、叔孙氏、孟孙氏三大贵族瓜分公室，公然与国君对抗，且彼此之间为争夺权势，时有争斗。鲁国国君无权，不但要时时看三桓的脸色行事，有时甚至要被驱逐出境，长期不得回国。孔子在做大司寇时，一度想替鲁君削弱三桓的势力，但最终被迫下野，不得不周游列国，14 年不能回国。对于这些社会乱象，孔子身处其中，感触不已。这些社会乱象都对孔子思想的形成产生了重要影响。

关于孔子思想的具体内容，学界早已有定论，虽然彼此之间多有分歧，但对其中的主要内容所持观点基本上还是趋于一致的。杨伯峻先生的《试论孔子》、李零先生的《去圣乃得真孔子》等都可作为其中的代表作。现将他们的观点作简要概述。

首先是孔子的天命观。孔子不相信天命的存在，对于天、命、鬼神、卜筮等，孔子都敬而远之："六合之外，圣人存而不论。"（《庄子·齐物论》）所谓存而不论，就是保留它但不置可否，不去讨论它是不是真的存在或真的不存在。孔子治学主张"多闻阙疑"，对于任何不能证实的东西，孔子都不愿意多谈。《论语》中多次提到，孔子称自己"不语怪、力、乱、神"，且主张"敬鬼神而远之"。虽然孔子曾十余次讲到天，但只将它当作自我安慰或发泄情感的对象，而很少将其看作自然的主宰。孔子讲命，讲天命，在乎的不是天命本身，而是天命对人事的支配。因为天命是古代政权合法性的保证，天子是上天受命的，王朝变革时，要争夺天命。武人打仗，文人做官，都要依靠天命和运气，所谓“谋事在人，成事在天”。对于鬼神，孔子深表怀疑，他曾说“祭如在，祭神如神在”，祭祀祖先时要相信祖先真的存在，祭祀鬼神时也要相信鬼神真的在那里。之所以说“如在”“如神在”，实际上他们并不存在。孔子晚年病危之时，弟子子路曾打算祭祀神灵为孔子祈福，但遭到孔子的严厉拒绝。子路曾请教孔子如何事鬼神，孔子说：“未能事人，焉能事鬼？”又说：“未知生，焉知死？”说明他关注的重心还是活着的人，而非死去的鬼神。

其次是孔子的政治观。孔子主张积极入世，学以致用，知其不可而为之。孔子生活于乱世之中，对礼崩乐坏的社会现状痛心疾首，一心想利用平生所学，修身齐家治国平天下。孔子希望可以利用礼和德拯救乱世，席不暇暖，救民于水火。对于自己的怀才不遇、报国无门，孔子悲愤不已。他自己曾说：“如有用我者，吾其为东周乎！”（《论语·阳货》）这里所说的东周，当指像周公制礼作乐的西周一样的盛世王朝。对于长沮、桀溺、接舆等消极避世的狂人隐士的思想和言行，孔子颇不赞同，他说：“天下有道，丘不与易也。”

再次是孔子的人性观。孔子不讲人性善恶，他曾说“性相近也，习相远也”（《论语·阳货》），认为习和性不同，性是天生的，习是后天获得的。人和人之间距离的产生，主要源于后天的培养和塑造。但人性有差异，彼此虽然相近，却并不相同。人中级别最高的是圣人，如尧、舜、禹、汤、文、武等古帝王，都是圣人。天底下除了神，圣人最伟大。仅次于圣人的，是仁人，如商代的微子、箕子，周代的伯齐、叔夷，齐国的管仲等，都是仁人。仁人不但道德高尚，而且坚守操守、积极救世。次于仁人的，是君子。像蘧伯玉、宓子贱、南宫适等，都可称得上是君子。孔子培养学生，也要让他们争取成为君子儒。君子之外，就是小人了。君子好义，有敬畏之心，文质彬彬，讲究诚信。小人好利，做事无顾忌，善于猜忌，言而无信。很明显，孔子区分人性，主要以道德品质为判断标准。

最后是孔子的伦理观。孔子先后提出过众多的伦理道德标准，如仁、义、礼、智、信、忠、恕、孝、悌、温、良、恭、俭、让、宽、惠、敏等，其中最核心的就是“仁”。据统计，《论语》一书中有107次提到“仁”，其中平均不到150个字就会出现一次，说明“仁”在孔子思想学说中的地位非同一般。但孔子对“仁”的定义又不都是一样的，或说“克己复礼为仁”，或说“仁者先难而后获”，又说“能行五者（恭、宽、信、敏、惠）于天下，为仁矣”，“仁者爱人”。孔子从来不轻易许人以仁。门下弟子三千人中，孔子认为只有颜回接近于仁，其他人都与仁的标准相差很远。很明显，孔子之所以赋予仁如此多的内涵，并将仁的标准抬得如此之高，主要是想将仁的理念贯穿到生活中的每一个领域，用其改造当时的种种社会乱象。

二、思孟学派与儒学的早期传承

孔子在世时，虽然他的政治诉求没有实现，他的学术思想也没有得到各诸侯国君的采纳认可，但在其去世之后，他的学说得到了极大的继承、弘扬和传播，他所创立的儒家学派也成了春秋时期最大的显学。这种现象产生的原因，当与众弟子不遗余力地弘扬师说有密切的关系。

1. 孔子之后诸弟子的走向

虽然孔子生前的求政道路异常坎坷，孜孜不倦地追求了一生也收效甚微，但他在从政之余开坛授学、广纳门徒的成绩异常显著。史载孔子一生招收的弟子有三千多人，“身通六艺者七十有二人”，其中成就最大、声望最高的有十人：“德行：颜渊、闵子骞、冉伯牛、仲弓。言语：宰我、子贡。政事：冉有、季路。文学：子游、子夏。”（《论语·先进》）很多弟子的个人才华非常突出，无论在学识、言辞方面，还是在政务、外交等方面，都有很深的造诣，而且都颇得各诸侯国君的青睐和欣赏。但众弟子对孔子非常尊敬，对孔子的学识和品德非常服膺。在孔子晚年周游列国之时，很多弟子始终陪同在孔子身边，不离不弃。

孔子去世之后，众弟子为孔子服丧三年，然后相诀而去。他们分散在各诸侯国内，有的接替孔子衣钵，继续招收门徒，宣讲孔子学说，长期从事教育事业；有的弃学从政，活跃于各国政坛；还有的则长期隐而不仕，专心提升个人的道德理论修养。具体可考的如子路居卫，子张居陈，澹台子羽居楚，子贡终于齐，子夏居西河，等等。

众弟子在各诸侯国政坛和社会各阶层的活跃，有意无意中已将孔子的学说带到了全国各地，不但使更多的人知晓和了解了孔子的思想，而且通过授徒和宣讲的方式使更多的人开始接受孔子的学说。这些弟子以及弟子的弟子在学成之后，又继续招生授学，弘扬师说，从而使孔子的思想得到更大范围的推广和宣扬。久而久之，以孔子为核心的儒家学派便在社会上顺势兴起，并成为各诸侯国广为人知的最大显学流派。

2. 孔子后学的分歧与流派

经过众弟子的努力，孔子的学说已得到广泛认可，儒家学派的势力也不断强大，但一个非常严重的问题也随之而来。由于个人品性、才情以及人生履历的不同，不同学生对孔子思想的理解也不尽相同，有时甚至会出现较大的差异，但孔子已经不在，已无法辨别孰是孰非，故诸弟子只能在自己理解的基础上，再根据所处社会环境的需要，继续申述己说，久而久之，彼此之间的差异也就越来越明显。诸弟子再将这些差异传输给自己的门人弟子，从而使后世弟子所接受的思想学说之间的分歧越来越大，以致无法调和。

这些客观条件直接促成了孔子逝世后早期儒家的第一次学术分化。据《韩非子·显学》记载，当时的儒家至少可分为八个大的流派：

其一，子张之儒。子张姓颛孙，名师，字子张，春秋末期陈国人。子张崇信孔子的“忠”“信”学说，把忠信、敬笃等字书写在自己衣带上，每日习诵。孔子曾评价子张“师（子张）也过”，说明子张行事比较偏激。在交朋友上，子夏主张“可者与之，其不可者拒之”，即只跟贤于己者交朋友。但子张主张“尊贤而容众，嘉善而矜不能”，即君子应该既能尊敬贤人，又能容纳众人；既能赞美贤者，又能怜悯弱者。这说明在子张看来，任何人都有可取之处，都值得与之交往。这种强调“容众”和“矜不能”的心态，有点接近于墨家的“兼爱”思想。

其二，子思之儒。孔门弟子中有两位子思，一位是孔子的弟子原宪，一位是孔子的孙子孔伋。“子思之儒”的创立者应是后一个子思。子思在学术渊源上师从曾子，注重发扬孔子关于礼的学说，注重个人品格和道德修养的提升，不贪图安逸富贵，时刻保持较高的君子风范。

其三，颜氏之儒。一般认为其创始人为孔子最得意的弟子颜回。颜回个人品德高尚，甘于寂寞，不慕虚荣，安贫乐道，以有德行、学养著称于世，可惜英年早逝，也没有留下著作，其学派传承脉络已不可详考。

其四，孟氏之儒。指孟子所代表的一支儒家学派。孟子是孔子之后儒学的集大成者，被后世称为“亚圣”，在儒家学派中的地位仅次于孔子。孟子提倡性善论，继承和发扬了孔子的仁政思想，宣扬民本思想和大丈夫品格（详见下文）。

其五，漆雕氏之儒。指漆雕开及其弟子形成的儒家学派。漆雕开，字子开，鲁国人，在孔门中以有德行著称。漆雕开发展了孔子“性相近”“习相远”的学说，提出了“天理”和“人欲”的概念，对人性论有独到的理解。他真正做到了勇者不惧、刚正不阿、色不屈人、目不避敌。他著有《漆雕子》十三篇。

其六，仲良氏之儒。这一派在先秦儒学之中是很重要的一派，可惜传世的资料非常少。梁启超、郭沫若等认为仲良为楚国儒者陈良，陈奇猷认为所谓仲良氏即仲梁子，至今仍无定论。

其七，孙氏之儒。关于其创立者，学界有两说，一种认为孙氏即荀子，一种认为是公孙尼，但国内学者多倾向于荀子。荀子是战国时期的赵国人，主张人性本恶，倡导利用“礼”“法”来引导世人的行为规范，注重宣扬孔子的王道思想。

其八，乐正氏之儒。关于其创始人，学界有两说。郭沫若认为乐正氏乃是与孟子同时的乐正克。陈奇猷认为乐正氏乃曾子的弟子乐正子春，此人以孝道闻名，《礼记》《吕氏春秋》等多记载有其孝行。

3. 子思、孟子对儒学的发展

在存在分歧的孔子后学中，子思和孟子的思想较为接近，可合而观之。早在战国时期，荀子就曾指出："略法先王而不知其统，然而犹材剧志大，闻见杂博。案往旧造说，谓之五行……子思唱之，孟轲和之。"（《荀子·非十二子》）这说明古人早就发现，子思和孟子之间有较强的学术关联，应该属于同一个学术流派。

从学术渊源上来看，子思师承于孔子的学生曾子，而孟子则直接师承于子思之门人。司马迁在《史记·孟子荀卿列传》中曾指出，"孟轲，邹人也，受业子思之门人"，明确交代了二人之间的学术师承关系。

从学术主张上看，子思身为孔子之孙，是孔子之后儒家学派的嫡系传人、战国时期的著名思想家。子思曾居卫，后至宋，晚年时返鲁，收徒讲学，著书立说。后世尊称子思为"述圣"，对其宣扬孔子学说的功绩大加赞扬。子思一生应该多有著述，《汉书·艺文志》曾记载其书有23篇，但今天流传下来的只有《礼记》中的《中庸》《表记》《坊记》3篇，其中影响最大的是《中庸》。"中庸"的说法是子思提出来的。他认为："中也者，天下之大本也；和也者，天下之达道也；致中和，天地位焉，万物育焉。"他把"中"看作是世界的根本法则。1993年，湖北省荆门市郭店一号楚墓出土了大量战国时期的楚简。学者整理后发现其中有《五行》《缁衣》《鲁穆公问子思》和《穷达以时》等篇章当出自子思，属于战国时期思孟学派的作品。这些文献记载了大量关于人性、五行、仁、义的内容，认为人性源于生命，命由天赋，性自命出，人性是内在的、本质的，人情是外在的、表面的。统治者要言行一致，尊贤重德，以身教取悦于民，做万民的表率。另外，子思进一步扩展了孔子"仁"的理念，使其逐渐发展成为一种博爱思想。

孟子，战国时期邹人，幼年丧父，由母亲抚养成人，并深受母亲影响。与孔子的经历相似，孟子一生亦未取得太多从政的机会，大部分精力都用在了收徒授业上。孟子自己曾说，自己人生最大的快乐就是"得天下英才而教育之"（《孟子·尽心上》）。中年之后，孟子也曾周游列国二十余年，极力宣讲他的“仁政”“王道”思想，可惜一直未得到重用。

孟子曾经到过很多国家，但在齐国待的时间最长，与齐国稷下学派交往十分密切。齐威王、齐宣王都非常欣赏孟子，但也是只重其人而不用其说，更不想推行他的王道思想。晚年时，孟子回到老家，专心培养学生、著书立说，与“万章之徒序《诗》《书》，述仲尼之意，作《孟子》七篇”(《史记·孟子荀卿列传》)。

在思想上，孟子主张性善论，认为人性本善，主张人的仁、义、礼、智等道德品质都是天生的，是与生俱来的。在孔子“仁”“礼”的基础上，孟子提出“仁政”的政治理论，提倡“王道”，主张制民之产、尊贤重士、教化民众。此外，孟子还认为“民为贵，社稷次之，君为轻”。这是早期民本思想的萌芽。

可以说，子思和孟子都在极力弘扬孔子的学说，对孔子的人性论、天命观、仁礼思想等都做了多方面的拓展和发挥，从而使孔子的思想得到了进一步发展，也使儒家学派得到了极大发展。尤其是孟子，不仅是我国古代的著名思想家和教育家，还是继孔子之后儒家学派的集大成者。孟子在儒家学派中对后世的影响仅次于孔子，被后人尊称为“亚圣”。

四、先秦儒家对中国文化的历史贡献

作为先秦时期人数最多、影响最大的学术流派，儒家思想不仅在当时的各个诸侯国内广泛流传，而且还深刻影响其后两千余年中国古代传统文化的发展方向。可以说，先秦时期孔子、孟子等儒家人物的学术主张和思想内涵，已经基本决定了秦汉以后两千余年间中国文化的基本精神。大致说来，先秦儒家学派对中国历史文化的影响主要体现在如下几个方面。

1. 系统总结了之前两千五百多年的古代传统文化

孔子之前，中华文化已经发展了两千五百多年。孔子及儒家学派生当其时，注定要承担应有的历史责任。

孔子之前的两千五百多年，主要包括三皇五帝时代和夏、商、西周三代。

其间，产生了一大批内涵丰富的思想文化和生存经验，亟须有人系统总结。但在春秋之前，学在官府，王室贵族子弟专享求知的特权，普通平民子弟根本没有机会、没有权利享受文化教育。上层贵族子弟学习文化知识的目的是积累更多从政治民的经验，而不是弘扬优秀传统文化，更不会去主动整理和研究传统文化。普通民众整日被束缚在土地上，更无心也无力整理传统文化。

直到春秋中后期，孔子首开私学之风，打破学在官府的传统，又在教学之中提倡有教无类，使普通农家子弟有了受教育的机会。这不仅极大开启了民智，也让这批拥有了丰富文化知识的下层子弟在学有余力之外，开始有意识地吸收和整理过去两千五百多年来所积淀的文化传统和早期智慧，并对之进行加工创造、融会贯通，使其焕发出强大生命力。

据现有资料可知，曾经从事传世文献整理与个人撰述的，至少有孔子、孟子、子思、荀子、曾子、子夏、子西等人，而受他们教育和影响的则有成千上万人。这一庞大的群体已经从各个层面对过去积淀、发展的优秀文化传统进行了很好的学习和继承，从而使中华五千多年传统文化的前面一半得以顺利保留下来。

2. 创造了适合中华民族心理和文化性格的学术思想

学者早已指出，在春秋战国时期的诸子百家之中，儒家文化准确把握了中华文化的精髓，故在秦汉以后，儒家文化才会独树一帜，成为中华文化的核心。

首先，从文化内涵上看，儒家学说符合农业文明的文化心理。中国自古以来便以农为本。早在七八千年之前，在中国的黄河、长江流域，就已经有了发达的粟作农业和稻作农业。原始先民很早就养成了重农、定居的生活习惯。因为农业生产需要丰富的劳动经验，故中华先民在很早以前就看重劳作经验丰富、人生阅历多彩的老人，从而形成了重老、重孝的文化心理。又由于农业耕作需要集体劳动，故中华先民很早就形成了重家庭、重伦理的文化传统。另外，农业生产还需要观测气象物候，故中华先民很早就养成了观测天象、重视历法的文化习惯。而安土重迁、尊老重孝、讲究家庭伦理、天人合一等思想主张只有在儒家思想中才得到了最充分的反映。

其次，从时代背景看，儒家学说准确把握住了春秋战国时代变革的深刻内涵。春秋战国时期，社会急剧变革，各个层面都受到冲击，但当时所有变革的中心还是早期的血缘管理向地缘管理的转变。恩格斯在《家庭、私有制和国家的起源》一书中曾提到，国家产生的标志有两个：一是公共权力的产生；一是地缘管理的出现。中国的国家政权虽然早至夏代时即已出现，地缘组织却到春秋战国时期才真正产生。面对此社会变革，诸子百家都提出了自己的治世良策，但彼此互有差别。其中从血缘和地缘转变的角度看，法家拥护地缘，道家固守血缘，只有儒家和墨家的主张兼顾血缘和地缘两个因素，故春秋之时，儒、墨成为当时的显学。但墨子所主张的兼爱、非攻等主张，又与农业社会文化心理相违背，故到最后，只有儒家文化得到彻底贯彻。

可以说，以孔子、孟子为代表的儒家学派既准确把握住了中国长期以来所形成的农业文明的文化内涵，又精准适应了春秋战国时期血缘管理向地缘管理过渡期这一时代特征，从而创造出了最符合中华民族文化心理结构的学术主张，使中华民族有了更准确的指路明灯和前进方向。

3. 留下了一批思想丰富的文献典籍

除了学术主张，孔子、孟子等儒家先驱还用自己全部的生命感悟和救世情怀，为后人整理、留下了一批思想丰富的文献典籍，如“六经”（《诗》《书》《礼》《易》《乐》《春秋》）《论语》《孟子》《中庸》《大学》《孝经》等，使后人在了解和学习早期历史文化时，有了坚实可信的文献依据。其中最值得称道的是“六经”。

“六经”本是先王之政典，从远古时代时即开始流传，在孔子之前，一直为王室所独有。“六经”记载的多是历代帝王的宗族世系、经典言论、政治诰命以及经验总结等。“六经”是为了教导贵族子弟学习从政的经验而整理的，最初可能以口耳相传的形式流传，后来才被书于竹帛。

孔子本着“述而不作，信而好古”的原则，对这些文献典籍进行整改和修订。在使其整齐、系统的同时，也用之作教材教授门下弟子。孔子的这一举动使原来只有王室贵族子弟才能学习诵读的“先王之政典”开始得到更大范围的传播。孔子去世后，众弟子散居各诸侯国内，继续收徒授学。众弟子讲学的依据仍然是这些先王之政典。这便使“六经”广泛散布于民间。

在先秦时期，“六经”的整理和流传并没有发挥太多神圣的功用。但当秦始皇焚书坑儒之后，这一举动便显示出独特的深远意义。据司马迁记载，秦始皇焚书坑儒时，所毁坏和烧掉的主要是各诸侯国保存的各种先王之政典以及《诗》《书》等传世经典文献。“焚书坑儒”使曾经丰富无比的先秦时期的各国公室内所典藏的诸文献典籍几乎毁灭殆尽，给中国传统文化造成了无法估量的重大损失。

而这一损失幸赖孔子整理的“六经”的流传才得到最大限度的弥补。“六经”虽然也在“焚书坑儒”的范围内，但它却因大量散落民间、“多藏人家”而基本得到保全。其中，《易经》本就不在焚毁之列，《诗》与《春秋》因讽诵而得以保存，《尚书》《礼记》则另有藏本。到了汉代，“六经”古本又重新回到世人面前，并成为汉人研习古代文化知识的主要载体。西汉著名史学家司马迁在撰写《史记》时，所依赖的重要资料便是孔子整理的“六经”。

因此可以说，先秦历史文化得以保存，幸赖孔子整理“六经”。“六经”虽遭秦火仍得以流传，幸赖早期儒家学者的传播。“六经”在传承、弘扬中国传统文化的过程中，发挥了不可替代的重要作用。而这些都与孔子个人的文化修养和历史贡献都密不可分。①

第二节　墨子与墨家

在春秋时期，除了孔子创立的儒家，还有一个与之齐名的学术流派，那

① 江林昌：《“六经”的内容、流传与古代文明研究》，《孔子研究》2006年第4期。

就是墨子创立的墨家。《韩非子·显学》篇早在战国时期即已明确提到："世之显学，儒墨也。儒之所至，孔丘也；墨之所至，墨翟也。"可见墨子和墨家在当时的社会影响力和受欢迎度一点也不弱于孔子及其创立的儒家。作为我国古代著名的思想家、教育家和科学家，墨子无疑当为春秋战国时代产生于齐鲁大地上的另一位文化巨人。墨家虽然在秦汉以后渐趋成为绝学，但墨子的思想一直在中华传统文化中占有重要一席。

一、墨子的生平履历

墨子，名翟，春秋时期的著名思想家、教育家和科学家。关于墨子的国籍，学界自来有三种观点。第一种观点是墨子是鲁国人，如东汉末年的高诱在《吕氏春秋·慎大览》中注曰："墨子名翟，鲁人也。"后人多从之。第二种观点是墨子是宋国人，如东晋的葛洪在所著《神仙传》中明确提到："墨子者名翟，宋人也，仕宋为大夫。"第三种观点是墨子为楚国鲁阳人，如清代毕沅在《墨子注叙》中说："高诱注《吕氏春秋》以为鲁人，则是楚鲁阳，汉南阳县，在鲁山之阳，本书多有鲁阳文君问答，又亟称楚四竟，非鲁卫之鲁，不可不察也。"

这三种说法各有所据，且都有学者信从，故在没有更多可信资料的前提下，很难有所定论。但据《墨子》书中的信息可知，墨子为鲁国人的可能性最大。如《墨子·贵义》篇明确记载："子墨子自鲁即齐。"《墨子·鲁问》篇也说："遂为公尚过束车五十乘，以迎子墨子于鲁。"而且《吕氏春秋·爱类》篇也曾记载："公输般为高云梯，欲以攻宋。墨子闻之，自鲁往……见荆王曰：'臣北方之鄙人也……'"《墨子》一书为墨子后学所作，他们生活的时代据墨子不远，且正处于墨学比较流行的时候，他们既然屡次提到墨子在鲁国，那么墨子是鲁国人这一说法的可信度还是比较高的。

在《史记》中，司马迁并没有为墨子单独立传，仅在《孟子荀卿列传》篇后附文字说："盖墨翟，宋之大夫，善守御，为节用。或曰并孔子时，或曰在其后。"目前所知的文献也没有准确记载墨子生活的详细年代，故其具体生平时年已不可尽知。据学者的研究可知，墨子大约生活在公元前468年至公元前376年。其时正处于春秋中后期，儒家创始人孔子已经去世，礼崩乐坏的社会状态并没有任何改变，反而愈演愈烈。墨子身处其中，对生存的社会环境非常不满，从而提出了各种理论假说，试图予以改变。

墨子出身贫寒，但其血统非常高贵。据学者研究，墨子是殷商后裔微子启的后代。微子启是商纣王的儿子、武庚禄父的兄弟。在商朝被推翻、武庚禄父造反失败之后，微子启被周人封于宋，做了宋国的开国之君。墨子先祖是微子启的第十七代孙宋襄公的庶兄目夷。目夷曾辅佐宋襄公争霸，但功亏一篑。宋襄公死后，目夷的后人便流亡他地，后到了鲁地。故墨子当出生于鲁国。

墨子出生时，家族已极尽没落。文献中多次记载墨子是“贱人”“鄙人”，说明他出生时社会地位很低，年轻时多从事“鄙事”，这一点倒与孔子的经历相近。但墨子自幼聪慧异常，凭借自己高超的智慧和不懈的努力，最终学有所成，并开坛授学、广招门徒，凭一己之力开创了墨家学派，在诸子百家之中占有一席之地。墨子的学术思想相传源于儒家。如《淮南子·要略》曾记载：“墨子学儒者之业，受孔子之术，以为其礼烦扰而不说，厚葬靡财而贫民，久服伤生而害事，故背周道而行夏政。”这说明墨子早期曾跟随儒家学派学习，但又对儒家讲究厚礼久葬的主张不能认同，故只好离开儒家，自我钻研。

对于墨子一生的经历，文献记载的不多，其中值得称道的有这样几件吏事。

其一，阻止楚国攻打宋国。据《墨子·公输》篇记载，公元前440年前后，楚国一度准备攻打宋国，楚王还聘请当时的著名工匠鲁班为其制造攻城用的云梯等器械。此时墨子正在鲁国讲学，听到这个消息后非常着急，决意救宋。他一面安排弟子禽滑厘带领三百名门人帮助宋国守城；一面不远万里，亲自前往楚国劝说楚王。据说墨子从鲁国连夜出发，日夜兼行，鞋子都磨坏了，脚都磨坏了，终于在七天后到达楚的国都郢。他首先说服鲁班停止制造攻宋的武器，然后由鲁班引荐面见楚王，向其陈述灭宋之举不可行。最终楚王被打动，主动放弃了攻宋之事，宋国的危机由此而解。墨子从楚国归来的路上，在经过宋国时正好赶上天降大雨，他只好到宋国的城门下避雨，却没想到看守城门的人拒不接纳他，并把他给赶走了。

其二，献书于楚惠王。据《墨子·贵义》篇记载，墨子曾到处游说各诸侯国，推销自己的学术主张，但一直未得到各国统治者的认可和欣赏。一次，墨子到达楚国时，向已居王位五十年的楚惠王敬献自己的著作，楚惠王大为欣赏，称赞是良书。但楚惠王也只是口头称赞，内心深处并未有重用墨子的打算。墨子很失望，只能离开。有学者认为墨子此次献书当与救宋之事有关，墨子很可能是在到楚国救宋之时，顺便献书于楚王，以期得到楚王重用。

其三，与儒家学者论辩。据《墨子》中的《三辩》《耕柱》《公孟》等篇的记载可知，墨子生前曾与程繁、巫马子、公孟子等孔子后学进行了持久的学术争论。双方辩论的内容牵涉礼乐、祭祀、义利、名实等多个方面。在论辩过程中，墨子对儒家的各种学说予以强烈抨击，对墨家的相关主张进行了详细阐述，但最终谁也没有说服谁。此次与儒家争辩之事当属历史实录。春秋时期，儒学、墨学都是显学，双方因观点不同，相互诘难，彼此辩论，当属正常的观点碰撞。

二、墨子的思想主张

墨子的思想主要体现在《墨子》一书中。该书是墨子弟子对墨子学说和言行的记录，是墨家经典的总汇，在较大程度上体现了墨子的各种学术主张。从中可知，墨子的学说主要体现在如下几个方面。

兼爱非攻。兼，《说文解字》释为“并”，有等齐、平等之意。兼爱即平等的、无差别的爱，类似于我们今天所言的博爱。与兼爱相对的是偏爱、私爱。墨子认为社会上之所以会纷争不断，强凌弱、富侮贫、贵傲贱、智诈愚，主要是由于彼此不相爱，是因为兼爱缺失。要想实现良好的社会秩序，必须

“兼相爱，交相利”，因为“天下兼相爱则治，交相恶则乱”，世人应该彼此“视人之国，若视其国；视人之家，若视其家；视人之身，若视其身”。而要想实现兼爱的目标，最重要的前提是彼此不相攻伐。墨子认为战争只会增加无辜百姓的苦难，每次战争都会造成“百姓饥寒冻馁而死者，不可胜数”，故社会各阶层都应该憎恶战争、向往和平。但墨子的“非攻”并非反对一切战争。他并不反对为抵挡暴力而保卫国家和平的战争。

尚义贵利。与儒家相同，墨子也推崇义，认为义是天地间最重要、最宝贵的，“万事莫贵于义”（《墨子·贵义》），“义，天下之良宝也”（《墨子·耕柱》）。义存在于社会生活的各个角落，无处不有，“天下有义则生，无义则死；有义则富，无义则贫；有义则治，无义则乱”（《墨子·天志上》）。但与儒家不同的是，墨子认为义与利相通，“义，利也”（《墨子·经上》）。义的最终目标是追求利益。利分很多种，有人民之大利，有天下之利，有国家百姓之利。凡能使人民富庶之事物，能给人类带来利益的，都是有用的，反之就是有害的。墨子出身于社会底层，深知普通百姓生存之艰难，更知百姓利益之难得易失，故极力尊重并保护利于民众生存发展的任何利益。

尚贤尚同。贤指有才能的人。墨子认为社会大治的重要前提就是要让贤者在位，认为尚贤是为政之本。贤人多则国家治，贤人少则国家衰。对于如何长保在位者都是贤者的办法，墨子主张推举，即所谓“举贤才”。群众的眼睛是雪亮的，随时发现人才并推举人才，使其充分发挥所长，才会使政治清明。关于被推举的贤才的范围，墨子认为应该放眼整个社会，包括社会下层民众和出身低贱者，“虽在农与工肆之人，有能则举之”（《墨子·尚贤上》），“不辩贫富、贵贱、远迩、亲疏，贤者举而尚之”（《墨子·尚贤中》）。等到贤者在位之后，还需要尚同，即以贤者为中心，自上而下统一思想、集体行动。墨子认为社会混乱动荡的主要原因之一就是思想不统一，一人一个想法，彼此不能认可，故形不成有效合力。要改变这种现状，必须集体听从于贤者，统一行动。

节用节葬。在墨子生活的时代，贵族阶级奢侈成风，服饰饮食皆讲究排场，去世之后还追求厚葬，棺椁必定要重，葬埋要深，衣衾要多，还要用活人陪葬。为实现此目的，统治者普遍横征暴敛，并频繁发动战争以掠夺财富。这不但给民众带来了沉重灾难，而且造成了巨大浪费。墨子出身底层，深知百姓疾苦，故不仅一次地呼吁节用省财，提倡葬具要轻，达礼而已，反对儒家提倡的三年之葬和繁文缛节的葬礼仪式，推崇轻棺薄葬，以减轻民众负担。

天志明鬼。天志就是上天的意志。明鬼就是天地鬼神都是有思想、有意识的，是一种独立于人世间之外的超自然的神秘力量，可以左右和评判人间善恶，并降下福报和灾祸。很明显，墨子在此是想用天地鬼神的力量，来给人间的最高政权和贵族阶级以威慑，以使他们在行事时有所顾忌、有所收敛。

总之，墨子从社会下层民众、小生产者的利益出发，先后提出了一系列符合普通民众利益需求的主张，以同代表贵族阶层利益的思想主张相争锋，并试图以此为底层民众争取更多的机会和利益。墨子的思想在诸子百家中独树一帜，内涵非常丰富。

三、墨子后学与墨学流传

与儒家的经历相似，墨家虽然曾为春秋时期的显学，但在墨子去世之后，墨家迅速分裂为多个流派。各派之间相互攻讦，无法形成合力，从而在一定程度上削弱了墨家的力量。

据文献记载，墨子一生弟子众多，受欢迎程度不亚于孔子。但墨子去世之后，墨家迅速分裂。《韩非子·显学》曾记载："自墨子之死也，有相里氏之墨，有相夫氏之墨，有邓陵氏之墨。"这说明墨子死后，墨家主要分为三个大的流派。

秦墨，代表人物是相里勤。该派务实，注重科技研究，曾帮助秦国完成统一战争。

齐墨，代表人物是相夫子。该派以辩论为主，传承墨子的思辨精神。他们游历各国，宣讲墨子的兼爱、非攻思想，希望用柔和的方式换取和平，坚决反对用暴力解决问题。

楚墨，代表人物是邓凌子。该派主要继承了墨子的侠义观念，以侠客的身份行义；主张“非攻”，反对兼并战争，认为战争对百姓百害而无一利。

这三大墨学流派虽同出于墨子，但在弘扬和传承墨子思想方面各有不同，各有侧重，互相指责对方为“别墨”，相互诋毁。这种自我消耗的成本太高，且后期墨家没有再出现十分伟大的精神领袖，加之墨学本就很难在社会上扎根，故而慢慢失去了发展的机会。在思想史上，学者们通常把战国前期的墨家称为“前期墨家”，把分裂后的墨家称为“后期墨家”。

秦朝建立之后，一度焚烧天下诗书，废除百家杂语，墨家也同样受到沉重打击。汉代初期，学术复兴，墨学曾得到短暂发展。但很快，汉武帝“罢黜百家，独尊儒术”，墨学又重新衰落下去。在之后的上千年间，虽然仍偶有治《墨子》者，但墨家作为一个学术流派，已永久地失去了重新发声的机会，墨学渐成绝学。

墨子和墨家的出现为春秋战国时期学术文化的繁荣做出了重要贡献。春秋时期，墨学便是与儒学齐名的显学。战国时期，“天下之言，不归杨，则归墨”(《风俗通义》)。墨家和名家、儒家、道家以及杨朱学派等所进行的广泛而深入的学术论辩，不但间接促进了其他学派的发展，而且共同促进了中国轴心时代的形成，极大地提高了列国纷争、战乱不已的春秋战国时代的学术文化和思想高度。另外，墨家所提倡的“言必有三表”的朴素唯物主义思想，“尚同”“兼爱”“非攻”等早期辩证法思想，以及“名”“辞”“说”的逻辑思想等，都为我国古代的学术文化做出了重要贡献。

尤其值得一提的是，墨家的科技思想非常发达。墨子年轻时便是非常有名的能工巧匠，与鲁国的公输班齐名。《墨子·墨经》记载了大量关于力学、光学、几何学、影像学、数学、建筑学、逻辑学等现代科学理论的知识，并对力、影、点、线、面、圆等科学概念做出了初步解释。如他认为“景，光之人，煦若射。下者之人也高，高者之人也下”；“圆，一中同长也”；“圆，规写交也”等等，基本上符合现代科学的定义。墨家的科技理论不但成功展现了两千多年前中国古代先民积极探索和认识未知世界的勇气和胆识，而且为后世保留下了珍贵的早期科技理念和学术思想。墨家在上述科学领域的积极探索和思考，很多都可代表人类对这一领域的最早认识，从而用无可争辩的事实向世人展示了中国先民高超的智慧。

第三节　荀子与齐法家

春秋时期经过旷日持久的争霸战争后，晋国、齐国、秦国、燕国等大国通过兼并战争使得自身实力不断增强，而周王朝日渐衰落，已经名存实亡。三家分晋和田氏代齐后，形成了齐国、楚国、秦国、燕国、赵国、魏国、韩国七雄争霸的局面。各个诸侯国之间相互征伐，战乱频仍，人民生活在水深火热之中。为了解决社会政治危机、解救民众，各家纷纷著书立说。在这一时代背景下，出现了一位兼通儒法等各派学说的集大成者——荀子。

一、荀子的生平履历

荀子，约生于公元前313年，死于公元前238年，终年94岁。荀子名况，字卿，战国末期赵国人，我国古代著名的思想家、文学家、教育家、政治家。荀子虽是赵国人，但一生中的大多数时间都生活在齐国，他的主要思想也是在齐国的稷下学宫形成和发扬光大的，故研究齐鲁思想文化，不可不研究荀子。

据司马迁《史记·孟子荀卿列传》记载，荀子幼年时在赵国长大，十几岁时，曾“游学于齐”。当时正是齐国最繁荣的时期，齐国国君招贤纳士，稷下学宫学者云集，儒、法、道、阴阳、五行等学派的学者在这里相互交流探讨。荀子在稷下留居了很长一段时间，广泛学习和吸收了诸家思想的观点。

荀子来齐之时，正好是孟子在稷下学宫讲学之时。孟子在齐国待了多年后才离开，这期间荀子一直跟随孟子求学，思想上受其影响较大。

齐闵王继位之后，好大喜功，不听谏言。荀子数次进谏后都没被采纳，故愤而离开齐国，前往楚国。但到达楚国后又遇上白起破郢、屈原跳江。荀子认为楚地也非长久可留之地，所以又离开楚国，回到齐国。

此时的齐国，齐闵王已死，燕人兵退，齐襄公继位后，大力恢复稷下学宫旧制，诚心聘请天下名士重回稷下学宫讲学。当时，前辈的稷下先生或已谢世，或已年迈，唯有荀子地位最高。所以齐襄公厚礼荀子，使他“最为老师”“三为祭酒”。荀子因此成为稷下学宫新的精神领袖。

其间，荀子曾到秦国游历。荀子入秦后，对秦国的政治给予了很高的评价。他认为秦国的秦孝公、惠文公、武王、昭襄王四位国君都很有作为，秦国的强势并不是运气问题。但荀子对秦国重视军功与刑法、轻视儒家德士君子的做法并不看好。荀子在《荀子·儒效》中大力批评秦昭王“儒无益于人之国”的看法，努力宣传儒家文化，但当时的秦昭王并不看好荀子，更不重视他的学说。荀子只好离开秦国，前往赵国。

在赵国时，荀子曾在赵孝成王面前与临武君探讨兵事，对临武君所推崇的机变诡诈的军事方略并不认同，认为军队要想取得胜利，最重要的是“亲民”，应该在军事战争中推行儒家“仁”的思想，但赵国人并未采用他的学说。

公元前 265 年，齐王建继位，荀子由赵国重新回到齐国，生活于稷下学宫中。在此期间，有人在齐王建面前诋毁荀子，引起了齐王对他的猜忌。荀子无奈，只能再次离开齐国，前往楚国，投奔势力正盛的春申君。

荀子刚到楚国时，春申君想要重用他，却遭到了门客的劝阻。门客害怕荀子有百里之地后，会威胁到楚国的安危，所以荀子一开始并未受到重用。后来有门客劝谏春申君道：“夫贤者之所在，其君未尝不尊，国未尝不荣也。今孙子，天下贤人也，君何辞之？”春申君认为有理，于是便任用荀子为兰陵令。但好景不长，公元前 237 年楚考烈王病死后，李园派人在春申君去吊唁楚王的路上将其杀死，灭之春申君一家。春申君死后，荀子被罢免，移居兰陵，并最终老于兰陵。

可见，荀子的一生体现了先秦儒家知识分子的宿命，虽然到处奔波，极力游说各诸侯国，但政治主张却始终未能被各国国君所采纳。但他游学稷下学宫的经历，却使得他吸收了各个学派的观点，集各家学派之大成，为后世的思想文化做出了重大贡献。他一生的思想和主张，主要保留在今传《荀子》一书中。

二、荀子的学术观点

荀子以儒家自居，尊重崇敬孔子，大力弘扬儒家文化。荀子与孟子各发展了孔子思想的一端。孟子继承了孔子“仁”的思想，并进一步提出了“仁政”的观念。荀子则发挥了孔子“礼”的思想，形成了“礼治”思想，这也是荀子思想的核心。在《荀子》一书中，“礼”字共出现了342次，可见礼在荀子思想中的重要性。荀子将“礼”的内涵从孔子时的个人行为准则扩展到治理国家的方法，“国无礼则不正”。礼高于法，礼是法的根本。如果只讲法治，而不讲礼治，民众只是畏惧刑法，一旦自身利益受到威胁，仍会作乱。荀子主张礼法并举，以礼治为主，兼施法治。

荀子认为法治归根到底还是人治，君子是法的本原，法的制定和实施都要靠君子来进行。与孟子的“仁政”“民贵君轻”相比，荀子的礼治更加适合专制主义政体的需要，这也是后世荀子比孟子更受欢迎的原因。在秦王朝建立的过程中，荀子的弟子韩非、李斯发挥了重要作用，这在一定程度上也反映了荀子的礼治思想更加适合集权政治的需要。

荀子之所以强调礼治，是因为他认为礼治的产生与人性有着密切的关系。孟子主张人性本善，而荀子正好与其相反，认为人性本恶，“今人之性，生而有好利焉……生而有疾恶焉……生而有耳目之欲，有好生色焉”，人生来就有好声色、好利等天性，如果顺应这些天性发展而不加以约束，人就可能有淫乱、争夺，所以要通过礼义教化，甚至是“法”来加以教育约束。性恶论是荀子礼治思想的理论基础。

性恶论最主要的价值有三方面，一是肯定了人好声色、生而好利等自然本性的合法性，从自然本性层面来看待人性；二是强调礼义教化、后天环境对人发展的作用；三是进一步说明了儒家一贯强调的礼乐教化的价值和意义。但性恶论的局限性也十分明显，从人性本恶出发，很容易会否认人的道德先验性，更没有看到人性中的善；而且，把人的先天本性与社会道德之恶直接画等号，没有看到人性与人的社会性之间的区别。

荀子对人与自然的关系有着自己独到的理解，主张“明天人之分”，即将天与人相区分，天是天，人是人，两者不能混为一谈。荀子认为天地是客观存在，有其自身规律，不以人的意志为转移，“天行有常，不为尧存，不为桀亡”(《荀子·天论》)。人的生老病死、吉凶祸福与天道无关，皆由人自身所致。天有天的职责，天的职能是“不为而成，不求而得”。日月星辰自然运行，阴阳四时自然变化，万物各得天地的滋养而生长。人有人的职责，人的职责在于建立合理的社会秩序，掌握自然规律为人服务，所以强调“尽人事”，人要对自身负责，尽力做好自己分内的事，不能把一切都归于天。荀子这种重人事而轻天命的思想，是对孔子思想的进一步发展，更加强调人的主体性和主观能动性。在此基础上，荀子进一步提出了“制天命而用之”的主张。他认为天地万物为一个整体，人也是自然界的一部分，人的活动也体现着自然的规律和法则，人应该顺应自然而为，努力实现人与自然和谐相处。荀子不赞同道家消极的人生态度，对术数迷信也进行了批评，“相形不如论心，论心不如择术，形不胜心，心不胜术，术正而心顺之……无害为君子也”，要求人们发挥主体性和主观能动性。

荀子受战国时期稷下学宫名实辩证思潮的影响，在讨论问题时十分注意遵循逻辑原则，并对儒家的批判精神进行了继承与发展。在《荀子·非十二子》中，荀子批判了它嚣、魏牟、陈仲、史䲡、墨翟、宋钘、慎到、田骈、惠施、邓析、子思、孟轲等当世学术名家，其中不仅有他家诸子，还有子夏、子张等儒家人物。其批判范围之广，在先秦儒者中无人能及。荀子虽然对各家有所批判，但更多是吸纳诸子百家的长处，如道家的天地与人一体、名家的辨名析理、法家的法治霸道等。

三、荀子的法治思想与齐法家学说

荀子虽然出身儒家，却受战国时期法家思想的影响较深，其学说中已具有浓厚的法治思想。例如，荀子虽然主张法先王，但认为应该积极学习古代圣王的法治理念，以更好地推动社会法治建设。儒家主张慎杀，荀子却认为应该适当使用刑杀之法来治国。在《荀子・宥坐》篇中，荀子以孔子诛杀少正卯、姜太公诛杀华士为例，强调刑杀在治国时的重要作用。在儒家民本思想的基础上，荀子号召统治者行“王者之法”，认为避免祸乱、爱护民众才是国家最高法治。在施行法制时，君主的表率作用至关重要，“上者下之本也。上宣明，则下治辨矣”(《荀子・正论》)，只有君主明法慎刑，德礼为先，国家才能得到最佳治理。另外，荀子在儒家礼治、仁政的基础上，形成了“隆礼重法”的法治思想。在荀子看来，尊崇法制与重视礼乐一样，都是维持国家秩序的重要手段，所谓“隆礼至法则国有常”(《荀子・君道》)。对统治者而言，公正执法之余，还应该加大法制宣传，培养民众的法治意识，只有民众充分了解法的要义，具备了法治精神，国家才能得到有效治理。对于民众而言，应时刻具有法治思维，能在日常生活中了解和掌握法律法规，不能因贪图享乐而轻易触犯了刑法，否则便是自取其辱。

从思想渊源上看，荀子的法治理念受齐法家学说的影响和熏陶较深，有鲜明的齐法家思想的印迹和影子。

据学者考证，先秦时期的法家可分为秦晋法家和齐法家两大流派。其中，秦晋法家以李悝、吴起、商鞅、申不害等人为代表，强调法的至高无上性，“不别亲疏，不殊贵贱，一断于法”。齐法家以管仲为代表，主张礼法并重，引礼入法。

在今存《管子》一书中，《明法解》《形势解》《版法解》《任法》《权修》等篇对齐法家的思想主张有较全面呈现。从中可知，齐法家认为严刑峻法虽然可以让百姓畏惧，但却不能使其心服，他们虽然表面上顺从，但内心深处有强烈的抵制情绪。对此，礼义教化正好可以弥补其不足。礼与法相辅相成，兼容并蓄，天下才可大治。统治者在制定法律时，应该重视民意，合乎民情，不可违背民众意愿强行立法，只有“法立而民乐之，令出而民衔之，法令之合于民心”，法治才能达到理想的效果，社会才会大安。待法律制定之后，统治者在施法和听讼的过程中要做到公正无私、赏罚必信，要使“君臣上下贵贱皆从法”，不能因人设法，因人废法，否则便会降低法的权威性，使法流于形式。以这种有偏颇的法来治国，社会便会失序，并陷入混乱之中。

两相比较可知，荀子的法治思想与齐法家一脉相承。荀子一生中的大部分时间都在齐国的稷下学宫中度过，他的学术主张受齐人思想文化的影响，也在情理之中。其法治思想，可作为战国时期齐法家思想的集中体现。

第四节　孙子与兵家

孙子，即孙武（生卒年不详），字长卿，春秋末期齐国乐安（今山东广饶）人，先秦时期兵家的代表人物，也是我国历史上著名的军事家、政治家，被后世尊称为“兵圣”。孙武的先祖可以追溯到周武王时期建立陈国的虞阏父，后因陈国发生内乱，虞阏父的后代陈完便奔往齐国发展。到了孙武祖父田书一代，因伐莒有功，被齐景公封于乐安，赐姓孙。先辈们的卓越功绩对孙武产生了很大的影响，早年他隐居精研兵法，希望以兵法辅君、大展宏图。春秋之世，诸侯割据争霸，动荡的时代环境给孙武这类军事家的成长提供了适宜的土壤，为他们的发展提供了广阔的舞台。

一、孙子的生平履历

据文献记载，孙武曾被伍子胥“七荐”给吴王阖闾。当孙武带着自己所作的兵法十三篇拜见阖闾时，阖闾表示：“子之十三篇，吾尽观之矣。”孙武所带的十三篇著作便是流传至今的《孙子兵法》十三篇，可以看出当时孙武著作的流传范围已经非常广了。为考察孙武领兵作战的实际能力，阖闾提出“小试勒兵”，并要求孙武“试以妇人”。于是孙武将180名宫女分为两队，以阖闾的两位宠姬为两队队长，持戟操练。考虑到宫女的实际情况，在操练开始前，孙武教她们通过心口、左手、右手、后背来辨别方向，方向规定好了，操练便正式开始。孙武击鼓命令宫女向右，宫女们不听指令，嬉笑不止。三令五申之后，孙武再次击鼓指挥，宫女们依旧嬉笑不止，对指令视若无睹。孙武于是决定斩左右队长以明军纪，阖闾大惊，急忙为两位宠姬求情，孙武表示“将在军，君命有所不受”，下令将两位宠姬斩首。之后的操练顺利进行，宫女们“中规矩绳墨，无敢出声”。通过“吴宫教战”，孙武展现了自己出色的军事领导才能，吴王阖闾也开始重用孙武为将，进行征伐战争，其中就有战争史上著名的柏举之战。

公元前506年，吴王阖闾以孙武为将，与蔡、唐两国组成联军，由水路向楚国进攻。到达淮汭后，孙武突然决定由陆路进攻，并将进攻方向由向西改为向南。因吴军向来善水战，伍子胥不理解孙武这样部署的原因，孙武回答道：“用兵作战，兵贵神速。应当走敌人料想不到的路，以便打他个措手不及。逆水行舟，速度迟缓，吴军优势难以发挥，而楚军必然乘机加强防备，那就很难破敌了。”孙武以三千五百名精锐士卒为前锋，穿过楚国北部的三关险隘，深入楚国腹地，数日便到达汉水东岸，楚军惊慌失措，慌忙迎战，然而为时已晚。之后吴国五战皆胜，一举攻入楚国都城郢都。柏举之战是战争史上有名的以少胜多的战役，其中蕴涵的军事思想现在看来也毫不过时。孙武“以迂为直”“兵贵神速”的部署让吴国在战争初期便掌握了战争的主动权，在战略上占得先机，充分体现了孙武的军事思想和军事才能。经此一役，长期称霸诸侯的楚国元气大伤，而吴国声威大振，为进一步称霸创造了良好的条件。

吴王阖闾野心勃勃地继续对外征战，奈何在槜李之战中伤重致死，其子夫差继位。孙武和伍子胥便继续辅佐夫差，但这两位重臣辅佐新一代吴王的过程和结局并不如意。夫差为人比较残暴，打败勾践后听信谗言，最终下令处死了伍子胥。而孙武的结局历来有两种说法。一说伍子胥死后，孙武不再为吴国出谋划策，转而隐居乡间修订著作，最后在忧国忧民和郁郁不得志中辞世。一说孙武和伍子胥一样，被夫差处死。此说只见于《汉书·刑法志》："孙、吴、商、白之徒，皆身诛戮于前，而功灭亡于后。"依此记载，孙武和吴起、商鞅、白起一样，最终落得被君主处死的下场。

二、孙子的兵学成就

无论孙武的死因如何，作为兵家学派的代表人物，他有着出色的军事指挥能力。他的思想主张都蕴藏在流传至今的《孙子兵法》十三篇中。《孙子兵法》是我国现存最早的兵书，也是世界上最古老的军事著作。全书包括《计篇》《作战篇》《谋攻篇》《形篇》《势篇》《虚实篇》《军争篇》《九变篇》《行军篇》《地形篇》《九地篇》《火攻篇》《用间篇》十三篇。据学者考证，《孙子兵法》成书于春秋末期，目前流传最广的是《武经七书》本和《十一家注孙子》本。值得一提的是，20 世纪 70 年代出土了《孙子兵法》竹简本。

1972 年，山东临沂的银雀山一号汉墓出土了《孙子兵法》竹简本和《孙膑兵法》竹简本。《孙子兵法》竹简本十三篇和今本十三篇基本相同，另有五篇残简和佚文，可以与今本进行比对勘误，对于我们今天研究《孙子兵法》有着重大的文献价值和历史意义。而且随着竹简本的出土，历来被学界反复争论的一个难题最终有了定论。在过去很长一段时间，学界普遍认为孙武和孙膑是一个人，《孙子兵法》其实是孙膑所作，孙武在历史上应该并不存在。银雀山汉简的问世，以坚实的证据证实历史上的孙武、孙膑的确各有其人，《孙子兵法》的作者是孙武，《孙膑兵法》的作者是孙膑。相信随着对竹简本的深入研究，我们将更全面地掌握孙子思想以及兵家学派思想。

从现存各种版本的《孙子兵法》中，可以窥见孙武的兵学思想。作为兵家的代表人物，孙武的思想主张主要体现在军事方面。其军事思想主要包含以下几点。

其一，慎战、重战的战争观。在如何对待战争的问题上，孙武认为要极其慎重。他强调战争的重要性，“兵者，国之大事，死生之地，存亡之道，不可不察也”，对待战争要做到“非利不动，非得不用，非危不战”。而对于战争，孙武提出不仅要认识战争，也要重视战备。战备是一个重要的环节，未开战时就要做好战备，“无恃其不来，恃吾有以待之，无恃其不攻，恃吾有所不可攻也”。

其二，不战而屈人之兵的战略观。“不战而屈人之兵”是孙武设想的战争的最理想状态，通过让敌人的军队丧失战斗能力，使己方胜利。为实现这一目标，孙武提出了许多军事战略，我们最熟悉的“知己知彼，百战不殆”便是其中之一。在战争谋划上，只有了解敌方和己方的情况，洞察双方的优势和劣势，作战才不会失败。“兵贵胜而不贵久”，强调在军事行动上要突然袭击，速战速决，最大程度地打击敌人。

其三，兵者诡道的作战指导思想。用兵之道在于千变万化、出其不意，让敌人无法知晓己方的意图，从而干扰敌方的决策，这便是“兵者诡道”思想。在这一思想指导下，孙武提出突然袭击、出奇制胜、避实击虚等作战方式。

其四，全面的治军思想。孙武在治军上有严格的规定：“厚而不能使，爱而不能令，乱而不能治，譬若骄子，不可用也。”他提出治兵的三点“不能”：不能对士兵一味宽厚放纵；不能只知道爱护士兵，而不用军纪严格管理士兵；不能漠视士兵违规乱纪的行为，而不赏罚分明。做到这几点才能有效治军，才能提升军队战斗力。他还提出“令之以文，齐之以武”，就是用教育等“文”的方式号令士兵，用军纪等“武”的方式统一士兵行动，这种文武兼用的方式体现了孙武全面的治军思想。

孙武的思想主张除了体现在军事方面，还体现在哲学方面。孙中山曾表示，《孙子兵法》十三篇兵书可称为“中国的军事哲学”。孙武的哲学思想具有朴素辩证唯物主义的特点。

首先是对矛盾的分析。《孙子兵法》一书涉及许多对立统一的矛盾。如在对利与害的分析中，孙武提出要辩证看待战争带来的利弊，“故不尽知用兵之害者，则不能尽知用兵之利”。而作为指挥者，不仅要认识到战争带来的利益和害处，更要统筹好两者，所谓“智者之虑，必杂于利害”。在战争中，孙武也多次提到迂和直的关系。迂本是绕路，而直是直达目标，两者构成对立统一的矛盾。孙武认识到它们的一致性，打击敌人是两者的最终目标。与重兵把守的前线相比，敌军后方基地防守薄弱，进攻后方从路线上看似乎是“迂”，但有利于最大程度打击敌军、最大程度保证战争的胜利，从实现目标上看是“直”，这便是孙武“以迂为直”的思想。其次在认识论上，孙武认为战争是有规律可循的，而取胜的规律可以从不同的战争中去总结，“故曰胜可为也”。孙武还善于观察生活中的各种现象，“昼风久，夜风止”，注重总结各种事物的内在规律。孙武的思想深邃且与实践紧密联系，自春秋末期问世就受到重视，对兵家学派的发展发挥了重要作用。

三、孙武之外的兵家人物

春秋战国特殊的时代环境也造就了许多和孙武一样的军事家，他们或精研兵法，或带兵出征，在风起云涌的乱世中书写着自己的传奇，对兵家学派的发展做出了重要贡献。司马穰苴和孙膑便是他们中的杰出代表。

司马穰苴（生卒年不详），春秋末期齐国人。本名田穰苴，因担任大司马一职，被称为司马穰苴。和孙武一样，他也是陈完的后代，但生活时代早于孙武，与晏婴同时代。齐景公时期，晋国、燕国不断入侵齐国，经晏婴举荐，司马穰苴临危受命。齐景公命司马穰苴为将，以宠臣庄贾为监军。庄贾蛮横无理，对司马穰苴不屑一顾，竟在军队出发那天大摆宴席，饮酒作乐。司马穰苴为人正直不阿，按军法将其斩首，三军士兵士气大振，最终击退晋国、燕国，司马穰苴官拜大司马。后来由于田氏与鲍氏、高氏、国氏之间的权力之争，齐景公听信谗言，将司马穰苴贬退，致使其最终郁愤而死。

司马穰苴的军事思想体现在《司马法》中。《司马法》又名《司马兵法》《司马穰苴兵法》《古司马法》等。其内容有两部分，一是商周时期的史官、兵家所作的古者司马法；二是穰苴兵法，两者合为一书。《史记·司马穰苴列传》载："齐威王使大夫追论古者司马兵法而附穰苴于其中，因号曰《司马穰苴兵法》。"所以说司马穰苴并没有亲自著书，《司马穰苴兵法》多是齐大夫对司马穰苴用兵之法的整理和总结，是对古者司马法的解释与阐述。因年代久远，中间又多遭战乱散佚，今本《司马法》仅存五篇。

孙膑（生卒年不详），本名不详，齐国人，战国时期兵家的代表人物。《史记·孙子吴起列传》载："孙武既死，后百余岁有孙膑。膑生阿、鄄之间，膑亦孙武之后世子孙也。孙膑尝与庞涓俱学兵法。"由此可知，孙膑是孙武的后代，早年与庞涓一块学习兵法，后庞涓出仕魏国，对孙膑心怀嫉妒，便捏造罪名将孙膑处以膑刑和黥刑，砍去了孙膑的双足，齐国使者偷偷地用车将其载回齐国，这便是"孙膑"一名的来历。齐国将军田忌善待孙膑，在赛马比赛中，孙膑助田忌赢得千金。后来田忌将孙膑荐举给齐威王，并使其担任了齐国军师。之后，孙膑指挥桂陵之战，采取声东击西、围魏救赵的战术，大败魏军。在马陵之战中，孙膑采取减灶的方法，在战术上迷惑魏军，最终成功歼灭魏军数十万人，杀庞涓，俘虏太子申，使魏国元气大伤，从而逐渐失去霸主地位。桂陵之战与马陵之战的胜利让孙膑名扬天下，其兵法也因此得到流传。

孙膑发展了孙武的军事思想，提出"因势而利导之"的作战原则，强调"道"的作用。其军事思想多体现在《孙膑兵法》中。1972年，山东临沂银雀山汉墓出土了竹简本《孙膑兵法》，使得失传千年的《孙膑兵法》重见天日。竹简本《孙膑兵法》分为上、下两编，虽然篇数少于《艺文志》著录本，但对于研究孙膑的军事思想及兵家学派的思想意义仍然重大。

如果说春秋战国时期是兵家学派发展的黄金时代，那兵家学派发展的另一个鼎盛时期便是汉初，其中的代表人物是张良和韩信。张良（？~前189），字子房，颍川城父人，西汉开国功臣，政治家。张良作为刘邦的谋士，在建立汉朝的过程中立下许多功劳。刘邦曾这样评价张良："夫运筹策帷帐之中，决胜于千里之外，吾不如子房。"张良曾力劝刘邦在鸿门宴上卑辞言和，帮助其在鸿门宴上顺利脱身。张良最终协助刘邦赢得楚汉战争、建立大汉王朝。汉朝建立之后，张良帮助刘盈成为皇太子。张良之后被册封为留侯，但他不恋权位，晚年便跟随赤松子云游四海，成就了古人明哲保身的佳话。韩信（约前 231 ~前 196），泗水郡淮阴县（今江苏省淮安市淮安区，一说淮阴区）人，西汉军事家，与张良、萧何被合称为“汉初三杰”。韩信曾参加秦末农民战争，最初投奔项梁部下，因未得重用转投刘邦，后经萧何保荐，担任大将军，被刘邦赞为“国士无双”，在建立汉朝过程中立下汗马功劳，擒魏、取代、破赵、胁燕、击齐、灭楚，时人评价他“功高无二，略不世出”。汉朝建立后，韩信先是受人诬告，被贬为淮阴侯，后在吕后与萧何的合谋下，惨遭杀害。韩信曾联合张良整理兵书，著有《韩信兵法》三篇，今已散佚。

四、兵家思想的历史贡献

以孙武为代表的兵家学派及其思想不仅是我国军事思想发展史上的丰碑，也是古代人民的重要智慧结晶，对后世影响深远。

首先，兵家提出的军事策略，特别是“慎战”思想，对当今世界有着重要的借鉴意义。兵家学派的思想多是军事方面的，主要总结了军队作战、军事谋略与部署、战备准备等方面的军事策略，指导了古往今来许多将领和军事家。直到 21 世纪的今天，兵家思想仍有很重要的借鉴意义。一是现代高科技战争并不是单纯的技术对抗。虽然古代的战争规模和作战方式与现代战争不同，但现代战争需要更高层次的智慧较量，还需要人进行操作和部署，人在战争中仍然发挥着主导作用，这种强调智慧的较量和碰撞便是兵家军事策略的精髓。二是孙武以及兵家学派中“慎战”思想的影响。兵家虽以“兵”为名，但在对待战争的问题上仍然提倡“慎战”，“主不可以怒而兴师，将不可以愠而致战”，尽量避免非必要的战争发生，主张实行积极防御战略。在追求和平发展的今天，“慎战”思想不仅有利于世界各国的和平相处，而且有利于为各国发展提供良好的外部环境，对世界各国都有借鉴意义。

其次，兵家思想对商业经营具有指导意义。俗语说，商场如战场。兵法理论与经营管理理论有相似处，在商场之中，竞争对手之间的关系也和战场上的敌我双方类似。兵家学派的某些策略和原则对商业竞争者来说有着极大的指导意义，“不战而屈人之兵，善之善者也”，兵家学派这种不战而胜的思想与商场中的双赢思想很类似。日本松下电器的创始人松下幸之助就将《孙子兵法》奉为圭臬，认为灵活运用这些战略，公司才能发达。

总之，以孙武为代表的兵家学派思想，以其经验性和实用性成为诸子百家思想中和历史上的一道绚丽风景线。虽然古人与沙场离我们太过遥远，但流传至今的思想，其深邃和巧妙仍让世人叹服。

第五节　邹衍与阴阳家

邹衍，在现代哲学史上似乎是一位不太受重视的哲学家，但是在春秋战国时期，他可是各诸侯国热烈欢迎的思想家。由于他没有作品遗留下来，所以被蒙上了一层神秘的面纱。尽管后世留存的关于他的资料较少，但他的主要思想和学说依旧对后世产生了深远的影响，值得我们进行深入的思考。

一、邹衍的生平履历

后世文献对邹衍的生平记载，最为详细的要数《史记·孟子荀卿列传》。据此，我们可以对邹衍的生平有一个大致的了解。首先，邹衍是齐国人，他的年龄要小于孟子。其次，邹衍受到了各诸侯国的欢迎。他去梁国，梁惠王亲自去郊外迎接，并向他行宾主礼节；作为使者路过赵国时，赵国平原君侧身陪行，亲自为他拂拭席位；到燕国时，燕昭王亲自拿着扫帚清除道路为他作先导，并请求以弟子的身份向他请教，还曾为他修建碣石宫，亲自拜他为师。由此可以看出，邹衍是各诸侯国都非常欢迎的人，与当年孔子在陈国、蔡国几乎饿死以及孟轲困于齐梁的遭遇是截然不同的。

对于邹衍的生卒年，现在已经很难进行准确的考证，只能根据仅存的资料进行一个大致的推断。现有资料对邹衍的生年并没有确切的记载，只有一句："邹衍，后孟子。"既如此，我们可以根据孟子的生卒年进行推断，孟子的生卒年大致是公元前 372 年 ~ 公元前 289 年，那么邹衍的生年最早也应该在公元前 372 年之后。《史记》又载："自邹衍与齐之稷下先生，如淳于髡、慎到、环渊、接子、田骈、驺奭之徒，各著书言治乱之事，以干世主，岂可胜道哉！"从这段记载可知，邹衍曾在稷下学宫论学，孟子在齐宣王九年（公元前 312 年）离开稷下学宫，邹衍前往稷下学宫论学应该在孟子离开之后，按照年岁推断，邹衍的生年应该在公元前 324 年左右。对邹衍最晚的活动记载出现在《韩非子・饰邪》中："邹衍之事燕，无功而国道绝。"学者据此考证，此处记述的就是史书中记载的燕王喜四年（公元前 251 年）栗腹伐赵之战。这就表明，邹衍确实为燕王喜服务过，但在此事过后，就再也没有了有关邹衍的记载。所以，在邹衍辅助燕国对赵国的战争失败不久后，邹衍可能就去世了。在这种情况下，没有关于他的史料记载是合乎常理的。据此可以推断，邹衍的生卒年大致是公元前 324 年至公元前 250 年。

邹衍的一生可谓极其具有神秘色彩。他年少时在稷下学宫求学，学有所成后在此任教，被封为上大夫。后来因为目睹了齐国国君的昏庸，加上燕昭王的招贤令已传到齐国，邹衍毅然前往燕国，并凭借着在稷下学宫的优秀表现，被燕昭王奉为老师。但好景不长，燕昭王去世之后，燕惠王对这些前朝遗臣并不信任，燕惠王身边的谋士对邹衍这些遗臣也很排斥。加上燕、齐战局的逆转，邹衍齐人的身份更加引起了燕惠王的猜忌，所以燕惠王身边的人轻而易举地就将邹衍陷害进了监狱。据传说，由于邹衍下狱实在是过于冤屈，竟引得五月天降寒霜。邹衍在洗刷冤屈出狱之后，对燕国心灰意冷，正逢齐国稷下学宫迎来了再一次的辉煌时刻，于是邹衍再度返回齐国，重新在稷下学宫讲学，专心治学。由于邹衍声名在外，故屡次被齐王选为使者，负责出使各国。在某次出使的过程中，途经赵国，受到赵王的礼遇，赵王向他虔心请教辩论。最后不知出于什么原因，邹衍再次致仕于燕喜王，随后不知所终。

纵观邹衍的一生，还是十分精彩的。他两次致仕于燕，两次回归稷下学宫。其学说得到了众多国君的认可，齐宣王封他为上大夫，燕昭王尊其为王师，赵王听他一席话便贬黜了信奉已久的公孙龙。他在游说各国国君时，注意从小事进行观察，试图探寻时世变化的道理，进而整合国君诸侯的德行。在这样的背景下，邹衍吸收各家所长，全面发展了自己的学说，先后写下了《终始》《大圣》《主运》三部著作，其中《终始》被誉为阴阳学派的奠基之作。邹衍的一生与孔子、孟轲等同样四处游历、宣传政治主张的学者相比，可谓顺遂。

二、邹衍的学术思想

据《史记·孟子荀卿列传》的记载可知，邹衍的学术思想主要包括五德终始说与大九州说两大部分。

五德终始说是邹衍提出的最为著名且对后世影响最深远的学说。它不仅是一种政治哲学和历史观念，同时也是为迎合当时统治者需求而创作的较为进步的学说。“五行”最早见于《尚书·洪范》：“一曰水，二曰火，三曰木，四曰金，五曰土。水曰润下，火曰炎上，木曰曲直，金曰从革，土爰稼穑。润下作咸，炎上作苦，曲直作酸，从革作辛，稼穑作甘。”金、木、水、火、土都是自然中肉眼可见的元素。邹衍借用了此五行元素，又糅合当时的人事和政治，创造出了属于自己的独特五行终始说。《吕氏春秋·应同》篇保留了一段有关于五行终始说的完整记载：“凡帝王者之将兴也，天必先见祥乎下民。黄帝之时，天先见大螾大蝼。黄帝曰：土气胜。土气胜，故其色尚黄，其事则土。及禹之时，天先见草木秋冬不杀。禹曰：木气胜。木气胜，故其色尚青，其事则木。及汤之时，天先见金刃生于水。汤曰：金气胜。金气胜，故其色尚白，其事则金。及文王之时，天先见火赤乌衔丹书集于周社。文王曰：火气胜。火气胜，故其色尚赤，其事则火。代火者必将水，天且先见水气胜。水气胜，故其色尚黑，其事则水。水气至而不知数备，将徙于土。”可见，邹衍将自然元素中的五行与政治因素相结合，提出了金德、木德、水德、火德、土德的说法。历朝历代都有与之相契合的德，而这个德与王朝的兴衰息息相关。王朝的更替由五德之间的相生相克来决定，循环往复，生生不息。五德终始说也成为阴阳家的代表学说之一。这样一种带有神秘主义色彩的学说为何会被各国统治者认同呢？这就要从当时的社会政治背景谈起了。

春秋战国时代是社会政治大变革的时代。由于铁器牛耕的出现，社会生产力得到极大提高，从而引起了一系列社会文化的变化。经济上，井田制逐渐瓦解，私有土地开始出现；政治上，宗族贵族阶级没落，新兴贵族阶级开始活跃在政治舞台上；文化上，士阶层崛起，纷纷著书立说，提出自己的政治主张。正是在这样复杂的环境下，传统的天命观随着周天子逐渐失去天下共主的地位而开始动摇。因而各国国君急需一套理论去证明现有政权的合法性，五德终始说的出现正好满足了当权者的需要，这也就是邹衍为什么深受各国统治者欢迎的原因。

值得注意的是，邹衍五德终始说提出的初衷是想用一种迂阔但巧妙的方式劝诫国君要一心向善。通过《史记·孟子荀卿列传》的记载可知，邹衍正是因为目睹了国君日益奢侈，不能很好地实行德政，于是提出了五德终始说，企图用这种诡诞的学说劝诫国君要修其德行，实行仁政。

除了五德终始说，大九州思想也一直是邹衍让人津津乐道的学说。邹衍认为，中国内部可以划分为九州，但这只是小九州，在中国之外还有一个大九州，中国只占整个天下的八十一分之一。大九州的理论打破了时人的固有观念，大大开阔了当时人民的视野，推动着大地理观念的发展。邹衍会产生这样的想法也是有迹可循的，齐国东边靠海的独特的地理环境，也许是促使邹衍萌发这样想法的一个极为重要的因素。大九州思想在现在看来虽然只是一个简单的猜想与雏形，但在当时却产生了非常积极的影响与作用。

能够提出五德终始说和大九州思想的邹衍并不是仅受一家思想的影响。他的思想中既包含儒家思想的成分，又包含了部分道家的思想。最值得一提的是，因为希望君王能够修身治德，五行终始说明显带有儒家“仁义”的思想痕迹。毕竟邹衍与孟子皆出身于稷下学宫，邹衍受到孟子其后儒家思想的影响也是极可能的。除此之外，邹衍过赵时，平原君就公孙龙白马非马之辩询问邹衍。邹衍却说："不可。夫辩者，别殊类使不相害，序异端使不相乱。……夫缴纷争言而竞后息，不能无害君子，衍不为也。"可见，对于邹衍而言，辩论的最终目的是达到一种"双赢"的局面，辩论胜利的人可以继续守护他的学说，而失败的人也可以获得新的知识，只有这样的辩论，才是值得的。邹衍这种反辩的思想与儒家思想也有部分重合，孔子曾说"天下有道，则庶人不议"，而荀子也公开表明名家的辩论是毫无用处的。由此可见，邹衍的思想学说在很大程度上受到了儒家思想的影响。

至于道家学说的痕迹，在五德终始说中更是有所体现。五行是自然元素，而邹衍将这些自然元素加以运用，形成了独特的政治学说。庄子曾经提及混沌的故事，讲述了南海之帝与北海之帝为了帮助混沌感受视听食息，日凿一窍，七日后混沌而死一事。庄子认为对于自然要顺势而为，万万不可进行过多的干预，人与自然应该和谐共处。邹衍对自然也是很重视的，并且善于将自然之中的变化规律运用到政治朝堂中，在这一点上，邹衍是对道家思想的继承和发展。

三、阴阳学派的历史贡献

阴阳学派的学说对后世产生了深远的影响并在秦汉时期广为流传。周朝为火德，秦始皇依此定义秦朝为水德，崇尚黑色，明显是受了五德终始说的影响。汉代大儒董仲舒在其著作《春秋繁露》中提出了天人感应的思想，也多多少少体现出阴阳学家学说的痕迹。司马谈在《论六家要旨》中曾把阴阳家列为六家之首，并写道："尝窃观阴阳之术，大祥而众忌讳，使人拘而多所畏；然其序四时之大顺，不可失也。"可见，在时人心目中，阴阳家对于阴阳、四时、八位、十二度、二十四节气的规定，都是符合自然发展变化规律的，为君者一定要教化天下，顺应天时，遵循自然规律，这样方可振肃纲纪，治理天下。

但是司马谈也意识到阴阳学派的缺点，那就是忌讳太多，使人们感到束缚性太强从而产生畏惧心理，并进而影响了人们的主观能动性，限制了人们的思考能力。这样明显的缺陷使得阴阳学在传播过程中更为关注鬼神之说，而希望教导君主尚德的本意却被丢弃了。到东汉时期，谶纬之学盛行后又将鬼神之事、附会阴阳发展到了极限。不得不说，一个曾经被誉为六家之首的学说沦落至此已与邹衍最初的意愿相差甚远。

虽然阴阳学家与他们的学派经历过辉煌的岁月，但是一部著作也没有保留下来，甚至后世遗存的关于阴阳学派的资料也寥寥无几。但这并没有影响阴阳学说在民间的传播，甚至到了家喻户晓的地步，我们可以在生活的方方面面见到阴阳学的影子。邹衍作为阴阳学派的代表人物，值得我们进行深入的研究。

第九章 教育思想

重视教育是中华民族的优良传统。早在远古时代，先民们就已普遍注重加强对部族年轻后辈的教育和引导。最初大规模的教育行为主要通过口耳相传的方式进行，教育的地点应该就在本氏族公共集会的地方。在新石器时代的居住遗址中，曾普遍发现一种规模较大的“大房子”，多位于众多“小房子”的中央。学者多认为，这种“大房子”应该就是古人集会和教育后人的场所。氏族首长或氏族内博学之人在此向族人，尤其是族内的年轻一辈，讲述本宗族的发展历史、宗族首领的英雄事迹以及宗族成员共同遵守的礼俗制度，从而在思想意识上维护氏族的稳定统一和长期发展。这种集聚会和教育功能于一身的“大房子”，便有了早期“学校”的性质。到夏商周时期，正式的学校教育已非常发达，不但有了大学和小学之分，还可以根据不同的年龄阶段、不同的血缘出身确定不同的教育内容。但当时受教育的主体还仅限于贵族阶层，只有贵族子弟才有接受教育的机会。他们接受教育的目的，主要是掌握更多的今后处理宗族事务所必需的知识技能和理论修养。

春秋战国时期，古代教育迎来了自身发展的第一个高峰期。随着周王室势衰，周礼崩坏，之前发达的官学教育逐渐瓦解，私学、民间之学开始出现并迅速发展。这种官学下移的历史大势，使原本长期被排斥在教育大门之外的广大平民子弟开始有了接受教育的机会。他们凭借自己的聪慧和努力，开始用知识改变自身的命运，并逐渐像早期的贵族子弟一样以文载道，追求并享受教育带来的政治待遇和社会地位，从而开创了学术下移的辉煌局面。

这其中，出身于鲁国的孔子及其创立的儒家学派，为春秋时期官学下移、私学兴起做出了举世瞩目的伟大成绩。而齐国的稷下学宫和稷下学派，则为战国时期教育事业的繁荣和学术研究的兴盛提供了广阔的舞台，承担了应有的社会责任，做出了不朽的历史贡献。两者在地域上南北分立，在时间上前后相继，共同成为齐鲁地区早期教育事业中的两颗耀眼明珠，同时也深刻奠定了齐鲁大地在中国古代教育事业中的独尊地位。

第一节　孔子的教育思想

孔子是中国古代最伟大的思想家和教育家、中国私学的创始人，为中华民族的教育事业做出了重要贡献，时至今日，孔子在国际上仍具有重要影响。关于他的人生履历和学术主张，在上一章中已有详细交代。在此仅就孔子的教育思想做重点论述。

孔子出生于春秋晚期的没落贵族家庭之中。他的父亲叔梁纥曾做过鲁国的郰邑宰，为一名下级武士，但在孔子出生不久后便离开了人世。孔子跟随其母亲生活，到十四岁时，其母亲也过世，孔子只能独自生活。因幼年即家道衰落，孔子早年时随母亲长期生活在社会下层，艰难度日。因此，孔子虽有贵族的身份，但并没有机会接受系统的贵族教育。在《论语·子罕》篇中，孔子数次称自己“少也贱，故多能鄙事”，意思就是说自己为了生存，自幼即从事过很多低级的工作。渐渐长大之后，还做过管理仓库的“委吏”和给贵族管理牛养的“乘田”。据《孟子·万章下》记载，孔子做“委吏”时，“会计当而已矣”，做“乘田”时，“牛羊茁壮长而已矣”，说明他每项工作都做得很认真。

虽然出身卑微，成长经历坎坷，但孔子凭借“为儿戏，常陈俎豆，设礼容”的学习资质，凭借“学而不厌”的好学精神，凭借“入太庙，每事问”“三人行，必有我师”的求学态度，不但使自己受到了良好的文化教育，而且招收了一批有志于学的门生弟子，在传授给他们丰富理论知识的同时，还引导他们以文载道，弘扬周礼，以期实现天下大同的理想。

一、孔子的教育内容

据《论语》《史记》等传世文献记载，孔子一生致学并教授子弟的内容，主要包括“文、行、忠、信”(《论语·述而》)四个方面。文指《诗》《书》《礼》《易》《乐》《春秋》等理论知识。行指言行举止。孔子主张知行并重，认为人应该言行一致。他曾说“古者言之不出，耻躬之不逮也”，又说“君子耻其言而过其行”，“君子欲讷于言，而敏于行”，说明行既包括知行，又包括品行和德行。文是教人致知，行是教人行知。忠、信指与人相处时对别人、对自己的两种较高标准。孔子的弟子曾子曾说过，人应该经常反省自己三件事：“为人谋而不忠乎？与朋友交而不信乎？传不习乎？”孔子也曾说：“言忠信，行笃敬，虽蛮貊之邦行矣。言不忠信，行不笃敬，虽州里行乎哉？”可知，孔子认为对所谋之事要忠，与人交往要信，忠信乃立身之本，须臾不可忘掉。

为了实现文、行、忠、信的全面发展，需要对学生进行“六艺”和“六经”两大类技能和知识的教育、培养。

1. 六艺

六艺指礼、乐、射、御、书、数。这些本来是西周时期王室贵族子弟求学时必须掌握的六种基本技能。《周礼·保氏》载：“养国子以道，乃教之六艺：一曰五礼，二曰六乐，三曰五射，四曰五驭，五曰六书，六曰九数。”这里所说的国子，即指生活于国都之内的周王室和宗族贵族的亲属子弟。六艺的内容主要包括：

礼，礼仪。五礼，包括吉、凶、宾、军、嘉五种重大场合的礼节规定。其中以祭祀之事为吉礼，以丧葬之事为凶礼，以军旅之事为军礼，以宾客之事为宾礼，以冠婚之事为嘉礼。

乐，乐舞。六乐，指《云门》《大咸》《大韶》《大夏》《大濩》《大武》六种远古代流传下来的早期音乐。其中《云门》是黄帝之乐，《大咸》是帝尧之乐，《大韶》是大舜之乐，《大夏》是大禹之乐，《大濩》是商汤之乐，《大武》是周武王之乐。由于黄帝、尧、舜、大禹、商汤、周武王等都是古之圣王和贤君，故他们所作的乐舞也成为后世尊崇学习的重要内容。

射，射箭技术。五射，指白矢、参连、剡注、襄尺、井仪五种射技。其中白矢指箭穿靶子而箭头发白，表明发矢准确而有力；参连指前放一矢，后放三矢，连续而去，矢矢相属，若连珠之相衔；剡注指矢发之疾，瞄时短促，上箭即放箭而中；襄尺指臣与君射，臣与君并立，让君一尺而退；井仪指四矢连贯，皆正中目标。

御，驾驶马车的技术。五御，指鸣和鸾、逐水曲、过君表、舞交衢、逐禽左五种驾车技能。其中鸣和鸾指行车时和鸾之声相应，逐水曲指随曲岸疾驰而不坠水，过君表指经过天子表位时的致敬礼仪，舞交衢指过通道而驱驰自如，逐禽左指行猎时追逐禽兽从左面射获。

书，指书写、识字、作文等书写技能。六书指象形、指事、会意、形声、转注、假借六种造字方法。

数，即技术、方法、技巧。关于九数的细目，《周礼》中并没有列出。

2. 六经

六经指经孔子整理并被当作教材教育弟子的六部古代传世经典，具体包括：

诗，即《诗经》，是我国最早的一部诗歌总集。相传诗最初有三千余篇，经孔子删订后，还剩三百零五篇，故今天看到的《诗经》在古代又称“诗三百”。在《论语·子罕》篇中，孔子曾自诩道：“吾自卫反鲁，然后乐正，雅颂各得其所。”意思是说，我从卫国回到鲁国后，曾经对传统诗乐做了较大整理和规范，“雅”“颂”等诗篇都得到了应有的整理。这说明孔子对自己删诗、修诗的举动是颇为得意的，并认为自己是有重大贡献的。孔子曾多次高度评价诗对教育弟子的重要作用，如“诗，可以兴，可以观，可以群，可以怨。迩之事父，远之事君，多识于鸟兽草木之名”。意思是说，诗可以激发情志，可以体察社会，可以结交朋友，可以讥刺抒怨；近可以侍奉父母，远可以侍奉君王，还可以知道不少鸟兽草木的名称。

书，即《尚书》，是我国现存最早的一部文献典籍，记载了虞、夏、商、周四个朝代的重要史实。相传《尚书》最初也有三千多篇，孔子将其中虚妄、重复的篇章统统删掉，最后将剩下的百余篇编辑成书，并用之教授门下弟子。但孔子编订的《尚书》在秦汉时期已经亡佚，今天我们看到的《尚书》文本并不是当年孔子编定的原始文本。

礼，即《仪礼》，是专门汇编古代礼仪制度的文献。孔子所推崇的古礼，应该主要是西周初期周公“制礼作乐”后所确定的各种礼仪制度。春秋时期，礼崩乐坏，礼经多有散轶，孔子曾对《仪礼》做过整理，并用之教育门下弟子。孔子认为，礼是培养人熟悉各种规则的重要工具，“不学礼，无以立”，君子应该知礼、懂礼，“非礼勿视，非礼勿听，非礼勿言，非礼勿动”，更要“克己复礼”，重视社会秩序。

易，即《周易》，是记载古代占卜占筮的典籍。相传，伏羲曾创八卦，周文王演周易，而孔子作《易传》。司马迁在《史记》中曾记载，孔子晚年时，非常喜欢《易经》，韦编三绝，“序《彖》《系》《象》《说卦》《文言》”等篇章，并说：“假我数年，若是，我于《易》则彬彬矣。”但孔子并未接受古代易书中的卜筮内容和神秘色彩，而是注重发扬其中的政治伦理和哲学思想，以培养学生健全的君子人格。

乐，记载古代音乐理论的文献，今已亡佚。孔子曾一再告诫众弟子应该

“兴于诗，立于礼，成于乐”。在孔子看来，教育培养人才应该起始于学诗，自立于学礼，而最终完成于学乐，诗、礼、乐是教化民众的三种重要手段。

春秋，即《春秋》，我国现存最早的一部编年体史书，最初为鲁国的官修史书，孔子在此基础上进行整理和编修，并用之教育门下弟子。《春秋》内容简略，但寓意深刻，孔子欲用此“微言大义”来“拨乱世”“返诸正”，以达到“正名分”“寓衰败”“明善恶”的目的。后人曾高度评价孔子编订《春秋》的政治意义，称“孔子成《春秋》而乱臣贼子惧”。孔子自己也说：“知我者，其惟《春秋》乎！罪我者，其惟《春秋》乎！”（《孟子·滕文公下》）

六经本是“先王之政典”，曾经在培养贵族子弟的道德品质和政治才干方面发挥了重要作用。司马迁在《史记·太史公自序》中曾总结道：“《易》著天地、阴阳、四时、五行，故长于变；《礼》经纪人伦，故长于行；《书》记先王之事，故长于政；《诗》记山川、溪谷、禽兽、草木、牝牡、雌雄，故长于风；《乐》乐所以立，故长于和；《春秋》辨是非，故长于治人。是故《礼》以节人，《乐》以发和，《书》以道事，《诗》以达意，《易》以道化，《春秋》以道义。”意思是说，《周易》载述天地、阴阳、四时、五行，以体现变化见长；《礼》规范人伦，以行事见长；《书》记述先王事迹，以政治见长；《诗》记山川、溪谷、禽兽、草木，牝牡、雌雄，以风土人情见长；《乐》论述音乐经典，以和谐见长；《春秋》论辩是非，以治人见长。因此，《礼》可以节制约束人，《乐》可以调和性情，《书》可以述说政事，《诗》可以表达情意，《易》可以讲述变化，《春秋》可以论述道义。它们都是教育子弟的重要内容。由此可见，孔子之所以用“六经”作为教育弟子的教材，主要是为了为社会培养更多道德品质和政治才干兼备的有用人才。

二、孔子的教育理念

一生行教的孔子在多年的教学生涯中摸索出了一套行之有效的教学方法和教学理念，不但用之培养了门下诸弟子，而且为后世留下了宝贵的财富。

1. 在教育对象方面提倡“有教无类”

在“礼崩乐坏”的春秋时代，孔子首倡私人讲学，将原本只有贵族子弟才能享受的官学教育，转移到普通平民子弟身上。为使更多有志之士接受系统教育，孔子在选择教育对象时，一直坚持“有教无类”的原则。所谓无类，即不分出身、阶级、愚智、贫富、国别等，只要有志于学，孔子都收入门下并全力引导。孔子曾在《论语·述而》中表明自己的立场：“自行束脩以上，吾未尝无诲焉。”束脩在当时属于非常微薄的见面礼，孔子这样规定是希望学生谨守最基本的师生见面之礼节。孔子说：“一个年轻人只要交纳一束肉干作为见面礼，我都会诚心接纳，全力教育之。”

据《史记·仲尼弟子列传》记载，孔子门下受业身通六艺者七十有二人，这其中，出身富贵者固然有之，如南宫适为鲁国贵族孟僖子的长子，子贡“常相鲁卫，家累千金”；但更多的是出身贫寒的平民子弟。如：

颜回，习惯于在“一箪食，一瓢饮”的陋巷中自得其乐，去世之后其父连棺椁都不能为其备全，说明家境贫寒无比。

子路，卞之“野人”，以黎藿为食，需远途负米养活父母，家境艰难。

仲弓，其父为“贱人”，家无立锥之地。

原宪，所住的房屋周围堆满了杂物，用芦草搭的屋顶绿草丰茂，用草和树枝搭成的门户破烂不堪，拿桑条做门的转轴，用瓮做窗户，墙壁多处有裂缝，需要用布条补住。下雨的时候，屋顶漏雨，地下湿滑，没有立足之地。

除贫富之别外，孔门弟子中还有很多出身低贱者，如弟子颜涿聚曾是个强盗，公冶长曾是个囚徒，孔子不但悉心教育他们，还把自己的女儿嫁给了公冶长。

孔子身为鲁人，他的学生自然以鲁国人居多，如颜回、闵子骞、冉伯牛、冉求、宰予、漆雕开等，但也有很多来自其他诸侯国者，如：公冶长、公皙哀、樊迟、高柴、梁叔鱼等来自齐国，子路来自卞国，公孙龙、秦商来自楚国，子贡、子夏来自卫国，秦子南、壤驷赤来自秦国，司马耕、仲叔会来自宋国，颛孙师、公良孺来自陈国，言偃来自吴国，澹台灭明来自郑国。

《荀子·法行》篇记载南国惠子曾一度对孔子“播学于平民，不分贵贱、贫富、等级；播学于四夷，不分地域、种族”的行为表示疑惑。他质问子贡：“夫子之门何其杂也？”子贡回答道：“君子正身以俟，欲来者不距，欲去者不止。且夫良医之门多病人，隐术栝之侧多枉木，是以杂也。”意思是说，君子端正自身，静心等待，想来的人不拒绝，想走的人不制止。就像良医的门前病人多、矫正木料的器具旁边弯木头多一样，所以很杂乱。子贡在此对孔子“有教无类”的行为给予了高度评价。

因为孔子奉行“有教无类”的原则，这些不同出身、不同等级、原本各属不同国别的人便能齐聚到孔子门下，聆听并学习先王圣典和礼乐文化，在孔子的带领下，以文载道，弘扬周礼，开启民智。其中有不少人因此改变了自己的政治地位和社会威望。待孔子去世之后，这些数量众多的孔门弟子重新回到自己的家乡，延续孔子“有教无类”的传统，继续招收门生，传播知识，弘扬道义，从而使更多的平民子弟可以获得受教育的机会，较优秀者甚至能凭借知识改变自己的人生命运。可以说，孔子“有教无类”的施教理念，对中国古代的教育事业尤其是平民教育事业的发展和兴盛，起到了决定性的推动作用。

2. 在教育方法上，坚持因材施教、启发诱导的原则

在具体行教过程中，孔子坚持因材施教、启发诱导的教育原则。孔子在多次行教中发现，门下弟子的禀赋各异，每个人的情况都有所不同，因此认为在教育过程中必须针对每个学生实行不同的教育方式，如此才能达到理想的效果。孔子因材施教的例子，最有代表性的当属对冉有和子路的教育。《论语·先进》篇对此有详尽记载：

> 子路问：“闻斯行诸？”子曰：“有父兄在，如之何其闻斯行之？”冉有问：“闻斯行诸？”子曰：“闻斯行之！”公西华曰：“由也问‘闻斯行诸’，子曰‘有父兄在’；求也问‘闻斯行诸’，子曰‘闻斯行之’。赤也惑，敢问。”子曰：“求也退，故进之；由也兼人，故退之。”

在这里，冉有和子路同时向孔子请教“闻斯行诸”的问题，即是否应该听到别人的建议就要付诸行动。结果孔子教育冉有的是可以“闻斯行”，但教育子路的却是要多听父兄之言，不能“闻斯行”。孔子这样做原来是因为冉有性格犹豫不决，所以孔子鼓励他多行动，但子路性格好胜，所以孔子教育他遇事要稳重，三思而后行。

由此可见，因材施教的前提是教育者要对被教育对象的个性、才情、优缺点等有充分的了解和掌握。据《论语》等典籍记载，孔子对门下众弟子的个性特征了然于胸，他曾在不同的场合评论不同的学生，对他们的兴趣、爱好和特长非常熟悉。如在《论语·雍也》篇中，孔子曾说，由也果，赐也达，求也艺。即子路性格果敢，子贡性格通达，冉有多才多艺。在《论语·公冶长》篇中，孔子还对诸弟子的政治才能有详细评论，他认为子路有管理千乘之国的军事才能，冉求有治理贵族采邑的政治才能，而公西华则有接待来宾、迎送使者的外交才能。孔子晚年时，弟子子路在卫国做官。子路因故外出时，卫国发生内乱，其他人都纷纷出城避难，孔子的一位弟子子羔也在外逃之列，唯独子路急匆匆地往城里走，想去平息叛乱、绞杀叛者，结果在激战中被杀死。孔子对子路这种不避祸患、勇往直前的性格非常清楚。因此，当有人汇报卫国发生内乱时，孔子就大呼：“哎呀，子路这回要死了，但子羔会活着回来的。”后来等再有人汇报卫国内乱的结果时，果真如孔子所言。据此可知，孔子对每个学生的性格特征都非常清楚，只有这样，才能真正实施“因材施教”的教学方法。

孔子这种针对学生个性实施不同教育方法和内容的思想，被后世儒家知识分子直接继承和发扬。宋代大儒程颐、朱熹便总结孔子的教育方式为：“孔子教人，各因其材。”“因材施教”一词便出于此，成为历代学者所坚持的一个基本教学原则。

在因材施教之余，孔子还非常注重用启发诱导的方式教育门下弟子，主张在鼓励学生独立思考的基础上，引导学生有所收获。在教学过程中，孔子很重视用启发式方法引导学生独立思考。在《论语·述而》篇中，孔子曾反复强调教育学生应该“不愤不启，不悱不发，举一隅不以三隅反，则不复也”。愤，指学生对某一问题正在积极思考，急于解决问题但又无法搞通时的着急心态。启，指教师应在此关键时刻对学生所思考的问题从方法上予以具体指导，从而帮助学生开启思路、想通问题。悱，指学生对某一问题已经有一段时间的思考，但尚未考虑成熟，正处于想说又难以表达的一种矛盾心理状态。发，指教师应在此关键时刻帮助学生梳理思路、了解本质，然后让学生用准确的语言表达出来。汉代大儒郑玄曾在《论语集解》中说：“孔子与人言，必待其人心愤愤，口悱悱，乃后启发为之说也；如此，则识思之深也。说则举一隅以语之，其人不思其类，则不复重教之。”由此可知，孔子的启发式教育方式，是要等到学生思考到想不通、想说而又说不出来的时候，才去启发他、开导他，并引导学生积极思考，做到触类旁通、举一反三，从而彻底把道理弄明白、想清楚。

很明显，要实施启发式教育，必须培养学生独立思考的能力。孔子非常强调思考在学习过程中的重要作用。他曾说：“学而不思则罔，思而不学则殆。”他既反对长期学习而不思考，也反对单纯思考而不学习，主张学思并重、学思结合。他曾告诫众弟子自己一度“终日不食，终夜不寝，以思，无益，不如学也”。只有不断地学习、不停地思考，才能学有所成、学有所益。

3. 在教育目的上，坚持以培养君子为最终目标

孔子行教是为了给社会培养更多品行高尚、才德兼备的君子。在《论语·雍也》篇中，孔子曾谆谆告诫子夏曰：“女为君子儒，无为小人儒。”意思是说，你们应该通过学习，成为一名君子式的儒者，而不能去做那种只看重眼前利益的小人式的儒者。在孔子看来，能够修己以安百姓的，可称为圣人；有文化知识和社会担当的，可以称为士；有志气、能够坚持个人操守的，可称为匹夫。其中，士和匹夫档次太低，圣人又境界太高，自己“不得而见之”，只有两者之间的君子，才是最理想的人格追求。

君子应该具备哪些特性？孔子曾在不同的场合有过具体的交代。

首先，君子应有高尚的品格。孔子曾说：“君子坦荡荡，小人长戚戚。”

(《论语·述而》)“君子周而不比，小人比而不周。”(《论语·为政》)“君子成人之美，不成人之恶。小人反是。”(《论语·颜渊》)君子首先要有仁德，能以仁者之心爱人，以仁者之德化物。

其次，君子有崇高的信仰。孔子曾说：“君子义以为上。”(《论语·阳货》)“君子喻于义，小人喻于利。”(《论语·里仁》)“君子不可小知而可大受也，小人不可大受而可小知也。”(《论语·卫灵公》)因此，君子在义、利之间做选择时，应义无反顾地选择义而摒弃利。君子不为利所使，因为“君子谋道不谋食”(《论语·卫灵公》)。哪怕是在不得志的穷困时刻，君子也能不忘记对义的追求，能够舍生而取义，而不会见利忘义、为利害义，这与小人的言行正好相反，因为“君子食无求饱，居无求安，敏于事、慎于言，就有道而正焉”(《论语·学而》)。

最后，君子应具有济世的情怀。孔子主张学以致用，教育诸弟子在掌握丰富的理论知识后，要及时地付诸实践，以救时弊。在《论语·子张》篇中，弟子子夏曾转述孔子的主张“仕而优则学，学而优则仕”，即从政之外尚有余力，应该致力于学习；而学习之外尚有余力，就要致力于政治。学习和从政紧密相连。在《论语·子路》篇中，孔子曾对那些只知接受理论学习而无任何行政能力的人大加批评：“诵诗三百，授之以政，不达；使于四方，不能专对。虽多，亦奚以为？”意思是说，一个人即使能够把《诗经》三百篇背得烂熟，但让他处理政务时，却一点也做不来；退而求其次，让他作外交使节出使他国，也不能充分利用所学，熟练应对周旋。这种人即使理论知识学得再多再好，又有什么用处呢？

在孔子的精心教育之下，诸弟子中不乏理论修养深厚且政治能力突出者。如外交才华突出的子贡即其中的佼佼者。

公元前483年，齐国大夫田常意欲作乱于齐，代国君而自立。但迫于齐国境内高、国、鲍、晏等氏族的阻挠，便有意发动战争以转移国内矛盾。于是，田常便以国君的名义命令高氏、国氏率领军队去攻伐鲁国。面对强齐的大军压境，鲁国根本无力抗衡，危在旦夕。为拯救鲁国，孔子将弟子们叫来商量对策。孔子说："鲁国是我们生养死葬之地，现在他濒临灭亡，你们谁能用己所学，解此危难？"子贡请命，孔子应允。子贡先到齐国，说服田常改变灭亡鲁国的计划，提议借攻鲁之名讨伐强大的吴国，以威慑其他诸侯国。然后，子贡代表齐国出使吴国，说服吴王出兵救鲁并伐齐。为确保吴王安心出兵，子贡又到越国，劝说越王示弱减兵，以打消吴王出兵的顾虑。待越王示弱、吴国放心出兵北上后，子贡又出使晋国，劝说晋君出兵防御吴人西进，并做好随时与吴人作战的准备。等完成这一系列外交活动后，子贡回到鲁国向孔子复命。没过多久，吴、齐大战于艾陵，吴国大胜。夫差便趁势出兵晋国，妄图称霸中原。双方在黄池之地大战时，越王勾践趁机出兵攻吴，包围了吴都姑苏城，并最终灭吴。越国灭吴三年后兴兵北上，争霸中原。而鲁国则因为子贡率先与越国建立了紧密的外交关系，得保安全。司马迁在《史记》中曾高度评价子贡此次的外交活动时道："子贡一出，存鲁，乱齐，破吴，强晋而霸越。子贡一使，使势相破，十年之中，五国各有变。"

另外，弟子冉求在做季氏贵族的家臣时，曾率领鲁师抵抗齐军的入侵，并在战争中身先士卒，以步兵执长矛的突击战术取得最终胜利，保全了鲁国。孔子高度称赞他的政治军事才华，说他"千室之邑，百乘之家，可使为之宰"，对他的政治能力十分认可。

可以说，孔子悉心培养弟子成才，并不是为了培养更多的理论学者，而是为了以知识为手段，提升每个人的实践能力，从而使他们可以在危难时刻大显身手，在传播道义的同时，治国安邦，护境安民。可以说，修身只是手段，最终目的是治国平天下。

三、孔子施教的历史贡献

可以说，与从政经历相比，孔子投入教育事业中的精力要更多，他在教育工作中取得的成就也更突出。在孔子去世之后，后人对孔子作为教育家的身份更为认可，对其在中国古代教育工作中的成就更为推崇。简而言之，孔子一生从事教育事业，为后世做出了重要贡献。

1. 打破了官学世守的传统，首创私人讲学，福泽后世

孔子之前，学术、教育被官府垄断，官学不下移。孔子在教学过程中，有意识地招收平民子弟，开坛授学，在历史上第一次打破了“学在官府”的官学传统，开始大量招收普通民众中的有志之士接受教育，并培养他们通过学习改变自己的出身，实现自己的人生理想。在施教的过程中，孔子还系统总结了教育子弟的实践经验，新编了教学内容，革新了教育方式，提出了很多行之有效的教育理念，从而开创了中国传统文化传承的新局面，为古代教育事业和文化传承做出了不可估量的贡献。

2. 培养了一批学养深厚、道德高尚的弟子

据《史记·仲尼弟子列传》记载，孔子一生弟子三千人，身通六艺者七十有二人，其中最有成就的有十人：“德行：颜渊，闵子骞，冉伯牛，仲弓。政事：冉有，季路。言语：宰我，子贡。文学：子游，子夏。”此即所谓“四科十哲”。此外，还有子张、曾参、子游、子思、公冶长等一大批留名青史者。他们在孔子去世之后，分散于各诸侯国内，成就高者，做了诸侯的卿相，显达于世，如子贡和子夏。子贡先后出任过鲁、卫两国的辅相，凭借杰出的外交才能和雄厚的经济实力，活跃在春秋末年的历史舞台上，晚年逝于齐。子夏离开曲阜后，曾到魏国西河一带讲学授徒，后来做了魏文侯的老师，受到了很高的政治礼遇，但子夏还是把精力主要放在学术和教育事业上面。史载子夏门人弟子众多，形成了著名的西河学派，在弘扬师说的同时，也进一步传承了孔子的教育事业，继续培养了更多德才兼备的有用人才。

除子贡、子夏外，其他诸弟子也多在各诸侯国内结交贵族士大夫，聚徒讲学，发扬孔子的学说与儒学思想。如曾参留居鲁国，收徒讲学；子张在陈国继续从事教育事业，传道授业，自成一派；澹台灭明游历楚地后，在豫章（今江西南昌）百花洲结草为堂，开办学校，收弟子三百多人，宣讲师说，从而促进了孔子思想在楚地的传播。这些散居各地的诸门人弟子在用自己的实际行动弘扬师说的同时，也注重开启民智、培养贤达，从而逐渐改变了当时整个时代的社会风气和文化传统。

3. 保存了大量的儒家经典

在具体行教过程中，为了教学的需要，孔子还先后改编、删订了《诗》《书》《礼》《乐》《易》《春秋》六部先王政典，以之作教材，教授诸门下弟子。孔子去世之后，诸弟子又以此为教材，继续教授自己的弟子，从而为后世保留了六部重要的传世经典。春秋战国时期，经孔子删订、诸弟子传播的这六部儒家经典，已经在各诸侯国内受到各学派求学者的推崇。“焚书坑儒”之后，很多典籍毁于一旦，儒家的诸经典竟因为诸弟子的广泛学习记诵和传播而得以保存。这些书后来成为后世知识分子学习早期历史文化的最经典文本。可以说，孔子在施教过程中编订的这几部典籍，无意中为后世保存了重要的文献资料，为古代文化的传承和弘扬做出了重要贡献。

综上所述，孔子在中国古代教育史上的重要贡献，怎么赞扬都不过分。他不但开启了中国古代私人教育的先河，还提出并实施了一系列先进的教育理念和教育方针，并为后世留下了一批珍贵的传世典籍。孔子无愧于“中国古代最伟大教育家”的称号和荣誉。

第二节　稷下学宫与稷下学派

从字面意思来讲，稷下学宫即稷下地区所设立的研学之所。稷是齐国国都临淄城一处城门的名称。稷下即齐都临淄城的稷门附近。战国时期，田姓齐国国君在此地设立学宫，招揽天下名士。稷下学宫后来逐渐成为闻名一时的学术文化中心，更成为战国时代百家争鸣、学术独立、精神自由的重要阵地，对中国古代学术、文化和教育的发展产生过重大影响。这所设立在稷下之地的学术中心，便是后人习称的稷下学宫。

齐国统治者之所以设立稷下学宫，不惜花费大量财力、物力，主要是为了招贤纳士，网罗天下英才，利用天下贤士的谋略智慧，为田氏贵族取代齐国政权寻找合理的理论依据，同时使各流派的学术名家为齐国的统治决策提供建议和参考，以实现自身富国强兵、争雄天下、“争天下者必先争人”的政治目的。从这个角度而言，稷下学宫的性质更像是一所咨政机构，其主要功能是咨政议政，服务于国家政事。

但稷下学宫在实际运行中的作用已远远超出了咨政议政的范围，并逐渐发展成为一处由官方举办，集政治、学术和教育为一体的综合性学术中心。作为一个专门的游学之所，稷下学宫日常的讲学活动十分兴盛，来自不同诸侯国、研习不同学术思想、拥有多种学术主张的各流派学者在此激烈辩论、互相争鸣，还会定期举办规模盛大的学术集会。在论辩之余，各学术名家还通过讲学的方式广收门徒，研究和传播学术见解，著书立说，并培养后继人才、壮大学派。不同学术流派长期集会、讲演、讨论或辩论之类的学术交流和思想交锋活动，使稷下学宫逐渐成为战国时期百家争鸣的学术中心，促进和推动了当时思想学术的发展和繁荣。

从这个意义上讲，稷下学宫的历史与成就同样值得认真总结。

一、稷下学宫发展概况

经过学者的考证，稷下学宫最初创立于齐桓公午时。齐威王、齐宣王时期，稷下学宫得到快速发展并臻于鼎盛。齐闵王、齐襄王时期，稷下学宫渐趋衰落，萧条、衰败迹象明显。待田齐最后一位国君齐王建去世、齐国灭亡之后，历经六代齐王、前后延续一百五十八年、曾经名盛一时的稷下学宫也正式退出了历史舞台。

1. 成立之初的稷下学宫

关于稷下学宫的创办者，学者之间尚有齐桓公午、齐威王、齐宣王等不同的说法，但学者大多更倾向于齐桓公午。东汉著名学者徐干在《中论·亡国》中曾明确记载道：“昔齐桓公立稷下之宫，设大夫之号，招致贤人而尊宠之。”这里的齐桓公，只能是战国时期田姓齐国的齐桓公午，而不可能是春秋时期姜姓齐国的齐桓公小白。

齐桓公午继位于公元前374年，逝世于公元前357年，在位18年。他创立稷下学宫的时间，也只能是其即位的18年间，即公元前374年至公元前357年之间。

齐桓公午在执政期间创办稷下学宫的原因主要有以下几点。

首先，也是最主要的，齐桓公午想利用稷下先生的宣传和鼓吹，为自己取代姜姓集团统治齐国寻找足够的理论支撑。齐国本是周朝开国名臣姜子牙的封地，建国几百年间，长期兴盛，春秋时期更是一度成为诸侯霸主。但到公元前386年，逐渐没落的姜姓集团最终失去政权，而被势力强盛的田氏集团取代。到齐桓公午即位之时，田氏代齐只有十余年的时间，田氏“篡位”的身份还为世人所熟知。如何从思想认识上寻找田氏集团夺权立国的合法理由，还是田氏族人比较关注的问题。因此，招纳天下贤士，制造田姓齐人合法存在的社会舆论，当是齐桓公午比较迫切需要解决的重要问题。

其次，士阶层的兴起为稷下学宫的成立提供了充足的人才资源。一方面，春秋战国时期，礼崩乐坏，官学下移，私学盛行。社会上出现了一批出身卑微但饱读诗书的“高才秀士”。他们熟知天下之事，胸怀治国安邦良策，急需寻找施展人生抱负的舞台。为此他们不惜周游列国，往来诸侯之间，推销自己的政治主张，追求荣华富贵。而另一方面，周室衰微，王命不行，诸侯势强，政在多门。新兴的权贵阶层为了争权夺利，更为了长期保住既得利益，不惜主动打破世卿世禄、官学世守的传统，广泛吸纳有识之士为己效力。因此，纷纷礼贤下士，聚财养贤，齐国贵族亦不例外。齐桓公午建立的稷下学宫，应当是当时养士之风盛行的必然产物。

最后，齐国一直有招揽人才、养士纳谏的传统。春秋时期的齐桓公在位时，为了富国强兵、争霸天下，就曾接受名臣管仲的建议，招揽天下贤士，并为之设立专门的议政场所“啧室之议”，号召并鼓励名臣士子“非上之所过”，“以正事争于君前”，为国君治国理政提供参考和咨询。为了更好地发挥“啧室之议”的功用，齐桓公还在管仲的建议下，设立专人管理此机构的有关事务，并为所来之士提供优厚的待遇，使其安心咨政。这种优待士人的创举直接促使了齐桓公霸业的形成。田氏代齐之后，为重振齐国霸业，再次称霸诸侯，仍然延续原来的养士之风，开办稷下学宫，可谓理所当然。

可惜的是，因史料记载不足，目前尚不清楚齐桓公午时期稷下学宫的具体情形，其规模大小与所纳贤士等，都不得而知。

2. 鼎盛时期的稷下学宫

公元前 357 年，齐威王继位。经过一段时间的消沉之后，齐威王接受名臣邹忌的劝谏，大力进行政治改革，整顿吏治，选贤任能，广开言路。并在其父桓公午的基础上，整顿稷下学宫，并扩大其规模，继续招纳贤才。在稷下先生的倾心辅佐下，齐威王发奋图强，使齐国渐渐走上富强之路。公元前 320 年，齐威王之子齐宣王继位后，齐国的整体实力得到进一步发展，稷下学宫也迎来了其鼎盛时期。

据文献记载，齐宣王非常重视稷下先生，“喜文学游说之士，自如邹衍、淳于髡、田骈、接予、慎到、环渊之徒七十六人，皆赐列第，为上大夫，不治而议论。是以齐稷下学士复盛，且数百千人”（《史记·田敬仲完世家》）。在诸学术流派中，齐宣王尤其重视儒学，“褒儒尊学，孟轲、淳于髡之徒，受上大夫之禄，不任职而论国事，盖齐稷下先生千有余人”（《盐铁论·论儒》）。齐宣王这种“趋士”“贵士”“好士”的性格，直接促使了稷下学宫的大发展、大繁荣。

从现有记载来看，齐威王、齐宣王时期，稷下学宫接纳的各家知名学者中，至少有孟子、淳于髡、邹子、田骈、慎子、申子、彭蒙、鲁连子、荀子等人；到齐国讲学授徒的学派，至少有道、儒、法、名、兵、农、阴阳、小说、纵横等，涉及“诸子百家”中的大部分学派，其中尤以黄老道家最为盛行；在此期间问世的学术著作，至少有《宋子》《田子》《管子》《晏子春秋》《司马法》等多部。无论是从人员数量还是典籍质量上说，都达到了前所未有的高峰。

可以说，齐威王、齐宣王对稷下学宫的发展做出了巨大贡献。他们通过提供优厚的政治礼遇、营造幽雅舒适的居住环境以及充分自由的言论环境，促使四方游士、各国学者纷至沓来。这些来自不同国家、有着不同血缘家族的学者，齐聚于稷下学宫内，围绕着天人之际、古今之变、礼法之争、王霸、义利等话题，自由辩论，相互借鉴，共同发展。

3. 衰败时期的稷下学宫

公元前 301 年，齐宣王去世之后，其子齐闵王即位。在其统治前期，齐国在齐威王、齐宣王功绩的庇荫下，国势依然强大，稷下学宫仍然非常兴盛。但齐闵王为人骄横无礼，独断专行，不恤百姓，不听谏言，甚至威胁打击直言之士。他还频频对外用兵，先后破秦、燕诸国，制楚，灭宋，穷兵黩武，使齐国国势日衰。在此情形下，稷下之士纷纷离开，稷下学宫出现了前所未有的衰落景象。《盐铁论·论儒》篇对此有形象描述："及湣（闵）王，奋二世之余烈，南举楚淮，北并巨宋，苞十二国，西摧三晋，却强秦……矜功不休，百姓不堪。诸儒谏不从，各分散。慎到、捷子亡去，田骈如薛，而孙卿适楚。内无良臣。"公元前 284 年，燕国将领乐毅以燕、秦、赵、韩、魏等五国联军攻齐，入临淄，并连下齐国七十余城。齐闵王被迫出逃，后为楚将淖齿所杀。在此乱世下，稷下学宫被迫停办。

公元前 278 年，稷下学宫停办五年之后，田单赶走燕人，复建齐国。复国之后的齐襄公为重振齐国辉煌，采取了一系列措施整顿内政，增强国力。其实行的重要措施之一，就是重建稷下学宫，重置优厚待遇，使之前流亡的稷下先生重新回来，试图恢复之前的盛况。但此时，田骈等人已经老去，只有荀卿年龄最大、资历最老。待重回稷下学宫后，荀卿便"最为老师""三为祭酒"，长期主持稷下学宫的有关事务。

有学者将齐襄王执政期间称为稷下学宫的中兴时期。但此时齐国的国力已大不如从前，社会经济受到重大打击，稷下学宫已无法恢复到之前的鼎盛面貌。

公元前 264 年，齐襄王之子齐王建即位后，年龄尚幼，母后掌权，对稷下先生的言论不以为意。且齐国境内统治不力，奸臣当道，很多稷下先生纷纷出逃，曾经"三为祭酒"的荀卿也前往楚国。稷下学宫再次出现巨大衰落。

公元前 221 年，秦国进攻齐国，齐王建听从国相后胜的建议，投降秦国，齐国灭亡，稷下学宫也随之衰亡。

通过梳理稷下学宫的发展历程可知，稷下学宫的兴衰与齐国国势的兴衰息息相关。齐桓公午本着强盛齐国、争雄诸侯的初衷创办稷下学宫，稷下学者也用自己的智慧为齐国的发展和强盛提供了源源不断的理论支持。齐威王、齐宣王时期，齐国最为强大，稷下学宫也最为兴盛；齐闵王、齐襄王时，齐国势衰，稷下学宫也走向没落；齐王建时，齐国灭亡，稷下学宫也随之衰亡。两者交相辉映，彼此联系。稷下学宫的发展兴亡史就是田齐政权自身的发展兴亡史。

二、稷下学宫的教与学

上文已指出，稷下学宫设立的初衷虽然是给统治者提供政治咨询，但在运行过程中，诸稷下学者在阐述、争辩自己理论的过程中，也广收门徒、传道授业，有些学者甚至门下弟子数千，从者甚众。学派辩论时，一呼百应，响者云集。如儒学大师孟子曾在齐国生活二十余年，史载他周游列国时，“后车数十乘，从者数百人”（《孟子·滕文公下》）。稷下先生淳于髡去世时，诸弟子三千人为其衰绖。不同门派、不同学说的师生相互讲学、讨论、切磋，共同著书立说，阐发观点。在这种传道与求学的过程中，教育的功能便得到充分体现。因此，在充分挖掘稷下学宫政治功能的同时，也应该全面总结其为古代教育事业做出的历史贡献。

虽然现有文献资料未见具体记载稷下学宫中师生教育的详细内容，但我们通过《管子》《孟子》等书，还是可以搜寻到些许痕迹的。

首先，稷下学宫中的教育方式主要以师生论辩为主。在论辩过程中，老师在系统阐发自己的学术主张时，学生可以对有不同意见或疑问的地方进行反驳和提问，然后老师会给予回答，有时双方会进行激烈的争辩。通过这种方式，师生都可得到很大提升。对此可举《孟子·公孙丑上》所载孟子与弟子公孙丑之间教学相长的情况为例。

公孙丑问曰："夫子加齐之卿相，得行道焉，虽由此霸王不异矣。如此，则动心否乎？"

孟子曰："否。我四十不动心。"

曰："若是，则夫子过孟贲远矣。"

曰："是不难，告子先我不动心。"

曰："不动心有道乎？"

在此，公孙丑与孟子对"动心"的问题进行了反复讨论。在讨论的过程中，学生可以对老师的言论有所质疑，彼此之间可以进行激烈的争论，老师要想让学生接受自己的观点，必须进行有力的反驳。据《孟子》一书可知，除了公孙丑，孟子还与离娄、万章、告子等人进行过激烈争论。这种争论、论辩，应该是当时稷下学宫中的主要教育方式。

其次，稷下学宫中的师生关系相对松散。既然以论辩为主要教学方式，当双方观点不能统一、彼此主张出现较大分歧时，学生自然可以另寻良师。这种学无常师的状态，与稷下学宫的整体氛围是相匹配的。齐威王、齐宣王、齐襄王时期，最高统治者对稷下学宫是给予充分自由的。学者可以自由往来，自由发表议论，自由进行争辩。诸学派之间没有高低贵贱之分，一律平等。统治者会充分吸收各个学派的有益观点。各学派的师生之间也一律平等，自由辩论。在此情况下，只有在历次学术争辩中表现较优异者，才可以获得更多求学者的青睐。一旦落势，追随者就可能被别的学者或别的学派吸引而去。

最后，稷下学宫为学生制订了基本的规范守则。成于稷下学者之手的《管子》一书中有《弟子职》篇。学者一般都将其看作战国时期稷下学宫为求学者所制订的行为规范。《管子·弟子职》篇着重阐述了学生在起居、侍奉、就餐、待客、洒扫、执烛等方面应注意的问题，并对学生的在校生活进行了细致入微的规定，被视为我国古代最早的校规守则。如规定学生的学习态度要"温恭自虚"，"见善从之"；学习时应该"朝益暮习，小心翼翼"；在日常生活中，应该尊师重教，出入恭敬；就餐时，应该长幼有序，"以齿相要"；

在学习过程中，要“始诵必作”，“狭坐则起”；等等。很明显，《管子·弟子职》篇表现出的教育思想，是稷下学宫当时教育学习情况的重要体现。

三、稷下学派的代表人物与学术观点

稷下学宫以来去自由、不治而议论的优势，吸引了当时诸子百家中的大多数学派纷纷前来论辩思想，阐发主张。战国时期学派中的代表性人物争先恐后地在稷下学宫这个大舞台上尽情施展风采，论辩学术，从而共同促进了当时文化的大繁荣、大发展。现将其中较有代表性的学术流派、学术名家及其主要观点，简要概述如下。其中儒家、墨家、阴阳家、兵家的详细情况已在上一章中有所论述，在此只简要介绍其他学派的情况。

1. 黄老学派

黄老学派是稷下学宫中势力最为强大的流派之一，它培植于齐，发育于齐，而昌盛于齐。[①] 田齐贵族崇尚黄帝，认黄帝为自己的直系远祖。田氏政权信奉黄老之术，故很多稷下先生也大力阐发黄老之学，渐而在齐国形成了黄老学派。

黄老学派的代表人物有慎到、田骈、环渊、接子、彭蒙等人。慎到是赵国人，齐宣王、齐闵王时活跃在稷下学宫，是黄老学派的主要创始人之一。其思想主要保留在《慎子》一书中。田骈是齐国人，是稷下先生彭蒙的学生。齐宣王时，田骈在稷下享有盛名。他著有《田子》一书，但已亡佚。环渊是楚国人，在齐宣王时期活跃于稷下学宫。《汉书·艺文志》收录有《蜎子》一书，班固认为蜎子即环渊。接子是齐国人，在齐宣王、齐闵王时期活跃于稷下学宫。《汉书·艺文志》著录《接子》两篇，应该是其所作。彭蒙是齐国人，入稷下学宫的时间较早，其言论与著作不详。

黄老学说“因阴阳之大顺，采儒墨之善，撮名法之要，与时迁移，应物变化”（《史记·太史公自序》），兼收并蓄，既讲道家的无为，又讲法家的刑

① 参见郭沫若：《十批判书》，人民出版社，1956，第134页。

名，还兼采儒、墨、名、阴阳等诸家之长，讲礼法，也讲权变。

2. 名家

名家是稷下学宫中的重要一支，在当时颇负盛名。其代表人物有尹文、兒说和田巴。尹文为齐国人，在齐宣王、齐闵王时期活跃于稷下学宫，著有《尹文子》一书，集中反映了他的思想。兒说是宋国人，以善辩著称。田巴是齐国人，活跃于齐宣王、齐闵王时期，以雄辩著称，号称“齐之辩士”。

名家主张名实相符，注重研究事物的形体和名称。名家学者认为，虽然抽象的规律无形无状，不能用具体的概念名称来称呼它，但事物有方有圆、千姿百态、形形色色，可依据其形体等命名。著名的“白马非马”之辨、“坚白”“同异”之辩，都是名家的著名辩论。

3. 纵横家

纵横家为适应战国时期列国纷争、合纵连横的局势而生。他们在各国之间奔走游说，凭借三寸不烂之舌纵横捭阖，驰骋于各国政坛。稷下学宫中最具代表性的纵横家当属齐国的淳于髡。他于齐威王、齐宣王时活跃于稷下学宫，能言善辩，“承意观色为务”。淳于髡曾劝谏齐威王勤于政务，也曾代表齐国出使他国，深得齐威王的信任。

除了儒、墨、名、法、纵横、兵、阴阳等几大学派，曾经活跃于稷下学宫的舞台且留名青史的，还有齐人颜斶和鲁仲连。颜斶曾劝谏齐宣王，并严词拒绝齐宣王给予的高官厚禄，毅然归隐山林，不慕虚荣。鲁仲连曾劝谏平原君搬兵救赵，并成功劝说燕将退兵，但功成之后很快归隐海滨，不问世事。

这些不同学派的贤能之士都曾在稷下学宫的舞台上大放异彩。他们以自己优异的表现，共同铸造了稷下学宫的成就与辉煌。

四、稷下学宫的历史贡献

稷下学宫在自己一百五十余年的发展历程中，对齐国政治、先秦学术以及中国传统文化都产生了重要而深刻的影响，值得认真总结。

1. 为齐国的强大提供了强有力的理论支持

齐国统治者设立稷下学宫的主要目的，就是为富国强兵和称雄诸侯寻求丰厚的理论滋养。从稷下学宫的发展历程来看，这种政治目的已完全实现。稷下学者的辩论、争鸣不但给齐国统治者提供了很好的决策依据，很多稷下先生如孟子、颜斶、鲁仲连、淳于髡等人，还利用各种机会劝谏齐王，为其出谋划策，甚至代表齐国出使他国，利用自己的政治才华为齐国争取利益、化解危难。

更重要的是，稷下学宫的建立既展示了齐国的强大国力，使齐国博得“好士”“贵士”的美名，还为齐国广造舆论，使齐国成为其他各国纷纷仿效的对象。如燕国的下都学馆、赵国的平原君门馆、魏国的信陵君门馆、楚国的春申君门馆、秦国的吕不韦门馆等，都是依照齐国的稷下学宫创设的。虽然规模与影响远不及齐国的稷下学宫，但在发挥士人的作用、促进文化繁荣方面起到了很大的作用。

2. 为中国轴心文明的出现提供了历史舞台

当时，诸子百家中的大多数学术流派，如儒、墨、道、法、兵、名、阴阳、纵横、黄老等，都在稷下学宫中自由辩论。他们中的代表人物慎到、田骈、尹文、孟子、荀子、淳于髡、邹衍等学术名家，都因才情出众而频频胜出，成为引领各学派发展的代表人物，更成为中国早期思想学说的创造者。

另外，不同学派在相互论辩争鸣的过程中，彼此吸收，共同融合发展。很多人为使自己的学术主张长期流传下去，开始著书立说，开宗立派，从而为后世留下一大批辉煌灿烂的文献典籍。仅《汉书·艺文志》中即列有《宋子》18 篇、《尹文子》1 篇、《慎子》42 篇、《蜎子》13 篇、《田子》25 篇、《接子》2 篇、《邹子》49 篇、《邹奭子》12 篇、《鲁仲连》14 篇，另外还有《黄帝四经》《王度记》《司马兵法》《考工记》《周礼》《六韬》《晏子春秋》《管子》《鬼谷子》《山海经》等，都是出于稷下先生之手。

这些学者和经典文献直接促使了中国历史上的轴心文明时代的来临。德国哲学家雅斯贝尔斯曾指出，公元前 800 年至公元前 300 年之间，是人类文明史上的“轴心时代”。战国时期的齐国稷下学宫为中国轴心文明的产生提供了广阔的历史舞台。当时出于稷下先生之手的这些经典文献虽然有些已经亡佚，但还是有很多成功保存了下来，而且一直保存到今天，泽惠万世。

3. 为历史大一统提供了思想支持

春秋战国时期，经过几百年的分裂割据，统一与融合的趋势已开始出现。到战国时期，虽然各国之间仍然是“诸侯异政”“士无定主”，诸学派之间百家争鸣、论年不已，但通过长期的辩论与争鸣，诸学派之间已在慢慢地互相吸纳、互相渗透，渐趋融合。诸子百家、传统文化已在大辩论、大分化中逐渐走向融合统一。

至战国末年，经过齐国稷下学宫的百家争鸣，许多学派都得到了改造和创新，逐渐形成了“你中有我，我中有你”的融合趋势，形成了一个个“大混合”的“杂家”。对此，胡适在其《中国中古思想小史》中指出，战国晚期以后，各家思想多倾向于混合。法家是一个大混合，阴阳家也是一个大混合，道家是一个更大的混合。以《管子》为例，该书直接形成于稷下先生之手，可以说是百家争鸣的结果。在《管子》诸篇中，《心术》《白心》《宙合》等篇反映的是黄老之学，《四时》《五行》《水地》等篇反映的是阴阳家思想，而《兵法》《七法》《制分》等篇反映的是兵家思想。另外，儒、法、墨、纵横等其他学派的思想在其他篇章中也有不同程度的体现。

这说明稷下学宫已经像一个大熔炉，通过争鸣辩论的方式，使本来分化明显的儒、道、墨、名、法等学派催生出许多新的思想、学说和学派。最典型的当属黄老道家和阴阳家等，他们都是战国时期稷下学宫的产物，是齐学的新产品，都具有“因阴阳之大顺，采儒墨之善，撮名法之要”的显著特征，已经杂糅各家、自成一派了。

除了学术流派，学者本身的思想也逐渐综合化。如在稷下学宫“三为祭酒”的荀子，本来是儒家学派的代表人物，但长期受到稷下学宫黄老之学的影响，他开始吸收道家的“天”“道”观念，形成了自己天道自然、天人相分、制天命而用之的自然主义天道观。荀子的天道思想与稷下学宫倡导的

"黄老之学"更相符合，而与原始儒家的主张有较大差别。这说明他的思想已因融合而发生了较大转变。

这种融合与统一既顺应了战国时期统一的历史趋势，又为进一步的统一融合提供了理论支持和思想源泉。学者已指出，秦汉时期的学术思想，很多都可追溯到先秦时期的齐国，有些则直接源于稷下学宫。如两汉时期居于统治地位的经学主要源于荀学，而荀子的思想主要形成于稷下学宫。另外，汉代初年长期奉行的黄老之学也源于齐国稷下学派。

总之，产生于战国时期齐国的稷下之学，在中国传统文化发展史上树立了一座不朽的丰碑。它用自己一百五十多年的发展历程，既系统总结了之前发达的先秦文化，又注重融合沉淀，创造出了影响后世两千五百多年的轴心文化和学术思想。

第十章 民风民俗

风俗是历代相沿成习、约定俗成的风尚、礼仪和习惯的总和，是特定社会文化区域内的人们共同遵守的行为模式和规范。因自然条件、居住地域的不同，人们在生存发展过程中逐渐养成的各种行为规范，称为“风”；由于社会文化的差异而不自觉形成的各种行为规则与礼仪，则称为“俗”。风俗作为一种社会文化传统，有极强的时代性和地域性，随着时间的推移和居住地域的变化，曾经较为流行的时尚、风俗、礼仪等会发生相应的变化，原有风俗中的很多内容会随着历史条件的变化而改变，即所谓“移风易俗”。

中国自古就有重视风俗的传统，统治者坚信“为政必先究风俗”，并一直恪守“观风俗，知得失”的祖训。历代统治者不仅要注重风俗民情，还要委派官吏考察民风民俗，并将其载于史册，以遗后世。这种历史传统便在很大程度上给后世保存了非常丰富的风俗资料。

作为先秦时期海岱地区的重要诸侯国，齐、鲁两国在几百年的历史发展过程中都形成了自己独具特色的风俗文化。《左传》《国语》《论语》等传世典籍有不少相关记录，为我们的研究提供了丰富的资料依据。

第一节 变俗革礼与因俗简礼

在详细介绍齐、鲁两国民风民俗的具体内容之前，还需要对各自的建国方针做简单交代。齐、鲁两国虽都因周王室分封而建国，但在建国之后，因为所处地理环境的不同、管辖区域内原住居民的差异，以及首位封国之君的文化背景、施政策略、治民思想等的差异，齐国和鲁国分别采用了不同的建国方针，实行了不同的治民措施，从而使各自的国家分别沿着不同的道路轨迹往前发展。久而久之，两国的文化礼仪、民风民俗也就产生了较大的差异。前几章中虽对此有所论述，但并未做系统分析，故在本节中设专题予以讨论。

一、齐、鲁两国对变革礼俗的态度

1. 姜太公的建国方针

据司马迁《史记·齐太公世家》记载，姜太公被周天子分封到齐地后，虽然身上肩负着为周王室稳定东土政局、宣扬传播周文化和周代礼乐的神圣使命，但鉴于齐地东夷旧族势力较为强大、东夷文化传统较为深厚、东夷族群的反周态度较为坚决等，为稳定政局、立稳脚跟，制定并实行了“因其俗，简其礼”的立国方针和治民政策。这里所谓的“俗”“礼”，主要指齐地固有的夷商族众旧有的文化风俗和礼仪制度。所谓的“因”“简”，指对当地旧俗做了最大程度的保留，并不要求他们完全采用周文化风俗。相反，对于那些能够沿用的东夷旧俗则继续因袭，对于那些实在不能沿用的便以周文化为依据稍做变动，去其枝蔓，简化留用。可以说，在齐国建国过程中，姜太公并未对东夷族原有的礼俗进行强制性的根本变革，亦未用强大的行政措施迫使夷族人摒弃旧有风俗而完全接受周人的文化礼俗。姜太公这一审时度势的开明措施，为其顺利落地生根减少了阻力，并使其在一定程度上取得了夷商旧族的大力支持和拥护。姜太公因此在很短的时间内便完成了建国理政的任务，稳定了东土局势。史载，姜太公到齐地五个月后，便返回周王室，报政周天子，表示建国任务已完成，从而获得王室上下的一致称赞。

2. 鲁伯禽的建国方针

与齐国不同，鲁国在对待旧有的礼仪民俗上，始终秉持彻底变革、尽量摒弃的原则，坚决采用强制手段，以新换旧，在最大程度上用周文化取而代之，从而开创了自己治内周文化礼俗占据绝对优势的新局面。

据司马迁《史记·鲁周公世家》记载，周公长子伯禽被派到鲁地成为鲁国第一任封君之后，为大力推行周文化，果断实施“变其俗，革其礼”的政策，“启以商政，疆以周索”(《左传·定公四年》)。所谓“变”“革”，即要对鲁地土著居民的旧有文化风俗进行根本的变动和革除，并在此基础上大力推行周文化的礼俗风尚，从而实现除旧布新、以新代旧的政治目的，在最大程度上推行周文化，宣扬并贯彻周文化。所谓“周索”，指周人治理土地、划分田界的方法和原则。启，开启。所谓“启以商政”，学者多认为应该是“启以周政”，即用周人的法规作为治国的根本准则。所谓“疆以周索”，即用周人的标准和原则来重新规划鲁地居民的土地和田产，用周人的换算方法重新分配田地，制定赋税、徭役标准，以推行新的治国方针和理民政策。从这些记载中可以看出，伯禽对鲁国礼俗的变革，是以推行周文化为主要政治目的的深刻变革，他对东夷民族旧有礼俗的变革是非常彻底的，对周文化的推行是不遗余力的，对鲁地居民在礼俗上以旧换新的要求是非常坚决的，对自己作为周文化在鲁地代言人的身份是坚信无疑的。

客观地讲，礼俗既然是特定区域内的居民长时间相沿成习的文化传统，在本质上并无低劣之分。东夷民族的风俗不见得都是低劣、落后的，而周文化礼俗也并不完全都是优秀、先进的。伯禽到鲁国之后采取的一系列要求东夷民族摒弃旧俗、奉行周礼的强制措施，不但会受到当地土著居民的强烈抵制和反对，还会加深东夷人民与周人的矛盾和隔阂，严重打击普通民众接受周文化的积极性。这些都给伯禽筹建鲁国政权、稳定鲁地局势增加了重重阻力，从而严重耽搁了他报政于周的时间。据司马迁记载，伯禽虽然与姜太公一起受封建国，但他直到三年之后才返回周王室，报政于周天子。周公鉴于姜太公五个月既已报政于周的现实，便质问他：“何迟也？”伯禽只能据实回奏道：“变其俗，革其礼，丧三年然后除之，故迟。”即鲁国实行“变其俗，革其礼”的治民措施，很需要时间来化解矛盾、稳定政局。

对于齐、鲁两国建国方针的这种差异性，近年出土的文物资料可提供些许佐证。通过考古学者对临淄齐故城和曲阜鲁故城的挖掘，两周时期齐、鲁文化的本来面貌开始逐渐清晰。从两大故城遗址所揭示的丧葬风俗、城市布局等来看，齐、鲁文化至春秋时期已存在较大差距。齐故城的墓葬体现出死者东向、杀人殉葬等东夷文化风俗，但鲁故城的甲组墓中则主要都是周文化因素的遗存，两者之间的差异非常明显。这些都说明司马迁关于姜太公治齐时“因其俗，简其礼”，而鲁伯禽治鲁时“变其俗，革其礼”的记载是相当可信的。

3. 齐、鲁两国建国方针不同的原因

同样是被周王室分封的诸侯国君，受封的时间几乎一致，又同样肩负着替周天子镇守东土、以藩屏周的政治任务，姜太公和周公之子伯禽分别建立齐国、鲁国之后，之所以会采取不同的施政方针，似乎还应该从姜太公和伯禽两人的文化背景、性格特点以及政治礼遇等方面寻找原因。

首先，就文化背景而言，姜太公身受东夷文化与周文化的双重熏陶，而伯禽只钟情于周文化。齐国的始封君姜太公是“东海上人”，出身于商代的东夷旧族，自幼深受东夷文化的熏陶和浸染。而且姜太公晚年时才进入周地，接受周文王的邀请，助周灭商，并正式学习周文化礼俗。在此之前的几十年中，姜太公所接触和学习的，一直都是东夷文化以及深受东夷文化影响的殷商文化。可以肯定地说，姜太公既对东夷民族的风俗习惯和文化礼仪有较深厚的情感，又对东夷文化与西周文化的优劣、缺失有较清醒的认识。因此，他在建立齐国后，便在引入周文化的同时，保留并吸收了东夷文化礼俗中的先进因素，糅合二者之长，理性治国理民。

与有丰富人生经历的姜太公不同，伯禽作为周王室子弟、周公之子、武王之侄、文王之孙，自幼生长于周王畿内，所接受和学习的、耳濡目染的，只有周人的礼制和文化风俗。生长于周部族日益壮大、上升时期的伯禽日常所看到的，是周部族不断扩张、不断壮大的强盛之象；所听到的，是周人凯歌猛进、狂呼胜利的欢庆之声；所感受到的，是周文化披荆斩棘、一往无前的开拓进取之态。在其内心深处，周文化战胜其他文化是必然的，用周文化革除、改造其他文化是无可置疑的，也是势在必行的。在这种惯性心理的支配下，伯禽在被分封到东夷民族聚居之处建立鲁国之后，会以强硬手段不遗余力地推行周文化、改革东夷旧风俗，便在情理之中了。

其次，从个人性格特点而言，姜太公更长于应变，善于因时因地制宜。现有文献虽没有关于伯禽性格的详细记载，但关于姜太公的记载比较丰富。据《史记》《吕氏春秋》等资料显示，姜太公本人喜兵法，善权变，能够因时因势转变策略以求生存。姜太公年轻时，因报国无门，难抒生平之志，便坚持为“处士，隐海滨”，以积极入世的心态守时待命，韬光养晦，以待时机。后听说周文王招贤纳士，便在迟暮之年毅然西走入周，“以渔钓奸周西伯”，为周谋士，伐商灭纣，建立了不朽功勋。姜太公这种不固守成见、善于变通的性格对其治理齐国、确立治国方针亦颇有影响。

最后，就政治礼遇而言，鲁国比齐国享有更多的政治礼遇。《左传·定公四年》记载，伯禽在被封到鲁国时，周王室曾先后给予其远超于其他诸侯国的赏赐和优待。上至礼乐制度，下及殷遗民数量，鲁国都得到最大程度的赏赐。另外，鲁国的直接受封者周公是周成王的重要辅佐大臣，是周代三公之一；伯禽的同族兄弟、周公次子君陈代表周王室管理东都洛邑的所有军政大事，其他同宗兄弟分别被分封到凡、蒋、邢、茅、胙、祭等地，与鲁国互为犄角，可起到内外相合之势。这些都为伯禽全力改革、全面推行周文化提供了强大的外部支持，即使因此而引起东夷旧族的公然反抗，伯禽也可以及时求援于诸兄弟国族，快速稳定乱局。

与鲁国相比，姜太公自被分封之日起，就时刻面临着被东夷旧族攻陷的危险。姜太公在立国之初，并没有意识到就国的危险和艰难，而是缓慢前行，且住且行，“道宿行迟”，悠然自得。一日，某客馆老板劝他道：“时难得而易失。客寝甚安，殆非就国者也。”太公感其所言，赶忙加快进度，夜衣而行，黎明至国，果然遇到东夷的莱侯来伐，与之争营丘。莱侯的这次进攻以及以莱侯为代表的东夷诸族的大力抵制，也促使姜太公不得不及时调整既定的治国方针，因俗制宜，在充分尊重东夷文化风俗的情况下，适量推行周文化，从而缓和矛盾、减少冲突，稳步发展。

很明显，姜太公和伯禽在建齐、鲁国之时，面对不同的立国局势和社会背景，分别采用了不同的治国理政方针，以实现自己立稳脚跟、顺利建国的政治目的。这种不同的方针政策也决定了两国今后不同的发展道路和历史命运。

二、礼俗变革对齐、鲁两国的影响

历史发展证明，齐、鲁两国在建国之初就已实行的这两种对待东夷部族旧有文化风俗或变革或因循的不同施政措施，经两国后世历代统治者的遵奉和沿用，逐渐成为各自长期坚守的文化传统和政治风俗，从而对两国的历史发展轨迹和文化风俗都产生了深远影响。

1. 齐国

姜太公制定的“因其俗，简其礼”的政策，经其后历代统治者的因袭继承，逐渐成为齐国一贯的理政措施。据《史记·管晏列传》等记载，春秋初期，作为春秋首位霸主的齐桓公在利用名相管仲进行改革时，仍然采取“俗之所欲，因而予之；俗之所否，因而去之”的“令顺民心”的政策。所谓“俗之所欲”“欲之所否”，说明齐国统治者在制定各种礼仪制度时的主要依据，还是普通民众已有的文化风俗和内在心理诉求。在他们看来，制定各种礼俗政策的最大目的是为了顺民心、求变革。这说明春秋时期齐桓公称霸诸侯时制定的各种政策，与姜太公当年建立齐国时的施政准则是一脉相承的。

至战国时期，虽然齐国的统治集团由姜姓宗族变为田氏宗族，但面对列国争强、纷争不断的现状，齐国诸位国君仍然秉承姜齐先辈制定的“因其俗，简其礼”“令顺民心”的施政方针，为适应社会形势和普通民众的实际需求，变革政治，吐故纳新，以实现富国强兵的目的。可以说，因俗制礼，适应变化，谋求发展，始终是齐国历代君主奉行的治国理念和施政方针。

在此治国方针的长期指导下，齐国在建国后几百余年的发展历程中，大都保持着强劲的发展势头，傲视诸国，愈益强大。早至西周中期时，齐国的第五位国君齐哀公虽然曾因违背周礼而被周天子烹杀，但他既然敢公然违背周礼，说明其自身的实力已足够强大。春秋中期前后，齐桓公任用名相管仲大力实施改革，大力冲破周礼旧制，改革土地、赋税、军事等一系列制度，首创相地而衰征、参其国伍其鄙、四民分业等诸项措施，富国强兵，称雄诸侯。到战国时期，齐威王、齐宣王又利用邹忌进行政治变革，严明法度，坚持选贤任能、赏罚分明，使齐国国力日强并最终成为可以与秦国匹敌的东方大国。这些成绩的取得与历代齐国国君不循旧制礼俗、勇于改革创新的文化传统是息息相关的。

2. 鲁国

与齐国不同，鲁国自伯禽建鲁、稳定鲁地之后，历代鲁君始终以秉承周礼、尊奉周文化为最高执政准则，而不敢有大的变更。在他们看来，任何违背周礼、破坏周文化的行为，都应该强烈反对。据《春秋》《左传》《国语》等典籍记载，自春秋中期，在齐、晋、楚、秦等诸国纷纷实施土地制度和赋税改革而强大起来之后，“室如悬磬、野无青草”的鲁国才在鲁宣公十五年（公元前594年）开始仿效各国，实行“初税亩”政策，以增加公室和国家收入。所谓“初税亩”，即改变周代固有的井田制度，取消公田、私田之别，按亩征收赋税。据学者研究，虽然“初税亩”改变了传统的土地赋税制度，对私田按亩数征收赋税，但此举并没有对周代的土地赋税制度进行根本变革，更没有彻底废除井田制。与齐国的“相地而衰征”，晋国的“作爰田”“作州兵”，楚国的“量入修赋”，郑国的“为田洫”相比，鲁国的“初税亩”是最不破坏周礼的措施。但即使这样，鲁宣公推行的“初税亩”改革却仍然受到鲁国国内臣民的一致反对，鲁地的史书更是对此举大加批判，认为这是违背周礼的大逆不道之举。如成书于鲁人左丘明之手的《左传》，即批评鲁宣公实行的“初税亩”改革是“非礼也”。其理由是：周代实行井田制度，调拨民众耕种公田，然后什一而税，是国家富强的重要保证。今“初税亩”反其道而行之，破坏公田，按亩征税，违背周礼，破坏祖制，实不可取。此外，《公羊传》还进一步指出，《春秋》之所以特意记载“初税亩”，是为了“讥”之，即责骂它。因为周礼规定“什一者，天下之中正也”。任何国君如果征税多于井田制规定的什一之制，便是“大桀小桀”，即属于像夏桀商纣一样的无道暴君。在受到强烈抵制的情况下，鲁国的“初税亩”之制无法真正顺利实行下去，只能无疾而终。终春秋之世，鲁国国力日衰，地削民少，只能在齐晋楚吴等大国的夹缝中艰难度日，并最终在战国时期，被强盛的楚国吞并。

经过简单的对比即可发现，齐姜太公和鲁伯禽在建国之初采取的简俗因礼与变俗革礼的治国方针，经历代统治者的遵奉、沿袭，已逐渐形成各自不同且相对固定的理政传统和文化风俗，从而深深影响了两国的前进轨迹和发展方向。早在西周初年，齐、鲁分封的初期，姜太公五月报政于周、伯禽三年报政于周后，颇具政治眼光的周公即已敏锐地预感到，多年以后，齐国必将强大，鲁国必将衰弱：“鲁后世其北面事齐矣！”因为周公明白，“夫政不简不易，民不有近；平易近民，民必归之”。意思是说，一国的政令如果不简约易行，就不会得到民众的亲近与支持；政令只有平和易行，百姓才会诚心归附。伯禽的变俗革礼行为强迫民众改变传统，强迫民众不得不接受一种完全陌生的周代文化礼俗，不但会激起民众的反感，还会使鲁国文化因过于单一整齐而缺乏活力、无法创新，以致作茧自缚，难于久保活力。后来的事实证明，周公当时的预感完全正确。

可以说，姜太公和鲁伯禽在最初建立齐国、鲁国之时，对东夷民族和东夷文化采取的完全不同的治理方针深深影响了两国之后的发展轨迹，并对两国的文化风俗、礼仪制度等产生了非常深远的影响。接下来，我们就从婚姻风俗、丧葬礼俗、饮食文化等三个方面，予以简单介绍。

第二节　婚姻风俗

婚姻是人类繁衍自身的基本保障，更是社会发展的重要基础。《易经·序卦传》云："有天地然后有万物，有万物然后有男女，有男女然后有夫妇，有夫妇然后有父子，有父子然后有君臣。"《礼记·哀公问》云："天地不合，万物不生。大昏，万世之嗣也。"人类为了自身的发展，不断从礼仪、程序、制度、权责等方面对婚姻行为进行调整、规范和引导，从而逐渐形成了内容丰富的婚姻风俗。在人类社会发展的不同历史阶段，婚姻风俗的表现形式也千差万别。在儒家文化尚没有成为社会主流思想的先秦时期，尤其是诸子百家争鸣的春秋战国时期，不同诸侯国内的婚姻风俗，无论是在婚姻礼仪方面，还是在婚姻制度方面，甚至在婚姻禁忌等方面，都存在着较大的差异。齐、鲁两国的婚姻风俗亦是如此。

一、婚姻礼仪

《仪礼·士昏礼》是儒家学者对夏商周三代以来所形成的婚礼仪式的总结和概括。从所载内容可知，当时比较常用的婚姻程序主要包括六步，俗称"婚姻六礼"：

其一，纳采，男方到女方家提亲，得到允许后，男方正式求婚。

其二，问名，男方遣人上门询问女方的姓名和生辰。

其三，纳吉，男方送礼物，订婚。

其四，纳征，又称纳币，男方下聘礼，双方确定婚姻关系。

其五，请期，双方择定婚礼日期。

其六，亲迎，男子上门迎接女子过门。

在这六礼中，比较常见的是纳征和亲迎之礼。公元前 625 年，鲁文公在迎娶齐女出姜之前，鲁国大夫公子遂到齐国行纳币之礼。公元前 540 年，晋平公欲迎娶齐女少姜，晋卿韩宣子“如齐纳币”。公元前 583 年，宋共公在迎娶鲁成公之妹时，特派大夫公孙寿来鲁纳币。这些举动都符合礼制规定。因为据周礼，一国之君在娶亲时，应该由本国卿大夫代为行纳币之礼，不必亲往。公子遂代国君纳币的行为是符合礼制规定的。但公元前 670 年，鲁庄公为迎娶齐女哀姜，亲自到齐国行纳币之礼。《公羊传》《谷梁传》都讥讽其举动为典型的“非礼”行为。鲁庄公这种不顾周礼之制和国君之威的行为，在当时是非常少见的。

亲迎之礼亦是如此。国君娶亲时，不亲迎，由卿大夫代为迎接。公元前 721 年，纪国大夫纪裂繻来鲁逆女，《左传》明确交代“卿为君逆也”。公元前709年，鲁桓公迎娶齐女文姜时，曾派公子翚“如齐逆女”。公元前540年，晋平公娶齐女少姜时，晋大夫韩须“如齐逆女”。

除为国君迎亲外，贵族大夫为自己亲迎的例子也时有所见。公元前 667 年，莒国大夫莒庆来鲁，为自己迎娶鲁庄公之女叔姬。公元前 604 年，齐国大夫高固来鲁，为自己迎娶鲁女叔姬，《左传》称此举是“自为也”，“卿自逆也”。

除六礼外，在双方确定婚姻关系之前，一般还需要占卜以预测吉凶。在齐国大夫陈完奔齐之前，陈大夫懿仲欲嫁女于他时，首先占筮以卜吉凶。《国语·鲁语下》记载，鲁国大夫公父文伯之母想给文伯娶妻时，先宴请宗老，然后“请守龟卜室之族”进行占卜。这说明婚前占卜是当时婚姻礼仪的重要一环。

据文献记载，齐、鲁婚姻礼俗中似乎还有“反马”的环节。公元前 604 年，齐高固在九月迎娶了鲁女叔姬为妻后，同年冬天又同叔姬一起来鲁国，《左传》称此举是“反马也”。反，即返。反马，指夫家派人专程送还新妇出嫁时所乘之马车，以示夫妇感情很好。古人在嫁女时，娘家人将女子送到夫家之后，送亲的马车并不及时返回，而是有意留在男方家一段时间。在此期间，如果男方嫌弃女子失德，有意退婚，女子便可乘坐此车一起返回。待三月期满，男女关系和睦，男方无悔婚之意，夫家再将马车送回。反马的行为是夫妇双方感情稳定、婚姻长久的重要标志。很明显，这种反马之礼主要是夫家派遣人将妨所留之马车送回，而不需要夫妻双方亲自送回。高固此次与叔姬共同返回鲁国，与后世的反马之礼还有很大的不同。而且，先秦文献中关于“反马”的记载仅此一例，尚缺少更多资料的佐证。

与礼仪程序相伴随的是，古代婚姻习俗中还有很多禁忌，不能轻易触犯，否则便会受到时人的非议和指责。在齐、鲁两国婚俗文化中，还有这样几项原则要遵守。

1. 父母之命，媒妁之言

许慎在《说文解字》中已明确指出：“媒，谋也，谋合二姓。”“妁，酌也，斟酌二姓也。”在确立婚姻关系的过程中，媒、妁的作用非常重要。男女双方如果没有父母之命、媒妁之言，按礼俗是不能够私自见面并结婚的。齐、鲁两国婚俗在这一点上几乎没有差别。

《诗经》中的国风部分基本上是西周初至春秋时期各诸侯国的民间诗歌，是对各国民风民情的凝练和总结。从诗文内容来看，《诗经·齐风》基本上反映了齐国的民风与文化，而《诗经·豳风》则基本上反映了鲁国的民风与文化。《诗经·齐风·南山》称：“取妻如之何？必告父母。……取妻如之何？匪媒不得。”《诗经·豳风·伐柯》称：“伐柯如何？匪斧不克。取妻如何？匪媒不得。”这说明齐、鲁两国人民都非常看重父母媒妁在婚姻中的作用。

对于没有经过媒妁之言便结成婚姻的人，齐、鲁两国之人都表现出强烈的反对和蔑视。《管子·形势解》曾指出：“妇人之求夫家也，必用媒，而后家事成……求夫家而不用媒，则丑耻而人不信也。故曰：自媒之女，丑而不信。”“丑”主要指行为不光彩。“信”主要指人品可靠。“丑而不信”，是说女子没有经过媒聘之礼而自择婚姻，其行为是可耻的，其道德是低下的。另据《左传·成公十一年》记载，鲁国大夫子叔声伯的母亲“不聘”，即没有举行正式的媒聘之礼，所以鲁宣公的夫人穆姜很坚决地强调：“吾不以妾为姒。”姒指妯娌，杜预注曰：“昆弟之妻，相谓为姒。”从世系上讲，子叔声伯为鲁文公的孙子，穆姜为鲁宣公的夫人，子叔声伯的母亲与穆姜本是不折不扣的妯娌关系，但就因为声伯之母没有举行媒聘之礼，故穆姜不认可与她的亲属关系。从齐、鲁两国人都对不媒而婚行为表现出如此一致的抵制态度来看，父母之命、媒妁之言在当时是婚姻风俗中要坚持的重要原则。

直到战国后期时，虽然周礼已基本上崩坏殆尽，但讲究媒妁之言的风俗仍然存在于齐鲁文化中。公元前 284 年，燕国攻破齐都临淄后，齐国太子法章逃亡到莒国，改名换姓后在莒城太史敫家做佣人时，获得太史敫之女的青睐，并与之私订终身。后在莒城百姓与齐国流亡大臣的拥立下，法章继任国君之位，并立太史敫之女为王后。但太史敫一直都拒绝接受这门婚姻，并发誓终生不与其女相见，因为他认为："女无谋而嫁，非吾种也，污吾世也。"

2. 同姓不婚

许慎《说文解字》云："姓，人所生也。"刘恕《资治通鉴外纪》云："姓者，统其祖考之所自出；氏者，别其子孙之所自分。"所以姓最初主要指族姓，代表的是有共同血缘、宗族关系的种族称号，指的是个人所在的整个氏族部落的称号，而非个人或个别家庭的称号。我们今天所说的姓在当时主要指氏，姓、氏有别。

所谓同姓不婚，是说同一族姓、来自同一血缘宗族的男女不能通婚。哪怕彼此之间的血缘关系已非常疏远，又相隔较远的距离，也不被允许。同姓之间之所以不能结婚，是因为古人已非常明确地认识到："男女同姓，其生不蕃。"（《左传·僖公二十三年》）而且异姓之间结婚还可以加强彼此的联系，以结成坚固的政治同盟，所谓"取于异姓，所以附远厚别也"（《礼记·效特牲》），"取妻不取同姓，以厚别也"（《礼记·坊记》）。所以《左传·昭公元年》非常明确地指出"男女辨姓，礼之大司也"。在选择婚配对象时，如果不知道对方的姓氏，应该"卜之"，问诸鬼神后再做定夺。

从现有资料来看，先秦时期鲁国的 33 位国君中，除鲁昭公曾娶同为姬姓的吴国女子外，其他国君娶的都是异姓女子。而 32 位姜姓齐国国君中，则无一娶同姓女子者。另外，两国公室女子所出嫁之国，尚没有一例为同姓诸侯国。这说明齐、鲁两国在选择婚姻对象时，基本上都在严格遵守“同姓不婚”的礼俗规则。

对于那些违反“同姓不婚”原则者，时人大都给以强烈的指责。公元前548年，庆封执掌齐国之政时，因见已故棠公之妻棠姜貌美，欲娶之。其御者偃武子便以“男女辨姓”为由及时劝阻，接着大夫陈文子又以占筮结果不吉为据再次反对。公元前545年，齐国执政庆舍将女儿嫁于同姓贵族卢蒲氏，庆氏的门人便质问道：“男女辨姓，子不辟宗，何也？”鲁昭公因得罪执政季氏，长年流亡在外，为了借助吴国的势力重返鲁国，便不顾同姓不婚的礼制，毅然娶了吴国公室之女为夫人，这一公然违反“男女辨姓”礼制的举动受到了时人的大力指责。孔子周游列国时，陈国的司寇还以“昭公知礼乎”有意刁难孔子、羞辱鲁国。吴孟子去世后，鲁人故意不以君夫人之礼葬之，以表达自己的反对态度。

二、婚姻制度

在人类历史发展的不同阶段，曾出现乱婚、血缘群婚、族外群婚、对偶婚和一夫一妻制等几个婚姻形态。到春秋战国时期，已基本确定一夫一妻制为最基本的婚姻形式，如春秋时期鲁国的十余位国君中，每人一般只有一位国君夫人。只有当现任夫人去世后，才会续娶。如鲁惠公在元配夫人孟子去世之后，又正式册立桓公之母仲子为夫人。仲子是在鲁隐公的元配孟子去世之后，才正式嫁入鲁国的。《孟子·离娄下》还记载齐国士大夫中多有“一妻一妾而处室者”，说明齐国也盛行一夫一妻制。鲁庄公在位二十四年后才正式娶齐哀姜为夫人，说明在此之前已有夫人，哀姜是在元配去世之后才嫁入鲁国的。典籍对此现象的记载比比皆是，不胜枚举。

除一夫一妻多妾制之外，还有一些其他婚姻制度，值得简单提及。

1. 媵婚制

媵婚是一种流行于西周春秋贵族阶层的特殊婚制。所谓媵婚，实际上是一种陪送婚制。《尔雅》：“媵，将送也。”《释名·释亲属》：“侄娣曰媵。媵，承也，承事嫡也。”古代嫡女在出嫁时，往往有很多女子陪同嫡女一起出嫁。《公羊传·庄公十九年》载：“媵者何？诸侯娶一国，则二国往媵之，以侄娣从。侄者何？兄之子也。娣者何？弟也。诸侯一聘九女，诸侯不再娶。”意思是说，一国的诸侯娶另一国的女子为妻室时，嫁女方还必须安排两个同姓国派送女子和男子陪嫁，陪嫁的女子称为娣，而陪嫁的男子称为侄。诸侯一次可以娶妻和媵娣九人。从《左传》所载可知，齐、鲁两国都有媵婚制的事例。

春秋伊始，宋国嫁女给鲁惠公时，长女孟子是嫡夫人，而鲁隐公母亲的声子为媵女，一同嫁于鲁。公元前670年，齐女哀姜嫁予鲁庄公为夫人时，其妹叔姜陪嫁于鲁。鲁昭公的母亲齐归，亦是当时陪其长姐敬归同嫁于鲁襄公的。

齐国的情况亦是如此。史载齐桓公除了王姬、徐姬、蔡姬三位夫人，还有“如夫人者六人”：长卫姬，少卫姬，郑姬，葛嬴，密姬，宋华子。其中长卫姬、少卫姬明显属于姊妹媵嫁。郑姬和密姬同姓，其中一位的婚嫁应是媵婚的结果。公元前554年，齐灵公娶鲁颜懿姬时，陪嫁的人中就有颜懿姬的侄女声姬。

国君之外，两国卿大夫之间也互为媵婚。据《左传·文公七年》记载，鲁大夫穆伯娶于莒时，莒国在嫁嫡女戴己的同时，又陪嫁了其娣声己。公元前550年，鲁大夫臧宣叔娶于铸国时，铸国长女先出嫁，后其侄女又嫁鲁。公元前583年，鲁国嫁女于宋华元时，卫、晋、齐三国都曾遣女陪嫁。公元前550年，晋吴联姻时，齐使归父送媵妾至晋。

汉杜预认为媵婚制的目的是“骨肉至亲所以息阴讼”。媵婚制虽然造成了妻妾间名分上的尊卑，加剧了妻妾之间的“阴讼”，但媵婚制以同姓妾随嫁同姓妻，可以在一定程度上用血缘亲情来化解尊卑差异所带来的利害冲突。

2. 烝报婚

烝报婚是中国早期婚俗的一种。“烝”即妻其后母，指父亲去世后，儿子可以与生母之外的父亲的其他妻妾结为婚姻。“报”指兄、叔死后，弟娶寡嫂、侄娶婶母的一种婚姻形式。烝报婚曾经是符合上层社会道德规范的制度与习俗。

但这种烝报婚与周代婚礼之制有较大冲突。故烝报婚主要盛行于齐国，鲁国几乎不存在这种婚姻形式。

据《左传·闵公二年》记载，卫惠公即位后，齐人便要求其庶兄昭伯“烝于宣姜。不可，强之。生齐子、戴公、文公、宋桓夫人、许穆夫人”。宣姜为齐国贵族之女，嫁于卫宣公为夫人。卫宣公去世后，齐国便逼迫宣公的庶子昭伯收娶宣姜为妻，昭伯不从，齐人强之。结果昭伯与宣姜结合后，相继生了两位国君和两位国君夫人。在成公十七年（公元前 574 年）时，“齐庆克通于声孟子”。庆克是桓公之子公子无亏的儿子，声孟子是桓公之孙、惠公之子顷公的夫人，二人为同祖叔嫂关系。他们的结合明显属于烝报婚。另据《淮南子 · 氾论训》记载，齐人孟卯“妻其嫂”，并生有五子。

这些反复出现的案例说明齐国人对烝报婚是非常认可的。据现有文献资料可知，烝报婚曾在早期东夷民族中较为流行。据《楚辞 · 天问》记载，屈原曾对夏代的一段历史非常不理解，故对天发问：“惟浇在户，何求于嫂……女歧缝裳，而馆同爰止？”意思是说，夏代时期的浇是寒浞之子，女歧是浇的嫂子，为什么浇在其兄死后，竟可以与寡嫂女歧同居呢？现在看来，浇与女歧的结合属于典型的烝报婚。屈原对此心存疑问，说明当时的楚国已没有这种婚俗。齐国境内之所以仍然存在这种风俗，很可能是因为其继承了东夷民族的旧俗。

著名史学家顾颉刚先生在《由“烝”“报”等婚姻方式看社会制度的变迁》一文中考证，“烝”“报”从父系氏族社会到奴隶社会都是一种合法的婚制。当时的妇女也是氏族或宗族的一笔财产，时人用烝报婚的方式，可以保证本宗族内的财产不会流失。谢维扬先生在《周代家庭形态》一书中，利用大量的文献资料，力证烝报婚在春秋时期是一种合法的婚姻形式。虽然用今天的眼光已很难理解这种婚姻制度，但如果把其放在特定的历史发展过程中考察，则有相当的合理性。

三、政治联姻

对于贵族阶层而言，婚姻是一种非常重要的结交外族、寻求同盟的政治工具，故政治联姻自古以来就非常盛行。时人对此有非常清晰的认识。据《国语·鲁语上》记载，鲁国重卿臧文仲曾强调："夫为四邻之援，结诸侯之信，重之以婚姻，申之以盟誓。"这说明诸侯国以通婚的方式结成同盟关系，国与国、族与族以血缘亲情关系为纽带，彼此结成"甥舅"关系，有外敌时相互支援，有灾难时相互帮助，最终达到合作共赢的政治目的。

自西周开始，诸侯国之间最重要的政治婚姻便是姬、姜两族的联姻。自古公亶父迁居周原开始，姬、姜两大部族便长期联姻，彼此结成稳固的政治同盟，从而确保了周王室的长期稳定。周初封邦建国之后，所分封的姬、姜诸侯国也都继续延续这种政治传统，互通婚姻，彼此结盟。作为周王室同时分封于东土境内的两大侯国——姬姓的鲁国和姜姓的齐国也就自然而然把彼此作为政治联姻的重要对象。鲁与齐世为婚姻，鲁公屡娶齐女；齐与鲁为舅甥之国，遣使通好，彼此交流。

据现有传世文献记载可知，春秋时期鲁国国君夫人出自齐国的有六人：

鲁桓公夫人文姜，公元前 709 年嫁鲁，生鲁庄公、季友。

鲁庄公夫人哀姜，公元前 670 年嫁鲁，其妹叔姜陪嫁。哀姜无子，叔姜生鲁闵公。

鲁僖公夫人声姜，嫁鲁时间与子嗣不详。

鲁文公夫人出姜，公元前 623 年嫁鲁。

鲁宣公夫人穆姜，公元前 608 年嫁鲁，生子鲁成公、女宋伯姬。

鲁成公夫人齐姜，公元前 577 年嫁鲁。

而齐国十五位国君中，至少有五位国君娶于鲁：

齐僖公夫人，名字不详，公子纠之母。

齐昭公夫人叔姬，《左传·文公十四年》载："子叔姬妃齐昭公，生舍。"

齐灵公夫人颜懿姬，《左传·襄公十九年》载："齐侯娶于鲁，曰颜懿姬，无子。其侄鬷声姬生光，以为大子。”说明颜懿姬嫁于齐国时，还有侄娣媵之。此外，齐灵公还娶了鲁叔孙侨如的女儿，《左传·襄公二十五年》载：“叔孙宣伯之在齐也，叔孙还纳其女于灵公。嬖，生景公。”至此，齐灵公至少从鲁国娶有三位妃子。

齐景公夫人重，《左传·昭公二十七年》载：“子仲之子曰重，为齐侯夫人。”汉杜预注：“子仲，鲁公子慭也。”

齐悼公夫人季姬，《左传·哀公八年》载：“齐悼公之来也，季康子以其妹妻之，即位而逆之。”

在国君公室的带动之下，齐、鲁两国贵族之间也多有联姻行为：公元前604年，鲁宣公五年时，鲁叔姬嫁于齐高固；公元前580年，鲁成公十一年时，鲁声伯之母嫁于齐管于奚；公元前538年，鲁昭公四年时，鲁叔孙豹娶齐国氏之女国姜；公元前517年，鲁昭公二十五年时，鲁季公鸟娶妻于齐鲍文子。

除彼此互通婚姻外，齐、鲁两国还与其他各国频繁进行各种形式的政治婚姻，据《左传·哀公二十四年》载，鲁国宗人在回顾鲁国公室的联姻对象时，曾总结道：“周公及武公娶于薛，孝惠娶于商，自桓以下娶于齐。”说明与鲁国联姻的友邦是在不停变化的。通过现存资料考证，齐、鲁两国的联姻对象主要有：

齐国：周王室、虢国、曹国、卫国、徐国、蔡国、郑国、葛国、密国、宋国、燕国、杞国、胡国、秦国、楚国、邾国、晋国、铸国、郜国，畿内井氏、陈田氏、晋荀氏、郑罕氏，等等。

鲁国：薛国、邾国、宋国、陈国、楚国、吴国、莒国、陈国、鄫国、郯国、杞国、须句国、牟国、铸国、胡国，畿内的尹氏、晋国郤氏，等等。①

可以说，为实现争霸图存、富国强兵的目的，两周时期的齐、鲁两国都频繁地与周边各国进行各种形式的政治联姻，并且都严格遵循传统礼俗的规

① 参见刘丽：《两周时期诸侯国婚姻关系研究》，上海古籍出版社，2019，第25～90页。

定，选择异姓国族为政治联姻的主要对象。

四、齐、鲁婚姻风俗的差异

通过以上分析可知，齐、鲁两国的婚姻风俗在婚姻礼仪、婚姻制度以及政治婚姻方面都表现出较大程度的相通性，但彼此之间也存在着很大差异。具体说来，主要有以下几点。

1. 鲁国严守周礼，强调男女之别

以恪守和延续周礼著称的鲁国人在婚姻风俗中也时刻强调周文化的指导和规范作用。在周礼严格等级秩序的要求下，鲁人在婚姻风俗中非常重视“男女有别”与“夫妻之别”。公元前670年，齐哀姜嫁入鲁国，鲁庄公让国内同宗的贵族夫人聘见时，要用玉帛作为见面礼。由于周礼规定玉帛是士大夫相见时所持之礼物，女子相见时只能用榛子、枣等小礼物，所以鲁国上下对鲁庄公的要求一致反对，大夫御孙便一再强调：“男女之别，国之大节也。而由夫人乱之，无乃不可乎？”

在这种“男女有别”思想的引导下，鲁国非常注重对女子妇功、妇德的教育。这点可从儒家文献《礼记》中得到详细体现。《礼记·内则》篇详细描述了女子在成长过程中应该学习掌握的各种礼节和行为规范。其中规定，女孩子在七岁之前的受教育过程中，能和男孩在一起受教育，但学习的内容各不相同。等到七岁之后，便要“男女不同席，不共食”。女子的学习内容、活动场所都有严格的限制。十岁之后，女子就不能外出，只能在保姆指导下学习“执麻枲，治丝茧，织纴组紃，学女事，以共衣服，观于祭祀，纳酒浆笾豆菹醢，礼相助奠”等妇功。十五岁之后，就要准备嫁人，在出嫁之前，要做到男女不杂坐、男不方内、女不言外。

在周礼的严格要求、鲁文化的长期熏陶之下，鲁国女子在婚姻中时刻表现出尚文、重礼、守道、尊德等高贵品质。最典型的当属鲁大夫公父穆伯的夫人敬姜。在丈夫去世之后，敬姜独自抚养儿子公父文伯，并且时刻严守妇德，匡子过失，以礼持家，从而受到孔子的高度称赞。一日，敬姜到季孙氏家时，正遇到季康子在朝议公事。季康子向其请安，敬姜不应而入；季康子一直跟到居室门外，她还是不应声就进去了。于是，季康子便离开朝堂专程请教道："我没听到您的教诲，是不是得罪了您？"敬姜告诉他，外朝是贵族辅佐国君完成职事的地方，内朝是处理家族事务的地方，女子在这两个地方都不能说话。其子公父文伯去世之后，敬姜一声不哭。季孙氏问其原因，她说其子"德音无良"：虽曾师从孔子，但孔子周游列国时，公父文伯不送孔子出郊，又舍不得拿家内珍宝相送；公父文伯病重时，没有士为之卖命，去世后，不但没有士大夫为之悲伤，却有十余位爱妾为之哀号痛哭，说明他平时是个"不足于士，而有余于妇人"的无德之人，所以深以为耻，故不为之流泪。敬姜的举动赢得了时人的广泛赞誉。孔子更是多次赞扬她，称其为慈母。

除敬姜外，鲁宣公的女儿伯姬也值得提及。伯姬在嫁给宋共公为夫人后，丈夫不久即去世，自己寡居几十年，执意守节，誓不改嫁。公元前 543 年，宋国宫内发生大火，别人劝其躲避，她坚持"妇人之义，傅母不在，宵不下堂"，最后竟被活活烧死。

这些鲁国女子在婚姻过程中知礼、明礼、守礼的言行，在很大程度上体现了鲁国对女子的德礼教育是非常严格的。这与后世儒家文化对女子德行的教育和引导在一定程度上是一脉相承的。

2. 齐人自由洒脱，强调解放天性

与鲁人不同，齐人在接受周礼影响的同时，还在很大程度上因袭和延续了齐地东夷部族的固有婚姻礼俗，从而使齐国人尤其是齐国女子在婚姻中展现出较大的灵活性和自由度。

在齐国，谈情说爱、自由择偶之风远盛于鲁国。《东方之日》是《诗经·齐风》的一篇。全诗共两章，每章五句，形象描写了一位皎洁如日月的美丽姑娘多次主动会见情郎时的情形。这是一首描写男女幽会的诗，反映了齐国女子对情爱的大胆追求。

这种现象在齐国史料中并不鲜见。公元前 531 年，鲁大夫孟僖子与郳庄公会盟时，齐地泉丘的一位女子因钟情于孟僖子，便与其邻女一起奔之，并与孟僖子盟于清丘之社："有子，无相弃也。"后来，该女子为孟僖子生下孟懿子和南宫敬叔。战国时期，齐宣王即位之初，日日歌舞，夜夜欢声，遂使朝政荒废。在诸臣进谏无效时，齐地无盐邑（今山东东平县）的女子钟离春冒死请见，大胆陈述齐国的四个危机，为齐宣王所采纳，从而使齐国大治，而钟离春亦被立为王后并给后世留下了"自荐枕席"的成语典故。另外，司马迁在《史记·管晏列传》中还提到，春秋晚期名相晏子御者的妻子看见她的丈夫替晏婴驾车时，神气十足，扬扬得意。待其回到家后，该女子便要求离婚，并说："晏子身居宰相之位，名声扬于各国，尚且深沉稳健，常带甘居人下的姿态。你不过是其车夫，却神态傲慢，扬扬自得，因此要和你离婚。"此举迫使其丈夫以后也谦虚恭谨起来。

据《墨子·明鬼下》记载，齐国还有专供青年男女自由交往的神圣之所——"社稷"，所谓"燕之有祖，当齐之社稷，宋之有桑林，楚之有云梦也，此男女之所属而观也"。所谓男女所属而观，指青年男女可以自由交往、互相表达情意的地方。从《墨子》一书的记载中可知，齐国的社稷，在燕国叫祖，在宋国叫桑林，说明男女自由交流的这种行为在春秋时期尚广泛存在于不少诸侯国中。但鲁国由于恪守礼制，强调男女大防，并没有这种文化场所。

在这种自由婚俗的影响下，齐国女子大多表现出率性洒脱、敢爱敢恨、敢作敢当的性格特点，她们在很多政治场合中的表现可圈可点，丝毫不输于男子。在春秋战国的政治舞台上，亦时常能看到齐国女子挥洒智慧、为国谋划、指点江山的靓丽身影。如鲁桓公的夫人文姜，在鲁桓公去世后，虽然背负着"淫兄杀夫"的骂名，但依然多次利用自己的政治智慧周旋于齐、鲁之间，化解两国恩怨，缓解两国矛盾，并多次为鲁国争取利益。鲁僖公的夫人声姜曾于公元前 649 年亲自到阳谷会见齐桓公，并用智慧化解了齐桓公继续囚禁鲁僖公的意图，将鲁僖公成功救出，还在最大程度上化解了两国的矛盾。当年晋公子重耳流亡齐国时，齐桓公把姜氏嫁给了他，姜氏认为重耳过度安于现状且不思进取，便与其随从密谋，用酒将其灌醉后，强行把重耳运出齐国，从而促成了晋文公的霸业，等等。

综上可知，齐、鲁两国的婚姻风俗都是在继承周礼的基础上发展而来的，有较大的相通性，但因为受文化传统和建国方针的影响，还是在很多方面表现出较大的差异性。秦汉以后，虽然齐、鲁均亡，王朝一统，但齐、鲁两国在几百年的时间内形成的各具地方特色的婚姻风俗，却在齐、鲁故地继续存在，并一直延续至今。

还需要特别指出的是，这里对齐、鲁婚姻礼俗的论述，主要集中在社会上层贵族之间。至于当时普通民众的婚姻状况，因史料记载过于零散，且内容颇少，故不能进行具体论述。相信随着现代考古工作的发展，我们能够获得更多有关齐、鲁普通民众婚姻状况的宝贵资料，从而能够加强对此学术问题的研究和阐释。

第三节　丧葬礼俗

丧葬之礼属于《周礼》所划分的“吉、凶、军、宾、嘉”五礼中的“凶礼”，是中国古代传统礼制的重要组成部分。其中丧礼指哀悼死者的礼仪，葬礼指处置死者遗体的礼仪。从时间上来看，丧葬礼俗最早可追溯到旧石器时代中期。在此之前，人类尚无灵魂观念，经常“不葬其亲”“其亲死则举而委之于壑”（《孟子・滕文公上》），也就无所谓丧葬之礼。大约从旧石器中期开始，人类逐渐相信人死之后有灵魂存在，还要到另一个世界继续生存。从此之后，他们开始事死如事生，赋予了丧葬文化很多社会意义。他们逐渐自个体生命结束之时起，便从殡殓死者、举办丧事、居丧祭奠以及哀悼纪念等方面规定了很多内容丰富、程序烦琐的礼节仪式，需要死者的族人、姻亲及邻里遵奉。

现存传世典籍详细记载了古代的丧葬礼俗。中国儒家文化尤其重视丧礼，仅《仪礼》一书中关于丧礼内容的记载几乎占据了全书的一半篇幅，《礼记》

中也有大量有关论述古代丧葬礼节的篇章。学者据此考证，中国古代的丧葬礼俗至少包括报丧、吊唁、入殓、丧服、下葬、居丧等30余道程序，每一项都有详细规定，需要认真对待。可以说，在人生的各项礼仪中，丧葬礼仪是内容最复杂、内涵最丰富的。

齐鲁地区的丧葬礼俗是中国古代丧葬文化发展的一个重要缩影。尤其是春秋战国时期，随着周王室势衰，周礼崩坏，齐、鲁诸国开始结合自己的地域特征、文化传统等，分别形成了颇具自身特色的丧葬文化，值得认真总结。

从总体上看，齐、鲁两国的居民都非常重视自己死后的丧葬礼仪，事死如事生。而且，同作为周王室分封在东土的大国，齐、鲁两国的丧葬之礼都脱胎于周王室的丧葬礼仪，两国的原住民又都是东夷旧族，故两国的丧葬之礼理应有相当程度的一致性。但由于两国所处地理位置不同，加上齐姜太公与鲁伯禽在建国之初对周礼和夷礼采取了不同的处理方式，所以两国的丧葬礼俗在很多方面表现出较大的差异。现根据有关资料，分别予以介绍。

一、文献记载中的齐鲁丧葬礼俗

周代的丧葬礼俗有严格的等级性，到春秋战国时期，虽然礼崩乐坏，但齐、鲁两国仍然对周礼进行了相当程度的保留。《仪礼·士丧礼》《礼记·杂记》《礼记·丧大记》《礼记·檀弓》等篇对此多有记载。

1. 诸侯国君的丧葬礼俗

据周礼规定，诸侯国君去世后，要上报周天子，还要讣告同盟诸侯，并告之具体的去世时间。天子、同盟诸侯得到讣告后，要派遣使者前来治丧。齐、鲁两国都没有废弃这项规定。公元前633年，齐孝公卒，讣告于鲁。虽然齐国在前一年曾两次率兵伐鲁，且侵占鲁国的西鄙、北鄙，但鲁国仍然遵守周礼的规定，摒弃前嫌，毅然派遣使者前往送葬，以尽同盟之义。公元前581年，晋景公卒。鉴于晋为诸侯盟主，鲁成公便亲自前去送葬，以示哀悼。

安葬国君时，太子或继任者应该以丧主的身份主持葬礼，以显示自己作为合法继承人的身份。公元前722年，鲁隐公鉴于其父鲁惠公去世后有外敌压境，于葬礼上有缺，故于当年十月庚申之日按照国君之礼重新安葬鲁惠公。但当时的鲁隐公只是摄政，不具有国君的身份，故在改葬过程中，鲁隐公不敢以丧主自居，不敢哭于宗庙。

国君应该死于自己的正室，即路寝之中，要尽量避免死于异乡异人之手。鲁国的庄公、宣公、成公、定公都是在路寝去世的，符合礼制规定。但鲁僖公死于小寝之中，《春秋》特意把此事记载下来予以讥讽，批评其过度贪图安逸而死于小寝之中的违礼行为。

一国之君如果死于国外，应当及时归葬国内，与历代国君葬在一起。公元前510年，在位32年的鲁昭公去世。由于不容于鲁国执政大夫季孙氏，鲁昭公只能多年居住于晋鲁边境的乾侯地区，并最终死于此地。虽然对鲁昭公生前的行为心存不满，但在鲁昭公去世后，季孙氏仍然将其接回鲁国安葬，并按国君的礼节下葬。

国君去世之后，要为其制作牌位，并将其牌位及时放入宗庙，以供后人祭祀。鲁僖公去世十个月后，鲁人才为其制作牌位以供祭祀，因此被时人讥为“非礼”而大加斥责。

诸侯国君的丧葬礼俗有严格的礼制标准，无论是随葬品的数量，还是墓葬规模，都远远高于其他人。但如果其本人在位时德行有亏，违礼乱政，那么待其去世后，后人很可能会有意降低其丧葬级别，以示惩戒。公元前584年，齐庄公被齐国权臣崔杼杀死后，为对齐庄公的行为进行惩戒，便有意不按礼制将其安葬在齐国公室的国君茔地，而是将其棺椁随意停放在齐都的外城北边，十三天之后才将其安葬在士孙氏的邑聚内。在随葬品方面，也未按礼制的规定用“三重六翣”，而是仅用四翣陪葬。而且出殡时不清道，不止行人，送葬之车不过七乘，不殡于宗庙。凡此种种，都不合于国君的丧葬礼制。

2. 卿大夫的丧葬礼俗

作为国君的重要辅佐者，卿大夫在各诸侯国中都享受高规格的政治礼遇。关于他们去世之后的丧葬礼俗，很多文献中有较多记载。其中涉及齐、鲁诸国的主要有这样几条。

高级别的卿大夫去世之后，国君一般会派人前往吊唁，甚至亲临现场进行凭吊。公元前 550 年，在齐庄公率军伐莒之战中，大夫杞梁战死。齐庄公在班师回朝的路上恰遇杞梁之妻于郊，便派人吊之。公元前 568 年，鲁国执政的季文子去世后，在其入殓时，鲁襄公亲自到现场送葬，以表彰季文子对鲁国做出的巨大贡献。

对于有突出贡献的卿大夫，国君有时会有意识地提高其丧葬规格，隆礼以葬之。公元前 718 年，鲁国臧僖伯去世，鲁隐公因为之前未采用臧僖伯的谏言，觉得有愧于他，便使“葬之加一等”，以示重视。公元前 538 年，鲁国重臣叔孙氏去世，鲁昭公命令大夫杜洩葬之，杜洩认为叔孙氏身负王命，有大功于鲁，便执意破格用路车葬之。

有些卿大夫去世后，国君还会根据其生前德行，拟定谥号，并赏赐氏族。公元前 715 年，大夫羽父去世，鲁隐公便同大夫众仲商议，赐羽父为展氏。公元前 479 年，孔子去世后，鲁哀公亲自撰文诔之，尊称其为“尼父”，以示尊重、哀悼之情。对于级别比较低的士大夫，便需要门人弟子或亲朋好友私定个谥号。鲁国的黔娄先生死后，其妻子认为他一生淡泊名利，“求仁而得仁，而义而得义”，故以“康”谥之。名臣展禽去世后，其妻为其写悼词，并为其定下“惠”字作为谥号，所以后世又把展禽叫作柳下惠。

卿大夫去世之后，同僚士大夫会根据亲密程度，前往送葬，并依礼制为其服丧。公元前 667 年，陈国大夫原仲卒，鲁国的季友与之交好，便在没有君命的情况下，亲自前往陈地送葬。

如果卿大夫家族的势力足够强大，在其死后，国君需要亲自为其服丧。这其中最典型的，当属春秋晚期齐国国君为陈氏贵族服丧一事。据出土的洹子孟姜壶上的铭文记载，齐庄公因为看重陈氏一族，待陈洹子的父亲陈文子过世后，竟亲自请示周天子，要求为陈文子服丧一年。齐庄公以国君的身份，为卿大夫服丧，虽然明显不合礼制，但在得到周天子的最终允许后，还是毅然实行。

士大夫去世之后，所有丧葬用度必须符合礼俗要求，不得随意僭越。曾子在临死之前，其身下所铺竹席过于华美，不合礼制，在身边的少年提醒之后，曾子便坚持要更换掉，并在更换过程中死去。孔子的弟子颜回去世时，其父颜路曾打算用孔子的车随葬，但因不合礼制而遭到孔子的坚决反对。

齐国卿大夫的丧葬礼俗中普遍存在以活人殉葬的现象。《礼记·檀弓下》曾记载，齐国大夫陈乾在病重卧床不起后，特意嘱咐他的兄弟和儿子："如果我死了，一定要给我做个大的棺材，并让两个我宠幸的妾婢给我陪葬。"而据《左传》记载，公元前548年，齐庄公被杀后，他的亲信贾举、周绰、邴师、公孙敖、封具、铎父等11人都为其陪葬。

二、考古资料中的齐鲁丧葬礼俗

除文献记载之外，新中国成立以来，随着现代考古学事业的大发展，齐鲁地区的考古发掘工作取得了较大成绩，其中很多内容涉及当时的丧葬礼俗。

1. 考古所见齐国丧葬礼俗

从20世纪60年代开始，考古学者对淄博市临淄区齐故城东北部的河崖头村一带的墓地进行了系列考古钻探与发掘，先后发现大中型墓葬20余座，其中第五号大墓被确定为春秋晚期齐景公的陵墓。临淄城南的田齐王陵，南依山岭，北临淄河，很可能是齐太公和、齐桓公午、齐威王因齐、齐宣王辟疆以及齐襄王法章等田氏齐王的陵墓。据张光明先生总结，这些齐国国君的墓葬都呈现出三个明显的特征①，可与传世文献的记载相对照。

其一，墓葬规模宏大，春秋时期齐国国君的墓多长20米以上，而战国时期田齐王陵墓的现存封土直径可达50米左右，高15米左右。国君墓的周围还有数量不等的大中型陪葬墓。

其二，齐国国君的墓葬都有大型器物陪葬坑和殉马坑。其中齐景公墓所在的临淄河崖头五号墓，在椁室北面2.5米处有一长8.2米、宽3.8米的器物库；另有一长2.5米的殉马坑，可葬马600匹以上；此外，在修筑墓葬、奠基

① 参见张光明：《齐文化的考古发现与研究》，齐鲁书社，2004，第67～69页。

时，还要殉狗30只、猪2头及其他家畜6只。这说明带殉马坑和器物库等是齐国国君墓葬的一种常规葬制。

其三，墓葬的形制呈“甲”字形或“中”字形结构。

除国君墓葬外，考古学家还发现了大量的齐国贵族墓葬，主要以临淄齐故城地区为中心，呈散射状向周边延续。其中比较重要的有：

1956年，临淄徐姚商王村“凤凰塜”附近出土一组青铜器，共16件，其中8件青铜鼎内铸有铭文“国子”，说明这是齐国国氏贵族的墓地。

20世纪70年代，在烟台海阳县盘石店镇嘴子前村发现一组春秋时期的墓群。该墓群先后出土器物240余件，其中有铜器60余件、漆木器40余件、玉器和石器10余件等，据推测当为春秋齐景公时期陈氏家族的墓地。

1971年至1972年，淄博市临淄城东南的郎家庄一号东周殉人墓出土随葬器物约1000件，出土殉人9人、陪葬者17人、殉狗8只。相关发掘报告称，墓主人应为春秋战国之际齐国卿大夫一级的贵族。

2002年和2003年，山东省文物考古研究所与新泰市博物馆联合对新泰市周家庄东周墓地进行了三次发掘，共发掘春秋晚期至战国中晚期的齐文化墓葬78座，出土了大量随葬品，有陶器、铜器、玉器、石器、骨器等1700余件。从铜器上的铭文推断，该墓地很可能是当时鲍氏贵族的墓地。

2008年至2010年，淄博市高青县陈庄西周遗址发现墓葬14座，其中6座墓葬中有代表墓主人贵族身份的青铜器。从铭文内容分析，该墓地当为齐国公室庶子、姜太公之孙丰引家族的墓地。

通过以上资料可知，这些齐国贵族墓葬基本都呈现以下几个特点：

其一，规模较大，多在20平方米以上；

其二，有多个器物陪葬坑；

其三，丧葬器内容丰富，数量繁多；

其四，多有殉人和殉狗现象；

其五，墓室多有宽大的二层台。

除上述国君与卿大夫的墓葬外，还发现了数量丰富的小型平民墓葬。虽然这些平民墓在传世典籍中少见踪影，但考古材料却较全面地揭示了其面貌。现已发掘的比较重要的平民墓葬有：

1985年秋至1986年春在东营广饶五村发掘的M20墓，长2.4米，宽1.5米，深0.5米，一棺。墓主仰身直肢，随葬品有5件璜形饰、1件骨笄、1件骨配饰。

2007年在临淄国家村学府花园小区墓地发掘的M20墓，长2.8米，宽1.6米，深4.9米。墓底两侧和北端有生土二层台，墓底填河卵石，一棺。墓主左手边随葬1剑，腰间穿1带钩。

2011年在淄川北沈马遗址发掘的M21墓，长方形土坑竖穴墓，长2.26米，宽1.26米，深1米。有二层台，一棺。墓主头北向，侧身直肢。无任何随葬品。

这些小型平民墓葬主要呈现出这样几个特点：

其一，墓葬规模较小，多长2 ~ 3米、宽1.1 ~ 1.6米；

其二，墓葬无棺椁或仅一棺；

其三，随葬器简单，多为陶器、仿铜陶器，有的甚至没有任何随葬器物；

其四，墓葬内多有腰坑，有殉狗现象。

2. 考古所见鲁国丧葬礼俗

与齐国不同，目前已发掘的鲁国墓葬主要集中在鲁故城附近。1977年至1978年，考古学者对鲁国故城进行大规模的勘探试掘，先后发掘两周时期的墓葬129座。这些墓葬的年代从西周初期一直延续到战国中期，分别集中在几处。从随葬器物和葬制规格来看，这批墓葬明显可分为两组。其中，甲组墓葬包括西周墓51座、东周墓28座，出土铜器22件、陶器165件；乙组墓葬包括西周墓39座、东周墓12座，出土铜器46件、陶器257件。

这两组墓葬在头向和随葬器物方面均有很大的不同，根据发掘报告可知，这些不同主要体现在如下几个方面：

其一，在墓主人头向方面，甲组墓的人头向基本朝南，朝北的较少；乙组墓葬的人头向则基本朝北，朝南的较少。

其二，在随葬器物方面，甲组墓盛行殉狗，有些小型墓葬尽管没有随葬器物，但仍有腰坑和殉狗现象；乙组墓内则没有任何殉狗现象。

其三，在器物摆放方面，甲组墓内的器物基本都放在椁底的棺椁之间，或在头部，或在身侧；乙组墓内的器物则多放在二层台或椁顶之上，且多放在死者头部。

其四，在陶物组合方面，甲组墓内的陶器种类比较多样，且一般呈偶数组合，如四鬲、四簋、四罐、四豆等，另外再附一至两件其他的器物；乙组墓内的陶器种类比较简单，一般只有鬲、罐两种，且基本按照一和三的数目配组，即一罐相异，三罐相同，基本不见偶数组合。

其五，在随葬器物组合方面，甲组墓流行簋、豆组合，陶器制作精美；乙组墓内几乎不见簋、豆等器，陶器制作比较粗陋。

这两组墓葬存在如此明显的差异，说明彼此分属于具有不同文化背景的族群。从随葬器上看，乙组西周墓与灭商之前的周人墓风格一致，乙组西周墓中有两座出土有带铭铜器，其中一位墓主人为鲁国宗室成员、司徒鲁仲齐，说明乙组墓为周人的墓葬。从文化礼俗上看，甲组墓与商人墓相似，说明他们是殷遗民的墓葬。乙组墓从西周初年一直延续到春秋晚期，说明周人的文化礼俗长期牢固地存在着，并经历了自己发展变化的过程。而甲组墓亦坚守自己的文化传统，并未“随风从俗”。从墓葬年代分析，直到战国早期，这两种不同的墓葬礼俗仍未完全融合，而是各自独立发展。

从鲁故城墓葬资料所呈现出的两种完全不同的文化礼俗来看，两周时期的鲁国境内仍长期存在着周人与土著两种完全不同的丧葬礼俗。虽然周文化礼俗一直处于优势地位，但作为东夷文化与殷商文化代表的鲁地土著文化，一直顽强地存在并长期延续着。鲁公伯禽在建国之初大力推行的“变其俗，革其礼”的文化政策，只是确保了周文化在鲁国境内的主流地位，但对当地居民所固守的传统文化礼俗，周文化并未完全予以取代，反而允许其在小范围内以自己的方式继续存在。两种文化彼此影响，相互吸收，共同发展。

从现有考古资料来看，随着历史的发展，周文化也在不断吸收夷人丧葬文化中的部分内容，来发展完善自己原有的丧葬礼俗。其中最典型的，当属死者口中的“饭含”礼俗。据鲁故城的发掘报告可知，乙组39座西周墓葬中，竟有11座墓中的死者口中含有石子，其中一个石子被加工成了贝形，个别的呈磬形，其余的都是自然圆石子。从文化族属上看，乙组墓属于周人墓，但死者口含石子则是东夷人的丧死礼俗。在济宁兖州王因遗址发现的新石器时代的墓葬中，东夷先民的口中放有石珠或陶珠。乙组中的西周墓中既然已经出现数量如此丰富的死者“饭含”现象，可充分说明周文化对夷族文化的吸收和采纳。

三、齐鲁丧葬礼俗的差异性

通过上述内容可知，虽然齐、鲁两国的丧葬礼俗文化都拥有丰富的内容，都源于周王室文化，在很多方面有着较大的一致性，但由于地理环境、文化传统以及统治者治国理念的不同，在很多方面还是表现出较大的差异性。具体说来，两者的差异主要表现在如下几个方面。

1. 在埋葬风俗上，齐国盛行活人殉葬

迄今为止，发掘的300余座齐国墓葬中，至少有19座春秋墓存在活人陪葬现象。其中临淄东夏庄遗址M6墓葬所见陪葬者最多，高达22人；临淄孙家徐姚墓地M1墓葬所见陪葬者最少，仅1人；其他墓的陪葬人数多在2 ~ 19人之间不等。另有18座战国时期的贵族墓中有殉人现象，殉人数少则1人，多者40余人。

这些陪葬墓的随葬器物丰富，多为陶器、玉石器、水晶器、玛瑙器，还有铜器，说明死者生前具有较高的社会地位。用来陪葬的殉人，多被放在椁室四周的二层台上；葬式均为仰身直肢葬，上肢一般交叉叠放于下腹部，有的也放于身躯两侧；殉人头向较为一致，多朝向墓室中央的椁室。殉人墓葬的年代主要为战国早中期之前，而战国晚期齐国贵族墓葬中的殉人现象则发现较少。

这种用活人殉葬的礼俗在鲁国境内几乎不存在。在曲阜鲁故城发掘的129

座鲁国墓葬中，只发现一座墓葬中有殉葬现象，其他各墓无论规模大小、级别高低，都不存在用活人殉葬的现象。这说明鲁国境内基本上已经废除殉葬风俗，这从孔子的言论中可以得到验证。《孟子·梁惠王上》曾明确记载："仲尼曰：'始作俑者，其无后乎！'为其象人而用之也。如之何其使斯民饥而死也？"所谓俑，指古代殉葬用的木制或陶制的俑人。孔子与儒家连用俑殉葬的行为都如此强烈反对，那么他们对用活人陪葬的行为更加抵制。孔子生于鲁国，长期受鲁文化的熏陶，他的言行也可从侧面说明鲁国境内并不流行用活人殉葬的风俗。

从文化传统上看，殉人风俗曾长期盛行于东夷民族和殷商民族中。在殷都安阳的大型墓葬中经常发现殉人现象，多者一次可达一二百人。在山东益都苏埠屯商代墓地一号大墓中发现殉葬者 48 人。在东夷旧族莒国墓葬中也发现殉人现象，多者 30 余人。

从齐鲁殉葬文化的差异中可以看出，齐国受姜太公"因其俗，简其礼"建国方针的影响，对旧有的夷人文化和殷商旧俗进行了较大程度的保留和沿袭，而鲁国则在伯禽"变其俗，革其礼"政策的引导下，对旧有礼俗中的野蛮部分做了较多的革除与变更，并用周文化对其进行了大规模的改造和重组。

2. 在随葬器物组合上，齐国重鼎，鲁国重簋

据《周礼》《仪礼》等典籍记载，周礼实行严格的用鼎制度，根据礼仪场合和使用者政治地位的不同，鼎的数量也分九鼎、七鼎、五鼎、三鼎、一鼎不等。这种形制相同又按奇数组合依次排列的用鼎制度，被称为列鼎制度。西周、三晋、郑、虢等姬姓诸国都实行规范的列鼎制度。在曲阜鲁国故城望父台 48 号墓中，发现三件一组的列鼎，形制相同，大小相次，说明鲁国是严格遵奉周礼器物组合制度的。

但齐国墓葬中的随葬器物组合与此有较大差异。齐国和东夷部族多盛行两套用鼎制度。除了使用形制相同、大小相次、按单数组合的列鼎制度，还实行一种形制相同、大小相等、按偶数组合的列鼎制度。如临朐公孙灶器物群、莒县天井汪器物群，各有一套大小相次的少牢五鼎，同时又各有大小相

等、两件一组的有盖鼎。临淄尧王国子墓出土八件一组有盖国子鼎，临沂凤凰岭春秋墓出土六件一组有盖鼎，诸城臧家庄战国墓出土四件一组有盖鼎，等等。①

这种大小相等、按偶数组合排列的用鼎制度与周礼的牢鼎制度有很大的区别，为东夷民族的礼制传统。这种礼俗文化之所以很明显地出现在齐国墓葬中，而在鲁国中几乎不见，说明齐国对东夷文化进行了较大程度的保留和因袭。

3. 在墓葬形制上，齐国盛行积石墓和车马葬，而鲁国少见

所谓积石墓，即用砾石或卵石铺底，用石块砌壁并封顶而制成的墓室棺椁结构。构筑积石墓的目的，意在防止盗掘。这一葬俗不仅流行于齐都临淄和齐国的腹心地区，北至长岛、南至江苏涟水的齐国偏远地区也莫不如此。

齐国还有以车马随葬的风俗。1990 年，在齐故城东南齐陵镇后李庄村，发现两座殉车马坑。其中，1 号坑内有殉车 10 辆、殉马 32 匹。2 号坑内有殉马 6 匹。马龙头上都缀以海贝或铜贝作为装饰。1974 年至 1976 年，在临淄河崖头五号大墓的周围，发现一座大型殉马坑，殉马坑位于墓葬东、西、北三面，呈曲尺状。其中北面的殉马坑出土殉马 145 匹，西南端的殉马坑出土殉马 80 余匹。按此密度计算，五号大墓殉马坑约随葬马 600 百匹之多。1990 年，在临淄城南十里牛山的陈氏齐国的四座王室墓地的二号墓中，发现一座大型殉马坑，发现车 20 辆、马 69 匹。2001 年，在齐故城南中轩集团工地还发现了一座殉马坑，内有殉马 4 匹，属于战国时期。此外，在烟台长岛王沟战国墓地十号墓中，发现有把车拆散后随葬的现象，丁字形的辀和衡放在墓室前端，四个车轮两两放置在墓室两侧。长方形的墓室好像车厢，此墓俨然是一辆四轮马车的模型。据学者推测，此墓很有可能是春秋齐康公之墓。

这种积石墓与车马葬至今尚未在鲁国境内诸墓葬中有清晰反映，体现了齐鲁丧葬文化的明显差别。

---

① 许淑珍：《齐鲁葬俗比较》，《管子学刊》2002年第4期。

综上可知，先秦时期，齐鲁两国都拥有内容丰富的丧葬礼俗文化，但由于受到建国之初不同文化政策的影响，两国的丧葬文化在很多方面表现出较大的差别和不同。久而久之，两种文化随着时间的推移而不断深化，相沿成习，逐渐成为独具特色的地方文化。

第四节　饮食文化

饮食是人类生存发展、生息繁衍的最基本物质条件之一。《淮南子·主术训》载："食者，民之本也。"《孟子·告子上》载："食色，性也。"《释名·释饮食》则载："食，殖也，所以自生殖也。"由此可见古人对饮食的重要性已有深刻认识。随着生产力的发展，人类在满足了最基本的物质条件之后，便开始关注饮食结构、饮食器具以及饮食程序等，从而形成了一套内涵丰富的饮食礼仪。中国古代饮食文化源远流长、博大精深，历来享有较高的声誉。这其中，齐鲁饮食文化因其内涵丰富、礼仪严整、特点鲜明，而在中国古代饮食文化中占有重要地位。

有意思的是，若从字源上分析，作为国名的齐、鲁二字都有学者从饮食文化方面予以解读。齐字在古文字中写作、、、等形，许慎《说文解字》曰："齐，禾麦吐穗上平也，象形。"这是说齐字的原形是吐穗的禾麦。鲁字在古文字中作、、、等形，其上部为鱼的形状，下部为口，单从字面上讲有以口食鱼之意，故有学者据此认为鲁最初指以捕食鱼虾为生的一个早期族群。二国分别以此为名，从侧面反映了其饮食文化之丰富。

从历史渊源上看，齐鲁饮食文化直接源于周文化，尤其是进食礼仪，可看作是周人进食礼的翻版和复制，这也使齐鲁两国的饮食文化有较多的相似之处。但由于所处地理环境的差异、土著居民旧有礼俗的不同以及统治阶级“因俗”“变俗”不同政策的引导，齐、鲁两国在春秋之后逐渐出现了各具特色的饮食文化。下面即依据相关资料，详细予以介绍。

一、食物种类

中国自古便有以农为本的传统。据现有考古资料显示，早在距今八千年左右的新石器时代中期，黄河流域的陕西仰韶文化、河南裴李岗文化和山东大汶口文化等，已广泛出现早期的粟作农业；长江流域的湖北屈家岭文化、浙江河姆渡文化等，则出现了早期的稻作农业。受这种农耕生产方式的影响，古代黄河流域的原始居民很早便以粟类作为主要的食物来源。齐、鲁两国亦不例外，如《管子·权修》篇便指出国家每年所需做的最根本的事情，就是大力种植谷物，所谓“一年之计，莫如树谷”。

1. 主食

齐鲁地区地处黄河下游，自然资源丰富，土地肥沃，农业基础深厚，普通居民生产和食用的主要粮食即文献中所言的“五谷”。“五谷”的说法有多种，最常见的有两种：一种指稻、黍、粟、麦、菽；另一种指麻、黍、粟、麦、菽。两者的区别是前者有稻无麻，后者有麻无稻。稻主要生长在长江流域，故中原地区最早所说的五谷主要指麻、黍、粟、麦、菽五类，但包括稻在内的这六种农作物在齐鲁地区的考古资料中都有不同程度的体现，故这六种农作物很可能在当时都属于齐鲁居民的主要食用对象。

粟在古代又称稷、禾、谷或谷子，去壳后俗称小米，是我国原产和最早栽培的粮食作物之一，也是今天山东地区普遍种植的主要粮食作物之一。早在山东史前的枣庄滕州北辛遗址、济宁张山遗址、烟台杨家圈遗址以及日照两城镇龙山文化遗址的陶碗、陶钵、小口壶以及红烧土内，就发现有很清晰的粟糠痕迹。据《晏子春秋·内谏篇下》记载，春秋晚期，齐景公生活奢靡，厚敛百姓而不施仁政，名相晏婴在劝谏时提到，齐国官府仓库中囤积的粟米已经多到不可胜食了，应该施行仁政，散粟于民，以救时弊，所谓“府粟郁而不胜食，又厚藉敛于百姓，而不以分馁民”，但齐景公并不为所动。该书还记载，晏婴本人虽身为国相重卿，但生活简朴，每顿仅“食脱粟之饭”。所谓“脱粟”，即糙米，指只去掉壳而不精细加工的谷米。“脱粟之饭”应该是普通居民的主食，像晏婴这种的贵族平常吃的应该是去皮后再加工的精米。晏婴身居高位却能够与民同食，充分体现了他俭朴自持的高贵品质。另外，《管子·治国》篇还载：“民事农则田垦，田垦则粟多，粟多则国富，国富者兵强，兵强者战胜，战胜者地广。是以先王知众民、强兵、广地、富国之必生于粟也。”这说明齐国统治者非常重视粟的种植，他们将农民多种粟看作是国家富强、兵多将广的重要保障，可见粟米在当时除了是社会各个阶层最主要的食物，还是国家强盛的重要物质保障。

黍，即黍子，又称黄米。麦有大麦、小麦之分。在传世文献中，大麦又称牟，小麦又称来。甲骨文中已有“麦”“来”等字，还有“来麦”“受麦”“告麦”“田麦”“登麦”“食麦”等内容。麦字在《诗经》中出现的次数仅次于黍字。这些都说明麦的种植和食用在黄河流域有非常悠久的历史。《管子·轻重丁》篇记载了黍、麦的种植时间：“正月之朝，谷始也；日至百日，黍秫之始也；九月敛实，平麦之始也。”《管子·轻重已》篇又记载了黍、麦的成熟时间：“以春日至始，数九十二日，谓之夏至，而麦熟。”“以夏至日始，数四十六日，夏尽而秋始，而黍熟。”两文不但把黍和麦的播种、成长及收获时间交代得非常清楚，而且把黍、麦与粟连称，说明时人不但对这几种农作物非常熟悉，而且把它们看作齐国重要的农作物品种。齐、鲁两国地处黄河下游，土壤肥沃，气候适中，非常适合麦类作物的生长。据《周礼·夏官·职方氏》载，海岱地区的青州、兖州、豫州等地都宜种麦。《淮南子·地形训》也载东方“其地宜麦”。考诸考古资料可知，上述言论不虚。考古学者已经在山东地区的莒县杭头、茌平教场铺、日照两城镇等多处新石器时代的文化遗存中发现了小麦的实物痕迹，这说明山东地区早在距今四千年即已开始种植小麦。到春秋战国的齐、鲁两国时期，种植小麦技术已非常成熟。

菽即大豆。我国栽培和种植大豆的历史非常悠久。据《诗经·大雅·生民》可知，在周人的始祖后稷时，即可以很好地种植大豆，所谓“蓺之荏菽，荏菽旆旆”。菽和粟在齐鲁人的眼中具有同样重要的地位。《管子·重令》篇明确指出，如果国家的菽和粟种植不够，老百姓就会饿肚子，所谓“菽粟不足，末生不禁，民必有饥饿之色”。相传齐桓公时期，有一年齐国西部地区发生水灾，民众闹饥荒，粮价暴涨。正好齐国东部地区五谷丰登，粮价平稳。齐桓公便向管仲请教如何将东部地区的粮食平价输送到西部地区，管仲认为可以要求东部地区的民众用交纳菽、粟的方式来代替人头税，然后将多收的粮食运到西部去救灾，所谓“请以令籍人三十泉，得以五谷菽粟决其籍”。据《战国策·齐策》记载，名士鲁仲连曾指出，孟尝君的爱马都“无不被绣衣而食菽粟”，这样率兽食人、奢靡无度的行为是招不来贤人的。据此可知，菽和粟在齐国既是民众的重要食物来源，也是国家稳定富强的重要物质基础。

水稻虽然为长江流域的主要粮食作物，但很早便在山东地区推广和种植。据考古发掘可知，早到距今六千多年前的济宁兖州王因遗址中，既已发现数粒可能属于稻类植物的花粉。其后，在烟台栖霞杨家圈遗址龙山文化灰坑内也发现过稻谷的印痕，稻粒已经炭化，稻颖壳呈椭圆形，宽 3 ~ 3.5 毫米，长 6.5 ~ 7 毫米。在杨家圈文化二期遗址中还发现了稻的遗存，经专家鉴定系粳稻。2000 年，考古学者利用水浮选法，又从滕州庄里西遗址的多个灰坑中浮选出 280 余粒炭化稻米，其长宽之比均在 2∶1 左右。经与现代及古代稻米比较，当属粳米。这说明北到烟台、南到枣庄的山东故地，水稻在很早就已经成为当地居民普遍种植的重要农作物。

2. 肉食

据《周礼》《左传》等传世典籍记载，古人食用的肉食主要指“六畜”即马、牛、羊、鸡、犬、豕六种动物的肉，此外还包括鱼、鳖及其他狩猎物等。这些便是古人食用的主要肉类。

公元前 684 年，齐、鲁长勺之战爆发之际，尚为平民的曹刿打算面见鲁庄公，他的同乡人劝谏道：“肉食者谋之，又何间焉？”曹刿回答道：“肉食者鄙，未能远谋。”这里所谓“肉食者”，很明显已经与曹刿及其乡人分属两个不同的阶层。从两人的对话中可以体会到，在当时，有机会吃到肉的基本上都是贵族阶级，普通老百姓平常很难有机会吃肉，所以两人都用“肉食者”代指当朝权贵。

当时的百姓很可能只有在这样三种情况下才有机会吃到肉。

第一，活到比较大的年龄，成为当时社会上少数的高寿者。孟子曾经向梁惠王进言，如果一个国家的鸡鸭猪狗等都可以不失时节地被繁殖饲养，那么年龄大于七十岁的人就可以经常吃到肉食了，所谓“鸡豚狗彘之畜，无失其时，七十者可以食肉矣”，说明只有年龄大于七十岁的高寿者，才有机会经常进食六畜之肉。

第二，参加非常重要的礼仪场合。《盐铁论·散不足》曾指出，古代的平民平时只能吃些“粝食藜藿”等野菜粗食，只有等到“乡饮酒、媵腊、祭祀”时，才能喝酒吃肉。这里的乡饮酒指乡饮酒礼，是国家在推荐贤者时举行的盛大宴饮活动，一般三年才举行一次。媵腊，指每年岁终的大祭。而祭祀则泛指日常比较重要的祭祀活动。百姓一般只有在这三种重大礼仪场合下才能吃到肉，在除此之外的其他时间，均与肉无缘。

第三，因表现优异，而受到国君的特别赏赐。《管子·揆度》篇记载，齐桓公在任用管仲进行改革时，为了鼓励百姓支持改革并充分调动他们的生产劳动积极性，管仲便建议齐桓公下令，凡是努力从事生产的百姓，都可以得到政府“脯二束、酒一石”的赏赐。这里的脯指用盐浸过后又晒干的干肉。脯二束，即干肉两条。

这种晒干的肉脯在文献中又被称为“脩”。《周礼·天官·腊人》郑玄注：“薄析曰脯，捶之而施姜桂曰脩。”意思是说，脯是切成薄片的干肉；而脩则是经过捶打，敷上姜片、桂皮，经过干燥制成的细长干肉。将这样的十条干肉捆缚在一起，即“束脩”。据《论语·述而》记载，孔子在开坛授徒后，向弟子收的“学费”就是“束脩”，所谓“自行束脩以上，吾未尝无诲焉”。在孔子的时代，弟子执贽而往，去拜见老师的“学费”就是束脩。

据此可知，当时齐、鲁诸国的百姓在日常生活中主要吃“粝食藜藿”等野菜粗饭，很少有机会吃到肉。而有机会在日常饮食中吃到肉的，基本上都是贵族阶级等社会上层成员。据《盐铁论·散不足》载，除非是各国的国君、公室贵族，普通的贵族阶级也做不到每天都以肉为食，因为政府要求“诸侯无故不杀牛羊，士大夫无故不杀犬豕”。之所以这样规定，是因为“一豕之肉，得中年之收，十五斗粟，当丁男半月之食”。他们虽然有吃肉的实力，但也应该随时体恤民生疾苦，不能随心所欲地每顿必食肉。直到西汉时期，大夫晁错还对那些每日“衣必文采，食必粱肉”的奢靡行为予以强烈谴责。

由于吃肉的机会难得，故食鱼、鳖等水生动物便成为齐鲁百姓改善生活的重要方式。因为鱼、鳖生于水中，较为常见，且不需要精心养殖，故食鱼、鳖的成本要远低于吃肉。先秦文献中多有齐鲁居民吃鱼、鳖的记载。

据《国语·鲁语》记载，一次，鲁国大夫公父文伯要宴请孟氏宗族南宫敬叔饮酒，同时邀请大夫露睹父作陪。结果在宴饮过程中，露睹父嫌弃公父文伯进献的鳖太小，不够食用，便当场发怒道：“还是等鳖长大后再来吃它吧！”然后拂袖而去，使整个宴会陷入尴尬境地。从这段记载可知，贵族阶层经常食鳖。

战国时期，齐国孟尝君的门下有个策士叫冯谖，因为一直未表现出足够的才华，而受到孟尝君手下人的冷遇，吃饭时只给他粗劣的饭菜，于是冯谖便只能高呼“食无鱼”以示委屈。后来孟尝君听说后，便对手下人说：“食之，比门下之客。”（《战国策·齐策》）所谓“门下之客”，当指一般食客的伙食标准，说明吃鱼在孟尝君那里并不是很难的事情。

先秦文献中有国君拿鱼作为礼品赏赐给臣下的记载，如《晏子春秋·外篇下》记载，齐景公曾经“以鱼五十乘赐弦章”。公元前532年，孔子的儿子出生时，鲁昭公曾专门派人送去一条大鲤鱼，表示祝贺。孔子认为这是莫大的荣耀，因此给自己的儿子取名鲤，字伯鱼。这些资料足以说明，对于普通民众来说，虽然可以时常吃到鱼，但能吃到国君赏赐的鱼的机会也不是很多。

齐、鲁两国都很重视对渔业的管理。据司马迁记载，西周初年，姜太公在建立齐国之后，鉴于齐国地少人多、濒临大海的独特情况，制定了“通商工之业，便鱼盐之利”的治国方针，举全国之力大力发展渔业、盐业，从而取得了“人民多归齐，齐为大国”的良效。至战国末期，齐国始终坚持发展渔盐业，确保了自己在列国争战中始终拥有雄厚的经济实力。

公元前718年，摄政五年的鲁隐公突然决定要去棠地“矢鱼”，虽然遭到大臣臧僖伯的强烈劝谏，但鲁隐公最终还是毅然前往，并“矢鱼”而归。对于“矢鱼”的解释，传统学者多认为是观鱼，即鲁隐公到棠地观看棠地渔民的捕鱼活动，其目的是游玩。但陈梦家、杨希枚等著名学者都指出，鲁隐公去棠地“矢鱼”绝不仅仅是为了游玩，而是有很强的政治目的。这里的“矢鱼”应该解释为“射鱼”，鲁隐公是想借到棠地射鱼的机会训练军队、祭祀先祖、向邻国宣示国威并伺机进攻。如果此说可信，那么鲁国也曾有意赋予捕鱼以强烈的政治功能。因为在当时，捕鱼也应遵守规定，不是一种随心所欲的行为。如《管子·八观》就曾指出：“江海虽广，池泽虽博，鱼鳖虽多，罔罟必有正，船网不可一财而成也。”这说明捕鱼是有严格规定的。

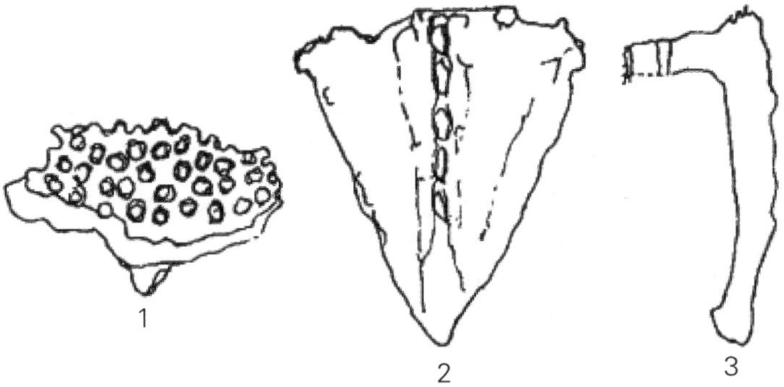

日照两城镇发现的陶箅平剖面图[①]

1. 俯视图　2. 箅足正视图　3. 剖面图

① 钱益汇：《谈山东日照两城镇发现的烤箅》，《中原文物》2002年第4期。

时人吃鱼的方法，除了直接烹熟，还可以制成鱼脯，像做肉脯一样。鱼脯在文献中被称为“干鱼”或“枯鱼”。1999年11月，山东大学中美联合考古队在日照两城镇合作发掘时，从当地民间征集到一件形制比较罕见的陶片，经清洗观察，系山东龙山时代的一件三足烤箅，已残，仅存约三分之一。根据对其残留物的化验知道，此烤箅主要用于烧烤易熟的鱼类。这说明烤鱼、食鱼行为早在山东龙山文化时期就已存在。

齐国境内的很多城市都靠近大海，捕鱼业非常发达，在日常生活中吃到鱼肉，对很多地方的居民而言，应该不是太困难的事情。早在山东龙山文化时期的诸多考古遗址中，便多有发现鱼骨、鱼刺等，说明食鱼现象已非常普遍。

3. 蔬菜和佐料

齐鲁居民还非常注重蔬菜和佐料的生产和食用，从而增添了很多美味，丰富了饮食文化。

《管子·山权数》篇指出，对于种菜技术高超者，政府便奖赏黄金一斤或粮食八石，所谓“民能树瓜瓠荤菜百果使蕃育者，置之黄金一斤，直食八石”。《管子·立政》篇又说，统治者如果不能很好地饲养六畜，不能很好地种植瓜果荤菜，这个国家肯定会非常贫困，所谓“六畜不育于家，瓜瓠荤菜百果不备具，国之贫也”。这里的荤菜，还见于《荀子·富国》唐杨倞注：“荤，辛菜也。”说明荤菜指辛辣味的蔬菜，如葱、姜、蒜、韭菜、辣椒等。在《管子》一书中，荤菜是和六畜等处于同一位置的，说明它们在时人的日常饮食中占有非常重要的地位。

在齐鲁饮食文化中，最重要的佐料当数盐。

在中国古代饮食中，咸为五味之首，所以盐也就在调味品中位列第一。齐鲁大地濒临大海，有得天独厚的制造和食用海盐的优势，绵延广阔的海滨滩地和取之不尽、用之不竭的海水，都为盐业生产提供了相当有利的条件。前文已提到，姜太公在齐国建国之初便制定了“便鱼盐之利”的国策，来振兴齐国的经济，并取得了巨大成效。

在中国早期文献中，凡有关盐的传说与记载，多与齐鲁先民有关。如《世本》一书曾记载，早至五帝时代的黄帝之时，便有一支早期部族夙沙氏开始煮海水制盐了，他们“以海水煮乳，煎成盐”。由此可见，通过煮、煎海水来提取食盐的方法，可上推到五千多年前的黄帝时期。

关于这支夙沙氏部族，《太平御览》引《宋志》曰：“宿（夙）沙卫，齐灵公臣。齐滨海，故以为渔盐之利。”这说明夙沙氏是传说中山东东部沿海之滨的一个部落，他们世代濒海生存，经常接触海滩上的盐层，故知其味而食之。他们可作为齐鲁先民利用大海、煮制食盐的早期代表。

据《尚书·禹贡》记载，大禹划分九州时，便已经发现青州地区、潍淄之间“厥土白坟，海滨广斥。厥田惟上下，厥赋中上。厥贡盐絺，海物惟错”。所谓“厥土白坟”，指此处多盐碱地，盛产食盐，因此给他们规定的赋税便是定期进贡“盐絺”。司马迁在《史记·货殖列传》也指出，齐国“通鱼盐之货，其民多贾”，且齐国巨富往往逐鱼盐商贾之利，起富数千万。这说明春秋战国时期，齐国因制盐、贩盐而发家致富的人有很多。

鲁国商人中也有靠盐发家致富的，其中最知名的当数鲁人猗顿。其具体生卒年已不详，原姓名也不可考，只知道为战国初年鲁国人，后因在猗地发家致富，死后又埋葬在猗地，故称猗顿。他原是春秋时期鲁国的贫寒书生，后听从陶朱公范蠡的劝告，前往晋国西河，定居于猗氏王寮，大畜牛羊，后又兼营盐业，数年之后，成了与陶朱公齐名的巨富。猗顿后来被誉为晋商的鼻祖，在山西地区享有很高的声誉。

除盐之外，齐鲁地区饮食佐料中值得一提的还有醋。醋在文献中被称为“醯”。《论语·公冶长》篇载，孔子曾质疑名士微生高的品格，因为一次有人向微生高借醯，恰好微生高家也没有了，他便到自己邻居那里讨了点，再借给人家，所谓“孰谓微生高直？或乞醯焉，乞诸其邻而与之”。孔子认为微生高的举动是不值得提倡的。但《论语》此处的记载使我们看到春秋时期的鲁国普通百姓在日常饮食中食用醋，已是很平常的事情了。

4. 酒饮

除了食，齐鲁居民还非常重视饮品的制作和食用。这些饮品在文献中多被称为汤、浆或羹。如《诗经·小雅·大东》：“或以其酒，不以其浆。”《孟子·告子上》：“冬日则饮汤，夏日则饮水。”这些浆、汤、羹等或是开水，或是酒，或是类似于菜汤之类的饮料。

与浆、汤、羹等饮品有关的齐鲁先民中，最知名的当属齐桓公时期的易牙。王充《论衡·谴告》载：“狄牙之调味也，酸则沃之以水，淡则加之以咸，水火相变易，故膳无咸淡之失也。”文中的狄牙指易牙，他可以通过水、咸（盐）和火的适度调和使用，做出酸咸合宜、美味适口的饭菜来。他最擅长的是做羹。《临淄县志·人物志》载：“易牙善调五味，渑淄之水尝而知之。”《孟子·告子上》也提到孟子曾经感慨：“口之于味，有同耆者也。易牙先得我口之所耆者也……至于味，天下期于易牙，是天下之口相似也。”相传易牙为了满足齐桓公的口欲，曾经杀子调羹，进献给齐桓公，从而成功感动齐桓公，大获其信任。

除汤羹之外，饮品中最重要的当数酒。

酒的历史非常悠久，早在新石器时代，定居于山东半岛的东夷部落就已经掌握了酿酒技术。在目前所见考古材料中，早在大汶口文化晚期的山东莒县陵阳河遗址墓葬中，已发现距今四千余年的原始先民酿酒的资料。在已经出土的1200多件随葬品中，竟发现相关酒器660余件。而且，其中两座大墓中还出土了成套的酿酒器，其中有用于盛发酵物的大口尊，有用于滤酒的漏缸，有用于接酒、储酒的陶盆和陶瓮，还有饮酒用的陶盉、觯、杯等。这些大量成套饮酒器具的出土，说明以陵阳河遗址为代表的东夷先民已经掌握了比较完备的酿酒技术，也说明当时饮酒现象已十分普遍。

大口尊

春秋战国时期，曾盛传着“鲁酒薄而邯郸围”的典故。此故事有两个不同版本。

版本之一来自《庄子·胠箧》成玄英的注释。楚宣王大会诸侯时，鲁恭公后到，并且送的酒味道很淡薄。楚宣王很不高兴，便质问鲁人原因。鲁恭公辩解道："我是周公之后，行的是天子的礼乐，现在我送酒已经失礼了，还要怪我的酒不好，这不是太过分了吗？"于是不辞而归。楚宣王大怒，于是发兵攻打鲁国。此前，梁惠王一直想攻伐赵国，但是担心楚国援救而迟迟不敢发兵。现在正逢楚国伐鲁，便趁机发兵包围赵国都城邯郸。因此，赵国是因为鲁酒的淡薄而不幸做了牺牲品。

版本之二来自《淮南子》许慎注。楚国大会诸侯时，鲁国和赵国都献酒给楚王。由于鲁国的酒淡薄而赵国的酒醇厚，楚国管酒的人便向赵人讨酒吃，结果赵人不给，于是楚国管酒之人便有意识地将赵国的好酒与鲁国的薄酒调换，并向楚王进谗言诋毁赵国。楚王便以此为由，毅然发兵围攻赵都邯郸。

两个版本所载的内容虽然已无法详考，但依常理推测，楚宣王时已经处于战国中期，当时的鲁国已经极度衰弱，濒临灭亡，鲁国国君是断然没有胆量以周礼反驳楚宣王的指责的。故相较而言，后一种说法应该更符合历史实际。但这一典故很明显地体现出，鲁国制作的酒的味道应该非常淡薄，酗酒之风在鲁文化中并不明显。

"鲁酒薄"的典故还见于明朝人辑录的《稗史汇编》中。它提到在战国时期，因为中山国的人非常善于酿酒，所以一名鲁国人便偷偷地从中山国将他们用的酒糟取回来，再用鲁人酿酒的技术加工成新酒，然后对外宣称是纯正的中山酒，结果最终还是因为酒味淡薄而被人发现。

这些材料都表明，鲁国虽然也盛行饮酒，但鲁国制作的酒的味道比较淡薄，与其他诸国制作的酒有很大的不同。这其中的原因，应当追溯到周人禁酒的传统。西周王朝建立之后，深刻总结殷商王朝灭亡的原因时，发现无节制的饮酒是殷商政权迅速瓦解的重要因素。因此，周人以史为鉴，从周公开始，便实行严格的禁酒措施。在《尚书·酒诰》中，周公在分封康叔于卫国时反复告诫他，无故不得饮酒，只有祭祀时才可适量饮酒。对于那些聚众饮酒的人，要坚决予以惩戒，甚至不惜杀掉。周公在封伯禽于卫时应该也谆谆告诫过伯禽“无彝酒”“执群饮”“戒缅酒”。因此一直固守周礼的鲁国自始至终都在执行周公的禁酒理念，喝酒只是为了行礼，平时无故不得饮酒。很可能正是在这种思想的指导下，鲁人才有意识地将酒制作得比较淡薄，这样饮后不至于大醉违礼。直至今日，鲁国故地所制造的白酒还是以低度酒为主，鲁东南地区的居民也习惯饮用低度酒。这应该是古代鲁酒淡薄传统的延续。

与鲁国相比，奉行“因俗简礼”的齐国在很大程度上将殷夷文化中好酒、酗酒的风俗继承了下来，而没有禁酒的传统。据《后汉书·东夷列传》记载，东夷民族普遍好酒，经常“饮酒歌舞”，狂欢不止。而在春秋战国时期，齐国国君也大都好酒善饮，没有节制。如春秋时期的齐景公，即喜欢“饮酒，日夜相继”。据《晏子春秋·内篇谏上》记载，有一次齐景公喝得大醉，竟然一直睡了三天才清醒过来。晏子问他：“君病酒乎？”公曰：“然。”晏子便给他讲了应该适度饮酒的大道理：“古时候人们饮酒，只是为了疏通气血、调和精神而已。当时，男人不因聚众饮酒而妨碍本业，女人不因聚众饮酒而妨碍女工。男女一同饮酒时，最多只遍敬五次而已，超过限度者会受到斥责。您现在饮酒一日，醉卧三天，国政荒废，外遭怨恨，内有作乱。长此以往，以刑法自律的人便会做坏事，以追求功名自勉的人便不行善事。君王背离德行，百姓轻视赏罚，便丢掉了治国之本。希望君王能节制饮酒。”从后来的历史记载来看，齐景公并没有听进去晏子的劝谏，仍然酗酒不已，因酒乱政。

除齐景公外，战国时期的齐威王也好饮酒。据《史记·滑稽列传》记载，齐威王在继位之初，经常“好为淫乐长夜之饮，沈湎不治”，而且因为饮酒时常不理朝政，将什么事情都“委政卿大夫”，从而造成齐国境内“百官荒乱，诸侯并侵。国且危亡，在于旦暮”的危局。后来在大夫淳于髡的劝谏下，齐威王才改掉这一恶习。

在国君嗜酒如命、彻夜狂饮的带动下，齐国国内饮酒之风非常盛行，无论是贵族阶层，还是普通百姓，都喜欢相坐喝酒。《史记·滑稽列传》曾记载大臣淳于髡向齐威王描述的几种不同级别、不同形式的饮酒方式，颇能反映齐国普通民众饮酒作乐时的情形。

据淳于髡说，自己有时候仅喝一斗酒便醉了，但有时候喝一石酒也不醉，因为喝酒的场合不一样。

当和国君喝酒时，旁边立着监酒的“执法”“御史”，自己怕违背了礼制而受罚，所以始终心有戚戚，提心吊胆，所以仅喝一斗酒便醉了。

当家里来了客人时，上有严父，下有贵客，自己在酒桌上要小心侍候他们，只能偶尔喝一些他们赏的酒，再加上自己举杯祝福时喝的酒，总共不到二斗也就醉了。

当家里来了朋友故交时，彼此多日不见，相拥大笑，一面互诉衷情，一面执杯共饮，这时喝到五六斗才会醉。

当参加乡里民间的节日盛会时，男女围坐在一起，互相共饮，无拘无束。酒喝到一半时，可以停下来，玩玩六博、投壶等游戏，还可以随意找人对饮聊天。在这种无拘无束的酒宴中，自己大概要喝到八斗多才有两三分醉意。等到天色已晚、酒席将散，饮酒之人彼此觥筹交错，人与人相拥，男与女同席，鞋子相叠，杯盘散乱，美女相伴，芬芳满堂，令人身心愉悦。在这个时刻，自己心里最欢快无比，喝到一石才会醉。

淳于髡说这些话的目的，本是劝谏齐威王，但他的言辞非常形象地描述了齐国境内上至国君贵族，下及普通百姓，宴会饮酒、相聚作乐时的场景。

二、饮食礼仪

中国古代有非常发达的饮食礼仪，但很多都是在秦汉之后，尤其是儒家文化成为社会主流意识形态之后的两千余年历史进程中逐渐形成的。在先秦时期，即使在儒家文化产生的齐鲁大地上，饮食礼仪也处在草创阶段，很多内容尚不系统。

1. 进食前的礼仪

古人都是席地而坐，在宴饮过程中，人和餐具都要在筵席之上。因此，在饮食之前最重要的准备工作，就是要“铺筵席，陈尊俎”（《礼记·乐记》），即先在地上铺一层筵，然后在上面放席。筵铺在最底下，料子可以粗些，但席的铺放非常讲究。西周礼制规定天子之席五重，诸侯之席三重，大夫再重，另外还有质量、花纹、色彩的差别，身份不同，席亦异质。无席坐地或者席数无度，都是典型的违背礼制的行为。

春秋时期，礼崩乐坏，这套周礼的规定已被人不同程度地遗忘和抛弃。《说苑・杂言》篇记载，春秋晚期的齐景公有一次在宴饮过程中，舍弃席子，直接坐在地上，然后陪同吃饭的其他人也纷纷效仿，毫无违礼不适之感。这说明齐国的饮食风俗已在逐渐摆脱周礼的限制。

这种违礼行为在当时的鲁国也应该非常普遍。《论语・乡党》篇记载孔子极力主张应该“席不正，不坐”，“君赐食，必正席先尝之”。孔子既然将正席的行为当作重要的礼节教授给众弟子和他人，说明当时严格按照周礼的规定依礼进食的现象已经不被人熟悉了。

除正席外，在正式进食之前，还应该象征性地先荐祭先人，然后再食。《论语・乡党》篇记载，孔子在日常生活中始终坚持食前祭先人的习惯，“君赐腥，必熟而荐之……侍食于君，君祭，先饭”。《吕氏春秋・任数》篇还记载，孔子在周游列国、困于陈蔡之间时，虽然已经“藜羹不斟，七日不尝粒”，但等颜回索米煮粥后，孔子首先做的还是祭拜先人。这说明孔子对饮食礼节的坚守是一以贯之的。

2. 饮食时的礼仪

在宴饮活动正式开始后，还有很多进食的礼仪需要遵守。

首先，最基本的就是在吃饭的过程中不能说话，所谓“食不语”。一面吃饭，一面高谈阔论，是无礼的表现。

其次，在吃的内容上，也有很多禁忌。如《论语・乡党》篇记载孔子就坚持不吃很多东西：

> 食饐而餲，鱼馁而肉败，不食；色恶，不食；臭恶，不食；失饪，不食；不时，不食。割不正，不食；不得其酱，不食；肉虽多，不使胜食气；唯酒无量，不及乱；沽酒市脯，不食，不撤姜食，不多食。祭于

公，不宿肉。祭肉不出三日，出三日，不食之矣。

意思是说，饭菜馊了，鱼肉腐烂了，不吃。食物变颜色了，不吃。发臭了，不吃。没煮熟，不吃。季节未到的食物，不吃。宰割方式不对的，不吃。调料投放不合适的，不吃。酒不能多喝。过夜的酒、街上卖的肉，不吃。放姜太多的，不吃。国君给的祭肉，要当天吃掉，不能过夜。超过三天的祭肉，不吃。

这些规定和禁忌应当是孔子按周礼的规定，对自己和诸弟子制定的必须严格遵守的饮食礼节。

最后，在座者如果有长者或师者，那么年幼者必须要在整个饮食过程中体现出自己的孝和敬，严谨孝悌之礼。儒家认为在吃饭的过程中，要“有事，弟子服其劳；有酒食，先生馔”（《论语·为政》）。孔子口中的先生，应当包括老师、父亲、兄长等所有尊者在内，对他们，弟辈、子辈们要时刻表现出自己的恭敬和虔诚。《礼记》诸篇还规定，跟长者一块吃饭时，如遇长者亲自取菜肴给你，你应该先拜而后食，同时要等尊长吃完后才停止进食，不可提前离席。

儒家提倡的这些礼俗在齐地文献中也有记载。如《管子·弟子职》中就有类似的规定：

至于食时，先生将食，弟子馔馈。摄衽盥漱，跪坐而馈。置酱错食，陈膳毋悖。凡置彼食：鸟兽鱼鳖，必先菜羹。羹胾中别，胾在酱前，其设要方。饭是为卒，左酒右酱。告具而退，奉手而立。三饭二斗，左执虚豆，右执挟匕，周还而贰，唯嗛之视。同嗛以齿，周则有始，柄尺不跪，是谓贰纪。先生已食，弟子乃彻。趋走进漱，拚前敛祭。

先生有命，弟子乃食，以齿相要，坐必尽席。饭必奉擥，羹不以手。亦有据膝，毋有隐肘。既食乃饱，循咡覆手，振衽扫席。已食者作，抠衣而降。旋而乡席，各彻其馈，如于宾客。既彻并器，乃还而立。

意思是说，师生共餐时，先生要吃饭，弟子应该把饭菜送上。挽袖净手之后，跪坐把饭菜献给师长。摆放酱和饭菜时，饭桌陈列不可杂乱无章。上菜的时候：肉食之前，应先上蔬菜羹汤。羹与肉相间排列，肉放在酱的前方，席面摆成正方形状。最后上饭，左右放酒、浆。饭菜上完后，要拱手侍立一旁。三碗饭和两斗酒，弟子左手拿碗，右手拿筷勺，轮流添酒饭。待先生吃饭完毕，弟子撤下食具后，要为先生送来漱器，再清扫席前并把祭品收起。

先生吩咐之后，弟子才开始进餐，进餐时按年龄坐好。吃饭时一定要用手捧着，羹汤不能用手抓，不可使两肘依伏桌面。待至吃饱，用手拭净嘴边，抖动衣襟移开坐垫，吃完即起，提衣而离开桌面。过一会又需回到席前，各自撤下所食，就像替宾客撤席一般。撤席后要及时把食器收起，然后弟子再回去垂手站立。

如此细致严整的礼节规定是否在齐地切实实行过尚不得而知，但它仍能在一定程度上反映齐国的饮食礼俗。

三、齐鲁饮食礼俗的差异

春秋战国时期，周礼崩坏，诸国分立，诸子并起，传统饮食文化尚处于早期形成阶段，各国盛行的饮食礼俗和饮食观念仍存在着较大的差异。齐、鲁两国之间亦是如此。

1. 鲁国在饮食上崇尚礼制，注重节俭

上文在讲酒文化时已经提到，由于深受周人禁酒、重食文化的影响，鲁国虽然也提倡饮酒，但特意将酒制作得非常淡薄，饮之不容易醉，以达到不违礼的目的。

除在正式礼仪场合有节制地饮酒外，鲁人在日常生活中也始终坚持适量饮酒，不因醉酒而失态。如孔子在《论语·乡党》篇中特意提到“唯酒无量，不及乱”，这是说即使参加重大礼仪活动，但仍然要保持“酒不及乱”的状态。

除饮酒外，鲁国对饭食也主张以礼节之。如孔子就不止一次地表示，饮食最基本的原则应该是“乐”和“和”。对于遵守礼乐、有德行的人来说，吃饭不能要求过饱，居住不能要求过于安逸，所谓“君子食无求饱，居无求安”(《论语·学而》)。如果一个人既号称自己追求德行修养，却又过于讲究吃喝，这种人是不可理喻的，所谓“士志于道，而耻恶衣恶食者，未足与议也”(《论语·里仁》)。只要自己精神满足、德行高尚，即使吃糙米饭、喝凉开水，疲倦了只能曲臂作枕，小憩片刻，也能自得其乐，所谓“饭疏食饮水，曲肱而枕之，乐亦在其中矣”(《论语·述而》)。《说苑·杂言》记载孔子困于陈蔡之间，虽然七日不得食，黎羹不至，众弟子皆有饥色，但彼此犹能读诗书治礼乐。《尸子》记载孔子过盗泉，渴矣而不饮其水，恶其名也。盗泉在今天山东省济宁市泗水县，孔子途经此地时，虽然口渴异常，但因为憎恶“盗泉”之名，誓不饮用。

在门下众多弟子中，孔子最欣赏的就是颜回，因为只有他能做到“一箪食，一瓢饮，在陋巷，人不堪其忧，回也不改其乐”。所以，孔子数次称赞道：“贤哉，回也。”由此可见，孔子及儒家所追求的，已不是由丰衣足食、美味珍馐所带来的感官享乐，而是适度饮食所蕴含的精神愉悦与和乐之美。

孔子之后，战国时代的大儒孟子也非常注重饮食中的礼乐精神，坚持以礼进食。孟子曾经说过：“鱼，我所欲也；熊掌，亦我所欲也。二者不可得兼，舍鱼而取熊掌者也。生，亦我所欲也；义，亦我所欲也。二者不可得兼，舍生而取义者也。”(《孟子·告子上》)在这里，孟子把生命比作鱼，把道义比作熊掌，道义比生命更珍贵，就像熊掌比鱼更珍贵一样。虽然鱼是我想得到的，熊掌也是我想得到的，但在两者不能兼得的情况下，我宁愿舍弃鱼而要熊掌。生命是我所珍爱的，道义也是我所珍爱的，在两者不能同时得到的情况下，我宁愿舍弃生命而要道义。他还认为：“一箪食，一豆羹，得之则生，弗得则死。呼尔而与之，行道之人弗受，蹴尔而与之，乞人不屑也。”(《孟子·告子上》)意思是说，一箪食，一豆羹，吃了它就能活下去，免于一死。但如果有人用不礼貌的话语、不文明的行为给行人食物，路人肯定不愿意接受，还会轻蔑地用脚践踏之，甚至连要饭的乞丐也不愿意接受这种食物。孟子提倡的这种“舍生取义”“不食嗟来之食”的精神，与孔子的疏食饮水而乐在其中的精神，与颜回的箪食瓢饮于陋巷而不改其乐的精神，是一脉相承的。

孔子、孟子都是鲁地人，在成长过程中深受鲁文化的影响和熏陶。他们在饮食礼俗和精神追求上的主张，在很大程度上反映了鲁国饮食文化的基本内涵。

除孔孟的事迹外，鲁人以礼饮食、不违祖制最好的例证，当数战国时期鲁国第三十任国君鲁共公的事迹。

据《战国策·魏策》记载，魏惠王有一次在范台宴请各国诸侯，当酒兴正浓的时候，魏惠王要求鲁共公敬酒。鲁共公缓缓站起身，离开自己的座席，然后非常严肃地向魏惠王和在座诸侯讲了一番大道理：

从前，舜的女儿仪狄擅长酿酒，所酿的酒酒味醇美。仪狄把酒进献给了禹，禹喝后虽然觉得味道醇美，却因此疏远了仪狄，并戒了美酒，因为他知道：“（若提倡此风，）后代一定会有人因为美酒而亡国。”齐桓公一日夜里腹饥，大臣易牙就给他做了美味可口的菜肴。齐桓公吃得很饱，天亮仍未睡醒，醒了以后醒悟道：“（若提倡此风，）后代一定会有人因贪美味而亡国。”晋文公得到了美女南之威，三天不理朝政，但很快就把南之威打发走了，并说道：“（若提倡此风，）后代一定会有人因为贪恋美色而亡国。”楚灵王登上强台远望崩山，见左边是长江，右边是洞庭，还可以俯视方淮之水，觉得山水之乐可以使人忘记死之将至。但楚王却发誓不再登高游乐，并说道：“（若提倡此风，）后代一定会有因为修高台、山坡、美池而致使国家灭亡。”现在您酒杯里盛的好似仪狄酿的美酒；桌上放的好似易牙烹调出来的美味佳肴；您左边的白台、右边的闾须，都是好似南之威一样的美女；您前边有夹林，后边有兰台，都是好似强台一样的处所。这四者中占有一样，就足够可以使国家灭亡，可是现在您兼而有之，能不警戒吗？

在这里，鲁共公以美酒、美味、美女、美景为例，历数历史上大禹绝美酒、桓公杜美味、文公远南威、楚王弗登台四则事例，规劝魏惠王及在座的诸侯应该以史为鉴，节制享乐，因为这里面隐藏着亡国灭家的祸患。一国之君如果沉迷娱乐，不思进取，就会上行下效，使民风败坏、江河日下、国败家亡。

据学者考证，鲁共公在位的时间应该是公元前 382 年 ~ 公元前 353 年。当时的鲁国早已沦为二流小国，面临内忧外患，在魏、齐、楚等强国环绕的局势中，时刻都有被亡国灭家的危险。但鲁共公仍能够在魏惠王主持的诸侯群宴上冒着激怒魏王的危险，以礼相劝，据理力争，宣扬并推广自己信奉的饮食文化。说明直到灭亡前夕，鲁国都在坚守合理饮食、食不违制的文化传统，一以贯之，至死不渝。

2. 齐国人在饮食上崇尚享乐，趋于奢华

与鲁国人不同，齐国人在饮食上更倾向于注重享乐，讲究奢华。很多文献对此都有记载。

首先是国君生活奢华，不守礼制。《淮南子·用众》篇载："齐王之食鸡也，必食其跖数千而后足，虽不足，犹若有跖。"跖，就是脚掌。这里是说，齐国国君非常喜欢吃鸡，尤其爱吃鸡爪，而且一定吃数千只鸡爪才能满足口欲。

这里所说的齐王具体指哪位国君，虽不可详考，但齐国国君不守礼制、肆意饮食的事例却屡见于传世文献。据《左传·庄公二十二年》记载，齐桓公非常喜欢聚众饮酒，乐此不疲。一次，初到齐国的大夫陈完在家设宴招待桓公，由于吃得痛快，天色已晚时仍未尽兴，齐桓公便要求陈完命人掌灯，继续饮酒，但被陈完拒绝。

春秋晚期的齐景公亦热衷宴饮，时常聚众豪饮，日夜相继，有时七日七夜不止，长醉三日方醒，放纵不已。战国时期的齐威王在继位之初，也是

“好为淫乐长夜之饮”。

在国君的影响下，齐国的贵族大夫也热衷宴饮，追求享乐，动必有饮，举必有宴，聚食、酗酒之风盛行。据《左传·襄公二十八年》记载，齐国的公卿大夫在朝廷办公，由朝廷供给伙食，一天之内可以吃到两只鸡，所谓“公膳，日双鸡”。战国时期的孟尝君田文非常富有，厩马百乘，耕田万顷，他的后宫诸妃人人“衣缟纻，食粱肉”，锦衣玉食，生活奢华。家仆也个个食粱肉，衣丝绸，生活富裕。《说苑·尊贤》还记载齐相宗卫生活豪侈，不亚于前人，门尉指出他厨中有臭肉，雁鹜有余粟，果园有梨栗，可见他家产众多、生活奢华。

在现存文献中，齐国君臣中少有的几个不入流俗、不慕奢华、以礼节制饮食者中，最知名的当数春秋晚期的名相晏婴。据《晏子春秋·内篇杂下》记载，晏婴虽然先后辅佐几代齐君，但始终坚持吃糙米淡饭，外加一些青菜等，所谓“脱粟之食，五卵、苔菜耳矣”。有一次，晏子正在吃饭时，齐景公的使者到了，晏子只好留他吃饭，把一些食物分给使者吃，结果使者没吃饱，晏婴也没吃饱。使者回报齐景公后，齐景公派人给晏婴送去很多钱粮，以方便其待客。但一连送了几次，晏婴都推辞不受。

齐国君臣之间热衷宴饮、不守周礼的原因，当与齐国工商业发达、经济繁荣有关系。齐国通工商之业，便鱼盐之利，大力发展工商业，繁荣商贸。春秋初期齐桓公在利用管仲改革之时，更是提倡发展商贸业，大力促进齐国工商业繁荣，促进齐地经济发展。

《管子·侈靡》篇指出，提倡消费，鼓励富者豪奢，有利于经济的发展。家有余财者应该拿出余粮大量消费，美饰车马，尽情享乐，多置酒醴，尽情享用，只有如此，才能常年不衰。因为此举可以促进生产，刺激经济。普通百姓虽然没有珍奇宝物，但只要看重利益，上下奔波，财富就能流通，经济就能兴盛，百姓就会有饭吃、有衣穿。管仲还认为役使百姓的首要前提，就是满足民众的基本欲望，包括饮食。要满足民众的基本欲望，就需要富者散其财。而最好的散财方法，就是让富贵之人养成穷奢极欲的风气。如此，才能为民众创造更多的生存机会。另外，提倡消费，鼓励奢侈，还可以促进人与人之间的和睦相处。

这些措施在使齐国积累了大量财富的同时，也使齐国逐渐形成了尚富喜奢、以富为荣、追求享乐的社会风气。

总之，受建国之初方针政策的影响，齐、鲁两国的饮食礼俗有很多的相异之处，尤其是饮食观念，一直存在着尚侈与贵俭的重大差别。这两种不同的饮食消费观念对后世都产生了重要影响。

第十一章 宗教信仰

宗教是社会发展到一定阶段的产物，早期宗教主要包括先民对食物、祖先以及自然万物的神秘观念和祈求敬拜，并由此发展出对超自然神灵的信仰及崇拜。早期宗教的表现形式多为植物崇拜、动物崇拜、天体崇拜等自然崇拜，以及与人类自身相关的图腾崇拜、祖先崇拜等，是早期先民认识和感应外部世界的一种心理反映。

齐鲁文化中有关宗教信仰的内容非常丰富，且都有深厚的历史渊源。齐鲁文化的前身东夷文化非常发达，民众的宗教行为非常普遍，且很多有资料予以佐证。这种宗教文化和信仰风俗经夏、商、周三代的融合改造，在很大程度上被保留了下来。齐、鲁两国建立之后，两国统治者在周文化基本理念的指引下，对原有的东夷信仰文化又做了较大程度的改造。可以说，今天我们看到的齐鲁文化中的宗教信仰行为，是融合了东夷文化、中原文化以及齐鲁自身文化特色后所呈现的综合体，并经过两千多年的流传演变，所最终形成的文化心理行为。它本身就体现着中华五千多年文明史发展演变的痕迹。本章中我们根据相关资料，对文献记载较为丰富且可用新的考古资料予以印证的几种文化行为做详细说明，以期窥豹一斑，了解齐鲁先民思想信仰和宗教文化的大致面貌。

第一节　祭祀文化

祭祀是人们通过特定的器物和仪式向外界神灵表示敬重、敬畏并祈求其保护、庇佑的一种文化心理活动。据现有考古资料证明，早在遥远的旧石器时代，祭祀活动就已经产生了。如距今三万年左右的北京周口店龙骨山山顶洞人所居住的遗址中，在人骨骼的旁边发现有赤铁矿石粉粒遗存。人们将红色的粉粒撒在死者身上，用以表达自己的哀痛和怀念之情。这说明当时不但产生了较原始的祭祀活动，而且形成了一定的祭祀仪式。

其后，随着生产力的发展，这些产生于原始社会的种种祭祀活动和表达方式，逐渐成为固定的礼节和仪式。比如，在祭祀时，人们要将最好的或最新鲜的谷物、牛、羊等祭品奉献给神灵，还要通过焚烧、掩埋等方式让各类神灵品尝。另外，为保证神灵在享用时心神愉悦，人们还要奉献美妙的舞蹈，演唱动人的歌曲。这些礼节和仪式便构成了祭祀文化的主要内容。

据《左传·成公十三年》记载，祭祀和战争是早期人类社会最为重要的两大政治活动，所谓“国之大事，在祀与戎”。《周礼》一书则归纳了先秦时期存在的“吉、凶、军、宾、嘉”等国家最重要的五大礼制，其中居首要位置的“吉礼”专指祭祀时的礼制。吉礼中祭祀的对象主要包括天神、地祇和人鬼三大类，每类又具体包括：

天神：昊天上帝，日月星辰，司中、司命、雨师。

地祇：社稷、五帝、五岳，山林川泽，四方百物。

人鬼：先王，先祖。

除这些常规性的祭祀外，国家一旦遇到重大的事件，如战争、婚嫁、会盟、丧葬等，也要单独举行祭祀，以祈求神灵庇佑，确定事情顺利。另外，国家如果遇到重大的自然灾害，如水旱洪涝、山川崩裂、地震、瘟疫等突发事件，也会大行祭祀，以祈求消灾避难，力求平安渡过各类危机。

作为周王室分封的两大诸侯国，齐、鲁两国都有着非常发达的祭祀文化。由于资料缺失，现已很难详尽了解两国的祭祀活动，但从残留于后世文献中的零星记载看，齐、鲁两国在当时紧紧跟随周王室的步伐，对日月星辰、山川神怪、人王先祖等各类神灵都定期举行祭祀活动。尤其是鲁国，作为周公的封国和保存周礼最完整的诸侯国，必定会严格举行各种祭祀活动，不敢有丝毫怠慢。下面分别予以介绍。

一、鲁国的祭祀文化

鲁国人对祭祀活动有高度的文化心理认同。据《国语·鲁语上》载，鲁国的知名大夫展禽曾严肃指出："夫祀，国之大节也；而节，政之所成也。故慎制祀以为国典。"在他看来，祭祀是国家的大法，法度是治理国家的根本保障，所以为政者需要慎重地制定各类祀典作为治理国家的基本准则，不能轻易更改，否则便可能会动摇国本，影响稳定。祭祀之于国家稳定的作用，由此可见一斑。

另外，鲁文公时期的宗有司也曾指出："夫祀，昭孝也。各致齐敬于其皇祖，昭孝之至也。"此句的意思是，之所以要对自己的祖宗先人定期虔诚地祭祀，是为了向后世子孙展示孝道，从而保证本宗族子孙绵延不绝，宗族兴旺发达。

在这种文化心理的引导下，鲁国自立国之初即遵奉周礼规定，严格举行各类祭祀活动，春禘秋尝，不敢懈怠。如《诗经·鲁颂·闷宫》曾记载，鲁国上下"春秋匪解，享祀不忒"。春秋指一年；"解"通"懈"，即松懈；"匪懈"即没有疏忽松懈。"忒"即差错，"不忒"指没有任何差错。从中可以明显体会到，鲁国君臣是严格按礼制进行祭祀的，不敢有丝毫疏忽。

对于祭祀对象的选定标准，鲁国人也有非常清晰的认识。鲁僖公时期，鲁国大夫展禽在劝谏执政大臣臧文仲时，曾详细列举了国家应该和不应该祭祀的各类主体对象以及选择标准。他说：

> 夫圣王之制祀也，法施于民则祀之，以死勤事则祀之，以劳定国则祀之，能御大灾则祀之，能捍大患则祀之。非是族也，不在祀典。……凡禘、郊、祖、宗、报，此五者国之典祀也。加之以社稷山川之神，皆有功烈于民者也；及前哲令德之人，所以为明质也；及天之三辰，民所以瞻仰也；及地之五行，所以生殖也；及九州名山川泽，所以出财用也。非是不在祀典。

所谓“法施于民”，指制定并执行律法制度者。所谓“以死勤事”，指忠于职守、为民众利益不辞辛苦者。所谓“以劳定国”，指安邦定国、维护邦国利益者。所谓“能捍大患”，指在危难之际能用智谋、胆量抵御重大祸患、为民谋利益者。这些都是曾为维护邦国、宗族利益做出牺牲和奉献的历代先祖，后人理应依礼对其进行虔诚祭祀，不可忘怀。至于社稷山川、前哲令德、天之三辰、地之五行以及九州名山川泽等各类神灵，都有功于民，为民众生存繁衍提供了必需的物质保障，值得后人认真祭祀。除此之外、不在此祭祀“礼典”之内的，不需要祭祀。

国家祭祀主要有禘、郊、祖、宗、报五种不同的方式。所谓禘，指在始祖宗庙里举行的对诸神灵的盛大祭祀，其对象主要是历代先王祖辈。所谓郊，指在郊外举行的盛大祭祀活动，其对象主要是天地日月等自然神灵。所谓祖、宗之祭，主要指对祖先进行的宗庙之祭。所谓报祭，亦称告祭，指为报答祖辈神灵之恩德而举行的祭祀活动。周人就是通过这五种不同形式、不同场合、不同功能的祭祀活动，来祈求神灵庇佑的。

公元前684年，在齐、鲁长勺之战开始前，后来成为鲁国名臣的曹刿质问鲁庄公凭借什么可以打败齐国时，鲁庄公很自豪地回答道：“牺牲玉帛，弗敢加也，必以信。”意思是说，鲁国在日常对诸类神灵的祭祀活动中，所使用的牛、羊等牺牲以及玉、帛等美物，从来都是依礼进行的，不敢有丝毫的违背。可见即使到了周礼已经走向崩坏的春秋时期，鲁国依然很努力地按照周礼的规定严格祭祀，不敢怠慢。

从展禽和鲁庄公的言论中我们可以很明显感觉到，鲁国人对周礼中祭祀礼制的规定，有着清晰的认识和理解。大部分鲁国贵族士大夫都在很认真地坚守先辈礼制，虔诚祭祀。从《春秋》《左传》《国语》《礼记》《论语》等古籍中，我们了解到鲁国举行了大量的祭祀活动。如：

对祖先的祭祀。公元前 660 年，鲁闵公在宗庙中为其父庄公举行了声势浩大的祭祀活动。公元前 652 年，鲁僖公遍祭鲁国列代先君，并将其母亲哀姜的木主列入宗庙中受祭。公元前 527 年，鲁昭公在鲁武公的宗庙中举行祭祀典礼，并奉献有乐舞。公元前 502 年，鲁定公遍祭历代先公，并纠正了鲁文公曾经打乱的闵公、僖公之受祭顺序。

杨伯峻《春秋左传注》曰："鲁用周王之禘乐，于享大宾及大祭时用之。"作为周公的直接封国，鲁国因此得享周天子之礼乐，在诸侯国中是唯一一个有权祭祀上帝和祖先的国家。因此，鲁国频繁用禘祭的礼仪祭祀历代先公。

对天地的祭祀。公元前 629 年，鲁僖公于四月份举行祭天的郊祭，结果在占卜祭祀所用牺牲时，屡卜不吉，故只能免牲而祭。公元前 606 年，鲁宣公打算于三月份举行郊祭，结果选用的牲牛受伤，不能再入祭，只能重新占卜，结果被重新选用的牲牛又突然死亡，故只能放弃这次祭祀活动。公元前 584 年，鲁成公举行郊祭之礼时，一只鼷鼠将牲牛的角咬坏了。同样的事情还发生在公元前 494 年鲁哀公郊祭时。公元前 566 年，鲁襄公于四月份行郊祭之礼。公元前 495 年，鲁定公举行郊祭之礼。

依周礼规定，只有天子才能举行郊祭大礼，诸侯只能祭其封国境内的名山大川。诸侯国中只有鲁国可以独享天子之礼乐，举行郊祭之礼。现有材料所载最早的鲁之郊祭之礼，是从鲁僖公开始的。

对天体的祭祀。《左传》记载了鲁国历代国君举行的二十余次"大雩"之祭。雩祭是为祈求降雨、驱除干旱而举行的祭祀活动。据《礼记·月令》

载，仲夏之月，大雩帝，用盛乐。郑玄注："雩，吁嗟求雨之祭也。"《公羊传·桓公五年》："大雩者何？旱祭也。"鲁僖公二十一年（公元前639年）时，因大旱久久不能禳除，故希望用巫尪作牺牲，再次举行声势浩大的雩祭。

对地祇的祭祀。地祇包括社稷与山川之神。公元前712年，鲁隐公祭祀钟巫之神时，曾在社圃进行斋戒。这里的社圃，当指鲁国人祭祀土地之神的地方。公元前629年，鲁僖公望祭四方山川。《论语·八佾》记载，春秋晚期时，贵族季氏曾经祭祀过泰山之神。

社稷之神早在五帝时代既已产生，最早的社神相传是传说时代共工氏之子后土。社稷是国家的象征，故社稷之祭受到历代统治者的重视。鲁国自分封之时起，国内便存在着两种不同的祭社文化：一种是用于周族人祭祀的"周社"，一种是用于殷遗民祭祀的"亳社"，二者直到春秋之世仍然共存，彼此独立。鲁哀公四年（公元前491年）六月辛丑，亳社遭受天火之灾。鲁定公六年（公元前504年），大夫阳虎发动政变时，曾"盟公及三桓于周社"，"盟国人于亳社"，希望通过此举获得鲁国君臣及普通国人的全面支持。鲁哀公七年（公元前488年），鲁国军队攻入邾国，擒获邾国国君，并将其"献于亳社"，向诸神灵宣告邾国已亡。

山川之祭又称望祭。古人认为"国主山川"，山川稳固意味着国运昌盛，而山川崩裂则意味着国运衰败，故各诸侯国对山川之祭都不敢松懈。因各诸侯国内都有非常知名的名山大川，故山川之神多为地方神，有很强的地域性，各诸侯国只能祭祀本国内的山川地望。按周礼规定，鲁国可以举行三望之祭，即可祭祀岱（泰山）、河（黄河）、海（大海）三种山川之神。

但受春秋社会"礼崩乐坏"大环境的影响，鲁国也出现了不同程度的违礼祭祀行为。公然违背祭礼制度者，有国君，也有卿大夫。目前可考知的这类违礼行为有：

（1）鲁桓公：鲁桓公在其即位五年（公元前707年）时举行大雩之祭。《左传》明确批判此次祭祀"不时"，因为凡祀，启蛰而郊，龙见而雩，始杀而尝，闭蛰而烝，过则书。此次祭祀与礼制规定的雩祭时间不合，故属于违礼行为。

（2）鲁闵公：鲁闵公二年（公元前660年）五月，鲁闵公"吉禘于庄公"，即用禘礼祭祀其父庄公。《左传》明确指出，"速也"，禘祭应该在先公去世三年时才能举行。时间未到而举行此礼，属于违礼行为。

（3）鲁僖公：鲁僖公八年（公元前652年）秋季，鲁僖公举行宗庙合祭，用禘礼祭祀哀姜。《左传》指出："禘用致夫人，非礼也。"又，鲁僖公三十一年（公元前629年）四月，鲁僖公欲举行祭天之郊祭，经多次占卜仍然不能取得理想的效果，"乃免牲，犹三望"。《左传》指出："非礼也。"

（4）鲁文公：鲁文公二年（公元前625年）八月，鲁文公在太庙举行合祭先祖先公之礼时，"跻僖公"，即有意让人将其生父鲁僖公的牌位放在了鲁闵公牌位之前，属于明显的"逆祀"行为。按即位顺序，鲁闵公在前，鲁僖公在后，在后世祭祀过程中，闵公的牌位理应放在僖公牌位之前。鲁文公此举违背了周礼的"亲亲尊尊"之义。

（5）鲁宣公：鲁宣公三年（公元前606年）正月，鲁宣公在多次占卜不吉后，仍然举行郊祭大礼，而且"犹三望"。《左传》指出："不郊而望，皆非礼也。"

（6）鲁成公：鲁成公七年（公元前584年）正月，鲁成公在占卜不吉后，"不郊，犹三望"，属于明显的违背礼制行为。

（7）臧文仲：臧氏执政鲁国时，有海鸟曰"爰居"，止于鲁东门之外三日，臧文仲使国人祭之。面对此违礼行为，大夫展禽曾极力劝谏，但并没有被采纳。

（8）季平子：鲁昭公十年（公元前532年）七月，季平子攻伐莒国，大获全胜，"献俘，始用人于亳社"，用活人进行祭祀。臧武仲对其违礼行为大加斥责，认为此举"无义"。

（9）季康子：《论语·八佾》记载，季氏曾祭祀泰山，孔子对此非常愤慨，大声责问时任季氏之宰的弟子冉有为何不劝阻。祭祀泰山本为周天子的特权，因鲁国可享天子之祭礼，故鲁国国君也可以祭祀泰山。但季氏作为鲁国的卿大夫，却越权祭祀泰山，属于公然的违礼行为。另外，季康子曾经使“八佾舞于廷”，公然使用了国君的礼乐，孔子认为其行为“是可忍，孰不可忍”。

综上可知，在两周时期，鲁国基本上都能按照周礼的规定，严格安排各项祭祀活动，认真遵循贯彻先祖周公制订的各种礼制规定。但随着春秋时期礼崩乐坏局势的形成，鲁国君臣中也出现了越来越多的违礼祭祀行为，从而引起了展禽、孔子等有识之士的批评和反对。但与同时期其他诸侯国相比，鲁国违背周礼的程度是最轻的，其祭祀文化也在更大程度上符合周礼的原貌。

二、齐国的祭祀文化

齐国最知名的祭祀活动，首推其对社稷的祭祀。

据《春秋》《左传》《国语》等文献记载，公元前671年夏天，鲁庄公打算到邻近的齐国去观看齐国祭社，虽有名臣曹刿等极力劝谏，但鲁庄公最终还是不听劝阻，执意前往，观社而归。

春秋时期，与鲁庄公有同样观社经历的，还有楚国的使者薳启强。《左传》载，鲁襄公二十四年（公元前549年），齐庄公率军攻伐晋国之后，因害怕晋国报复，便有意拉拢南方的楚国共同对抗晋国，因此楚国国君派大臣薳启强使齐，商定两国君主结盟之事。薳启强到达齐国后，齐国举行了声势浩大的社祭之礼，“搜军实，使客观之”。

从鲁庄公和楚薳启强的观社经历中，我们至少可以得出有关齐国社祭的几条重要信息：

首先，春秋时期齐国的社祭已有了深厚的军事内涵。曹刿称鲁庄公到齐国观社是“往观旅”。旅的本意指军队的编制单位，五百人为一旅。《说文解字·㫃部》：“军之五百人为旅。”所谓观旅，即观看齐国整阅军队。而薳启强在齐国观社时，正是齐国为防备晋国的军事攻伐而全力备战之际。军实，专指军队中的器械和装备。《左传·宣公十二年》：“在军，无日不讨军实而申儆之。”杜预注：“军实，军器。”所谓“搜军实”，杜预认为是“阅数军器”，即检阅军队，审查军事装备，全力备战。齐国在薳启强出使时进行社祭，并“搜军实”，主要目的是向楚人展示自己强大的军事实力，从而坚定楚国与之联盟的信心。

其次，春秋时期齐国的社祭已成为齐国外交政治的重要方式。齐国通过邀请他国政要前来观看社祭礼仪，加强彼此之间的友好关系。鲁庄公在观社的前一年，其母文姜去世；在观社之后的一年，鲁庄公便娶夫人哀姜于齐。这说明鲁庄公到齐国观看社祭，本意并不在社祭本身，而是为了了解齐国的军事，以决定是否需要与齐国继续保持政治联姻、加强联盟。而齐国之所以让薳启强前来观看社祭，是因为自己正要联合楚国对抗晋国，齐人用举行社祭的方式表示自己的友好与诚意。另外，齐国社祭既然值得外人围观，说明其规模应该不小，也应该有烦琐的程序和礼仪，而举行此祭祀礼仪的场所也应该相对固定。

另据《墨子·明鬼》等记载，齐国的社祭在春秋各国中非常有名，所谓："燕之有祖，当齐之社稷，宋之有桑林，楚之有云梦也，此男女之所属而观也。”这里所说的燕国的“祖”、宋国的“桑林”、楚国的“云梦”等，都是各国举行盛大社祭活动的地方。齐国的“社稷”与之同类，说明社祭已成为齐国极具自身特征的一种文化现象，也成为其他各国认识齐国文化习俗的一个重要途径。

最后，春秋时期齐国社祭的性质与功能，与西周齐太公时期的社祭已有了很大不同。曹刿先说齐之社祭是在弃太公之法，又说齐之社祭“非故业”，说明随着时间的推移，齐国社祭的内容已发生了明显变化。

据《左传》《国语》等书记载，社祭本源于先民对土地的崇拜，是专为祭祀社神举行的。童书业先生考证，最早的社神就是“后土”，为古代神话传说中共工氏的儿子。他因善于治理水土而被后人立为社神。

在神话传说中，作为社神的后土，其属性主要是生殖与土地之神。先民之所以要祭祀社神，是为了祈求农业丰收，希望五谷丰登，故社祭都有固定的举行时间，一般都在春、秋、冬三个季节举行，春天祭社是为了祈求风调雨顺，农业有成；秋冬祭社则是为了感谢大地恩赐，喜获丰收。

随着社会的发展，社祭开始与国家的军事行动紧密结合，各国国君在出征前要举行祭社，统兵将领在出征前也要受脤于社。等到战争结束之后，还要在社地举行献捷仪式，表彰军功。这样做的目的，一方面是为了使参加战争的将领获得社神的保佑，以期在战争中获取胜利；另一方面也通过祀社使此次对外战争获得宗教意义上的合法性。献捷于社的目的，是为了感谢社神的保佑，此处的社祀有报偿的功效。①

很明显，齐国的社祭活动已与社祭所具有的最初功能相去甚远，而有了“搜军实”“观军旅”等军事功能，这与春秋时期列国纷争、霸权迭起的社会大环境也是相符合的。

除社祭之外，齐国还存在一种名为“巫儿”的祭祀文化，在同时期的其他各国中鲜见，值得关注。

据班固《汉书·地理志下》的记载，齐国本地存在着一种特殊的祭祀——“巫儿”祭祀风俗，即由家中长女主持各种祭祀活动。这与周礼中由男子主祭的礼俗完全相反。班固称这种习俗起源于齐襄公。由于齐襄公与其妹文姜长期乱伦，为掩盖此丑行，便对外号称齐国的长女依俗当为家族的主祭者，负责每年的家族祭祀活动，所以终身不得外嫁，否则会对其家族及家人不利。此后相沿成习，渐成齐国风俗，至汉代依然流行。

商周时期，祭祀是家国大事，所谓“国之大事，在祀与戎”。因为祭祀和战争是历代王朝最为看重的大事，故每次祭祀的主祭权和战争的指挥权也就成为权力和地位的重要体现。就一国而言，只有最高统治者——国君才有资格主祭和主战；就单个家族而言，一般只有家族长或宗族长才有资格主持自家的祭祀活动。

可能由于“巫儿”祭祀风俗的盛行，齐地直到汉代时仍然由女性主持家族祭祀，这在全国都属于较为罕见的现象。由于史料短缺，齐国民间的“巫

① 魏建震：《先秦社祀研究》，人民出版社，2008，第262页。

儿”现象难见详细记载，但其贵族阶层中出现的女性祭祀现象，则有《史记·齐太公世家》为证。

据司马迁记载，在春秋晚期的公元前490年，在位58年之久的齐景公在将继任之君公子荼托付给上卿国惠子国夏与高昭子高张后，溘然离世。在高、国两大宗族贵族的全力支持下，公子荼顺利继位，是为齐晏孺子。但几乎与此同时，一场旨在夺取最高统治权的政治阴谋却已在酝酿，蓄势待发。齐晏孺子元年，贵族陈乞秘密联合鲍氏宗族长鲍牧发动政变。陈乞先派人到鲁国召回外逃避难的公子阳生，藏匿于家中，然后遍请齐国诸公卿大夫，理由是："常之母有鱼菽之祭，幸来会饮。"然后在举行宴饮的过程中，陈乞便将公子阳生放置在一个大的口袋中，并将其置于厅堂最中央，然后拿掉口袋，对诸大夫说“此乃齐君矣”，诸大夫皆忙跪拜，从而正式确立了公子阳生的君主地位。接着，陈乞又率甲士攻打王宫，赶跑国夏、高张，杀死晏孺子，立阳生为君主，彻底掌握了齐国大权。

《公羊传》载："常之母有鱼菽之祭。"汉何休注："齐俗，妇人首祭事。"意思是说，陈乞自己的母亲近日主持了一次本家族的祭祀活动，请各位大夫前来捧场。这里明确提到了陈氏宗族祭祀活动的主持者为年长的女性，与齐地流行的“巫儿”风俗基本符合。陈氏宗族的祭祀活动既然可以作为一个家族内的盛事，而邀请同僚贵族前来参加，并举行声势浩大的宴饮活动，说明这种祭祀风俗在齐国是普遍存在的，齐国各级贵族官僚对此也是广泛认可的。

但有一点需要说明的是，齐国的这种由“巫儿”主持家族祭祀的文化现象，却不是如刘向所说起源于齐襄公时期。其原因大致有这样几种。

首先，齐襄公与其妹文姜的兄妹乱伦行为，以及为掩盖此行为而戕杀鲁桓公、祸乱齐国的系列行为，自春秋早期开始就已受到时人强烈的批判和讨伐，齐国人已对齐襄公的品德和行为予以全面否定，故不可能因为他的“淫乱”“乱政”行为而形成一种新的社会风俗。

其次，齐国女子作为主祭者在各自的家族中主持祭祀，这与《国语·楚语》所载五帝时期的“家巫”现象极为类似，说明其源头当来自更早的远古时期。据《国语·楚语》记载，大臣观射父在为周宣王解释古代“绝地天通”的神话时提到，五帝时期的少昊时代晚期，由于统治不力、政治失序，九黎反叛，社会混乱，从而造成原有的祭祀传统遗失，人人都可通过自己的方式随意与神灵沟通，家家都可以举行祭祀活动。而各家中主持祭祀的，可以为男性，也可以为女性，只要其人精爽不贰、齐肃聪明，就可以“制神之处位、次主，为之牲器”，“在男曰觋，在女曰巫”。

在这里，观射父虽然对古代社会中“夫人作享，家为巫史”的行为进行了严厉批判，却无意间为我们描述了五帝时期女子广泛参与祭祀活动、与男子平享祭祀主持权的远古文化现象。据其所知，“家为巫史”的现象发生在少昊时代晚期，而少昊最初是五帝时期活动于海岱地区东夷民族的部族首领，其文化足迹遍布整个山东地区。因此，观射父所说的女子主持家族祭祀的现象，很可能就是五帝时期东夷民族的祭祀风俗。齐国因为建国之初奉行“因其俗，简其礼”的政策，对齐地的东夷文化有较大程度的保留和沿袭，故齐地才会残留原始先民中这种女子主祭的名“巫儿”的祭祀风俗。

通过上述分析可知，齐国的祭祀文化有非常明显的东夷旧族祭祀礼俗的痕迹。与鲁国祭祀多依周礼为根本依据不同，齐国的祭祀则更多地残留了早期东夷族的文化传统。可以说，鲁国的祭祀文化是革新的，齐国的祭祀文化是因循的。

第二节　齐地八神

《史记·封禅书》记载了历代帝王封禅泰山、礼祭四方神灵的史事，其中秦始皇在祭拜完泰山之后，还礼祭了东方的诸名山大川和原属齐国境内的八位神灵，具体包括：

一曰天主，祠天齐。天齐渊水，居临淄南郊山下者。二曰地主，祠泰山梁父。盖天好阴，祠之必于高山之下，小山之上，命曰“畤”；地贵阳，祭之必于泽中圜丘云。三曰兵主，祠蚩尤。蚩尤在东平陆监乡，齐之西境也。四曰阴主，祠三山。五曰阳主，祠之罘。六曰月主，祠之莱山。皆在齐北，并勃海。七曰日主，祠成山。成山斗入海，最居齐东北隅，以迎日出云。八曰四时主，祠琅邪。琅邪在齐东方，盖岁之所始。皆各用一牢具祠，而巫祝所损益，珪币杂异焉。

关于“齐地八神”出现的具体时间，司马迁时已不知其详，故他在《史记·封禅书》中只能推测说“自古而有之，或曰太公以来作之”。其源头或可追溯到古夷民族生活的时代。但这八神的区域地望是明确的，即都位于当时的海岱地区，八神原属本地土著居民祭拜礼祀的对象。

关于这八位神灵在今天的地望，烟台博物馆的林仙庭先生已做详细考证。他结合山东各地所出土的相关考古遗址资料，考证出所谓的“齐地八神”所在的具体地点周围都有着发达的早期古国文化，“齐地八神”最初都是各自地域内的原始居民出于对自然物象的敬畏创造出来的。[①] 这八位神灵可以看作是齐鲁地区部分古族、古国的宗教代表。

天主之神在今淄博市城东南 10 公里许的牛山西北麓。《水经·淄水注》云：“天齐渊，五泉并出，北流注于淄水。”可知天齐原为淄水之神。今天淄博市的牛山为淄水东岸的河滩地带，泉水众多，为淄水的重要源头之一。天主神所在的淄博地区周围发现了像后李文化、大汶口文化（鲁北类型）、寿光边线王、邹平丁公、临淄桐林田旺等众多考古学文化遗存，为早期东夷民族的主要生活地之一。

地主之神在泰山梁父，又称“梁甫”，为泰山东南 30 公里处的一座小山，

① 参见林仙庭《齐地八神与东夷古国》，载谢治秀主编《齐鲁文博——山东省首届文物科学报告日文集》，齐鲁书社，2002，第372～384页。

相传山下原有地主坛。泰山之南为鲁南汶泗平原，发现有北辛文化、大汶口文化、龙山文化尹家城类型等诸多考古学文化遗存，古史传说中五帝之一的少昊之族就生活于此，为海岱地区的一个重要文化中心。

兵主之神在汶上县南旺镇西北。在早期神话传说中，最早的兵主为蚩尤，是早期东夷族的英雄人物。蚩尤族在当时以善战出名，铜头铁额，会制造兵仗、刀戟、大弩等武器，英勇无比，威震天下。据《史记》《逸周书》等典籍记载，蚩尤曾与炎帝、黄帝大战于中原各地，最后被黄帝打败于涿鹿之地。相传蚩尤被杀后，身首被分别埋葬于"东平寿张县"和"山阳巨野县"。今汶上县南旺镇西北 5 公里处有阚城遗址，据传即当初蚩尤冢的所在地。

阴主之神在渤海莱州湾东岸。这里自古便是著名的盐场，以盛产食盐闻名。齐桓公任用名相管仲进行改革时，曾使用"通齐国之鱼盐于东莱，使关市几而不征"的方式，加强与此地的联系与沟通。

阳主之神在烟台的芝罘岛。芝罘岛为今烟台市区北部的一个陆连岛。芝罘岛前有一环形港湾，是先秦时期著名的转附（芝罘）所在地。春秋晚期，齐景公曾向名臣晏子坦言，自己"欲观于转附"，即想到今天的芝罘岛一带去游观。此地发现了很多早期的贝丘遗址，在商周时期则是古代己国的所在地。1976 年，在芝罘岛康王坟山脚下的明朝建阳主庙内，曾发现秦代祭祀坑，里面出土 8 件祭祀用的玉器，分 2 组，各有 1 圭、1 璧、2 觽。圭，白色，长 9.3 厘米。璧，直径 16.5 厘米，豆青色，光洁而润泽，满饰谷纹。觽，形状细长，有较重的土红沁色，长 11.5 厘米。这两组玉器当为古人祭祀月主时所用之物。

月主之神在烟台莱山。莱山是古老的黄县境内的第一高峰，山势雄伟。距离今天月主祀行宫遗址约 1 公里处，即规模庞大的归城古城所在地，说明此处应该是早期东夷民族的主要聚居地。另外，这里发现了许多古人祭祀月主之神的遗迹、遗物。

日主之神在威海市荣成的成山头。此地位于山东半岛的最东端，向有"天尽头"之称。在古代神话传说中，这里是太阳神自东向西循行天空的始发地，更是古代先民最早见到太阳神的地方。成山头周围不仅发现有许多原始文化遗存，还发现有许多早期东夷民族崇拜太阳和祭祀太阳的原始遗迹。

四时主之神在琅琊，在今青岛市黄岛区西南26公里处。琅琊台周围的广大河谷丘陵地区是齐鲁大地的东南文化中心区，现已发现莒县陵阳河、大朱村等非常发达的史前文化遗址，出土了具有早期文化性质的陶器，发现了与原始居民观象授时之历法有关的祭祀遗址，说明此地区为早期东夷民族的主要活动地。

通过上面的分析可知，齐地八神在空间上散布于整个海岱地区，体现了古齐地居民对“齐地八神”的信仰与祭祀。齐地八神的源头当是远古时期生活于海岱地区的东夷民族所创造的早期文化。后人祭祀的齐地八神，在很大程度上遵循的是早期东夷民族的文化传统和信仰风俗。

“齐地八神”中的四位，即日主、月主、阴主、阳主，都与早期居民的太阳崇拜观念有密切的关系。单纯从字面意思来看，日主指太阳神，月主指月亮神，阳主指司阳界之神，阴主指司阴界之神。《礼记·少仪》郑玄注：“左，阳也，阳主生。”“右，阴也，阴主杀。”《黄帝阴符经》载：“阳主生，阴主杀。”学者认为这里的阴主和阳主，即《汉书·郊祀志上》中的“阴阳使者”，也即唐人颜师古所说的“阴阳之神”。八神中的阴主与阳主，当分别指主裁阴阳两界的神灵。他们都与太阳有密切的关系，日神自不待言，月亮是太阳在晚间的运行象征，阴主和阳主也都与太阳的循环运行息息相关。他们同时在齐地的胶东半岛出现，说明当时海岱地区的早期先民曾普遍存在着太阳崇拜观念和太阳神信仰的社会风俗。

据史料记载，秦始皇一生曾分别在公元前221年、前219年、前210年三次东巡胶东半岛；西汉汉武帝也曾于公元前94年东巡泰山，祭祀齐地八神；大约到汉成帝时，由于国家经济状况日渐衰落，朝廷开始削减祭祀用度，古齐地的这些日、月、阴、阳之神的祭祀才渐渐不再兴盛。

第三节　太阳崇拜观念

太阳崇拜与太阳神话是世界各个民族共有的文化观念。世界各个地区的早期居民都不同程度地有着崇拜太阳、祭祀太阳的文化行为。高福进先生在《太阳崇拜与太阳神话》一书中，曾对欧洲、非洲、美洲、亚洲及大洋洲等世界各地在各个历史时期的太阳崇拜现象做了详细论述，从中可看到太阳崇拜行为的世界普遍性。[①]这其中的原因，应该与古人征服自然的能力还比较低下有关。尤其是寒冷的冬天和漫漫长夜，让他们感觉到巨大的痛苦和无助，只有当太阳升起，大地一片光明时，他们才能感觉到温暖和生存的希望，久而久之，便对太阳产生了感激和依赖之情。

中华早期先民也存在崇拜太阳、祭祀太阳的文化行为。早在新石器时代，仰韶文化遗址出土的彩陶片上就刻画有金乌负日而行的图像；商代甲骨文中也有“宾日”“出土”“入日”的记载；秦汉时期中央王朝曾多次祭祀太阳；甚至直到明清时期，日坛、月坛的香火祭祀仍然非常兴旺。这说明对太阳的崇拜在中华文化中不但起源时间早，而且延续时间长。在中华五千多年的文明发展历程中，太阳崇拜的文化好像一直都存在。

而齐鲁文化所在的海岱地区也早在上古时期即存在着内涵丰富的太阳崇拜现象。只是由于传世文献记载不足，今天已很难对其做全面的复原和再现。但近年来大量出土的考古资料为此提供了较多实物资料。

一、文献记载中的太阳崇拜

1.嵎夷、旸谷、扶桑与太阳崇拜

《尚书·尧典》曾记载，生活在远古时代的羲和大神曾经命令下属羲仲居

---

① 参见高福进：《太阳崇拜与太阳神话——一种原始文化的世界性透视》，上海人民出版社，2002，第53页。

住于嵎夷之地，专职负责“寅宾出日，平秩东作”。这里的嵎夷，还有一个名字叫旸谷。《尚书》明确提到，旸谷就是太阳初升的地方。据著名历史学家顾颉刚、刘起釪先生的研究，“寅宾出日”指古人对太阳的祭祀。因为羲仲是主宰东方的方位神，所以由他负责太阳每天的升空工作。“平秩东作”，指原始先民在部落首领的带领下，于每年的固定时间到东方地区祭拜太阳，并测算历法，以便于农业劳作。[①]很明显，这里所记载的应是早期海岱地区的远古先民在嵎夷之地祭拜太阳、迎接太阳神灵的现象，羲和便是上古神话系统中的太阳神。

《世本》《吕氏春秋》《山海经》等书还记载，太阳神羲和生活在古代的东南海之外、甘水之间，是一名女子，曾经生了十个太阳。每天早上，羲和都要在一个叫汤谷的旁边，给十个太阳沐浴洗澡，然后给其中的一个套上马车，从东方的嵎夷出发，绕天空一周，下午到西边的天空中落下。而其他的九个太阳则被放在汤谷旁边的扶桑树上。到了第二天，再由另一个太阳完成行走天空的任务。周而不始，不息不殆，世不失职。

从神话学的角度讲，汤谷是太阳神羲和的居住地，也是其出日、浴日的场所。羲和作为太阳神，不仅能生十日，还安排太阳每天从东边正常升起，傍晚从西边落下，周而复始，生生不息。在先人的观念中，太阳、月亮、星辰都是有生命的，故也有生身之父和生身之母，而太阳的生身之母便是羲和，也可被称为“日母”。

在神话传说中，汤谷中有扶桑树，是专供太阳神栖息的神树。扶桑树长得非常高大，长数千丈，大二十围，它们两两同根相生，相互依倚，故名扶桑。这里的汤谷，应该就是上文所说的旸谷，只是写法不同罢了。

无论是嵎夷、旸谷，还是汤谷，都是远古太阳神出没的地方。太阳神在此栖息、沐浴，然后开始一天的工作。

关于嵎夷的具体所在，学者多认为当位于今天山东地区的东部沿海一带，

---

① 顾颉刚、刘起釪：《尚书校释译论》，中华书局，2005，第38～40页。

尤其是胶东半岛地区。《尚书·禹贡》明确记载："海、岱惟青州：嵎夷既略，潍、淄其道。"汉孔安国注："东表之地称嵎夷。"《释文》马融注曰："嵎，海嵎也。夷，莱夷也。"又注释"旸谷"道："旸谷，海嵎夷之地名。"可见，嵎夷即生活于东部海嵎周围的夷人，而生活于山东胶东半岛地区的莱夷，就是其中的重要一支。

另据宋人薛季宣的《书古文训》和蔡沈的《禹贡注》可知：嵎夷，海嵎诸夷，在登州，今蓬莱一带。元于钦的《齐乘》也指出：宁海州为嵎夷。宁海属于今天烟台市的牟平区，古属登州管辖。对于莱夷，晋杜预注："今山东黄县。"《禹贡锥指》引唐颜师古注："莱夷，莱山之夷……即今莱州之地。"而这里的黄县和莱州都位于今天的烟台地区。

刘玉明先生通过对乳山南、北斜山一带发现的积石小型祭祀坑及所见陶器文字的分析与论证，认为《尚书》中的嵎夷当位于胶东半岛昆嵛山周围、乳山和文登之间的黄垒河、母猪河一带。[①] 林仙庭先生也认为《尚书》中的嵎夷与莱夷是胶东半岛原始居民中的两大族属，其中的嵎夷指胶东滨海地区的夷人，莱夷指以莱为名号的夷人。在胶东半岛，名号与莱有关的山川事物很多。胶东半岛与西部内陆的分界线是胶莱河……除河流之外，与国名、族名关联密切的还有山脉，如莱山、之莱山、福莱山等。在莱河以东的胶东半岛可以看到更多与莱有关的遗址。[②]

以上学者对嵎夷地理位置的论证涉及传世文献、考古资料等方面，所论大致可信，都体现了齐鲁早期先民崇拜和祭祀太阳的现象。

2. 太昊、少昊与太阳崇拜

据现有传世文献记载，在齐鲁故地上生活的早期原始居民中，最知名的部落首领有两个，一个是太昊，一个是少昊。两大部族在此生活、繁衍了上千年的时间，他们的宗族分支遍及齐鲁大地的诸多地方。齐鲁大地上的居民

---

① 参见刘玉明：《嵎夷考略》，《东岳论丛》1986年第2期。

② 参见林仙庭：《莱国与莱都》，载烟台市博物馆编《考古烟台》，齐鲁书社，2006，第131～140页。

基本上都是太昊氏和少昊氏的后代。

如果从古文字字形上分析，“昊”字写作、等形，像站立的人头上顶着一个大太阳。学者已指出，此字最初指的便是早期的太阳神。著名学者唐兰先生认为，东方民族之所以称他们的君长为太昊、少昊，就是因为他们是代表上天的太阳神。因为东方民族自认为他们所在的地区是太阳神出现的地方，所以认为太阳神是天神中最尊贵的。《山海经》曾记载少昊氏之国位于东部大海之中。据《左传》记载，郯国国君还明确提到少昊氏部族是以鸟为图腾的。而鸟在神话思维中是太阳神的物化，与太阳可合而为一。另外，太昊在文献中又叫伏羲，而羲字最初指太阳的光芒，太昊也是太阳神。因此可以说，齐鲁故地生活的少昊氏、太昊氏部族都是崇拜太阳、信奉太阳神话的。

3. 朝、东、杲与太阳崇拜

早期的汉字形体也为我们提供了山东地区太阳崇拜与太阳神话存在的证据。汉字在被创造的过程中很好地反映了古人的社会文化和思维观念。其中对太阳崇拜与太阳神话体现最明显的，当属“朝”“东”“杲”三个字。

“朝”字在金文中作形，左边日在木中，正是“日出旸谷，拂于扶桑”之意。右边的为海波浩渺之意，形象地反映了太阳从东方大海升起的景象。“东”字在甲骨文中作形，像日在林木中。“杲”字在甲骨文中作，像日在木上。此“木”即太阳神话中的扶桑。“东”字形显示日在扶桑树中，表示太阳已离开水面，上升到扶桑树的半腰上了。“杲”字形显示日在木上，表示太阳已从扶桑树半腰进一步上升到树梢上了。

这三个字都是用太阳运行中的不同位置来表示时间的早晚，它们可体现出太阳最初是从东部大海中升起，慢慢攀升到海边的扶桑树上，然后再从扶桑树上慢慢运行于天空之中，最后在西边山中落下，完成一天的运转。上文已提及，太阳神升起的大海与扶桑都位于现在的山东半岛地区，它们的存在都是对山东地区远古时期存在太阳崇拜和太阳神话的反映。

二、考古实物中的太阳崇拜

除相关文献记载外，近年来大量考古遗址的发掘和考古资料的问世，也为山东地区远古时代存在太阳崇拜与祭祀观念提供了更多鲜活的资料依据。

1. 太阳纹图案与太阳崇拜

山东地区多处考古遗址出土的器物上都有太阳纹图案存在，比较明显的有这样几例。

（1）在距今五千年左右的烟台福山区邱家庄晚期遗址所出陶器上，见到多处太阳纹图案，纹饰的中间为一圆圈，周围有长短不一的放射线，形似光芒四射的太阳。虽然整个图像的画法显得笨拙，且不甚规整，但太阳的整体形象已表露无遗、清晰可见。

（2）在烟台芝罘区白石村文化二期陶器上所见众多纹饰图像中，除常见的刻画纹、方格网纹、三角形条纹、弧线纹外，还发现一种太阳纹图案，中间为一圆圈形，四周刻画一圈短线作太阳光芒四射状，图像同样刻画简单，形象直观。

（3）在属于大汶口文化晚期的烟台长岛北庄遗址中，发现了一件画有数个太阳图案的三足盘。

（4）在颇具东夷文化特色的威海市乳山南黄庄西周祭祀坑中，发现了刻有清晰太阳纹图案的陶鼎。

（5）1964 年，烟台归城和平村村民在院中掘井时，挖出了一件编钟，口扁圆，甬呈柱状，干上设一环耳，环耳中挂一铜钩，高 39.5 厘米。中部有“”形族徽，这在胶东地区的考古资料中尚属首见。对于此族徽图像的释读，学者认为其像口两边有毛，似为胡须的“胡”字。其实从直观上看，此族徽更像是一个四周发光的太阳，中间的圆圈为太阳形状，四周的放射线像太阳发出的光芒，体现的当是一个以太阳为图腾的部族聚落。或许在当时的胶东地区，还活跃着一个以太阳为图腾的土著部族。

（6）1976 年，考古工作者在威海乳山南斜山村的刁虎山前坡上，发现了五六处半地穴式、用自然石块与石片砌筑而成的正方形小坑，各坑的面积、建造方式大体差不多，坑间的距离略有差距，彼此呈东西向排列。考古学者对其中一座方坑做了清理，发现了数个夹砂红褐色鼎式陶鬲残片，并复原了两件。其中一件陶鬲的颈下部刻画两个陶文，图形古朴，未见相关文献中有记载。刘玉明先生从字形的角度入手，认为这两个字外围的“圆圈是装饰或表祭祀之义，不属于字的部分”，而左边圆圈中的字可释为“出”，右边圆圈中的字可释为“日”，两者合读，即为“出日”二字，此与《尚书·尧典》中羲仲“寅宾出日”的记载正好吻合。因而，南斜山地区的数个积石坑，当为居住于此地的原始先民拜祭太阳神的祭祀坑，坑中所有器物都属于祭祀太阳神的供品。[①] 对此，学者多表示赞同，并进一步指出右边圆圈内当为植物图形，代表农作物，左边圆圈内之圆当为太阳，左边圆圈当代表天界，右边圆圈当代表地界，其含义是先民祈祷天界的太阳赐地界农作物以丰收。[②]

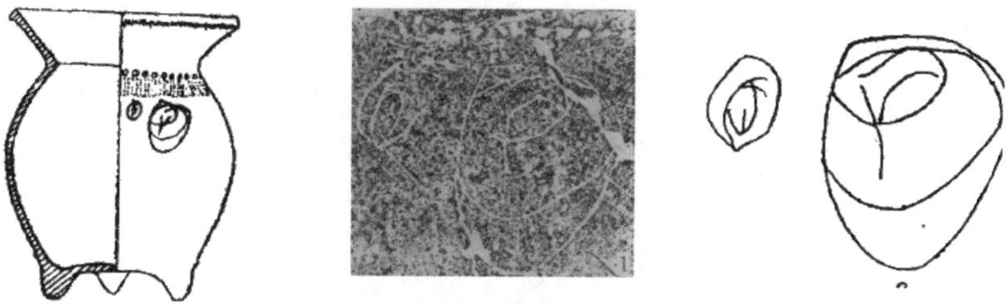

刁虎山遗址出土陶鬲上的陶文符号

（7）齐国故地出土的数量可观的瓦当上有很多太阳纹的图案，且多与树木、云纹等配套出现。

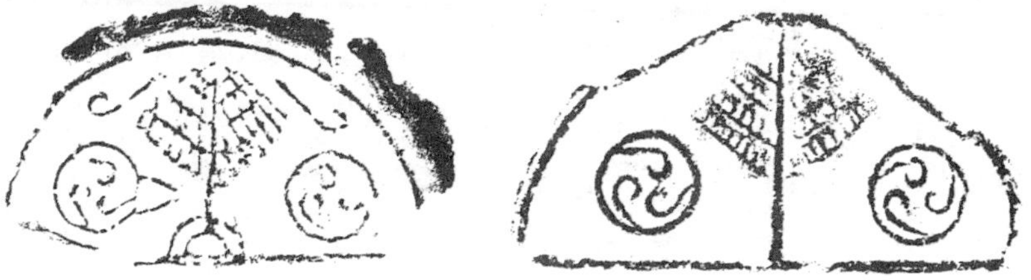

齐国故地瓦当上的太阳纹图案

① 刘玉明：《嵎夷考略》，《东岳论丛》1986年第2期。

② 参见郑杰文：《齐宗教研院》，齐鲁书社，1994，第407页。

这些在齐国故地瓦当上频繁出现的太阳纹图案，较直接地体现了齐国故地居民早期太阳崇拜的文化心理。

考古资料是对当时居民生活方式和社会文化的直接反映。这些带有太阳纹图案的瓦当在山东各地被先后发现，说明它们在当时的山东地区应普遍存在，而这些图案体现出的太阳崇拜观念和太阳神信仰也应在齐鲁远古居民中广泛存在。

2. 陶器刻画符号与太阳崇拜

在山东大汶口文化的遗址中，多次发现与太阳有关的陶器刻画符号。如20世纪70年代，山东莒县陵阳河文化遗址出土了一件陶尊，其颈部或腹部有一种特殊样式的刻画符号。其后，在离陵阳河遗址7.5公里的大朱村遗址，也发现了这种符号，也是刻在陶尊的颈部或者腹部。其形作状，从字符的形状上分析，该字符上边的圆圈像太阳，中间像火焰，下边像山峰。对于三者组合起来究竟要表达什么意思，学者多有争论，但一般认为是对古代先民祭拜太阳行为的形象描述。古人在太阳升起的神山旁边祭祀太阳，表达自己的崇拜和信奉心理。

3. 鸟形器、鸟形图案与太阳崇拜

在远古居民的心目中，太阳神每天早晨从东方大海边升起，到傍晚降落到西方山崖之下，这种周而复始的运行之所以能够顺利完成，是依靠太阳神鸟的背负与依托。如古代汉语中表示傍晚的暮字，一般都写作一只鸟背负着太阳落入草木之中的形状，表示太阳即将入山，日暮即将来临。可见古人在创造此字时，已经对太阳神鸟非常熟悉，并且把它当作太阳神的重要象征物来看待了。

太阳神鸟又称三足乌，在传世文献中多有记载，《山海经·大荒东经》："汤谷上有扶木，一日方至，一日方出，皆载于乌。"《淮南子·精神训》："日中有踆乌。"考古出土资料对此也有反映，如仰韶文化庙底沟遗址出土的彩陶器上有典型的金乌负日图案，图案中的鸟背上画了一个太阳，太阳之上的弧线表示天空，鸟翅、双腿向后伸展，正在背着太阳翱翔于天空，从而形象地表述了金乌负日运行于天空中的概念。浙江良渚文化玉器上有鸟立山峰的图案，河姆渡文化骨匕上有双鸟相向负日的图案，它们都是太阳与神鸟紧密结合的典型。

在远古先民的思想观念中，鸟与太阳存在着密切的联系，鸟不但能够背负太阳完成周而复始的运行，而且可以作为太阳神的重要象征物。

在山东地区各类考古遗址所出器物中，虽然没有见到直接刻有金乌负日图案的器物，但发现了数量众多的鸟形状的器物。如 1973 年，在山东蓬莱紫荆山遗址上层的文化遗存中，发现了一件鸟面形的残鼎足，鼎足由空心圆锥体竖剖而成，上有两个小孔，颇像鸟的双眼，足尖如鸟喙；在下层文化遗存中，还发现了鸟头形盖纽。在烟台长岛的北庄遗址中，发现了数件鸟首形鬶，其中一件通高 19 厘米，长 24.5 厘米。鬶的流被制成鸟喙状，口部附两耳，耳上各有一孔，像鸟的两只眼睛，流与两耳组合成鸟首的形象。这件鸟形鬶将鸟的形象与鬶的功用巧妙结合在一起，造型生动，是一件独具匠心的艺术品。

在与柳格庄墓群隔黄水河相望的辛旺集村南，烟台地区的文物工作者曾于 1976 年、1977 年发掘了 10 余座周代墓葬。墓葬出土的陶器中有一件提链壶，形体小巧，高 10.2 厘米，盖、腹均饰蟠螭花纹，盖顶一鸟，作振翅欲飞状。另外，烟台招远大宋家汉墓群中还出土了一件青铜器——九盏莲花灯，通高 97 厘米，灯柱顶端为一立姿朱雀，双翅振起，翘尾若屏。朱雀头顶上又置一灯，灯上共装置灯盏九只，一只高居头顶之上，其余八只分置于八条连枝杆上。

对于鸟形器，学者们多将其解释为远古居民鸟崇拜观念的表现。其实也可以将其理解为太阳崇拜的另一种表现形式。既然金乌负日观念在当时已深入人心，鸟作为太阳神的物化象征也已得到普遍认可，那么这种广泛存在的鸟崇拜现象也可以作为当时居民存在太阳崇拜和太阳神信仰的集中反映。

总结上文，无论是传世文献，还是考古资料，都能体现出山东地区的远古居民曾普遍存在太阳崇拜行为和信奉太阳神的宗教观念。为了表现这种神话思想，他们把自己所在的海边称作旸谷，想象太阳出现的地方有一棵神树扶桑；为了描述太阳东升西落的自然现象，他们又给太阳神配备了可以负重飞翔的太阳神鸟，以协助太阳完成循环往复的周天运转；而且，为了将自己对太阳神的信仰体现在现实社会中，他们在日常生活中经常使用的各种陶器上绘上了太阳纹图案，同时还参照太阳神的物化表现——太阳神鸟的形状，做成各种造型的实用器物。这为我们探究当时居民的太阳崇拜行为与信奉太阳神的文化心理，提供了丰富的资料依据。

第四节　海洋祭祀与蓬莱神话

海岱地区东临大海，齐鲁先民很早就向海而生，靠海生活。在与大海长期打交道的过程中，他们既对海洋所提供的丰厚水产资源感恩戴德，又对大海所表现出的时而平静、时而狂涛骇浪的多变性格恐惧不已、捉摸不定。在这种又敬又畏的矛盾心理的作用下，对海洋的祭祀和崇拜心理应运而生。根据早期先民“万物有灵”的思想观念，古人在对海洋产生敬畏心理的同时，也不断将海洋神灵化，并想象和塑造出很多有关大海的神灵和神话，以表达自己对它的信奉，加强自己与它的沟通与交流，以期在充分了解的基础上加强对其的认识和利用。

依情理推测，早期远古先民对海洋的祭祀和崇拜行为应该有很多，所创造的与海洋有关的神话故事和早期传说也应该很丰富，只是由于资料在流传过程中的缺失，很多内容已不得其详。如今保留下来的海洋神话传说中，内容最丰富、故事情节最曲折、对后世影响最大的，当数发源于胶东半岛的蓬莱神话。

近代著名历史学家顾颉刚先生曾将中国古代神话分为昆仑神话和蓬莱神话两大系统。其中昆仑神话发源于西部高原地区，以山为主。蓬莱神话发源于东部海洋地区，以海为主。这两大神话系统东西辉映，并列存在，相向发展，深刻影响了中国后世的各类神话传说。①

从地域上看，蓬莱神话有狭义和广义之分。广义的蓬莱神话可指所有与海有关的神话，包括春秋战国时期燕、齐、吴、越等临海而居的国家所产生的全部海洋神话。而狭义的蓬莱神话当专指山东半岛胶东地区以蓬莱为中心所形成的齐鲁地区的海洋神话。前者是后者发展演变的结果。我们在本书中所说的蓬莱神话，主要指狭义的齐鲁海洋神话而言。

一、古人对海洋的祭祀与蓬莱神话起源

对于长期生活在海边、整日与海洋打交道、靠海而生的早期先民来说，海洋是一个让他们又敬又畏的神秘物体。它有时温顺如绵羊，赐予先民以实物，供滨海人民蕃息；有时则凶猛如野兽，无情地吞噬着人类的生命。在与之长期相处的过程中，古人对海洋的认识也在逐渐丰富，但对海洋的崇拜和祭祀从未敢减少过。

从现有考古资料来看，齐鲁先民早在六七千年前就已经与海洋打交道了。已知胶东半岛最早的考古学文化为距今约七千年左右的白石村文化，位于烟台市芝罘区，是一处典型的海洋文化遗址。其后，约在距今六千多年前的贝丘遗址中，考古学者又发现了用于捕捞的网坠，长度在 6 ~ 11 厘米不等，多用天然石块加工而成；出土的鱼的种类中不仅有鲈鱼、黑鲷等近海鱼种，还有真鲷等栖息海域较深的鱼类。长岛发现的龙山时代器物中还有船尾和石锚，这足以证明当时海洋捕捞业的发达。②另外，在威海荣成的海边，考古学者

① 参见顾颉刚：《〈庄子〉与〈楚辞〉中昆仑和蓬莱两个神话系统的融合》，《中华文史论丛》1979年第2辑，上海古籍出版社，1979。

② 参见代生：《蓬莱神话的生成及早期流变》，《海岱学刊》第19辑，齐鲁书社，2017。

们曾发掘出一条独木船，经鉴定至少是距今五千年前的遗物，后来又在烟台长岛地区发现了龙山文化时代的船尾和早期的石锚。这说明早至新石器时代，齐鲁远古先民就开始持续不断地依赖和利用海洋，对大海的征服和探索工作一直未停歇过。

在与之频繁交往的过程中，古人对海洋的初步认识也逐渐形成。

首先，一个最直观的印象是，大海是一个神奇的天池，竟然可以容纳人世间所有河流的注入，成为大地上万条河流的最终归宿。人们所见到的所有河流水溪，最终都流向大海。中国最早的神话学著作《山海经》中记载的所有河流最终几乎都流入大海之中，如“滂水出焉，而东流注于海”，“佐水出焉，而东南流注于海”，“食水出焉，而东北流注于海”，“蛇水出焉，东入于海”，等等。

虽然天下之水皆归之，但大海从未因水满而溢出过。这很可能与大海的特殊构造有关系。《庄子·秋水》载：“天下之水，莫大于海，万川归之，不知何时止而不盈；尾闾泄之，不知何时已而不虚，春秋不变，水旱不知。”意思是说，天下的水没有比海更大的了，所有的河流都归向这里，不知道什么时候才停止，而海水并不见多。而且，海水都从尾闾处流出，但海水并不减少。这样反复的注入和输出的过程，无论是春天还是秋天，无论是水涝还是旱灾，都是一样的。在此，庄子是借用时人所共知的一个神话记载，来表达自己谦虚自持、不虚妄不自满的良好品德，却同时给我们透露出古人对大海之所以长期保持平衡而不虚不盈的认识与理解。在他们看来，大海之中有尾闾，尾闾自动将百川流入的过量河水流放出去，以保持大海总量的平衡与稳定。《庄子》书中的尾闾，在后来的演变中成为归墟的别称。而归墟正是后世蓬莱神话的一个重要组成部分。

其次，海洋中有很多神奇的奥秘和生灵。在古人看来，大海盛产各种奇怪罕见的物种。如《晏子春秋·外篇》载，“东海之中，有水而赤，其中有枣，华而不实”。《山海经·海外东经》载，大海水中“有薰华草，朝生夕死”。《山海经·海内北经》载：“大蟹在海中。”后人郭璞注曰：“盖千里之蟹。”相传有人在出海时，漂泊了很久，好不容易发现了一个小岛，上面林木茂密，植被良好。他们便停船上岛歇息，没想到中途忽然发现小岛和上面的树木都正在慢慢地往下沉没。他们匆忙上船离开后才发现，原来刚才看到的所谓小岛竟然是一只巨型大螃蟹。另外，《后汉书》还记载：“东莱海出大鱼二枚，长八九丈，高二丈余。”《山海经》也记载有一种奇特的陵鱼：“人面，手足，鱼身，在海中。”

这些只适合海洋气候的物种，在外人看来是非常奇怪而神秘的。此外，海洋中还存在着奇异的人类。如《山海经》多次提到，海洋中有大人国：“东海之外，大荒之中，有山名曰大言，日月所出。有波谷山者，有大人之国。有大人之市，名曰大人之堂。有一大人踆其上，张其两耳。”所谓大人，就是身高比自己高得多的巨人，他们相貌奇伟、体形庞大，他们的语言风俗又与众不同，实在是怪异不已。经过学者的探索和研究可知，《山海经》中所说的巨人，主要是生活在半岛地区的东夷人，他们时常生活在大海中的小岛上，以海为生，身高要远远高于其他地区的居民，语言也有自己的地方特色，风俗习惯也自成体系，故不为内陆的居民所了解和认识。古人在对其认识不足的情况下，便将他们看成是与大海一样的神奇物种。

最后，大海之地还时常出现很多神奇的自然景象。最不可思议的就是海市蜃楼。作为临海地区常见的一种特殊而又奇特的自然现象，我们今天已知海市蜃楼是地球上的物体反射的光经过大气折射而成的特殊自然景象，是在特殊的地理位置中、特定的天气条件下生成的可视的美丽虚像。但在古人心目中，这是最难以理解和想象的。这些突然出现在空中的城池楼阁，有山有树，而且还隐约有人、物活动其中，但很快又消失得无影无踪，可谓神奇无比。后世文献对此景象多有记载，如《汉书·天文志》载：“海旁蜃气象楼台，广野气成宫阙然，云气各象其山川人民所聚积。”宋人王谠在《唐语林》中也描述道：“海上居人，时见飞楼，如结构之状甚壮丽者；太原以北，晨行则烟霭之中，睹城阙状如女墙雉堞者，皆《天官书》所谓蜃也。”这说明直到秦汉以后，古人仍将海市蜃楼的现象视为奇观，不能够充分理解。

因为不能充分认知海洋，不能完全把握大海的特点，远古先民对大海的敬畏之心便油然而生。于是，将海洋神灵化的行为也随之出现。据《山海经》记载，大地的东、西、南、北面都有海，每一方位的海洋中都有神灵存在。其中，东海海神名叫禺虢，人面鸟身，耳朵上挂着两条黄蛇，脚上踩着两条黄蛇，住在东部大海的一个小岛上；西海海神名叫弇兹，人面鸟身，本领强大，耳朵上挂着两条青蛇，脚上踩着两条赤蛇；南海海神名叫不廷胡余，人面兽身，耳朵上挂着两条青蛇，脚上踩着两条赤蛇；北海海神名字叫禺强，耳朵上挂着两条青蛇，脚上踩着两条赤蛇。这些海神虽然分居于不同方位，且形象稍有差别，名称亦不相同，但都控制着周围的大小岛屿以及岛屿上的种种物产生灵。《山海经》记载的这些海神与后世流传的海神有较大区别。这些海神的形象与后世神话中的神人形象颇为不同，有很强的早期神话特征。

由于海洋神性强大，所以时人需要定期祭祀海洋，以求其保护和庇佑。现在能见到的关于古人祭祀大海以及海洋神灵的资料非常少。古人曾说"祭海如祭天"，说明祭祀海洋、海神的行为不但是频繁发生的，而且是非常隆重的；在祭祀时，要抱着跟祭天一样的心态，虔诚地对待。明代学者任万里在撰写的《海庙祀典考》中，系统梳理了历代帝王祭祀大海的传统。他认为，早在尧舜时期，就已经在巡狩之时祭祀过大海。大禹、商汤、周文王时，都专门设台祭祀海神。春秋时期，鲁国、齐国、吴国的国君都用牺牲、玉帛祭祀过大海。但他们是如何祭祀的，采用了何种祭祀礼仪，则不得而知。

二、蓬莱神话的主要内容

先秦时期，先民在认识、了解大海的过程中，逐渐产生了一个明确的认识，即大海中有神山，神山上住着各种神仙，神仙生活无拘无束，率性而为，还可以长生不老，永葆青春。据《山海经》记载，大海中的神山应该有很多，如流波山、雨云山、琅琊台、姑射山、蓬莱山等。其中，"在渤海中"的蓬莱山上有仙人宫室，皆以金玉为之，鸟兽尽白，望之如云。这些仙人所住的宫殿都用黄金白玉镶嵌，山上的飞鸟走兽皆全身呈白色，远远望去就像天上的白云一样，非常漂亮。而位于东海上的流波山上则住着一个名叫夔的神兽，它只有一条腿，浑身呈苍白色，虽然像一头牛，但头上无角，能够呼风唤雨，声如雷鸣。

这些神人身上具有几个显著特征，深深吸引了早期民众的关注和神往。首先，神人们能够长寿，可以长生不老，不用担心死亡的降临。其次，神人们生活无拘无束，随性而为，不用被各种俗事烦扰。最后，神人们法力无边，神通广大，可以完成很多人类无法完成的动作和行为，如飞翔于空中、疾走于山川、遨游于水中，等等。

到了战国末期至秦汉时期，因为对神人的向往和对死亡的恐惧、无助，一些诸侯国君开始有意识地派遣专人到东部大海中，寻找神人和长生之道。随着认识的加深，时人逐渐将寻找的目光主要集中在以蓬莱山为主的几座神山上。

据《列子·汤问》篇记载，在东部大海的旁边，原来有五座神山，分别叫作岱舆、员峤、方壶、瀛洲和蓬莱。这五座山上亭台楼阁林立，镶金嵌玉，富丽堂皇，草木茂密，花香鸟语。山上的飞禽走兽个个衣着纯缟，神气无比。各种果树上都长有鲜美果实，食之可使人长生不老。山上的大小神仙们整日无忧无虑，飞来飞去，相互聚会饮酒，神态安详。但他们也有一个很大的烦恼，就是这五座山都漂浮在大海上，底部无所附着，不停地随海波移动，经常出现早上出门而下午回来便找不着归宿的事情。神仙们为此苦恼不已，于是集体求助于最高天神。天神便令一位名叫禺强的神灵调来了十五个“巨鳌”，让它们将五座神山背在身上，然后趴在海底深处。十五个“巨鳌”三个为一组，六万年一交换，从而确保了五座神山的长期稳定。但没过多久，一个来自龙伯之国的巨人来到五座神山面前，下钩垂钓，钓上来六只海龟后，便快步走回家里，将这些乌龟杀掉，然后用其龟甲来占卜。这一无意之举便使得岱舆和员峤这两座神山随波漂流到北极，沉没在大海里了。原来的五座神山便少了两座，只剩三座了。

但东部大海中的这一次变故让三神山的名气一下子高涨了许多。全国各地的求仙者都纷纷赶到东部大海边上，拜谒和求见神山上的大小神仙。这其中就包括几位非常著名的古代帝王。

据《史记·封禅书》记载，最早派遣专人到东部大海中求仙的诸侯国君主要有齐国的齐威王、齐宣王和燕国的燕昭王。这两个国家都靠近大海，对蓬莱等神山有比较充分的了解，故最早开始了求仙活动。但可惜的是，虽然他们先后派遣了许多传说到过神山见过神仙的神异人士前往搜寻，但没有一次能够如愿。但由于海市蜃楼现象的不停出现，时人对神山、神仙的存在仍旧深信不疑。春秋战国时代，战乱不已，人人朝不保夕，就连诸侯国君也时刻受到亡国灭种的威胁，再加上疾病、死亡等生理问题的困扰，他们在情感上也更愿意相信有另外一个神奇的虚幻世界存在，更梦想着能够长生不死、无拘无束。因此，对蓬莱等神山的追求一直未曾停止过。

等秦汉帝国建立之后，秦始皇、汉武帝等大一统时期的知名君主也先后加入寻求神山、求取长生之道的行列中。

据《史记·封禅书》记载，秦始皇统一全国之后，为了炫耀自己的功绩，曾先后多次巡行全国各地，其中到的最多的便是燕齐故地。他曾亲登泰山，行封禅之礼而归，并亲自到渤海以东的大海边，在芝罘、琅琊等地刻石颂德。他之所以做出这些举动，固然有祈求政治稳定的目的，但更重要的是为了寻求海中的神山，以获得长生不死之药。

据史载，秦始皇在东巡的过程中，曾从方士徐市等人口中得知，蓬莱仙山以及海上神人手中有不死之药。徐市上书秦始皇说："海中有三神山，名曰蓬莱、方丈、瀛洲，仙人居之。请得斋戒，与童男女求之。"秦始皇非常高兴，于是便派遣徐市带领童男童女数千人，入海求仙人仙药。其后，秦始皇又先后派卢生、韩终等方士入海求不死之药。可惜，这些方士最终也未能带回所谓的不死之药，但秦始皇对蓬莱神话的真实性从来没有怀疑过，直到临终前夕，他仍然相信蓬莱仙人是真实存在的。

秦始皇去世之后，接着寻找蓬莱仙人的还有汉武帝。在即位之前，汉武帝曾被封为胶东王，虽然时间不长，但对齐地浓厚的求仙风俗却已耳濡目染。

相传他在继位之初，“尤敬鬼神之祀”。而且，他东巡海上之时，“齐人之上疏言神怪奇方者以万数”(《史记·封禅书》)。随后，汉武帝便让“言海中神山者数千人求蓬莱神人”。其规模之大、人数之多，可谓惊人。汉武帝一生所信奉的方士之中，比较有名的有李少君、栾大、公孙卿等人。他们都先后蛊惑汉武帝寻求蓬莱仙人，并被汉武帝封赏。公元前110年，汉武帝借着封禅的机会，亲自来到胶东寻找蓬莱仙人；后来又来了八次，试图以诚心打动诸仙人，求得长生不死之道。

其中，汉武帝在第五次东巡齐鲁大地时，曾在当时的东莱郡黄县境内，长时间驻足遥望大海中的蓬莱仙山，并以蓬莱之名称呼此地。以蓬莱神话命名的蓬莱城就这样形成了。其地望在黄县东北五十里，即今天的蓬莱地区。蓬莱作为地名的坐实，更使蓬莱神话变得有迹可循，尤其是对于后世历史发展来说，意义重大。千百年来，众多蓬莱神话的追慕者皆到此入海求仙，使得蓬莱成为胶东地区一颗璀璨的明珠，流芳万世。

虽然做了这么多实际的工作，但直到晚年去世之前，汉武帝同样没有见到蓬莱仙山，更没有求得长生不死之药。他最终只能带着遗憾走到了生命的尽头。

综上可知，蓬莱神话是一种源自早期先民海洋崇拜的远古神话，其内容有很强的虚构、夸张成分，是远古先民认识海洋和利用海洋经验的一种特殊体现方式。但随着时代的发展，蓬莱神话的文化内涵在不断丰富，并一度成为后世帝王高度信奉和推崇的特殊文化信仰，从而出现了很多不合常规的追求行为。但事实证明，这些都是徒劳无功的。

三、蓬莱神话的发展与流变

秦始皇、汉武帝对蓬莱仙人的信奉和追求，对蓬莱神话造成的一个重要客观影响就是，极大地提高了蓬莱神话的社会地位。

在先秦时期，蓬莱神话还是地方性的，是燕、齐等近海国家的居民普遍信奉的。一些内陆诸侯国如楚、晋、秦等，由于离海较远，本身已经有比较成熟的宗教信仰对象，在追求安乐、长生方面有自己信奉的神灵，他们对蓬莱神话的了解和认知非常有限。在诸侯国林立、十里不同风、百里不同俗的春秋战国时代，蓬莱神话在较大程度上仍然属于地方性的信仰。

秦始皇灭各地诸侯、统一全国之后，施行了“书同文，车同轨，行同伦”的政策，统一度量衡，从而实现了前所未有的思想文化大统一。具体到宗教信仰方面就是，秦始皇在秦文化固有传统的基础上，充分吸收和融合了各诸侯国内较为先进的宗教文化，然后将其在全国推广。这其中就包括蓬莱仙人和蓬莱神话。

秦皇汉武作为统一国家的最高统治者，他们的一举一动都会成为全国民众关注和效仿的对象，所谓“上有所好，下必从之”，更会为成为后世史书所重点记录的内容。他们一生执着于探寻蓬莱仙人、仙山和神话，不自觉将蓬莱仙人提升为了各个阶级都看重的信奉对象。他们三番五次地亲临东部大海边境，亲自祭拜蓬莱仙人，也无意之中将蓬莱变成了全国各地民众都关注的神秘仙境，更带动了全国民众关注蓬莱、远赴蓬莱、描绘蓬莱、想象蓬莱、探寻蓬莱的热情和积极性，从而极大地提高了蓬莱神话的政治地位和文化影响力。

在秦汉之后，寻求蓬莱仙境、探寻蓬莱仙人的热潮并没有随秦皇汉武的逝去而衰退，也没有因为秦汉王朝的覆亡而减弱。恰恰相反，蓬莱神话却屡次见于后世文献典籍中，与蓬莱神话相关的人物、故事、传说等反复成为后人热议的话题。东汉末年，中国道教兴起之后，蓬莱神话因为固有的神仙、长生、仙境传统，便自然而然地进入道教宗教系统内。蓬莱成了后来道教人士修身的重要圣地，蓬莱八仙更成为中国古代神话传说最喜闻乐见的神灵人物。这应该都与秦皇汉武的求仙经历有莫大的关系。

除此之外，历代帝王对蓬莱神话的推崇和提倡，还促使秦汉社会上产生了一个特殊群体。他们是专门宣传蓬莱仙人、鼓吹海上神山甚至模仿学习蓬莱神仙的世间异能之士，他们凭借自己获得的各种奇能之术，故弄玄虚，愚弄世人，以求取经济利益。久而久之，便逐渐出现了以寻仙访道为宗旨的一套专门知识——神仙方术以及专门的知识阶层——神仙方士，后者也逐渐成为古代各个时期都颇受人关注的“神仙家”和“方仙道”。

光怪陆离的神话传说和帝王的求仙活动增强了东部海洋地区的神仙文化氛围。春秋战国时期的神仙方士以神仙信仰为中心，辅以邹衍阴阳五行之学，逐渐形成系统的方术学说，并以此作为求禄谋生的手段，游说诸侯，鼓动君主，并由胶东地区向四面传播，北至燕，南至吴越，形成蔚为壮观的滨海方术文化。早期方术集中在寻仙访药方面，后来才延伸至导引、服药、辟谷、养气等方面，内容日益驳杂。其中最重要的就是以安期生为代表的长生人物开始大量出现，神仙人物的个人面貌和人生经历开始逐渐明晰，神仙人物逐渐成为古人心目中不食人间烟火的鲜活个体。

安期生，亦称安期，生卒年不详，汉代琅琊郡人，被后世称为千岁翁、安丘先生等。据《高士传》《史记》《列仙传》等典籍记载，安期生年轻时曾跟随河上丈人学习黄老之术，是当时一位学有所成的黄老道家学者。他曾经在东海边上售卖长生不死之药。秦始皇东游巡狩时，曾跟他畅谈了三天三夜，赏赐给他金银珠宝无数，价值达数千万之巨。但安期生都留置不取，然后不辞而去，并留书一封，在信中写道：“后数年求我于蓬莱山。”其后，秦始皇先后派遣徐市、卢生等数百名方士入海求见，但都遇大风而还，无法再见到他。后至汉武帝时，方士李少君曾经对汉武帝说，自己东游海上时，见到过安期生。安期生吃的枣子巨大无比，有瓜那么大。可以说，安期生是汉人眼中有事迹可循的最著名的仙人。

战国以前蓬莱神话中的神仙都是以团体面貌出现的。从安期生开始，神仙人物开始以个体面貌问世。这样一位人生经历丰富、行为举止高洁、个人修为极强的所谓仙人一出，在求神求仙如火如荼、方士仙家不断渲染的汉代社会中一呼百应。汉代之后，道教兴起，历代出现的神仙人物都有名有姓，事迹清楚，这当是受安期生神话的影响所致。

除此之外，由于受蓬莱仙人饮风吸露、手握不死之药说法的影响，后世道家在追求个人长生、得道成仙的过程中，所使用的主要手段之一，就是服用仙药、灵丹。蒙文通先生曾对古代的成仙术进行了系统总结，并认为追慕蓬莱神话以求仙者，到秦皇汉武之后，都开始以求奇药为主，而且奇药必定是蓬莱仙山上的最优，此燕齐之术也。[①]道教兴起之后，求取长生不老之药、炼制长生不老之药等，遂成为修行者所信奉的成仙得道的最主要、最快捷的方式。其根源都可追溯到远古时期的蓬莱神话。

综上可知，蓬莱神话是齐鲁古神话中最具特色的神话，在中国神话史上具有重要地位。蓬莱神话本来是一种山海神话，其形成与人们对海洋、对海市蜃楼等现象的粗浅认识息息相关。随着人们对生命的珍重和对长寿的渴求，蓬莱神话被赋予了新的文化内涵，即神话的仙化。秦始皇、汉武帝在方士的鼓动下到蓬莱追寻不死之药的行为，间接将蓬莱神话的影响扩大到了极点，蓬莱仙境遂成为中国古代最主要的修行之地。因蓬莱仙境而形成的蓬莱八仙在后世民间流传甚广，直至今天。

---

① 参见蒙文通：《先秦诸子与理学》，广西师范大学出版社，2006，第133页。

第十二章 齐鲁文字

文字是文明的标志。汉字是生活在中华大地上的远古先民的伟大创造。中华五千多年文明史主要依靠汉字得以记录和传播。中国文字最早起源于何时？传世典籍中虽然对此记载不一，但已将其起源的时间追溯到遥远的史前时代。《尚书·序》云："古者伏羲氏之王天下也，始画八卦，造书契，以代结绳之政，由是文籍生焉。"说明八卦、书契等原始文字早在伏羲时代就已经出现了。许慎《说文解字·叙》进一步指出："古者庖牺氏之王天下也，仰则观象于天，俯则观法于地。视鸟兽之文，与地之宜，近取诸身，远取诸物，于是始作《易》八卦，以垂宪象。……黄帝之史仓颉，见鸟兽蹄迒之迹，知分理之可相别异也。初造书契……"说明伏羲时期仅仅是用图画记事，在黄帝时期仓颉造字后，文字才真正出现。

从现有考古资料来看，上述记载大致可信。在七千五百年之前的属于新石器时代中期文化遗址的河南舞阳贾湖遗址中，已经发现刻在龟甲、兽骨、石器和陶器上的符号16例。其中龟甲上的2个符号，著名国学大师饶宗颐先生认为应该分别是"目""日"二字。另外，安徽蚌埠双墩遗址曾发现600余个刻画符号，陕西西安仰韶文化半坡遗址曾在133枚陶片上发现27种刻画符号，在仰韶文化姜寨遗址的129枚陶片上发现60余种刻画符号，在山东大汶口文化晚期遗址陶器上发现8种18个刻画符号，在山东邹平龙山文化遗址残片上发现11个刻画符号，在浙江良渚文化遗址的5件陶器上发现8个刻画符号，在上海青浦崧泽文化遗址的1件陶罐上发现4个刻画符号，等等。这些在全国各地广泛出现的陶文刻符，可作为中国汉字起源时间早、地缘广、内涵丰富的有力见证。

自陶文刻符之后，最能代表汉字特征的当数殷商甲骨文。甲骨文已是非常成熟的文字系统，不可能是突然出现的，之前当经历过非常漫长的早期发展演变过程，只是目前尚无具体资料予以佐证。甲骨文之后，有西周的青铜器铭文、春秋战国的简帛文字以及秦汉之后的石刻文字、纸质文字等，一脉相承，从未中断。传到今天，汉字仍然是世界上唯一具有鲜活生命力的古代文字体系。可以说，汉字是中华民族为人类文明创造的伟大文化遗产和精神财富。

在汉字起源发展过程中，齐鲁先民做出了巨大贡献。从早期的陶文刻符到甲骨文、青铜铭文、简牍帛书等，都可以在齐鲁大地上找到大量可信的实物资料，且很多都有非常重要的学术研究价值。可以说，齐鲁先民为汉字的发明、传播做出了不可磨灭的历史贡献。

第一节　甲骨文

甲骨文是刻写在甲骨上的占卜记事文字。所谓甲，主要指龟甲，且以龟腹甲为主，现在只发现少量的龟背甲。所谓骨，主要指牛的肩胛骨，也有少量虎骨、鹿骨、人头骨等。现有的甲骨文主要使用于商代晚期。商人具有深厚的鬼神观念，凡事都要祭祀，经常通过占卜的方式来决定各类国家大事和个人的重要活动。占卜结束后，把所问之事契刻在甲骨上，所以甲骨卜辞又可称为“契文”“卜辞”“甲骨卜辞”。

甲骨文最早被发现于 1899 年，至今已过去 120 余年。目前，经过数代海内外学者的搜寻、收藏和整理，已发现 15 万片有余，其中仅我国大陆就收藏了 10 万多片，台湾地区收藏 3 万多片。据统计，甲骨上的文字已发现单字近 5000 个，现在已被释读的接近 2000 个。

甲骨文的发现是世界学术史上的大事。甲骨文作为我国最早成系统的文字，是博大精深的中华优秀传统文化的重要标识，更是研究五千多年中华文明史的重要载体。2017 年岁末，甲骨文顺利通过联合国教科文组织世界记忆工程国际咨询委员会的评审，成功入选《世界记忆名录》。这门以往只限于学术研究的“冷门绝学”逐渐受到广大民众的关注。

2019 年 11 月 1 日，纪念甲骨文发现 120 周年座谈会在北京人民大会堂举行。习近平总书记在贺信中指出：“甲骨文是迄今为止中国发现的年代最早的成熟文字系统，是汉字的源头和中华优秀传统文化的根脉，值得倍加珍视、更好传承发展。……新形势下，要确保甲骨文等古文字研究有人做、有传承。希望广大研究人员坚定文化自信，发扬老一辈学人的家国情怀和优良学风，深入研究甲骨文的历史思想和文化价值，促进文明交流互鉴，为推动中华文明发展和人类社会进步作出新的更大的贡献。”

作为中华优秀传统文化重要组成部分的齐鲁文化，亦与甲骨文结下不解之缘。山东是出土甲骨文的重要地区。就商代甲骨文而言，山东是除河南之外的唯一出土殷商有字甲骨的省份。就西周甲骨文而言，过去只发现于陕西、山西、北京、河北、河南等省。2008 年至 2010 年，淄博高青陈庄遗址刻辞卜甲出土，证明山东亦是西周甲骨文的重要出土地。这样，山东就是除河南之外，目前少有的一个既出土商代甲骨文又出土西周甲骨文的省份。其在甲骨学界的重要地位，已毋庸置疑。

一、山东与甲骨文

一提起甲骨文，很多人可能会直接想到河南安阳的殷墟遗址。其实，山东地区亦与甲骨文有着密切的关系。

山东烟台福山的王懿荣最早释读了甲骨文。1899 年，时任国子监祭酒、晚清著名金文学家与古文字学家、来自山东烟台福山地区的王懿荣，在一个偶然的机会，从时人习用的中药“龙骨”上发现了甲骨文，并经过反复考证，最早确认甲骨文属于早已失传的商代文字，从而成为甲骨文发现第一人，并被后世誉为“甲骨文之父”。甲骨文的发现不但把我国有文字可考的历史提前了一千多年，而且为商代历史文化的研究提供了可靠的资料依据，更促进了一门新兴学科——甲骨学的诞生。

山东潍坊的范潍卿是最早贩卖甲骨文的商人。范潍卿为晚清潍县范家庄（今山东省潍坊市潍城区）人。作为一名古董商人，他的业务主要是向北京、天津的达官贵人销售古玩文物，并多次到河南安阳、汤阴一带购买新出土的青铜器。从 1898 年起，范维卿陆续从当地农民手中收购了一些刚从地下出土的甲骨，并将之贩卖到北京的中药铺。在 1899 年甲骨文被王懿荣确认之后，范潍卿陆续为其输送了 900 多片甲骨，从而便利了王氏的收藏和研究。王懿荣去世之后，范潍卿又打破古董商间密守甲骨出土地的约定，将甲骨文出于安阳小屯村的实情告知了著名学者罗振玉，从而使学术界第一次明确了甲骨文的真正来源。

山东济南的陆懋德最早确定了甲骨文的命名。殷墟甲骨被发现后，学者们对其命名不一，彼此之间多有分歧，或“按甲骨质料命名”，称其为“龟甲”“兽骨”；或“按文字书写方法命名”，称其为“契文”“殷契”；或“按甲骨文的用途命名”，称其为“贞卜文字”“卜辞”；或“按出土地点命名”，称其为“殷墟文字”。1921 年，山东济南历城的陆懋德发表《甲骨文之发现及学术价值》一文，首次使用“甲骨文”这一名称，并被学界广泛接受。著名甲骨学家胡厚宣先生曾指出，之前所有的称谓都不如叫“甲骨文”或“甲骨文字”比较恰当。

山东齐鲁大学的明义士是最早收藏和研究甲骨文的外籍人士。明义士本为加拿大人，1910 年来中国，1932 年执教于山东齐鲁大学。从 1914 年开始，明义士开始陆续购买、收藏甲骨文。截至 1936 年回国，明义士收藏了近 3 万片甲骨，成为当时收藏甲骨最多的外籍人士。1917 年，明义士完成了自己的第一部甲骨著作《殷墟卜辞》，之后又编纂《殷墟卜辞后编》《甲骨研究》等甲骨学研究著作，并发表一系列研究甲骨文的学术论文，并在甲骨的著录、辨伪、缀合、断代、释读等方面进行了自己的研究，从而奠定了他在甲骨学研究上的重要地位。他是西方人中最早精通甲骨文的专家，被后人誉为甲骨研究“西方学者第一人”。

山东博物馆是全国第三大甲骨文收藏机构。自 1899 年甲骨文被确认至今的 120 多年间，约有 15 万片甲骨上的甲骨文为世人所知。其中，山东博物馆收藏的甲骨已超过 1 万多片，是除北京图书馆和故宫博物院之外的第三大甲骨文收藏机构。著名甲骨学家胡厚宣先生曾指出，谈国内的甲骨文收藏，当以北京图书馆为最，计 3 万余片，故宫博物院次之，明义士等有 2 万余片。再下来就数山东博物馆了。2011 年，甲骨被评选为“山东博物馆十大镇馆之宝”之一。胡厚宣先生曾高度评价山东博物馆所藏甲骨，历来搜集甲骨最勤的罗振玉旧藏之甲骨，以山东博物馆现藏部分最精；外国人收集我国甲骨最多的明义士旧藏之甲骨尚留在国内的，在《甲骨文合集》出版之前，只有山东博物馆所藏还从未发表过。由数量及品质看，山东博物馆藏甲骨之重要性不言而喻。

2013 年 12 月以来，山东博物馆与中国社会科学院甲骨学殷商史研究中心合作，共同实施“山东博物馆藏甲骨保护整理与研究”项目，对山东博物馆藏甲骨进行全面整理和深入研究，并计划编著出版专著《山东博物馆所藏甲骨》。2014 年 5 月 15 日，在山东博物馆召开的“山东博物馆藏甲骨保护整理与研究座谈会”上，中国社会科学院甲骨学殷商史研究中心主任宋镇豪先生发布了项目取得的阶段性成果和一些新发现，引起了学术界的高度关注。

二、山东出土的主要有字甲骨简介

时至今日，山东地区除已有大量的甲骨文藏品外，还在济南、淄博等地先后发现了十余片有字甲骨，这在全国都是值得称道的。现将山东各地出土的主要有字甲骨的情况做一简要介绍。

1. 淄博桓台史家遗址所出有字甲骨

1996 年，考古学者对桓台史家遗址进行了三次发掘，揭露遗址面积 1300 余平方米，发现了墓葬、灰坑、祭祀坑等一批弥足珍贵的遗迹、遗物资料。其中在属于岳石文化的祭祀坑中发现 2 片有字甲骨。这是山东地区首次出土的甲骨文资料，也是目前为止在中国所见的最早的甲骨文字。

这两片有字甲骨均为羊肩胛骨，未做任何修整，具有早期卜骨的特征。两件卜骨皆残缺，断裂处有烤灼的痕迹。大部分兆文已不存，但剩余部分清晰可见人工刻画的文字或符号。

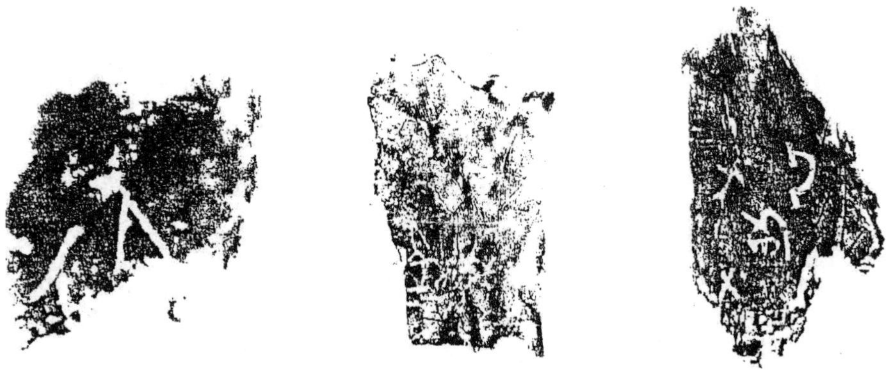

桓台史家遗址所出甲骨文拓本

第 1 片甲骨正面的 、，或可释作“六”“卜”二字。其他诸字都待考。这些甲骨刻辞给我们提供了一个重要信息，即桓台史家地区的远古先民早在夏商王朝建立之前，更在商代甲骨文出现之前，已使用甲骨进行占卜并有在甲骨上刻字的习惯了。桓台甲骨文的发现不但为学者研究夏商时期的东夷文字和占卜契刻的早期源头提供了重要线索，而且以不可辩驳的资料证明，生活在桓台故地的东夷民族很早就已经是一个文化高度发达的古代民族了。

2. 济南大辛庄遗址所出有字甲骨

2003 年 3 月，山东大学东方考古研究中心等单位对济南大辛庄商代遗址进行考古发掘时，先后发掘商代墓葬 30 余座、房址 10 多座、灰坑 200 余座。除发现一批青铜器、玉器和陶器外，还发现 7 片有字甲骨，属于约 3200 年前的商代晚期卜甲。这 7 片有字甲骨中，有 4 片能缀合为一版较大的龟腹甲，残长 18 厘米，残宽 10.7 厘米。这是在商都殷墟以外首次于原生地层中发现刻辞甲骨，被誉为甲骨学史上具有界标意义的重大考古发现。

龟腹甲正面

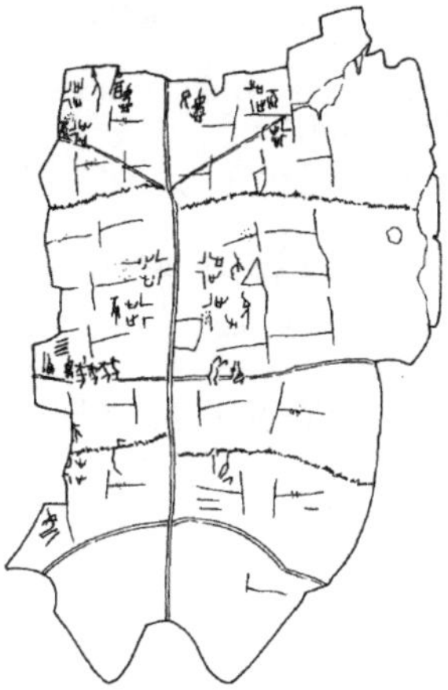

龟腹甲卜辞

在这块龟腹甲的正面，残存卜辞 16 条，共有 34 字。现根据学者的意见，将原文简写如下：

左前甲：不徙？允徙？□酉，温。

左后甲：不［徙］？允［徙］？弜温。

后左甲：［不徙］？允［徙］？四。御母彘豕豩。母一。

后右甲：［不徙］？允［徙］？弗御。歹。

徙，迁徙，移动。温，祭祀名。弜，勿，“不要……”的意思。不徙、允徙，是卜问“不能够出行”还是“能够出行”。但具体因为什么事情要出行，则没有明确交代。

御，祭祀。御祭在商代是一种求神灵庇佑、消除灾祸的祭祀。

四,兆序。母，被祭祀的对象。彘豕豭，用以祭祀的牺牲，分别指野猪、阉猪和家猪。四份牺牲，应该是分别祭祀四位已故女性先祖，每人一份。

据此可知，该甲骨记载的应是在占卜“御祭”“温祭”和“徙”等方面的事情。

大辛庄甲骨的问世，使世人第一次看到了郑州商城和殷墟甲骨文之外的有关商代地方贵族祭祀和日常活动的甲骨文字信息，被学者视为甲骨学发展史上的一个新起点。这为认识该遗址的性质、探索商代的政治制度和社会组织等，提供了极为重要的资料。

3. 高青陈庄遗址所出有字甲骨

位于山东省淄博市高青县花沟镇的陈庄遗址，总面积约 9 万平方米。2008 年 10 月至 2010 年 2 月，山东省文物考古研究所组队进行勘探和发掘，揭露面积近 9000 平方米，除发现西周时期的城址、高规格的贵族墓葬、大型祭祀台基、50 余件青铜器外，还发现了一片带刻辞的甲骨。从出土青铜器铭文和陶器形制分析，墓葬的年代属于西周中期。因此，高青陈庄所出有字甲骨是迄今为止山东地区发现的首例西周刻辞甲骨。

据山东大学方辉教授考证，高青陈庄所出的这条卜辞记载的是一条《周易》的数字卦，文字可释为“一八一八八一”“一八八一八八”，即《易经》六十四卦中的第二十一卦“噬嗑”卦和第五十二卦“艮”卦。

三、山东出土有字甲骨的重要意义

作为商周王室贵族的专用之物，甲骨文的出现地区应该是当时最重要诸侯国和各地区政治、经济、文化中心的所在地。目前，济南、淄博等多个地区已出土了有字甲骨，说明山东地区在商周时期具有其他地区不可比拟的崇高政治地位和社会影响力。简单言之，山东地区出土有字甲骨的意义可总结为这样几点。

1. 有助于了解海岱地区早期文明的发展高度

新中国成立以来，随着全国各地考古工作的开展，越来越多的出土资料已充分证明，中国早期文明是多源头并起的，而非“中原文明一元论”。无论是黄河上下、长江南北，还是长城内外，在文明起源阶段，都有着发达的文化与创造这些文化的早期部族。这其中最突出的、发展程度最高的，当属黄河下游、海岱地区的东夷民族及其所创造的东夷文化。从传世文献记载的尧舜禹三代开始，东夷民族创造的大汶口文化、山东龙山文化就一直与中原民族创造的仰韶文化、河南龙山文化不相上下，甚至有超越它们的地方。对此，学者们已从多个方面有过详细论证，而山东发现的有字甲骨文也可提供有力证据。桓台史家遗址出土的龙山文化时期的 2 片甲骨再次证明东夷民族创造并使用甲骨文的历史远远早于中原诸民族，东夷民族所创造的早期文化的发达程度，应该高于同时期中原文化。

2. 为商周文明史研究提供了重要资料依据

大辛庄遗址出土的刻辞甲骨是在河南以外首次发现的商代刻辞甲骨，这是甲骨学史上具有重要意义的发现。它有力地表明，大辛庄遗址在商代应为商王室在东方的一处重要聚落所在，并可能是一处方国都邑。这一发现为重新审视大辛庄遗址的性质、认识商王朝与周边地区特别是与东方地区的关系，以及探索商代的政治制度和社会组织等，提供了重要的资料。

学者已指出，高青陈庄西周卜骨所体现的占卜方法，与周公庙遗址中周王所用的完全相同，说明高青陈庄卜骨的使用者很可能来自周王室。而且，从出土的青铜铭文可知，高青陈庄还是周王室所属“齐师”的所在地，周天子可以直接调动此地的军事力量。这些资料为了解西周时期的周齐关系、周人对山东地区的控制方式以及齐国的政治功能等历史问题，提供了直接的资料支撑。

中共中央政治局委员、国务院副总理孙春兰在纪念甲骨文发现 120 周年座谈会上强调：甲骨文是千年中华文明的鲜明标志，也是对人类文明的重要贡献。要认真落实习近平总书记重要指示和贺信精神，深入学习贯彻党的十九届四中全会精神，进一步深化甲骨文研究和应用，彰显甲骨文的文化魅力和时代价值。山东地区的学者理应积极响应习党和国家的号召，在新时代的甲骨学研究大势中勇立潮头，做出自己应有的贡献。

第二节　青铜铭文

青铜铭文指铸或刻在青铜器上的文字，又称“金文”“吉金文字”等。金文研究在中国历史悠久。从传统金石学兴起的北宋，到乾嘉学派盛行的清代，再到现代考古学产生的20世纪，商周金文一直都是历代学者关注和研究的重要对象。他们或临摹文字，或考释字辞，或总结体例，或探究时代，在给后人保存了诸多金文资料的同时，也为今天的学术研究工作提供了方法论上的重要借鉴。而在这上千年的金文研究发展历程中，齐鲁地区以其文脉渊深、学养宏厚，在全国学术界始终居于重要地位。

一、山东地区金文的发现与研究

1. 山东地区金文发现时间早，历史悠久

古代金石学虽然产生于北宋，但早至先秦时期，齐鲁故地即有金文资料零星出土。据《晏子春秋·内篇杂上》记载，春秋晚期的齐景公在名相晏婴的陪同下游览纪国故地时，曾于废墟中发现一件铜壶，并辨认出壶体上用朱砂书写的8字金文：“食鱼无反，勿乘驽马。”这应该是现有文献资料中，发现和考释青铜铭文的最早记载。

西汉武帝元光二年（公元前133年），汉武帝曾拿一件古代青铜器考验方士李少君，没想到李少君竟然认识此物，并指出是先秦时期齐桓公所作之物，铭文记载了“桓公十年陈于柏寝”之事。两宋之后，随着传统金石学的兴盛，山东地区刻有文字的青铜器被大量发现，其中较为著名的如宣和五年

（1123 年）发现于青州临淄齐故城的叔夷钟、清咸丰年间（一说道光年间）出土于山东寿张县梁山的“梁山七器”，等等。

可以说，齐鲁故地应该是目前已知最早发现商周金文的地区，齐景公和晏婴对纪地铜壶上金文的释读，可作为后世金文发现和研究的开端。

2. 山东地区金文数量宏多，内容丰富

据吴镇烽先生《商周青铜器铭文暨图像集成索引》统计，截至 2019 年，已有近 1.9 万件金文存世，其中，出土于山东地区的有近 800 件。山东是继河南、陕西之后的全国第三大金文出土地。山东金文的年代上至殷商，中经西周、春秋，下迄战国，历时千余年。其字数少则 1 个，多则 500 有余。其族属包括齐、鲁、纪、莒、莱、滕、薛、郳、逢等几十个本地侯国，以及商、周、楚、燕、晋、吴、越等数十个同时期的知名国家。其内容涉及不同国别、族属之间的地理沿革、政治往来、军事斗争、经济互动、文化交流、风俗习惯、民族融合，等等。它们的出现为我们充分认识丰富多彩的商周历史，提供了丰富的资料依据。

尤其值得一提的是，新中国成立以来，随着现代考古学的发展，山东诸地先后发现许多商周时期的重要遗址，其中多有重要金文资料问世，如 1979 年济南济阳发现的刘台子遗址，1981 年枣庄滕州发现的前掌大遗址，1995 年济南长清发现的仙人台遗址，2008 年淄博高青发现的陈庄遗址，2017 年枣庄滕州发现的大韩墓地，等等。这些新问世的金文资料因内容新颖、信息丰富而受到学界的广泛关注，有极大的学术研究价值。相信今后随着考古工作的继续开展，山东地区还会有越来越多的金文资料问世。

3. 山东地区金文研究名家辈出，成绩斐然

自宋代开始，伴随着传统金石学的兴起，因收集、著录、考释、研究商周金文而蜚声学术界的齐鲁学人代不乏人。

北宋时期，今山东诸城的赵明诚和章丘的李清照夫妇二人，终生痴迷金石学，有时甚至不惜典当衣物、变卖家产收购金石文物，最终完成学术名著《金石录》，开创了金石文物著录的体例，嘉惠学界。

清朝时期，山东地区的金文研究更是名家辈出，成绩斐然。在金文著录方面，乾隆时期的山东学政阮元与山东巡抚毕沅共同修撰《山左金石志》24卷，无棣的吴式芬著有《捃古录金文》9卷，莱阳的初尚龄著有《吉金所见录》16卷，推动了清代金石学的蓬勃发展。在此基础上，很多人还先后编纂本地区的金文资料，以飨学界。如，益都段松苓著有《益都金石记》，曾任曲阜知县、济宁知州的徐宗干编纂有《济宁金石志》，潍县郭麟著有《潍县金石志》，福山王懿荣著有《福山金石志》，等等。在金文考释方面，日照许瀚著有《攀古小庐金文集释》，潍坊陈介祺著有《簠斋吉金录》，诸城王绪祖著有《东武金石考略》，等等。在金文研究方面，安丘王筠著有《说文句读》，曲阜桂馥著有《说文解字义证》，掖县翟云升著有《隶篇》；三人都利用当时新出的金石文字研究小学文字，而终成学术名家。在诸学术名家的共同努力下，山东地区的金文研究成就强盛一时，有“金石学在山左”的美誉。

民国迄今，山东金文研究依然成绩卓越。日照的王献唐、聊城的傅斯年、济南的王恩田、潍坊的孙敬明等，都在商周金文研究领域做出了突出贡献，并赢得学者的认可。

二、山东地区发现的金文的意义

在资料收集、著录、考释的基础上，结合考古学的方法，通过分期、断代、编年等手段，将商周金文资料充分史料化，并用其解读商周文明、重构商周古史、透析商周文化，一直都是20世纪以来金文研究的主要内容。在此过程中，山东金文以其数量众多、信息充足、内容丰富等特点，发挥着独特的作用，并受历代学界瞩目。

1. 推动了商周文明史的研究

对于商王朝而言，山东地区当属于王畿之外最重要的区域。商王朝的兴亡皆与山东诸国息息相关。商汤正是凭借与东夷族的联盟，才最终灭夏建商。而商纣王也因为“克东夷而陨其身”。在商朝统治的五百多年间，随着商王朝势力的日益增强，商文化不断向东方地区扩张，海岱地区的诸东夷国族或在历次反抗中逐渐衰落，或直接臣服，与之互通婚姻，定期朝贡，以期存活于世，有的甚至进入商王朝内为官入仕，安享荣华富贵。郑杰祥先生在《商代地理概论》一书中，结合传世文献、甲骨卜辞和现代考古学资料，考证出商代“东土”的地点、方国、部族等八十余个，其中大多都在今山东地区。对此，山东地区发现的金文也有很好的体现。

1931 年，青州苏埠屯地区出土了一批商代晚期青铜器，多有铭文。20 世纪 60 年代中期，又有 4 座大墓出土了带有“亚醜”铭文的铜器。1986 年，考古学者在此清理了 6 座商代大墓，除发现数件带“亚醜”铭文的铜器外，还新发现了 10 多件铸“融”字的带铭铜器。关于苏埠屯亚醜文化遗存的族属，学者或认为属薄姑氏，或认为是斟寻氏、斟灌氏，甚至认为是商代的齐国。彼此虽有分歧，但都不否认此处在商代晚期存在着一个亲商的世家大族。

1957 年，山东长清兴复河北岸出土了一批青铜器，共 99 件。其中 10 件带铭铜器中有 7 件皆铸有“举”字。在此之前，山东博物馆已收藏有 4 件此地出土的同铭铜器。1981 年，北京市文物队从废铜中拣选出 27 件相传从山东费县出土的商代青铜器，其中 19 件铸有“举”字。学者据此论证，今长清地区当为商代举族的聚居地。

此外，清道光年间在寿张县梁山脚下发现一批铜器，其中的小臣艅犀尊可证明殷末小臣艅的封地当在梁山地区。1964 年，桓台史家遗址发现近 20 件带铭铜器，涉及十几种不同的族徽文字，证明此地应该是商朝一重要方国的都邑。1958 年滕州井亭遗址出土的“叒”铭铜器，1981 年滕州前掌大遗址出土的“史”“史辛”铭铜器，证明此地应为商王朝在“东土”的一个重要统治中心，等等。

西周王朝建立后，为有效统治“东土”地区，分封齐、鲁、滕、纪、莱等诸侯国，以藩屏周。春秋时期，王室骤衰，诸侯势大，彼此争斗，终成齐、鲁南北对立之势。战国晚期，经过几百年的角逐，鲁北地区逐渐被齐国占有，鲁南地区逐渐被楚国占有，两者在最后又为秦国所统一。现有金文资料对两周时期的诸多史事都有不同程度的反映，已为学界共识。

2. 加深了齐鲁文化的研究

山东现有数百件青铜器上的铭文中的很多内容都是传世文献记载所不曾提及的，既可弥补传世研究资料不足的缺憾，又可推动齐鲁文化研究不断走向深入。

关于历史史实。虽然齐故城临淄、鲁故城曲阜的考古工作已开展多年，但齐、鲁两国的始封地一直都没有找到，学者对此也有较大争论。近年新问世的诸多金文资料却为此提供了有力线索。2008 年至 2010 年发现于高青陈庄遗址的 10 余件青铜上的铭文，力证齐国始封者姜太公的一支后裔子孙曾食采邑于此，齐国的首封地营丘应当距此不远。2010 年新发现的鲁叔器四器铭文详载了鲁国第三位国君、伯禽之子鲁炀公曾经迁都鲁地之事，从而为寻找鲁国的始封地提供了重要线索。

关于政治制度。山东金文资料记载了很多春秋战国时期的职官制度，如齐国的“左正卿”，鲁国的“少司寇”，郳国的“太宰”“大司马”，滕国的“太宰”，莒国的“太史”，薛国的“走马”，莱国的“小夫”，铸国的“司寇”等，很多都不见于传世文献，可补前人认识的不足。另外，《左传·隐公十一年》曾记载鲁国有“太宰”之官，但杜预、杨伯峻等人都认为此记载不可信。但作于春秋早期的鲁太宰原父簋则明确记载鲁原父的职官为太宰，前人之说不攻自破。

关于列国关系。两周时期，山东地区古国林立，部族众多，彼此多有交往。尤其是春秋之后，列国势强，合纵连横，纷争不断。山东金文对各国史事皆有不同程度的体现，如滕州庄里西遗址所出金文对滕国史事的体现，滕州前荆沟遗址所出金文对郳国史事的体现，东江小郳国遗址所出金文对小郳国史事的体现，长清仙人台遗址所出金文对邿国史事的体现，济阳刘台子遗址所出金文对逄国史事的体现，莱阳前河前墓群所出金文对纪国史事的体现，龙口归城遗址所出金文对莱国史事的体现，等等。另外，2003 年起发掘的新泰周家庄遗址出土 960 余件（组）青铜器其中 19 件兵器上都带有铭文，为学者了解春秋晚期至战国中期间齐国的对外扩张、齐吴争霸以及齐鲁吴越诸文化间的融合交流，提供了宝贵的资料依据。

关于礼俗文化。齐国金文中，广泛存在一种“某某立事岁某月某日”的记时方式，所用月名有“咸月”“饭者月”“冰月”“稷月”等数种，多不见于传世文献记载，加深了学者对齐人纪时习俗的认识。另外，很多山东地区发现的金文中有祝福嘏辞，多称“眉寿难老”“灵命难老”“寿老毋死”“难老”等，有极强的地域特色，为了解战国时期齐地祈求不死、永生的文化心理提供了很好的资料依据。

综上可知，山东金文资料数量可观、内容丰富，可为中国古代文明史、学术史、齐鲁文化的研究提供充足的材料支撑，是一座有待深入挖掘的资料宝库。我们山东的学者应该立足当下，积极整理、利用这些新材料，研究相关学术问题，推动当今学术的大发展、大繁荣。

三、山东地区重要金文资料介绍

为充分展现山东地区金文资料的丰富性，我们从商代、西周、春秋、战国各个时段的金文资料中选几个较具代表性的，分别予以介绍。

1. 商代金文

（1）亚醜钺（商代晚期）

亚醜钺及其铭文

该钺于1966年出土于山东益都（今潍坊青州市）苏埠屯一号大墓，共有2件，1件长32.7厘米、宽34.5厘米，1件长31.7厘米、宽3.57厘米。带铭文的这件重4.6公斤，钺身作镂空人面形，人面的眉、瞳、鼻突起，双目圆睁，张口露齿，面目狰狞可怖。正背两面的人面形口部的两侧，各铸有“亚醜”二字。另外，与之同出的一件铜爵残片上也铸有“亚醜”二字。

亚醜当为族徽，即该钺所在的苏埠屯大墓之墓主人的宗族标识。

自宋代以来，以“亚醜”为族徽的青铜礼器屡被著录。1931年，益州苏埠屯村民在村东的断崖处发现一组青铜礼器，计有鼎、爵、弧、觯、斗5件容器，其中觯的圈足内铸有“亚醜”族徽。另外，《山东金文集存》辑录的苏埠屯出土的6件铜矛上也都有“亚醜”族徽。据不完全统计，目前已有近60件“亚醜”铜器存在。

关于以“亚醜”为族徽的原始居民的具体族属，学者多有争论，或认为是夏代的斟灌氏，或认为是商代的薄姑氏。彼此虽不统一，但都不否认“亚醜”所属的宗族在夏商时期曾拥有强大的政治力量，并长期生活在古青州地区，显赫一时。

钺，在《说文解字》中被称为斧之大者。钺除了作为兵器和刑罚用具外，还有着特殊的用途，即长期被作为王权的象征。今天的“王”字，在甲骨文中作 、、 等形，正像斧钺之形。在早期，斧钺是古代帝王用以象征至高权威的兵器，史载周武王伐灭商纣王时，曾经“左杖黄钺，右秉白旄以麾”。这里的黄钺就是青铜做的钺。待商纣王自杀后，武王又用象征王权的黄钺斩下其头，挂于白旗之上；然后又用玄钺斩下纣王宠妃妲己的头，悬挂于另一面白旗之下，以示商王朝统治的正式终结。

青州苏埠屯大墓出土的这两件铜钺形制巨大，造型庄重，已远远超出了普通实用器的标准，且成对出现，明显是被用作礼器，用以象征墓主人生前所具有的某种较高的政治权势和统治地位。“亚醜”钺所在的苏埠屯1号墓，是除殷王陵之外唯一一座带四条墓道的大墓，在规模上仅次于商王王室墓，说明墓主人的身份应该是仅次于商王的方伯一级诸侯。

（2）史鼎（商代晚期）

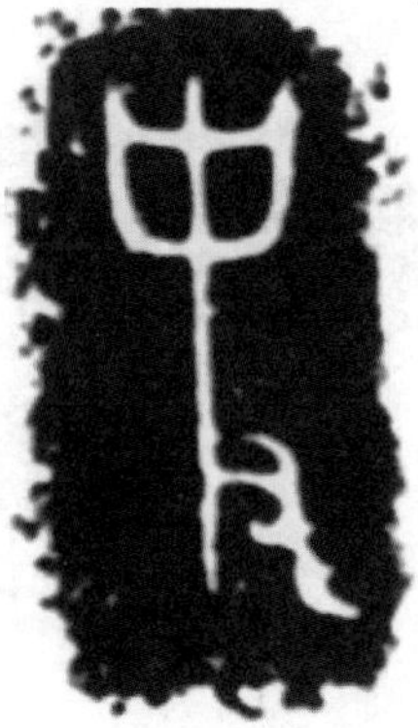

史鼎及其铭文

该鼎于1994年出土于山东滕州市官桥镇前掌大村商周墓地。自1981年开始，相关人员对该墓地前后进行了10余次发掘，共清理墓葬175座、车马坑5座。1994年发掘了11座墓葬，发现60余件青铜器，其中半数以上都铸有“史”字铭文。其中有一史鼎高25.8厘米，腹深11.4厘米，器的内部铸有一“史”字铭文。

史，族徽，为史氏家族的宗族标识。史族的铜器除出现在前掌大村商周墓地外，还出现在殷墟遗址中。如殷墟西区GM2575的一件铜卣上就铸有“史”字族徽，其时代属于殷墟二期晚段。这说明史氏宗族本是商之王族，很早就活跃在殷商政坛上，滕州前掌大地区的史族当为其分支。据统计，现存带“史”字族徽的铜器共有63件，涉及鼎、簋、爵、卣、角、觚、觯、尊、壶、盘、戈等多种青铜器类别。诸器所属时间，从商代晚期一直延续到西周早期。或许可据此推测，滕州前掌大墓地所在的地区，很可能就是史族在商末建立的重要方国，其统治时间一直延续到西周早期。西周中期之后，有“史”字族徽的铜器基本不见。另据文献资料记载，西周时期活跃在前掌大地区附近的是周王室分封的姬姓滕国，说明史族已走向衰亡，最终被薛国取代。

（3）小臣艅犀尊（商代晚期）

小臣艅犀尊及其腹内铭文

小臣艅犀尊于清代中叶在山东梁山出土，通高 22.9 厘米，长 37 厘米，在器物腹内铸有 27 字铭文。其释文曰：

丁巳，王省夔、京，王锡小臣艅夔贝，唯王来征人方，唯王十祀又五，肜日。

省，巡视、巡查。

夔，甲骨文中有夔方、夔地，郭沫若先生一度考证其地在湖北秭归，但此尊铭文中的“王省夔”与“征人方”有关，而人方主要指东夷民族，故疑夔也应该在山东。有学者认为在泰安以西、大汶口以北地区。

京，地名，与夔不远。

小臣，甲骨文中常见，商代官职名。

艅，小臣的国族。有学者认为艅在今济宁梁山附近，正好与商王所巡视的夔地不远。

夔贝，夔地出产的贝币。

人方，即生活在山东地区的东夷民族。商代晚期，商王数次征伐人方，平定叛乱，以稳定商王室的“东土”。甲骨文对此有较充分的记载。

据学者考证，商王这次省视夒、京，是商末第二次征人方的一个环节。小臣艅应该是作为随从人员陪同商王参与了此次巡视和征伐活动，因表现良好，而受到赏赐。

十又五祀，指此次巡视和征人方活动发生在商王十五年。

彤日，彤祭之日。彤是商代祭祀的名称。彤祭指祭祀之后第二天进行的祭祀，说明这次赏赐活动是在商王举行祭祀活动后进行的。

铭文大意是，在商王十五年的一天，小臣艅陪伴国君巡视夒、京两地并征伐人方，因表现良好，而受到商王的特别赏赐。

与小臣艅犀尊同时出土的还有鼎（3 件）、彝（1 件）、盉（1 件）、甗（1 件）等，所谓“梁山七器”。除尊外，其余诸器皆记载周大保（燕召公）大举东征之事。周武王去世后，纣子武庚联合东夷诸族共同反周。为稳定局势，年幼的周成王先后派遣周公、召公率军东征，平定叛乱，稳定东土。对于周公东征之事，冉方鼎有明确记载。召公东征之事则主要见于这批“梁山七器”。小臣艅犀尊应该是召公东征时所缴获的殷遗民的战利品，因此出现在召公诸器中。另外，据大保簋铭文可知，周天子曾赏赐给召公“榆土”，此榆或许就是小臣艅原来的封地。因小臣艅一族一直效忠于商王室，故成为周人东征时的主要剿灭对象。待周人最终消灭武庚及其党羽后，成王便将原属艅族的土地赏赐给了召公奭，而小臣艅犀尊也因此归召公族人所有。

2. 西周金文

（1）引簋（西周中期）

引簋及其铭文

引簋于2010年出土于山东省淄博市高青县花沟镇陈庄遗址的35号大墓。墓葬规格极高，不但带一条墓道，墓道内殉葬两车，而且墓室内还葬有鼎、簋、盘、匜、戈、矛等10余件青铜器，体现了墓主人生前高贵的身份。

引簋共2件，皆有74字的长篇铭文，内容相同。其铭文曰：

> 隹正月壬申，王格于龏（共）大室。王若曰："引，余既命汝更乃祖䟒司齐师，余唯申命汝，锡汝彤弓一、彤矢百、马四匹。敬乃御，毋败绩。"引拜稽手，对扬王休，同随追，俘兵，用作幽公宝簋，子子孙孙宝用。

格，到。王格，铭文中习见，是说王前往某地。

龏大室，周共王的宗庙，说明器物制作于周共王之后。

引，作器者的名字。遗址中与此器同出的还有名丰者所制作的十余件青铜器，而且丰还称姜太公为"甲祖太公"，说明他是太公之孙。引与丰既出自同一处宗族墓地，可知引也应属太公后裔、齐国公族。

既命，之前的任命。

更乃祖，继承乃祖，说明引军事将领的身份是世袭的，其家族应世代职掌齐师。

䟒司，管理。

齐师，学者或认为是齐国的军队，或认为是周王室的军队，彼此虽有分歧，但皆认可一点，即周王拥有对齐师的直接指挥权，引的身份为管理齐师的高级军事将领。

申命，重申前命。

彤弓一、彤矢百，又见于应侯见工钟、宜侯夨簋，后两器都是对诸侯的赏赐。

败绩，指战争时的大溃败。《左传·庄公十一年》载："大崩曰败绩。"

俘兵，俘获兵器。由此可知战争以胜利告终。

幽公，引的先祖。根据西周社会世官世禄的特点，幽很可能也是“司齐师”的武官。

铭文大意是说，周王在共王的宗庙里，亲命引统帅齐师出战。引不负王命，大胜而归，并多有俘获，从而为其先祖幽公作器以报功。

铭文制作的背景，当与西周中期周天子烹齐哀公、立齐胡公之史实有关。

在引簋所在的高青陈庄遗址中，发现了一个长 180 米、宽 180 米的城址，始建于西周早期，至西周中期时被毁坏，渐至废弃。学者已论证陈庄遗址是丰引家族的采邑所在地。城址既然在西周中期渐次被毁，说明丰引家族很可能也在此时期逐渐没落，并逐渐淡出历史舞台。

（2）启尊（西周早期）

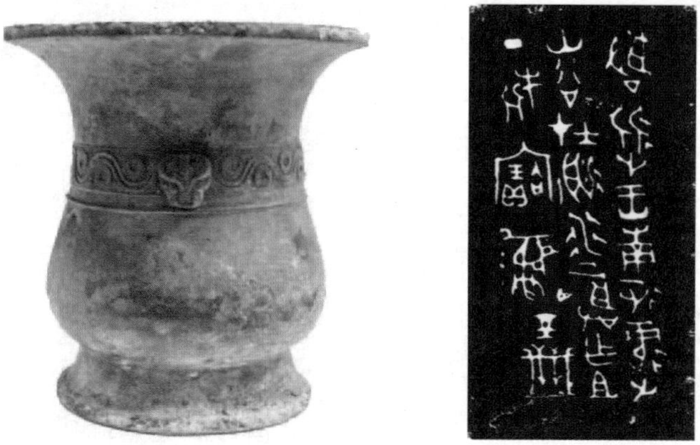

启尊及其铭文

启尊于 1963 年出土于山东黄县（今烟台龙口市东）归城小刘家遗址，器高 18 厘米，器内铸有铭文：

> 启从王南征，跸山谷，在洀水上，启作祖丁旅尊彝，■葡。

启，作器者名。王，周天子。

南征，征南淮夷。西周中期开始，因南淮夷多次作乱，周王室屡次派兵围剿。

跸，动词，驻跸，指古代君王出行时到王宫以外的地方暂住；有时也指在住宿时为君王提供必备的警戒、防备。启在这次战争中应该主要负责周天子行宫的安全警备工作。

洀水，地名，应为启从王南征所至之地。

祖丁，启的先祖。启应该在此次随王南征过程中有功于王，因而受到周王的赏赐，所以才作器祭祀自己的祖先丁。

葡，族徽，启所在宗族的标记。学者已指出，周人没有使用族徽的传统，故启当属于非周族的殷遗民或东夷民族，但非周族的身份并不妨碍他们在政治上忠于周王室。从其随王南征淮夷的经历看，周天子对启所在的葡族人还是非常依赖的。

与启尊同时出土的还有 1 件铜卣，上面亦铸有铭文，记载的也是随王南征之事，说明这两件器物是在战后同时铸造的。

启尊、启卣的出土使我们认识到，早至西周中期时，周王室就已经可以直接控制胶东半岛的诸东夷国族，其对所辖属国的控制与管理能力远比传世文献记载的要强大得多。而且，周王室既然已经安排姜太公的齐国来镇抚鲁北地区，却仍要越过齐国与其东部的诸国保持紧密联系，以保持其对胶东地区足够的控制权，足见周王室对山东地区政治地位的重视和关注。

3. 春秋金文

（1）已侯壶（春秋早期）

已侯壶及其铭文

己侯壶在 1974 年出土于山东莱阳中荆公社前河前村西周墓，器高 34.5 厘米，重 4.78 公斤，器外底部铸有铭文 13 字：

己（纪）侯作铸壶，事（使）小臣台（以）汲，永宝用。

己侯即纪侯，纪国国君。

小臣，纪侯的侍者。《周礼》中的小臣是近身侍奉君王的官职，故这里的小臣应该主要负责纪国国君的生活所需，汲水当为其职责之一。

汲，取水。说明此壶是为日常取水时用，为一水器。

除莱阳前河外，纪国铜器还在烟台其他地区多有发现。1951 年，烟台龙口市归城南埠村出土了 8 件纪国铜器，是纪侯之子嫁女时所作的媵器，其中 4 件盨、1 件盘、1 件匜上都带铭文。1969 年，烟台市南郊上夼村一座墓葬出土了一批铜器，计鼎 2 件、壶 2 件、匜 1 件、甬钟 1 件、戈 2 件、鱼钩 1 件，其中的 2 件铜鼎上记载了纪侯对其弟己华父的赏赐之事。与铜器同时出土的，还有鬲、豆、罐、簋等 30 余件陶器。有学者根据以上资料推测，烟台地区当为纪国的主要活动地。

但据《春秋》《左传》《史记》等传世文献记载，纪国最初与齐国为邻，主要生活在潍坊寿光一带，其领土不可能延伸到距其 400 公里之遥的烟台地区。纪侯壶等大量纪器之所以在烟台地区广泛出土，当主要与春秋初年齐襄公灭纪之事有关。

西周中期的齐哀公时，因纪侯进谗言，周天子烹杀哀公，致使齐国公室数十年内乱。从那以后，齐便视纪为最大的仇敌，意欲灭之而后快。春秋伊始，周王室骤衰，齐国势大，几次试图灭亡纪国，都因鲁国和周天子的干预而作罢。为此，齐国先是杀掉纪国的亲密盟友鲁国的国君鲁桓公，接着再与周王室联姻，从而最终完成了伐灭纪国的全部准备工作。鲁庄公元年（公元前 693 年），齐国成功占领纪国的郱、鄑、郚三座城邑；鲁庄公三年（公元前 691 年），纪国国君之弟纪季以酅邑入齐为附庸，“纪侯大去其国”，齐国最终灭掉纪国。

据此可知，出土于烟台各地的文物上记载的纪侯，当时已经是一位流亡的国君，他的国都已被齐人攻陷，纪国的百姓已归齐人所有，烟台地区只是纪侯“大去其国”后被迫无奈寻找的长期避难所。

（2）鲁侯鼎（春秋早期）

鲁侯鼎及其铭文

鲁侯鼎，1982 年出土于山东泰安城前村春秋墓葬中。铜鼎有 2 件，形制、纹饰相同，只是大小略有差异。与之同时出土的还有 2 件簠、1 件壶和 29 件铜簇。2 件铜鼎所铸铭文相同：

鲁侯作姬翏媵鼎，其万年眉寿永保用。

鲁侯，指某位鲁国国君。

姬翏，鲁国国君的女儿。姬为其姓，翏为其名。

媵，媵嫁，说明此器为鲁侯嫁女时所作的媵器。至于姬翏出嫁到哪个国家，铭文虽未交代，但该鼎出土的地方在春秋初期属于古代牟国境内，故姬翏应该是从鲁国出嫁到牟国，为牟国国君夫人。

牟国在春秋初年是鲁国的附庸国。鲁桓公十五年（公元前 697 年）时，牟人曾与邾人、葛人一起朝见鲁国。鲁僖公五年（公元前 655 年）的夏天，鲁桓公的孙子公孙兹娶了牟国女子为妻。可见鲁、牟两国在当时应该有着频繁而友好的婚姻往来与政治交往。鲁侯鼎所反映的鲁、牟联姻，正是两国间友好交往的又一例证。

（3）邿公典盘（春秋中期）

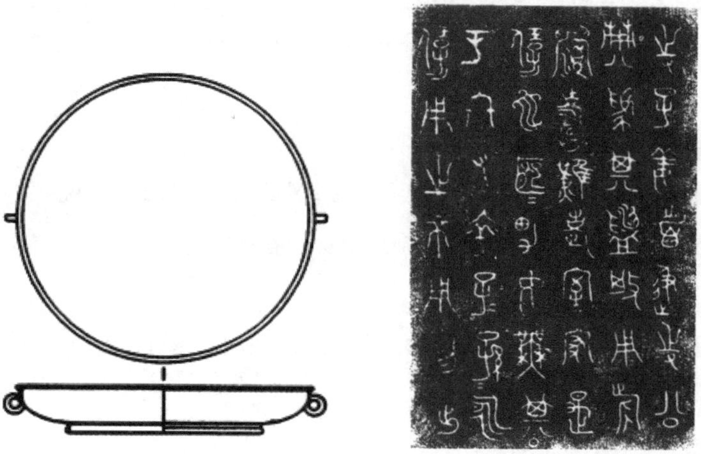

邿公典盘及其铭文

邿公典盘，1995年出土于山东长清仙人台邿国墓地5号墓。该墓出土随葬品丰富，包括鼎、敦、舟、壶、盘、编钟、编磬等41件青铜礼器，还有乐器、玉器、骨角器、陶器、车马器等，总计100余件（组），其中仅铜盘有铭文。该盘口径43.5厘米，通高7.2厘米，盘内底有铭文：

> 邿子姜首及邿，公典为其盥盘，用祈眉寿难老，室家是保，它熙熙，男女无期，于终有卒，子子孙孙永保用之，丕用勿出。

邿，周代东方小国，《公羊传》《水经·济水注》等传世典籍也写作“诗”。

子，女儿，这里指嫁到邿国的姜姓女子。

姜首，出嫁女子之名，姓姜，名首，当出自姜姓齐国。

及，出嫁。及郚，嫁至郚国。

公典，郚国国君之名。

为其盥盘，指公典为姜首制作了此盘。

祈，祈盼，指制作此盘时的美好期望。

眉寿，祝福语，长寿之意。古人认为眉长者高寿，故称眉寿。

难老，与“眉寿”同意。

室家是保，保佑家族、宗室。

它，即佗。佗熙熙，即佗佗熙熙，指彼此关系和乐、喜悦。

男女无期，金文中多见，指男子和女子都很多。

保用，即宝用，宝爱和使用。

终，终老。卒，高，指身份高贵。于终有卒，既能高寿，又能获得尊贵和荣耀的社会地位。

丕，大。丕用，大用。出，弃也。勿出，指不会被捐弃。

铭文是说，齐国公室女子姜首嫁到郚国后，丈夫公典为其制作了这件铜盘，并期望他们能够高寿年长，庇佑家族，子孙众多，世享荣华富贵。

从出土器物的组合和单件器物的形制来看，可将长清仙人台5号墓地的时代定在春秋中期晚段。墓葬为一棺一椁，器物组合为3件鼎、2件敦，另有编钟、编磬等成套礼乐器。据此可知，墓主人生前应该是当时士一级的贵族妇人。

公典盘及其所在的仙人台墓地出土的重要意义在于，为学者重新认识古代郚国的具体地望提供了重要的资料依据。关于郚国的地望，自汉代以来一直认为在鲁国的南面。如《春秋·襄公十三年》记载，鲁国曾于本年夏天“取郚”，杜预注：“郚，小国也。任城亢父县有郚亭。”《汉书·地理志》《后汉书·郡国志》《水经·济水注》等持相同的看法。由郚国墓地在长清出土可知，如果郚国在鲁南地区，以其当时的国力，不可能将其墓地选在距其150公里之外的长清地区。更何况，长清与鲁国南部间还隔着鲁、成、铸、遂等诸国。学者据此论定，历史上的郚国不可能在鲁之南境，而应该在鲁国的北境，即今长清、平阴一带。

4. 战国金文

（1）郾王职剑（战国晚期）

郾王职剑及其铭文

郾王职剑，1997 年 7 月发现于山东省淄博市临淄区齐都镇，是当地村民在村东淄河滩内挖沙时发现的。剑通长 59.1 厘米，重 1 公斤。在剑脊的正中铸有八个字：

郾王职作武毕旅剑

郾，即燕。郾王职，指燕昭王姬职，燕哙王之子，公元前 311~ 前 279 年在位。燕国所制造的兵器上大都铸有燕王的名字，说明燕王是燕国兵器名义上的监造者。

郾王职所作的兵器过去多有发现，但在临淄齐国故城却是首次发现。这当与公元前 284 年燕国攻破齐国都城临淄并占领齐国长达六年的史实有关。

根据《史记》等文献的记载，公元前 318 年，燕王哙将王位禅让给国相子之。子之执政后的第三年，将军市被与太子联合攻击子之，双方斗争了数月，致使燕国大乱、实力骤降。齐宣王趁此机会，发兵攻燕，并占领燕地数年。后来在其他国家的干预下，齐国才最终撤兵回国。此后，新继位的燕昭王励精图治，广纳贤才，使燕国一时大治。公元前284年，燕国联合魏、秦等国共同讨伐齐国，并重创齐国军队。燕将乐毅更是率兵长驱直入，连下齐国70余座城池，除莒和即墨外，齐地悉归燕人所有，几至亡国。后来，齐国大将田单率众拒守即墨，先使用反间计让燕王撤掉乐毅的统兵权，再用火牛阵反攻燕军，赶走燕人，收复了全部失地，恢复了齐国的统治。

郾王职剑在齐国故城的出土，为后人更深入地了解这段史事增添了有力的证据。

（2）陈纯釜（战国中期）

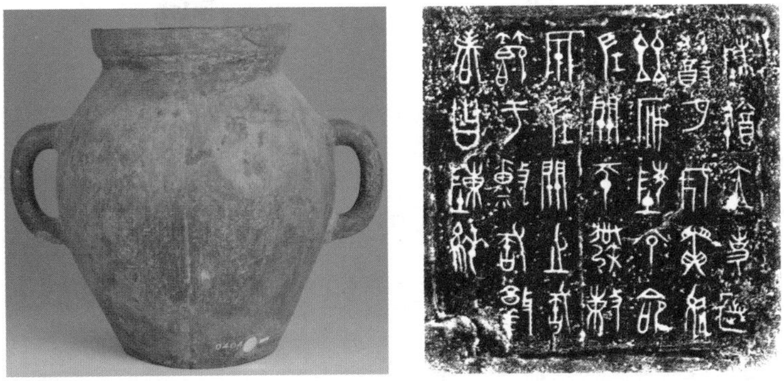

陈纯釜及其铭文

陈纯釜，清咸丰七年（1857年）出土于山东省胶县灵山卫古城（今属青岛胶南）。器高39厘米，腹径32.6厘米，实测容量20580毫升。腹壁处有铭文：

陈犹立事岁，𩰫月戊寅，于兹安陵亭，命左关师䇂敕成左关之釜，节于廪釜。敦者曰陈纯。

陈犹，与后文的陈纯都是人名。战国时期的齐国为陈姓齐国，故陈犹当为齐国公族人。

立事，战国齐系铭文中多见，泛指执政。立事岁，指掌政事之年。××立事岁，为齐系铭文中典型的纪时方式。

䥽月，齐国月名，具体指哪个月份不祥。

安陵，齐国地名，或指釜的出土地灵山卫。

左关，指齐长城近海处一带关隘的名称。

师，负责左关的官吏。

䒞，师的名字。

敕，命令。

成，铸造。

节，取法，受节制。

廪，齐国负责储藏粮食的机构。廪釜，当指国家储粮机构使用的标准釜。

节于廪釜，指左关釜的容量应当与廪釜的容量标准相一致。

敦，治。敦者曰陈纯，指此器的监造者为陈纯。

铭文大意是说，在陈犹执掌政事的这年，曾命左关的官吏，根据廪釜的既定标准，制造了左关釜，应用于安陵亭地区，此事由陈纯监督完成。

与陈纯釜同出于灵山卫古城的，还有著名的子禾子釜和左关鈉，都带有铭文，它们就是举世闻名的“齐国三量”。陈纯釜的制作年代，可由与之同出土的子禾子釜予以确认。据学者研究，“子禾子”即战国初年的齐国国君田和做大夫时的称谓。田和在公元前 386 年被列为诸侯，因此“齐国三量”都应该是田和在未被册封诸侯时所铸之器。

经学者鉴定，“齐国三量”是战国时期最具代表性的齐国量器，也是迄今为止中国发现的最早的齐国量器。春秋战国时期，各诸侯国都有自己的量器，计量标准互不统一。据记载，春秋时期，陈氏自己的家量与齐国公室的公量标准也不一样。齐国的公量分升、豆、区、釜、钟五个单位，各单位间的换算标准是：4 升为 1 豆，4 豆为 1 区，4 区为 1 釜，10 釜为 1 钟。但陈氏为了笼络民心，故意将自己的家量变大，使各单位之间的换算标准变成：5 升为 1 豆，5 豆为 1 区，5 区为 1 釜，10 釜为 1 钟。公量小，家量大。陈氏用自己的家量向百姓放贷，然后用公量收贷，故意让老百姓得到实惠。这一策略的实施使陈氏快速取得了齐国民众的信任，使民众“爱之如父母，而归之如流水”，从而为陈氏最终取代姜氏、赢得齐国政权奠定了强大的民众基础。陈氏夺取齐国实际统治权之后，废除原有的公量，而陈氏的家量也就顺势变成了全国通行的量制标准。

另外，陈纯釜所在的灵山卫地处齐国东部长城的海陆关隘，战国时齐国在此设立关口，委派官员征收赋税，并为此制作专用量器，说明此地在当时具有非同一般的战略地位。这为了解战国时期齐国长城的建置、功能与管控问题也提供了很好的实物证据。

第三节　陶文

陶文指刻画、书写或钤印在陶器上的文字。所谓刻画指用锋利的工具将文字刻铸在陶器表面上。所谓书写指用蘸了墨的毛笔直接书写在陶器表面上。所谓钤印指用印章盖压在未烧制的陶胎上，然后烧制成器而留下印记文字。由于钤印属于印章使用于陶器的一种方法，故又被称为“印陶”。

陶文是古文字资料中的一个重要类别，与其他古文字相比，使用范围广，存在时间长，有鲜明的自身特色。就存在时间而言，陶文产生于新石器时代，远远早于甲骨文和青铜铭文盛行的殷周时期；秦汉之后，在甲骨文与青铜铭文已逐渐被简牍文字、帛书文字等取代很长一段时间之后，陶器文字却依然被人民使用；就使用主体而言，甲骨文、青铜铭文的使用者皆为贵族阶层，而陶文在早期虽然也主要为贵族所用，但时代越往后，则越成为粗通笔墨的普通民众所使用的主要书写形式；就使用场合而言，甲骨文、金文主要适用于占卜、祭祀、宴飨等政治礼仪活动，而陶文虽然在早期也主要用于祭祀，但在甲骨文、金文出现之后，便逐渐主要适用于生产、交易、记事等日常生产生活中。

陶文当起源于早期陶器上的刻画符号。从现有大量的考古发现可知，在早期陶器的某些部位，经常出现一些形状各异、笔画简单但明显是用来表达某种内涵的刻画符号。这些符号主要有两种。第一种数量比较多，但普遍比较简单，一笔构成，可能是刻写者用来做记号或记数用的。

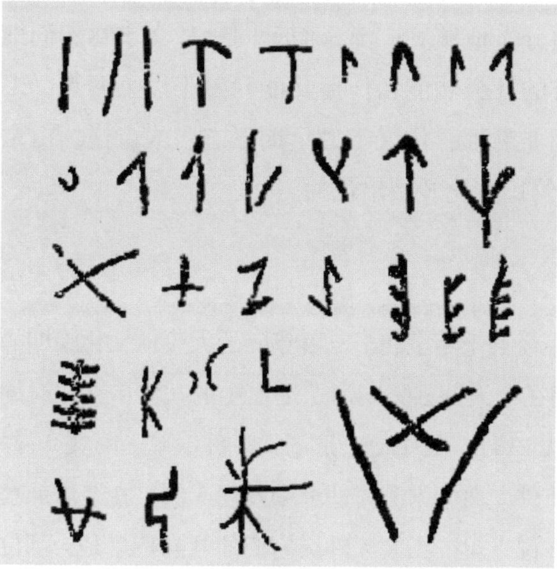

西安半坡遗址器物上的刻画符号

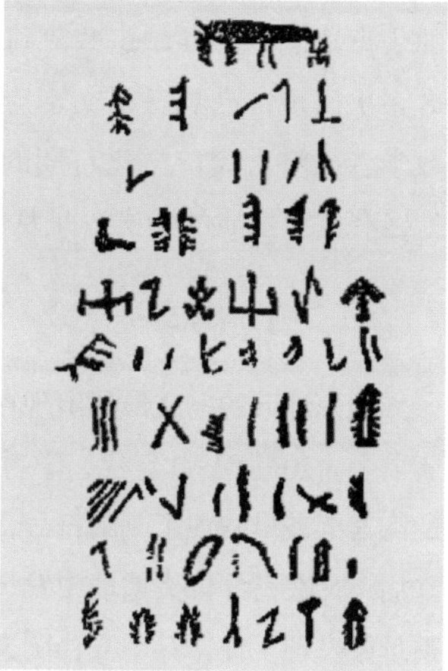

姜寨遗址器物上的刻画符号

除此之外，还有一种早期的陶器刻画符号，形体结构已较为复杂，很多已不是某些动物、植物图形的简单描绘，而是将两种及以上的符号缀合在一起，具有了较为综合、抽象的表达意识。另外，这类符号还有几个明显的特点值得特别重视。其一，多存在于特定的陶器种类中，绝大多数都位于陶钵上，只有个别例外；其二，多位于固定的位置，一般在钵口外沿的黑色带纹上；其三，某些符号经常出现在不同地区的陶器上。有鉴于此，学者们多认为它们应该是原始先民在制作或使用诸陶器过程中，有意识地用以表达特定的思想内涵，它们已具备了早期文字的某些特性。

这类早期陶器刻画符号在山东故地也多有发现。如在距今七千年左右的枣庄滕州官桥镇北辛文化遗址中，考古学者在 1 件泥质灰陶残片上和 1 件泥质红陶片上，各发现 1 例陶器刻符。它们都是在陶器烧制之前刻画好的，笔画简单，形状原始，是目前海岱地区发现的最早的陶器刻画符号。

继北辛文化遗址之后，山东大汶口文化各类遗址中也出土了众多的陶器刻画符号，但它们的字体结构比北辛刻画符号更为复杂，已具备了早期文字的表意功能。另外，这些刻符的分布地域更广泛，而且同一种文字在不同地区多次出现，已具备了文字应有的社会功能和传播功能。鉴于以上两点，多数学者已将大汶口文化时期的陶器刻画看作汉字的早期形态。或者说，山东地区有文字性质的陶文，是从大汶口文化开始出现的。

一、山东陶文概述

山东地区的陶文最早出现在距今五千年至四千五百年间的大汶口文化晚期的陶器上。20 世纪 60 年代，学者们在今天莒县陵阳河遗址出土的大汶口文化时期的陶器上最早发现了刻画符号，共 13 件，其中复合形图文 4 件、单一图文 9 件。随后，又在莒县杭头遗址中发现 1 件，在大朱家村遗址中发现 5 件，在诸城前寨遗址中发现 1 件，其中复合图文 2 件、单一图文 5 件。它们的共同特点是，都位于大口尊这一类陶器上，目前尚未发现其他陶器上有这种刻画符号。

根据形体的简易程度，可以将大汶口文化中的陶文分为两类。第一类是单一形体的象形刻画。如：

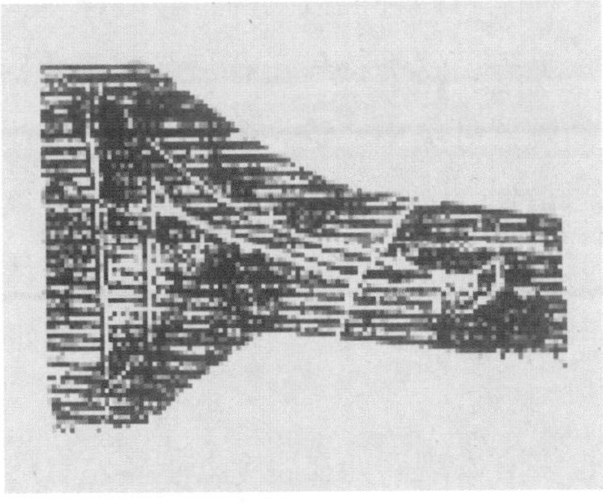

1. 杭头遗址采集

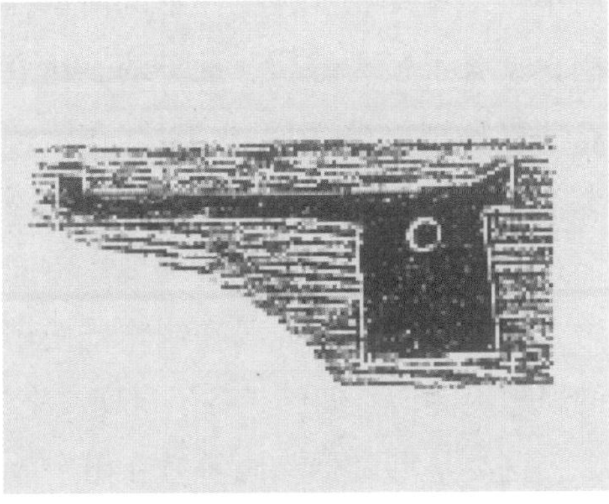

2. 陵阳河遗址采集

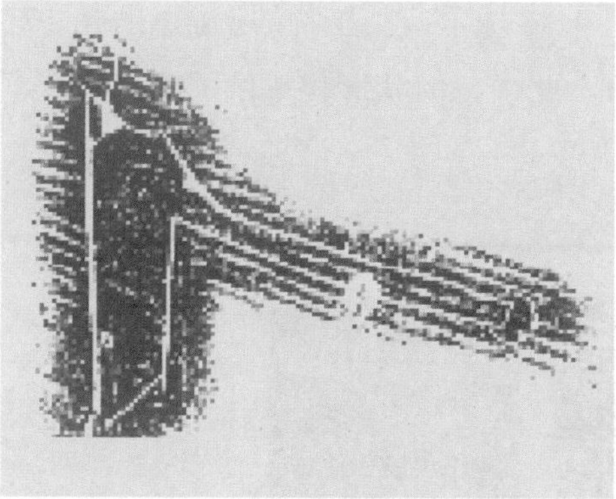

3. 陵阳河遗址采集

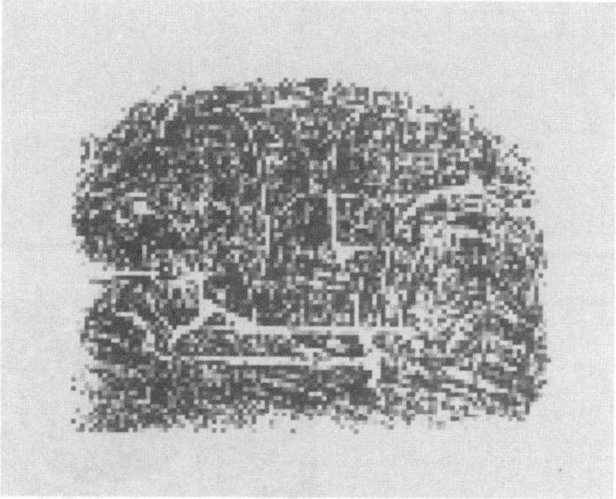

4. 陵阳河遗址采集

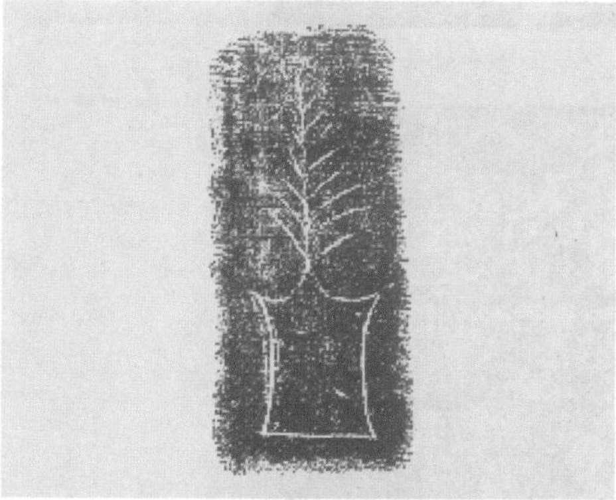

5. 陵阳河遗址采集

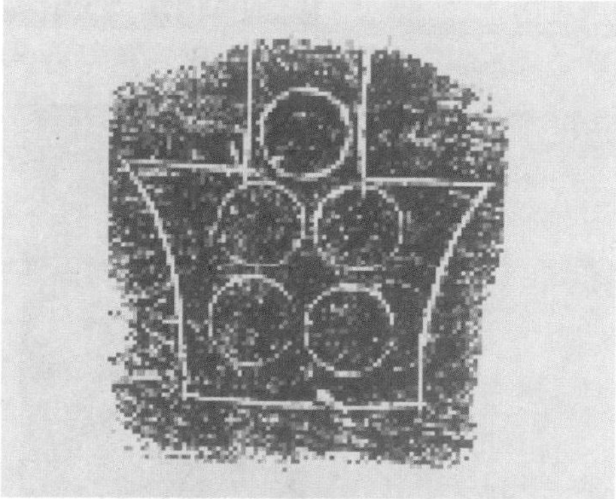

6. 大朱家村遗址采集

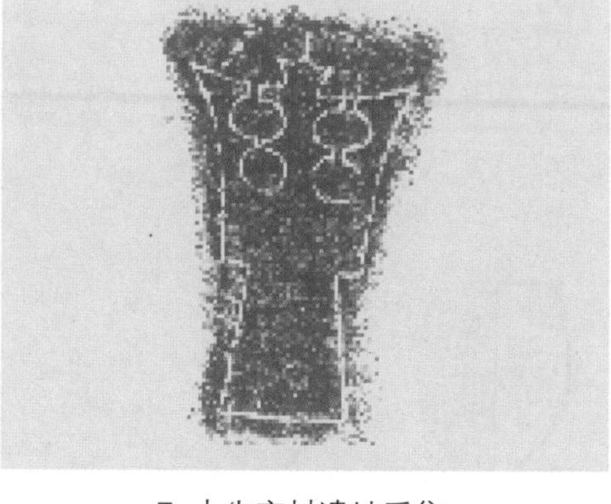

7. 大朱家村遗址采集

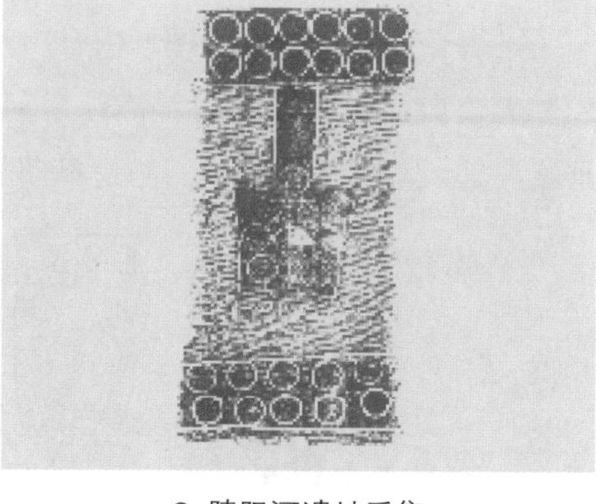

8. 陵阳河遗址采集

其中，图 1、2、3 像斧类工具的形体，图 4、5 像禾苗类植物的形体，图 6、7、8 则像某种抽象物的形体。其具体内涵虽不明了，但其形状一目了然。

第二类则是由两个或三个图形共同组成的一种复合图文，分为上下结构，共同表达某一个意思。如：

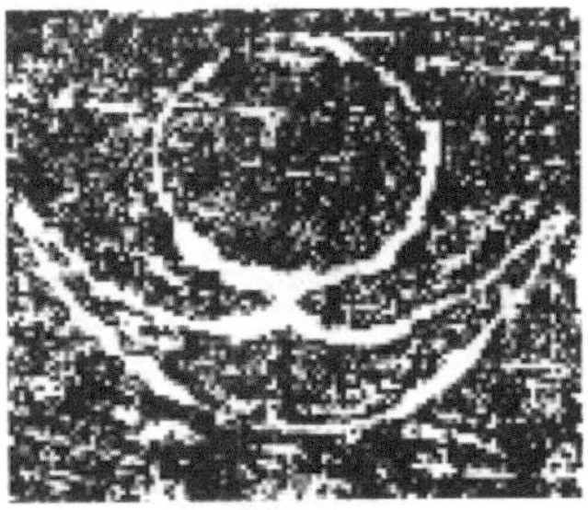

1. 陵阳河遗址采集

2. 陵阳河遗址采集

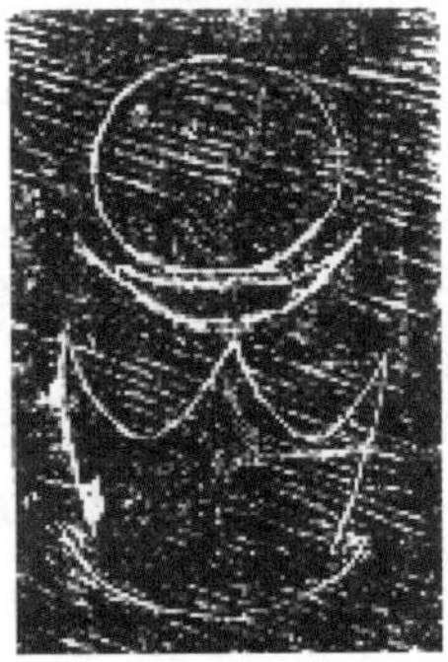

3. 大朱家村遗址采集

4. 尉迟寺遗址采集

学者普遍认为这几种图形由日、月、云、火或山等组合而成。

大汶口文化时期的陶器符号，大多都位于大口尊的肩部，另有少数刻在器物底部。学者多认为它们已是早期的汉字。

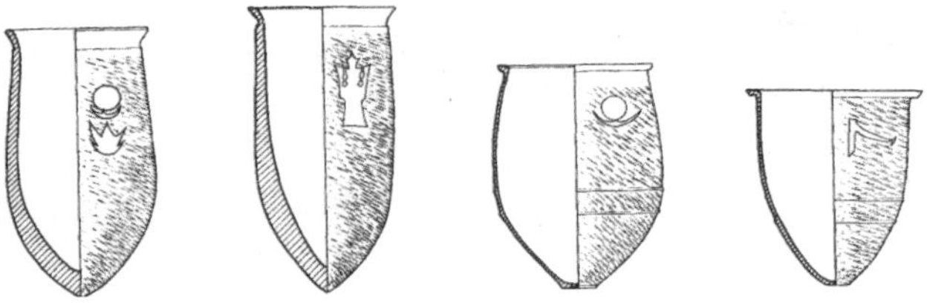

大汶口文化时期的陶文在大口尊中的位置

山东省滨州市邹平县苑城乡丁公村遗址出土的龙山文化时期一陶片上刻有一组陶文，共 11 个字。诸字之间已不仅仅是一些刻画符号的随意摆放，而是可以连成文句，成组出现，这就极大突破了大汶口文化时期陶文往往只是单个出现的已有书写方式。另外，丁公村遗址出土的 11 个陶文，行款整齐，字形结构完整，字与字之间排列有序、疏密有致，其内容沿着自上而下、自右至左的顺序可以通读，与商代甲骨文的书写习惯相同。可以说，丁公陶文已经具备了早期书面文字的形式，与原始的陶器刻符有根本的区别。因此，很多学者据此认为，丁公陶文绝非简单的记事符号，已是一种较成熟的文字。

到商周时期，这种成组的陶文在海岱地区多有发现。如在沂源出土的一件商代陶钵的腹部刻画有 11 个陶文，都是象形字，其中包括 3 人、2 兽、3 树和 1 个带有米字的长方框，长方框的上方还有一个可能用来表示上天的符号。王恩田先生据图画推测，这 11 个字所指好像有燔柴祭天以祈雨的意思。①

此外，1981 年在烟台莱阳前河前村发现 1 件西周时期的陶盉，其肩、流和腹部刻有 8 个陶文。这些陶文成排出现，字体多象形，诡谲难识，但彼此间似有联系，或是对当时一件事的记录（具体内容详下文）。该陶盉出土的地方，在西周时期属于纪国的地域，故此陶文似为纪国的土著居民使用的文字。

由于上述陶文都出现在早期东夷民族生活的区域，学者多认为它们应该是已亡佚的东夷民族曾使用的文字，与生活于黄河流域的中原民族所使用的甲骨文、青铜铭文等尚不属于同一个文字系统。而且，诸陶文的发现区域比较分散，彼此可供联系的线索较少，故释读起来颇不容易。

1949 年之后，随着当代考古工作的进展，东周齐系陶文数量大增。其中比较重要的发现，如 1949 年前后，青州的李徵山先生在齐故城内收购了百余件陶文；1958 年，山东省文物局举办文物培训班在齐故城进行调查、钻探和

① 参见王恩田：《〈陶文图录〉序》，《古籍研究》（2006·卷上），安徽大学出版社，2006。

试掘，共发现陶文 18 件；1982 年，齐故城大城南部刘家寨东、南面发现有字陶片 9 片，在大城东北部阚家寨村东、南面发现有字陶片 24 片；1984 年，在大城北郭外的西周傅村东发现有陶文的豆柄 110 件，在西周傅村和东周傅村之间发现有字陶豆 20 件；1990 年，山东省文物考古所在临淄后李官村西北的后李遗址发掘出齐国陶文总计 257 件，其中东周戳印陶文 97 件、东周刻画陶文 157 件，等等。另外，临淄地区还发现了东周时期比较重要的齐国制陶手工业作坊遗址。如 1986 年在临淄故城北 2 公里的西周傅庄发现一处大规模的制陶作坊遗址，20 世纪 70 年代还在此地发现过陶窑遗址。

齐故城之外，诸城臧家、济南天桥、青州口埠、邹平苑城、章丘宁家埠、博兴店子、桓台唐山等地，都出土过齐国陶文。尤值得一提的是，近年来，山东新泰一中、西南关、南西周、造纸厂等地多次出土大量陶文。2002 年，新泰一中校园所在地出土一大批陶片，其中带陶文的有 200 余片，可拼合为 160 余片。陶文主要钤印于杯形器和釜形器上腹部。除两例阴文外，其余均为阳文。字数多者 7 字，少者 2 字。陶文的主要格式为“地名＋陈某＋立事岁＋人名”等，其中“陈某立事”者有 10 余人。这批陶文所属的时代，从春秋一直延续到战国。从其数量如此集中来看，此地应该是当时齐国的一处规模较大的官营制陶手工业作坊。这些发现都有力推动了齐国陶文研究工作的深入开展。①

二、山东与陶文研究的特殊情缘

山东潍坊的陈介祺是陶文研究的开拓者和奠基人。学界公认，中国最早鉴定和收藏陶文者，当数清末著名金石学家陈介祺。清同治十一年（1872），陈介祺于友人处偶然得到一件印有“陈□”的陶片。他凭借深厚的古文字学识，指出此“陈□”应该出自齐国陈氏宗族。从此之后，陈介祺先生便将陶文新增为自己的收藏目标。经过多年的努力，先后搜集了逾 1.3 万片陶文资

① 参见郝导华：《山东地区东周陶文的发现与研究》，《海岱考古》2010年第1期。

料。在他的带动下，同时期的潘祖荫、端方、周霖等文化大家都竞相搜寻，并各有所获，但数量都不及陈介祺所藏多。其后，陈介祺又将自己所藏陶片精选出 4000 多件，用棉纸精拓后传售于同好。此举开创了用拓片保存和传布陶文资料的新方法，为同行所采用和效仿。除发现和收藏外，陈介祺还是陶文研究的学术大家。他生前曾撰有《陶文释存》《陶器造象化布杂器考释》等专著，可惜多未刊行。他经过深入研究后敏锐地指出，陶文的内容不外乎地名、官名、器名以及作者、用者姓名等，从而为陶文的研究奠定了基础，并指引了其后陶文研究的发展。

山东齐故都是全国陶文出土的重要阵地。在清末陶文被发现之初，陈介祺、王懿荣、端方等名家所收集的陶文，基本上都出自山东地区。直到光绪年间，罗振玉才新发现了河北易州出土的燕国陶文，从而拓展了陶文的出土地。

新中国成立以来，随着现代考古学事业的发展，河南郑州、洛阳、新郑，山西夏县、翼城、曲沃，陕西咸阳、西安、临潼等地，都出土过数量不等的陶文资料，但在数量上远远无法与山东所出陶文相比。例如高明先生的《古陶文汇编》一书共收录 2322 片陶文资料，其中山东出土的陶文即有 1384 片，远超过其他诸省所出陶文数量的总和。随着山东诸地考古工作的开展，临淄、邹城、泰安等地又新出土了大量的陶文资料。这些都让山东成为全国陶文出土的重要地区。

在山东各地所出陶文中，田齐陶文的数量最多。跟全国其他地区的陶文相比，田齐陶文呈现出明显的自身特色：其一，有全国罕见的大玺陶文。所谓大玺陶文，就是用形制较大、文字较多的玺钤印而成的一种陶文。字体大多是阳文。文例往往是以某地某人立事起首，内容有特殊意义，向来为学界所看重。其二，有他地少见的刻画陶文。

山东的陶文研究名家辈出。除陈介祺外，清末收藏和研究陶文的学术名家还有山东邹县的马星翼和福山的王懿荣。早在道光十七年（1837 年），马星翼撰写的《邹县金石志》中就有关于邹县出土陶文的记载。八国联军入侵，王懿荣去世后，他的藏品多归刘鹗所有。1904 年，刘鹗刊印的《铁云藏陶》主要是从王懿荣生前所藏的陶片中精选拓印而成的。其后，济南的王献唐撰有《邹滕古陶文字序》，并对临淄、邹县诸地的陶文做过深入研究，并指出，临淄所出的陶器质工较精，文字亦多，三四字至十数字不等；邹县所出的陶器稍逊，字亦简古，多一字至二字，其三四字者不见靓也。从而为后人有效辨别齐邹陶文提供了很好的研究思路。日照的丁佛言及时利用新发现的大量陶文资料，考证和研究《说文解字》，著有《说文古籀补补》《说文古籀三补》等，赢得学界好评。

新中国成立之后，山东学者无论是在陶文资料搜集上，还是在史料研究上，都取得了较大的成就，并深得学界认可。

在陶文资料搜集方面，有王恩田的《陶文图录》《陶文字典》，吕金成的《夕惕藏陶》《夕惕藏陶续编》，成颖春的《齐陶文集成》，徐在国的《新出齐陶文图录》《新出古陶文图录》，等等。尤其是王恩田先生，其《陶文图录》共收录陶文 12000 多件，分战国以前、齐国、邹国等十卷，所收陶文规模之大，超过以往同类书籍。他的《陶文字典》正编收 1279 字（含合文），附录收 1170 字，后面还有检字索引。这两部著作给学者们的研究提供了极大的方便。

在陶文研究方面，贡献较为突出的有潍坊博物馆的孙敬明先生。他利用齐故城出土的陶文资料，先后撰写《齐陶新探》《益都藏陶》《齐国陶文分期刍议》《齐国陶文史料研究例说》《齐都陶文丛考》等多篇学术文章，对齐国陶文的分类、断代、内涵以及所体现的政治、经济、军事、文化等内容，进行了多项开创性的研究和探讨，有力推动了山东陶文研究工作的深入开展。此外，山东荣成的当代著名古文字学家、历史学家张政烺先生结合子禾子釜青铜器铭文，考证出陶文中的“陈旻”即《左传·哀公十四年》中的陈成子，从而为学者利用陶文资料研究古代历史树立了典范。

三、山东陶文的重要意义

综上可知，自大汶口文化时期起，直到战国时期，山东地区的陶文资料不但数量较多，而且内涵丰富，有极强的学术研究价值。概言之，其学术史意义主要体现在如下几个方面。

其一，为探索汉字的起源提供了重要信息。

1899 年，王懿荣成功释读甲骨文，从而发现了一种比周代青铜铭文更早的汉字形体。甲骨文字体已具备了完整的形、音、义三个要求，有完整的形体、独立的读音和特定的内涵，基本具备“六书”的基本特征，故甲骨文已是一种非常成熟的文字体系。它不是从天而降的，在此之前应该有个长期而缓慢的演变历程。甲骨文的源头在哪里，便成为历代学者们关注的重点。新中国成立后，随着各地考古学工作的开展，从出土文物中寻找最早的汉字已成为学界的共识。尤其是陕西西安半坡遗址、临潼姜寨遗址以及青海民和马厂塬遗址、乐都柳湾遗址等新石器时代的大量陶器刻画符号问世后，学者们从不同角度进行解读，对汉字应当起源于早期陶器刻符的观点有了更多的认同和理解。

经过多年的讨论，学术界已普遍认为，以陕西西安半坡遗址为代表的仰韶文化的陶器刻画符号，图画意义较强，笔调较为简单，尚不具备早期文字的基本特征。但山东大汶口文化诸遗址所出的陶器刻符，已突破了图画原本的功能，而与原始文字较为接近了。如著名古文字学家裘锡圭先生在《汉字形成问题的初步探索》中指出，大汶口文化象形符号跟古汉字的相似程度是非常高的，它们之间似乎存在着一脉相承的关系，它们应该已经不是非文字的图形，而是原始文字。之后，裘锡圭先生在他的《文字学概要》一书中又重申，大汶口文化象形符号可能曾与原始汉字同时存在，相互影响，或者曾对原始汉字的产生起过一定的作用，它已经被用作原始文字的可能性应该是存在的，似有可能已经具有文字的性质。此外，于省吾先生的《关于古文字研究的若干问题》、唐兰先生的《关于江西吴城文化遗址与文字的初步探索》、高明先生的《论陶符兼谈汉字的起源》等论著，也都认为山东大汶口文化陶器上的刻画符号应该是汉字的雏形，更是中国文字之始。

依诸家所论，山东大汶口文化陶器上的刻画符号无疑为探索中国早期文字的源头提供了重要的实物资料。甚至可以说，大汶口文化陶文已可作为汉字起源时期的重要标志，与其后的甲骨文、青铜铭文、简牍帛书文字等共同构成了汉字形成发展的几个重要阶段。

其二，为了解海岱地区早期文明的内涵提供了依据。

文字是文明的重要标志，是古代文明高度发展的重要象征。大汶口文化陶器上的陶文，为我们充分了解五六千年之前的海岱地区早期文明的发展水平，以及早期文明的创造者东夷民族的社会生活、宗教祭祀和文化心理等，提供了可资借鉴的原始资料。

学者早已指出，中西方古文明在起源路径上有较大的差异，具体到文字方面，即中国文字起源于宗教祭祀，而西方文字起源于经济贸易。例如，殷商甲骨文主要出现在祭祀用的龟甲上，西周金文主要出现在祭祀鬼神时所用的青铜器上。对此，新出现的陶文也有力证明了这一点。如，大汶口文化的陶文多出现在大口尊的口沿处，但大口尊在当时并不是生活用器，而是祭祀礼器，它主要被原始先民用于祭祀祖先和鬼神。这与甲骨文、金文主要出现在祭祀器物上的特性是相同的。

另外，大汶口文化的陶文中多有带日、火、鸟偏旁的字，如、、等，都从日，从火。在原始神话思维中，日、火都与早期鸟崇拜密切相关。据《尚书》《左传》等文献记载，生活在海岱地区的早期东夷民族以鸟为图腾，崇拜燕子、凤凰等鸟类。大汶口文化陶器上的符号，当为刻画这些符号的东夷民族鸟崇拜的重要体现。从器物摆放位置来看，大汶口文化中所有刻有陶文的陶器并不与一般的陶器为伍，而多与猪头等祭品一起另置一处，有的陶文还被刻意涂成红色，这说明陶文在祭祀中被先人赋予了特殊的情感

寄托。

其三，为认识齐鲁文化的整体面貌提供了重要依据。

现有的陶器文字多属于战国时期，是战国文字研究的一个重要组成部分。战国陶文的分布很广，齐、燕、韩、赵、魏、秦、邹、滕等故地均有发现，其中齐国陶文数量最多、内容最丰富。

以齐国为代表的山东诸地先后发现了数量可观的陶文资料，并且很多都是在新中国成立后通过考古调查及发掘所得，这不仅极大拓展了齐鲁文化研究的视野，而且为某些历史问题的讨论研究提供了宝贵的资料依据。

例如，齐国陶文记载了当时的陶工所居住的乡、里等内容，对认识当时的乡里制度有重要的资料价值。陶文中保存了很多地名，有利于了解古代地理、区域变迁。陶文中保存有大量“某市”“某亭”的资料，为了解当时的官府与私营手工业生产、集市贸易、商业活动等提供了直接证据。

1986 年，齐故城遗址博物馆征集到带陶文的豆柄 130 余件，其中所记地名最多的是“城阳”，从而为学者寻找东周时期城阳的地望提供了重要线索。1988 年至 1990 年，临淄后李官村出土 257 件齐国陶文，大多出土于窖穴（灰坑），也有不少出土于水井和墓葬内，地层关系清晰，为研究齐国陶文的年代、分期以及齐国的民营制陶业等问题提供了绝好的实物资料。2002 年，新泰地区出土大量的齐国陶文，主要钤印于杯形器和釜形器上腹部，陶器基本为量器，火候好，制作精良，当为齐国在此地的官营制陶作坊所生产，为研究齐国官营制陶作坊的建置提供了直接证据。另外，该批陶文的主要格式都是“地名 + 陈某 + 立事岁 + 人名”及其省略形式，涉及“立事”的陈某有 10 余人。过去，大部分立事岁陶文都是传世品，在考古中只是零星发现，新泰地区如此集中地出土大量立事岁陶文，在历史上尚属首次，有极高的学术研究价值。

四、山东主要陶文介绍

1. 莱阳前河前陶文

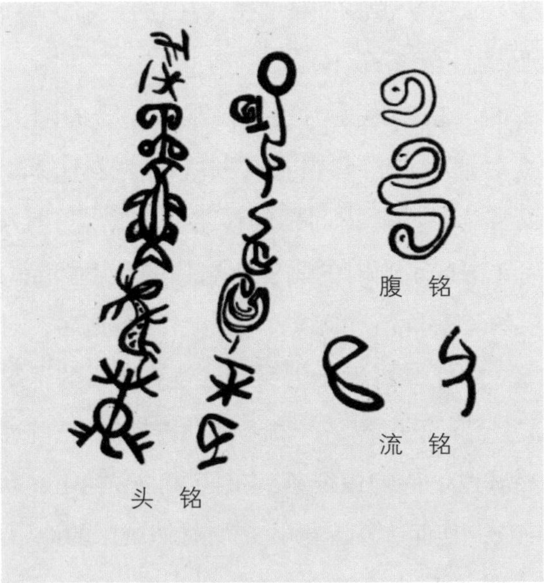

莱阳前河前陶文

该陶文于1981年秋被莱阳文物普查小组在当时莱阳县城以南35公里处的前河前村发现，陶文刻写在一件罕见的仿铜陶盉上。据当地群众反映，这件陶盉是1981年春村民在村前整菜地时发现的。盉属泥质灰陶，手制，高15厘米，最大腹径13厘米，足高2.5厘米。子母口，盖顶有乳突，盖一侧有圆环形把手；腹部前有与器身成45度角的流，后有圆环形把手，与盖侧把手上下相对；底部有四足。盖、颈、流及侧腹上，均有鱼鹿之类刻纹。从其形制看，当属于西周早期。

出土陶盉的地区属于西周时期的遗存，内涵较为丰富，既有生活遗址，又有墓葬。1975年，山东省考古队曾在此发掘出数件西周中期“己”国的铜器，说明此地在西周时期属于纪国的辖地，此陶文应为当时纪国人所书。

据李步青、吴云进两先生考释，这 18 个陶文可分别摹写为：

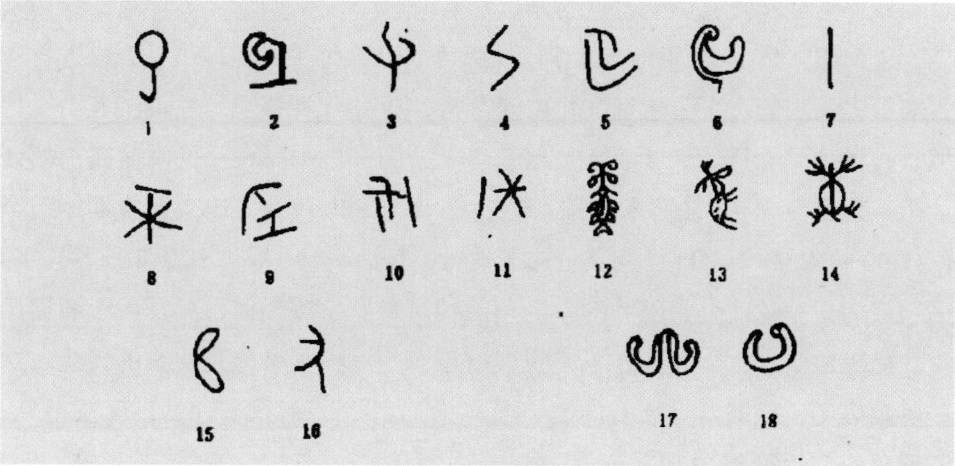

莱阳前河前陶文

从所摹字形看，1 号字可释为“己”，2 号字可释为“国”，3 号字可释为“父”，4 号字可释为“乙”，5 号字可释为“作”，6 号字可释为“酉”，7 号字可释为“午”，8 号字可释为“未”，9 号字可释为“宅”，10 号、11 号字不识，12 号字可释为“惩”，13 号字可释为“鹿”，14 号字可释为“龟”，15 号字可释为“师”，16 号字可释为“父”，17 号字可释为“虹”，18 号字可释为“已”。

其中，前六字是己国或氏族名，“父乙”应该是作器的人。“午未”表示时间，其后的“宅……”可能为地名。最后三字可能为族徽，“己虹”或许是“己”“曩”早期的称谓或族徽。①

王恩田先生则将前四个字释为“祀父乙作”，将最后三个字释为“鱼鹿黾”，系族徽。②

因该陶文资料尚缺少可对应者，故每个字究竟该如何解释，还有待更多

① 参见李步青、吴云进：《山东莱阳发现一件罕见的仿铜陶盉》，《文物》1987年第10期。
② 参见王恩田等：《专家笔谈丁公遗址出土陶文》，《考古》1993年第4期。

资料佐证。

2. 邹平丁公陶文

丁公陶文是1992年山东大学历史系考古队在邹平县苑城镇丁公村进行考古实习时发现的。丁公遗址文化内涵丰富，1991年在该遗址发现了龙山文化城，被评为“全国十大考古新发现”。丁公陶文被刻写在一件陶盆底部的残片上，残器宽3 ~ 3.4厘米，长4.6 ~ 7.6厘米，时代为龙山文化晚期，距今约4200 ~ 4100年。11个陶文分布于5行，最后一行3字，其余4行各2字，书写较为工整。此外，陶片的左上角隐约可见有字迹残留，只是由于磨损严重，尚无法辨识；陶片的左下角也残有刻画短线，很可能是文字的残笔。这些迹象表明，该陶器上原有的文字当不止11字，只可惜其他的已无法得见。其残存的11字的拓片如下：

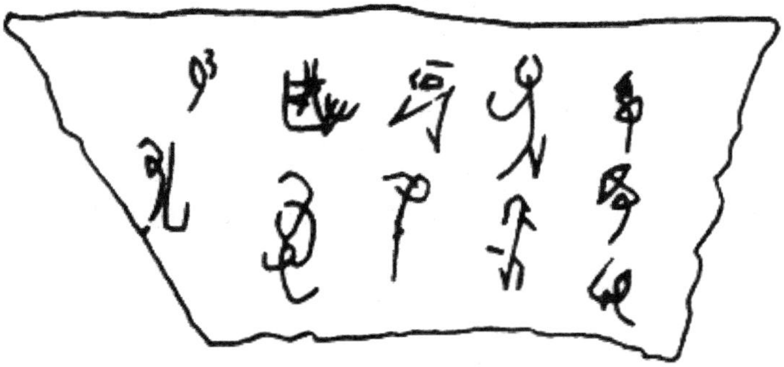

邹平丁公陶文拓片

从丁公陶文的整体布局看，其读序是自上而下、自右至左，与古籍排法相同。学者们对此没有异议，但对每个字的释此多有分歧。[①]

第一字，严文明疑为“鸟形”，冯时释为“魅”。

① 具体见王恩田等《专家笔谈丁公遗址出土陶文》，《考古》1993年第4期；冯时《山东丁公龙山时代文字解读》，《考古》1994年第1期。

第二字，王恩田释为“见”，李学勤释为“父”，冯时释为“雏”。

第三字，蔡凤书释为“以”，冯时释为“阿”。

第四字，王恩田释为“俊”，陈公柔释为“猱”，李学勤认为是“有尾的猿猱形”，冯时释为“祖”。

第五字，李学勤认为是有角的走兽形，冯时释为“人”。

第六字，发掘者释为“扁”，李学勤认为似顾首短尾的动物，冯时释为“乞”。

第七字，李学勤疑为左手的“左”，陈公柔疑为“戊”，冯时释为“告”。

第八字，李学勤疑为形声字，右下似“心”，左侧似“刀”，中间部分不识，但也见于甲骨文，为方国名；冯时释为“兵”。

第九字，严文明谓“盘身翘首的蛇形……也许与古书上记载的修蛇部落有关”，冯时释为“长”。

第十字，王恩田释为“鱼”，冯时释为“养”。

第十一字，张学海疑是人名款识或某种标记，有如金文的徽识；冯时释为“鸡拐爪”。

冯时结合彝族文字，认为这11个字可作一句读，为“魅卜，阿普读祈，告。吉长，百鸡拐爪……”。这句陶文属于类似于甲骨文的占卜之辞。魅卜，即卜魅。“魅”是恶鬼邪怪，为占卜对象。此句意为因恶鬼诸邪而卜，相当于卜辞的命辞。阿普读祈，即“祈阿普读”。“阿普”意为祖公，指告祭对象。吉长，即“长吉”，犹古文献中之“引吉”。《周易·萃》：“六二，引吉，无咎。”“百鸡拐爪”辞下有缺文。“百”意为众，“鸡拐爪”意当以鸡骨卜卦。这句陶文当为招祖护佑、驱邪求吉的卜辞。

因陶文时代较为久远，且缺少更多同时期同类文字的佐证，故对其具体内涵的解读，还有待来日。

第四节　简牍文字

所谓简牍文字，指书写在竹简和木牍上的文字。因竹子和木头都为生活中常见之物，造价低，又极易改造，故在造纸术和印刷术发明之前，简牍便成为古人最常用的书写载体。人们将竹子或木头削成狭长的细片，拿绳子串联起来，然后用毛笔在上面写字。这种用绳子串起来的细片，称作“策”或“册”，又称“简策”。简牍文字最早在商代晚期即已出现，在《尚书·多士》中，周公曾提到商代先人有典有册。甲骨卜辞里有“册”字，写作、、诸形，正像编联好的竹简之形，说明用毛笔书写的简牍文字在殷商时期已出现。到春秋战国时期，随着甲骨文、金文的逐渐衰落，在简牍上写字成为时人最主要的书写方式。到秦汉时期，在造纸技术已得到极大改进之后，简牍文字仍然为世人所使用。马叔平先生在其《中国书籍制度变迁之研究》中推断，人类自有文字起，直至公元三四世纪左右，前后1600年左右的时间内，简牍文字一直盛行，可称为“书籍的简册时代”。

因简牍易于腐烂，不容易保存，故我们现在发现的简牍文字，最早的是战国时期的。春秋之前的简牍资料，尚未为世人所知。新中国成立以来，随着考古大发现时代的到来，大量的简牍资料层出不穷。尤其是进入21世纪之后，更是迎来了简牍学的新高潮。比较知名的有1972年发现于山东临沂银雀山西汉墓的银雀山汉简、1975年发现于湖北云梦睡虎地秦墓的睡虎地秦简、1993年发现于湖北荆门郭店楚墓的郭店简、1994年入藏上海博物馆的上博简、2008年入藏清华大学的清华简、2010年入藏北京大学的北大简、2011年发现于江西南昌西汉海昏侯墓的海昏简牍以及2015年入藏安徽大学的安大简，等等。它们都因为数量繁多、内容丰富、学术价值高而受到研究者的高度关注。很多相关研究至今仍方兴未艾。

在已出土的数量众多的简牍资料中，唯一出土于山东地区的，即 1972 年发现于山东临沂银雀山西汉墓的银雀山汉简。

一、银雀山汉简概述①

银雀山汉简出土于山东临沂银雀山的 1 号和 2 号汉墓中，由山东省博物馆和临沂文物工作组共同发掘问世。两墓都是长方形竖穴墓，一棺一椁，盛放椁的地方分成棺室和边箱两部分，随葬品多放置在边箱内。1 号墓的竹简出土于边箱的北部，2 号墓的竹简出土于边箱南部靠近东壁处。与汉简同时出土的，还有陶器、漆木器、铜器和钱币。

从随葬品的形制、纹饰、风格以及器物组合等方面看，两座墓的时代都属西汉前期。通过 1 号墓中出土的钱币和 2 号墓中出土的《元光元年历谱》推定，1 号墓的下葬年代在公元前 140 年至公元前 118 年间，2 号墓下葬的年代在公元前 134 年至公元前 118 年间。因此，银雀山汉墓竹简的抄写年代理应早于墓葬年代，大致相当于西汉文景时期至武帝初期。

1 号墓出土竹简 4942 枚（包括完整简和残简）、木牍 2 块，另有简和牍的残片若干。由于年代久远，竹简长期浸泡在泥水中，已完全失去了简本原有的韧性，质地脆弱，极易折断。

竹简的长度有 3 种，长 69 厘米的有 32 枚，长 27.6 厘米的约有 5000 枚，长 18 厘米的有 10 枚。从编痕处留下的空白可看出，竹简是先编联成册，然后再书写成文的。

每简字数不等，27.6 厘米长的一般书写 35 个字左右。文章篇末多有计数，标明本篇字数。简上的文字全部为隶书，用毛笔蘸墨书写，字迹有的端正，有的潦草，明显不是出于一个人的手笔。

1 号墓出土的竹简包括现今还有传本的书籍和古佚书两大类，其中古佚书

---

① 参见郑子良：《银雀山汉墓竹简研究综述》，载《出土文献研究》（第十三辑），中西书局，2014，第369～394页。

占大部分。

现今有传本的书籍包括：

《孙子兵法》及4篇佚文。除《地形》外，今本《孙子兵法》13篇中的其余12篇文字均有发现。但在与简同出的篇题木牍残片上，在《九地》篇题前书有《□形》，或即今传本《孙子·九地》的《地形》篇，从这个角度来看，简本《孙子兵法》应是十三篇足本。佚篇共4篇，《吴问》篇记吴王与孙子关于晋国六卿军事、政治制度的问答。《黄帝伐赤帝》《四变》《地形二》3篇分别是对《行军》《九变》《九地》部分内容的解释与阐发。

《尉缭子》5篇。简本与传本《尉缭子》相合的共6篇，其中《兵令》一篇收入《守法守令十三篇》。简本与传本《尉缭子》的《兵谈》《政权》《守权》《将理》《原官》5篇文字相合。

《太公》14组，可分3类。第一至七组为第一类，为见于传本《六韬》者，其中见于《文韬》者4组，见于《武韬》者3组。第八至十三组为第二类，均为《群书治要》《通典》《太平御览》等书曾引用而为传本所无的佚文。第十四组为第三类，是一些零散残简，其简式、字体与第一、第二类相似，简文又提及文王或太公望，据此当属简本《太公》残简。

《晏子》16章，散见于传本8篇之中。其中第十、第十一两章传本都分别析为两章。

古佚书类包括：

《孙膑兵法》16篇。《汉书·艺文志》称《齐孙子》。简本共16篇。第一至第四篇记孙子与齐威王、田忌的问答。第十六篇《强兵》也记孙膑与齐威王的问答，可能不是孙膑书的本文。第五至第十五篇各篇篇首都称“孙子曰”，但其文体、风格与《孙子兵法》及其佚篇不相类，因此这些篇中的“孙子”指孙膑的可能性较大。

《守法守令十三篇》10篇。其中《守法》《守令》两篇不易划分，暂合为一篇。《上篇》《下篇》疑即简本《六韬》。《守法》篇的内容与《墨子》论守城之法的《备城门》《号令》等篇相似。《要言》篇文字多韵语，为当时所流行的格言之汇集。《库法》《市法》《田法》《委积》等篇记述土地、市廛、库藏、赋税的法制。《王兵》篇的内容散见于《管子》的《参患》《七法》《兵法》《地图》等篇。《李法》篇记处罚官吏之事。《王法》篇记王者之道。《兵令》篇简式与《守法》篇同，与《尉缭子》各篇简式不合，其内容与传本《尉缭子》之《兵令》篇合。

《论政和论兵之类》50 篇，包括《十官》《五议》《务过》《为国之过》《起师》等篇。

《阴阳时令占候之类》12 篇，包括《曹氏阴阳》等。

《其他之类》13 篇，包括《地典》《唐勒》《定心固气》《相狗》《作酱》等。

银雀山 2 号墓边箱南端底部出土竹简 32 枚，题名为《汉武帝元光元年历谱》，简册基本完整，每简长 69 厘米，宽 1 厘米，厚 0.2 厘米。第一简记年，第二简记月，以十月为岁首，依次排至后九月，共 13 个月。第三至三十二简记日，书每月一至三十日的干支。32 枚简排列起来就是元光元年全年日历。《元光元年历谱》是 20 世纪发现的中国最早、最完整的古代历谱。所记的晦朔干支，可订正自宋代《通鉴目录》以来有关诸书的错误。

二、银雀山汉简发现的学术史意义

银雀山汉墓竹简被发现之后，受到学界的广泛关注。该批竹简的内容多为先秦古籍及佚书，其时代在西汉早期，在很大程度上保留了很多古籍的早期书写形态，对于研究我国的先秦秦汉史、早期兵学以及古文字学等，都提供了大量可信的第一手资料。因此，银雀山汉墓竹简先后入选“新中国 30 年十大考古发现”“新中国 50 年影响最大的考古发现”以及“中国 20 世纪 100 项考古大发现”等，说明学界对其学术价值是充分认可的。

银雀山汉墓竹简最大的贡献之一，是为世人提供了已失传近两千年之久的《孙子兵法》《孙膑兵法》两本古兵书，从而使长期以来中外学术界关于孙子、孙膑是否各有其人、是否各有兵书传世的论争有了最终结果。这是我国文化史、学术史上的一大盛事。著名史学家司马迁在《史记·孙子吴起列传》中曾明确交待，孙子指孙武，齐国人，曾以兵法十三篇见于吴王阖闾。孙武去世百余年后，孙膑出生于齐地的阿、鄄之间，后仕于齐威王，是孙武的孙辈。孙武和孙膑各有兵法著作传于后世，《汉书·艺文志》中还同时收录了《吴孙子》(《孙子兵法》) 82篇和《齐孙子》(《孙膑兵法》) 89篇，说明二者是根本不同的两部书籍。但到《隋书·经籍志》时，《齐孙子》已不见于著录。此后，历代学者开始普遍怀疑《孙子兵法》的真实性，认为它是经后人“削其繁剩，笔其精粹”而成书的，在历史上根本不存在。甚至认为孙武本人也不存在，司马迁所说的兵书应为孙膑所著，孙武和孙膑实为一人，武是其名，膑是其绰号。

现在，银雀山汉墓竹简本《孙子兵法》和《孙膑兵法》同时出现在世人面前，以不可辩驳的事实彻底消除了笼罩在孙武、孙膑身上的历史迷雾。其中第0233号简文载“吴王问孙子曰……”，第0108号简文载“齐威王用兵孙子曰……”，明确指出孙武仕于吴王，孙膑仕于齐王，二者不同时代，不同国别，从而明确告诉后人，孙武其人在历史上不仅真实存在，而且《孙子兵法》也确实为其本人所创作，司马迁在《史记》中的记载是真实可信的。多年的历史谜案由此得以彻底揭晓。

银雀山汉墓竹简的问世，还为《六韬》《尉缭子》《晏子》等书的源流和真伪问题提供了重要依据。这些典籍，自唐宋以来就被疑为后人假托的伪书。简文本的出现证实了以上书籍在西汉前期已经传世，成书年代至少在西汉以前，而并非后人假托的伪书。

此外，银雀山汉墓竹简的出土，还有助于我们重新认识先秦秦汉史事的有关内容。如，《史记·孙子吴起列传》对齐魏桂陵之战记载的虽然比较清楚，但却丝毫未提及魏将庞涓是否也参与其中。至十三年之后的马陵之战时，才提到庞涓兵败自杀之事。但竹简本《孙膑兵法·禽庞涓》章却明确提到庞涓不但参与了桂陵之战，而且还在战争中被孙膑所擒获，与《史记》所载有较大出入。对此，学者通过论证得知，简文所载的史事更为可信，孙膑擒庞涓很可能是在桂陵之战而非在马陵之战中。这就为我们准确了解齐魏之战的历史细节，提供了全新的历史资料。

总之，银雀山汉墓竹简的出土是近年来非常重要的重大考古发现，它以生动的资料、详实的记载以及丰富的内涵，为我国了解古代的历史、哲学、兵法、历法、古文字学等都信息，提供了可贵的资料依据，值得认真研究和阐释。

第十三章 齐鲁艺术

艺术是语言的重要补充方式。它通过造型、线条、构图等手段，生动而准确地塑造形象、反映现实和寄托情感。艺术包括语言、音乐、绘画、形体等多种表达方式。在齐鲁文化发展过程中，齐鲁先民用自己的聪明才智，创造了多种不同的艺术形式，取得了较大的成就。在中国古代艺术领域中，齐鲁艺术始终占有重要一席。下面，我们就以青铜器、瓦当以及画像石为例，重点介绍一下齐鲁艺术的内容风貌和时代特征。

第一节　青铜器艺术

铜是人类较早发现和使用的金属。早至七八千年之前，人类尚处于石器时代时，在采集石料制作工具的过程中，就已经认识了天然的红铜，并用之制作刀锥、装饰品等实用性器物。因为红铜的硬度很低，不适合制作生产工具，在数次的实践探索之后，先民又发明了往红铜器中加入锡、铅等矿物元素来熔炼合金的办法，以提升器物的硬度。这种由多种元素熔炼而成的合金，便是青铜。用青铜制作的器物即青铜器。

从现有考古资料来看，世界上起源较早的古埃及、古印度以及两河流域的早期文明古国都经过了时间不等的青铜时代，即用青铜制作兵器、生产工具的时代。与之相比，中国古文明创造的青铜文化尤其发达。中国青铜时代自五帝时期即已开始，经夏商西周时期而不断发展壮大，直到战国时期铁器广泛出现之后才逐渐衰退，前后延续了一千五百多年。其经历时间之长、发达程度之高，是其他文明古国所不能比拟的。另外，与其他文明古国多用青铜器制作兵器、生产工具不同，我国古代的青铜器主要用于宗庙祭祀，被披上了一层严肃庄重的神秘面纱。中国古代青铜器的使用者主要是贵族，青铜器的制造和加工主要是为了满足官府和贵族阶层的需要，普通民众很少有使用和制作青铜器的机会。

夏商周三代都拥有非常发达的青铜文化。历代考古学者从河南洛阳二里头、河南安阳殷墟、陕西周原周公庙等夏商周三代的王都文化遗址中，都发现了数量丰富、体形庞大、造型精美的青铜器具。王都之外各诸侯国的都城所在地也先后出土了数量可观的青铜器物。它们的样式和造型在早期都是直接模仿和承袭商周王室的。但从春秋时期开始，礼崩乐坏，王室的控制力急速下降，各诸侯国开始根据自己的文化传统，逐步发展具有自身特色的青铜器文化，从而使原本样式统一的青铜器在造型、纹饰、品类、组合等方面实现了极大突破与创新，并出现了颇具地域特色的诸侯国青铜文化和青铜器艺术，更直接促使了古代青铜文化发展高峰的最终到来。

在春秋战国时期诸侯国林立、青铜文化迅速发展的浪潮中，齐鲁文化占有重要一席。作为周王室在东方地区的两大封国，齐、鲁两国的青铜器文化在西周时期基本上都按照周王室的礼制标准，严格规范自己的器物制作与使用标准。但到了春秋时期之后，由于不同的文化传统和发展进度，齐国率先走上了独立发展的道路，并伴随着国力的日益强盛而逐渐发展出辉煌无比的青铜文化。鲁国虽然也有变革和创新，但仍在较大程度上沿袭和保存了周文化的固有传统，谨慎而缓慢地创造着自己的青铜器文化。

虽然发展的程度不同、革新的力度有异，但齐、鲁两国都创造出了非常发达的青铜器文化。无论是从铜器种类、器物造型上来说，还是从纹饰刻画、器物组合上来说，都自成特色、内涵丰富。我们在上一章中已对齐、鲁青铜器上的文字特征做了详细总结，现在从艺术创作的角度，重点介绍一下齐鲁青铜器自身所具备的特点。

一、齐鲁青铜器的发现与种类

据学者研究，到目前为止，包括齐、鲁两国在内的海岱地区已经出土了300多批约8500余件青铜器。其中包括青铜容器2500余件、青铜乐器600余件、青铜兵器3400余件、青铜工具160余件、青铜车马器1500余件、青铜杂器330余件。从时间上看，最早问世的青铜器当数1116年在宋代北海县（今潍坊市潍城区）发现的3件青铜斝和安丘县（今安丘市）发现的1件齐侯盘。斝的时代属于商代晚期，盘的时代属于春秋早期。[①] 自清代以来，陆续

① 参见毕经纬：《问道于器：海岱地区商周青铜器研究》，上海古籍出版社，2019，第33～55页。

都有新的器物被发现。

1. 青铜器的主要出土地

数量如此众多的青铜器的出土地点几乎涉及山东省所有的区县级单位。其中属于齐、鲁两国所出，且所出铜器数量超过50件的有：

1950年至1990年，在日照市发现50件青铜器，时代属于西周晚期至战国时期；

1960年，在青岛平度东岳石村的11座墓葬中发现了76件青铜器，时代属于战国时期；

1973年，在烟台长岛王沟村的8座墓葬中发现188件青铜器，时代属于春秋晚期至战国晚期；

1975年至1976年，在烟台栖霞杏家庄的3座墓葬中发现109件青铜器，时代为春秋晚期至战国早期；

1976年，在烟台蓬莱辛旺集和柳格庄墓葬中发现88件青铜器，时代属于春秋时期；

1977年至1978年，在曲阜鲁国故城的20座墓葬中发现700余件青铜器，时代为西周中期到战国晚期；

1980年至1982年，在临淄抢救的一批墓葬中发现871件青铜器，时代为战国时期；

1990年，在济南章丘女郎山的2座墓葬中发现300余件青铜器，时代为战国中期；

1992年，在淄博临淄高王村一号墓中发现100件青铜器，时代为战国晚期；

2002年至2004年，在泰安新泰周家庄遗址的52座墓葬中发现1000余件青铜器，时代为春秋晚期至战国早期；

2007年，在淄博临淄国家村的49座墓葬中发现58件青铜器，时代在战国后期；

2008年至2010年，在淄博高青县陈庄遗址墓葬中发现50余件青铜器，时代为西周早期至西周中期后段；

2011年，在淄博临淄刘家新村的2座墓葬中发现220件青铜器，时代为春秋早期至春秋中期；

2012年，在淄博临淄范家村墓地的6座墓葬中发现68件青铜器，时代为战国晚期。

由此可知，在齐鲁各地历次发现的青铜器中，齐地青铜器的数量远远高于鲁地。这种现象与春秋战国时期齐国远远强盛于鲁国的历史事实，是基本相吻合的。

2. 青铜器的主要种类

从出土实物资料来看，齐鲁青铜器样式繁多、门类齐全，中原王室地区出土的诸青铜器种类和造型几乎全部见于齐鲁地区。概括起来，齐鲁地区出土青铜器主要包括如下类别。

食器，包括鼎、簋、鬲、甗、甑、簠、铺、盂、豆、敦、卮等11余种器类，其中鼎、簋的数量最多。

水器，包括盉、盘、匜、盆、鉴、罐、缶、钵、釜、匮、盒、瓶、杯等13种器类，其中铜盉的数量最多。

酒器，包括爵、角、觚、觯、斝、方彝、觥、舟、尊、卣、罍、斗、壶等13种器类，其中铜爵的数量最多。

乐器，包括铙、句鑃、铎、铃、钟、镈、錞于等7种器类，其中钟的数量最多。

兵器，包括戈、钺、刀、矛、剑、镞、殳、戟、镦、胄等10种器类，其中镞、戈的数量最多。

车马器，包括车辖、车軎、盖弓帽、衡末饰、銮铃、軛、踵饰、马衔、马镳、当卢、铜泡、节约等器类12种，其中铜泡的数量最多。

工具，包括刀、斧、锛、凿、铲、锯、刻刀、钻、刻针等9种器类，其中刀的数量最多。

杂器，带钩的数量最多。

从中可知，在八百年左右的历史发展进程中，齐、鲁诸国先民利用自己的聪明智慧，创造了诸多形态各异、用途有别的青铜器，使之服务于生产生活。一个有意思的现象是，在现在所发现的齐鲁墓葬中，只要是贵族的墓葬，几乎都有数量不等的青铜器问世；而在普通民众的墓葬中，却几乎见不着任何青铜器物。这说明上述青铜器物的使用者，应该都是各国的王室人员和各级贵族。制作青铜器需要稀有的材料、复杂高超的制作工艺、精湛的设计等。这些恰与贵族阶层占据政治高位、生活奢侈无度、所用器物高档是基本匹配的。青铜器自产生之日起便已成为贵族阶层专用的高等级器物。

另外，在上述诸种青铜器门类中，青铜礼器占据了绝对优势，而青铜工具仅有少量存在，这与中原王室和同时期其他诸侯国内的情况非常相似，从而有力地证明了我国古代的青铜器主要都是礼仪用器，而非实用器具。

二、齐鲁青铜器的工艺与纹饰

青铜器作为贵族阶层专用的高等级用器，每一件器物的制作工艺都极为考究，需要制作工匠凭借高超的技艺，花费大量的精力和时间才能彻底完成。在完成器物制作的同时，能工巧匠们还经常在上面刻画或印制非常复杂的图像纹饰，使之更加精美。而不同纹饰的选择和利用则深刻体现了不同时代、不同地区人们的精神追求和文化特质。虽然繁缛的铜器制作工艺和精美绝伦的铜器纹饰早在商代时期就已经非常发达，但齐鲁先民还是利用自己的聪明才智和非凡的创造能力，在很多青铜器的工艺制作和纹饰塑造过程中，实现了重大突破和技术创新。

1. 青铜器的制作工艺

经学者的探索已可确知，青铜器的冶铸过程主要分为采冶和铸造两大工艺。铸造又可分合金、制范和浇铸三个步骤。[1] 采冶就是采集铜矿石和锡矿石以提炼铜和锡。合金就是根据制作铜器种类的需要，将铜、锡等物质按照不同的比例进行配制，然后加热使之熔化成液体。制范就是制作青铜器所需要的陶范。一般先要制作一个与所铸青铜器同样大小的模型，并将花纹和铭文都刻画在上面，阴干后烤硬；然后制作内范和外范，内范比外范要整体上瘦小，所瘦小的厚度正是所制青铜器本身的厚度；下一步就是将内范和外范组合起来，留出足够的空腔。最后，将熔化好的铜液浇注进合范内，待铜液冷却后，拆下内、外范，一个完整的青铜器便初步完工。然后，再经过打磨、修整、锤炼等工序，一个精美的青铜器才算最终制成。

从现有资料来看，齐鲁先民制作青铜器的工艺已经非常精湛，尤其是对不同物质之间的配制方法，已从理论上进行了系统总结。现存的《周礼·考工记》一书详细记载了不同青铜合金之间的配制比例：

> 六分其金而锡居一，谓之钟鼎之齐；
> 五分其金而锡居一，谓之斧斤之齐；
> 四分其金而锡居一，谓之戈戟之齐；
> 三分其金而锡居一，谓之大刃之齐；
> 五分其金而锡居二，谓之削杀矢之齐；
> 金锡半，谓之鉴燧之齐。

金，指铜。剂，即不同金属之间的合理比例。六分其金而锡居一，即六成（85.7%）铜、一成（14.3%）锡。五分其金而锡居二，即五成（71.4%）铜、二成（28.6%）锡。钟鼎，指青铜乐器。斧斤，指青铜工具。戈戟，指青铜兵器。大刃，指青铜大刀。削杀矢，指青铜箭镞。鉴燧，指青铜镜等。这一记

---

① 参见李先登：《商周青铜文化》，中国国际广播出版社，2009，第6～14页。

载非常清晰地交代了不同器类、不同器物的青铜器的制作配方。

据学者对已有青铜器所作的化验分析可知，《考工记》所载青铜器的制作配方，基本上符合已出土的各类青铜器制作的合金比例，而且也合乎现代冶金学的理论要求，是实用性较强的科学的金属配方。

《考工记》一书据考证当完成于战国时期的齐国。上述记载的齐地先民在长期制作和冶炼青铜器的过程中，详细总结出来的具有现实指导意义的不同金属元素之间的配制比例，反映了齐地先民的聪明才智和极高的冶炼技术。虽然自夏商周以来，各地都在制作青铜器，但将青铜器不同元素间的组合比例翔实记录下来并流传后世的，现在只能见到相传由齐人完成的《考工记》。仅此一点，便可见齐鲁青铜器文化的发达程度。可以说，《考工记》的问世，是对齐鲁先民精湛青铜器制作工艺的最好体现。

2. 青铜器的主要纹饰

除追求工艺上的精益求精外，齐鲁先民还创作了数量众多、样式繁多的青铜器纹饰，从而使本来就高贵异常的青铜器物显得更加精美无比、灵动喜人。这些青铜器纹饰，有些是对商周时期原有纹饰的继承和沿用，但也有很多是齐鲁先民独创的，从而体现了齐鲁文化强烈的革新精神和发展意识。

总体来看，齐鲁青铜器上的纹饰主要分为三大类。一类是动物纹饰，包括饕餮纹、夔龙纹、凤鸟纹、龙纹、蛇纹、窃曲纹、波曲纹、鳞纹、鱼纹、象纹、蝉纹等多种样式。另一类是几何类纹饰，包括联珠纹、乳丁纹、弦纹、绹索纹、涡纹、云雷纹、三角纹、菱形纹、直棱纹、瓦棱纹、焦叶纹等不同样式。第三类是人物画像纹饰，指直接刻画在青铜器上的反映古人宴饮、狩猎、战争等场景的画像图案纹饰。

从时间上来看，动物纹、几何纹出现的时间较早，在商周时期即已非常流行，但人物画像纹饰则直至春秋晚期才出现，战国时期才逐渐流行。齐鲁青铜器上刻画人物画像的铜器仅有6件，其中有4件均出土于烟台长岛的王沟遗址。这些人物画像纹饰真实再现了战国时期齐国贵族宴饮、祭祀等生活场景，更是齐国先民对青铜器纹饰的重要革新和发展。在现有的其他齐鲁青铜器中，尚未见到如此大规模的人物画像图案存在。

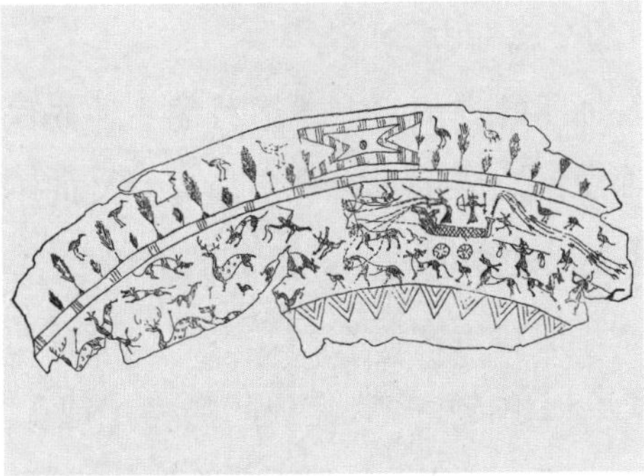

长岛王沟 M2 ：1 铜鉴纹饰

长岛王沟 M2 ：2 铜鉴纹饰

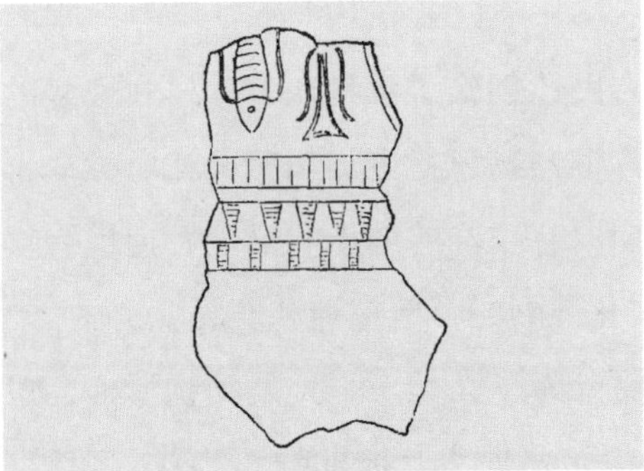

长岛王沟 M2 ：3 铜匜纹饰

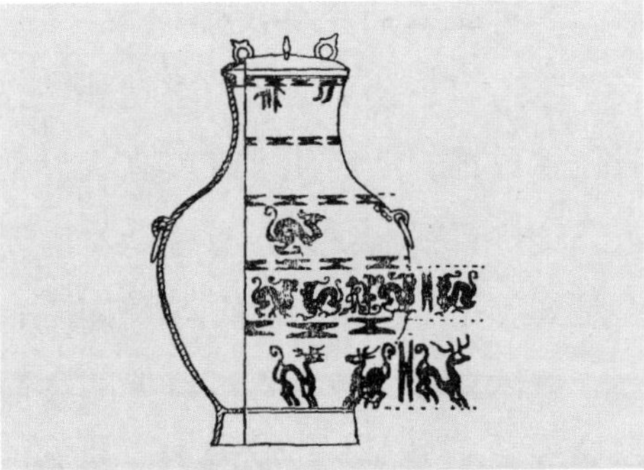

长岛王沟 M10 ：29 铜壶纹饰

三、代表性青铜器介绍

齐鲁地区先后出土了一批艺术价值极高的青铜器物。它们因造型奇特、设计新颖、工艺考究而受到后人的高度关注。现挑选几件代表性器物予以详细介绍，以窥豹一斑，全面展示齐鲁青铜器的整体风貌。

1. 青铜鹰首提梁壶

青铜鹰首提梁壶，1970 年出土于潍坊诸城臧家庄的战国墓，现藏于山东诸城博物馆。器物通高 54.6 厘米，口径 12.5 厘米，腹径 28.4 厘米，足径 15.3 厘米，重约 10 公斤。铜器颈长腹深，鼓腹平底，矮圈足，通体饰瓦棱纹，腹背有一环形纽。壶的顶部被别出心裁地制作成一只双目高突、昂视长空的鹰首状，壶盖的上方有一个可供用手提携的横梁，所以定名为鹰首提梁壶。

鹰首提梁壶设计巧妙，构思独特。将壶顶做成仰视的鹰首状，仿照鹰嘴的自然形态制作壶的流口，形象逼真。当提着横梁倾斜壶身倒酒时，鹰嘴的上唇便可自动打开。倒完酒后将壶直立，鹰嘴又会自动闭合。整个壶盖用铜环与提梁相连，既能自由开启，又可避免脱落。这独具匠心的设计科学地将艺术观赏与实用功能、自然形态与人工制作有机结合在一起，惟妙惟肖，天衣无缝。此壶造型精巧奇特，通体灵动，且使用极为方便，展示出战国时期齐国青铜铸造的高超水平。

青铜鹰首提梁壶

2. 临淄商王墓地出土的战国晚期汲酒器

战国晚期汲酒器，1992 年出土于淄博临淄商王村遗址，现藏淄博市博物馆。通高 65.2 厘米，外直径 1.4 厘米，内直径 0.8 厘米，球形器腹径 7.2 厘米。器形整体造型为竹节形，腹部中空，下接平底莲花半球形器，竹节两端各有一铜箍，柄上为龙首衔环，最下端饰莲花纹，莲瓣分两层，每层有四个花瓣，花瓣弧线略凸，极具立体感。使用时，球形器沉入酒壶，用一手指堵住上部竹节处孔洞，然后提出，松开手指，腔内外气压平衡，液体便可在底部流出。此汲酒器造型优美，简单实用，体现了高超的技艺。

汲酒器分三段铸造，第一段为龙首衔环，第二段为空心竹管，第三段为莲蕾状球形器。汲酒器竹节的分竿环、箨环和节内三部分刻画得与真竹无异，极度写实。竹芽逼真，竹节柄无范线，竹子的生理结构刻画精确。该青铜器是一件难得的艺术珍品。

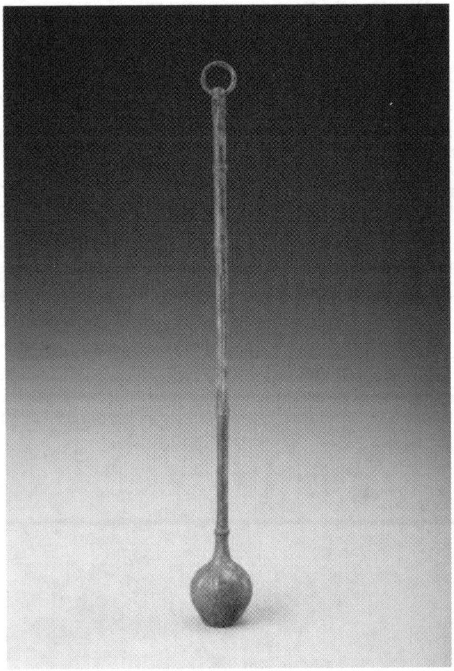

战国晚期汲酒器

3. 错金银嵌松石牺尊

错金银嵌松石牺尊，1982 年出土于临淄商王庄战国墓。器长 48 厘米，高 28.3 厘米，重 6.5 公斤。整体仿牛形，由头、颈、盖三部分组合而成。牛颈与身体结合处的合缝被一道项圈巧妙装饰。牺尊的口角左右各有错银丝两道，各嵌 8 枚银质星点，以象征胡须。头顶及双耳间至鼻梁上端镶嵌绿松石，眼球为墨精石，眉毛处各嵌 7 枚长方形绿松石块。除腹部外，皆以粗细相间的金银丝嵌饰为几何云纹。脊背上有一个盖，盖的造型为一扁嘴长颈禽，禽颈反折，扁喙紧贴背上，被做成半环形盖纽。禽的两翅平展，尾羽挺秀，羽翎均以孔雀石铺填。整个牺尊造型玲珑剔透，珍贵秀丽。

错金银嵌松石牺尊

4. 鲁大司徒铺

鲁大司徒铺，1932 年出土于曲阜林前村，现藏于北京故宫博物院，时代属于春秋。通高 28.3 厘米，宽 25.1 厘米。器作豆形，浅盘，有盖，盖顶饰以镂空的大莲瓣，可作捉手用。浅腹，平底，下有高圈足，盖、腹、足均饰蟠虺纹，足部镂孔。器与盖有铭文 4 行 25 字：“鲁大司徒厚氏元作膳铺，其眉寿万年无疆，子子孙孙永宝用之。”此器自名“铺”，应是豆的别名。器物造型精美，铭文规整，是一件难得的艺术珍品。

鲁大司徒铺

第二节　瓦当艺术

瓦当是古代房屋建筑上的重要构件之一。瓦，指覆盖在房屋顶上的实物。瓦当，即瓦的瓦头，指筒瓦顶端下垂的部分，也称为筒瓦头。当，有遮挡、阻拦之意。顾名思义，瓦当的作用主要是为古人房屋的檐椽头遮风挡雨，全力保护其免遭风雨侵蚀，从而延长其使用寿命，减少建筑成本。因此，先民最初在铸造瓦当时，最大的要求便是结实耐用，能耐风雨。但随着社会生产力的发展和文化艺术的繁荣，人们开始追求其实用价值之外的艺术价值。他们根据自己的生活体验，开始在建筑瓦当的当面上进行一定的艺术创作，用自己的智慧逐步赋予原本普通的瓦当以美感和生命。瓦当艺术也由此产生。

从时间上看，瓦当最早出现在西周时期，如在陕西扶风召陈西周宫殿遗址中，即发现有瓦当，时间属西周中期。但当时的瓦当多为素面，部分刻画有简单的重环纹、弦纹或同心圆等纹饰，样式古朴，略起到基本的装饰作用。而且重环纹、弦纹等都是西周青铜器上的常见纹饰，说明当时的瓦当纹饰主要是对铜器纹饰的模仿和借鉴。

到春秋之时，礼崩乐坏，各诸侯国开始违背周礼限制，大兴土木，广建宫室，瓦当艺术也随之发展起来。瓦当纹饰的种类开始多样化，出现了几何纹、绳纹、云纹等多种新纹饰，但整体结构仍然非常简单，且数量也不是很丰富。

到了战国时期，随着各诸侯国势力的迅速增长，瓦当艺术随之发展繁盛起来。不但齐、秦、燕、赵、楚等诸侯国内带装饰艺术的瓦当属量极为丰富，纹饰的种类多种多样，而且已形成了独特的艺术风格，地域性特征明显，从而出现了瓦当艺术的第一个繁荣期。到了秦汉时期，天下一统，经济繁荣，建筑技术得到极大发展，瓦当艺术也最终走向了历史的最高峰，“秦砖汉瓦”成了古代建筑艺术的代名词。两汉之后，瓦当艺术逐渐衰落，再未达到过之前的发展高度。

从地域上看，瓦当艺术在历史发展过程中，非常具有地域特色。从春秋战国时期开始，不同诸侯国内便形成了独具特色的瓦当艺术。其中，齐国的瓦当艺术多以树木纹为母题，左右两边再配置各种动物形象等；秦国的瓦当艺术以写实的动物纹为主，最常见的是形态各异的鹿纹；燕国的瓦当艺术主要流行饕餮纹，间有兽纹和鸟纹存在；东周王城的瓦当艺术流行云纹；赵国的瓦当艺术流行兽纹；楚国的瓦当艺术则流行云纹和凤云纹，等等。各地形态各异的瓦当纹饰与各据一方的列国文化相互辉映，共同构成了战国时期瓦当艺术的主要内容。

这其中，齐鲁地区尤其是战国时期的齐国，拥有高度发达的瓦当艺术，在各诸侯国中独树一帜，自成系列，有较高的艺术价值和学术史意义。

一、齐鲁瓦当艺术的主要发现地

先秦时期，齐、鲁诸国的瓦当主要集中出土于齐国的都城临淄和鲁国的都城曲阜。

齐都临淄的瓦当主要集中出土于崖傅庄古井遗址和桓公台宫殿建筑遗址。崖傅庄位于淄河东岸，与齐故城仅隔一条河。1965 年，北京大学考古系在崖傅庄的一口古井中发现大量瓦当，并发现一件山形纹半瓦当，时代属于战国晚期。桓公台位于临淄城内小城的西北部。1976 年，山东省博物馆、北京大学、山东大学等组成的考古队联合对桓公台东北处约四千平方米的建筑遗址做了系统发掘，前后历时三个月的时间，除发现夯土培基、天井、石柱础、庭院、回廊路面等遗迹外，还发现了战国至秦汉时期的大量瓦当，其中有相当属量的瓦当上面都有图形和图像装饰。

曲阜鲁国故城是 1977 年开始进行专业钻探和试掘的，前后历时一年多的时间。考古人员在故城内的周公庙上层宫殿遗址中发现了相当属量的板瓦、筒瓦和瓦当，所属时间从战国时期延续到西汉中期，为研究鲁地的瓦当艺术提供了资料依据。

上述瓦当资料都是通过现代考古学手段经科学发掘所得，有明确的地层关系，为齐鲁瓦当艺术的时间断代和内涵分析提供了可资凭借的第一手可信资料。

除此之外的其他齐鲁瓦当资料，多由考古采集所得，层位关系并不明确，虽然数量很多，但无法做更精深的研究。如 1957 年至 1963 年间，中国科学院考古研究所山东考古队在泗水和兖州地区进行考古调查时，曾采集到具有西周或春秋时期特征的早期瓦当，当面刻有同心圆纹和兽形纹。另外，齐地的章丘、诸城、莱州、胶州、荣成、广饶，鲁地的邹县、泗水等，也有少量瓦当问世，但多属于未经科学考古发掘所得的采集品。其中，章丘东平陵遗址所出瓦当纹饰为齐地常见样式；高密城阴城遗址和泰安岱庙地区出土的瓦当纹饰与陕西、河南等地出土的西汉时期的瓦当样式近似，当为同一个时期的物品。

总之，战国至秦汉时期，瓦当在泰山南北的齐、鲁诸国内都有发现，齐鲁地区在古代瓦当艺术领域占有重要一席。

二、齐鲁瓦当艺术的表现形式

瓦当是古代能工巧匠们精心创造的高级艺术品。他们将自己的社会阅历、人生体验、生命诉求、文化风俗等，以艺术化的思维、简洁化的线条以及剪影式的布局，形象而准确地刻画在面积有限的瓦当当面上。这本身就是一项水平极高、难度极大的艺术创作活动。从现有实物资料来看，半圆形瓦当的底径（指半圆形瓦当底部的长度）大多数长不足 20 厘米，高不足 10 厘米；圆瓦当的当面径（指当面圆心到外缘的直线长度）也大多在 20 厘米左右。在如此狭小的空间内，要完整表述一组或具体或抽象的画像，需要极高的艺术技巧和刻画技能，而每一件成功的瓦当图像，都可算作一件绝好的艺术珍品。

因为文化背景、社会习俗的差异，不同国家和地区的能工巧匠们所创作的瓦当艺术，无论从内容还是从表现形式上看，都有着较大的差别。如前文指出的秦国瓦当上多突出单个的动物图像，燕国的瓦当上多刻画饕餮纹图案，楚国的瓦当上多突出云纹和凤纹图案，等等。与这些诸侯国明显不同，齐国的瓦当上则多刻画树木纹图案，然后再增加其他动物或人物图像，综合而成。齐国的瓦当艺术在当时的各诸侯国中自成一系，特色鲜明，体现了较高的发展水平。

瓦当的装饰内容主要包括图画装饰和文字装饰。齐国瓦当的装饰图案在先秦时期主要以图画为主，秦汉之时才出现较多的文字装饰。

在战国时期的齐国瓦当中，最常见的装饰图案方式是以树木纹为中轴，两侧各装饰不同数量的人物、牲畜、野兽、飞禽、圆圈、箭头、云朵、方格等。按照不同的组合方式，这些纹饰又可分成不同的类型：

1. 树木纹，整个瓦当当面只绘有树木，树木的两侧稍饰一些曲线纹、勾形纹或三角纹予以点缀，树木的枝条有直的，也有弯曲的；还有的在中心树木两侧的方格纹外侧再增饰两株小树，使整个画面呈现出一片郁郁葱葱、林木茂盛的景象。与此同时，桓公台和崖傅村遗址都发现有变形树木纹，树木变形为一对羊角形涡纹，极度线条化，非常抽象。

2. 树木兽纹，树木位于中间，两侧各绘制一只或两只动物，动物的种类包括马、驴、虎、鹿、蜥蜴、龙等；树木有直枝和曲枝之分，也有带叶和不带叶之分。

3. 树木禽纹，树木位于中间，两侧伸出的枝条上各绘有数量不等的飞禽，如仙鹤等。

4. 树木兽面纹，树木位于中间，两侧枝条的下端绘有兽的双目，双目呈圆形，或在圆圈中加点，以突出眼睛之形。

5. 树木人物骑纹，树木位于中间，两侧分别刻画一人物独自站立或骑马前行，也有的两侧都刻画一骑马站立者。

6. 树木鸟云纹，中间刻画树木，两侧各刻画禽鸟和云朵。

除以树木为主题的纹饰外，齐国瓦当纹饰还包括很多动物形、几何形、太阳形以及山形的图案。其中，几何形的图案包括曲线、三角形、乳丁和圆

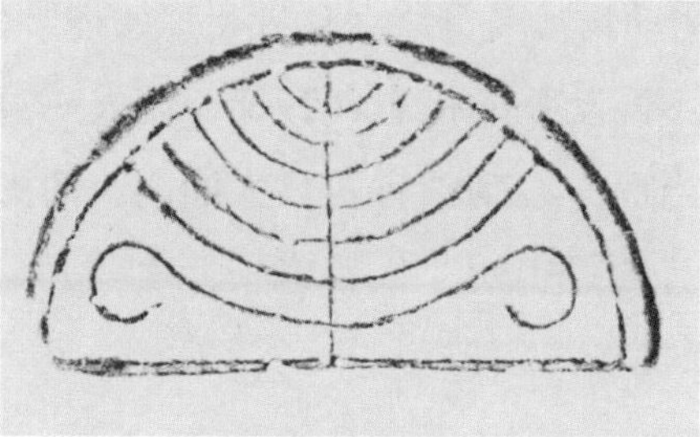

树木纹瓦当

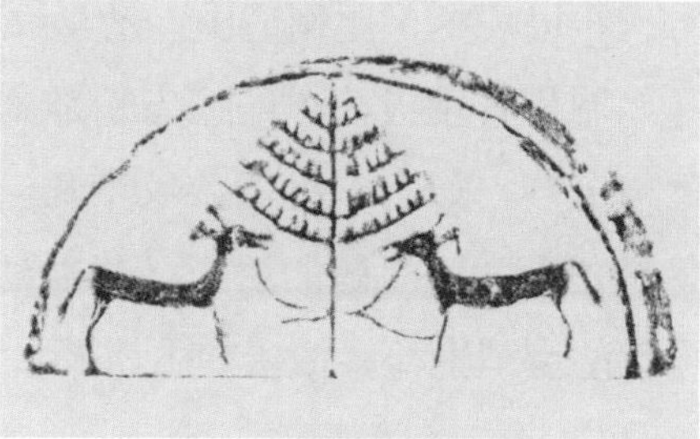

树木双兽纹瓦当

树木独兽纹瓦当

树木双鹤纹瓦当

龙纹瓦当

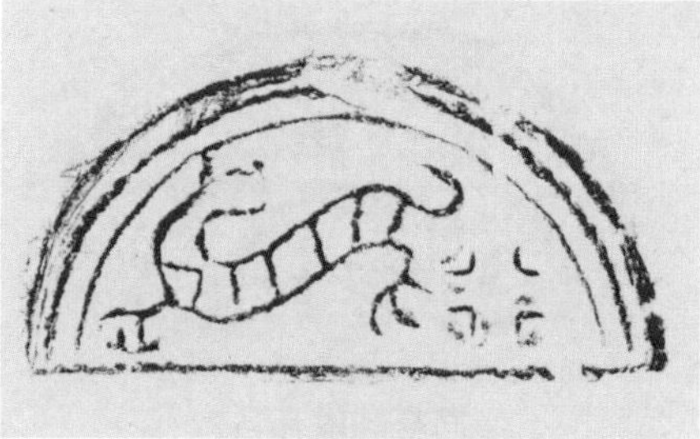

虎纹瓦当

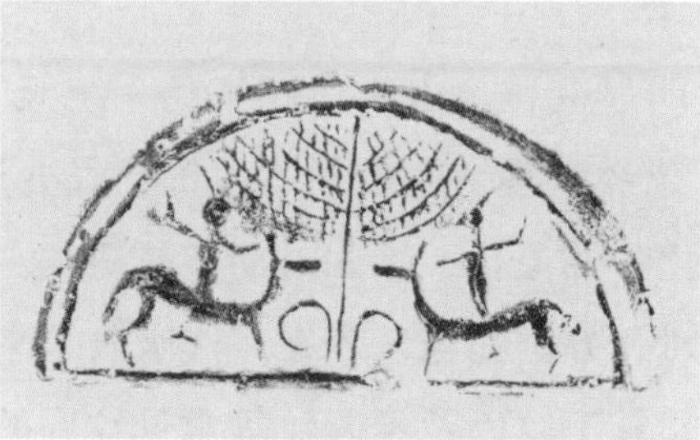

树木双骑纹瓦当

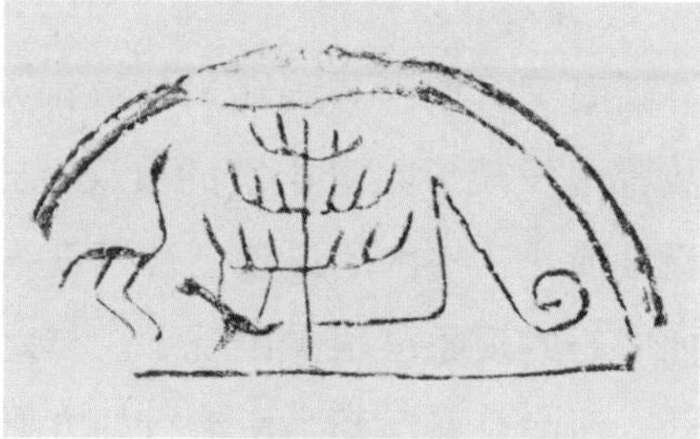

树木鸟云纹瓦当

圈等，布局规整，比例适中。动物纹中的动物涉及马、龙、鹿、凤、虎、牛、鹤等。制作者用极简单的线条精准刻画不同动物的标志性特征，使人一看便能清晰分辨。如有一件四鹤纹半瓦当，当面中心刻画有两只大仙鹤，仰头长鸣，展翅欲飞；两鹤的后面又分别刻画有两只小鹤，长腿修颈，紧随大鹤之后。鹤的造型生动，栩栩如生，显示了极高的工艺技巧。

太阳星纹瓦当

三角纹瓦当

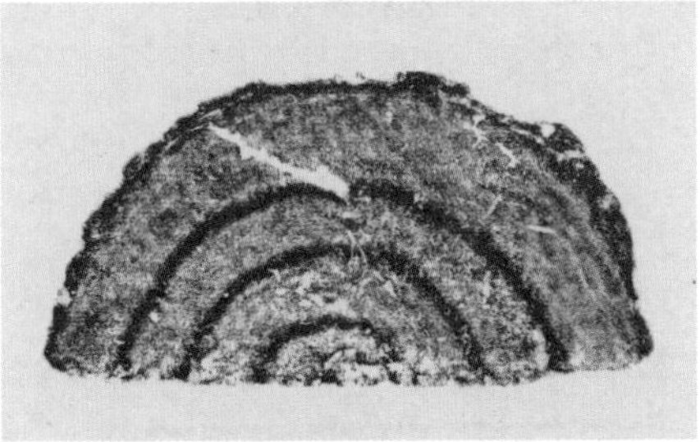

同行圆纹瓦当

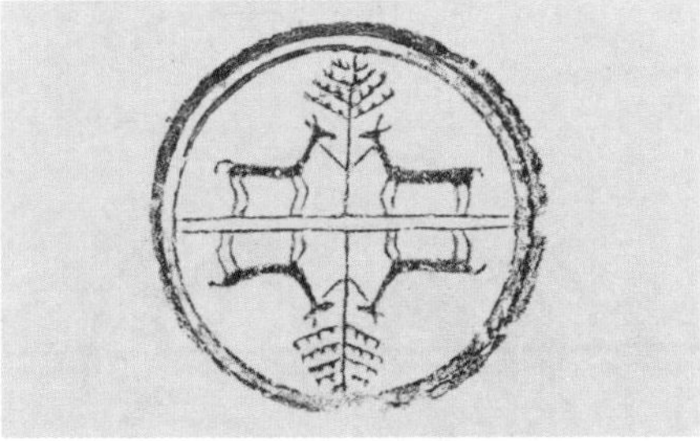

同行四兽纹瓦当

到秦汉时期，齐国瓦当的纹饰发生明显变化。由于秦汉王朝一统天下，齐故都内发现了数量丰富的秦汉瓦当，曾经繁盛一时的树木纹饰已经变形，被极度简化，树木的形象已被极度线条化和抽象化，战国时期整株树木占据当面中心的现象已很少出现了。与此同时，齐国瓦当艺术在广泛吸收了来自陕西、河南等秦汉瓦当所流行的方格纹、乳丁纹以及卷云纹等常见纹饰的基础上，逐渐舍弃了原有的树木纹。这一时期，大部分齐地瓦当的当面上已呈现出一片“祥云笼罩”的气氛。

除纹饰变化之外，齐地秦汉瓦当上还出现了大量的文字装饰，其中比较常见的是“千秋万岁”瓦当，在泰安、高密、章丘、临淄等地都有大量发现。另外，天齐、千秋、千万、延年益寿、永奉无疆、吉羊宜官、富贵万岁、青春万祚、万岁未午等字样的瓦当也多有发现。这些瓦当文字多用隶书撰写，字形规整，与全国其他地区所见瓦当文字类似。这说明到此时期，齐国原有的瓦当艺术风格开始逐渐消失，而最终为强有力的秦汉官方文化风俗所取代。

“天齐”瓦当

“千秋”瓦当

“延年益寿”瓦当

“千秋万岁”瓦当

与齐国瓦当造型丰富、纹饰多样不同，先秦时期鲁国故地出土的鲁国瓦当上的纹饰，则仅有同心弧线纹、树木双兽纹、变形树木兽面纹、几何乳丁纹以及卷云纹等几种样式，不但数量较少，且多为采集品，地层关系难知。

到秦汉时期，在鲁地的瓦当纹饰中，云纹、乳丁纹等早期图案仍然保留，只是数量仍然稀少，尚不能反映其整体面貌。

三、齐鲁瓦当艺术的文化内涵

瓦当上的艺术图案和艺术构思是当时社会生活文化的反映。先民们将自己对生活的直接观察和感受，对社会现象的理解和思考以及对人生经历的感悟和诉求，都用图画的形式直接反映在瓦当上，使之与自己朝夕相伴。从这个意义上可以说，瓦当艺术的主要内容应该是古人社会生活和文化心理的间接再现，从一个侧面反映了当时的社会文化信息。因此，通过瓦当上的图像内容，可以深入了解当时的社会文化内涵。

在齐国的瓦当艺术中，数量最多的图像便是树木，其他图案都是以树木为主题的巧妙搭配，如树木双兽、树木人物、树木乳丁、树木箭头，等等。时人将这些数量众多、形态各异的树木精心刻画在日常所居的房屋的屋檐上，到底是出于一种什么样的文化心理？学者一般认为，瓦当上的树木指的是社木，即古人祭祀社神时所用的木主。古人以农立国，赖土地而生，土地之神即社神。古人为祈求五谷丰登、风调雨顺，每年都要进行隆重的祭社活动。《墨子·明鬼》篇曾提到，燕之祖、齐之社稷、宋之桑林、楚之云梦等，都是当时各诸侯国中非常有名的祭祀场所。《左传》等也记载，鲁庄公曾经专程到齐国“观社”，即观看齐人的祭社礼俗。这说明齐国的祭社活动是非常有名的。而祭社时的木主是非常讲究的，在不同的场合需要使用不同材质的木主，如“太社唯松，东社唯柏，南社唯梓，西社唯栗，北社唯槐”等，不同的社土象征不同的社神，并享受不同规格的祭拜。齐国的能工巧匠们在制作瓦当时，将象征社木的图像刻画在瓦当当面上，既用来表达自己对社稷之神虔诚的祭祀心理，又想借助社神的庇佑来保证自己长期安居、免受他物干扰。

除树木之外，齐国瓦当上还多见太阳纹，有时与树木纹并存，有时与卷云纹、星纹同时出现。在齐故城崔家庄采集的一件瓦当上，与太阳纹、星纹同时出现的，还有一只飞鸟。鸟位于太阳之中，太阳光芒四射，正冉冉升起。

太阳的周围分布着众多星辰。整个瓦当刻画的，应该是早上刚刚升起的太阳。这些太阳纹饰应该是对齐人早期太阳崇拜文化心理的直接反映。前文已指出，古人曾广泛而虔诚地崇拜太阳神灵，而金乌就是太阳的化身。在古代神话中，金乌每天背负着太阳行走天空，东升西落。在后羿射日神话中，后羿所射落的太阳，都是以金乌被射杀的形象表示的，所谓“羿焉弹日，乌焉解羽”（《楚辞·天问》）。齐人在瓦当上刻画太阳和金乌，主要是为了表达自己对太阳的崇拜之情和对金乌负日现象的形象认识。

齐国瓦当上还多见箭头的图案，或直立，或弯曲，这当是对齐地尚武文化的直接反映。齐国建立之前，东夷便有深厚的尚武传统。从字形来看，夷字从人从弓，说明东夷先民很早便习于射猎。东夷的早期首领后羿、寒浞、逢蒙等神话传说人物，都是以善射著称的。齐国建立后，在姜太公的影响下，继续崇尚武力，不畏战争，从而逐渐形成尚武风俗。齐地瓦当上的箭头图案，应是对此种文化风俗的形象体现。

齐国瓦当上还有关于足球、斗牛、赛马等体育运动的图案，当是对齐地民众娱乐休闲生活的直接反映。齐国是世界足球的起源地，战国时期齐人普遍喜欢足球运动。在《史记·苏秦列传》中，谋士苏秦曾对齐王说：“临淄甚富而实，其民无不吹竽鼓瑟、弹琴击筑、斗鸡走狗、六博蹋鞠者。”所谓蹋鞠即早期的足球运动。从苏秦的描述中可知，战国时期齐国民众的娱乐方式非常多，足球、六博、斗鸡、赛狗等活动非常盛行。齐地瓦当上关于寒马、斗牛的图案，便是对当时民众社会生活的形象体现。

齐地瓦当上还多见山形纹、变体兽面纹、单体动物纹、饕餮纹、四叶纹等多种纹饰，这是齐文化对外交流融合的见证。从现有瓦当资料来看，山形纹主要流行于河北地区的中山国瓦当上，变体兽面纹主要流行于洛阳地区的东周王室瓦当上，单体动物纹主要流行于陕西地区的秦国瓦当上，饕餮纹主要流行于河北、北京地区的燕国瓦当上，而四叶纹则主要流行于新郑地区的郑国故城瓦当上。齐地瓦当上出现的这些纹饰，当是齐国与上述诸国进行文化交流并借鉴各国瓦当艺术后，又进行加工创造的产物。它们的存在，是齐国文化开放性、包容性的直接体现。

除上述所列的真实生活场景外，齐国瓦当上还有很多现实生活中不存在的神兽图案，如龙、凤、麒麟等。其中，龙是鳞虫之长，能兴云布雨，在距今七八千年的考古遗址中即有龙的形象，但因齐鲁故地的东夷民族一直崇拜凤鸟图腾，故在齐鲁大地很少能见到早期龙的形象。齐瓦当资料的问世倒是弥补了这一缺憾，说明齐鲁先民对龙也是深为崇拜的。麒麟是古人心目中的神兽，相传春秋晚期鲁定公在打猎时曾射杀一只麒麟，后派人送给孔子，孔子深为痛惜。在齐地发现的一片瓦当上有这样一幅图像，中心图形为一树木，其右边站立一女子，左边为骑在动物上的人形。有学者认为左边的动物便是麒麟。古人有“麒麟送子”的文化心理。瓦当图像中的女子前腹微凸，应该是有身孕的少妇。她之所以站在树底下，与麒麟面对面，是在齐国的社稷之地，向麒麟之神虔诚地祭拜，祈求今后能生一男孩，以保子嗣不绝。这种通过祭拜神兽祈求家族兴旺的行为，在战国时期的齐国地区应当普遍存在。瓦当艺术只是对此社会现象的如实体现。

综上所知，瓦当是集绘画、美术、工艺、书法于一身的综合艺术品，体现出古代先民高超的智慧。先民发明瓦当的最初目的，虽然主要是保护房屋屋檐免遭风雨侵害，但随着社会的发展，瓦当的艺术价值逐渐被开发，并逐渐超越了其本身的实用价值。瓦当也受到时人的喜爱和后人的追捧。在古代瓦当艺术形成发展过程中，齐、鲁诸国尤其是齐国，在各诸侯国中独树一帜，创造了丰富多彩的瓦当艺术，在古代瓦当艺术中占有重要的一席之地。

第三节　画像石艺术

所谓汉画像石，指汉代雕刻在墓室、祠堂、石阙或山崖上的一种石刻装饰艺术，其图像内容多以花纹、人物、车马、奇禽、异兽为主。这些画像石大都出现在汉代墓室、石阙、石祠堂、石棺椁等丧葬礼制性建筑上。匠人以石为地，以刀代笔，雕刻而成。从此意义上而言，汉画像石在本质上属于一种祭祀性丧葬艺术，是一种为丧葬礼俗服务的石刻艺术。正如著名考古学家俞伟超先生所总结的，画像石可说是一种石刻绘画，这种造型艺术，按成型技术来说，应属雕刻；依其整体艺术形态而言，实似绘画，故习称为画像石。

从时间上而言，汉画像石产生于西汉文、景时期，在王莽时期有所发展，到东汉中晚期时广为盛行。东汉末年，战乱频发，社会生产遭到重大破坏，画像石已失去了存在的社会基础，便迅速走向衰落。从内容上而言，汉画像石内容丰富，题材广泛，从一定程度上反映了当时社会生活的方方面面，是汉代社会的一个缩影，有极高的学术研究价值。两汉时期，虽然汉画像石在全国各地都有发现，但齐鲁地区发现的数量最多、内涵最为丰富。

山东汉画像石首次见载于史册，当追溯到东晋末年的戴延之。他在所著《西征记》中第一次记载了今山东地区鲁恭王墓前的石祠堂、石庙及其画像。其后，北魏末年的地理学家郦道元在《水经注》中，在记述地理形势和河川走向时，也提及今山东、河南等地的石祠堂及其画像。但真正意义上关于汉画像石研究的学术性著作，当出现在北宋中期以后。当时，随着传统金石学的兴起，一些金石学家开始有意识地收集和著录汉画像石。如，北宋末年的金石学家赵明诚在其所著《金石录》中，首次著录了今山东嘉祥武氏祠的画像；南宋洪适在《隶释》和《隶续》中，也收录摹写了包括武氏祠在内的山东、四川等地的大量汉代石祠堂、墓碑、墓阙上的画像，对这些画像内容做了详尽的描述和考证，并在汉画像石研究中首开摹录图像的先例。清代以后，随着乾嘉学派的兴起，金石学复兴，汉画像石也重新进入金石学家的视野，山东汉画像石也随之得到更多专业学者的关注和研究。新中国成立之后，随着现代考古学事业的大发展，大量专业收集、著录山东汉画像石的书籍开始出现，相关研究也更加深入和专业。

一、山东汉画像石的特点

据统计，中国境内已发现的汉画像石已有一万块以上，其数量之丰富，远非同时期的其他器物可比。出土汉画像石的区域主要有四个：其一，河南南阳、湖北北部地区；其二，山东、江苏北部、安徽北部地区；其三，四川地区；其四，陕西北部、山西西北地区。

前三个区域都是当时经济、文化发达地区，陕西北部、山西西北地区在东汉顺帝以前是北方边防重地，故多有汉画像石出土。此外，河南新密、永城以及北京丰台、浙江杭州、陕西彬州也有零星发现。

与其他地区比较起来，山东地区发现的汉画像石不仅数量众多，而且内容极其丰富，在全国占有极重要的地位。从数量上而言，据不完全统计，包括近年新出土的在内，山东地区已问世的汉画像石有三千多件，占全国总量的三分之一左右，居各省之首。从分布区域上而言，山东汉画像石的分布几乎遍布全省，在多地都有发现。以鲁中、鲁南为中心，东及海滨，西至鲁豫两省交界，北过黄河，南至鲁苏皖交界处，都发现有数量众多的汉画像石。尤其是今天的济宁、临沂、枣庄三个地区，所属的每个县市几乎都有汉画像石出土，如济宁的邹城、嘉祥、微山、曲阜、兖州、金乡、鱼台、泗水等，临沂的费县、平邑、沂水、沂南、兰陵、莒南等，枣庄的滕州等。济宁的嘉祥县内即有武宅山、宋山和五老洼等40多个地方发现汉画像石，枣庄的滕州则有西户口、龙阳店等50多个地方发现汉画像石。

关于山东画像石主要存在的时间，可以通过已发现的有时间纪年的画像石有个大致的了解。据《山东汉画像石选集》[①]总结，历年来山东发现的有纪年可考的画像石有：

沂水鲍宅山凤凰画像，西汉元凤时期（公元前80年～公元前75年）。

---

① 山东省博物馆、山东省文物考古研究所编：《山东汉画像石选集》，齐鲁书社，1982。

平邑麃孝禹碑首立鹤画像，西汉河平三年（公元前26年）。
汶上路公食堂画像，新朝天凤三年（公元16年）。
肥城栾镇村画像，东汉建初八年（公元83年）。
莒南东兰墩孙氏阙画像，东汉元和二年（公元85年）。
平邑南武阳皇圣卿阙画像，东汉元和三年（公元86年）。
平邑南武阳功曹画像，东汉章和元年（公元87年）。
鱼台永元食堂画像，东汉永元八年（公元96年）。
滕州执笏图画像，东汉永元十年（公元98年）。
曲阜阳三老食堂画像，东汉延平元年（公元106年）。
戴氏享堂画像，东汉永初七年（公元113年）。
滕州西户口画像，东汉延光元年（公元122年）。
长清孝堂山郭氏祠画像，东汉永建四年（公元129年）以前。
微山两城永建五年食堂画像，东汉永建五年（公元130年）。
微山两城永和二年画像，东汉永和二年（公元137年）。
微山两城永和四年画像，东汉永和四年（公元139年）。
鱼台文叔阳食堂画像，东汉建康元年（公元144年）。
嘉祥武氏石阙画像，东汉建和元年（公元147年）。
苍山元嘉元年画像，东汉元嘉元年（公元151年）。
曲阜徐家村画像，东汉延熹元年（公元158年）。
临淄梧台里石社碑画像，东汉熹平五年（公元176年）。
滕州董家村封墓记残石画像，东汉初平元年（公元190年）。

据此可知，山东发现的汉画像石大约产生于西汉晚期，兴盛于东汉中期以后，衰落于东汉末年。这和其他地区汉画像石的情形是大体一致的。

据杨爱国等先生总结，除了数量多、分布广等特点，山东汉画像石还有几个有别于全国其他各地汉画像石的特点，值得特别提及。①

① 参见杨爱国：《山东汉画像石》，山东文艺出版社，2004，第2～3页。

第一，建筑形式多样。山东汉画像石建筑既有象征墓地大门的石阙，又有祭祀墓主的祠堂、安葬墓主的墓室等。每一类建筑形式又可以分出不同的类型。

第二，题材内容丰富。山东汉画像石在基本涵盖了汉画像石内容的各个方面外，还包含很多本地独有的题材内容，如济宁嘉祥武氏祠中的祥瑞图像，尚不见于其他地区的汉画像石中。

第三，画像布局规律、内涵丰富。山东汉画像石建筑中祠堂和部分石室墓的图像布局极具规律性，在一定程度上体现了汉人的宇宙观念。

第四，雕刻技法多样。除了凿纹地阴线刻、凿纹地凹面线刻、剔地浅浮雕等常见的雕刻技法，临沂的吴白庄墓、沂南的北寨村墓和安丘的北家庄墓等出土的汉画像石中，还出现了综合使用多种技法的现象。

第五，榜题文字数量众多。山东汉画像石中的榜题文字数量居全国之首，内容丰富，有极高的学术研究价值。

二、山东汉画像石兴盛的原因

汉画像石作为一种文化艺术品，体现了当时的社会政治观念和文化心理。其兴盛和繁荣当有广泛的社会背景因素作支撑。山东地区在两汉时期之所以有如此发达的汉画像石艺术，应与当时的政治、经济、文化背景息息相关。

首先，在政治方面，社会稳定，统治清明。在经历了秦朝的暴政和多年的战乱之后，汉初统治者面临的是一个“腹饥不得食，肤寒不得衣，虽慈父不能保其子”（《汉书·食货志》）的残破不堪、凋敝混乱的衰败乱象。为改变此局面，汉初统治者在长达七十年左右的时间里，一直奉行道家的休养生息政策，一面安抚民心，一面恢复生产。到汉武帝时，社会各方面已得到全面恢复，国力明显增强，社会渐趋稳定。“国家亡事，非遇水旱，则民人给家足，都鄙廪庾尽满，而府库余财。京师之钱累百巨万，贯朽而不可校。太仓之粟陈陈相因，充溢露积于外，腐败不可食。众庶街巷有马，阡陌之间成群。”因此，社会的稳定富足为达官显贵以及平民百姓修建规模宏大的画像石墓，提供了有力的外部保障。

其次，在经济方面，自春秋战国以来，经过齐、鲁、邹等诸国的发展和经营，山东地区已成为全国少数几个经济较为发达的地区。中间虽经历几十年的战乱，但经过汉代数十年的有效经营之后，山东地区的经济实力迅速恢复，并开始走在汉代各个地区的前列。从现有史料来看，山东是较早使用牛耕和铁制农具的地区。滕州宏道院、黄家岭等都出土刻有牛耕的画像石，体现了汉代山东地区先进的牛耕技术。早在春秋时期，身为“五霸”之首的齐桓公在任命管仲改革时，就曾将金属细分为不同的等级，美金以铸剑戟，试诸狗马；恶金以铸锄、夷、斤，试诸壤土。这里的“恶金”，就是指铁。所谓试诸壤土的恶金，即指铁制农具。依此，齐国早在春秋中期就已经在使用铁制农具。秦汉之后，随着牛耕和铁制农具的普及和改进，山东地区精耕细作的生产技术得到快速发展，生产力得到极大提高。再加上水利工程的修建和灌溉技术的提高，两汉时期山东地区的农业得到了前所未有的发展。另外，西汉之后，山东地区的纺织业、制盐业、冶铁业、商贸业、渔猎业等的发展水平都居全国前列。整个两汉时期，山东地区经济富庶，诸业兴盛，城市发展，人口增加，劳动力充足。这些都为修建画像石墓提供了充足的社会基础和经济保障。

再次，在文化方面，山东是儒家文化的发祥地。儒家思想的创始人孔子为山东鲁国人，孔子的七十二弟子大多来自鲁国，且长期生活、为政、从教于山东诸国。孔子之后的儒学大师孟子为山东邹城人，与孟子大约同时的荀子曾在齐国生活多年。战国时期，齐鲁诸国高度重视思想教化和理论传播。汉兴以后，汉高祖刘邦实行的一整套礼仪制度，便是鲁国的儒家学者叔孙通制定的。此后的四百余年间，山东地区屡出经学大师，可称道者已超过二百人。《汉书·儒林传》在叙述汉初研究“六经”的名家时，曾总结道：“汉兴，言《易》自淄川田生；言《书》自济南伏生；言《诗》，于鲁则申培公，于齐则辕固生，燕则韩太傅；言《礼》，则鲁高堂生；言《春秋》，于齐则胡毋生，于赵则董仲舒。”所言诸家，大多都出自山东地区。

历代儒生对儒家文化的宣扬和提倡，使山东地区尤其是泰山以南的鲁、邹等地的民众高度认可儒家学说，对儒家提倡的各种思想广泛接收。儒家提倡孝道，重视伦理道德教化，认为“孝亲”才能“忠君”。而孝的一个重要表现，即要好生安葬自己的父母和先人，所谓“崇饬丧纪以言孝，盛飨宾旅以求名”。这种重孝道、重死葬的儒家文化间接促使汉代人高度重视包括画像石在内的一切丧葬礼制的发展。

最后，在社会习俗方面，汉武帝时期，“罢黜百家，独尊儒术”，确立了儒家学说在思想界的主导地位。加上汉代实行举孝廉制度，“孝子”既能获得好的名声，又能凭此进入仕途，从此享受荣华富贵。所以，从上层统治阶级开始，厚葬之风愈演愈烈，以至于“世以厚葬为德，薄终为鄙”。在此风气影响下，上至贵族豪门，下及中产之家，竞相仿效。很多人沽名钓誉，大肆厚葬双亲，生不极养，死乃崇丧。更有甚者，“变卖田宅造冢至”，倾家荡产也要厚葬。

在上述诸原因的综合作用下，汉代人对墓葬、祠堂等丧葬场所的雕饰和美化，“无所不用其极”，而画像石也就在此背景下得到极大发展和繁荣。

三、山东新出汉画像石简介

前文已提及，以济宁、临沂、枣庄为中心，山东全省已有 60 多个市县发现有汉画像石，其数量居全国之首。其中发现画像石数量较多、内容较丰富、学术研究价值很高者亦不在少数。济宁市嘉祥县武氏祠画像石、济南市长清区孝里镇孝堂山石祠画像石、临沂市沂南县北寨村汉墓画像石等，都在学界享有盛名。近二十年来，随着现代考古学工作的大力开展，山东地区又公布了一些有重要研究价值的汉画像石，现对其予以简要介绍。

费县刘家疃汉画像石。刘家疃村位于费县城北 7.6 公里处，出土汉画像石的墓葬位于刘家疃村北的高阜地带，西距汉代费县故城 5 公里。该墓葬于 1966 年即被发现，但资料一直未对外公布。2016 年 6 月，山东博物馆联合费县博物馆对该墓进行了二次清理，发现画像石36块，主要分布在墓门、前室、中室和后室。其中墓门有画像4幅，主画像是横额上的车马出行图。前室内有画像12幅，主要为墓主人升仙图。其中西壁横梁画像为狩猎图，东壁横梁画像为车马出行图，南、北壁横梁画像分别为历史人物画像和楼阁图。西壁三立柱有熊、胡人、凤凰、翼虎、翼龙等画像，东壁三立柱有九尾狐、凤凰、铺首、伏羲、炎帝等画像，南壁、北壁均为楼阁画像。中室有画像17幅，多为升仙人物画像，表现的应是男女墓主人升仙后的生活场景。其中西壁横梁画像为男性墓主宴飨图，东壁横梁画像为奇禽异兽图，南壁横梁画像为墓主谒见图，北壁横梁画像为云龙车出行图。西壁三立柱上有翼虎、捧盾拥帚人物、朱雀、翼龙画像，东壁三立柱有熊、翼虎、双结龙、交龙画像，南壁两立柱有东王公、熊、鸱鸮画像，北壁两立柱分别为胡人、翼龙画像。藻顶有翼龙、翼虎画像。后室有画像3幅，主要为神话人物、异兽画像。后壁为翼龙、翼虎、羽人、鹿画像，中心画像为虎啮鹿图，表达了墓主人驱邪纳祥的愿望。藻顶画像为伏羲、女娲，手持规矩在日月之中，象征苍穹，后室为墓主人“魄”的安息之所。总体来看，画像以神仙瑞兽题材为多，历史故事和生活类题材的画像所占比例较小。画像布置合理紧凑，尤其是升仙及升仙后生活部分表现充分，体现了费县刘家疃汉画像石极强的自身特色。[①]

墓门横梁拓片

① 参见山东博物馆、费县博物馆：《山东费县刘家疃汉画像石墓发掘简报》，《文物》2018年第9期。

前室北壁上部拓片

济南芍药山汉画像石。该汉画像石墓位于济南市天桥区药山北侧山前缓坡上，位于黄河与小清河之间。2017 年 7 月至 9 月，为配合泺安路西延工程、三箭瑞景苑二期工程建设，济南市考古研究所对该墓葬进行了抢救性考古发掘，共清理墓葬 3 座，包括 2 座汉代画像石墓。其中，墓葬 M1 出土画像石 27 块，有画像 46 幅。画像内容包括三类：瑞兽类，主要是羊、龙、虎、鹿、兔、鱼、马等动物形象；几何形边饰类，主要有垂幛纹、菱形纹、三角纹、曲波纹等；人物形象类，有手捧奁盒的侍女形象。墓葬 M2 的门楣、门柱皆单面雕刻有画像，共计 14 幅。画像内容包括两类：瑞兽类，主要是羊、龙、虎、朱雀等动物形象；几何形纹饰类，主要有垂幛纹、菱形纹、三角纹、曲波纹等。①

新泰南鲍村汉画像石。该墓葬位于新泰市区南 12 公里处东都镇南鲍村东邻，地处柴汶河冲积平原。墓葬于 1997 年即被发现，但直到 2018 年才公布于世。墓内共有画像石 13 块，分别位于前室的门楣、横额、墙壁及侧室的墙壁上。图像雕刻较为精细，构图严谨，但画面内容较为简单，多是祥瑞类的动物图案，有少量的人物车马图案和几何图案。该墓葬出土的画像石上可见

① 参见陈永婷、郭俊峰：《山东济南药山发现汉画像石墓》，《中国文物报》2017年10月20日。

在东汉中、晚期画像石上常见的分层分格的构图布局，所见人物、冠帻服饰、车、马以及图案中的双菱形纹、连弧纹，皆见于泰安大汶口汉画像石墓。画像题材也是东汉后期常见的祥瑞及社会生活等，这些内容组合大都出现在东汉晚期。①

左前室北楣门石画像拓片

左前室南楣门石画像拓片

除此之外，在济宁微山县的两城乡、日照莒县城北东莞镇、枣庄滕州高庄、聊城东阿县姜楼乡、济南平阴县实验中学等地，都发现了内容丰富的汉画像石。它们的问世为山东汉画像石的研究提供了宝贵的实物资料。

四、山东汉画像石的主要内容及代表性作品

据学者总结，汉画像石的内容虽然丰富多彩，但主要可以分为三类，山

① 参见张勇、冯令儒、焦玉云：《山东新泰南鲍村汉画像石墓》，《海岱考古》2017年第10辑。

东的汉画像石亦不例外。

1. 反映汉代人丰富多彩的现实生活场景类

画像石作为一种墓葬艺术，在很大程度上反映了汉代人的日常生活。按照古人的丧葬观念，个人在人世间经历感受的一切，在死后的另一个世界中也同样应该存在，所谓“事死如事生”。汉代人在日常生活中所举行的各类活动，如迎来送往、车骑出行、迎宾拜谒、庖厨宴饮、乐舞杂技、钟鸣鼎食、六博对弈、驰逐狩猎、射御比武、飞剑跳丸、驯象弄蛇、鱼龙漫衍、吞刀吐火、捕鱼田猎、亭台楼阁、门卒侍卫等，都在汉画像石中有不同程度的体现。而这些内容在很大程度上反映出墓主人生前拥有的各种财富资产，从山林田池到宅第高楼等，从不同角度构成了一幅完整的社会生活图景。

如临沂市平邑县皇圣卿阙画像，刻在一近方形的石柱上，上下分层刻画图像，不仅绘有人物、车骑，还绘有战争、渔猎、乐舞、庖厨等场景。济南长清孝堂山画像石上有用阴线刻的楼阁人物图像，还有车骑出行、战争、狩猎、乐舞、庖厨等社会生活场景的图像。枣庄市滕州黄家岭画像石上，图画的右边有一人执杖而坐，其面前有许多农夫在耘锄、撒种、牛耕、耙地，左边有人担食送饭，非常生动地呈现了农民辛苦劳作的场景。滕州龙阳店汉画像上则刻有络车、纬车、织机等纺织工具，体现了时人络线、摇纬、织布等劳作场景。滕州宏道院画像石上，左边是鼓橐吹风冶炼，右边是铁器锤锻，体现出制作兵器的场面。

2. 反映历代圣贤垂教后世的历史故事类

中国人自古以来就有深厚的历史观念，儒家更是推崇上古圣贤，憧憬远古圣人之治。至汉武帝罢黜百家、独尊儒术之后，儒家的这一历史观念更为世人所接受。这反映到汉画像石艺术中，即画像石上有大量的历代圣人贤者的形象，尤其是早期的贤君明臣、帝王将相、圣贤高士、武功爵勋、贞节烈女等历史人物以及与他们有关的历史故事、民间传说等，都广泛存在于各地的画像石上。

济宁嘉祥武氏祠西壁第二层图像中刻有传说中的伏羲、女娲到夏桀的11位古帝王。他们依次排列，最前面的是交尾的伏羲、女娲，前者头戴顶冠，手执矩尺；后者头绾花髻，手中执规。再其后是祝融，身着短袍，躬身站立。再其后是神农，双手执耒，弯腰翻地。再其后是黄帝，头戴旒冕，上衣下裳，双手前伸。再其后是颛顼，头戴旒冕，上衣下裳，身向左躬立，似有向黄帝行礼之意。再其后是帝喾，与颛顼形象相似，只是双手抱胸，倾身而立。再其后是帝尧，手略前伸。再其后是帝舜，与尧装束近似。再其后是夏禹，头戴斗笠，左手前伸，右手执耜，回首后顾。最后一位是夏桀，头戴冠冕，荷戟坐在下跪的两个女子身上。这幅图像先述三皇五帝，再述夏禹夏桀，与司马迁《史记》所述古帝王序列一致，较真实地反映了汉代的古史观念。

济宁嘉祥武氏祠西壁第二层古帝王画像

除古帝王外，先秦时期的主要历史事件也多见于汉画像石中。如沂南北寨村汉墓画像石上即刻有反映卫姬谏齐桓公放弃伐卫故事的画像。画面右端是春秋首霸齐桓公，佩剑而立，面前跪有一女子，上方有标题为“卫姬”，其身后有一侍者。据《吕氏春秋》记载，画面表现的内容是卫姬向齐桓公进谏，劝说齐桓公放弃伐卫。画像石用图画的形式形象展现了这一历史事件。

沂南北寨村汉墓卫姬谏齐桓公画像

春秋晚期名相晏婴二桃杀三士的故事也出现在济宁嘉祥武氏祠画像石、嘉祥宋山小祠堂画像石以及日照莒县东莞孙熹阙画像石上，形象生动。在甸子村的画像石上，人群中部置一高柄豆，其上放胡蜜桃，左右各有武士伸手欲取桃，再左边还有一人亦伸手来取，他们便是当时的三位大力士公孙接、田开疆和古冶子。在右边武士的身后，则有一位身矮者头戴斜顶冠，昂首后顾，即名相晏婴。图画内容虽然简单，但公孙接、田开疆和古冶子三人为争蜜桃而怒目相视、剑拔弩张的紧张气氛，还是得到了很好的体现。

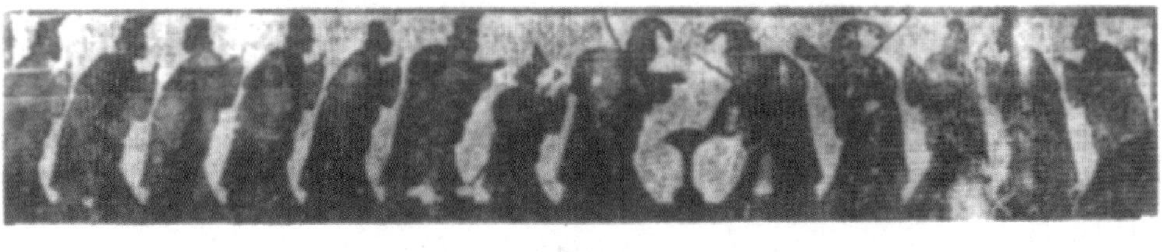

济宁嘉祥武氏祠二桃杀三士画像

3. 反映汉代人所想象的雄奇瑰丽的鬼神世界和神话传说类

从《淮南子》《史记》《汉书》等传世典籍中可以得知，汉代人具有深厚的鬼神观念，他们对上古神话故事、民间传说以及超自然的鬼神力量、奇珍异兽等，都深信不疑，且多有传播。这反映到汉画像石上，即画像石上出现了数量众多的神话英雄和神界人物。这类画像有青龙、白虎、朱雀、玄武四神，有传说抟土造人、炼石补天、创造天地人的始祖女娲，有伏羲、女娲人首蛇身相交，有玉兔捣药、神兽守鼎、西王母与东王公，有随车出行的九头人面兽——开明兽，也有三足乌、九尾狐、灵芝、麒麟、天神羽人、奇禽异兽等。

在济宁嘉祥武氏祠前石室屋顶的画像石上，天帝太一居坐在最中央，正乘着北斗帝君的车子巡视四方，管理天上诸神；还有风伯、雷公、雨师，其中雷公驾着车，风伯骑着大鸟，腾云驾雾，正张口吹大风，以加速雷公前行。

济宁嘉祥武氏祠前石室屋顶画像

西王母的形象在汉代深入人心，在汉画像石中多有体现。在济宁邹城卧虎山 2 号墓汉画像石中，刻有凭几戴胜正面而坐的西王母，左右有二侍者侍奉，前面有玉兔捣药，周边有三青鸟、九尾狐等神兽。济宁嘉祥宋山 3 号小祠堂画像中的西王母除凭几戴胜正面而坐外，左边还有一长耳仙人为其打着龙头伞盖，旁边有玉兔捣制不死药，有鸡头神怪捧杯侍立，旁边有蟾蜍，另有仙人持灵物进献。而临沂沂南北寨村墓中的西王母座位周围，除有玉兔捣药外，座间还有一白虎穿过，和东立柱的青龙相对立；西王母的头顶上还刻有一只立着的老虎，其上还有一只坐着的老虎。这种将西王母与三只老虎并

济宁邹城卧虎山 2 号墓西王母画像

立的形象比较少见。

神仙类人物普遍出现在汉画像石中，正有力反映了汉代人浓厚的升仙、长生观念。为了死后能够得道升仙，充满想象力的汉代人把龙、虎、鹿等神奇动物作为升仙的骑乘工具。这些内容的画像都表达了墓主希望死后能升仙和享受仙境生活的强烈愿望，而这种仙境生活实际上就是墓主生前现实生活的延伸和继续。

总之，齐鲁故地上的汉画像石内容丰富，取材广泛，从各个不同的角度反映了汉代的社会状况、风土民情、典章制度、宗教信仰等，不仅是精美的古代石刻艺术品，也是研究汉代政治、经济、文化的重要资料。

参考文献

一、资料类（按作者姓氏首字母顺序排列）

1. 陈青荣，赵缊 . 海岱古族古国吉金文集［A］. 济南：齐鲁书社，2011.

2. 傅惜华，陈志农 . 山东汉画像石汇编［A］. 济南：山东画报出版社，2012.

3. 郭沫若 . 甲骨文合集［A］. 北京：中华书局，1982.

4. 李学勤 . 清华大学藏战国竹简：（一至十）［A］. 上海：中西书局，2010—2020.

5. 阮元 . 十三经注疏［A］. 上海：上海古籍出版社，1997.

6. 银雀山汉墓竹简整理小组 . 银雀山汉墓竹简［A］. 北京：文物出版社，1985.

7. 王恩田 . 陶文图录［A］. 济南：齐鲁书社，2006.

8 吴镇烽 . 商周青铜器铭文暨图像集成［A］. 上海：上海古籍出版社，2012.

9. 张文彬 . 新中国出土瓦当集录·齐临淄卷［A］. 西安：西北大学出版社，1999.

二、著作类（按作者姓氏首字母顺序排列）

1. 安作璋，王志民 . 齐鲁文化通史［M］. 北京：中华书局，2004.

2. 安作璋 . 山东通史：先秦卷［M］. 北京：人民出版社，2009.

3. 毕经纬 . 问道于器：海岱地区商周青铜器研究［M］. 上海：上海古籍出版社，2019.

4. 方辉 . 海岱地区青铜时代考古 [M] . 济南：山东大学出版社，2007.

5. 高广仁，邵望平 . 海岱文化与齐鲁文明 [M] . 南京：江苏教育出版社，2005.

6. 顾德融，朱顺龙 [M] . 春秋史 . 上海：上海人民出版社，2003.

7. 郭克煜 . 鲁国史 [M] . 北京：人民出版社，1994.

8. 郭墨兰 . 齐鲁文化 [M] . 北京：华艺出版社，1997.

9. 郭墨兰，吕世忠 . 齐文化研究 [M] . 济南：齐鲁书社，2006.

10. 江林昌 . 中国上古文明考论 [M] . 上海：上海教育出版社，2005.

11. 江林昌 . 考古发现与文史新证 [M] . 北京：中华书局，2011.

12. 江林昌 . 书写中国文明史 [M] . 上海：商务印书馆，2019.

13. 李学勤 . 走出疑古时代 [M] . 沈阳：辽宁大学出版社，1997.

14. 李学勤 . 东周与秦代文明 [M] . 上海：上海人民出版社，2007.

15. 李学勤 . 文物中的古文明 [M] . 上海：商务印书馆，2008.

16. 李玉洁 . 齐国史 [M] . 北京：新华出版社，2007.

17. 刘宗贤 . 鲁文化研究 [M] . 济南：齐鲁书社，2007.

18. 栾丰实 . 东夷考古 [M] . 济南：山东大学出版社，1996.

19. 栾丰实 . 栾丰实考古文集 [M] . 北京：文物出版社，2017.

20. 蒙文通 . 古史甄微 [M] . 成都：巴蜀书社，1999.

21. 孟祥才 . 齐鲁思想文化史 [M] . 济南：山东大学出版社，2002.

22. 逄振镐 . 山东古国与姓氏 [M] . 济南：齐鲁书社，2006.

23. 逄振镐 . 东夷文化研究 [M] . 济南：齐鲁书社，2007.

24. 逄振镐 . 齐鲁文化研究 [M] . 济南：齐鲁书社，2010.

25. 山东省文物考古研究所 . 曲阜鲁国故城 [M] . 济南：齐鲁书社，1982.

26. 山东省文物考古研究所 . 山东 20 世纪的考古发现和研究 [M] . 北京：科学出版社，2005.

27. 山东省文物考古研究所 . 临淄齐故城 [M] . 北京：文物出版社，2013.

28. 沈长云 . 先秦史 [M] . 北京：人民出版社，2006.

29. 孙敬明 . 考古发现与齐史类征［M］. 济南：齐鲁书社，2006.

30. 童书业 . 春秋史［M］. 北京：中华书局，2006.

31. 王恩田 . 商周铜器与金文辑考［M］. 北京：文物出版社，2017.

32. 王阁森，唐致卿［M］. 齐国史 . 济南：山东人民出版社，1992.

33. 王国维 . 古史新证［M］. 北京：清华大学出版社，1994.

34. 王献唐 . 山东古国考［M］. 济南：齐鲁书社，1983.

35. 王献唐 . 炎黄氏族文化考［M］. 青岛：青岛出版社，2006.

36. 王永波，王传昌 . 山东古城古国考略［M］. 北京：文物出版社，2016.

37. 徐旭生 . 中国古史的传说时代［M］. 南宁：广西师范大学出版社，2003.

38. 宣兆琦，王雁，张杰，邱文山，郭丽 . 海岱地区古代文明的起源与发展［M］. 济南：齐鲁书社，2014.

39. 杨朝明，王青 . 鲁国历史与鲁文化探秘［M］. 北京：文物出版社，2008.

40. 杨朝明 . 鲁文化史［M］. 济南：齐鲁书社，2001.

41. 杨宽 . 西周史［M］. 上海：上海人民出版社，2003.

42. 杨宽 . 战国史［M］. 上海：上海人民出版社，2003.

43. 张富祥 . 东夷文化通考［M］. 上海：上海古籍出版社，2008.

44. 张光明 . 齐文化的考古发现与研究［M］. 济南：齐鲁书社，2004.

45. 张学海 . 张学海考古文集［M］. 北京：文物出版社，2020.

46. 张越，张要登 . 齐国艺术研究［M］. 济南：齐鲁书社，2013.

47. 周立升，蔡德贵 . 齐鲁文化通论［M］. 济南：山东人民出版社，2015.

48. 朱凤瀚 . 新出金文与西周历史 . 上海：上海古籍出版社，2011.

49. 邹鲁书院 . 郳世家八百年［M］. 济南：齐鲁书社，2017.

三、论文类（按作者姓氏首字母顺序排列）

1. 安作璋，刘德增 . 齐鲁博士与两汉儒学［J］. 史学月刊，2000（1）.

2. 安作璋 . 齐鲁文化研究序说［J］. 齐鲁文化研究，2002（1）.

3. 代生 . 清华简《系年》所见齐国史事初探［J］. 烟台大学学报，2015（1）.

4. 代生 . 蓬莱神话的生成及早期流变［J］. 海岱学刊，2017（1）.

5. 高广仁 . 试论大汶口文化的分期［J］. 考古学报，1978（4）.

6. 顾颉刚 .《庄子》和《楚辞》中昆仑和蓬莱两个神话系统的融合［J］. 中华文史论丛，1979（2）.

7. 郭墨兰 . 齐鲁文化比较论［J］. 齐鲁学刊，1990（1）.

8. 郭墨兰 . 齐鲁文化发展论略［J］. 文史哲，1995（3）.

9. 郝导华 . 山东地区东周陶文的发现与研究［J］. 海岱考古，2010.

10. 江林昌 ."六经"的内容、流传与古代文明研究［J］. 孔子研究，2006（4）.

11. 江林昌 . 东西方"轴心文明"的比较（上）［J］. 文史知识，2006（6）.

12. 江林昌 . 东西方"轴心文明"的比较（下）［J］. 文史知识，2006（6）.

13. 江林昌 . 五帝时代中华文明的重心不全在中原——兼谈传世先秦秦汉文献的某些观念偏见［J］. 东岳论丛，2007（2）.

14. 江林昌 . 诗的源起及其早期发展变化——兼论中国古代巫术与宗教有关问题［J］. 中国社会科学，2010（4）.

15. 江林昌 . 论虞代文明——再论五帝时代中华文明的重心不全在中原［J］. 东岳论丛，2013（1）.

16. 江林昌 . 中华文明的起源与齐、鲁文化的形成［J］. 海岱学刊，2017（1）.

17. 江林昌 . 夷夏之争的考古学、宗教学、文献学新观察——以《韶》乐改成《九（虯）歌》为线索［J］. 海岱学刊，2018（1）.

18. 江林昌 . 远古部族文化融合创新与《九歌》的形成［J］. 中国社会科学，2018（5）.

19. 李发林 . 临淄齐故城的瓦当画花纹含意试探［J］. 中国历史博物馆馆刊，1995（1）.

20. 李秀亮 . 新出伐簋铭文所见鲁国史事补证［J］. 海岱学刊，2017（1）.

21. 李秀亮 . 胶东地区太阳神话的考古学印证［J］. 海岱学刊，2018（1）.

22. 李学勤 . 山东陶文的发现与著录［J］. 齐鲁学刊，1982（5）.

23. 李学勤 . 夏商周与山东［J］. 烟台大学学报，2002（3）.

24. 李学勤 . 从新出楚简看齐鲁文化的影响［J］. 齐鲁文化研究，2003（2）.

25. 李学勤 . 大辛庄甲骨卜辞的初步考察［J］. 文史哲，2003（4）.

26. 李学勤 . 论新出现的一片征夷方卜辞［J］. 殷都学刊，2005（1）.

27. 李学勤 . 商代夷方的名号和地望［J］. 中国史研究，2006（4）.

28. 李学勤 . 论高青陈庄器铭“文祖甲齐公”［J］. 东岳论丛，2010（10）.

29. 李学勤 . 高青陈庄引簋及其历史背景［J］. 文史哲，2011（3）.

30. 李学勤 . 论西周王朝中的齐太公后裔［J］. 烟台大学学报，2012（4）.

31. 刘延常，王子孟 . 考古学视野下的齐文化发展与融合［J］. 管子学刊，2019（2）.

32. 刘延常，兰玉富 . 山东地区周代考古的新进展［J］. 东南文化，2009（6）.

33. 栾丰实 . 论“夷”和“东夷”［J］. 中原文物，2002（1）.

34. 孟祥才 . 从地域文化到主流文化—论齐鲁文化在先秦秦汉时期的发展［J］. 齐鲁文化研究，2002（1）.

35. 庞小霞 . 先秦时期齐鲁交通的考古学观察［J］. 管子学刊，2018（3）.

36. 逄振镐 . 关于齐、鲁文化“融合”问题［J］. 管子学刊，1999（1）.

37. 任相宏，张庆法 . 吴王诸樊之子通剑及相关问题探讨［J］. 中国历史文物，2004（5）.

38. 山东大学考古系 . 山东长清县仙人台遗址发掘简报［J］. 考古，1998（9）.

39. 山东大学历史文化学院考古系、邹城市文物局 . 山东邹城市邾国故城遗址 2015 年发掘简报［J］. 考古，2018（3）.

40. 山东省文物考古研究所，沂水县文物管理站 . 山东沂水刘家店子春秋墓发掘简报［J］. 文物，1984（9）.

41. 山东省济宁市文物管理局 . 薛国故城勘查和墓葬发掘报告［J］. 考古学报，1991（4）.

42. 孙波 . 聚落考古与龙山文化社会形态［J］. 中国社会科学，2020（2）.

43. 孙进 . 莱国与周边国族的关系［J］. 东岳论丛，2010（3）.

44. 孙敬明 . 齐鲁货币文化比较研究［J］. 中国钱币，1998（2）.

45. 孙敬明 . 从莒地出土两周十四国金文看莒文化的交流与影响［J］. 山东师范大学学报，2013（2）.

46. 孙敬明 . 两周金文与鲁国官制研究［J］. 海岱学刊，2016（2）.

47. 孙敬明 . 齐境出土异国族金文通释绎论［J］. 管子学刊，2017（2）.

48. 孙敬明 . 鲁国出土异地商周金文通释绎论［J］. 管子学刊，2018（2）.

49. 王恩田 . 关于齐国建国史的几个问题［J］. 东岳论丛，1981（4）.

50. 王恩田 . 关于鲁国建国史的两个问题［J］. 齐鲁学刊，1981（6）.

51. 王恩田 . 齐鲁文化研究的史料问题［J］. 齐鲁文化研究，2002（1）.

52. 王恩田 . 大辛庄甲骨文与夷人商化［J］. 文史哲，2003（4）.

53. 王恩田 . 帝辛十祀征夷方甲骨复原及其意义［J］. 殷都学刊,2014（3）.

54. 许淑珍 . 齐鲁葬俗比较［J］. 管子学刊，2002（4）.

55. 宣兆琦 . 齐文化与秦汉社会［J］. 齐鲁学刊，1996（1）.

56. 杨朝明 . 鲁国的历史地位与鲁国史研究［J］. 史学集刊，1995（4）.

图书在版编目（CIP）数据

话说齐鲁文化·上下册 / 李秀亮著. —济南：泰山出版社，2021. 2
ISBN 978-7-5519-0630-2

Ⅰ. ①话… Ⅱ. ①李… Ⅲ. ①文化史—研究—山东 Ⅳ. ①K295. 2

中国版本图书馆CIP数据核字（2021）第034184号

话说齐鲁文化（上下册）
HUASHUO QILU WENHUA（SHANG XIA CE）

策　　划 胡　威
顾　　问 江林昌
著　　者 李秀亮
责任编辑 王艳艳
装帧设计 路渊源
封面插图 韦辛夷

出版发行 泰山出版社
社　　址　济南市泺源大街2号　邮编　250014
电　　话　综　合　部（0531）82023579　82022566
　　　　　市场营销部（0531）82025510　82020455
网　　址　www.tscbs.com
电子信箱　tscbs@sohu.com
印　　刷 山东通达印刷有限公司
成品尺寸 170毫米×240毫米　16开
印　　张 34
字　　数 500千字
版　　次 2021年2月第1版
印　　次 2021年2月第1次印刷
标准书号 ISBN　978-7-5519-0630-2
定　　价 108.00元（上下册）